제4판

경제통합론

정홍열 지음

도서출판 해남

정홍열(鄭鴻悅)

성균관대학교 경제학 학사
성균관대학교 경제학 석사
University of Texas at Austin 경제학 박사

산업연구원(KIET) 연구원
서울시립대학교, 성균관대학교, 강원대학교 강사
University of Illinois at Urbana-Champagin 방문교수
Duke University 방문교수

현, 한국해양대학교 국제무역경제학부 교수
한국유럽학회 이사
국제지역학회 이사
한-EU 포럼 고문
『경제학연구』 편집위원
한국동북아경제학회 이사

『국제통합의 경제학』, 도서출판 해남
『기초경제경영수학』, 시그마프레스
『지역경제학』, 시그마프레스
『경제학의 이해』, 시그마프레스

제4판 **경제통합론**

초판1쇄 발행 2009년 2월 27일
제2판1쇄 발행 2011년 2월 20일
제3판1쇄 발행 2015년 8월 31일
제4판1쇄 인쇄 2021년 2월 22일
제4판1쇄 발행 2021년 2월 28일

저 자 정홍열
발행인 노현철
발행처 도서출판 해남

출판등록 1995. 5. 10 제 1-1885호
주 소 서울특별시 마포구 마포대로8길 9 영명빌딩 405호
전 화 739-4822 **팩스** 720-4823
이 메 일 haenamin30@naver.com
홈페이지 www.hpub.co.kr

ISBN 978-89-6238-151-1 93320

제4판을 내면서

제3판이 출간되고 5년이 지나는 동안 경제 통합 분야에서 많은 사건들이 발생해, 최근까지 업데이트(update)된 내용을 담기 위해 수정판을 내야 했다. 하지만 제3판을 낼 때와는 사뭇 다른 분위기이다.

그동안 확장만 해오던 EU에 영국이 2016년 6월 탈퇴 결정을 하면서, EU 회원국뿐만 아니라 전 세계 경제 동맹체에 큰 충격을 주었다. 이러한 영국의 행보는 분명히 자유주의와 경제 통합 추세에 부정적 영향을 받은 것으로 보이며, 회원국 내부에서도 반EU 정서가 확산되면서 자칫 오랜 시간 동안 쌓아온 EU의 통합화 노력이 빛을 바래고, 세계화 추세에 역효과를 가져올 것이라는 우려가 생겨났다.

영국의 EU 탈퇴 결정 결과에서 보았듯이 세계화와 경제 통합으로부터 이득을 보지 못한 계층, 고령층, 저소득 지역을 중심으로 이러한 추세에 대한 거부감이 심한 것을 알 수 있다. 따라서 그동안 전 세계가 추구해 온 사람, 자본, 상품, 서비스의 자유 이동 같은 개방주의적 추세를 거부하는 보호주의적 정책이 향후에는 더 심화될 가능성이 높아졌다.

2017년 미국의 새로운 대통령으로 당선된 트럼프도 이러한 반세계화 추세에 적극 부응하는 행보를 보였다. 그는 대통령 당선 후 제일 먼저 TPP 탈퇴 문서에 행정 서명을 하고, 'America First' 정책을 내세우며 보호주의와 반세계화 움직임에 앞장섰다. 이는 세계적 반체제(anti-establishment), 반격차의 움직임과 연동하여 움직이는 영국의 브렉시트 현상과 일맥상통한다.

설상가상으로 2019년부터는 코로나19의 발생으로 사람의 이동이 전면적으로 제한되고, 상품과 자본의 이동까지 제한받게 되었다. 이 팬데믹으로 짧은 기간 동안 각 분야에서 커다란 변화가 일어났고, 지금까지 겪어 보지 못한 낯선 환경에 'BC'(Before Corona) 'AC'(After Corona)라는 용어가 나올 만큼 대변화 시대를 맞고 있다.

이러한 코로나 사태 이후 세계화의 퇴조 움직임은 더욱 뚜렷해져, 세계화 속도가 둔화된다는 '슬로벌라이제이션'(slowbalization)과 '탈세계화'(deglobalization)라는 용어가 자주 인용된다. 이러한 세계화 퇴조 움직임은 당분간 지속될 것 같고, 세계 공급망도 자국 중심으로 재편될 것이다. 되돌아보면 옛 소련이 해체된 후 지난 30년간 초(超)세계화 물결이 지구촌을 휩쓸면서 그 흐름에서 소외된 사람들이 이제는 점점 반대 목소리와 함께 '경제적 국수주의' 회귀를 주장하고, 일부 정치인들이 이러한 주장에 호응함으로써 반(反)자유주의 조치들이 더욱 강화되고 있다.

주지하는 바와 같이 세계화나 경제 통합이 항상 좋은 결과만 가지고 오는 것은 아니다. 국제 경쟁이 격화되면서 석탄, 철강, 조선, 섬유 등 전통적 제조업이 쇠퇴하거나 규모가 줄어들어 해당 산업 종사자들은 생존에 위협을 받고, 그래서 정치적으로 무시할 수 없는 정치적 그룹으로 성장한다. 그러나 반대로 새로운 시장의 개척으로 좋은 사업 기회가 생겨나고, 기업의 경쟁력이 늘어나 무역이 증가하고, 경제가 성장하기도 한다. 하지만 역사적으로 개방주의가 아닌 보호 무역주의, 나아가 쇄국 정책을 채택한 국가들은 결국 어떻게 되었는지 우리가 이미 잘 알고 있지 않는가?

그나마 최근 들어 역내포괄적경제동반자협정(RCEP)에 회원국 정상들이 공식 서명한 것은 의미가 크다. 새로운 보호주의의 거대한 물결에 맞서 아·태 지역이 자유 무역 진영의 선봉장으로 나선 모습이다. 더구나 RCEP를 주도하는 시진핑 국가 주석은 2020년 11월 화상으로 개최된 APEC 정상회의에서 CPTPP 가입을 적극적으로 고려하겠다고 함으로써 개방의 수위를 더 높이려는 의지를 표명하였다. 미국에서도 바이든이 새로운 대통령으로 등장함으로써 미국이 CPTPP에 다시 가입할 것이라는 기대감이 높아지고 있다. 경제 통합을 평생 연구한 학자로서 부디 지금의 국수주의, 보호 무역주의 추세가 빠른 시간 내에 약화되고, 과거와 같은 자유화, 세계화 추세가 복원되기를 기대해 본다.

제4판 발행에도 도서출판 해남의 사장님과 편집부 직원의 도움을 많이 받았다. 다만 국내에서 경제 통합 관련 자료를 수집하기에는 여러 가지 어려운 점이 많아, 일부 내용이 부실한 점은 독자들에게 미안할 따름이다. 경제 통합에 관심을 가지고 있는 독자들에게 그나마 작은 지식이라도 전달된다면, 그것만으로 마음의 위안을 삼을 것이다.

2021년 초

부산 조도 연구실에서

제3판을 내면서

2판이 출간된 지 어느덧 4년도 더 지났다. 그 사이 세상은 많은 변하였는데, 특히 경제 통합 분야도 숨가쁜 변화를 겪었다. 중남미의 멕시코, 칠레, 콜롬비아, 페루 등 4개국이 중심이 되어 태평양동맹(Pacific Alliance)을 결성하였고, 러시아도 CIS 국가들과 함께 유라시아연합(Eurasian Union)을 출범시키기 위해 노력하고 있다. 기존의 경제 통합체들도 지속적으로 세 확산을 꾀하여, EU는 크로아티아를, MERCOSUR는 베네수엘라를 신규 회원국으로 받아들였다.

우리나라도 2014년에만 캐나다, 중국, 뉴질랜드, 베트남 등 4개국과 FTA를 타결하면서 지금까지 FTA를 체결한 나라가 53개국으로 늘어났고, 지구촌 전체의 73.5%에 달하는 '경제 영토'를 확보하였다. 이에 우리나라는 미국, EU, ASEAN 등 세계 3대 경제권과 FTA 체결을 마쳤으며, OECD 34개 회원국 중 일본, 멕시코, 이스라엘을 제외한 나머지 31개국 모두와 FTA를 체결해 그야말로 FTA 허브(herb) 국가로 발돋움하였다.

그러나 세계 통상 환경도 변하고 있다. 1995년 WTO 출범 후 주로 양자 간 FTA가 대세를 이루었지만, 2010년대에 들어서 거대 경제 블록 간, 선진국 간 Mega FTA 협상이 새로운 트렌드로 자리잡고 있다. 이러한 추세 변환은 2008년 글로벌 금융 위기와 관련이 있는데, 세계 경기 침체와 EU 재정 위기가 지속되자 이에 충격을 받은 국가들이 무역 · 투자 확대를 통한 일자리 창출과 성장을 위해 FTA를 적극 추진하는 데 기인한다. 따라서 향후에는 거대 경제 블록 간 다자 FTA 협상이 주를 이룰 것으로 보이며, 우리나라를 둘러싸고는 미국, 일본이 주도하는 환태평양경제동반자협정(Trans-Pacific Partnership: TPP)과 중국이 주도하는 역내포괄적경제동반자협정(Regional Comprehensive Economic Partnership: RCEP)이 치열한 주도권 다툼을 진행할 것으로 예상된다. 따라서 중복적이고 동시다발적으로 추진되는 Mega FTA들 속에서 우리 나름의 우선순위를 정하여 대응할 필요가 있다.

3판을 준비하면서 전 세계의 수많은 경제 공동체들이 추진하는 통합 정책을 수집하고, 정리하는 데 많은 노력과 시간을 소비하였지만, 자료 수집의 한계성과 저자의 역량 부족으로 충분히 만족스러운 수정판을 내지 못하였다. 더구나 2판에서 소개하였던 14장의 아프리카 지역 경제 통합체는 자료의 업데이트(update)가 어려워 통째로 빠지게 되어 아쉬움과 송구한 마음이 많이 남는다. 그럼에도 불구하고 이 3판이 세계 경제 통합체에 관심을 가진 독자들에게 작은 도움이 되었으면 하는 마음이 겹친다.

더운 날씨에 편집에 전력을 다해 준 도서출판 해남의 노현철 사장님과 편집부 직원들에게 감사 말씀을 전한다.

2015년 여름에

저자가

제2판을 내면서

초판을 낸 지 2년 정도가 지나는 사이 한국 정부는 인도, EU, 페루와 FTA를 체결하면서 여전히 활발한 경제 통합 정책을 추진하고 있다. 중국도 페루, 코스타리카, 대만과 FTA를 체결하고, 일본은 스위스, 인도와 FTA를 체결하면서 주변국들의 경제 통합 정책도 가속도가 붙고 있다. 더구나 일본은 2010년 11월 '포괄적 EPA에 대한 기본 방침'이라는 새로운 경제 통합 정책 계획을 발표함으로써, 기존의 다소 소극적이었던 경제 통합 정책 기조에서 벗어나 훨씬 적극적인 통합 정책을 추진하고 있다.

저자는 행운이 따라 2009년 7월부터 2010년 7월까지 미국 듀크(Duke)대학에서 연구년을 가지는 기회를 얻게 되었고, 그 기회를 이용해 중남미 지역과 서남아시아 지역의 경제 통합체에 대한 내용을 제2판에 추가할 수 있었다. 또한 한국에서는 연구가 별로 되어 있지 않은 아프리카 지역의 경제 통합체에 대한 자료를 정리하여 그 발전 과정을 따로 제14장에 추가하였다. 하지만 저자의 학식과 능력이 충분하지 못해 교재에 만족스러운 내용을 담지 못하여 독자에게 죄송스러운 마음이며, 앞으로 틈틈이 시간을 내어 보충해 나갈 계획이다.

초판에서와 마찬가지로 곁에서 자질구레한 원고 정리를 도와 준 아내에게 고마운 마음을 전하며, 게을러지는 저자를 재촉해 제2판을 내도록 도와 준 도서출판 해남의 노현철 사장님의 격려에 한 번 더 감사드린다.

2011년 초에

저자가

머리말

저자가 경제 통합에 대해 관심을 가지게 된 것은 유학 시절 박사 학위 논문을 준비하면서였다. 당시 학위 논문 주제가 유럽연합의 '지역 정책'에 관련된 것이어서 논문을 쓰면서 자연히 유럽연합의 경제 통합에 관련된 여러 가지 내용을 접하게 되었다. 그리고 그것이 인연이 되었는지, 귀국 후 대학에서 '경제통합론'이란 과목을 맡아 강의를 한 지 어언 10여 년이 넘었다. 하지만 강의 초기만 하더라도 국내에서는 경제 통합에 대한 관심이 거의 없었고, 경제 통합에 관련된 국내 대학 교재로는 손병해 교수의 『경제통합론』 하나밖에 없던 시절이라서 당연히 그것을 강의 교재로 채택해 강의하였었다. 그 후 1999년에 수원대학교의 이종원 교수와 함께 경제 통합 분야에 세계적으로 유명한 롭슨(Robson) 교수의 *The Economics of International Integration*이라는 책을 『국제통합의 경제학』이라는 제목으로 번역을 하여 교재로 사용해 왔었다.

그러나 롭슨 교수의 통합 분야에 대한 해박한 지식으로 인해 책에서 다루는 내용이 너무 광범위하였고, 화려하고 만연체적인 영국식 문장은 이해하기 어려운 부분이 많아 번역을 하면서 참으로 힘들었던 기억이 남아 있다. 물론 지금도 이 어려움은 저자가 통합 분야에 심오한 지식이 없었던 것이 가장 큰 이유였다고 확신하고 있다.

하지만 최근 들어 아시아 지역에서도 경제 통합의 추세가 확산되고, 우리나라도 2004년 칠레, 그리고 2006년 싱가포르와 자유무역협정(free trade agreement)을 맺으면서 국내에서도 이러한 타국과의 경제 통합에 대한 관심이 고조되고 있다. 특히, 한국-중국-일본 3국 간의 자유무역지대 결성이 통합을 연구하는 경제학자들 사이에 새로운 중요한 연구 주제로 떠오르고 있다.

저자는 이미 언급하였듯이 이 분야에 대한 심오한 학문적 지식을 갖추고 있지 못한 관계로 오랫동안 대학 강단에서 강의를 하면서도 교재를 출간할 마음을 갖지 못하였지만, 도서출판 해남 노현철 사장님의 격려 전화와 배려로 용기를 내어 책을 출간하게 되었다. 본서를 집필하면서 그동안 교재로 사용해 왔던 손병해 교수와 롭슨 교수의 저서를 많이 참조하였으며, 특히 이론 부분에서는 두 분의 저서에서 논의된 기본적 통합 이론들을 학생들이 이해하기 쉽고 간결하게 정리해 소개하였다. 실제로 저서 집필을 위해 필요한 자료를 수집하면서 한편으로는 지금도 경제 통합 분야의 자료를 찾기가 쉽지 않는데, 초기의 그 어렵고 척박한 환경 속에서 이 분야에 관련된 지식을 수집 · 집필하고 소개해 온 두 분 교수의 노고가 어떠하였을까 생각하면 놀라움과 경외감마저 든다.

지금은 과거와 달리 하루에도 수십 · 수백 권의 책이 출판되는 시절이다. 이러한 때에 본서도 발간되자마자 의미 없이 사라지는 한 권의 책이 되지 않고, 경제 통합 분야에 관심을 갖고 정보를 얻고 싶어하는 학생들에게 조금이라도 도움을 주는 책이 되었으면 하는 바람이 크며, 또 그렇게 되기를 내심 기대해 본다.

원고를 정리하는 데 많은 도움을 준 한국해양대학교 국제무역경제학부의 정진혁 · 김민수 · 박연식 군과 이제는 졸업하고 삼성전자에 근무하는 호산나 양에게 고마움을 전한다. 그리고 어려운 상황 속에서도 출판을 맡아 주신 도서출판 해남의 사장님과 직원분들의 노고에도 감사하다는 말씀을 드리고 싶다.

마지막으로 박사 학위 논문 때부터 지금까지 늘 성가신 타이핑 작업을 도맡아 해주는 아내에게 사랑의 마음을 전하며, 부족한 저자가 이렇게 학문의 길을 걸을 수 있도록 긴 세월 뒷바라지해 준 부모님에게는 깊이 고개 숙여 그 은혜에 감사드린다.

2008년 겨울

부산 영도의 조도에서

차례

약어표

ACC	Arab Cooperation Council 아랍협력위원회
ALBA	Bolivarian Alliance for the Peoples of Our America 미주 대륙을 위한 볼리바르동맹
AMU	Arab Maghreb Union 아랍마그레브동맹
APEC	Asian Pacific Economic Co-operation 아시아·태평양경제협력체
AFTA	ASEAN Free Trade Area 아세안자유무역지역
ANCOM	Andean Community 안데스공동시장
ASEAN	Association of South East Asian Nations 동남아시아국가연합
BLNS	Botswana, Lesotho, Namibia and Swaziland 보츠와나, 레소토, 나미비아, 스와질란드
CACM	Central American Common Market 중앙아메리카공동시장
CAP	Common Agricultural Policy 공동농업정책
CARICOM	Caribbean Community 카리브공동체
CARIFTA	Caribbean Free Trade Area 카리브자유무역지역
CCM	Caribbean Common Market 카리브공동시장
CEAO	Communaute Economique do l'Afrique de l'Guest (Economic Community of West Africa) 서아프리카경제공동체
CEC	Commission of the European Communities EC 집행위원회
CEEC	Commission of the European Economic Community

	EEC 집행위원회
CEPA	Closer Economic Partnership Agreement 경제긴밀화협정
CET	Common External Tariff 공동대외관세
CFA	Communaute Financiere Africaine 아프리카금융공동체
CLMV	Cambodia, Laos, Myanmar, Vietnam 캄보디아, 라오스, 미얀마, 베트남
CMEA	Council for Mutual Economic Assistance(COMECON) 상호경제원조회의
COMECON	CMEA 참조
COMESA	Common Market for Eastern and Southern Africa 동남부아프리카공동시장
CPTPP	Comprehensive and Progressive Agreement for Trans-Pacific Partnership 포괄적·점진적 환태평양경제동반자협정
CU	Customs Union 관세동맹
CUFTA	Canada-US Free Trade Agreement 캐나다-미국 자유무역협정
DDA	Doha Development Agenda 도하개발 아젠다
EAC	East African Community 동아프리카공동체
EAFRD	European Agricultural Fund for Regional Development 유럽농업기금
EAGGF	European Agriculture Guidance and Guarantee Fund 유럽농업지도보장기금
EC	European Community 유럽공동체
ECB	European Central Bank 유럽중앙은행
ECCAS	Economic Community of Central African States 중부아프리카국가경제공동체
ECCM	Eastern Caribbean Common Market 동카리브공동시장

ECOWAS	Economic Community of West African States 서아프리카국가경제공동체
ECSC	European Coal and Steel Community 유럽석탄철강공동체
ECWA	Economic Community of West Africa 서아프리카경제공동체
ECU	European Currency Unit 유럽통화단위
EDF	European Development Fund 유럽개발기금
EEC	European Economic Community 유럽경제공동체
EFF	European Fisheries Funds 유럽어업기금
EFTA	European Free Trade Association 유럽자유무역연합
EHP	Early Harvest Program 조기자유화 프로그램
EIB	European Investment Bank 유럽투자은행
EMCCA	the Economic and Monetary Community of Central Africa 중부아프리카경제통화공동체
EMS	European Monetary System 유럽통화제도
EMU	Economic and Monetary Union 경제통화동맹
EMU	European Monetary Union 유럽통화동맹
EPA	Economic Partnership Agreement 경제동반자협정
ERDF	European Regional Development Fund 유럽지역개발기금
ERM	Exchange Rate Mechanism 환율안정장치
ESCB	European System of Central Banks 유럽중앙은행제도
ESF	European Social Fund 유럽사회기금
EU	European Union 유럽연합
EurAsEC	Eurasian Economic Community 유라시아경제공동체
FIFG	Financial Instrument for Fisheries Guidance 어업지도기금
FTA	Free Trade Area 자유무역지역
FTAA	Free Trade Area of Americas 미주자유무역지역

FTAAP	Free Trade Area of the Asia Pacific 아시아·태평양 자유무역지대
GATT	General Agreement on Tariffs and Trade 관세 및 무역에 관한 일반협정
GCC	Gulf Cooperation Council 걸프협력위원회
GSP	Generalized System of Preferences(for developing countries) 일반특혜관세제도
IAS	Ibero-American Summit 이베라 아메리카 정상회의
IMF	International Monetary Fund 국제통화기금
LAFTA	Latin American Free Trade Association 라틴아메리카자유무역연합
LAIA	Latin American Integration Association 라틴아메리카통합연합
LAS	League of Arab States 아랍국가연맹, 약칭 아랍연맹
MERCOSUR	Mercado Comun del Cono Sur (Common Market of the Southern Cone) 남미공동시장
MES	Market Economy Status 시장경제지위
MFN	Most Favored Nations 최혜국
MIKTA	멕시코, 인도네시아, 한국, 터키, 호주 영문 국가명 첫 글자
MRU	Mano River Union 마노강동맹
NAFTA	North American Free Trade Agreement 북미자유무역협정
OECD	Organization for Economic Co-operation and Development 경제협력개발기구
OECS	the Organization of Eastern Caribbean States 동카리브국가기구
PA	Pacific Alliance 태평양동맹
PIF	Pacific Islands Forum 태평양제도포럼
PPS	Purchasing Power Standards 구매력기준

RCC	Regional Cooperation Council 남동유럽지역협력협의회
RCEP	Regional Comprehensive Economic Partnership 역내포괄적경제동반자협정
RTA	Regional Trade Agreement 지역무역협정
SAARC	South Asian Association for Regional Cooperation 남아시아지역협력연합
SACU	Southern African Customs Union 남아프리카관세동맹
SADC	Southern African Development Community 남아프리카개발공동체
SAFTA	South Asian Free Trade Area 남아시아자유무역지대
SARC	South Asian Regional Cooperation 남아시아지역협력기구
SCO	Shanghai Cooperation Organization 상하이협력기구
SEA	Single European Act 단일유럽의정서
SICA	the Central American Integration System 중앙아메리카통합체제
SME	CARICOM Single Market and Economy 카리브 단일시장과 경제
TEU	Treaty on European Union 유럽연합조약
TNC	transnational corporation 다국적기업
TPP	Trans-Pacific Partnership 환태평양경제동반자협정
TTIP	Transatlantic Trade and Investment Partnership 범대서양무역투자동반자협정
UDEAC	Union Douaniere et Economique de l' Afrique Centrale (Customs and Economic Union of Central Africa) 중앙아프리카 관세 및 경제동맹
UEMOA	Union Economique et Monetaire Ouest-Africaine (West African Economic and Monetary Union) 서아프리카경제통화동맹
UM	union For the Mediterranean 지중해연합
UMOA	Union Monetaire Ouest-Africaine(West African Monetary Union) 서아프리카통화동맹

VG	Visegrad Group 비세그라드그룹
WTO	World Trade Organization 세계무역기구

Chapter 1
서론

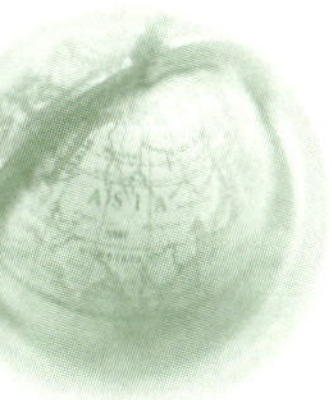

서론

지역적 경제 통합의 움직임이 세계 경제의 보편적 질서로 자리잡아 가면서 지역적 경제 통합주의는 세계 경제 시류에 큰 흐름이 되고 있다. 세계 대부분의 주요 국가들이 이 지역적 경제 통합에 참여하고 있으며, 이들 경제 통합체는 질적 심화와 더불어 외연적 확산으로 이어지고, 타지역 경제 통합체 간의 연계도 강화되고 있다. 특히, 최근 들어 미국이 탈퇴했지만 일본과 공동으로 주도하였던 환태평양경제동반자협정(Trans-Pacific Partnership: TPP)과 중국 주도의 역내포괄적경제동반자협정(Regional Comprehensive Economic Partnership: RECP)이 동시에 경쟁적으로 추진되면서 그동안 주로 몇몇 주변 국가들 간에 이루어져 왔던 경제 통합 형태가 메가(mega) 통합 형태를 띠기 시작하였다.

지역적 경제 통합에 지속적으로 반대를 해왔던 세계 최대의 경제 대국 미국 역시 북미자유무역협정(North America Free Trade Agreement: NAFTA)을 통해 1990년대 초반에 자유무역지역을 창설하면서 지역적 경제 통합주의를 WTO(World Trade Organization)와 함께 세계 무역 자유화를 추진하는 양 축으로 활용하는 통상 정책을 추구하고 있다.

그러나 우리가 자주 사용하는 통합(integration)이란 용어는 사실 여러 가지 의미를 지니고 있다. 일부 학자들은 사회적·문화적 측면에서의 융합을 뜻하는 의미로 사용하고, 일부 학자들은 국가들 간의 상호 협력(co-operation)의 의미로 사용하기도 한다. 그러나 경제학에서 사용하는 통합과 상호 협력은 구별되어야 한다.

상호 협력이란 차별(discrimination)을 줄이려는 목적으로 행하는 조치들을 포함하는 반면, 경제 통합의 진행 과정은 차별의 폐지를 수반하는 수단들을 포함한다. 예를 들면, 무역 정책의 국제적 협약은 국가 간의 상호 협력 영역에 속하지만, 무역 장벽의 제거는 경제 통합 조치의 하나로 간주한다. 따라서 국가 간에 이루어지는 경제 통합이란 그동안 분리·운영되었던 개별 국가의 경제가 서로의 경제적 국경과 차별을 철폐하고 큰 경제 블록 또는 공동체로 통합되는 것이라고 정의할 수 있다. 이러한 의미에서의 경제 통합은 19세기 통일 전 독일이 각 연방국과 맺은 졸페어아인(Zollverein)을 그 시초로 꼽을 수 있다. 제2차 세계대전 중에는 독일이 거대 지역(Grossraum) 정책의 일환으로 히틀러가 위성국들과 경제적으로 통합하고, 영토를 병합하려는 시도를 함으로써 또 다른 경로로 경제 통합이 시도되기도 하였다. 이런 사례는 경제 통합이 제국주의의 확장 형태로 나타났다고 할 수 있다. 제2차 세계대전 후에는 세계적으로 경제 통합에 대한 관심이 크게 고조되었다. 유럽에서는 베네룩스경제공동체(the economic union of Benelux countries)와 1950년대 초반 결성된 유럽석탄철강공동체(European Coal and Steel Community: ECSC), 그 후신인 유럽경제공동체(European Economic Community: EEC)가 출범하였고, 영국이 중심이 되어 비농산물 관세의 조화를 목적으로 결성한 유럽자유무역협정(European Free Trade Agreement: EFTA)도 창설되었다. 소련도 이에 대항해 1949년에 공산주의 체제 국가들을 중심으로 COMECON(상호경제원조회의)을 창설하였다.

유럽 지역과 더불어 라틴아메리카에서도 경제 통합에 큰 진전이 있었다. EEC 출범에 자극을 받아 1960년대부터 지역 경제 통합을 추진하여 아르헨티나, 브라질, 칠레, 파라과이, 페루, 우루과이 등 남미 6개국과 멕시코가 몬테비데오조약(the Montevideo Treaty)을 체결하여 남미자유무역연맹(Latin American Free Trade Association: LAFTA)을 설립하였다. 볼리비아, 콜롬비아, 에콰도르 등 안데스산맥 주변 국가들이 중심이 된 안데스공동시장(ANCOM)과 엘살바도르, 과테말라, 온두라스, 니카라과 4개국 중심의 중미공동시장(the Central American Common Market)도 창설되었다. 아시아 대륙에서는 남아시아 지역에서 통합 가능성이 고려되었던 반면, 아프리카에서는 새롭게 독립한 국가들 간에 여러 가지 경제 통합을 위한 계획안들이 준비되었다. 그러한 계획안은 북아프리카의 가나, 기니, 말리, 그리고 이전에 프랑스 식민국들 사이에서 많이 논의되었고, 차츰 중부 및 동부·서부·남부 지역으로 확산되어 종국적으로 여러 경제 공동체가 결성되었다.

그러나 이렇게 결성된 세계 경제 공동체는 1970년대 들어 몇몇 그룹을 제외하고는 실질적인 공동체로서의 발전을 이루지 못하고 소강상태에 접어들었다. 이는 1970년대 세계 경제를 두 차례나 강타한 오일 쇼크와 관련되어 있는데, 이에 맞서 세계 각국은 보호 무역주의를 강화하면서 개방적 성격을 띠는 경제 통합 추세가 완전히 꺾였기 때문이다. 하지만 1990년대 들어 그동안 이러한 지역 통합주의에 반대하던 미국이 입장을 선회하여 인접한 캐나다, 멕시코와 북미자유무역협정을 체결함으로써 다시 한 번 국가 간의 경제 통합이 세계적 관심을 끌었다. 이에 그동안 침체되었던 경제 통합 기조가 되살아나 라틴아메리카, 카리브해, 아프리카, 동남아시아 지역에서 이전 통합 협정의 재정비 또는 새로운 협정의 체결이 잇달았다. 특히, 1980년대를 거치면서 경제 통합에 별다른 진전을 보지 못해 '잃어버린 10년'이라 불리던 중남미 지역 국가 중 북미의 NAFTA 결성에 자극을 받은 브라질, 아르헨티나가 중심이 되어 MERCOSUR(Mercado Comun del Sur)를 출범시키고, 기존의 경제 통합체들도 조직을 재정비하면서 다시 한 번 경제 통합의 움직임이 활발해졌다.

이러한 세계적인 경제 통합 추세는 동북아시아 지역에도 영향을 미쳤다. 실제로 우리나라와 일본의 경우 제2차 세계대전 이후 지역적 통합보다는 다자주의를 통해 성장하였기 때문에, 오랜 세월 동안 이러한 세계적인 지역적 경제 통합 기조에서 멀리 떨어져 있었다. 특히, 동북아 지역에는 아직도 상대적으로 국가주의의 벽이 매우 높을 뿐 아니라 과거 역사의 인식 문제로 서로 간의 신뢰도가 낮아 경제 협력에 많은 어려움이 존재하였다. 그러나 1992년 아세안이 아세안자유무역지대(AFTA)를 설립하는 계획을 발표한 후, 중국의 급속한 경제 성장과 더불어 한·중·일 3국은 꾸준히 타국과 FTA 체결을 확대하고, 새로운 협상들을 추진하고 있다.

경제 통합에 관련된 분석들은 대체로 바이너(Viner, 1950)의 관세 동맹 이론으로부터 시작되었다고 보는데, 동시대의 비에(Bye, 1950), 그 후 샤우프(Shoup, 1953), 미드(Meade, 1953; 1955a) 그리고 존슨(Johnson, 1965), 쿠퍼와 마셀(Cooper and Massel, 1965), 틴버겐(Tinbergen, 1965) 같은 경제학자들이 계속하여 이론을 발전시켜 나갔다. 이러한 경제 통합 이론들은 통합이 해당국에 가져오는 경제적 효과뿐만 아니라 국가의 재정 및 금융 정책이나 다른 정책들의 차이로부터 발생하는 문제점도 같이 분석한다. 따라서 경제 통합 이론은 국제경제학의 일부로 간주되기도 하였지만, 체결 국가들의 시장 통합 효과를 연구하고, 공동체 경제 정책들의 상호 조정 필요성을 검토함으로써 국제 무역 이론 분야까지로 그 영역을 확대하였다. 또한 이 이론은 입지 이론(locational theory)과도 연관되어 있다. 주변 국가와의 통합은 국가별 경제적 국경으로 인해 지속적으로 경제적 활동을 방해하는 인위적 장벽을 제거함으로써 생산에 있어서의 재입지(relocation)와 지역 간 집적(agglomeration) 및 분산(deglomeration) 추세는 입지 분석에서 사용하는 분석 도구들을 사용하지 않고는 적절히 다룰 수가 없다.

경제 통합은 여러 가지 단계를 거쳐 발전하는데, 이론적 분석을 위해 일반적으로 구분하는 형태는 자유무역지역(Free Trade Area), 관세 동맹(Customs Union), 공동 시장(Common Market), 통화 동맹(Monetary Union), 경제 통화 동맹(Economic and Monetary Union), 완전한 경제 동맹(Complete Economic Union) 및 정치적 동맹(Political Union)이다. 경제 통합의 가장 낮은 단계는 자유무역지역이며, 그 다음은 앞에서 언급한 순서대로 더 높은 단계의 통합 형태가 된다. 각 단계에서는 단계를 구분하는 고유의 특성을 가지고 있으며, 이와 관련한 내용은 본문에서 자세히 다룰 것이다. 경제 통합의 마지막 단계인 완전한 경제 통합의 경우 금융·재정·사회 및 반경기 순환 정책의 단일화뿐 아니라 각 회원국들의 결정을 구속할 수 있는 초국가적 기구의 설립을 전제 조건으로 한다. 그러나 실제적으로는 이들 단계의 구분은 학자마다 다르고, 단계를 구분하는 특성도 명확하지 않고 중복되는 경우도 많다.

세계 각국이 경제 통합을 추진하는 이유는 이를 통해 체결국들이 가지고 있는 여러 자원을 좀더 효율적으로 사용하고, 시장 확대를 통한 규모의 경제, 내부 무역에서의 불확실성 감소, 기술 변화율의 촉진 등 여러 가지 동태적 효과를 얻어 경제 성장을 촉진시키려 하기 때문이다. 따라서 통합된 블록 내에서 상품 및 생산 요소의 자유로운 이동이 필요하게 되며, 거래 비용을 줄이기 위한 단일 통화의 도입도 필요하게 된다. 이에 회원국들은 각종 관세 및 비관세 장벽을 제거하고, 국가 간 차별을 금지하며, 통합·확대된 시장이 원활히 기능하기 위해 필요한 여러 가지 제도적 장치와 정책들을 도입한다. 하지만 국가 간의 경제 통합은 각 회원국들이 국내 정책을 결정할 때 여러 가지 제약이 뒤따른다는 뜻이기도 하다. 그리고 경제 통합이 진전되어 그 단계를 높여 갈수록 이러한 제약들은 점점 더 많아진다.

그러면 각 국가들은 이러한 제약들을 수용하면서도 경제 통합을 하려는 의도는 무엇인가? 이는 통합을 통해 얻는 경제적 이익이 비용을 초과한다고 생각하기 때문이다. 그렇다면 과연 이러한 비용과 이익의 평가를 기본으로 한 판단이 항상 정확하다고 할 수 있는가? 이에 대한 대답은 명확하지 않다. 경제 통합은 당사국들에 의해 생산되는 상품의 수량을 변화시키고, 국내 상품과 외국 상품의 차별 정도를 변화시키며, 동맹국 간의 소득 재분배뿐만 아니라 개별 국가 내의 소득 재분배도 변화시킨다. 따라서 통합을 통한 손익 평가는 상당히 복잡하고 어렵다. 특히, 통합을 통한 손익 평가는 크게 정태적인 부문과 동태적인 부문 두 가지로 나누어 볼 수 있는데, 후자인 동태적인 부문은 장기에 걸쳐 평가해야 하며 그 효과도 명확히 추정하기 어렵다. 더구나 국내·외 경제 상황이 바뀌면 당연히 그 결과도 같이 달라지고 향후 경제 예측을 하는 것도 어렵다. 따라서 어떤 경우에는 경제 통합이 경제적인 측면보다는 정치적인 측면에서 그 결정이 이루어질 때가 많다. 현재 가장 진보된 경제 통합체로 손꼽히는 유럽연합(EU)도 설립 당시 경제적 목표보다는 정치적인 목표가 더 크게 고려되었다. 프랑스와 독일 간의 미래 전쟁을 피하고, 서유럽을 세계적 강대국으로 재건하는 것이 경제 통합에 의해 제공되어야 할 정치적 목적으로 자주 거론된다. 많은 연구자들은 이러한 정치적 목적이 주요 목표이고 관련된 경제적 고려는 2차 목표로 놓는다. 여기서 경제적 고려와 정치적 고려의 상대적 중요성은 평가하지 않을 것이다. 왜냐하면 이러한 관계를 정량화시키기도 어렵고, 이들 사이에 상당한 정도의 종속성도 존재하기 때문이다. 정치적 동기는 경제적 통합을 먼저 촉진시키지만, 경제적 통합 또한 정치적 동기에 반응한다. 비슷하게 초기의 동기가 경제적이라도, 마지막 단계에서는 정치적 단합의 필요성이 발생할 수도 있다.

경제적 관점에서는 정치적 동기와 경제적 동기 중 어느 것이 먼저 통합의 움직임에 계기를 마련해 주었는가 하는 것이 중요한 문제가 아니며, 통합의 경제적 효과가 무엇인가가 더 중요한 문제인 것이다. 비록 정치적인 동기가 매우 중요한 요인이더라도, 경제학자들이 이와 관련된 경제적 문제를 검토할 필요가 없다는 것을 의미하는 것은 아니다. 즉, 동맹체를 창설한 것이 정치적 고려에 의해 나타난 결과라고 하더라도, 본서에서는 그 동맹체 설립이 가지는 경제적 중요성과 경제적 효과 분석에 중점을 두겠다는 뜻이다.

Chapter 2

경제 통합의 기초 개념

경제 통합의 기초 개념

경제 통합의 자세한 과정을 이해하기 위해서는 경제 통합과 관련된 기본적인 내용과 주요한 이슈들을 먼저 이해해야 한다. 이 장에서는 경제 통합에 대한 기본적인 개념과 내용들을 소개하는데, 먼저 경제 통합이란 용어에 대해 정의를 내리고, 그 다음 경제 통합의 단계를 구분하여 각 단계의 특징과 단계별 필요한 정책들을 설명한다. 그리고 경제 통합의 형태와 경제 통합의 결성 동기, 권한 배분 문제 등도 같이 알아본다.

제1절 경제 통합이란

'경제 통합'(economic integration)이라는 용어에는 다양한 개념을 내포하고 있다. 가장 좁은 범위로 정의한다면 이것은 한 기업이 다른 기업 혹은 자신보다 더 큰 회사와 흡수·합병하는 것을 의미한다. 그것보다 좀 더 넓은 범위로 정의하면 한 국가 내에서 지역 간 경제가 통합되는 것을 의미할 수도 있다. 이 경우 통합은 공간적인 측면을 가진다. 그리고 가장 넓은 범위로 정의한다면 지리적으로 인접한 국가들 간에 동맹을 결성하여 종국적으로 동맹국들의 경제가 하나로 기능하게 되는 경우를 의미할 수 있다. 사실 이 책에서 '경제 통합'이라고 하는 경우 대부분은 마지막 경우를 뜻하는 것으로, 항상 국제적인 경제 관계 측면에서 사용할 것이다.

경제 통합이라는 용어는 개념상 두 가지 의미로 해석될 수 있다. 먼저 동태적 개념

(dynamic concept)으로 통합 이전에 구분되어 있던 국가의 경제적 실체가 없어지면서 점진적으로 하나로 통합되어 가고, 회원국 간의 경제적 국경도 차츰 사라져 가는 과정을 말한다. 이에 반해 정태적 개념(static concept)으로는 경제의 국가적 요소들이 더 이상 경제적 국경으로 분리되어 있지 않고, 하나의 실체로 기능하고 있는 상태를 말한다. 둘 중에 동태적 개념의 해석이 더 일반적이며, 이 책에서도 주로 이 개념을 사용할 것이다. 물론 표현상의 정태적 의미는 통합 과정이 모든 단계를 거쳐서 마지막 목표에 이르고 난 후의 상태를 의미하는 것이다.

제2절 경제 통합의 단계

경제 통합의 단계는 그 내부 결속도의 정도와 진행 과정에 따라 여러 가지 방식으로 나누어지지만, 크게 두 부분으로 나눌 수 있다. 첫 번째는 상품과 서비스 시장과 생산 요소(노동, 자본, 기업가 정신)의 통합에 적용되는 시장 통합이다. 두 번째는 정책 통합이다. 여기서 한 단계 더 나아가면 경제적 범위를 넘어 정치적인 부문의 통합까지 확대된다. 실제로 정부의 간섭 없이 생산과 분배를 완전히 시장에 맡겨 두는 경제 체제에서는 국가들 간의 상품과 생산 요소의 이동에 대한 장애물을 없애는 것만으로도 완전한 경제 통합을 이룰 수 있다. 그러나 공평한 소득 분배나 자원 배분, 경제 성장 등 여러 가지 정책 목표들을 추구하기 위해 정부가 빈번하게 경제에 개입하는 오늘날의 혼합 경제 체제에서는 그렇게 단순한 방법으로는 완전한 경제 통합을 성취하기가 쉽지 않다.

이러한 점을 고려하여 전체적으로 통합의 단계들을 분류해 보면 다음과 같다.

1. 시장 통합의 단계

(1) 자유무역지역

경제 통합의 가장 초기 단계로, 통합에 참여한 회원국 간에는 수입 관세나 수량 제한과 같은 모든 무역 장벽들이 폐지되어 역내에서는 자유 무역이 보장된다. 그러나 비회원국에 대해서는 회원국별로 자체적으로 수입 관세를 부과할 수 있다. 따라서 가장 낮은 대외 관세를 부과하는 회원국으로 상품이 먼저 수입되어 다시 높은 관세를 부과하는 회원국으로 재수출되는 무역 굴절(trade deflection) 현상이 발생하며, 이를 막기 위해서 국제적으로 거래되는 상품은 반드시 해당 상품이 만들어진 국가를 나타내는 '원산지 증명서'(certificates of origin)를 부착해야 한다.

자유무역지대를 통한 상품의 자유로운 교역은 회원국들의 성장과 번영에 긍정적 효과를 가져다준다. 즉, 소비자가 가장 싼 상품을 선택할 수 있도록 선택 범위를 넓혀주고, 규모의 경제 등을 통하여 추가적 이익을 얻을 수 있는 조건들을 만들어 준다.

이러한 자유무역지역(Free Trade Area: FTA)의 예로는 유럽자유무역연합(European Free Trade Association: EFTA)과 북미자유무역협정(North American Free Trade Agreement: NAFTA) 등이 있다.

(2) 관세 동맹

자유무역지역과 마찬가지로 회원국들 간에 상품은 자유롭게 거래된다. 하지만 관세 동맹(Customs Union)에서는 회원국들 간에 하나의 공동 대외 관세(Common External Tariff: CET)가 설정된다. 따라서 비회원국 상품이 수입될 때 자유무역지대에서 필요하였던 국경 지역에서의 '원산지 증명서'가 더 이상 필요하지 않다. 대신 상품은 관세 동맹 내의 어느 국가에서나 한 번 유통되면, 그 후로는 자유롭게 이동된다. 공동 대외 관세(CET)가 설정되면 주변의 경제 환경 변화에 따라 주기적으로 관세를 조정해 주어야 하는데, 이를 위해 공동의 무역 정책이 요구된다. 대외적으로는 제3국과의 협상에서 각 회원국들이 개별적으로 행동하였을 때보다 관세 동맹을 결성하여 하나의 실체로서 행동하는 것이 협상력에서 훨씬 더 큰 장점을 준다. 내부적으로는 수량 할당을 하는 데 있어 국내 상품보다 외국 상품에 더 높은 조세를 부과하거나, 각국별 기술 기준의 적용, 정부 구매에 자국 기업 우선 선정 같은 비관세 장벽을 폐지하기가 더 쉬워질 것이다. 그런 장벽을 없애기 위해서는 우선적으로 국가의 법적·제도적·사회적 구조에 깊이 뿌리박혀 있는 조세나 안전, 규제 같은 다양한 부문에서 조화가 이루어져야 한다. 나아가 회원국들 간의 내부 시장이 적절히 기능하기 위해서는 경쟁을 왜곡시키는 여러 가지 요인들도 제거해야 한다. 시장에서 경쟁의 왜곡은 정부가 행하는 여러 조치, 예를 들면 정부의 보조금 지급이나 수출 보조금 지급으로부터 생길 뿐 아니라, 기업들 간에 맺은 협정에서도 발생할 수 있다. 따라서 개인과 공공 부문에 대한 규정을 언급한 공동의 경쟁 정책도 필요하다. 그러한 공동 경쟁 정책은 다른 영역의 정책에도 영향을 미친다. 즉, 기업들의 소비자 배상 범위뿐 아니라 오염 발생에 대한 배상 책임 범위를 포함하는 환경 정책의 조화도 필요하게 된다.

역사적으로 볼 때 19세기 중엽 독일 통일에 주도적 역할을 한 졸페어아인이 관세 동맹의 효시가 되었으며, 제2차 세계대전 후에는 베네룩스관세동맹을 위시하여 아프리카 지역에서의 관세 동맹들이 좋은 예다.

(3) 공동 시장

공동 시장의 기반은 관세 동맹이다. 즉, 공동 시장에서는 관세 동맹이 가진 특성에다 노동과 자본 등 생산 요소까지도 내부적으로 자유롭게 이동하는 추가적 특성을 가진다. 제3국에 대해서는 노동과 자본에 대해 모두 공동 정책을 취하든가, 아니면 노동에 대해서는 공동 정책을 시행하지만 자본에 대해서는 국가별로 다른 정책을 시행하는 등의 여러 조합이 가능하다.

공동 시장 결성을 통해 생산 요소가 자유롭게 이동한다면 공간적으로 노동과 자본의 최적 분배를 가능하게 하여 경제적으로 추가적인 이득을 가져온다. 즉, 특정한 생산 요소가 적절하게 존재한다면 가장 경제적으로 생산할 수 있는 지역에서 종종 그 생산 요소가 부족해서 최적의 생산을 하지 못하는 경우가 있다. 이런 문제점들을 극복하기 위해 기업가들은 그들의 자본을 수익률이 낮은 곳에서 더 높은 곳으로 이동시키는 경향이 있다. 노동도 마찬가지이다. 노동자들은 노동이 풍부해 임금이 낮은 지역에서 노동이 희소해 더 높은 임금을 받을 수 있는 지역으로 이동하려 할 것이다. 이렇게 생산 요소가 자유롭게 이동하는 시장에서는 새로운 생산 가능성이 커지고, 그것은 또다시 더 현대화되거나 생산 요소를 더 효율적으로 활용할 수 있도록 해 줄 가능성을 크게 높여 준다. 생산 요소의 자유로운 이동은 관련된 정책들의 조화에도 강력한 동기를 부여해 준다. 동맹체 내에서 노동이 자유롭게 이동하기 위해서는 실제로 회원국 상호간의 학력을 인정하거나 또는 상호 전문 자격증을 인증해 줄 필요가 있다. 예를 들어, 한 회원국에서 취득한 고등학교나 대학교 학력, 또는 전문 자격증 등은 타회원국으로 이주하였을 때도 동등하게 인정받을 수 있을 때에만 노동이 쉽게 이동할 수 있다. 병이나 사고, 은퇴, 연금 그리고 다른 경제적 이익들에 대한 각기 다른 판단 기준과 다른 지불 정책은 노동의 자유로운 이동을 저해하기 때문에, 공동 시장이 잘 운영되기 위해서는 이러한 사회 보장 수단들이 먼저 조화되어야 한다. 자본 또한 자유롭게 이동하기 위해서는 회원국들의 인위적인 환율 통제나 법적 규제 같은 행정적 장벽을 제거해야 한다. 그리고 조세 제도를 조화시켜 세율이 낮은 국가로 자본 이동이 집중되는 것을 막아야 한다. 더구나 투기로 인해 야기되는 경제적 혼란을 줄일 수 있는 금융 정책(이자율, 환율 등)의 조화도 필요하다. 일반적으로 노동보다는 자본이 훨씬 더 유동적이어서 공동 시장의 설립은 특정 지역에 투자를 집중시키고, 대신 다른 지역에 경제적 침체와 실업을 확대시킨다. 그래서 공동 시장에서는 좀 더 능동적인 사회 정책과 지역 정책의 수단이 필요하게 된다.

이러한 공동 시장 형태로는 중앙아메리카공동시장(Central American Common Market: CACM), 카리브공동시장(Caribbean Common Market: CCM), 남미공동시장(Mercado Comun del Cono Sur: MERCOSUR) 등이 있다.

2. 경제 정책 통합의 단계

경제 정책의 통합도 대체로 세 가지 단계로 나눈다.

(1) 경제 동맹

경제 동맹(Economic Union: EU)은 공동 시장 단계를 넘어선 형태로, 회원국들 간 상품 및 생산 요소의 자유 이동과 공동 대외 관세 외에도 가맹국 상호간 경제 정책의 협력과 공동의 경제 정책을 실행하는 통합 형태를 말한다. 이 단계에서는 경제 정책의 가장 중요한 영역들의 상호 조율이나 또는 고도의 단일화까지 진전되며, 추가적으로 재분배 정책과 사회·환경 정책과 같은 사회적인 측면으로 확대될 수 있다. 제3국에 대해서는 무역과 자본 이동, 이민, 통화 안정 등에서 공동의 정책을 추구하게 된다. 경제 동맹에서 각 동맹국은 각각 별도의 행정 기구를 가지고 있지만, 공동의 경제 정책을 결정하고 집행하기 위한 초국가적인 경제 기구를 설치한다. 따라서 동맹국들은 상당수의 경제 규범을 공유하게 되며, 경제에 관한 독립성을 일부 상실하게 된다. 1929년에 결성된 벨기에-룩셈부르크경제동맹이나 유로화가 출범하기 전의 유럽연합이 좋은 예이다.

(2) 통화 동맹

통화 동맹(Monetary Union: MU)에서는 회원국들의 통화를 고정 환율을 통해 연결시켜 완전히 태환되도록 하거나, 아니면 하나의 공동 통화를 만들어 모든 회원국에 통용되게 한다. 이 동맹에서는 회원국들 간의 자본 이동이 완전히 자유롭다. 여러 국가에서 경제 활동을 하는 다국적 기업의 경우 공동 통화를 사용하는 통화 동맹 국가 내의 무역 거래에 있어 회원국별로 각기 다른 통화를 사용함으로써 발생하던 거래 비용(transaction cost)을 대폭 줄일 수 있다.

과거 아프리카의 프랑스 식민지 국가들이 프랑스 프랑을 공동 통화로 사용하는 것이나, 동카리브공동시장(the East Caribbean Common Market)이 통화 동맹을 형성하고 단일 통화를 사용하는 것이 좋은 예가 된다.

(3) 경제 통화 동맹

경제 통화 동맹(Economic and Monetary Union: EMU)이란 앞에서 설명하였던 경제 동맹과 통화 동맹의 특성들을 합한 것이다. 통화 정책과 거시 정책의 관계에서 보면 통합은 두 정책 분야에 대해 거의 동시에 전개된다. 이 경제 통화 동맹의 가장 중요한 목적은 국가의 경제 성장을 촉진시키는 것이다. 그렇게 하기 위한 한 가지 방법은 단일 통화를 도입해 기업들 간의 거래 비용을 낮추는 것이다. 다른 방법은 혁신(innovation)을 촉진하여 새로운 판매 전망을 창출하는 연구·기술 정책을 수행하는 것이다. 그리하여 만일 다른 지역이나 국가에서 유사하거나 심지어 상반되는 개발이 이루어지는 것을 사전에 막기 위해 상호 조정한다. 이러한 고도의 경제 통합을 수행하기 위해서는 동맹체 내에 초국가적 기구를 설치하고, 그 기구로 하여금 각 회원국의 사회·경제 정책을 조정·통제하도록 해야 한다. 이는 사실상 각국이 단일 경제로 통합되는 것을 전제로 하고 있다. 하지만 재정·통화 정책을 위시한 공동의 경제 정책을 수행하기 위해서는 먼저 각 회원국이 가지고 있는 경제적 주권을 초국가적인 기구로 이양하는 것이 선결 조건이다. 그런 맥락에서 경제 통화 동맹이라는 것은 정치적 통합을 동시에 요구하고 있다고 할 수 있다.

현재 유럽연합이 유로존(Eurozon)을 형성하고 유로(euro)를 사용하고 있는 것이 경제 통화 동맹의 좋은 예가 된다.

3. 정치 동맹의 단계

(1) 정치 동맹

통합은 점차적으로 경제적 범위를 넘어서 반범죄 정책(경찰), 대외 정책 그리고 종국적으로 안보 정책까지 포함하는 분야에까지 확대된다. 이러한 정치 동맹(Political Union: PU)에서는 범죄자가 타회원국으로 도주하더라도 인도받을 수 있으며, 공동의 이익을 위해 대외 정책의 조율도 가능하다. 더구나 국가의 안보가 위협되는 상황이 발생하면 회원국 모두가 공동으로 대응할 수 있다. 경제 통합이 실제로는 정치적 동기에 의한 통합을 쉽게 해 주므로, 경제와 정치는 많은 측면에서 연관되어 있다. 그래서 제3국에 대해 회원국들은 그들의 공동 무역 정책뿐 아니라 그들의 대외 정책과 안보 정책까지도 조화하려 한다. 그러다 보니 경제 통합은 정치 통합을 더 용이하게 도와 준다. 유럽연합은 그동안 추진해 온 경제 통합의 단계를 넘어 이제는 '유럽 헌법' 제정을 통해 정치적 연합까지도 추구한다고 볼 수 있다.

(2) 완전 동맹

완전 동맹(Full Union: FU)이란 경제와 관련된 많은 중요 사안에 대한 공동 정책 등을 완전히 단일화하는 것을 의미한다. 예를 들어, 이 단계에 이르면 사회 보장 제도와 소득세 징수 권한은 공동체의 권한으로 넘어갈 것이다. 거시 경제 정책과 안정화 정책도 마찬가지로 각국의 통제 범위를 넘어 공동체의 권한으로 들어갈 것이다. 그 밖에 국가의 안보나 국방까지도 공동체에서 관할하게 될 것이다. 이러한 상황은 실제로는 여러 국가들이 존재하지만 마치 한 국가만 존재하는 것과 같을 것이다. 따라서 연방 국가나 연합 국가 형태들이 선택될 것이다.

지금까지 정의하였던 단계들은 현재 가장 일반적으로 폭넓게 적용되는 구분 방식인데, 먼저 언급하였던 단계들, 즉 자유무역지역, 관세 동맹, 공동 시장은 고전적 방임주의하에서는 시장 통합을 말하는 것이고, 더 높은 단계들은 정책 통합과 정치 통합을 의미한다. 그러나 실제로 여러 문헌에서 정의되는 단계들은 학자마다 다르고, 명백하게 구분 정의되지는 않는다. 〈표 2-1〉에는 여러 학자들이나 UN이 각자의 기준으로 분류한 경제 통합 단계를 요약해 놓았다.

경제적 통합과 정치적 통합 간의 관계는 사례별로 다르다. 분명히 한 국가 내에 지역 간 경제 통합은 경제적 통합뿐 아니라 정치적 통합도 같이 이루어진 것으로 가정한다. 그러나 미국의 선벨트(Sun-belt) 지역은 남북전쟁(1861~1865) 이후 90여 년이 지난 뒤에도 미국 경제에 통합되지 못하였다. 이탈리아 남부의 메조지오르노(Mezzogiorno) 지역도 이탈리아가 1870년 정치적으로 통일이 된 후 현재까지도 완전히 경제적으로 통일되지 못하고 있다. 이와 반대로 유럽연합은 처음부터 경제적 통합과 정치적 통합이 서로 연관되어 발전하였다. 이는 역사적 이유를 배제하더라도, 공산주의의 위협과 냉전하에서의 동맹 관계가 정치·경제적으로 융합하는 데 중요한 역할을 하였기 때문이다. 그러나 로마조약에 명시된 경제적 수단을 통한 암묵적인 정치적 통합의 추구는 영국이나 덴마크, 노르웨이 그리고 일부 중립적이고 비사회주의 국가들이 마지막까지 유럽경제공동체(EEC)에 참여하지 않도록 하는 이유가 되기도 하였다.

여러 통합 단계들은 각각 그 경제적 중요성이 다를 뿐만 아니라, 제도적인 결과 또한 다르다. 일반적으로 통합의 단계가 더 높아질수록 충족되어야 하는 제도적 요구도 높아진다. 이러한 통합의 단계는 일반적으로 두 가지 특성을 가진다. 하나는 동맹국 회원국들 간에 존재하던 여러 가지 차별을 폐지하는 것이고, 반대로 비회원국들에 대해서는 기존의 차별을 유지하며 추가적으로 다른 차별을 만들어 내는 것이다.

표 2-1 경제 통합의 단계 분류

	단 계	
UN	① 장기 무역 협정 및 계약 ③ 수량 제한의 특혜적 적용 ⑤ 자유무역지역 ⑦ 경제 동맹	② 관세율의 특혜적 적용 ④ 부문 간의 통합 ⑥ 관세 동맹
Tinbergen	① 수량 제한의 특혜적 적용 ③ 자유무역지역 ⑤ 경제 동맹	② 부분적 통합 ④ 관세 동맹
Balassa	① 자유무역지역 ③ 공동 시장 ⑤ 완전 경제 통합	② 관세 동맹 ④ 경제 동맹
EL-Agraa	① 자유무역지역 ③ 공동 시장 ⑤ 완전한 정치적 통합	② 관세 동맹 ④ 완전한 경제 동맹
Magee	① 자유무역지역 ③ 공동 시장	② 관세 동맹 ④ 완전한 경제 동맹
Chacholiades	① 부분별 특혜 무역 협정 ③ 관세 동맹 ⑤ 경제 동맹	② 자유무역지역 ④ 공동 시장

자료: 김세영 · 신상식(2003), p. 36.

시장에서 자유화로부터 얻어지는 명백한 경제적 이익은 "왜 세계 각국이 통합을 하려고 하는가?" 하는 질문에 대한 아주 좋은 답변이 된다. 그러나 통합은 종종 경제적 논리보다는 정치적 논리에 따르는 경향이 있다. 이는 특정 부문에 있어 실제로 보호를 요구하는 공급자들과 싼 수입품을 요구하는 소비자들 간의 이해관계 상충 속에서 정부가 계속해서 보호만을 주장하기가 어렵기 때문이다. 그리고 통합을 하더라도 산업 정책이나 비관세 장벽, 아니면 행정적 절차를 통해 어느 정도 실질적인 보호가 가능하며, 국가의 경제 성장 정책과 소득 재분배와 같은 중대한 정책들은 통합을 하더라도 대부분 회원국 정부의 권한하에 있기 때문이다.

공동 시장의 경우도 통합 과정에서 생겨나는 경제적 이익에 부분적으로 기반을 두고 있다. 그러나 여기서도 정치적 논리가 작용한다. 노동 시장의 통합은 일반적으로 노동이 부족한 기간에 훌륭한 선택으로 보인다. 이는 제2차 세계대전 후에 유럽 국가들이 제3세계로부터 많은 노동자를 받아들인 예를 보더라도 알 수 있다. 당시 우리나라도 독일에 광부와 간호사를 보낸 경험이 있다. 자본 시장 통합에 있어서도 국가 경제를 위해 많은 정치가들은 직접 투자 같은 새로운 해외 투자를 끌어들이기를 희망한다.

이러한 시장 통합의 경우 제도와 정책의 수립에 대한 많은 요구가 없이도 진행될 수 있다. 즉, 새로운 정책을 도입할 필요 없이 기존에 있는 장벽들을 하나씩 제거해 나가는 것만으로도 시장 통합을 이룰 수 있다. 이러한 조치들은 단순하고 명확하게 정의할 수 있고, 한 번 조약에 명시되면 정부와 기업뿐 아니라 개인들도 준수해야 한다. 또한 그러한 조치들을 실행하기 위해 별도의 정책 결정 기구나 감시 기구를 만들 필요 없이, 특정 주체가 규정 사항을 위반하여 타인에게 피해를 줄 경우 법원에 제소함으로써 간단히 해결할 수 있다.

그러나 정책 통합은 시장 통합과 다르다. 현대 경제에 있어 대부분의 국가들은 시장에 개입하여 그 불완전성을 교정함으로써 경제 후생을 고양시키는 것을 정부의 기본 역할로 생각하고 있다. 하지만 국가별로 전통과 제도, 선호가 다름에 따라 추구하는 목표와 규제 형태도 각기 다르다. 또한 전 세계가 좀 더 개방되고, 좀 더 경제적으로 상호 연관됨에 따라 한 국가의 정책은 이제는 인접한 다른 국가에도 영향을 미친다. 따라서 두 국가의 추구하는 목표가 다르다면, 한 국가의 정책이 다른 국가의 정책에 악영향을 미칠 수도 있게 된다. 그런 점에서 정책 통합은 국가별 정책을 수립하는 데 있어 효율성을 증가시켜 주도록 유도하기 때문에 경제적 이익을 가져온다. 이것은 또한 서로 다른 국가적 규제 속에서 운영해야 되는 다국적 기업들에게도 추가적인 적응 비용을 없애 줄 것이다. 따라서 경제 통합이 진전된다면 회원국들의 규제 제도도 점차적으로 통합될 것이다.

정책 통합의 중요한 목표는 통합된 부분이 기능하는 데 있어 동일한 조건을 만드는 공동 정책의 기본적인 틀(framework)을 만드는 것이다. 공동 정책은 공동의 제도를 필요로 하는데, 정책 단계가 복잡해질수록 그 필요성은 더 강해진다. 정책 통합은 종종 정부 기관들이 실천해야 하는 불명확하게 정의된 의무에 기초하여 요구되는데, 이러한 의무의 범위와 시기에 대해서는 여러 가지 해석을 할 수 있는 여지가 많고, 주변 환경이 바뀌면 언제든지 또 다른 해석이 가능하다. 더구나 경제적 측면에서 충분한 이익이 있다 할지라도 정책 통합은 회원국 정부 관료들과 정치 조직의 이해관계 때문에 성취하기가 어렵다.

회원국의 정치가나 정책 입안자들은 교육 부문이나 보조금, 조세 수입과 관련된 예산 정책, 고용 같은 주요 요소들이 포함된 사안에 대해서는 그들의 권한을 잘 포기하려 하지 않는다. 더욱이 국가 공무원들은 그들이 정책을 집행하는 현재 방식이 가장 효율적이라고 주장하며 그들의 방식을 고집하는 경향이 있고, 그들 스스로가 지금의 복잡한 정부 규정 때문에 직업을 유지하고 있다는 사실을 잘 알고 있으므로 규정을 조화하거나 공동의 정책을 만드는 데 적극적으로 협력할 의사가 별로 없다. 따라서 국가 안보와 같은 국가의 주요 통치권을 건드리는 정책 통합은 말할 것도 없고, 사회의 안전이나 통화 확대 같은 영역에서도 공동 정책을 만들기 위한 협조를 이끌어 내기는 쉽지 않다.

제3절 경제 통합의 여러 형태들

경제 통합은 이미 살펴보았듯이 여러 단계로 나누어지며, 통합의 범위나 형태에 따라 통합의 종류를 나누기도 한다. 즉, 통합에 있어 특정한 산업 부문에만 한정하여 회원국 간 공동 협력 조치를 취하는 통합이 있는가 하면, 국가의 모든 경제 부문에 걸쳐 협력의 기회를 넓히는 통합도 있다. 또한 국가의 주권은 거의 침해하지 않고 역내 무역의 자유화만을 목적으로 하는 통합이 있는가 하면, 초국가적인 기구를 설치하고 그 기구에 국가 권한의 일부 또는 전부를 이전하여 통합 정책을 공동체 수준에서 실행하는 통합도 있다. 이 절에서는 이러한 경제 통합의 여러 형태와 각각의 특성을 살펴보기로 한다.

1. 수직적 통합과 수평적 통합

경제 통합을 하는 회원국들 간의 관계가 수평적인 관계에 있는가, 아니면 수직적인 관계에 있는가에 따라 전자를 수평적 통합, 후자를 수직적 통합이라 한다. 일반적으로 수직적 통합(vertical integration)이란 선진국과 후진국 간의 통합이나 공산품을 수출하는 국가와 농산물이나 광물 같은 1차 산품을 수출하는 국가들 간의 통합을 뜻한다. 수직적 통합은 상호간에 경제적으로 보완할 수 있다는 장점이 있으나, 후진국의 경우 선진국 경제에 대한 의존도가 심화되거나 종속화되는 것이 문제가 될 수 있다. 과거에 유럽의 강대국들은 세계 전체를 대상으로 식민지 쟁탈전을 벌여 식민지국을 건설하였는데, 이때 종주국과 식민지국 간의 경제 통합 관계도 수직적 통합으로 볼 수 있다. 또한 NAFTA의 경우 협정 체결 당시 회원국 중 미국과 캐나다는 선진국에 속하지만 멕시코는 아직도 후진국에 속해 수직적 통합의 한 형태로 볼 수도 있다.

이에 반해 수평적 통합(horizontal integration)이란 상호간 경제 발전 단계가 유사한 국가들 간에 결성되는 경제 통합으로, 이에는 선진국들 간의 경제 통합, 또는 후진국들 간의 경제 통합이 있을 수 있다. 유럽연합이 최근에 중·동유럽으로 회원국을 확대하기 이전에는 회원국들 간의 발전 단계가 비슷하여 수평적 통합의 형태로 간주할 수 있다. 수평적 통합은 각 가맹국의 발전 단계가 유사하므로 경쟁 촉진적인 효과를 기대할 수 있고, 또한 각 회원국들의 경제적 자주성도 보장되는 장점이 있지만, 모자라는 부분을 경제적으로 상호 보완해 줄 수 없는 단점을 가지고 있다.

2. 제도적 통합과 기능적 통합

경제 통합은 통합의 주체와 동기에 따라 제도적 통합과 기능적 통합으로 분류해 볼 수 있다. 제도적 통합(institutional integration)이란 각 회원국 정부가 통합 주체가 되며, 이 정부들 간의 합의에 의해 통합의 조건과 형태가 결정되는 것을 말한다. 현재 세계의 주요 경제 통합체 대부분은 이러한 정부 간 합의에 의해 결성된 것들이다. 제도적 통합은 정부가 주체가 되어 서로가 공식적으로 경제 협력 조치를 합의한 것이므로 공적(公的)인 통합이라고도 일컫는다.

이에 반해 기능적 통합(functional integration)이란 경제 통합의 주체가 다국적 기업 같은 개별 기업으로, 단순히 시장 내에 이윤 동기에 의해 국경을 뛰어넘는 경제 활동을 전개하여 지역적 경제권을 형성하는 것을 뜻한다. 따라서 비회원국에 대한 각종 차별화를 시도하지 않고, 지역적 경제권을 형성하는 주체가 회원국 정부가 아닌 개별 기업이므로 사적(私的)인 통합이라고도 지칭한다.

한편, 제도적 통합과 기능적 통합을 총괄하는 제도적·법적 기구가 존재하는가, 존재하지 않는가에 따라 경제 통합을 구분하기도 한다. 경제 통합을 이루는 회원국들 간에 초국가적 기구 내지 국제적 협력 기구를 만들고 이 기구를 통해 경제 협력에 필요한 정책을 수립하고 시행하며, 통제하는 형태의 통합을 제도적 통합이라 한다. 반면 이러한 별도의 제도적 기구는 만들지 않고 관련 국가들 간에 산업의 연관 효과가 높게 나타나는 특정 부분에서만 경제적 결속도를 강화하는 형태의 통합을 기능적 통합이라 한다. 이러한 기준에서 보면 유럽연합(EU)의 경우는 여러 가지 초국가적 기구를 설립해 통합을 시행하므로 제도적 통합에 속한다고 할 수 있다. 반면 유럽자유무역연합(EFTA)은 별도의 초국가적 기구를 만들지 않아 기능적 통합으로 볼 수 있다.

3. 전면적 통합과 부문별 통합

경제 통합은 통합 대상이 되는 분야의 범위에 따라 부문별 통합과 전면적 통합으로 분류한다. 전면적 통합(general integration)이란 경제 통합에 참여하고 있는 각 회원국들이 어떤 특정 부문에 통합을 한정하지 않고 산업 전 부문을 대상으로 각국의 시장을 일괄 개방하여 회원국 전체가 하나의 경제권으로 통합되는 것을 의미한다. 이에 반해 부문별 통합(sectoral integration)은 통합 시 경제적 효율성이 크게 향상되거나, 통합의 효과가 극대화될 것으로 기대되는 특정 산업 또는 특정 부문에 국한하여 회원국 간 시장을 개방하거나 공동의 생산 계획을 수립하는 것을 의미한다.

1950년대 유럽석탄철강공동체(ECSC)와 유럽원자력공동체(EURATOM), 또는 1960년대 미국과 캐나다 간의 자동차 부문에 대한 자유무역협정(US-Canada Auto Pact) 등이 부문별 통합의 좋은 예가 되며, 유럽자유무역연합(EFTA)도 주로 공산품에 초점을 맞춘 부문별 통합이라 볼 수 있다. 그러나 이러한 부분 통합은 이론적인 관점에서 여러 반대 주장에 부딪힌다. 즉, 모든 부문이 동시에 통합되면 변화가 서로 상쇄되지만, 한 부문만 통합되면 그 부문에만 재조정이 일어나고, 다른 부문에는 무역 장벽이나 관세가 계속 존재하여 적절한 자원 배분이 이루어지지 않는다는 것이다. 또한 부분 통합에서는 통합이 일어날 때마다 가격과 비용, 자원 배분에 있어 새롭고, 일시적인 균형이 생겨나고, 이 균형은 통합이 한 단계씩 진전될 때마다 계속 바뀌게 된다. 그러다 보니 특정한 통합 단계에서의 가격을 기준으로 한 생산 결정과 자원 배분은 나중에 부적절한 것이 되기 쉽다. 하지만 전면적 통합같이 모든 부문이 동시에 통합되면, 일부 부문은 확대되고 일부 부문은 축소되어 서로 변화가 상쇄되므로 불필요한 자원 이동은 발생하지 않고 상대 가격과 자원 배분이 더욱 용이하게 이루어진다. 부문 통합에서는 통화와 재정, 그리고 다른 정책에서의 상호 조율도 잘 되지 않고, 이러한 경제 정책의 차이는 상품과 생산 요소를 기대와 다르게 이동시킨다. 예를 들어, 한 국가는 인플레이션 정책을 시행하는데 다른 회원국은 반인플레이션 정책을 추구하고 있다고 하자. 이럴 경우 통합된 부문은 초과 조정이 발생하지만, 다른 산업에서는 무역 장벽이 존재해 조정을 제한할 것이다. 이러한 이론적 반대는 부문적 통합이 매우 부적절한 통합 형태인 것으로 보이게 한다. 그러나 정치적으로 모든 부문을 동시에 통합하기가 여의치 않을 때는 부분 통합이 또 다른 대안이 되고 상호 이익이 될 수도 있다. 실제로 유럽석탄철강공동체(ECSC)가 설립될 당시 서독과 프랑스는 정치적으로 전면적 통합을 할 만큼 여건이 성숙되지 못하였고, 이에 유럽 통합의 아버지라 불리는 장 모네(Jean Monnet)가 석탄과 철강 부문에서만이라도 먼저 통합을 제의하면서 통합을 시작하였었다. 그리고 그것이 바로 오늘날 유럽연합의 기초가 되었다.

4. 소극적 통합과 적극적 통합

소극적 통합(negative integration)과 적극적 통합(positive integration)은 틴버겐(Tinbergen)이 1954년 언급한 개념으로 먼저 소극적 통합이란 시장 통합 시 새로운 제도나 새로운 정책을 추가로 만들지 않고 대신 기존에 있던 무역 장벽이나 규제들을 하나씩 폐지해 나가는 것을 말한다. 이때 여러 가지 장벽이나 규제, 비관세 장벽들을 제거하기 위해서는 조약에 명문화하면 충분하며, 한 번 명문화되면 모든 경제 주체들은 그 규정을 따라야 하다. 따라서 추가적인 정책 결정 기구는 필요 없고, 기구를 통한 감시도 필요 없으며, 규정 준수 여부는 법적인 문제가 된다. 만일 기업, 개인들이 규정을 준수하지 않고 위반해 타인에게 피해를 준다면 정부는 단순히 법원에 고소함으로써 문제를 해결할 수 있다.

이렇게 통합에 걸림돌이 되는 규정이나 장애물을 하나씩 제거해 나가는 것을 소극적 통합이라 한다면, 반대로 통합된 부분이 잘 기능할 수 있도록 공동의 정책을 하나씩 추가해 나가는 것은 적극적 통합이라 한다. 단순하게 회원국 간에 무역 자유화를 추구한다면 소극적 통합으로 충분하지만, 이에 더하여 공동 대외 관세, 공동 통상 정책 등 공동의 정책을 수행해야 하는 경우는 적극적 통합이 필요하다. 이러한 공동의 정책은 한편으로 공동의 제도를 요구하며, 정책을 준비하고, 공식화하고, 실행해 나가는 정책 단계가 복잡해질수록 그 필요성은 더욱 강해진다.

제4절 경제 통합의 결성 동기

경제 통합은 그 자체에 목적이 있는 것이 아니라 다양한 영역에서 보다 더 높은 목적들을 성취하기 위해 추구된다. 즉, 경제 통합을 결성하는 기본적 동기는 회원국 간의 시장 통합을 통해 경제적 이익을 추구하는 데 있다. 그러나 때로는 여기에 그치지 않고 경제 통합 결성을 통해 타국과의 관계에서 교섭력을 강화하거나 자국의 국제적 위상 제고, 외교·안보 정책의 효율성 제고 등 정치·경제적 목적으로 추구되기도 한다.

1. 시장 확대를 통한 경제적 이익 제고

경제 통합을 선택하는 가장 기본적인 동기는 회원국들의 시장을 하나로 묶어 크기를 키운 후 규모의 경제를 통해 경제적 이익을 증대시키려는 데 있다. 경제 통합을 결성하여 회원국들 간의 무역 장벽을 없애고 각국의 시장을 개방하면, 통합 전에 비해 공동체 회원국의 수만큼 통합된 대규모 시장으로 확대된다. 특히, 소국이 대국들과 통합했을 경우 그 효과가 크게 된다. 시장 확대는 다시 회원국들 간의 무역을 증대시키고 종국적으로 동맹체 전체의 후생을 증가시키게 된다. 즉, 시장이 확대되면 회원국들 간 또는 역내 기업들 간의 경쟁이 심화되어 생산에서의 효율성이 개선되고, 기술 혁신이 촉진되며 새로운 시장이 개척된다. 또한 시장 확대는 대량 생산과 규모의 경제를 통해 생산 비용을 감소시켜 회원국들의 경제적 이익과 경쟁력을 더욱 확대시켜 주고, 동맹체 내에 자원 배분의 효율성도 높여 준다.

2. 개방과 보호의 절충 수단

경제 통합은 한편으로는 개방을 요구하고, 다른 한편으로는 보호를 요구하는 상반된 정책 목표를 조정할 수 있는 정책 수단이 된다는 점에서 또 다른 결성 동기를 발견할 수 있다.

오늘날 세계 각국은 극소수의 국가를 제외하고는 과거의 폐쇄 경제에서 벗어나 개방 경제를 추구하고 있으며, 이러한 세계화 과정을 통해 각국 경제는 원하든 원하지 않든 세계적 경쟁에 노출되어 있다. 그러나 각 국가 내에서 외국 기업과의 경쟁으로 생존에 어려움을 느끼고 있는 기업들은 국가가 자신들을 보호해 주기를 기대하고 있다. 하지만 현재의 자유 무역을 추구하는 국제 경제 기조 속에서 자국의 보호주의를 수용하기에는 여러 가지 제약이 많으며, 보호주의 정책을 시행하였을 경우 국제 사회의 거센 반발에 부딪칠 위험이 있다.

그래서 대외적으로 개방 경제를 추구하며, 대내적으로는 필요한 부문에 보호 정책을 쓸 수 있는 절충 수단으로 각국은 경제 통합을 선택하게 된다. 즉, 경제적으로 여건이 비슷하거나 정치·경제적으로 공동의 이해관계에 있는 국가들끼리 경제 통합을 결성하여 대외적으로는 개방 정책을 실현하고, 비회원국에 대해서는 차별화를 통해 국내 산업을 보호하는 정책을 유지해 가는 방법을 선택하는 것이다. 경쟁력이 약한 국내 특정 산업을 세계적 경쟁에 직접 노출시키면 생존이 어려우므로 먼저 경제 통합을 맺고 회원국들 간의 경쟁을 통해 산업 구조 조정을 시행한 후 다음 단계로 세계적 차원의 경쟁에 노출시켜 나가는 수순을 밟는다. 따라서 각국은 경제 통합을 통해 세계적 규모의 경쟁을 잠시 피하고, 경쟁에 필요한 산업 구조 조정의 시간을 확보하는 과도기적 조치의 일환으로 선택한다고 볼 수 있다.

3. 다자주의의 한계점을 보완

GATT/WTO가 추구하는 전 세계 자유무역지대는 생각해 보면 하나의 이상적 구상일 뿐 실제로는 실현되기 어려운 비현실적인 목표이다. 또한 GATT/WTO를 통한 다자간 무역 협상은 회원국 수의 증대와 협상 참가국 간의 견해 차이, 협상 결과에 대한 불만, 협상 지연, 무임 승차 문제 등으로 이를 조정하는 데 시간과 비용이 많이 드는 반면 효과는 불확실한 문제점을 가지고 있다.

이에 비해 인접한 몇몇 국가들과 맺는 경제 통합은 법적·사회적·문화적·정서적 유사성 및 친근성으로 인해 협상이 용이할 뿐만 아니라, 경제 외적인 정책의 목표 달성에도 더 좋은 성과를 얻을 수 있다. 더구나 인접국 간에는 다양한 측면에서 공유 범위도 넓기 때문에 상호간 후생 증진에 도움이 될 수 있는 정책 협조 범위도 다자주의 협정보다 훨씬 더 넓다고 볼 수 있다. 또한 경제 통합체를 관리하고 감시·유지하기 위해 설립한 공동체 기구는 회원국들 중 자국에 유리한 협정에 대해 비용은 회피하고 이익만 취하려는 무임 승차 회원국들을 선별해 규제할 수 있다. 경제 동맹체의 이러한 관리·감독 기능으로 인해 다자주의보다는 회원국들에 보다 큰 내부화의 이익을 얻을 수 있도록 해 준다.

4. 대외 신뢰도 및 대외 협상력 제고

국제 사회에서 자국의 대외 신뢰도를 높이거나 대외 교섭력을 제고하기 위한 방편으로 경제 통합을 체결할 수 있다. 개별 회원국은 경제 통합 전에 대외적으로 무역 자유화나 대외 원조 정책 등 여러 정책을 공약하더라도 타국이 그 실현 가능성에 의문을 표시할 수 있다. 그러나 만일 여러 국가가 경제 통합체를 형성하고 공동체 차원에서 공동 정책을 공약하면 개별 국가가 공약하였을 때보다 국제 사회에서 신뢰도가 훨씬 더 향상된다. 또한 경제 통합체를 결성하게 되면 각 국가가 개별적으로 협상할 때보다 대외적으로 갖는 협상력이 회원국 수에 비례해 확대되고, 제3국에는 더 큰 압력으로 작용한다. 이러한 장점으로 인해 각국은 경제 통합을 선택한다.

5. 기타 요인

지역 통합이 결성되는 배경에는 경제적 요인뿐만 아니라 정치·사회·문화·역사적 요인들도 다양하게 작용한다. 실제로 경제 통합을 결성함으로써 한 국가가 동맹체 회원국이 되어 타회원국과 경제적으로 의존하게 되면 국가 간의 무력 충돌을 피하고 평화를 얻을 수 있다. 이는 현재 유럽연합(EU)의 초기 결성 동기이기도 하다. 또한 경제 통합을 통해 이윤을 얻을 수 있는 국가들에게 회원국 가입 조건으로 민주주의 형태의 의회나 인권 헌장 채택을 요구해 인권을 향상시키거나 민주주의를 도입할 수도 있다.

유럽연합이 1980년대에 포르투갈이나 스페인이 당시 회원국으로 자격 미달이라는 평을 애써 무시하고 서둘러 회원국으로 받아들인 이유 중 하나가 이들 국가에서 빈번하게 발생하는 군사 쿠데타를 종식시키기 위해서였다. 또한 최근에 유럽연합이 중·동유럽 국가를 새로운 회원국으로 받아들일 때 이들 국가에 가입 조건으로 시장경제의 도입을 요구하였고, 그들 국가의 시장 경제 도입을 순조롭게 하기 위해 과도기간을 설정하고 유럽연합 차원에서 여러 프로그램을 만들어 기금을 지원하고 있다. 그 밖에도 제2차 세계대전 이후의 동·서 냉전 체제하에서 결성된 COMECON의 결성 배경에는 경제적 동기 못지않게 이념적 대립에 공동으로 대처하고자 하는 정치적 의도가 작용하고 있었다. 동남아시아국가연합(ASEAN)도 결성 초기에는 인도차이나 반도의 공산화 위협에 공동으로 대처하려는 정치적 동기가 중요한 목적이었다.

제5절 공동체와 회원국 간의 권한 배분

여러 국가들이 경제 통합을 결성해 하나의 통합체를 설립하면, 그 다음으로 통합체를 운영함에 있어 어떤 정책 영역이 통합되어야 하는가, 어떤 정책은 개별 국가 차원에서 시행하고, 어떤 정책은 공동체 차원에서 시행해야 하느냐 하는 것을 판단하기 위한 기준이 필요하다. 이러한 이슈는 꼭 통합체에만 적용되는 것은 아니다. 연합 또는 연방 형태로 되어 있는 국가들도 여러 정부 계층들 사이에게 권한을 분할하는 최선의 방법을 결정해야 한다.

일부 재정학파(fiscal federalism) 경제학자들은 이 이슈에 관해 그들의 저서에서 일반적인 결정들은 가능한 한 정부의 가장 낮은 계층에 맡겨야 한다고 주장한다. 이것을 부차성의 원칙(principle of subsidiarity)[1]이라 한다.

이들은 정부의 계층 간 권력의 최적 분배를 판단함에 있어 주요 기준으로 효율성(efficiency)을 우선적으로 꼽는다. 환언하면, 대부분의 정책을 정부의 가장 낮은 계층, 즉 정부의 말단 기관(예를 들면, 구청이나 면)에서 실행하였을 때 가장 효율적이라는 것이다. 왜냐하면 정부의 가장 낮은 계층이 그 지역에서 가장 필요로 하는 것이 무엇이고, 그 지역에서 가장 선호하는 것이 무엇인가를 가장 잘 파악할 수 있다는 것이다. 또한 지역 주민들의 참가 비율도 높일 수 있고, 정책 시행 비용도 낮출 수 있다는 것이다. 혁신과 정책을 실험하고 체험해 보기도 자유롭고, 또한 낮은 계층들 간의 경쟁이 세금을 부과하거나 공공재를 공급하는 데 최적의 결합을 유도할 수 있다는 것이다.

그러나 이러한 논의에 대해 반대론자들은 권한을 낮은 계층이 아니라 가장 높은

1 부차성의 원칙이란 유럽연합의 기구가 배타적인 권한을 보유하지 않은 정책 분야의 경우 정책에 개입하려면 EU 차원의 정책이 효과적임을 증명해야 한다는 것이다.

계층, 즉 공동체로 이양시켜야 한다고 주장한다.

그 이유로 첫째는 거래 비용의 감소를 들고 있다. 즉, 권한이 낮은 계층으로 분산된 경우 한 국가 내에서도 규정이 각 지역마다 다르게 되고, 그럴 경우 기업, 특히 다국적 기업이나 생산 요소를 소유하고 있는 민간 부문 종사자들은 어떤 것이 가장 좋은 선택인지를 판단하기 위해 모든 지역의 규정을 숙지하고 비교해야 하는데, 그렇게 하기에는 시간과 비용이 너무 많이 든다는 것이다. 대신 높은 계층으로 권한을 이양할수록 규정이 좀 더 단일하고 동일하게 되고, 투명성도 높아져 민간 부문에서 비교하고 결정하는 데 드는 비용을 줄여 준다는 것이다.

두 번째 이유는 규모의 경제이다. 공공재를 생산하고 공급하는 것도 민간 부문에서 상품과 서비스를 제공할 때와 마찬가지로 최적의 규모가 존재한다. 따라서 정책 권한을 배분할 때도 주어진 공공재의 산출량을 가장 낮은 비용으로 제공할 수 있는 계층으로 이양되어야 하는데, 이런 관점에서 보면 높은 계층에게 권한을 부여할수록 유리하다는 것이다. 이는 통합체의 통화 정책을 독립적이고 느슨한 지방 중앙은행들이 상호 조정하여 시행하는 것과 공동체가 중앙은행을 설립하여 일괄적으로 시행하는 것 중 어느 것이 더 좋을까를 생각해 보면 쉽게 알 수 있다.

세 번째 이유로 외부성(externality)을 들고 있다. 만약 A국의 기업체가 생산 활동을 하면서 오염을 발생시키는데, 이 오염이 바람에 실려 인접한 B국으로 날아간다고 하자. 이 경우 A국은 오염 물질을 제거하는 데 드는 비용은 지불하지 않고, 생산 활동에서 오는 이익만 취할 수 있다. 반면 B국은 인접국에서 날아온 오염 물질을 제거하는 데 엄청난 비용을 지출해야 된다. 이러한 경우가 발생한다면 결국 높은 계층의 당국에 의해서만 해결될 수 있다. 그렇지 않다면 그 파급 효과(spill-over effects)로 인해 비효율을 유도하고, 종국적으로 (깨끗한 공기와 같은) 공공재의 초과 공급이나 과소 공급을 초래하게 된다. 다뉴브(Danube)강의 흐름을 바꾼다거나 유럽 고속 철도망(European high-speed rail network)을 구축하는 일들도 마찬가지로 여러 관련 국가에 유사한 파급 효과를 가진다. 통합이 심화되면 이러한 파급 효과가 자주 발생하고 또 그 중요성이 증가할 것이므로, 더 많은 권한을 공동체 수준으로 이전시킬 필요가 있다.

마지막 이유로 정책 협력의 신뢰성 증가를 꼽는다. 대부분의 경우 경제 통합 후 각 회원국들은 공동으로 시행하는 정책에 대해 협력적이다. 그러나 다른 한편으로는 공동체 정책에 협력하지 않음으로써 얻을 수 있는 (무임 승차) 이익에도 관심을 보인다. 비록 공동체의 공동 정책에 협조하지 않음으로써 단기적 이익을 얻더라도 다른 회원국으로부터 나중에 보복을 당할 수 있다는 두려움 때문에 비협조적인 방법을 선택할 동기는 줄어든다고 할지라도 몇몇 회원국들은 단기적으로 이러한 선택을 하려는 유혹에 빠질 수 있다. 그리고 이러한 선택을 경험한 시장에서는 협력적인 공동 정책에 대한 효율성을 신뢰하려 하지 않을 것이다. 이러한 무임 승차 문제의 해결을 위해서는 결국 권한을 개별 국가 수준이 아닌 동맹체 수준으로 이양해야 한다는 것이다.

실제로 권한의 상부 이전이나 하부 이전 문제는 단순하지 않고 여러 가지 장·단점이 혼합되어 복잡한 형태를 띠고 있다. 이론적으로 각 통합 단계에서 한 단계 더 진전하는 것이 이익인지 아닌지 계산하는 것은 가능하다. 그러나 현실적으로는 관련된 비용과 이익의 성격이 명확하지도, 구체적이지도 않기 때문에 항상 완벽한 경제적 평가를 하기는 어렵다. 결국 통합의 진전 여부는 앞에서 언급하였듯이 경제적 상충 관계를 고려하여 정치적으로 결정하게 되는 경우가 대부분이다.

현실에 있어서는 대부분의 공동체에서 공동체가 특정 정책에 책임을 지고, 각 회원국들은 다른 정책에 책임을 져 서로 공동으로 권력을 나누어 행사하고 있다. 따라서 이것을 '협력적 연방주의'라 칭하기도 한다. 좋은 예가 세금 부문에서 발견된다. 통합된 지역 내에서 자본의 이동이 혼란을 가져오지 않기 위해서는 조세의 조화가 필요하다. 하지만 그것은 몇몇 국가에서 직접세에서 간접세로의 이동을 유도할 것이고, 그럴 경우 더 이상 조세 제도가 소득 불평등을 줄이는 수단으로 사용될 수 없게 된다. 따라서 이러한 조세 조화의 긍정적 효과가 부정적 효과보다 더 큰지는 확실하지 않다. 결국 공동체와 각 회원국은 조세 부문의 권한을 완전히 중앙 집권화하여 공동체에 넘기는 것이 아니라, 의무를 분담하여 분배의 효율성에 나쁜 영향을 미치는 조세 방식을 조정하는 방식을 취할 확률이 높다.

Chapter 3

세계의 주요 경제 통합체

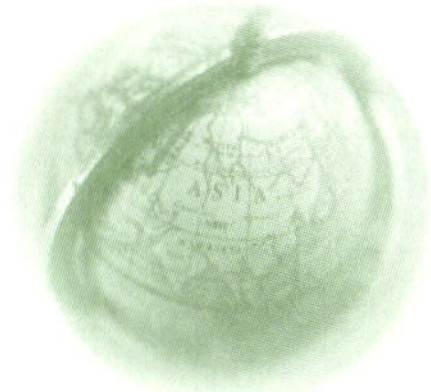

세계의 주요 경제 통합체

세계 역사를 뒤돌아보면 제2차 세계대전 이전에는 세계 강대국들의 식민지 국가 건설을 통한 경제 통합이 주를 이루었으며, 요즘 같은 국가들 간의 경제 통합 형태는 주로 제2차 세계대전이 끝난 후 일어났다. 이러한 경제통합협정 또는 일명 지역무역협정(Regional Trade Agreement: RTA)은 실제로 경제적 이해관계가 보다 밀접한 국가들 간에 특혜적인 무역 및 투자 자유화를 통하여 추진하게 된다. 현재 유럽연합(EU)이나 북미자유무역협정(NAFTA), 남미공동시장(MERCOSUR) 등이 이러한 지역무역협정의 대표적인 예로 꼽히는데, 통계 자료에 따르면 1960년 3개였던 것이 2008년 5월까지 WTO에 공식적으로 통보된 것만 380개에 이르고, 이 중 205개는 발효된 것으로 알려져 있다. 그리고 2021년 1월 기준 WTO를 통해 파악된 지역무역협정 건수는 496건이며, 이 가운데 발효된 것은 406건으로 집계되었다.[1] 신고된 지역무역협정 중에는 자유무역협정(FTA)이 가장 많고, 서비스협정이 그 뒤를 잇는 추세가 지속되는데, 이렇게 자유무역협정이 많은 까닭은 관세 동맹에 비해서 개별 국가의 독립성을 유지할 수 있고, 신속한 협상과 경우에 따라 다양한 범위를 대상으로 할 수 있어 다목적으로 사용할 수 있기 때문이다.

현재 발효중인 496건의 지역 협정을 체결 시기별로 살펴보면, 1947년부터 1994년까지 101건에 불과하던 것이 2021년 1월까지 496건이 체결되어 최근 들어 지역 통합주의의 광범위한 영향을 여실히 보여 주고 있다.

세계무역기구(World Trade Organization: WTO)는 GATT 1994 제24조에 따라 자유무역협정이나 관세 동맹 등 지역무역협정의 결성을 허용하고 있다. 그러나 실제로 지역무역

1 https://www.wto.org/english/tratop_e/region_e/region_e.htm.

그림 3-1 세계 지역무역협정(RTA) 체결 건수

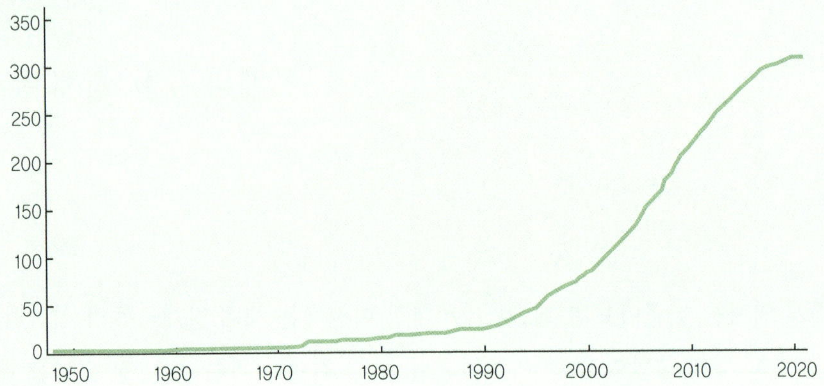

협정은 협정을 맺은 회원국들 간에 특혜적 조치가 불가피하다는 점에서 WTO의 가장 기본적인 GATT 1994 제1조의 최혜국 대우 원칙에는 명백히 위반되는 사항이다. 다만 이러한 지역무역협정이 제3국에 반드시 부정적인 영향을 미친다기보다는 세계 경제의 통합을 가속화할 수 있다는 점에서 예외적으로 허용하고 있다.

이 장에서는 지역무역협정 또는 경제 통합체 중에서 중요한 것들을 선별해 그 발전 과정과 통합 내용을 살펴본다.

제1절 초기의 경제 통합체

관점과 정의에 따라 시대를 구분하는 기준이 다를 수 있어 초기라는 시기를 정의하기는 쉽지 않다. 그러나 일반적으로 우리가 연대순으로 판단해 이른 시기에 존재하였던 지역 협정체들은 많이 있다. 그러한 협정체 모두를 여기서 다루기는 어렵기 때문에 주로 경제적인 관점에서 의미를 가지고 있는 협정체 또는 통합체 중 문헌에 자주 등장하는 통합체를 선정해 알아본다.

1. 졸페어아인

초기 관세 동맹 중 가장 잘 알려진 예로는 독일의 졸페어아인(Zollverein)[2]을 들 수 있다. 이때 Zoll은 독일어로 관세(custom 또는 duty)라는 뜻이고, Verein은 동맹(union)이란 뜻을 가지고 있다. 1787년 당시 독일은 총 314개 주(state)로 구성되어 있었다. 그러나 1806년에 나폴레옹이 독일의 주를 39개로 대폭 줄여 새로운 독일연맹(German Confederation)을 결성하였지만 느슨한 동맹 형태로 각 회원들은 상당한 주권을 가지고 있었고, 서로 다른 관세 제도로 분리되어 있었다. 또한 단일 대외 관세도 없었고, 나폴레옹전쟁 때 부흥하였던 독일 산업이 대륙 봉쇄령이 느슨해진 틈을 타 영국과의 경쟁으로 어려움을 겪고 있었다.

이러한 경제적 어려움은 졸페어아인의 창설 동기를 부여해 주었다. 출발점은 1818년 프러시아(Prussia)가 모든 내부 관세를 없애고 하나의 공동 대외 관세를 채택한 것과 북부 독일 졸페어아인(North German Zollverein)이 결성된 것이다. 이 북부 독일 졸페어아인은 프러시아와 독일 중부 작은 주(州)인 슈바르츠부르크-존더하우젠(Sonder Hausen)으로 구성되어 있었다. 결성 후 10년 동안 회원국 변동이 없다가 1828년 헤센주의 다름슈타트(Hesse Darmstadt)가 새 회원으로 가입하였는데, 이러한 새 회원국 가입은 북부 독일 졸페어아인이 독일 서부로 확장하는 중요한 계기를 만들어 주었다.

한편, 1828년에는 중부독일상업동맹(Middle German Commercial Union)과 남부 독일 졸페어아인(South German Zollverein)이 결성되었다. 중부독일상업동맹은 하노버(Hanover), 작센(Saxony), 헤센주의 카셀(Hesse-Cassel), 나사오(Nassau), 브라운슈바이크(Brunswick), 올덴부르크(Oldenburg), 프랑크푸르트 암마인(Frankfurt-am-Main, Bremen), 작센공국(the Saxon duchies), 로이스공국(the Reuss principalities), 헤센주 홈부르크(Hesse-Homburg), 슈바르츠부르크-루돌슈타트(Schwarzburg-Rudolstadt), 그리고 슈바르츠부르크-존더하우젠의 봉건 영지로 구성되었다. 이 동맹은 이름 그대로 상업적 동맹 결성체로 공동의 대외 관세를 가지고 있지 않고 개별 회원들은 자신들만의 독자적인 경제 정책을 가지고 있었다.

2 McCarthy(2006), pp. 140~158.

이에 반해 남부 독일 졸페어아인은 관세 동맹이었지만 협상 과정에서 바이에른(Bavaria)과 뷔르템베르크(Württemberg)가 작은 주인 라인(Rhine)과 의견 차이를 해소하지 못하여 회원으로 영입하지 못함으로써 두 주로만 관세 동맹을 결성해 효율적 관세 동맹을 운영하기에는 규모가 너무 작았다. 그래서 남부 독일 졸페어아인과 중부독일상업동맹은 나중에 강력한 프러시아가 이끄는 북부 독일 졸페어아인에 흡수되었지만, 이 새로운 졸페어아인들의 출현은 완전한 관세 동맹으로 발전하는 데 필요한 세 가지 요인을 갖추게 해 주었다. 이는, 첫째 회원국 간의 관세 장벽을 제거하고 회원국들 간에 동일한 대외 관세를 만들었다는 점과, 둘째 관세 동맹이 합리적으로 운영되도록 보장해 주는 조치들을 취한 점, 셋째 그리고 관세 수입을 공동 계좌(joint account)로 모으고 그 이익은 인구와 부(富)의 비율에 따라 나누는 정책을 편 점 등이다.

그 후 1933년 5월 10일에는 튀링겐(Thüringen)주의 관세 및 상업연맹(Customs and Commercial Union)이 출현하였는데 회원은 작센(Sachsen)-바이마르(Weimar), 작센소공국(the smaller Saxon duchies), 로이스공국(the Reuss principalities), 에어푸르트의 프러시아 지역(the Prussian districts of Erfurt), 슈로이징엔(Schleusingen) 그리고 치겐뤼크(Ziegenrück), 슈말카덴의 헤센 카셀 지역(the Hessen-Cassel district of Schmalkalden)이다. 하지만 설립 하루 뒤인 1933년 5월 11일에 이 동맹은 프러시아의 관세 동맹에 바로 가입해 관세 동맹 속의 관세 동맹으로 계속 존재하였다.

1835년 6월 1일에는 하노버와 브라운슈바이크가 중부 독일의 슈토이어페어아인(Steuerverein of central Germany)을 설립하였는데, 슈토이어페어아인은 조세 동맹(tax union)이란 뜻으로 실제로는 관세 동맹이다. 올덴부르크가 1836년에, 리페샤웅부르크(Lippe-Schaumburg)가 1838년에 새로운 회원국으로 가입하였다. 이 슈토이어페어아인은 공동의 대외 관세와 연합 관세 행정부(joint customs administration)를 가지고 있었는데 졸페어아인보다 공산품이나 열대 국가로부터의 수입에 더 낮은 관세를 부과하고도 1인당 1/3 정도 더 많은 수입을 벌어들였고, 이 차이는 두 관세 동맹의 1인당 관세 수입이 같아지는 1840년까지 지속되었다. 슈토이어페어아인은 1850년대까지 약 20년간 존재하였는데, 이것을 이끌었던 하노버는 프러시아를 적대시한 중부 동맹의 실패를 교훈 삼아 강력한 프러시아에 융화적이고 친화적인 접근 방식을 취하였다.

1850년대 초 브라운슈바이크와 하노버가 졸페어아인에 가입하고, 올덴부르크와 리페샤웅부르크도 뒤따라 졸페어아인에 가입함으로써 슈토이어페어아인은 결국 졸페어아인에 합병되었다. 따라서 졸페어아인은 오스트리아와 두 메클렌부르크(Mecklenburgs), 그리고 한자(Hanseatic) 도시 일부를 제외하고는 대부분의 독일 영토(corpus Germanicorum)를 포함하게 되었다. 당시 여러 주들이 오스트리아를 연합체에 받아들일 것을 강력하게 주장하였지만 프러시아는 그럴 의사가 없었고, 두 도시와는 별개의 관세 조약을 협상해 나갔다. 1834년부터 1867년까지 졸페어아인은 중앙 관청(central authority)인 관세의회(Customs Congress)에 의해 운영되었는데, 각 주는 투표권을 하나씩 가졌다. 그러나 1866년에는 강력한 라이벌인 오스트리아와 프러시아가 전쟁을 하여 사도바(Sadowa) 전투에서 프러시아가 승리하였다. 그 후 각 정부의 대표자로 구성된 연방관세의회(Zollbundesrat; federal custom council)에서 프러시아가 주도권을 가지게 되었고, 결정은 절대 다수결(qualified majority rule)로 하였다. 이 연방관세의회는 1834~1867년에 운영되던 일반의회(General Congress)를 대체한 것으로 인구와 정치적 영향력 등에 비례해 투표권을 배분하였는데, 프러시아는 58개 중 17개의 투표권을 가졌고 의회의 대표도 맡았다. 그리고 바이에른은 6개, 작센과 뷔르템베르크는 4개씩, 바덴(Baden)과 헤센의 다름슈타트(Hesse-Darmstadt)는 3개씩, 메클렌부르크주의 슈베린(Schwerin)과 브라운슈바이크는 2개씩, 그리고 나머지 17개 주들은 1개씩 가졌다. 입법권은 국민 투표에 의해 직접 선출된 대표들(deputies)로 구성된 관세국회(Zollparlament; customs parliament)가 가지고 있으며, 의회와 같이 다수결로 결정되었다. 그러나 그 권한은 한정되어 있어 세출 예산에 대한 투표권을 가지고 있지만 어떻게 지출하느냐 하는 것은 통제할 수 없었다.

독일제국의 재상 비스마르크
(Bismarck, 1815~1898)

프랑스에 대한 승리와 1871년 독일제국 선언 이후, 관세국회와 연방관세의회는 제국의 의회와 집행협의회(executive council)로 대체되었고 연방의 주들은 통일된 국가가 되었다. 졸페어아인의 법과 규정들도 독일제국의 법전으로 들어갔다.

비록 졸페어아인이 독일의 통일에 크게 기여함으로써 정치적 통합에 앞서 경제적 통합이 먼저 일어난 형태가 되었지만, 군사적 승리와 함께 광산과 야금 생산의 90%, 섬유 생산의 50%, 독일 핵심 산업 종사자의 2/3를 차지하는 프러시아의 막강한 경제력과 철혈 재상 비스마르크(Bismarck)의 추진력이 없었으면 사실상 독일의 통일은 불가능하였을 것이다.

2. 베네룩스연합

베네룩스(Benelux)란 벨기에, 네덜란드, 룩셈부르크의 영문 앞글자인 Be, Ne, Lux를 결합해서 만든 것인데, 이들 3국은 민족이나 종교 등에 다소 차이가 있지만 지리적으로 인접하고 역사적으로 공통점이 많은 나라들이다.

15세기 오스트리아 합스부르크 가문의 지배를 받던 네덜란드는 1588년 스페인을 격파하고 독립을 쟁취하였다. 한편, 벨기에와 룩셈부르크는 네덜란드에 병합되어 있다가 벨기에는 1830년에, 룩셈부르크는 그보다 9년 늦은 1839년에 독립하였다. 그리고 1921년 7월 25일 벨기에와 룩셈부르크는 브뤼셀조약을 맺으면서 두 나라 간에 경제 동맹 조약에 서명하고, 1922년 5월 6일부터 조약을 발효시켰다. 이 동맹은 상품과 생산요소, 서비스의 자유로운 이동은 물론 각종 경제 정책의 상호 조정을 내용으로 하고 있으며, 나아가 양국을 단일 통화권으로 묶는 내용까지 포함하고 있다. 그러나 룩셈부르크가 벨기에에 관세를 적용하였을 뿐 공동의 관세도 없었다. 1935년 이후에도 수량제한 분야에 공동의 정책을 추구하는 정도였고, 담배와 맥주, 와인, 고급 가솔린에는 여전히 다른 관세율이 적용되었다. 그 후 1935년과 1963년, 1982년에 조약을 갱신하여 현재는 단일 통화를 쓰는 '경제 동맹체'로 두 나라는 결합되어 있다.

네덜란드, 벨기에, 룩셈부르크 세 나라는 제1차 세계대전 중에는 중립을 지켰으나 제2차 세계대전이 발발하였을 때는 독일군의 침입을 받아 베네룩스 3국 정부 모두가 영국으로 망명을 가야 하였다. 이때 약소국의 설움을 통감한 네덜란드가 벨기에, 룩셈부르크와 함께 1943년 런던통화협정, 1944년 가을 런던관세협약(London Customs Union)을 맺어 관세 동맹을 설립하였다. 그러나 3국 간 경제적 여건의 차이가 많아 그를 상호 조정하는데 4년 정도를 보낸 후 1948년에 정식으로 발효되었다. 이후 1956년까지 3국 간의 거의 모든 내부 무역 거래는 무관세를 적용하였다. 1957년에 이르러 유럽경제공동체(European Economic Community: EEC)를 설립하기 위한 로마조약이 체결되면서 이에 자극을 받은 베네룩스 3국은 1958년 2월 3일 네덜란드 헤이그에 모여 베네룩스경제연합(Benelux Economic Union)조약을 서명하고, 1960년부터 발효시켰다.

이러한 발전을 통해 베네룩스는 세계에서 처음으로 완전히 자유로운 국제 노동시장이 되었으며, 자본과 서비스도 자유롭게 이동하도록 하였다. 우편과 운송 요금도 표준화되었고, 복지 정책도 상호 조율되었으며, 1970년에는 국경 지역에서의 통제도 폐지되었다.

베네룩스경제연합의 운영은 브뤼셀에 있는 사무국(secretariat-General)에 의해 수행되며, 기구의 중요한 결정은 각 정부의 장관으로 구성된 각료회의(Committee of Minister)에서 이루어졌는데, 보통 분기별로 모임을 가진다. 또한 1955년에 창설된 베네룩스 의회(Benelux Parliament)는 네덜란드 21명, 벨기에 21명, 룩셈부르크 7명 등 총 49명의 의원으로 구성되었다. 1965년에는 베네룩스 사법재판소(Benelux Court of Justice)를 설립하는 조약이 서명되어 1975년 발효되었다. 9명의 재판관(judge)과 6명의 예비판사(deputy judges), 조언적 의견을 제시해 주는 3명의 법무관(Advocates General)으로 구성되었다. 재판소는 상표(trademark)나 도안, 모델에 관련한 지적재산권이나 자동차와 관련한 민사 책임에 대한 보험, 위약금 지불, 비자, 조류 보호, 동등한 과세 등 다양한 분야의 법 적용에 동질성(uniformity)을 촉진하는 데 주요 목적을 두었다.

베네룩스경제연합은 한동안 인접 국가들끼리 관세 동맹을 형성하고 좀 더 폭넓은 경제 연합으로 발전해 나가는 좋은 사례로 간주되었다. 그러나 1952년에 유럽석탄철강공동체(European Coal and Steel Community: ECSC)가 설립되고 난 후 경제 통합체에 대한 관심이 유럽석탄철강공동체와 유럽경제공동체로 옮겨 가는 바람에 세계의 주목을 많이 끌지 못하였다.

베네룩스경제연합은 처음 조약을 맺을 때 연합체 존속 기간을 50년으로 정하였기 때문에 2010년에 만료되었다. 따라서 3국의 정부 대표들은 논의 끝에 협정을 갱신하기로 하고, 베네룩스 국가들의 상호 협력 분야도 안보 및 벨기에의 새로운 연방 정부 같은 새로운 측면들을 고려하기로 결정하였다. 그리고 2008년 6월 17일에 베네룩스연합의 개정 조약(Treaty revising the Treaty establishing the Benelux Economic Union)에 서명하고, 기존 조약을 대체하였다. 개정 조약에는 만료 기간을 정하지 않았고, 동맹체의 이름도 베네룩스경제연합에서 베네룩스연합(Benelux Union)으로 바꾸어 연합체의 활동 범위를 경제에 한정하지 않고 폭넓게 확대시키기로 하였다. 새 조약의 주요 목표도 확장된 유럽의 상황하에서 3개 회원국 간의 상호 협력 확대와 지속으로 정하였다. 개정된 조약은 베네룩스 국가들과 다른 유럽 회원국들 혹은 지역 협력 조직과 상호 협력을 할 가능성에 대해 명시적으로 예측하였다. 새로운 베네룩스의 상호 협력은 내부 시장과 경제 연합, 지속 가능성, 그리고 사법 및 국내 문제(internal affairs)라는 3가지 주요 문제에 초점을 맞추었다. 연합체의 기구도 줄여서 단순화시켰는데, 정상들의 모임인 베네룩스 이사회(the Benelux Council), 각료이사회(the Benelux Committee of Ministers), 의회(the Benelux Parliament), 재판소(the Benelux Court of Justice), 사무국(the Benelux Secretariat General) 등 5개의 주요 기관은 존속되었다. 그 외에는 1975년에 지적재산권 기구(the Benelux Organization for Intellectual Property)를 설립하기로 한 조약도 개정 조약에 포함시켰다.

2011년 4월에는 3개국 대표들이 룩셈부르크의 비앙덴 성(Vianden Castle)에 모여 네덜란드와 룩셈부르크, 벨기에 3국의 영토를 합병한다는 비앙덴조약(Treaty of Vianden)을 체결하였다.

3. 유럽석탄철강공동체

유럽석탄철강공동체(ECSC)는 서유럽 국가들이 석탄 및 철강 산업을 통합 운영 및 관리를 하기 위해 설립한 공동체이며, 1952년 조약이 비준되면서 행정 기관들이 설립되었다. ECSC의 초기 회원국은 프랑스, 서독, 이탈리아, 벨기에, 네덜란드, 룩셈부르크이다.

당시 석탄과 철강은 전쟁 수행에 필요한 전략 물자였는데, 1950년 5월 9일 프랑스 외무장관인 로버트 슈망(Robert Schman)이 석탄과 철강 부문의 생산과 관리를 개별 국가가 아닌 독립적 기관에 위임할 의사가 있는 국가들끼리 공동 시장을 설립하자는 제안을 하였다. 이는 당시 몇몇 국가에서 심각한 석탄 부족과 철강의 과잉 공급에 따른 경

1950년 5월 9일에 ECSC 창설을 주장하는 연설을 하고 있는 슈망

제적인 문제도 동기가 되었겠지만, 그보다는 효율적인 정치 통합과 서유럽 내의 안정이 서독과 프랑스의 화해에 달려 있다는 확신을 가지고 있던 슈망이 이 계획을 제안한 것이다. 하지만 실제로 이 계획은 유럽 통합의 아버지라고 불리는 프랑스 계획청장 장 모네(Jean Monnet)에 의해 먼저 기획되었던 것이다. 그는 미래에 서독과 프랑스의 또 다른 무력 충돌을 미연에 방지하기 위해 새로운 경제적·정치적 프레임워크가 필요하다고 믿고 있었고, 그 첫걸음으로 당시의 중요한 국가 기반 산업인 두 부문을 우선 통합 대상으로 선택하였던 것이다. 따라서 정치적 목적을 위해 경제를 수단으로 이용한 것으로 볼 수 있는데, 이에 대해 프랑스와 관계 개선을 희망하고 있던 서독뿐 아니라 공동 시장에 매력을 느낀 이탈리아와 베네룩스 3국이 계획에 동의함으로써 공동체가 결성되었다. 특히, 이탈리아는 파시즘이라는 업보를 벗고자 이 계획안에 적극적이었다.

그러나 1950년 6월 공식적인 협상을 시작하자마자 한국전쟁이 발발하는 등 대외 여건이 변화하며 9개월간의 힘든 협상 후 1951년 4월 18일 파리에서 6개국이 모여 공동체 설립 조약을 체결하였고, 1952년 7월 23일부터 발효되었다.

그 결과 1954년까지 석탄과 코크스, 강철, 선철, 고철들에 대한 회원국 간 무역의 거의 모든 장벽이 제거되었고, 이에 따라 1950년대에는 이들 상품의 교역이 급격히 증가하였다. 초국가적 기구인 상위청(High Authority) 구성 위원은 각국 정부의 지명에 의해서 이루어졌는데, 프랑스, 서독, 이탈리아는 2명씩, 다른 국가들은 1명씩 총 9명으로 구성되었다.[3] 위원직의 임기는 6년이었으며, 장 모네가 상위청의 초대 의장을 맡았다. 이 상위청은 연합이 조약의 목표에 맞게 활동하는지, 공동 시장이 잘 운영되는지를 감시하였다. 석탄과 철강의 생산을 제한하였고, 쿼터를 설정하며 조약의 규정을 위반한 기업에 벌금을 부과하였다. 또한 세금이나 부과금과 같은 재정 부문에서 광범위한 권한을 보유하고 있을 뿐 아니라, 카르텔을 통제하고 합병을 규제하는 공동의 규정도 만들었다. 한편, 상위청의 이러한 권한을 견제하기 위해 78명의 대표로 구성된 공동총회(The Common Assembly)가 설립되었다. 이들은 각 국가의 의회에서 파견되거나 직접 선출되기도 하였는데 상위청을 감시하고, 상위청 위원들의 사임을 요구할 수 있는 권한을 가지고 있었지만 실제로 그런 제재를 실행에 옮긴 적은 없었다. 특별이사회(The Special Council of Ministers)는 각 국가에서 파견된 대표들로 구성되었는데, 이사회 회장은 알파벳 순으로 3개월마다 돌아가면서 맡았다. 주요 업무는 상위청과 회원국들의 업무를 조율하는 것이다. 사법재판소(The Court of Justice)는 ECSC조약이 바르게 해석되고 준수되는 것을 감시하는데, 6년 임기의 7명의 판사로 구성된다. 그들은 판결에 있어 자신의 국가 이익을 대변할 필요가 없이 독립적으로 판결할 권한을 보장받았으며, 2명의 법무관에게 도움을 받았다. 이러한 ECSC의 주요 4개 기구들은 이름이 다소 변경되기는 하였지만 본연의 업무 내용은 크게 변하지 않고 현재 유럽연합의 기구로 계승·발전되었다.

ECSC는 1967년 7월 1일부로 합병 조약(the Merger Treaty)에 의거 유럽공동체(European Community)로 편입되어 운영되었지만, 몇몇 회원국의 석탄 부족과 철강의 과잉 공급을 해소하고 많은 제한적인 관행과 무역 차별을 제거함으로써 경제적인 경쟁력의 토대를 강화시켜 두 부문의 생산과 무역량을 크게 신장시켰다.

1960년대 들어 산업 연료가 석탄에서 석유로 대체됨에 따라 ECSC는 회원국들의 석탄 생산을 감소시키고, 비경제적이거나 비효율적인 탄광을 폐쇄시키는 일이 주요

3 상위청은 1966년 통합되어 집행위원회로 기능이 이관되었다.

업무가 되었다. 1970년대 들어서는 일본이나 NICs 국가들로부터 싼 가격의 철강이 수입됨으로써 유럽 철강업자들의 경쟁력이 저하되어, ECSC는 또 다시 회원국들의 초과 철강 생산 설비 제거에 노력을 기울여야 하였다.

ECSC 본부는 브뤼셀에 있었으며, 초기 조약에 명시된 기간은 50년이었다. 따라서 1990년대 초부터 조약 연장을 두고 오랫동안 논란이 있었지만 결국 연장시키지 않기로 결정하였다. 그래서 2002년 7월 23일 공동체는 해체되었고 모든 ECSC의 활동(activities)과 재원이 EU에 흡수되었으며, 집행위원회 건물 밖에 걸려 있던 ECSC 깃발은 내려지고 대신 유럽연합(EU) 깃발이 걸렸다.

ECSC는 조약이 발효된 50년간 석탄·철강 부문의 시장 자유화에 크게 기여하였고, 분열되었던 유럽 국가들을 하나의 유럽으로 결속시키는 데 초석을 다져 현재의 유럽연합(EU)으로 발전시켰으며, 회원국 간 전쟁 재발을 막아 평화를 가져왔다. 또한 여타 공동체의 발전을 자극함으로써 세계 경제 통합의 흐름에 크게 기여한 것으로 평가받고 있다. 회원국 간의 무역량도 증가(석탄의 경우 10배 증가)시켜 미국으로부터 자원이 수입되는 것을 막았고, 상위청은 280건의 시설 근대화 대출(modernization loans)을 승인해 줌으로써 이 부문의 생산과 비용 절감을 도왔다. 또한 일부 탄광의 열악한 주거 시설을 개조하기 위해 한 채당 약 1,170달러를 지원해 아파트 총 11만 2,500동을 지어 광부들에게 제공하였고, 석탄과 철강 업체의 폐업으로 직업을 잃은 근로자들의 직업 재배치 비용의 절반을 부담해 근로자들의 복지 향상에 큰 업적을 남겼다.

그러나 석탄 및 철강 산업 부문만 공동체 기구가 관장하고 나머지 산업들은 개별 회원국들의 독자적 정책으로 운영되면서 전체적인 산업 정책의 운영에 한계가 있었다. 또한 1960년대 이후 석탄·철강 산업에 대한 중요한 문제에 대해 공동체가 아닌 각국 정부의 간섭이 빈번하게 일어남으로써 강력한 실행 정책이 이루어지지 못하였다.

4. 유럽자유무역연합

유럽경제협력기구(Organization for European Economic Cooperation: OEEC) 회원국들은 1950년대 후반 결성된 유럽경제공동체(European Economic Community: EEC)에 가입을 원치 않는

1959년 11월 EFTA 회원국 대표들이 스톡홀름조약에 서명하고 있다.

나라들을 중심으로 OEEC 자유 무역 권역을 설치해 EEC에 대응하려 하였다. 그러나 이를 위한 협상이 여의치 않자 덴마크, 노르웨이, 스웨덴, 포르투갈, 스위스, 오스트리아, 영국 등 역외 7국(Outer Seven)[4]으로 알려진 국가들끼리 모여 유럽자유무역연합(European Free Trade Association: EFTA)을 결성하여 회원국 간의 무역을 자유화하고, 장래 EEC 6개국도 포함한 유럽 전역에 걸친 자유무역지역을 설립하기로 하였다. 이에 따라 7개국은 1959년 11월에 스톡홀름에 모여 스톡홀름협약(Stockholm Convention)에 서명하였고, 1960년 5월부터 발효되었다.

EFTA는 7개국 중에서도 영국이 실제로 주도하여 설립하였는데, 영국은 유럽경제공동체가 초국가적 기구를 만드는 데 반대해 비(非)EEC 국가들을 모아 초국가적 조직을 배제한 비교적 느슨한 자유 무역 연합체를 만든 것이다. 그 후 1961년에 핀란드가 준회원국이 된 후 1986년에 정회원국이 되었고, 아이슬란드가 1970년에, 그리고 리히텐슈타인은 1991년 정회원이 되었다.

EFTA는 EEC와 같이 전면적인 경제 통합을 추구하지 않고 회원국들 간의 관세 감축과 공산품의 쿼터 자유화 일정에만 초점을 맞추었고, 또한 협약이 국내 경제에 과중한 부담을 준다면 탈퇴할 수 있다는 조항도 포함시켰다. 농산물 개방을 위한 쌍무 협

4 이에 반해 유럽경제공동체를 맺은 6개국은 내부 6국(Inner 6)으로 불린다.

정 조항도 만들어, 1967년까지 대부분의 공산품에 수입 관세를 철폐시켰다.

그러나 EEC에 비해 느슨한 규정과 회원국 간의 경제적 단결력 부족으로 성과가 기대에 미치지 못하자 EFTA 결성을 주도하였던 영국이 덴마크와 함께 1973년 1월 EFTA를 떠나 EEC 회원국으로 가입하였다. 그 후 포르투갈이 1986년, 오스트리아, 핀란드, 스웨덴이 1995년 EU 회원국이 되어 EFTA를 떠남으로써 세력이 급속히 줄어들었다. 현재는 노르웨이, 스위스, 아이슬란드, 리히텐슈타인 등 4개국만 EFTA 회원국으로 남아 있어 총회원국 인구가 1,405만 명으로 줄어들었고, 1인당 GDP는 평균 7만 2,000달러(2019년)를 기록하고 있다.

한편, EFTA는 1992년 5월 EC와 함께 유럽경제지역(European Economic Area)이라는 협약에 서명하고, 두 통합체 회원국 간의 상품과 서비스, 노동과 자본이 자유롭게 이동할 수 있는 내부 시장을 창설하는 데 합의하였다. 이 EEA협약은 1994년 발효되었다. 당시 스위스와 리히텐슈타인은 EEA에 가입하지 않았으나, 두 나라가 관세 동맹을 맺고 있는 관계로 리히텐슈타인이 스위스와 일련의 협상을 거친 후 1995년 EEA에 가입하였다. 스위스는 EEA 가입이 1992년 국민 투표에서 부결된 후 1999년 노동의 이동과 무역에 있어서 기술적 장애물, 운송 등을 포함한 폭넓은 분야에 별도의 쌍무 협의를 EEA와 맺었다.

2001년에는 리히텐슈타인의 파두츠(Vaduz)에서 1960년 발효된 스톡홀름협약을 개정한 새롭고 포괄적인 EFTA협약에 서명하였다. 일명 파두츠협약(Vaduz Convention)이라고도 불리는 이 협약은 노동의 자유로운 이동에 대한 조항과 서비스 교역, 자본의 이동, 지적재산권의 보호 등을 포함하는 현대 무역의 모든 중요한 측면을 포함시켰다. 협약이 개정됨에 따라 EFTA 회원국들 간의 경제적 관계를 강화시키고, 세계 여러 국가와 교역 파트너 관계를 발전시키는 공동의 기반(platform)이 강화되었다. 협약에 근거하여 2012년에는 농산물에 대한 추가적인 자유 무역도 합의하였다.

대외적으로 EFTA는 1979년 스페인과 FTA를 처음 맺은 후 1990년대에는 터키를 시작으로 이스라엘, 모로코 등 12개국과, 2000~2009년에는 마케도니아, 멕시코, 칠레, 한국, 캐나다, GCC를 포함한 16개국과, 2011년에는 홍콩 및 몬테네그로(Montenegro)와, 2013년에는 보스니아 헤르체고비나 및 코스타리카, 파나마와 FTA를 체결하였고, 2015

년에는 과테말라, 2016년에는 조지아, 2018년에는 인도네시아, 에콰도르와 FTA 협상이 타결되어 현재 총 29개 FTA 체결에 40개국과 자유 무역을 실행하고 있다. 우리나라와는 2004년 12월부터 협상을 시작해 2005년 12월 서명 후 2006년 9월 1일부터 공식 발효되었다.

공산 체제가 몰락한 후 동유럽 국가들과의 교류도 확대하였는데, 1990년대 들어 체코슬로바키아, 폴란드, 헝가리 3개국과 협력 선언을 하였고, 불가리아, 에스토니아, 라트비아, 리투아니아, 루마니아, 슬로베니아 등 9개국들과는 자유무역협정을 체결하였다. 그리고 이들 국가가 2004년과 2007년 유럽연합의 새 회원국이 됨으로써 기존에 체결한 자유무역협정은 EU 내 관련 협정으로 대체되었다.

EFTA는 초기 협약의 원안에 따라 초국가적 기구는 신설하지 않고, EFTA 사무국(EFTA Secretariat)과 EFTA 이사회(EFTA Council)라는 최소한의 기구만 두고 운영해 왔다. 이사회는 EFTA의 최상위 통치 기구로 장관급 회의는 보통 매년 2회, 그리고 대사급 회의는 연간 8회, 실무자급 회의는 격주간으로 개최한다. 이사회는 주로 EFTA와 관련된 정책들을 협의하고 결정하는데, 여기서 결정된 사항은 회원국 정부들이 개별적으로 판단하여 이행하도록 하고 있다. 회원국 대표자 한 명이 파견되며, 1인 1표를 행사하는데 대부분의 안건이 만장일치로 결정된다. EFTA 이사회 본부는 EU 집행위원회(Commission) 본부가 위치하고 있는 벨기에 브뤼셀에 같이 있다.

사무국은 사무총장의 지시를 받아 운영되는데, 2명의 사무차장(Deputy Secretaries-General)과 1명의 보조 사무차장(Assistant Secretaries-General)을 두어 사무총장을 돕게 하였다가, 2018년 9월부터는 보조 사무차장 제도를 없애고 3명 모두 사무차장으로 임명하였다.[5] 사무국 본부는 스위스 제네바에 있으며, 약 80명의 직원이 일하고 있는데 1/4은 제네바에, 3/4은 브뤼셀과 룩셈부르크에 흩어져 있다. 이들 직원은 3년 임기로 채용되며 재임이 가능하다.

지난 1992년 EEA협정을 체결할 때 EFTA 감시 기구(EFTA Surveillance Authority)와 EFTA 법원(EFTA Court)이 추가적으로 설립되었다. EFTA 감시 기구는 회원국들이 EEA 의무나

5 사무차장 중 한 명은 제네바에 있고, 다른 사무차장 1명과 보조 사무차장은 브뤼셀에 있다.

경쟁 규칙을 잘 지키는지 감시하는 기구이고, EFTA 법원은 룩셈부르크에 소재하며, 유럽사법재판소(European Court of Justice)처럼 EEA나 EFTA 회원국과 관련된 업무를 처리한다. 법원은 EEA 규정을 번역하고 적용하며, 실행과 관련하여 EEA나 EFTA 국가의 위반 사항을 다룬다. 또한 EEA나 EFTA 2개국 이상이 관련된 분쟁을 해결하고 소송을 처리한다.

제2절 현재의 세계 주요 경제 공동체

앞 절에서는 1950년대까지 비교적 초기에 결성되었던 경제 공동체들을 살펴보았다. 이 절에서는 1950년대 이후 결성된 많은 경제 공동체 중에서 주요한 공동체들만 간추려 살펴본다.

우선 유럽연합은 일찍이 유럽석탄철강공동체(ECSC)에 뿌리를 두고 1950년대 말에 결성된 공동체이다. 시기별로는 초기에 결성된 공동체로 분류되어야 하지만, 두 차례의 세계대전으로 폐허가 되었던 유럽을 오늘날의 성장 중심 지역으로 이끌고, 서유럽과 동유럽 모두를 아우르는 유럽의 구심점으로 세계에서 가장 앞서 나가는 경제 공동체로 발전된 점을 평가해 최근의 통합체로 분류해 이 절에서 서술하기로 한다.

1. 유럽연합

유럽연합(European Union)은 1993년 11월 1일까지는 공식적으로 유럽공동체(European Community)로 불렸으며, 유럽 국가들은 경제 통합을 매개로 종국적으로는 정치 통합까지 추구하고 있다. 일부 문헌에서는 유럽공동체를 유럽공동체들(European Communities)이라고 복수로 부르는데, 왜냐하면 이것은 유럽경제공동체(European Economic Community: EEC)와 유럽석탄철강공동체(ECSC), 그리고 유럽원자력공동체(European Atomic Energy Community: Euratom) 등 3개 기구를 통합하여 구성한 것으로 보기 때문이다. 초기 유럽경

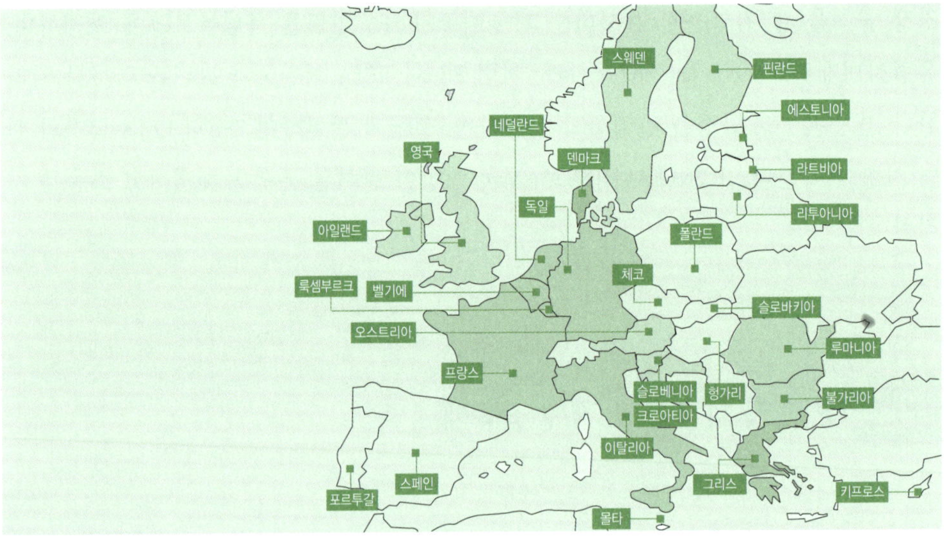

유럽연합 회원국 지도

제공동체(EEC)의 회원국은 유럽석탄철강공동체(ECSC) 회원국과 동일한 벨기에, 프랑스, 이탈리아, 룩셈부르크, 네덜란드 그리고 서독 6개국으로 구성되었다. 그 후 영국과 덴마크, 아일랜드가 1973년에 가입하였고, 그리스가 1981년, 포르투갈과 스페인이 1986년에 가입하였다. 이전의 동독은 1990년 서독과 재통일하면서 그 일부로 인정받았다. 오스트리아, 핀란드 그리고 스웨덴이 1995년에 가입하였고, 2004년 5월에는 키프로스, 체코, 에스토니아, 헝가리, 라트비아, 리투아니아, 몰타, 폴란드, 슬로바키아, 슬로베니아 등 10개국이 추가로 가입하였다. 그 후 2007년 1월에 루마니아, 불가리아가, 2013년 7월에 크로아티아가 가입함으로써 회원국이 총 28개국으로 확대되고 인구도 5억 명이 넘었지만, 2020년 영국이 탈퇴함으로 4억 7,000만 명으로 줄어들었다. 노르웨이는 1992년 11월 EU 가입을 신청하였으나, 러시아와의 관계와 주요 산업인 어업이 EU 어획 쿼터제에 의해 큰 영향을 받게 될 것이라는 우려 때문에 1994년 11월 국민투표에서 부결되었다. 스위스도 1992년 5월 EU에 가입 신청서를 제출하였지만, 2001년에 EU 가입을 위한 국민 투표에서 압도적인 표 차이로 부결되었다.

현재 터키, 알바니아, 보스니아, 마케도니아, 세르비아, 몬테네그로 등은 미래의 가입 대상국으로 대기하고 있다.

(1) 역사

EU의 전신인 유럽경제공동체(EEC)는 1957년 로마조약에 의해 유럽원자력공동체(Eurotom)와 함께 창설되었다. ECSC가 당시 전략 산업이었던 석탄과 철강 부문에서 자유 무역을 실현하였다면, 이 유럽경제공동체(EEC)는 상품과 서비스, 노동과 자본 등 경제 전 분야에서 자유로운 이동을 목표로 한 공동체이다. 유럽원자력공동체의 부진과 달리 유럽경제공동체(EEC)는 매우 성공적으로 운영되었다. 상품과 노동, 자본 및 서비스의 이동이 가능한 공동 시장(Common Market)을 설립한다는 목표에 따라 먼저 관세 동맹 결성에 착수하여 1970년까지 완성하기로 합의하였는데, 내부 관세가 1959년 1월부터 감소하기 시작하여 1968년 7월까지 모두 제거되어 원래 계획보다 2년 앞당겨 완성하였다. 공동 대외 관세(Common External Tariff: CET)도 성공적으로 정착하면서 1958년부터 1968년까지 EEC 회원국들 간의 무역 거래량은 약 4배가량 증가하게 되었다. 특히, 독일과 이탈리아는 괄목할 만한 경제 성장을 이루었다.

EEC는 또한 근로자 생활 수준 향상과 고용 기회 확대를 위한 유럽사회기금(European Social Fund)과 농산물 가격 안정 및 농민 소득 향상을 위한 공동 농업 정책(Common Agricultural Policy)도 설립하여 성공적으로 운영하였다.

앞에서 서술하였듯이 EEC는 제2차 세계대전의 여파로 생긴 이데올로기적 갈등을 줄이고, 미래의 유럽 국가들 간에 무력 충돌의 재발을 막으려는 데 목적이 있었다. 특히, 전쟁을 통해 앙숙 관계로 발전한 프랑스와 독일 두 국가 간에 지속적인 화해를 촉진시켜 전쟁의 잠재력을 줄이기를 희망하였는데, 이 부분도 성공적으로 목적을 달성하였다고 평가할 수 있다.

1967년 7월에는 합병 조약(Merge treaty)[6]이 발효되어 유럽경제공동체와 유럽석탄철강공동체, 유럽원자력공동체가 병합되어 유럽공동체(European Community)로 총칭되며 단일체로 발전하게 되었다. 그때부터 회원국들은 공동체의 정책 수립 권한을 확대하

6 합병 조약은 1965년 4월 8일 브뤼셀에서 서명되어 1967년 7월 1일부터 발효되었다.

고 정책 구조를 개혁하기 위해 여러 번 조직 개편을 단행하였다.

영국은 EFTA 설립을 주도하였지만 EEC를 중심으로 서유럽 국가들의 경제 성장이 눈에 띄게 두드러지자[7] 이런 그룹에 가입해 국제적 위상을 높이고 자국의 쇠퇴를 막아 보기 위해 EEC 가입 신청서를 제출하였다. 그러나 영국이 회원국이 되면 공동체 내에서 자국의 위상이 줄어들 것을 걱정한 드골(Charles de Gaulle) 프랑스 대통령이 1963년과 1967년 연속해서 거부하여 회원국 가입이 좌절되었다. 실제로 드골은 1963년에 영국을 '유럽을 장악하려는 미국의 트로이 목마'라고까지 비난하면서 유럽경제공동체 가입을 반대하였다. 결국 드골이 물러나고 영국에 우호적인 퐁피두(Georges Pompidou)가 정권을 잡은 뒤인 1973년에야 영국은 EEC 회원국이 될 수 있었다.

1970년대 중반 이후 유럽공동체(EC) 발전이 정체되었는데, 이는 1970년대 두 차례의 석유 파동과 이에 대한 회원국들의 자국 시장 보호주의 조치로 자유 무역이 위축된 데 기인한다. 이런 상황에서 경제 통화 동맹(Economic and Monetary Union)을 추진하려는 베르너(Werner)계획도 추진되지 못하였다. 1980년대 들어서도 분위기는 반전되지 못하여 서유럽 지역에서는 스테그플레이션이 장기화되었고, 동아시아 신흥 공업국들의 경제 성장에 따른 위기감이 확대되었다. 이에 회원국들은 공동체의 경쟁력 제고를 통한 재도약을 위해 회원국 간의 단일 시장(single market)을 완성하기로 하고, 집행위원회는 1985년 단일 시장 계획을 담은 백서를 발간하였다. 그리고 1986년 2월 헤이그 유럽이사회에서 단일유럽의정서(European Single Act)가 서명되었고, 1987년 7월에 발효되었다.

단일유럽의정서(SEA)는 로마조약을 최초로 개정한 조약으로 회원국 시장을 하나로 묶은 단일 시장 계획과 구조 기금 및 공동체의 정책, 기구 조항을 발전적으로 변경하였다.

의정서는 회원국들이 1992년까지 회원국 간의 단일 시장을 만들기 위해 남아 있는 모든 장벽을 없앨 것이며, 이 목표 달성을 위해 물리적·기술적·세제적 장벽에 관한 282개의 입법 계획을 추진하기로 하였다. 환경과 연구 및 기술, 교육, 보건, 소비자 보호 그리고 다른 분야의 공동 정책에 대해서도 EC에 공식적인 통제권을 부여하였다. 또

7 1950년대 EEC 6개국의 연평균 경제 성장률은 4%를 넘었지만, 영국은 그 절반 정도에 머물렀다.

한 이러한 조치들을 신속히 집행하기 위해 각료이사회의 의사결정 방식을 만장일치제에서 가중 다수결(Qualified Majority Voting: QMV)로 전환하고, 거부권 행사를 점차 줄여 나가기로 하였다. 물론 주로 경제 분야와 관련된 사안들에 적용되고, 민감한 안보나 외교 협력 분야는 해당되지 않았다.

단일유럽의정서가 체결된 후 유럽연합은 급속히 발전하였다. 1988년에는 공동 농업 정책, 예산 시스템, 구조 기금의 개혁을 담은 들로르보고서가 제출되었다. 그리고 1980년대 말부터 동유럽 사회주의 국가들의 갑작스런 붕괴와 독일의 통일은 유럽연합의 발전을 가속화시켰다. 통일된 독일의 잠재력 확대를 걱정한 회원국들은 독일을 유럽연합의 틀 속에 묶어 두려 하였다. 그리고 그 결과 1991년에 일명 마스트리히트조약으로 불리는 유럽연합조약(Treaty of European Union)이 체결되었다. 네덜란드의 남부 작은 도시인 마스트리히트(Maastricht)에 EC 정상들이 모여 가서명한 데서 이름을 딴 이 조약은 통합 분야를 시장 통합을 넘어 정치 통합까지 확대하려 하였다. 조약에는 EC를 EU(유럽연합)로 명칭을 바꾸고, 유럽중앙은행과 단일 통화 창설을 포함한 경제 통화 동맹(Economic and Monetary Union)과 노동 조건 통일을 포함한 사회 부문, 공동 방위 정책, 유럽 시민권 규정 등 4개의 핵심 내용을 담고 있다. 또한 공동 외교 안보 정책(Common Foreign and Security Policy)과 내무·사법(Justice and Home Affairs) 분야의 협력도 새롭게 추가하고, 유러폴(European Police Intelligence Agency, 유럽경찰)도 창설하기로 하였다. 이 조약은 1992년 2월 7일 EC 외무장관 회의에서 조인되었으며, 각국의 비준을 거쳐 1993년 11월 1일부터 발효되었다.[8]

1992년에는 유럽자유무역연합(EFTA) 4개국과 상품과 서비스, 노동과 자본이 자유롭게 이동하는 유럽경제지역(European Economic Area: EEA)을 결성하기로 하였다. 두 기구는 1989년 12월부터 본격적으로 창설 협상을 벌여 1993년 1월 1일 출범할 예정이었으나, 스위스가 협정안을 부결함으로써 1994년 1월 1일부터 공식적으로 출범하였다.[9]

1997년에 서명된 암스테르담조약(Amsterdam Treaty)은 마스트리히트조약의 첫 번째

8 그러나 덴마크는 1992년 6월에 국민 투표에 의해 부결되어 재투표로 가결되었고, 영국에서도 1992년 7월 하원에서 정부안에 대해 반대하였다. 프랑스에서는 1992년 9월 국민 투표에서 근소한 차이로 가결되기도 하였다.

9 EEA의 주요 기구로는 EC와 EFTA 쌍방 대표로 구성되는 EEA 합동위원회, 공동체의 일반 지침을 결정하는 EEA 평의회, 법률 분쟁을 처리하는 EEA 재판소 등이 있다.

개정 조약으로 신유럽연합조약이라고도 한다. 마스트리히트조약에서 약속한 정치 통합을 더욱 견고히 할 목적으로 체결된 이 조약은 남녀 평등·비차별 등 기본적인 인권 보호 조항이 들어 있으며, 비자·망명·이민에 대한 새로운 공동 정책 수립, 각국 경찰 간의 협력 강화, 다수결에 의한 의사결정 분야 확대 등의 내용이 포함되었다. 고용에 관해서는 EU 차원의 공동 전략과 회원국 차원의 고용 정책을 조화시키는 노력을 기울이고, 사회 차별을 척결해 EU 내에서의 연대와 통합을 추구할 것을 명시하였다. 또 경제 성장과 환경 보호의 조화를 위해 노력해야 한다는 조항도 있다. 그러나 이 조약에 가장 중요한 점은 가중 다수결(EU 회원국의 규모에 따라 투표수를 차등 분배, 가중된 투표수에 근거하여 가결 여부를 결정하는 의사결정 제도)에 의한 이사회의 정책 결정 절차를 도입해 정책 결정 방법을 개선한 것이다. 유럽 의회의 역할을 확대하고 유럽 사법재판소의 역할과 기본권을 확립할 것도 명시하고 있다. 암스테르담조약은 15개국의 비준을 얻어 1999년 5월 1일 발효되었다. 그러나 영국의 급속한 통합에 대한 반대, 국별 유럽위원회 위원수나 특정 다수결에 있어서 표 수의 할당 등에 회원국 간의 심각한 이견을 해소할 수 없어 기대했던 큰 제도적 개혁은 이루지 못하였다.

한편, 유럽연합조약에서 합의하였던 경제 통화 동맹(EMU)이 1990년 7월 1단계, 1994년 1월 2단계가 시행되었고, 1999년 1월부터 3단계가 실시되어 11개 회원국들의 은행 업무에서 유로(euro)가 사용되기 시작해 2002년부터는 본격적으로 시중에 유통되었다.[10]

1998년 3월부터는 중·동유럽 국가 중 우선 협상 대상 6개국(폴란드, 헝가리, 체코, 슬로베니아, 에스토니아, 사이프러스)과 회원국 가입 교섭을 시작했고, 2000년 3월부터는 2차 가입 협상 대상 6개국(슬로바키아, 라트비아, 리투아니아, 몰타, 루마니아, 불가리아)과 교섭을 시작하였다.

2000년 12월 프랑스 남부 휴양 도시 니스(Nice)에서 개최된 유럽연합 정상 회담에서는 유럽 중·동부 및 지중해 지역 국가의 새 회원국 가입과 이에 따른 EU 정책 결정 기구 개혁을 합의한 니스조약(Treaty of Nice)을 체결하였다. 조약에서는 유럽연합 이사회

10 유럽연합의 경제 통화 동맹에 관련된 내용은 '제10장 통화 동맹'에서 상술한다.

(혹은 각료이사회)에서 회원국들의 가중치 투표수의 결정[11]과 유럽집행위원회 위원 수를 규정하였다. 그리고 만장일치의 적용 범위를 축소하고 가중 다수결 제도를 확대해, EU의 의사결정이 신속히 이루어지도록 하였다. 유럽집행위원회 위원 수는 제한하여, 현재 2명의 위원을 보유하고 있는 5개 회원국은 2005년 1월 1일까지 1명으로 감축하여 EU 회원국 수가 27개가 될 때까지 각국이 1석의 위원직을 갖고, 신규 회원국 수가 더 증가하게 되면 순번제를 도입해 회원국들이 번갈아 가며 위원을 보유하도록 하였다. 신규 가입국을 위해 유럽의회 의석 수는 626석에서 732석으로 확대하였다. 당시 합의에 도달하기 가장 힘들었던 이슈는 연합체 내 최대 의사결정 기구인 유럽연합 이사회(각료이사회)에서 회원국별 투표권 수였다. 독일은 구동독과 통일하면서 인구 수가 8,200만 명으로 늘어나 EU 내 최대 인구 대국이 되면서 투표권 상향 조정을 요구하였지만, 소국들이 자신들의 입지가 더욱 약화될 것을 우려해 거부함으로써 결국 영국, 프랑스, 이탈리아와 같은 29석을 확보하는 데 그쳤고, 반면 덴마크, 룩셈부르크, 핀란드 등의 소국은 당초 안보다 1석씩 많이 확보하였다. 대신 독일은 양보의 대가로 유럽의회 의석을 추가로 5석 확보하면서 마무리되었다. 그 외에도 조약에서는 중·동부 유럽(CEE)의 신규 회원국 가입을 위한 제도적 개혁에 합의를 하였는데, 12개 신규 회원국들의 가입 시기를 2003년 초반부터 2004년 중반까지로 정하고, 모든 분야를 한꺼번에 통합함으로써 오는 혼란을 방지하기 위해 먼저 통상·외교 부문부터 시작하고 일부 가맹국만 단계적으로 경제 통합을 실시하는 선행 통합제를 채택하기로 하였다. 니스조약은 2001년 2월 EU 확대에 대비해 각료이사회 투표권 조정, 가중 다수결 채택 분야 확대, 강화된 협력 체제 출범 요건 완화, 집행위 구조 조정 등에 관해 15개 회원국 외무장관이 정식으로 서명한 후, 2002년 10월 아일랜드가 최종적으로 조약 수용을 결정함으로써 2003년 2월 1일부터 정식 발효되었다.

그리고 이 조약을 바탕으로 2004년 5월 1일 중·동구권 10개국이 EU에 새 회원국으로 가입하면서 EU 회원국이 25개국으로 늘어났지만, 당초 가입 후보국으로 거론되었던 터키는 인권과 민주주의 분야에서 가입 기준에 미달한다는 EU 측의 평가로 가입

11 가중 다수결은 회원국 과반수 찬성과 투표권의 70%(당시 62표)를 넘기는 것을 요구하였다.

합의에 이르지 못해 제외되었다.

이렇게 지속적인 확대를 통해 유럽연합의 회원국 수가 25개국으로 늘어나면서 예견되었던 연합체 내 의사결정 방식에 어려움이 생겨났고, 회원국 정상들은 이를 개선하고 회원국의 권한 배분을 명확하게 하기 위해 '유럽헌법'을 구상하였다. 이 유럽헌법은 EU를 국제 조약 체결권을 가진 법적 주체로 규정하고, EU를 대표하는 대통령과 외무장관직을 신설하여 EU 집행부를 연방 정부처럼 강화하는 것을 골자로 하고 있다. 또한 의원 수를 늘리고 더 많은 정책 분야를 공동 결정에 포함시켜 유럽의회의 권한도 강화시키고, EU가 조약을 체결할 수 있는 법인(legal person) 자격을 부여하는 내용을 포함시켰다. 그러나 EU 정치 통합의 토대가 될 것으로 기대한 '유럽헌법'은 2005년 5월 프랑스가, 그리고 6월에는 네덜란드가 국민 투표에서 부결시킴으로써 '하나의 유럽'으로 향한 통합 작업은 곧바로 제동이 걸렸다. 이에 영국을 포함한 몇 개 회원국에서는 승인 절차를 연기하거나 아예 포기하는 국가가 나타났다. 어쩔 수 없이 EU 27개국 정상들은 2007년 10월 19일 리스본 정상 회담에서 새 개정 조약을 마련하였는데, 이 개정 조항은 2년 전 부결된 헌법의 핵심 조항 내용 대부분을 담고 있었다. 즉, 2년 6개월 임기의 EU 대통령직과 임기 5년의 외교 총책직을 신설하고, 유로를 채택한 국가들(유로존) 재무장관 모임을 공식적으로 인정하는 내용을 포함하였다. 또한 2014년부터 인구 수에 기초한 이중 다수결 제도를 단계적으로 적용해 2017년까지 완전히 도입하고 유럽의회 권한도 강화하고, 유럽의회에 승인받아야 할 법규의 수도 증대시키는 것을 주요 내용으로 하고 있다. 그러나 EU에 초국가적 지위를 부여하는 국가(國歌)와 국기, 공휴일 등 상징에 관련된 조항은 삭제하여 이를 싫어하는 일부 회원국들의 국회 비준을 용이하게 하였다. 또한 일명 '미니 유럽헌법'이라 불리는 이 리스본조약이 앞의 유럽헌법조약이 무산된 전철을 밟지 않도록 하기 위해 27개 회원국 중 26개 회원국이 의회 비준을 거치는 절차를 선택하였다. 하지만 유일하게 국민 투표로 비준 여부를 결정하기로 한 아일랜드에서 2008년 6월 21일 부결됨으로써 또 한 번의 질곡을 거쳐야 하였다. 결국 아일랜드 정부의 적극적인 자국민 설득, EU와 아일랜드 정부 간의 합의, 그리고 2008년 하반기부터 시작된 경제 위기로 여론이 반전되면서 2009년 10월에 다시 치러진 2차 국민 투표에서 찬성 67.13%, 반대 32.87%로 비준을 받을 수 있었다. 그리고

11월 3일 체코의 바출라프 클라우스 대통령이 마지막으로 비준안에 서명함으로써 마침내 리스본조약(Lisbon Treaty, 개정 조약(Reform Treaty)이라고도 함)이 EU 27개국의 비준을 모두 마치고 2009년 12월 1일부로 발효되었다. 조약에 포함된 내용은 앞에서 간략히 언급하였지만 몇 가지 중요한 추가적 내용을 살펴보면 가중 다수결제가 표준 투표 방식이 될 수 있도록 확대하고, 가중 다수결의 내용도 바꾸어 전체 회원국의 59% 이상, EU 인구의 65% 이상이 찬성하여야만 표결이 통과되도록 하였다. 유럽의회의 권한도 강화하고 의원 수도 750명을 상한선으로 조정하였는데, 이에 최대 99명의 의원을 가졌던 독일의 의원 수는 96명으로 줄이고 대신 룩셈부르크, 에스토니아 등 최소 5명의 의원을 가졌던 소국의 의원 수는 6명으로 늘렸다.

유럽사법재판소(The European Court of Justice)의 이름도 유럽연합 사법재판소(Court of Justice of the European Union)로 개칭하였으며, 특별재판소인 유럽연합 공무원재판소(European Union Civil Service Tribunal)도 새로 설치하였다. 또한 리스본조약에서는 회원국이 유럽이사회에 통보를 하고, EU를 탈퇴할 수 있는 권한을 부여하였다.

2012년에는 유럽연합이 유럽의 평화와 화해, 민주주의와 인권을 향상시킨 공로로 노벨 평화상을 받았다.

2015년 1월 1일부터는 리투아니아가 유럽 단일 통화인 유로를 도입함으로써 유로(euro)를 쓰는 유로존(Eurozon 혹은 euro area) 회원국은 총 19개국으로 늘어났다.

그러나 시리아와 이라크의 내전으로 중동의 정세가 심각해지면서 2015년에 유럽으로 향한 난민의 수가 급증하였고, 유럽 주요 국가에서는 난민 분배 문제와 유입된 난민과 주민 간의 사회적 갈등이 고조되면서, 결국 영국이 2020년 1월 31일 유럽연합에서 탈퇴하는 대사건이 발생하였다.

(2) 주요 기구

EEC는 EFTA와는 달리 처음부터 초국가적 기구를 만들어 회원국들 간에 정치적 협력을 요구하였다. 이런 기구들은 유럽 각국 정상들의 모임인 유럽이사회(European Council), 행정을 총괄하는 집행위원회(Commission), EEC 정책을 만들고 운영하는 유럽연합 이사회(Council of the European Union), 국민 투표로 선출된 의원들로 구성된 유럽의회

(European Parliament), 그리고 공동체의 법을 해석하고 법적 분규를 중재하는 유럽사법재판소(European Court of Justice)로 구성되어 있다.

먼저 유럽이사회를 보면 각국의 수반들로 구성되어 언론에서는 유럽정상회의(European Summit)라고 하는데, 집행위원회 위원장과 공동 외교 안보 정책 고위 대표도 참가한다. 공동체가 만들어질 때 계획하지 않았던 기구로 1961년 7월에 첫 정상 모임이 있었고, 또 여러 차례 비공식 모임을 가졌었다. 그러다 1974년 프랑스 데스탱(Valèry Giscard d'Estaing) 대통령의 제안에 따라 1974년 12월 파리 정상 회의에서 설립이 결정되었다. 제1회 유럽이사회는 1975년 3월 더블린에서 열려 영국의 EC 가입 조건 재교섭에 결말을 지었으며, 1976년 7월 회의에서는 EC 정치 통합을 목표로 1978년 봄에 유럽의회 의원의 직접 선거를 실시하기로 하고 각국별 의석 배분에 합의를 보았다.

유럽이사회는 공식적인 입법권은 없지만 EU의 전체적인 정책 방향이나 정책의 우선순위를 결정하며, 대체로 6월과 12월에 공식적인 모임을 가진다. 2009년 리스본조약이 발효되기 전까지는 순환 의장국제를 채택하여 EU의 모든 회원국이 6개월마다 돌아가며 의장국 역할을 수행하게 하였다. 그러나 임기가 짧아 업무의 연속성을 기할 수 없고 또 소국이 의장국이 되었을 때 인지도가 떨어져 유럽연합을 대표하기에는 문제가 있다는 점이 지속적으로 제기되어, 리스본조약에서 2년 6개월의 상임의장직(Permanent President)을 신설하기로 하였다. 그 후 제1대 상임의장으로 벨기에 총리 출신 헤르만 반 롬푸이(Herman Van Rompuy)가 선출되어 연임을 한 후, 2014년 12월 1일부로 폴란드 총리 출신인 도날드 투스크(Donald Franciszek Tusk)가 맡았었고, 2019년 12월부터는 샤를 미셸(Charles Michel) 전 벨기에 총리가 새로 임명되어 업무를 수행하고 있다.

집행위원회(European Commission)는 브뤼셀에 본부를 두고 있으며, 유럽연합의 행정부로서 EU 차원의 모든 정책을 발의·결정·집행하고 예산 편성 및 집행을 하는 핵심기관이다. 또한 결정된 정책을 회원국들이 제대로 이행하는지를 감독하고, 법규 위반 시 유럽사법재판소에 제소하는 기능도 가진다. 방대한 업무로 인해 2만 5,000명의 직원을 두고 있는데, 집행위원장은 유럽이사회에서 지명하고 유럽의회의 동의를 얻어 임명한다. 집행위원들은 니스조약 이전에는 대국(프랑스, 영국, 독일, 이탈리아, 스페인)은 2명, 소국은 1명씩으로 구성되었지만, 니스조약 이후 1국 1인의 원칙에 따라 개별 회원

표 3-1	역대 집행위원장 명단		
기간	집행위원장	출신 국가	전직
1958. 1~1967. 6	할슈타인(Walter Hallstein)	서독	외무장관
1967. 7~1970. 6	레이(Jean Rey)	벨기에	경제재무장관
1970. 7~1972. 3	말파티(Franco Maria Malfatti)	이탈리아	노동장관
1972. 3~1973. 1	만숄츠(Sicco Mansholt)	네덜란드	농업장관
1973. 1~1977. 1	오르톨리(François-Xavier Ortoli)	프랑스	경제재무장관
1977. 1~1981. 1	젠킨스(Roy Jenkins)	영국	경제재무장관
1981. 1~1985. 1	소온(Gaston E. Thorn)	룩셈부르크	총리
1985. 1~1994. 12	들도르(Jacques Delors)	프랑스	경제재무장관
1995. 1~1999. 6	상트로(Jacques Santer)	룩셈부르크	총리
1999. 7~2004. 12	프로디(Romano Prodi)	이탈리아	수상
2005. 1~2014. 10	바호주(José Manuel Barroso)	포르투갈	총리
2014. 11~2019. 11	장 클로드 융커(Jean Claude Juncker)	룩셈부르크	총리
2019. 12~ 현재	우르줄라 폰 데어 라이엔 (Ursula von der Leyen)	독일	국방부 장관

국에서 추천된 27명의 집행위원으로 구성되어 있으며 임기는 5년이다. 집행위원 간의 임무는 집행위원장의 주도하에 정치적 균형과 회원국 간의 협상에 기초하여 부여되는데, 일반적으로 한 나라의 장관처럼 특정 분야를 맡아 책임을 지며, 대외 관계, 농업, 통상, 교육 등 분야별로 30개가 넘는 총국(Directorate General)의 도움을 받아 독립적으로 업무를 수행한다. 또한 공동 농업 정책이나 공동 통상 정책을 포함한 모든 공동 정책의 운영을 책임지며, 예산을 관리하고, 공동체 프로그램 추진을 담당한다. 그러나 현재의 집행위원 숫자가 너무 많아 비효율적이고 낭비가 심하다는 비판으로 2014년부터 집행위원 수를 현재의 2/3로 줄이기로 합의하였으나, 2008년 12월 정상 회의에서 아일랜드의 리스본조약 비준이 국민 투표를 통과하기 어렵게 되자 통과를 쉽게 하기 위해 현재의 '1국 1집행위원제'를 유지하기로 결정하였다.

집행위원은 집행위원장과 협의를 거쳐 회원국 정부에 의해 지명되고, 유럽연합 이사회 멤버들과는 달리 출신 국가와의 별개의 독립적인 지위와 임무를 갖는다. 이는 출신 국가로부터 임명되지만 개별 국가가 아닌 EU 전체의 이익을 도모해야 한다는 취지이다. 집행위원장이 집행위원단을 구성하면 유럽의회는 인사 청문회를 거쳐 집행위원회 전체에 대한 승인(consent) 여부를 결정한 뒤 유럽연합 정상 회의의 가중 다수결로 최종 임명된다. 집행위원장은 집행위원회 업무를 총괄하는데, 2004년 11월부터 포르투갈 총리 출신의 조제 마누엘 바호주(José Manuel Barroso)가 선출되어 연임을 한 후, 룩셈부르크 전 총리 장 클로드 융커(Jean Claude Juncker)가 2014년 11월 1일부터 집행위원장을 하였다. 그리고 2019년 12월 1일부터는 독일 국방부 장관 출신의 우르줄라 폰 데어 라이엔(Ursula von der Leyen)이 맡고 있다.

집행위원회는 구성원의 과반수에 의해 의사결정을 내리므로, 27명의 경우 14명 이상이 찬성하여야 한다.

유럽연합 회원국 해당 부처 장관들로 구성되는 유럽연합 이사회(Council of the European Union)는 과거 각료이사회(Council of ministers)라 불렸었는데, 전반적인 공동체의 경제 정책을 조율하고, 공동체 정책을 결정하는 유럽연합의 입법 기관이다. 유럽연합 이사회는 집행위가 발의한 법안을 유럽의회와 공동으로 심의해 통과시키고, EU 전체의 외교·안보·경제 등 다양한 분야에 정책을 수립한다. 유럽연합 이사회는 하나의 기구이지만, 실제로는 안건에 따라 총괄, 대외 관계, 경제-재무, 법무-내무 등 10개 부문에 걸쳐 개최되며, 회원국의 해당 장관들로 구성되어 수시로 개최되는데, 주요 공동정책인 경제 통화, 외무 분야의 경우 해당 각료이사회가 월 1회 개최되지만, 운송·환경 부문은 연 2~4회 개최된다. 의장은 알파벳 순으로 회원 국가가 6개월씩 담당하며, 개최지는 순번제인 의장국의 도시나 브뤼셀인데, 4, 6, 10월은 룩셈부르크에서 열린다. 그리고 의장국이 6개월마다 교체되어 업무의 연속성에 문제가 생길 것을 우려해 전임의장국과 현 의장국, 후임의장국이 3국 협의체(trialogues)를 구성해 긴밀히 협의한다. 외무장관 모임은 외교나 기타 다른 업무도 논의하기 때문에 일반 및 대외관계이사회(General Affairs and External Council)라 불렸는데, 리스본조약 이후 일반이사회(General Affair Council)와 대외관계이사회(Foreign Affair Council) 둘로 나뉘었다. 일반이사회는 유럽연합 이사회 업무를 조율하고, 정상 회담을 준비한다. 그리고 대외관계이사회는 리스본조약에 의해 유럽연합 외교·안보 정책 대표(High Representative of the Union for Foreign and Security Policy)를 따로 신설해 제1대는 영국의 캐서린 마거릿 애슈턴(Catherine Margaret Ashton)이 임명되어 2009년 12월 1일부터 업무를 수행하였고, 2대는 이탈리아 외무장관 출신 페데리카 모게리니(Federica Mogherini)가 2014년 11월 1일부터 맡았으며, 2019년 12월 1일부터는 스페인 외무부 장관 출신인 조셉 보렐(Josep Borrell)이 업무를 수행하고 있다. 외무 부문의 이사회 의사결정은 사안에 따라 단순 다수결, 이중 다수결, 가중 다수결, 만장일치 중 하나의 형태를 취한다. 단순 다수결(simple majority)은 주로 절차와 관련된 사항에 적용되며, 각 회원국이 한 표씩 행사하여 과반수가 넘으면 통과된다. 만장일치제(unanimity)는 1966년 이래 지속된 방식인데 단일유럽의정서가 발효된 후 적용 분야가 많이 제한되어, 국방이나 세제(taxation), 회원국 신규 가입, 외교 정책, 조약 수정같이 회원국들의 첨예한 이해가 걸린 사안에만 적용되었다. 가중 다수결(qualified majority)은 인구수에 따라 회원국별로 할당한 표수를 행사하는 제도로 마스트리히트조약에 의해 그 적용 범위가 확대되었다. 리스본조약이 발효된 후 2014년부터는 이중 다수결(double majority) 방식이 대부분의 정책 결정 때 적용되었다. 이 제도는 기본적으로 가중 다수결 표수를 적용하되, EU 회원국의 55% 이상의 회원국과 유럽 시민 전체 인구의 65% 이상이 찬성해야 한다는 2가지 조건을 다 충족시켜야 한다.[12] 회원국에 할당된 투표수는 조약에 명시되어 있는데 시대별로 〈표 3-2〉와 같이 변해 왔는데, 영국이 유럽연합을 탈퇴함에 따라 회원국 간 투표 수 배분은 다시 수정될 예정이다.

실제로 유럽연합 이사회가 각 분야 장관들로 구성되어 세세한 업무까지 처리할 수 없기 때문에 국가 간 의견 조정이나 입법 과정에서 기술적 검토 등을 위해 회원국과 브뤼셀을 오가며 근무하는 관료 집단인 상주대표위원회(Committee of Permanent Representatives: COREPER)를 따로 하부 기관으로 두고 있다. 이 상주대표위원회는 조직 내에 각 국가의 실무 관료들로 구성된 실무 그룹(Council Working Group)을 가지고 있으며, 유럽연합의 일반적 업무는 이 그룹에서 먼저 검토하고 의견을 조정하여 상주대표위원회로 보낸다.

유럽의회(European Parliament)는 유럽연합 차원에서 대의 민주주의를 구현하는 기구

12 EU 28개국 기준으로 최소 16개국 이상, 2014년 기준으로 3억 2,860만 이상이어야 한다(Council of EU, 2014, "New method of calculating a qualified majority in the Council," p. 1). 기존의 가중 다수결제는 2017년 3월 31일까지 사용하는데 크로아티아는 7석을 배정받았다. 가중 다수결 통과를 위해서는 15개국 찬성에 총 352표 중 260표를 획득해야 한다. 자세한 것은 유럽연합 홈페이지(http://consilium.europa.eu/council/voting-system-at-the-council?tab=In-detail&subTab=Qualified-majority&lang=en) 참조.

표 3-2 유럽연합 이사회 회원국의 투표수 배분

	EU-15		EU-27(니스)		EU-28(리스본)		
	투표수	백분율(%)	투표수	백분율(%)	투표수	인구(백만)	비중(%)
가중 다수	62	71.26	255	73.91	삭제	328.6	65
독일	10	11.5	29	8.4	29	80.5	15.9
영국	10	11.5	29	8.4	29	63.7	12.6
프랑스	10	11.5	29	8.4	29	65.6	13
이탈리아	10	11.5	29	8.4	29	59.7	11.8
스페인	8	9.2	27	7.8	27	46.7	9.2
폴란드			27	7.8	27	38.5	7.6
루마니아			14	4.1	14	20.1	4.0
네덜란드	5	5.75	13	3.8	13	16.8	3.3
그리스	5	5.75	12	3.5	12	11.1	2.2
체코			12	3.5	12	10.5	2.1
벨기에	5	5.75	12	3.5	12	11.2	2.2
헝가리			12	3.5	12	1.0	2.0
포르투갈	5	5.75	12	3.5	12	10.5	2.1
스웨덴	4	4.6	10	2.9	10	9.6	1.9
불가리아			10	2.9	10	7.28	1.44
오스트리아	4	4.6	10	2.9	10	8.5	1.7
슬로바키아			7	2.0	7	5.4	1.1
덴마크	3	3.5	7	2.0	7	5.6	1.1
핀란드	3	3.5	7	2.0	7	5.4	1.1
아일랜드	3	3.5	7	2.0	7	4.6	1.0
크로아티아					7	4.3	0.8
리투아니아			7	2.0	7	3.0	0.6
라트비아			4	1.2	4	2.0	0.4
슬로베니아			4	1.2	4	2.1	0.4
에스토니아			4	1.2	4	1.3	0.3
키프로스			4	1.2	4	0.9	0.2
룩셈부르크	2	2.3	4	1.2	4	0.5	0.1
몰타			3	0.9	3	0.4	0.08
총투표 수	87	100	345	100	352	505.6	100

주: 인구는 2014년 기준.
자료: http://europa.eu/abc/keyfigures/.

브뤼셀에 위치한 EU 본부 건물

로서 모체는 ECSC의 공동총회(The Common Assembly)이고, 1962년 의회(Parliament)로 이름을 바꾸어 안건을 심의하기 시작하였다. 의회 구성원도 초기에는 각 회원국 의회에서 임명된 78명의 의원들이 파견되었으나, 1979년부터 임기 5년의 직접 선거로 바뀌어 선거를 통해 선출되었다.[13] 이 유럽의회는 초기에는 권한이 매우 제한적이어서 공동체의 제반 사안을 토의하고 유럽연합 이사회(혹은 각료이사회) 및 집행위원회에 권고하고 공동 정책 이행을 감시하는 정도였다. 그러나 마스트리히트조약을 통해 공동 결정 절차(co-desion procedure) 방식이 도입된 후 정책 결정 15개 분야에서 유럽연합 이사회가 승인한 입법을 유럽의회가 거부할 수 있게 함으로써 유럽의회의 기능은 강화되었고, 암스테르담조약에서 공동 결정 절차 적용 분야를 43개 분야로 더 확대시킴으로써 유럽의회의 위상은 더욱 강화되었다. 2009년 12월 발효된 리스본조약 이후 유럽의회는 유럽연합 이사회와 함께 입법 기능을 공유할 뿐 아니라, 유럽연합 전체 예산의 승인과 지출에 대한 감독 권한까지 행사한다. 또한 유럽연합 이사회가 지명한 집행위원장을

13 1958년에 ECSC 공동총회, 유럽경제공동체(European Economic Community: EEC) 총회 및 유럽원자력공동체(European Atomic Energy Community: EURATOM) 총회와 통합되었다가 1962년 3월 유럽의회(European Parliament)로 개칭되었다.

자체 투표로 승인 혹은 거부할 수 있다. 집행위원장이 회원국 추천을 받아 구성한 집행위원단에 대해 청문회를 거쳐 인준을 거부할 수도 있으며, 과반수 출석에 투표자 2/3의 다수결로 집행위원회 불신임을 결의하면 집행위원 전원이 사퇴해야 한다.[14] EU 신규 가입에 대한 거부권도 가지고 있다.

유럽의회의 총의원 수는 회원국 확대에 따라 계속 변하였는데, 1958년 3월 6개 회원국에 142명, 1973년 1월 9개 회원국에 198명, 1979년 6월 9개 회원국에 410명, 1986년 1월 12개 회원국에 518명, 1990년 독일 통일 후 567명, 1995년 15개 회원국에 626명으로 증가하였다. 그 후 2004년 5월 동유럽으로 회원국이 확대된 후 25개 회원국에 732명, 2007년 1월 27개국에 784명, 2013년 7월 28개국 766명으로 의원 수가 확대되었다가 그 후 751석으로 조정되었다. 국가별 의석 수는 인구 수에 비례로 배분하는데, 독일 99석, 프랑스 74석, 영국·이탈리아 각 73석, 스페인 54석, 폴란드 51석, 루마니아 32석, 네덜란드 26석, 포르투갈·벨기에·그리스·체코·헝가리 각 21석, 스웨덴 20석, 오스트리아 18석, 불가리아 17석, 덴마크·핀란드·슬로바키아 각 13석, 크로아티아·아일랜드·리투아니아 각 11석, 라트비아·슬로베니아 8석, 에스토니아·키프로스·룩셈부르크·몰타 6석이다. 하지만 영국이 유럽연합을 탈퇴함에 따라 유럽이사회와 마찬가지로 회원국 간 의원 수가 재조정될 예정이다.[15]

의원들은 국적에 따라 분류되는 것은 아니고 이념에 따라 정당을 형성하며, 유럽의회 소재지는 프랑스 스트라스부르(Strasbourg), 벨기에 브뤼셀, 그리고 룩셈부르크 세 곳에 위치한다. 본회의는 스트라스부르에서 1년에 12회 개최되지만 4~6번의 미니(mini) 총회를 개최하기도 한다. 각종 위원회는 브뤼셀에서 개최되며, 의회 사무국은 룩셈부르크에 있다.

마지막 주요 기구로 회원국 간의 법적 분쟁을 해결하고 공동체 조약과 주요 조약을 해석·적용하는 유럽연합 사법재판소(court of Justice of the European Union)가 있다. ECSC를 설립한 파리조약에 의해 1952년 설립되었으며, EU 내 최고 사법 기관이다. 유럽연

14 다만 집행위원의 개별적 불신임은 허용하지 않는다.

15 영국 보유 의석 73석 중 27석은 아일랜드 등 인구 대비 의석이 적은 국가로 할당되고, 나머지 46석은 향후 EU 회원국 확대를 대비해 공석으로 남겨 두기로 하였다.

합 사법재판소는 최상급심인 사법재판소(Court of Justice)[16]와 하급심 기관으로 일반법원(General Court)과 유럽연합 공무원재판소(European Union Civil Service Tribunal) 3개 법원으로 구성되어 있다.

사법재판소는 헤이그에 소재를 두고 있으며, 각 회원국이 1명씩 임명한 28명의 판사와 개별 사안에 대해 독립적으로 자신의 견해를 법관에게 제출하는 9명의 법률 고문관(Advocates General)으로 구성되어 있다. 이들은 6년 임기에 재연장이 가능하고, 판사 중에서 임기 3년의 재판소장을 선출한다. 원래 유럽사법재판소(European Court of Justice)였으나 현재는 사법재판소(Court of Justice)로 개명하였다. 일반법원(General Court)은 사법재판소의 과중한 업무를 분산시키기 위해 1988년 설치되었으며, 유럽연합 내의 경쟁, 반덤핑 및 지적재산권 등에 대한 1차 심사를 담당한다. 리스본조약 발효 전까지는 제1심 재판소(the Court of First Instance)라고 불렸다. 일반법원은 사법재판소와 같이 28명의 판사로 구성되며, 임기도 사법재판소와 같다.

유럽연합 공무원재판소는 유럽연합 기관과 그 직원 간의 법적 분쟁 사건을 주로 다루며, 2005년 12월에 설치되었다. 재판소는 현재 룩셈부르크의 수도인 룩셈부르크 시에 위치해 있다.

이러한 유럽연합의 5개 주요 기구 외에도 유럽회계감사원(European Court of Auditors)과 유럽중앙은행(European Central Bank), 유럽투자은행(European Investment Bank)이 있으며, 자문 기구로 유럽경제사회위원회(European Economic and Social Committee)와 지역위원회(Committee of the Regions)가 있다.

유럽회계감사원은 EU 예산이 규정에 맞게 집행되고 있는지를 감사하고, 재정 운용 개선에 관한 자문을 하는 기관으로 28명의 위원으로 구성되어 있고, 위원은 유럽연합이사회에서 만장일치로 임명되며, 임기는 6년이다. 감사위원들은 각 국가에서 회계, 감사 분야에서 근무하였던 사람들 중에서 선발되며, 회계 감사원장은 3년 임기로 감사위원들 중에서 선출된다. 유럽회계감사원의 감사 대상은 유럽연합 기구 및 유럽

16 사법재판소(Court of Justice)는 처음에는 유럽석탄철강공동체 사법재판소(the Court of Justice of the European Coal and Steel Communities)로 불렸으나, 유럽공동체 사법재판소(Court of Justice of the European Communities), 유럽사법재판소(European Court of Justice)로 이름이 바뀌었다가 지금의 사법재판소로 개명하였다.

연합 내 각종 기금, 회원국 정부 및 지방정부 등 유럽연합 예산을 집행하는 조직과 유럽연합으로부터 급여를 받는 개인 모두가 포함된다. 감사원은 연례보고서를 작성하여 유럽의회와 유럽이사회에 제출하고, 보고서 내용은 EU 관보(Journal of the European Union)에 실린다.

유럽중앙은행(ECB)은 EU가 단일 통화를 도입하고 경제 통화 동맹을 시행하는 과정에서 마스트리히트조약에 의해 설립된 유럽통화기구(European Monetary Institute)의 후신이다. 자체 내에 집행이사회(Executive Board), 운영이사회(Governing Council), 일반이사회(General Council)를 두고 운영하고 있으며, 유로화를 관장하고 유로존 국가들의 통화 정책을 담당한다. 본사는 독일 프랑크푸르트에 위치하고 있다.

유럽투자은행은 역사가 오래되어 로마조약을 근거로 1958년에 창설되었으며, 처음에 브뤼셀에 있었지만 1968년에 룩셈부르크로 옮겼다. 창설 시 직원이 66명이었지만 1999년 1,000명이 넘었고, 현재에는 그 두 배를 넘어섰다. 회원국들이 투자해서 만든 은행인데, 투자 규모는 EU 가입 시점의 경제력(GDP 규모) 기준으로 정하였다. 총회(Board of Governors), 이사회(Board of Directors), 운영위원회(Management Committee), 감사위원회(Audit Committees)로 구성되며, 주로 EU 정책의 목표에 적합한 중소기업들의 건전한 투자를 지원한다. 한편, 자문 기관 중 하나인 유럽경제사회위원회(EESC)도 로마조약에 의거하여 1958년 창설되었는데, 고용주나 노동자 단체, 소비자 단체 대표 등이 모여 집행위원회의 법안이나 정책 발안 시 의견을 제시하는데, 법적 구속력은 없다. 회원국별 인구 수에 따라 위원의 수를 달리하는데 독일, 프랑스 등 큰 국가는 24명, 작은 국가인 룩셈부르크, 키프로스 6명, 몰타 5명 등 총 329명의 위원으로 구성되어 있다. 위원들의 임기는 5년이고, 1명의 위원장과 2명의 부위원장을 두고 있다. 주 임무는 역내 시장, 운송, 소비자 보호, 환경 및 지역 개발 정책 등 경제 사회 정책 결정 시 자문 기능을 수행하는 것이다.

지역위원회(COR) 역시 자문 기구인데, 마스트리히트조약에 근거해 1994년에 설립되었다. EU가 제정하는 규정의 상당수가 지역 공동체에 영향을 주므로, EU에서 법 규정을 마련할 때 해당 지역의 입장과 시민들의 의견이 직접 반영될 수 있도록 지역위원회를 두었다. 유럽경제사회위원회와 마찬가지로 회원국별 인구 수에 차등을 두고, 총

329명의 위원을 두었다. 1년에 6차례 이상의 본회의를 개최하며, 6개의 분과위원회가 있다. 그러나 위원들은 유럽의회와는 달리 선거 절차를 거치지 않고 대개의 경우 중앙 및 지방 관료들 중에서 임명되며, 임기는 5년이다.

(3) 기타 주요 이슈

유럽연합은 이미 창설된 지 60년이 넘은 통합체로서 공동 농업 정책(Common Agricultural Policy), 공동 통상 정책(Common Commercial Policy) 및 지역 정책, 환경 정책, 사회 정책, 어업 정책 등 연합체 차원에서 다양한 공동 정책을 시행하고 있다. 그리고 이러한 정책을 시행하고 공동체를 운용하기 위해 2019년 1년간 총 1,480억 유로(약 196조 원)의 예산을 지출하고 있다. 이 예산 중 EU 회원국 농민들이 생산하는 농산물에 대한 가격 보존과 소득 보존을 해 주는 공동 농업 정책에 1980년대 중반까지 EU 예산의 2/3가 지출되었다. 현재에도 EU 예산의 40% 가까이가 농업 정책과 관련하여 지출되는데, 이는 초기에 80%가 넘던 비중을 많이 줄인 결과이기는 하지만, 회원국 내부적으로 농산물 과잉 생산 문제뿐 아니라 외부적으로도 농업 보조금 문제로 세계 주요 농업국들과 많은 분쟁을 야기하기도 하였다. 더구나 회원국이 확대되고 기존 회원국에 비해 소득 격차가 큰 가난한 중·동유럽 국가들이 대거 가입함으로써 낙후된 지역의 수가 급격히 늘어났고, 회원국 간·지역 간 경제적 격차도 더욱 확대되었다. 이에 회원국 간의 소득 격차를 줄이기 위해 시행하는 공동체의 지역 정책(regional policy) 기금을 받을 수 있는 지역이 늘어나 기존의 수혜 지역과 새로운 수혜 대상 지역 간의 기금 배분 문제로 갈등을 겪기도 하였다. 더구나 유럽연합의 예산이 크다 하더라도 전체 회원국 GDP 규모에 비하면 2%를 약간 하회하는 수준인데, 이 규모의 예산을 여러 정책 분야에 나누어 쓰고 그중 일부를 회원국들의 낙후 지역 개발을 위해 쓰는 것이 과연 회원국 간 경제적 격차를 줄이는 데 얼마나 효과가 있을지 의문을 나타내는 학자들이 많다. 회원국 수도 계속 늘어나서 EU의 공식 언어도 24개로 늘어났고, EU와 관련된 모든 규정을 24개 언어로 번역하는 데 드는 번역 비용 또한 만만치 않다. 따라서 유럽연합의 예산을 EU 목적에 맞게 효율적이고, 적절하게 지출할 수 있는 방법을 찾는 것이 주요 이슈 중 하나이다.

다음 이슈로는 터키의 EU 회원국 가입 문제를 들 수 있다. 터키는 1961년 EEC에 준회원국 가입 신청을 해 1963년 준회원국협정(Association Agreement)을 체결하였지만, 군부 독재 시절 효력이 정지되었다. 1980년대에는 터키가 키프로스(Kypros) 문제를 둘러싸고 그리스와 갈등을 겪다가 키프로스에 무력 침공을 감행하면서 유럽연합과의 관계도 냉각되었다. 그래서 1987년에 터키가 정식으로 가입 신청을 하였지만 1989년 12월 집행위원회가 터키의 경제 발전이나 정치 발전이 만족스럽지 못하다는 이유로 부정적 의견을 제시해 가입이 좌절되었다. 그 이면에는 그리스와 터키 간의 불편한 관계와 키프로스 문제에 악영향을 미칠 수 있다는 점도 영향을 주었다. 그 후 1990년대 들어 유럽연합은 태도를 바꾸어 터키가 정치·경제적 조건만 충족되면 가입할 수 있다고 천명하였고, 1996년 1월 EU와 관세 동맹을 맺었다. 2004년 10월에는 집행위원회가 유럽연합 이사회에 터키와의 가입 협상을 시작하도록 권고하여, 2005년 10월부터 공식적으로 가입 협상이 시작되었다. 하지만 처음에 35개 분야에서 진행되던 협상은 2006년 키프로스 문제 등으로 EU가 8개 분야에서 협의를 중지하기로 결정한 후 거의 10년 가까이 별다른 진전이 없었다. 그 후 2015년 11월 터키-EU 간 정상회의를 계기로 2015년 12월부터 협상이 재개되었다. 그러나 2016년 7월 터키에서 발생한 군부 쿠데타를 강경 진압한 후 반정부 인사의 대대적 구속과 탄압, 언론 탄압에 대해 EU가 비판적 입장을 취함으로써 EU-터키 간 긴장관계가 형성되고 가입 협상은 뒤로 밀렸다. 하지만 EU로서는 NATO 동맹국인 터키와의 관계와 EU로 쏟아져 들어오는 난민 문제와 관련해 터키의 협력이 필요한 상황이어서 EU는 2016년 터키가 이주민의 유럽행을 차단하는 대가로 총 60억 유로(약 8조 원)를 지원하고, 터키인을 대상으로 '무비자 입국'을 시행하는 한편, 터키의 EU 가입 협상도 속도를 내겠다고 약속하였다. 2018년 3월 개최된 터키-EU 정상 회의에서도 터키의 EU 가입 문제를 포함한 제반 현안 관련 대화를 지속해 나가기로 하였다. 그러나 2019년 3월 유럽의회에서 터키 정부의 인권 탄압과 법치 훼손 등을 문제 삼아 찬성 370명, 반대 109명으로 EU 가입 논의 중단을 결의하였고, 10월에는 터키가 쿠르드족이 장악한 시리아 북동부에서 군사 작전을 감행하고 키프로스공화국 인근에서 불법적 천연가스 시추 활동을 한 것을 문제 삼아 EU는 2020년 터키에 지원할 계획이던 EU 가입 후보국 지원금을 75% 삭감하기로 하였다. 터키도 자국에

400만에 달하는 난민을 수용했음에도 유럽연합이 약속한 지원을 하지 않았다고 불만을 제기하며, 2020년 2월 에르도안 터키 대통령이 "난민에게 유럽으로 향하는 문을 열어 줄 것"이라고 선언하며 양측 간 갈등이 지속되고 있다.

근본적으로 EU가 터키의 가입을 꺼리는 이유를 살펴보면, 터키는 현재 8,433만 명이 넘는 인구 대국으로 유럽연합 회원국 중에서 인구가 가장 많은 국가가 되었고 독일과 비슷하다. 더구나 산아 제한을 금하는 이슬람 국가로 인구 증가율이 1.6%인데, 독일의 인구 증가율이 0.2%인 것을 생각하면 8배가 넘는다. 따라서 터키가 회원국이 된다면 바로 EU 회원국 중 최대 인구 대국이 되어, 가중 다수결 투표에서 가장 많은 표를 가진 국가로서 EU의 의사결정에 큰 영향력을 가질 수 있다. 또한 터키는 국토 크기가 독일의 2배나 되지만 소득 수준이 낮은 국가이기 때문에 낙후 지역이 많아 EU에 가입하면 지역 정책의 주요 수혜자가 되면서, EU 예산에 기여하는 바는 적은 국가가 될 것이다. 더구나 현재 EU 국가들은 그리스, 로마 문화와 르네상스, 기독교 등을 기반으로 발전한 국가들이지만 터키는 유럽 국가들을 빈번히 침략하였던 이슬람 국가로서, EU에 가입하면 과연 기존 국가들과 문화를 잘 공유하며 조화를 이룰지도 의문시된다. 특히, 서유럽 전역에 이미 수백만 명의 터키인들이 거주하고 있고 독일 내에도 250만 명이 넘는 터키인이 있는데, 터키가 EU에 가입해 더 많은 터키인들이 자국으로 몰려와 유럽연합의 시민으로 동등한 사회 보장을 요구할 것이라는 생각에 독일은 거부 반응이 심하다. 터키가 중동 여러 국가와 국경을 맞대고 있어 유럽연합에 가입하면 터키를 경유하여 서유럽으로 유입되는 이민도 더 늘어날 것으로 보고 있다. 프랑스와 이탈리아에서도 이와 비슷한 정서가 흐르고 있어, 기존 회원국들 모두의 만장일치를 요구하는 터키의 회원국 가입은 당분간 쉽지 않을 전망이다.[17]

세 번째 이슈는 유럽 국가들 내 분리 독립 운동 문제이다. 이전에 전개되었던 스코틀랜드의 독립 운동이 대표적 예이다. 원래 영국은 잉글랜드, 웨일스, 스코틀랜드, 북아일랜드 4개 나라로 이루어진 연합 왕국으로 정식 명칭도 'United Kingdom of Great Britain and North Ireland'이다. 그리고 그중 잉글랜드가 4국 중 가장 강하였기 때문에

17 안병억(2008), pp. 63~66; 김시홍 외 4인(2006), pp. 190~193.

잉글랜드를 중심으로 합병되어 있는 셈이다. 그러나 잉글랜드의 경우 북유럽에서 건너온 앵글로-색슨족으로 구성되어 있고, 스코틀랜드의 경우 서유럽에서 건너온 켈트족으로 구성되어 있어 문화도 다르고 영어를 공용어로 쓰지만 사용하는 영어와 액센트, 발음이 차이가 있다. 원래 켈트족이 잉글랜드에서 살다가 앵글로-색슨족에게 빼앗기고 척박한 환경의 스코틀랜드로 쫓겨 간 역사도 있어 더욱 반감이 많았었다. 그러다 스코틀랜드 동쪽에서 북해 유전이 발견되고 여기서 생산되는 유전과 가스가 영국 전체 유전, 가스 생산의 90%를 차지하면서 독립하면 영국을 제치고 세계 8위의 경제 부국이 될 수 있다는 생각에 독립 운동을 벌였다. 의외로 독립에 대한 찬성 비율이 높게 나타나 통합 307년 만에 분리 독립할 가능성이 현실화되면서 그동안 선거전 개입을 자제해 온 데이비드 캐머런 영국 총리를 비롯한 정치권에서 총력을 다해 독립안 부결을 호소하기에 이르렀다. 결국 세계인의 관심이 집중된 가운데 2014년 9월 18일 치러진 선거에서 55%의 반대로 스코틀랜드의 독립은 부결되었다. 하지만 2020년 영국이 유럽연합을 탈퇴하면서 유럽연합 탈퇴에 반대 의견이 높았던 스코틀랜드 지역에서는 영국으로부터 독립해 유럽연합에 가입한다는 계획이 회자되면서 한동안 잠잠했던 독립 운동이 다시 힘을 얻고 있다.

스페인에서 분리 독립을 추진하는 카탈루냐주는 바르셀로나를 중심으로 하는 스페인 서북부 지방이다. 자체 경찰력을 가지고 있으며, 해외에 대사관도 두고 있다. 분리 독립하려는 것은 지역 경제의 격차와 이질적 문화 때문이다. 이 지역은 카탈루냐어를 스페인어와 함께 공용어로 사용하는데, 카탈루냐 언어는 스페인어보다 프랑스어에 더 가깝다. 스페인 전체 인구 4,700만 명 중 750만 명(16%)이 거주하고 스페인 영토의 6%에 불과하지만, 국내 총생산(GDP)과 중앙정부 세금의 20%를 차지할 정도로 비중이 큰 지역이다. 이 때문에 카탈루냐주가 분리가 될 경우 스페인 재정에 치명타를 줄 수 있어, 스페인 정부는 카탈루냐의 분리 독립을 절대로 허용할 수 없다는 입장이다. 그러나 카탈루나 주민들은 "중앙 정부가 우리의 혈세를 다른 지역에 퍼준다"며 반발하고 있다. 카탈루냐주는 1714년 스페인 국왕 펠리페 5세에 항복해 중심 지역인 바르셀로나를 내주었는데, 2006년부터 독립 의지를 표명해 왔으며 항복 300년이 되는 2014년이 되어 맹렬히 분리 독립을 추진하였다. 그리고 중앙 정부의 반대에도 불구하고 2014

그림 3-2 서유럽 분리 독립 희망 지역

년 11월 9일 카탈루냐 의회의 승인하에 전 지역에서 분리 독립을 결정하는 비승인 주민 투표가 실시되었으며, 540만여 명의 유권자 중 230만 명이 참여해 분리 독립 찬성에 80.7%의 표를 몰아주었다. 해당 투표는 법적 효력은 없는 것이었지만, 당시 카탈루냐 주 정부는 이를 계기로 앞으로 분리 독립을 묻는 '공식' 주민 투표를 추진하겠다고 밝히기도 하였다. 그러나 스코틀랜드 의회에 분리 독립 투표를 시행하도록 권한을 부여한 영국과 달리 스페인 중앙 정부는 헌법상 중앙 정부만이 주민 투표를 시행할 수 있다는 점을 내세워 투표 자체를 인정하지 않고 있다. 또한 EU와 NATO도 카탈루냐주가 스페인으로부터 분리 독립할 경우 회원국으로서의 자격이 부여되지 않을 것이라고 경고하였다. 카탈루냐 자치정부는 2017년 10월에 또 분리 독립 주민 투표를 강행하였고 91.9%라는 압도적 지지율로 통과되자 '카탈루냐 공화국 수립'을 선포하였다. 이에 스페인 정부는 경찰 병력을 투입해 대규모 유혈사태가 발생하였다. 스페인 연방 정부는 분리독립 투표를 무효라고 선언하고, 카탈루냐 자치권을 박탈하였다. 또 주민 투표를 주도한 지도부 12명을 국가반역죄 등으로 기소해 2019년 10월 대법원에서 전원 유죄 판결을 내렸다. 이에 카탈루냐 분리 독립 진영은 판결에 반발하며 대규모 시위를 벌여 카탈루냐 분리 독립을 둘러싼 갈등이 잦아들지 않고 있다.

스페인에는 카탈루냐주 외에 바스크주도 분리 독립을 추구하고 있다. 카탈루냐 지방처럼 바스크를 상징하는 국기를 따로 사용하고 있으며, 스페인어가 아니라 전통적인 바스크족의 '바스크어'를 사용한다. 바스크는 18세기와 19세기까지 특별한 형태의 자치 정부를 갖고 있었으나 프랑스에서 대혁명이 일어난 1789년 이후 프랑스가 북부 바스크의 자치 정부를 인정하지 않고, 스페인은 1876년부터 남부 바스크의 자치 정부를 인정하지 않아 분쟁이 일어났고 이후 지금까지도 갈등이 해결되지 않고 있다. 1933년 바스크 자치주가 탄생하였지만, 1960년대 프랑코 독재 정권이 이를 탄압하여 망명 정부가 되고, ETA(Euskadi Ta Askatasuna, 바스크 조국과 자유)가 등장해 분리 독립을 위한 무장 투쟁을 시작하였다. 그 후 1979년 자치권을 인정받았으나 독립을 요구하며 투쟁을 계속하고 있고, 2014년 6월에는 바스크 주민 15만여 명이 123km에 이르는 인간띠를 만들며 독립을 요구하였다.

스코틀랜드와 카탈루냐보다는 긴박함이 떨어지지만, 이탈리아와 벨기에 지역에서도 분리 독립 운동이 계속되고 있다. 이탈리아 북동부에 위치하며 막강한 경제력을 과시하는 베네토 지방(주 도시: 베네치아)은 2014년 3월 16~21일까지 진행된 인터넷 국민투표에서 전체 인구 중 73%에 이르는 236만 명이 인터넷 투표에 참가하였고, 그중 89%에 해당하는 210만 명이 분리 독립을 지지하였다. 반대는 단 10.9%(20만여 명)에 불과하였다. 인터넷 투표를 조직한 잔루카 부사토는, "스코틀랜드에서 독립 투표안이 부결된 원인이 경제적 이유였는데 베네토주는 이 때문에 분리 독립을 선택할 것"이라고 자신감을 보였다. 물론 3월 치러진 독립 인터넷 투표는 법적으로 효력을 갖고 있지 않기 때문에 베네토 지방의 독립을 위해서는 아직 갈 길이 멀다. 하지만 베네토 지방 사람들은 지금 당장은 독립을 이룰 수 없더라도 후세에는 반드시 독립된 '베네토공화국'을 물려주겠다는 강한 의지를 내비치고 있다. 이런 움직임은 주로 과거 문화, 건축, 무역의 중심지 역할을 하며 1000년 이상 존립하였던 베네치아공국에 대한 향수로 받아들여지고 있다. 이에 대해 이탈리아 중앙 정부는 2015년 열리는 엑스포를 밀라노와 베네치아 두 도시에서 공동 개최하고, 밀라노-베네치아-로마 3개 도시 국제 공항을 연결하는 초고속 철도를 놓을 것이라고 약속하는 등 베네토 사람들을 달래기 위한 여러 가지 회유책을 내놓고 있다.

벨기에 북부의 플랑드르도 강력히 독립을 추진하는 곳 중 하나다. 인구 1,100만 명의 벨기에는 네덜란드어를 쓰는 북부 플랑드르와 프랑스어권인 남부 왈롱, 프랑스어와 네덜란드어를 같이 쓰는 특별 지역인 수도 브뤼셀, 동남부 지역의 소수 언어권인 독일어 지역 등으로 나뉘어 있다. 인구 비율은 플랑드르가 60%, 왈롱이 40%를 각각 점하고 있다. 그런데 네덜란드어를 사용하고 있는 '플랑드르' 지역은 상대적으로 부유한 지역인데, 프랑스어를 사용하는 남부 '왈롱' 지역은 가난해 지역 간의 격차가 심해지면서 177년 전 독립 이후 지금까지 지역 감정으로 인한 반목이 끊이지 않았다. 벨기에의 언어 분리 역사는 3세기로 거슬러 올라간다. 원래 벨기에 지역에는 왈롱어(프랑스어 계통)를 쓰는 켈트족이 살고 있었는데, 3세기 북쪽에서 플라망어(네덜란드어 계통)를 쓰는 프랑크족이 침범해 오면서 켈트족은 남쪽으로 밀려났고 이때부터 북쪽은 네덜란드어권, 남쪽은 프랑스어권으로 굳어졌다. 플랑드르 지역은 1990년대 들어 물류 및 화학 등 지식 기반 산업으로의 전환에 성공하면서 영국, 독일을 앞지르는 풍요를 누리고 있지만, 과거 부유하였던 왈롱 지역은 철강·석탄 산업이 사양화를 맞으면서 플랑드르 쪽에서 떼어 주는 일종의 교부금에 의존하는 처지로 전락하였다. 이같이 처지가 뒤바뀌면서 플랑드르 지역에서는 왜 우리가 못 사는 왈롱 지역까지 먹여살려야 하느냐며 분리 독립을 계속 주장하고 있다. 플랑드르 지역에서는 2014년 10월 14일 벨기에 지방선거에서 분리 독립을 추진한 '새 플랑드르 연대'(NVA)가 승리를 거두기도 하였다.

이러한 분리 독립 운동은 유럽 국가들이 EU라는 거대한 공동체로 통합되면서 기존 주권 국가의 경계를 유지할 필요가 없어졌기 때문에 생겨난 것으로 보는 시각이 있다. 즉, 과거에는 경제적·군사적 이익을 위해 큰 주권 국가 아래에서 보호를 받을 필요가 있었지만, 이제는 EU라는 더 큰 우산이 생겼기 때문에 더 이상 주권 국가의 보호가 필요하지 않다는 것이다. 특히, 다른 지역에 비해 경제적으로 부유한 지역일수록 분리 독립의 유혹은 더 강하다. 하지만 이러한 분리 독립 움직임에 대해 영국 일간 가디언은 "분리주의를 주장한 지역이 경제 위기의 책임을 분담하기보다는 자기 이익을 챙기려 한다"고 신랄한 비판을 하였다. 과연 이러한 유럽의 분리 독립 운동이 60여 년 동안 변하지 않았던 유럽의 지도를 실제로 바꿔놓을지 관심이 집중되고 있다.

네 번째 EU가 당면한 주요 이슈는 이민자 문제이다. 회원국 간에 국경 통제를 없

솅겐조약(Schengen agreement)

유럽연합(EU) 회원국 간 체결된 국경 개방 조약이다. 1985년 6월 14일 독일, 프랑스, 베네룩스 3국(벨기에, 네덜란드, 룩셈부르크) 등 5개국이 국경을 개방하고 정보를 공유하기로 한 국제 조약을 선언한 데서 유래하였다. 룩셈부르크 솅겐 근처 모젤강에 떠 있는 '프린세스 마리아-아스트리드호' 선상에서 처음 서명하였다. 조약은 회원국 간 국경을 철폐하고 출입국 수속을 없애기 위한 것으로 회원국 국민을 자국민과 동등하게 대우할 것을 규정하고 있다.

1999년 이전에는 EU와는 별개로 운영되었지만, 암스테르담조약에서 영국과 아일랜드를 제외한 나머지 국가들이 서명함으로써 EU의 법으로 포함되었다.

지난 2007년 12월 21일 유럽연합이 2004년 5월 유럽연합의 회원국이 된 15개국 중 체코·헝가리·폴란드·에스토니아·리투아니아·라트비아·슬로바키아·슬로베니아·몰타와 솅겐조약을 발효하였고, 2008년 12월에는 스위스, 2011년 12월 19일에는 리히텐슈타인이 솅겐 가입국이 되었다.

이에 따라 2020년 현재 EU 27개 회원국 가운데 아일랜드·불가리아·루마니아·키프로스·크로아티아는 미가입국이다. 반면, 스위스·노르웨이·아이슬란드·리히텐슈타인은 EU 회원국은 아니지만, 솅겐조약 가입국이다.

애고 자유로운 통행을 보장하는 솅겐조약(Schengen Agreement)은 유로화와 함께 유럽 통합의 상징이었다. 그러나 각국의 골칫거리로 떠오른 이민자들 때문에 회원국들 사이에 '하나의 유럽'이란 원칙이 흔들리고 있다. EU는 제2차 세계대전 이후 노동력 부족으로 이전 식민지 국가로부터 많은 이주민을 받았었다. 마스트리히트조약에 따른 EU 출범 후에도 20여 년 동안 인구 이동이 계속되었고, 출산율이 낮은 서유럽 국가에 젊은 노동 인구가 매년 큰 폭으로 유입되면서 이들 국가의 경제 성장에 주된 원동력 역할을 하였다. 그러나 2008년 글로벌 금융 위기와 2010년 유럽 재정 위기 후 실업률이 높아지면서 사회적 갈등이 심화되고 있다. 이주민이 자신들의 일자리를 뺏고 주택, 연금, 교육 혜택을 잠식한다는 것이다.

그동안 독일, 프랑스, 영국 등 사회 복지 시스템이 잘 갖추어진 EU 내 선진국에는 동유럽 빈곤층의 유입이 늘어나, 독일의 경우 1년 동안에만 26만 명의 인구가 증가하기도 했었다. 그리고 이들 이민자에 대한 복지 부담이 늘어나면서 재정 악화가 가속화되었다. 동유럽 국가 국민이 서유럽 국가로 이주한 뒤 일정한 직업 없이 실업 급여 등 각종 복지 혜택만 누리는 것을 비아냥거리는 '복지 관광'(welfare tourism)이란 용어까지 생겼다. 2007년에는 EU 내 최빈국에 속하는 루마니아와 불가리아가 회원국으로 가입하면서 독일, 프랑스, 영국 등 서유럽 9개 국가는 재정 부담을 우려해 이들 국가 국민의 이민을 유보하였다. 그러나 EU 내 통합을 저해한다는 이유로 격렬한 논쟁이 이루어졌고, 결국 2014년 1월 이들 국가 국민의 이주가 허용되면서 EU 노동 시장이 전면 개방되었다. 그러자 서유럽 국가에서 동유럽 이민자에 대한 반감이 커지고, 독일과 프랑스의 보수 진영에서는 이민자를 제한해야 한다는 주장이 강해지고 있다. 영국도 루마니아와 불가리아 국민의 이주가 전격 허용된 직후 이민자에 대한 복지 혜택을 차등 적용하기 시작하였다. 영국은 이민자에게 지급하였던 실업·육아 수당을 축소하고, 무직자에 대한 이주 제한을 골자로 한 새 이민법도 시행하고 있다. EU 내에는 동유럽 이주민뿐 아니라 불법 이민자들도 기승을 부린다. 이들 중 상당수는 북아프리카에 몰아친 '아랍의 봄' 난민들과도 관계가 있다. 튀니지, 이집트, 리비아 등에서 벌어진 도미노 민중 봉기 과정에서 수만 명이 유럽으로 몰려들었다. 특히, 국경 관리가 허술한 그리스와 터키를 통해 들어온 이민자가 5만 5,000명이 넘었다. 지중해를 사이에 두고 튀니지와 마주하고 있는 이탈리아에도 3만 명이 넘는 난민이 넘어왔다. 그러자 EU 회원국 내무·법무장관은 불법 이민이 급증할 경우 솅겐조약 적용을 최장 2년간 중단할 수 있는 개정안에 합의하였다. 이는 불법 이민자가 회원국 간에 자유롭게 이동하지 못하게 막으려는 의도로 독일과 프랑스가 주도하였다. 2014년에도 EU 내로 유입된 불법 이민자는 27만 명이 넘어섰다. 그러다 시리아와 예맨 등지에서 내전을 피해 유럽 국가로 들어오는 난민 수가 2015년부터 급증하면서 이를두고 회원국 간에 갈등이 증폭되었다.

그 외에도 수천 년 동안 유럽을 유랑한 로마(집시)도 경제 위기를 맞아 근거지였던 루마니아와 불가리아 등 서·동부 유럽에서 북유럽으로 이동하고 있다. 이에 프랑스, 영국, 핀란드 등에서는 거리에서 구걸하는 것을 금지하는 「구걸금지법」을 추진해 인권 단체들의 반발을 사고 있다. 스위스는 EU 회원국이 아니지만 2002년 EU와 자유 노동 시장 규칙을 맺어 EU 시민이면 비자 없이도 스위스에서 일할 수 있도록 허용하였다. 2008년에는 솅겐조약에도 가입하였다. 그 후 매년 연평균 7만 명이 넘는 이민자가 유입되자 스위스 정부는 2012년 국민투표를 통해 0.6% 차이로 이민자 수를 제한하고 복지 혜택을 줄이는 내용의 이민제한법을 통과시켜 EU와 갈등을 겪었다.

회원국 입장에서는 이들 이민자가 늘수록 정부의 비용 부담은 커지고 자국민의 일자리 부족 현상은 심해질 수밖에 없다. 결국 각 회원 국가에서는 반(反)이민 정서가 빠르게 확산되고, 극우주의자들의 인기가 치솟고 있다. 실제로 2014년 5월 실시한 유럽의회 선거에서 극우 정당들이 돌풍을 일으키며 승리하여 속속 교섭 단체를 구성하는 데 성공해 유럽에 충격을 주고 있다. 프랑스에서는 마린 르펜이 이끄는 극우 정당인 국민전선(FN)이 전국 단위 선거에서 사상 처음으로 1위를 기록하면서, 25%의 득표율로 프랑스에 할당된 유럽의회 의석 74석 가운데 3분의 1에 해당하는 24석을 획득하였다. 영국에서도 영국 정치사 100년 동안 총선에서 단 한 명의 의원도 배출하지 못한 극우 성향의 영국독립당(UKIP)이 28%를 득표하면서 이변을 만들어 냈다. 그 외 독일에서도 유로화 통용을 반대해 온 신생 정당인 '독일을 위한 대안'(AfD)이 7%, 네오나치 성향의 극우 민족민주당(NPD)이 1.0%를 득표해 역시 유럽의회에 발을 디뎠다. 이탈리아에서도 반EU를 주장하는 오성운동(NS5)이 21%를 확보하였다.

2019년 5월 실시한 유럽의회 선거에서는 기대하였던 만큼 극우정당이 돌풍을 일으키지는 못하였지만, 세력 확대에는 성공하였다. 중도우파 성향의 유럽국민당(EPP) 그룹(179석)과 함께 연정을 구성하였던 사회당 그룹(150석)이 기존의 404석에서 75석이 줄어든 329석으로 전체 751석의 과반인 376석에 못 미쳤다. 반면 극우·포퓰리즘 성향의 유럽민족자유(ENF)와 자유와 직접민주주의(EFDD)는 기존보다 각각 22석, 16석 증가한 58석과 56석을 얻어 세력이 크게 증가하였다. 여기에 이들과 보조해 강력한 반(反)난민 정책을 주장하고 있는 유럽보수·개혁그룹(ECR)의 58석까지 합하면 이들 그룹은 무려 172석으로 사회당 그룹을 넘어 원내 제2 세력으로 도약하였다. 이들 극우정당들은 이러한 분위기를 이용해 EU 탈퇴나 해체, 유로화 폐지, 이민 규제 강화 등에 목소리를 높이고 있다. 문제는 유럽의회 내 극우파 연합 전선이 거꾸로 개별 국가의 정치에도 영향을 미칠 수 있다는 것이다. 정치인은 생리적으로 국민의 표를 의식하지 않을 수 없는데, 나날이 이들의 인기가 치솟는 상황에서 이들의 눈치를 보며 우경화 정책을 양산해 낼 가능성이 커지고 있다.

(4) 브렉시트(Brexit)

브렉시트는 Britain+Exit의 합성어로 영국이 유럽연합으로부터 탈퇴한다는 의미인데, 2008년 글로벌 경제 위기로 촉발된 유럽 재정 위기가 그 계기가 되었다. 2012년 후반부터 EU의 재정 위기가 더욱 심화되자 브렉시트 여론이 본격적으로 거론되었고, 2013년 1월 보수당 소속의 데이비드 캐머런 영국 총리가 다보스포럼 참석 직전 EU 탈퇴 여부를 묻는 국민 투표를 2017년까지 하겠다고 발표하면서 세계적으로 주목받기 시작하였다. 그 후 브렉시트 등을 앞세운 캐머런의 보수당이 2015년 5월 총선에서 23년 만에 처음으로 단독 과반을 확보하며 압승하였다. 보수당 압승에 고무된 데이비드 캐머런 영국 총리는 2015년 11월 EU에 영국의 독자적 난민 수용 정책과 비유로존 EU 국가에 대한 차별 폐지 등 회원국의 자율권을 보장해야 한다는 요구 사항을 EU에 제시하였고, 이 요구 사항이 받아들여지지 않으면 EU 탈퇴도 불사하겠다는 입장을 내비쳤다.[18]

"브렉시트가 발생하면 EU도 타격을 입는다"는 영국 정부의 '협박'에 2016년 2월 18~19일 양일간 개최된 EU 정상회의에서 EU 정상들은 영국의 요구를 대부분 수용했고, 이에 영국은 특별한 지위를 보장받아 이민자에 대한 복지 혜택을 축소할 수 있게 되었고, EU 의회가 제정한 법률을 거부할 권한도 가졌다. 또한 유로존(유로화를 쓰는 19개국)의 결정이 영국 금융 산업 등에 피해를 줄 때 긴급 제한 조치를 요구할 수도 있고, EU가 정치·경제적으로 통합을 강화할 때 영국은 동참하지 않아도 되었다. 이러한 양보안에 캐머런 총리는 만족감을 나타내며 2016년 6월 23일 브렉시트 찬반 국민 투표 실시를 공식 발표하고, 국민 투표에서 영국이 EU에 남을 수 있도록 국민들을 독려할 것이라는 입장을 밝혔다.

그러나 2016년 6월 23일 실시된 투표에서 영국 국민은 브랙시트를 찬성 51.9%, 잔

18 영국이 EU 잔류를 위해 제시하였던 요구 조건은 ① 이민자 복지 혜택 제한, ② 영국 의회의 자주권 강화, ③ EU 규제에 대한 영국의 선택권 부여, ④ 비유로존 국가의 유로존 시장 접근 보장 등이다. 이 4개의 요구 사항은 "느슨한 EU-영국 관계"로 요약된다. 영국으로 이주한 EU 시민권자가 영국에서 근로에 기반한 복지 혜택과 주택 지원 신청자격을 갖추려면 4년을 기여해야 한다는 요구 조건도 제시하였다. 그 외에도 추가 '통합 심화'에서 영국이 적용되지 않을 것임을 공식적으로, 법적 구속력 있게, 돌이킬 수 없는 방식으로 확인해 주고, 법무·내무 사안과 관련한 영국의 '옵트아웃(opt-out, 선택적 적용)'을 존중하고, 유로존(유로화 사용 19개국)이 아닌 EU 회원국의 유로존 단일 시장에 대한 접근 유지를 보장해야 한다고 요구하였다.

류 48.1%로 표결함으로써 EU 가입 43년 만에 탈퇴가 결정되고, 전 세계에 큰 충격을 주었다.

■ 브렉시트의 발생 원인

2013년 1월 데이비드 캐머런 총리가 갑자기 2017년까지 브렉시트 여부에 대한 국민 투표를 하겠다고 한 것은 2015년 5월 총선을 앞두고 EU 탈퇴를 주장한 영국독립당(UKIP)의 인기가 올라가고, 보수당 내 강경파들의 EU 체제에 대한 반감이 증가하고, 동시에 야당인 노동당에 보수당의 지지율이 못 미치자 이를 타개하기 위한 일종의 종합적 선거 전략이었을 뿐, 캐머런 총리 자신이 EU로부터의 이탈을 강하게 원하였던 것은 아니었다. 그리고 이 전략은 성공하여 2015년 5월 총선에서 캐머런의 보수당은 23년 만에 처음으로 전체 의석 650석의 과반을 넘는 331석을 얻었다. 그 후 캐머런 총리는 이 선거 결과를 가지고 EU에 여러 가지 요구사항을 제시하며 압박하였고, EU 정상들은 마지못해 영국의 무리한 요구를 대부분 수용하였다.

하지만 이러한 EU의 양보에도 불구하고 왜 영국 국민들은 EU 탈퇴를 선택하였을까? EU 탈퇴 배경 몇 가지를 살펴보면 다음과 같다.

첫째, 영국과 유럽 대륙 국가들과의 EU 통합에 대한 기본적인 시각 혹은 견해 차이를 들 수 있다. '영국은 유럽에 위치하고 있지만 유럽이 아니다'라는 말이 있듯이, 영국은 과거부터 유럽 대륙과는 다른 정체성을 견지해 왔다. 의회 민주주의와 자본주의 등 근대적 제도를 세계에서 제일 먼저 발전시킨 나라가 영국이다. 또 18세기부터 세계를 주름잡는 국가로써 '해가 지지 않는 대영제국'을 건설한 역사를 가진 국가로서 대단한 자부심을 가지고 있었다. 따라서 영국인들은 다른 유럽의 대륙 국가들은 자신들과 대등한 위치의 국가라고 생각하지 않았다. 이런 역사적 배경이 영국의 뿌리 깊은 반(反)EU 정서의 근간에 자리하고 있다. 실제로 영국은 EU(당시는 EEC) 출범 당시 EU에 참여하지 않고 오히려 EU에 불참한 6개국을 모아 EFTA(European Free Trade Association)를 조직했었다. 그 후 경제가 침체되면서 뒤늦게 방향을 전환해 EU에 가입하였지만 초국가적 기구들을 구축하는 EU의 운영 체제에 정서적으로 부합되지 못하였다. 또한 EU의 정치적 통합의 강화에 대해서는 늘 회의적이었다.

둘째, EU의 분담금 부담을 지적할 수 있다. 영국은 EU 예산에 대한 순분담금 국가인데, EU 통합이 가속화될 경우 재정 부담이 증가할 것을 우려해 왔다. 영국은 2010~2014년 평균 127억 파운드(명목 GDP 대비 0.8%)를 분담금으로 납부하였으나, 수혜금은 56억 파운드에 그쳐 순분담금이 71억 파운드(명목 GDP 대비 0.4%)에 이른다. 국별로 보면 영국의 2015년 분담금 규모가 독일, 프랑스에 이어 3위를 기록하였다. 그래서 영국은 EU에 내는 금액에 비해 돌려받는 금액은 미미하다고 생각에 불만이 누적되어 왔다.

셋째, 영국은 세계 최고 강대국이라는 오래된 자부심을 가지고 있지만, 자신들의 생각과는 달리 EU 내에서 위상은 그리 높지 않았다. 이는 영국이 자초한 측면이 많은데, 영국이 런던이라는 세계적 금융 도시를 가지고 있지만 유로화를 단일 통화로 사용하는 유럽경제통화동맹(European Economic and Monetary Union: EMU)에 참여하지 않았고, 재정 위기 해결을 위한 2011년 신재정협약(European Fiscal Compact)에도 불참하는 등 EU의 통합 강화 정책에 지속적으로 불참함에 따라 EU 안에서 영향력이 계속 축소되어 왔다. 유럽의회에서 결정된 새로운 법안들이 영국 경제에 부정적 영향을 미칠 것으로 예상되더라도 유럽의회 내 영국의 의석 수 비중이 9.7%(751명 중 73명) 밖에 되지 않아 이를 제지할 방법도 마땅치 않다. 실제로 영국이 반대하거나 기권한 법안이 통과된 비율이 2004~2009년 2.6%에서 2009~2015년 12.3%로 갈수록 크게 증가하였다. 이와 같이 국제 사회에서 영국이 갖는 위상에 비해, EU 내에서의 영국의 상대적으로 낮은 위상은 브렉시트의 빌미를 제공하였다.

넷째, 영국의 EU 탈퇴에 영향을 미친 또 다른 이슈는 EU 집행부에 대한 불신이다. 영국은 의회 민주주의의 모국으로써, 영국 국민들은 자신들을 통치하고 명령을 내릴 사람은 당연히 자신들이 투표로 선출하여 권리를 위임받은 대표자이어야 한다고 생각한다. 그러나 EU의 정책을 결정하는 집행위원회(Commission)는 선거에 의해 선출된 사람들이 아니라 각국 정부가 파견한 사람들로 주로 각 회원국의 고위 관리 출신이다. 유럽의회가 임명 동의를 하지만 거의 형식적일 때가 많고, 선거로 뽑히지도 않은 EU 집행위원회는 각종 규제를 남발하고 있다고 생각한다. EU는 실제로 자본 시장과 노동 시장, 금융 시장, 기후 등에 관련해 각종 규제를 시행하고 있고, 제초제와 주전자, 토스터뿐만 아니라 바나나 길이까지 규제함으로 영국민들의 반발심을 키워 왔다. 민족 정

2017년 3월 28일(현지시간) 테리사 메이 영국 총리가 EU(유럽연합) 탈퇴를 시작하는 통보문에 서명하고 있다. 〈EPA 연합뉴스〉

체성이 유달리 강한 영국 국민들은 전통적으로 자유와 자율을 무엇보다 중요한 가치로 생각하는데, 자신들이 선출하지도 않은 EU 관료들에 의한 규제와 간섭을 쉽게 이해하지 못한다.

종합하면 이러한 사전적 요인들이 복합적으로 작용하여 투표 과정에서 브렉시트가 국가에 미치는 부정적 영향에 대한 냉철한 판단보다는, EU로부터의 독립 혹은 주권 회복이라는 감성적인 측면에 더 많이 영향을 받아 EU 탈퇴라는 선택을 한 것으로 평가된다.

■ 브렉시트 전반부 협상 진행 과정과 내용

브렉시트 국민 투표로 탈퇴가 결정된 다음날, 캐머런 총리는 바로 사임하였고, 2016년 7월 13일 테리사 메이(Theresa May)가 새 총리로 취임하였다.

메이 총리는 대법원 판결과 상·하원 투표까지 거치면서 브렉시트에 필요한 여러 국내 일정을 마무리 짓고 2017년 3월 28일 EU 탈퇴 신청 문서에 공식 서명하였고, 이

표 3-3 브렉시트 협상 전반부 일정

협상	기간
1차 협상	2017년 6월 19일
2차 협상	7월 17~20일
3차 협상	8월 28~31일
4차 협상	9월 25~28일
5차 협상	10월 9~12일
6차 협상	11월 9~10일

자료: 조동희(2018), p. 5.

서한은 3월 29일 EU 투스크 상임의장에게 공식적으로 전달되면서 영국이 브렉시트를 선택한 지 약 9개월 만에 회원국 탈퇴 일정이 정식으로 시작되었다.

브렉시트는 회원국 탈퇴 관련 내용을 규정하고 있는 EU조약(리스본조약) 50조에 따라 진행되는데, 영국이 EU 이사회에 탈퇴 의사를 정식으로 통보하면 이 시점으로부터 2년간 회원국과 EU가 맺어온 무역 등을 새로 협상하도록 규정하고 있다. 그리고 영국은 EU 탈퇴 협상이 완료하기 전까지는 공식적으로 EU 회원국의 지위를 유지하게 되며, 제3국과의 공식적인 무역 협상은 시작할 수 없도록 하였다.

양측 간 브렉시트 협상은 탈퇴 자체에 대한 문제를 다루는 전반부와 탈퇴 후 관계 및 이행기를 다루는 후반부로 나뉘어 진행되었고, 2017년 6월 19일 전반부 1차 협상이 시작되었다. 그리고 2017년 11월까지 총 6차례에 걸쳐 협상이 진행되어 탈퇴 자체에 대한 문제만을 다루었다. 양측 간 협상은 4주 간격으로 열렸고, 전체회의(plenary session)와 주요 안건별 분과회의(negotiating group meeting)로 구성되어 여름 휴가도 없이 진행되었다.

양측 협상단은 11월까지 진행된 6차례 협상 내용을 바탕으로 2017년 12월 8일 공동보고서를 발간해 전반부 협상의 합의 내용을 EU에 보고하였고, 메이 총리와 EU 집행위원회 융커(Junker) 위원장은 동 공동 보고서를 지지하는 의견을 피력함에 따라 EU 집행위원회는 EU 정상회의에 전반부 협상에 충분한 진전이 있었다고 평가할 것과 후반부 협상 개시를 지시할 것을 제안하였다. 그 후 12월 15일 개최된 EU 정상회의는 전반부 협상에 충분한 진전이 있었다고 평가하고, 후반부 협상 개시가 가능해졌음을 선언하였다.

탈퇴에 대한 전반부 협상의 주요 3대 의제는 ① 영국이 EU 회원국 시절 약속했던 EU 재정 기여금 문제, ② 브렉시트 이후 영국에 잔류하는 EU 회원국 국민의 영국 내 권리 및 EU 잔류국 거주 영국 국민의 브렉시트 이후 거주국 내 권리, ③ 아일랜드·북아일랜드 간 국경 문제이다.

이 중 첫 번째 의제인 영국의 EU 탈퇴 비용, 이른바 이혼 합의금은 양측 간의 견해 차가 커서 합의가 쉽지 않을 것으로 예상하였다. 이혼 합의금은 2014~2020년 EU 예산 계획에 따라 영국이 EU에 내기로 약속한 재정 분담금이다. EU는 재정 분담금으로 600억유로(72조 1,230억 원)를 요구했지만, 영국이 생각하는 분담금은 많아야 200억 유로(24조 410억 원) 정도였다. 결국 양측은 여러 번 협상 끝에 영국이 순부담액을 대략 350~390억 파운드(51조~ 60조 원)가 되는 선에서 타협하였다.

두 번째 의제는 유럽연합(EU) 안에서는 출신 국가에 상관없이 어느 나라로든 자유롭게 움직일 수 있는 '이동권', 그리고 어느 나라에 정착해 살든 취업이나 경제 활동, 의료·복지 혜택에 차별받지 않을 '복지권' 등을 규정한 'EU 시민권'과 관련이 있다. 영국이 브렉시트를 통해 EU에서 탈퇴하게 되면, 영국에 살고 있는 EU 회원국 출신 거주자들, 그리고 다른 EU 국가에 사는 영국 사람들을 어떻게 대우해야 하는지가 주요 쟁점이었다. EU의 자료에 따르면 영국 거주 EU 잔류국 국민 및 EU 잔류국 거주 영국민의 규모는 2016년 기준 약 320만 명과 87만 명인 것으로 나타났다. 양측은 전반기 협상을 통해 이런 사람들에게 일단 이전과 동일한 모든 권리를 보장하도록 합의하였다.

세 번째 의제는 3가지 의제 중 가장 어려운 문제로 꼽혔는데, 브렉시트 이전에 북아일랜드·아일랜드 간 국경에서는 영국과 아일랜드 두 국가가 EU 이전부터 공동 여행 구역(Common Travel Area)을 수립하여 양국 간 국경 통제를 낮은 수준으로 유지해 왔었다. 또한 육상 국경에서도 출입국 관련 전수검사를 실시하지 않고 있어 연평균 약 1,100만 명이 아일랜드·북아일랜드 간 국경을 통과하고 있고, 일상적이고 정기적인 국경 이동도 빈번하다. 특히, 차량을 이용한 국경 이동이 더욱 빈번하여 2017년 5월 기준 일평균 11만 8,000대가 국경을 통과하고 있는 실정이다. 이에 양측은 현재와 같이 아일랜드·북아일랜드 간 국경 통제를 낮은 수준으로 유지하기로 합의해 현재의 공동 여행 구역을 유지하고, EU 시민의 역내 이동 자유와 마찰을 방지할 방안을 마련하기로 하였다. 그리고 구체적 방안은 후반부 협상에서 논의하기로 하였다.

■ 후반부 협상의 주요 안건 및 전개

EU와 영국은 2018년 1월부터는 브렉시트 이후 2년간의 이행기에 관한 논의에 들어가고, 무역 협정에 관한 구체적인 협상은 3월부터 시작하기로 하였다. 융커 집행위원장은 "1단계 협상도 매우 어려웠지만 2단계 협상은 1단계보다 훨씬 더 힘들 것"이라고 전망하였다.

후반기 협상에 있어 영국의 탈퇴 예정일까지 남아 있는 기간이 충분하지 않음을 감안할 때 탈퇴 후 관계에 대한 협상을 탈퇴일 이전에 체결하기는 불가능할 것이라는 전망이 우세해, 양측은 혼란 방지를 위해 이행기를 두는 것에 서로 공감대를 형성하였다. 그래서 양측은 이행기 협상에 우선 돌입해 2020년 12월까지 하기로 합의하고, 이 기간 동안 영국은 계속 EU의 단일 시장에 포함하며, 예산 분담을 포함해 EU 회원국으로서의 의무 사항을 준수하기로 합의하였다.

그리고 2018년 4월부터 미래 통상 관계에 관한 본격적인 협상이 시작되었다. 양측은 탈퇴 후 경제 관계 형태로 EU · 캐나다 간 CETA(Comprehensive Economic and Trade Agreement)에 서비스 분야 개방을 강화한 형태나 EEA(European Economic Area)에서 인적 이동의 자유를 뺀 형태, 노르웨이 사례 등이 거론되고 있다. 그러나 비(非)EU 회원국인 캐나다와 체결한 CETA(포괄적 경제무역협정)는 금융을 비롯한 서비스 영역의 접근권을 제한하고 있어 영국의 기대치에 크게 미치지 못한다. 노르웨이 모델도 EU는 영국이 노르웨이처럼 단일 시장 접근권을 가지려면 '4대 자유 이동 원칙'을 수용해야 한다고 요구하지만 영국은 노동의 자유로운 이동에 대해서는 난색을 표하고 있어 좀처럼 진전을 이루지 못하였다.

한편, 영국이 브렉시트를 결정한 후 경제는 침체되어, 경제 성장률은 2015년 2.3%에서 2016년 1.9%, 2017년 1.8%로 계속 떨어졌다. 기업들이 영국을 떠나는 '엑소브릭(엑소더스+브리튼) 현상'도 가속화되었다. 엑소브릭 움직임이 가장 뚜렷한 분야는 영국을 대표하는 금융산업으로, 2017년부터 골드만삭스, 뱅크오브아메리카, JP모간, HSBC,

씨티그룹, 바클레이즈, 도이체방크 등 세계적 금융회사가 영국 내 사업 규모를 줄이고 있다.[19] 이렇게 금융 회사들이 영국을 떠나는 이유는 브렉시트 이후 영국에서는 다른 EU 회원국 고객에게 지금처럼 결제, 전자 화폐 서비스 등을 제공하기 어렵기 때문이다. 이에 유럽의 유명 싱크탱크인 브뤼겔은 브렉시트로 인해 영국에서 1조 8,000억 유로의 자산이 빠져나가고 금융업과 관련된 3만여 개 일자리가 사라질 것으로 전망하였다. 영국 사업을 줄이는 제조업체들도 늘어나고 있다.

이러한 어려운 경제 상황을 고려해 메이 총리는 2018년 7월 6일 점진적인 EU 탈퇴인 '소프트 브렉시트'로 입장을 선회하였다. 하지만 메이 총리의 방향 전환에 대한 집권 보수당 내에 반발이 확산되면서 메이 총리는 곤경에 처하였다. 보수당은 유럽 단일 시장을 당장 포기하더라도 국경 통제권과 사법권을 완전히 되찾아야 한다는 '하드 브렉시트파(강경파)'와 경제에 미치는 충격을 줄이기 위해 단일 시장에서 점진적으로 탈퇴해야 한다는 '소프트 브렉시트파(온건파)'로 나뉘어져 대립하였다. 결국 2018년 7월 8일에 EU 탈퇴 업무를 담당하는 데이비스 브렉시트부 장관이 메이 총리에 반기를 들고 사퇴한 데 이어, 9일에는 보리스 존슨 외무장관도 사직서를 내며 온건파와 강경파의 대결이 본격화되었다.

이러한 혼란 속에서 영국과 유럽연합(EU) 협상 대표들은 수차례 협상을 거쳐 2018년 11월 13일 브렉시트 합의문 초안에 일단 합의하였다. 초안은 7쪽의 정치적 선언과 585쪽의 법적 조항으로 구성되어 있는데, 아일랜드 국경과 이민자 문제, 브렉시트 이후 시민의 권리, 390억 파운드에 달하는 재정 분담금에 관한 내용, 환경, 과학까지 광범위한 내용이 담겨져 있다.

브렉시트 협정에서 가장 논란이 되는 부분이었던 아일랜드 백스톱(Backstop, 안전 장치)안의 경우 양측은 제3의 방안을 제시, 백스톱이 필요한 경우가 없도록 하겠다는 방침이다. 그리고 EU와 영국은 2020년 12월 전환 기간이 끝나기 6개월 전까지 무역 협정을 마련해, 노딜 상태로 갈라지는 최악의 상황을 막겠다고 합의하였다. 기한 내 협상이 불가능할 경우 전환 기간을 연장하는 방안도 고려하기로 하였다. EU 시민들이 민

19 도이체방크가 최대 4,000개, 골드만삭스는 3,000개의 영국 일자리를 독일 프랑크푸르트, 프랑스 파리 등 다른 EU 도시로 옮기겠다고 발표하였다. HSBC도 런던 직원 1,000명을 파리로 전환 배치하기로 하였다.

표 3-4	주요 투표 일정 및 내용
일시	주요 내용
2019. 1. 15	제1차 탈퇴 협정 하원 승인 투표(찬성 202표 대 반대 432표) 부결
3. 12	제2차 탈퇴 협정 하원 승인 투표(찬성 242표 대 반대 391표) 부결
3. 13	하원 노딜 브렉시트 거부 안건 가결(찬성 312표 대 반대 308표)
3. 14	브렉시트 연기안 가결(찬성 412표 대 반대 202표)
3. 21	EU 정상회의, 탈퇴 기한 연장(4월 12일까지 연기하고, EU 의회 선거 참여 여부 결정, 합의문이 가결되면 5월 22일까지 연기)
3. 27	방침 결정을 위한 하원 의향 투표 의원 제출 8개 동의안 모두 부결
3. 29	제3차 탈퇴 협정 표결(찬성 286표 대 반대 344표) 부결
4. 1	하원 의향 투표 4개 동의안 모두 부결
4. 10	EU 특별정상회의, 영국의 EU 탈퇴 기한을 10월 31일까지 6개월 연장 결정

자료: 저자가 작성.

감하게 반응하는 '이민 문제'는 합의문에서 단 한 줄로 다루고 있는데, "영국에서 거주하는 EU 회원국 시민들과 EU 회원국에 거주하는 영국 시민들의 권리를 보장한다"는 내용이다. 영국은 EU 시민들과 그 가족들을 브렉시트 전환 기간이 끝날 때까지 변동 없이 거주할 수 있도록 하고, EU 회원국에 거주하는 영국인들 역시 마찬가지로 하기로 하였다. 전환 기간 이후 5년 이상 해당 국가에 거주할 경우에는 영주권이 부여된다.

영국과 EU의 국경 강화 수준은 양측이 고용과 환경, 세금뿐 아니라 국가 원조에 대해서도 영국이 EU 회원국과 일정 부분 수준을 맞출 것을 약속했는데, 이는 영국 기업들이 공격적인 방식으로 EU 회원국의 산업을 약화시키는 것을 막기 위해서이다. 영국은 세제에 대한 정보 교환, 투자 회사에 대한 보고, 세금에 관한 행동 강령 등도 EU의 세금 지침을 따르기로 하였다.

테리사 메이 총리는 합의한 초안을 논의하기 위해 11월 14일 오후 특별 내각회의를 소집해 5시간의 마라톤 회의 끝에 영국 정부가 탈퇴 합의 초안과 정치 선언에 동의하는 것으로 총의를 모았다. 그러나 여당인 보수당 내부의 강경 브렉시트파와 연정 파트너인 북아일랜드 지역 정당 민주연합당(DUP)은 EU와 입장을 절충한 합의안에 반발하였고, 제1야당인 노동당은 이와 반대로 합의안에서 단일 시장 등의 혜택이 보장되지 않을 수 있다는 우려를 표명하였다.

반면 EU 장관회의는 11월 9일 브렉시트(영국의 EU 탈퇴) 협정 초안을 추인하고 영국에 더 이상의 협상은 없을 것이라며 합의안을 수용하라고 촉구하였다. 같은 달 25일 개최된 유럽연합(EU) 정상회의에서도 이 초안을 승인하고 2020년 말로 예정된 이행(전환)기간을 1~2년 연장하기로 하였다.

그 후 2019년 1월 15일 열린 영국 하원 승인 투표에 634명의 의원이 참여해 찬성 202표, 반대 432표로 브렉시트(Brexit) 합의안을 큰 표차로 부결시켰다. 영국 정부가 하원 표결에서 200표가 넘는 표차로 패배한 것은 영국 의정 사상 처음이었다.

그 후에도 2차례나 더 하원에 표결을 붙였지만 합의안은 부결되었고, 새로운 해법을 찾기 위한 의향 투표도 2차례나 하였지만 결론을 내지 못하였다. 그리고 이러한 혼란 속에 브렉시트는 2차례나 연기되어 2019년 3월 31일에서 4월 12일, 다시 10월 31일로 미뤄졌다.

브렉시트가 10월 말까지 연장됨에 따라, 영국은 유럽연합 탈퇴의 가장 좋은 해법을 찾기 위한 시간을 얻게 되었지만, 대신 5월에 치러지는 유럽의회 선거에 참여해야 하였다.

영국 의회에서 브렉시트와 관련해 아무런 결론도 못 내리고 혼란만 거듭하자 국민들도 찬반으로 나뉘어 거리로 쏟아져 나왔고, 영국 정계에서는 메이 총리의 브렉시트 처리 방식에 대한 불만이 극도로 커서 내각 각료 중 일부에서 메이 총리를 몰아내려는 움직임도 강해졌다. 이에 메이 총리의 정치적 리더십도 크게 손상되어 5월 2일 치러진 영국 지방 선거에서 집권 보수당이 의석 3분의 1을 잃는 초유의 사태가 발생하였다. 이에 따라 메이 총리의 정치적 입지가 더욱 약화되어 5월 3일 영국 웨일스 지방을 방문한 메이 총리가 연설을 하는 도중 보수당 당원들로부터 야유를 받았다. 보수당 내에서도 메이 총리의 구체적인 사임 일자를 못박아 둬야 한다는 목소리까지 나왔고, 이언 덩컨 스미스 전 보수당 대표는 "(메이 총리가) 나갈 날을 직접 정하지 않으면 우리가 결정해 통보하겠다"는 말까지 하였다.

결국 견디지 못한 메이 총리는 5월 4일에 다음 달 7일 보수당 당 대표에서 사퇴할 것이라는 입장을 밝혔다. 브렉시트 국민 투표 결과에 책임을 지고 물러난 데이비드 캐머런 전 총리의 뒤를 이어 보수당 대표 겸 총리직에 오른 지 2년 10개월여 만이다. "하원이 브렉시트 합의안을 지지하도록 내가 할 수 있는 일을 다 했지만 지지를 이끌어 내지 못하였다"며 회견 내내 울먹이던 메이 총리는 사퇴 회견문 마지막 줄을 읽고는 끝내 눈물을 터뜨리고 서둘러 관저 안으로 들어갔다.

메이 총리가 사퇴한 후, 보수당은 새로운 총리를 뽑았는데 메이 총리가 재임하는 동안 그녀를 끝없이 흔들어 댄 '하드 브렉시트' 강경파 보리스 존슨이 새 총리로 뽑혔고, 2019년 7월 24일 77대 총리로 공식 취임하였다. 그는 "브렉시트를 완성시키고 영국에 활력을 불어넣겠다"며 당선 소감을 밝혔고, 영국이 합의 없이 EU를 탈퇴하는 '노딜(No Deal) 브렉시트'도 불사하겠다고 수차례 천명하였다.

그는 '노 딜 브렉시트'에 대비한 6명의 고위 장관으로 이뤄진 전시 내각을 구성하고, 8월에는 유럽연합에 브렉시트 합의안의 핵심 쟁점인 '백스톱' 폐기와 관련하여 재협상을 하자고 제안하였지만, 투스크 EU 정상회의 상임의장은 존슨 총리가 대안도 없이 압박한다며 반나절 만에 거절하였다. 이에 영국 정부는 다음 달부터 안보·국방·금융 등 자국의 이해관계에 사활이 걸린 일이 아니면 EU 회의에도 참석하지 않겠다고 선언하고, 또 노딜 브렉시트가 될 경우 영국이 390억 파운드(약 58조 원)에 달하는 위자료를 지급하지 않을 수 있다며 EU를 압박하였다.

EU와 존슨 총리 간에 노딜 브렉시트를 두고 갈등을 겪는 가운데 영국 의회가 먼저 노딜 브렉시트에 제동을 걸었다. 영국 하원은 2019년 9월 4일 노딜 브렉시트를 막기 위한 법안인「유럽연합 탈퇴법」에 대한 정식 표결을 실시하였는데, 표결 직전 존슨 총리는 하원에 출석해 "하원이 (노딜 브렉시트를 저지하는) 법안을 통과시킬 경우 다음 달 14일 총선을 실시하겠다"고 경고하였다. 의회를 해산하겠다는 으름장이다. 하원이 이렇게 반발하는 것은 존슨 총리가 9월 12일부터 10월 14일까지 의회를 정회시켰기 때문이다. 존슨 총리의 계획대로라면 10월 14일이 되어야 의회 활동이 재개되는데, 10월 17일이 브렉시트(10월 31일) 전 마지막 EU 정상회의라서 영국 의회가 브렉시트를 두고 협상할 수 있는 시간이 크게 줄어들게 된다. 이에 영국 야권은 존슨 총리가 브렉시트를 연장하거나 파기하지 못하도록 의회를 정회하였다며 반발하였다. 결국 9월 4일 실시된 하원 투표에서 브렉시트 날짜를 10월 말에서 내년 1월로 석 달 연기하는「유럽연합탈퇴법」을 찬성 327표, 반대 299표로 통과시켰다.[20] 하원이 법안을 가결한 직후 존슨 총리는 즉각 10월 15일 조기 총선을 추진하겠다고 하였지만, 의회 투표에서 찬성표가 298표만 나와 곧바로 하원에서 부결되었다. 총리가 하원을 해산한 뒤 조기 총선을 확정하려면 하원 3분의 2 이상의 지지를 받아야 되어서 434표가 필요한데 턱없이 모자랐다.

2019년 9월 10일에도 영국 하원이 자정을 넘기는 마라톤 토론 끝에 0시 30분께 보리스 존슨 총리가 제출한 '의회 해산 및 10월 15일 조기총선 동의안'을 찬성 293표, 반대 46표, 기권 303표로 또 한 번 더 부결시켰다. 이날 영국 하원의 조기 총선 재표결은 제1야당인 노동당 소속 의원 전원이 기권을 선택하면서 표결 자체의 힘이 빠졌고, 조기총선을 통해 지지층 집결을 꾀하였던 존슨 총리는 이날도 실패를 맛보았다.

유럽의회도 9월 18일 영국의 브렉시트 연장에 대해 3시간에 걸친 토론 끝에 찬성 544표, 반대 126표, 기권 38표로 지지해 주었다. 다만 유럽의회는 몇 가지 구체적인 목적에 부합하는 경우에만 브렉시트 연기를 지지한다는 조건을 달았다. 즉, '노딜 브렉시트'를 피하거나 총선 또는 제2의 국민 투표를 개최하기 위해서, 혹은 브렉시트 절차의 취소나 현행 브렉시트 합의 승인을 위한 경우에만 브렉시트 연기를 지지한다는 것이다. 유럽의회는 또 결의안에서 브렉시트 합의안의 핵심 쟁점으로, 영국이 폐기를 주장하고 있는 '안전 장치'(backstop)가 담기지 않은 어떤 합의안도 거부하기로 하였다.

한편, 9월 24일 영국 대법원에서는 11명 재판관이 만장일치로 존슨 총리가 영국의 브렉시트 시한을 앞두고 실시한 5주간의 '의회 정회' 조치는 위법이라고 판결함으로 그를 궁지로 몰아넣었다. 대법원 판결이 나오고 바로 다음날 열린 하원에서 총리는 물론 야당 의원들도 억눌렸던 분노를 쏟아내며 개원 첫날부터 고성과 막말이 난무하는 난장판 모습을 연출하였다. 존슨 총리는 의회에서 정회를 위법이라고 판결한 대법원의 결정이 '잘못되었다'면서 조기 총선에 대한 강력한 희망을 밝히고, 코빈 노동당 대표를 향해 '정부 불신임안'을 제출할 것을 요청하였다. 그러나 코빈 대표는 노 딜 브렉시트 가능성이 완전히 차단된 뒤에야 이를 추진할 것이라며 존슨의 맹공에 맞섰다. 그는 또 "대법원에 의해 존슨 총리가 법을 어기고 있다는 사실이 확인되었는데, 자신이

20 「유럽연합탈퇴법」이 통과됨에 따라 2019년 10월 19일까지 영국 정부가 EU와 브렉시트 합의에 도달하거나, '노딜' 브렉시트에 대한 의회 승인을 얻어야 하며, 둘 다 실패할 경우 존슨 총리는 EU 집행위원회에 브렉시트 3개월 추가 연기를 요청하는 서한을 보내야 한다.

법보다 위에 있다고 생각하는 총리는 현재 자리에 맞지 않는다"며 사임을 촉구하였다. 또 다른 야당인 웨일스당의 리즈 세빌 로버츠 하원 원내대표도 "국민을 잘못된 길로 이끄는 데다 자신의 말과 행동이 모순되는 존슨 총리는 탄핵되어야 한다"며 존슨 총리를 공격하였다.

한편, 10월 17일에 개최된 EU 정상회의에서는 브렉시트 새 합의안을 만장일치로 승인하였다. 이 합의안은 존슨 총리가 제시한 '하이브리드 해법'을 토대로 하고 있는데, 아일랜드에 '두 개의 관세 체계'를 동시에 적용하는 것이 골자로, 북아일랜드에 대해 법적으로는 영국의 관세 체계를 적용하되 실질적으로는 EU 관세·규제 체계 안에 남기는 것이다.[21] 북아일랜드와 영국 본토 사이에 일종의 경계가 만들어지는 번거로움을 영국이 감수하겠다는 것인데, 존슨 영국 총리는 19일 영국 의회 특별회의에서 새 합의안을 표결에 부쳐 통과할 경우 예정대로 10월 31일 브렉시트를 실시하겠다는 의도였다.

그러나 존슨 영국 총리가 EU와 합의한 새 브렉시트안이 영국 하원에서 또 제동이 걸렸다. 영국 하원은 19일 새 브렉시트 합의안에 관해 토론한 뒤 승인 투표를 할 예정이었지만, 새 브렉시트 합의안은 표결에 부쳐지지도 못하였다. 브렉시트 이행 법률이 마련될 때까지 합의안에 대한 최종 승인을 유보하는 수정안에 대한 표결을 먼저 실시해 16표 차이(찬성 322, 반대 306)로 통과시켰다. 수정안은 보수당 출신 무소속 올리버 레트윈 경이 발의하였는데, 아무 합의 없이 EU를 떠나는 '노 딜' 브렉시트를 막기 위한 것으로 노동당과 해드먼 전 재무장관 등 일부 보수당 출신 의원들이 이를 지지하면서 힘을 얻었다. 레트윈 경은 자신의 수정안 제안이 영국과 EU 간 합의를 막자는 취지는 아니며, 존슨 총리가 합의안에 대한 지지를 얻더라도 법률상 브렉시트 시한인 10월 31일을 지키지 못할 것이라는 우려 때문이라고 주장하였다.[22] 하원이 브렉시트 합의안에 대한 승인을 보류하면서, 존슨 총리는 내키지 않았지만 이날 중 브렉시트 추가 연

21 북아일랜드는 EU의 상품 규제를 따르게 되며, 동시에 영국 관세 체계에 남되 EU 유입 우려가 있는 상품은 EU 관세율을 적용하는 내용 등을 담았다. 또 이 같은 협정을 시행한 지 4년이 지나면 북아일랜드 의회가 계속 적용 여부를 투표를 통해 결정할 수 있도록 하였다.

22 당초 이날 예정되었던 승인 투표에서 브렉시트 합의안이 가결되었더라도 이후 이행 법률 제정 등의 절차를 완료하기까지는 다소간의 시간이 필요하다는 것으로, 브렉시트 예정일인 31일까지 관련 절차를 마치지 못하면 하원의 브렉시트 합의안 승인에도 불구하고 의도하지 않은 '노 딜'이 발생할 수 있다는 것이다.

기를 EU에 요청하였다.

그리고 2019년 10월 28일에 유럽연합(EU)은 사흘 앞으로 다가온 브렉시트(영국의 EU 탈퇴) 시한을 2020년 1월 31일까지 3개월 '탄력적 연장'(flextension)을 하는 데 합의하였다. 이 결정에 따라 브렉시트는 2020년 1월 31일까지 또 한 번 더 연기되었으며, 영국이 아무런 합의 없이 탈퇴하는 '노딜 브렉시트'도 당분간 피할 수 있게 되었다.

그리고 같은 날 영국에서는 고정임기의회법에 따라 존슨 총리가 상정한 조기 총선 동의안에 대한 표결을 실시하였는데, 찬성 299표, 반대 70표로 통과에 필요한 하원 전체 의석의 3분의 2(434석)를 얻는 데 또 실패해 조기 총선안이 세 번째로 부결되었다.

존슨 총리는 표결 직후 의사진행 발언을 통해 "하원이 더 이상 나라를 인질로 잡고 있을 수 없다"고 주장하며, 12월 12일 총선 개최를 위한 '단축법안'(short bill)을 10월 29일 재상정하겠다고 밝혔다. '단축 법안'은 고정임기의회법에 따른 조기 총선 동의안과 달리 하원의 과반 지지만 얻으면 통과되는 사실상 우회 법안이다.

그 후 29일 보리스 존슨 총리가 제안한 정부의 '단축 법안'은 찬성 438표, 반대 20표로 통과되었다. 그동안 조기 총선에 미온적이던 노동당이 이날 입장을 바꿔 지지를 공식화하였고, 브렉시트를 둘러싼 분열과 혼란에 지친 영국 의회가 결국 오는 12월 12일 조기 총선을 받아들였다. 집권 보수당도, 제1야당 노동당도 하원의 과반을 차지하지 못해 브렉시트를 둘러싼 이견을 좁히지 못하자 결국 새 판을 짜기로 한 것이다.

그 후 12월 12일 열린 총선에서 보리스 존슨 영국 총리가 이끄는 보수당이 1987년 마거릿 대처 총리 시절(376석) 이후 32년 만에 압승을 거두는 놀라운 결과가 나왔다. 보수당이 압승한 것은 브렉시트 논란에 지친 영국 국민이 몰표를 주었기 때문으로 풀이된다. 3년 반 전에 시작된 브렉시트를 이번에는 어떤 식으로든 끝내야 하며, 이를 위해 존슨 총리에게 힘을 실어 주어야 한다는 공감대가 형성되었다. 이번 총선 결과 집권 여당인 보수당은 364석, 제1야당은 203석의 의석을 확보하였다. 브렉시트 국민 투표가 실시된 이듬해인 2017년 6월 열린 총선과 비교해 보수당은 47석 늘어난 반면 노동당은 59석을 잃었다. 보수당은 132년 만에 최대 규모의 승리를 거두었고, 노동당은 1935년 이후 84년 만에 최악의 패배를 당한 것이다.

이러한 영국 보수당의 총선 압승에 힘입어 2020년 1월 9일 EU를 탈퇴하기 위한 이행법인 「EU 탈퇴협정법안」(Withdrawal Agreement Bill: WAB)이 영국 하원에서 찬성 330표, 반대 231표로 가결됨으로써 영국이 국민 투표를 통해 브렉시트를 결정한 이후 3년 반 만에 브렉시트가 현실화되었다. 그리고 상원이 영국 내 EU 시민들의 체류 권한을 보장하는 등의 내용을 담은 수정안을 가결시키고 이를 하원에 되돌려 보냈지만, 하원이 모두 부결시키고 원안 강행의 뜻을 고수하자 1월 22일 오후 상원은 반대의 뜻을 접고 하원안을 통과시켰다.

유럽의회도 1월 29일 벨기에 브뤼셀에서 본회의 표결을 통해 찬성 621표, 반대 49표, 기권 13표로 브렉시트 협정안을 처리하였다. 이에 따라 브렉시트가 2016년 6월 국민 투표 이후 3년 7개월 만에 마침내 최종 관문을 통과하였고, 영국은 예정대로 2020년 1월 31일 오후 11시(그리니치 표준시·GMT)를 기해 EU를 탈퇴하는 첫 회원국이 되었다. 영국이 EU의 전신 격인 유럽경제공동체(EEC)에 1973년 가입한 후 47년 만에 독립하게 된 것이다.

그러나 브렉시트가 이뤄졌다고 해서 모두 끝난 것은 아니었다. 영국은 2020년 1월 31일 EU에서 공식 탈퇴하였지만 전환 기간인 2020년 12월 31일까지 EU 관세 동맹과 단일 시장에 잔류하면서, 자유무역협정(FTA)를 비롯해 안보, 이민, 외교, 교통 등을 총망라한 미래 관계 협상을 마무리 지어야 하였다. 하지만 각국의 첨예한 이해관계가 얽힌 만큼 지난 3년여 간의 EU 탈퇴 조건 협상보다 더 어려워, EU 27개 회원국의 승인을 얻기가 쉽지 않을 것이라는 관측이 많았다. 반면 강경파 존슨 총리는 이행기 연장은 절대 없다는 원칙을 고수하고 있어 일각에서는 2020년 말까지 합의에 이르지 못한 '노 딜 브렉시트' 상황에 직면할 수 있다고 우려하였다. 뜻밖에 발생한 코로나19도 유럽 지역을 강타하면서 양측의 협상 대표들이 자가격리에 들어가 협상도 제때 이루어지지 못하였다.

결국 영국 수역 내 EU 어업권, 영국이 EU로 수출 시 지켜야 할 기준, 자국 산업 보조금 등 규제 완화, 환경 기준 설정 등을 두고 양측의 이견을 제때 조율하지 못해 영국이 '노 딜' 브렉시트 상황까지 갔다. 그러나 우여곡절 끝에 전환 기간 종료 1주일을 앞둔 2020년 12월 24일 협상이 극적으로 타결되어, 양측은 지난 3월 미래 관계 협상에 착수한 지 9개월 만에 합의(Trade and Cooperation Agreement)를 도출하였다.

주요 합의 내용은 ① 상품 무역에 무관세와 무쿼터(quota · 생산량 제한), ② EU 회원국 내 자유로운 이동 혜택 종료, ③ 영국 해역에서 EU 국가의 어업권 점진적 축소 등이 골자이다.

합의 내용을 자세히 살펴보면 영국은 2021년부터 EU 단일 시장과 관세 동맹에서 탈퇴하지만 EU와의 상품 수출 및 수입은 기존처럼 무관세, 무쿼터로 하기로 하였다. 단 무관세를 계속 적용받기 위해 영국 정부는 EU와 동일한 노동 환경 규제와 보조금 정책을 준수해야 한다. 그동안의 협상 노력으로 영국이 미국, 캐나다 등 선진국보다는 나은 대우를 받게 되었지만, 세관 서류가 대거 추가되면서 영국 기업과 개인들의 시간과 비용 부담은 늘어나게 되었다.

또 그동안 영국 국민들이 EU 회원국을 비자 없이 자유롭게 일하거나 거주할 수 있었는데 향후에는 불가능하게 되었고, 영국 국민이 EU 회원국에서 90일 넘게 장기 체류하려면 따로 비자를 신청해야 한다. 또 영국에서 전문 자격을 취득한 변호사와 회계사, 항공 관제사와 조종사 등도 지금까지는 EU에서 동등한 자격을 인정받았지만 2021년부터는 영국 내에서만 인정을 받게 된다.

막판까지 협상 타결을 어렵게 하였던 어업권 문제는 향후 5년반 동안 영국이 자국보다 낮은 어획량을 조건으로 EU 회원국의 어획을 허용하기로 하였다. 당초 영국은 3년간 80% 감소를 주장하였고 EU는 14년을 내세웠지만, 서로 조금씩 양보해 영국의 배타적 경제 수역(EEZ) 내에서 조업하는 EU 회원국 어선의 쿼터를 향후 5년 6개월간 25% 감축하기로 하였다. 과도기가 끝나면 영국이 매년 EU와 어업권 협상을 하기로 하였다.

영국과 EU 모두 이번 합의를 "양측에 적절한 합의"라고 자축하였지만 전문가들은 영국이 노 딜 브렉시트라는 최악의 시나리오는 피한 것일 뿐, 여전히 해결해야 할 문제가 산더미처럼 많다고 예상하였다. 가장 큰 문제점은 양측이 금융 서비스 분야는 미래 관계 협정에 포함하지 않았고 별도 협의를 통해 논의하기로 한 점이다. 금융 서비스는 영국이 전 세계적으로 경쟁 우위를 가진 분야로 2019년 한 해 790억 파운드(119조원)의 무역 흑자를 낸 분야이다. 많은 금융기관들이 브렉시트에 대비해 EU로부터 특정 영업 활동을 할 수 있는 일시 균등권(temporary equivalence rights)을 취득하였지만, EU 회원국일 때보다 영업 활동 범위가 대폭 축소될 것으로 전망하고 있다. 상품 무역에서도 무관세 및 무쿼터가 적용되지만, 기존과 달리 원산지 규정, 식품 위생(SPS), 기술 규제, 통관 절차 등이 새로 부과됨으로 양측 간 상품 무역도 부정적 영향이 불가피하게 되었다.

막판에 최대 난제였던 어업 협상이 타결되자 이에 고무된 존슨 영국 총리가 물고기 무늬 넥타이를 매고 환호하였지만, 협상 타결을 보도한 언론들도 부정적이다. 예컨대 협상 쟁점이던 어업이 영국 국내 총생산(GDP)에서 차지하는 비중은 0.1%(일자리 1만 2,000개)인 반면, 영국 GDP의 7%(일자리 110만 개)를 책임지는 금융 산업에 관한 후속 협상은 보류되었다고 르몽드는 전하였다. 미국 CNN 방송은 "브렉시트 미래 관계 협상 타결이 불확실성을 제거해 단기적으로는 영국 경제에 상승 효과로 작용하겠지만, 영국을 더 가난하게 만들 것"이라고 지적하였다.

이제 영국은 독립하겠다는 스코틀랜드의 반발과 EU로의 여행과 거주 제한에 따른 새삼스런 내부 불만 등 적지 않은 후유증을 어떻게 풀어 나갈지가 주된 과제가 되었다.

EU도 브렉시트로 공동체 내 독일 다음의 경제 규모이며 안보 분야에서 프랑스, 독일과 함께 EU의 중심축을 구성해 왔던 영국이 완전히 떠나면서, 국제 영향력, 경제력, 정치력 약화는 피할 수 없게 되었다. 또한 EU가 제2, 제3의 회원국 이탈을 막기 위해 서유럽, 동유럽, 북유럽 간 균형 발전을 이뤄야 할 부담이 큰 과제를 동시에 떠안았다.

■ 브렉시트가 남긴 과제

캐머런 총리와 그의 뒤를 이은 메이 총리까지 연이어 사퇴시킨 브렉시트는 영국이 지금까지 당면하였던 국가적 난제 중 최고의 난제였다. 이 난제는 메이 총리의 뒤를 이은 존슨 새 총리 때에서야 비로소 완결되었다.

그렇다면 2016년 6월 브렉시트가 결정된 후 지금까지 진행되고 있는 브랙시트 갈등이 영국 자신들뿐만 아니라 주변국과 EU 등에 남긴 과제는 무엇일까?

첫째, 영국에서 지역별·세대별·계층별 갈등이 생기면서 국내 국론이 극도로 분열된 것이다. 영국 내에서는 국가 주권의 회귀를 추구하여 EU 탈퇴를 지지하는 노인층과 EU 가입에서 혜택을 느끼지 못하는 지방 거주자, 이민자와 고용 시장에서 경쟁을 하는 저소득층 대부분이 EU 탈퇴를 지지하였다. 반면 젊은 세대, 런던 거주자, 고소득층은 EU 잔류를 강하게 희망하는 등 영국 내에서 사회 계층 간 큰 갈등을 보였다.

그림 3-3 브렉시트 지역별 선택 비율

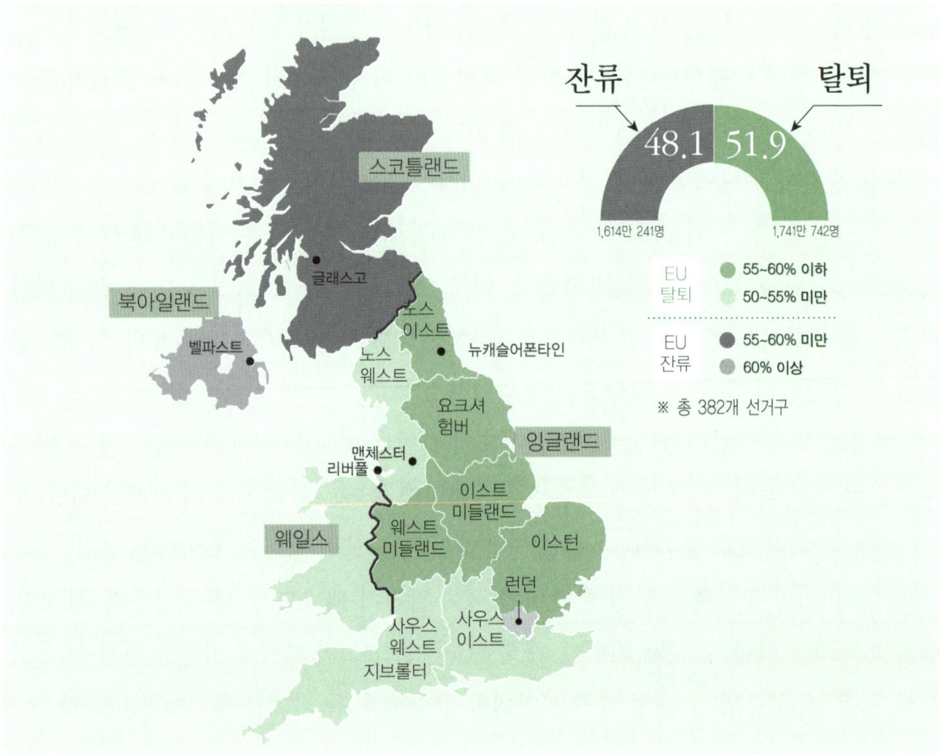

2016년 6월에 실시된 브렉시트 국민 투표 결과를 보면 잉글랜드와 웨일스 지역은 브렉시트 찬성이 각각 53.4%와 52.5%로 찬성 여론이 과반을 넘었으나, 스코틀랜드와 북아일랜드 두 지역에서는 EU 잔류 의견이 각각 62%와 55.8%를 차지해 지역별로 뚜렷이 다른 양상을 보였다. 런던시만 보면 유권자 75%가 브렉시트에 반대하였던 것으로 알려지고 있다. 투표율 측면에서도 평균 투표율은 72.2%이었지만 세대별 투표율을 보면 청년층인 18~24세는 36%, 25~34세는 58%에 불과한데, 노년층인 55~64세는 81%, 65세 이상은 무려 83%에 달해 연령층별로 투표율 격차가 크다. 선호 내용도 18~24세는 73%, 25~34세는 62%가 EU에 잔류하자는 의견인 반면, 55~64세는 57%, 65세 이상 노인층은 60%가 EU 탈퇴를 선호하고 있다. 결국 노년층으로 갈수록 브렉시트를 찬성하는 비율이 높지만, 반대로 청년층으로 갈수록 EU 잔류를 주장하는 비율이 높아 세대 간 격차가 뚜렷이 나타난다. 그래서 청년층들은 노인들이 젊은이들의 미래와 취업 길을 가로막았다고 분노하고 있다. 이러한 영국의 국론 분열 상황은 시간이 흐를수록 더욱 다양한 형태로 분기되고 심화되면서 복잡한 양상을 띠고 있다.

둘째, 영국의 브렉시트 선택은 EU와 두고두고 갈등을 겪는 요인으로 작용할 가능성이 높다. 영국은 탈퇴 이후에도 EU 역내 시장 접근 보장과 EU에서 영국으로의 이민 유입 억제를 목표로 한다. 그러나 EU 측은 EU 역내 시장 접근과 사람의 자유 이동을 연계하는 정책을 고수하고 있다. EU 당국자들은 다른 EU 회원국의 반EU 움직임과 EU 탈퇴의 도미노 현상을 막기 위해서라도 영국의 체리피킹(Cherry picking)식 협상 전략은 용인할 수 없다는 원칙을 고수하고 있다. 영국과 EU 간에 탈퇴 협정에 합의한 이후, 영국 메이 총리나 존슨 총리의 북아일랜드 안전 장치 문제에 대한 재협상 요구를 단호히 거절한 것도 같은 맥락으로 볼 수 있다.

셋째, 브렉시트로 인한 보호주의·반세계화 움직임의 확산과 EU 내 회원국 간의 갈등이다. 미국 트럼프 행정부의 미국 우선 정책과 미·중 무역 전쟁이 진행되는 가운데 최근 한·일 간 갈등까지 겹치면서, 영국의 EU 탈퇴가 자칫 전 세계적으로 보호주의·반세계화 움직임을 가속시키는 것이 아닌가 하는 우려이다. EU 안에서도 이미 프랑스에서 반EU를 표방하는 국민연합(Rassemblement Nation)과 독일의 독일을 위한 대안(Alternative für Deutschland: AfD), 네덜란드의 자유당(Partij Voor de Vrijheid: PVV) 등 극우 정당의 세력 확대와 이탈리아의 포퓰리즘 정당인 오성운동(Five Star Movement)의 연립 정권 구성 등 EU 회원국 내에서도 반EU·반이민 활동이 힘을 얻는 분위기이다. 그동안 반EU 기치를 내건 극우 정당은 교섭 단체 구성을 꿈도 꾸지 못하였다. 그러나 유럽 재정 위기를 겪고 이슬람 국가(IS)의 테러로 이슬람 공포가 확산되면서 이민자가 늘어나자 막연한 불안감으로 극우 정당에 표를 던지고 있다. 지난 2019년 5월 23~26일 실시된 유럽의회 선거에서도 40년간 유럽 정치에서 주류를 형성하였던 중도 우파와 중도 좌파가 힘을 잃고 대신 극우정당의 약진이 곳곳에서 확인되었다. 이들 그룹은 반EU, 반이민 등 민족주의를 내세우기 때문에 앞으로 EU 활동에 부정적 영향을 미칠 것이며, EU 회원국 간의 대립과 나아가 반세계화 움직임을 증폭시킬 수 있다.

EU 내 브렉시트에 대한 대처 방안도 회원국 간에 이견이 감지된다. 영국의 브렉시트 연장 요청에 다른 대다수 회원국의 찬성 의견과 달리, 프랑스는 지속적으로 반대 의견을 냈다. 2019년 4월 개최된 EU 정상회의에서 메르켈 독일 총리와 대다수 EU 정상들이 브렉시트 시한을 동년 12월 31일까지 연장하는 것을 지지하였지만, 마크롱 대통령은 브렉시트 시한의 장기 연장은 EU를 위험에 빠뜨릴 것이라고 강력히 반대하면서 6월 말까지 단기간만 늦춰야 한다고 주장하였다. 그러면서 EU 정상들에게 EU를 탈퇴하겠다는 영국의 결정을 받아들이고 나아갈 것을 촉구하였다. 결국 EU 국가들은 브렉시트 시한을 10월 31일까지 추가로 연장하기로 합의하였지만, 이 과정에서 마크롱 대통령과 EU 회원국 사이의 불협화음이 나타났다. 이렇게 반EU 세력이 확대되고, EU 주도국 간에 의견충돌이 잦아지면 EU의 공동 전선에 금이 가면서 지난 수세기 동안 노력해 이룩하였던 유럽이 해체의 길로 갈 확률도 높아진다.

유럽은 지난 500년간 많은 민족 국가로 나뉘어 수많은 전쟁을 치루었다. 그러나 유럽석탄철강공동체(ECSC)를 설립한 후 불가능하다고 여겼던 많은 것들을 극복하고 유럽 국가들의 통합을 이루었고, 보다 긴밀한 통합 토대를 쌓음으로써 유럽의 평화와 경제적 번영, 민주주의와 자유의 확산에 기여하였다. 1970년대에는 극심한 경기 침체를 겪었으나, 1980년대 후반 회원국들이 유럽연합(European Union)을 출범시키며 또 다른 도약을 이루어 내었다. 그러나 회원국이 점차 늘어나면서 여러 가지 불협화음이 생겨났다. 서유럽과 동유럽 회원국 간의 경제적 격차, 이로 인한 정책 집행 과정에서의 마찰, 이민자에 따른 고용 시장 불안, 지역의 독립·분리 문제, 예산 배분, 재정 위기, 난민 등이 불협화음에 주요 이유들이지만 어느 하나 쉽게 풀릴 문제는 없다. 결국 이러한 불협화음이 누적되면서 브렉시트라는 결과가 나타났고, EU는 다시 한 번 시련의 시험대에 올랐다. 오래전에 시작된 EU의 위대한 실험이 아직도 갈 길이 멀고 험난한 것 같다. 하지만 현명한 유럽인들은 폐쇄보다는 개방이, 분열보다는 통합이, 폐쇄 경제보다는 개방 경제가, 일원주의보다는 다원주의가 인류 발전에 더 큰 기여를 하였다는 역사적 교훈을 누구보다 잘 알고 있기 때문에 새롭게 닥친 시련도 잘 극복하고, 또 다른 도약을 통해 새로운 유럽을 재건해 나갈 것으로 기대해 본다.

2. 북미자유무역협정(NAFTA)과 미국·멕시코·캐나다 협정(USMCA)

(1) 북미자유무역협정

북미자유무역협정(North American Free Trade Agreement: NAFTA)은 미국, 캐나다, 멕시코 등 북미 3국을 단일 시장으로 묶는 무역 협정으로 1990년 3월 멕시코의 카를로스 살리나스(Carlos Salinas) 대통령이 먼저 제의하고, 1992년 2월 캐나다 멀로니 총리가 수용하면서 3국간 협상이 본격화되었다. 그 후 7차례에 걸친 협상이 진행된 후 1992년 8월 NAFTA에 합의하였고, 동년 12월 17일 협정에 서명한 후 1994년 1월 1일부터 발효되었다. 출범 당시 인구 3억 6,000만 명, GDP 6조 4,000억 달러에서 2018년 인구 4억 9,000만 명, GDP 규모 25조 달러(PPP 기준)로 세계 GDP의 25%를 차지하는 세계 최대 경제 통합체 중 하나가 되었다.

원래 캐나다와 미국 사이에 1960년대 자동차 협정을 체결한 바 있고, 3년간 협상을 거쳐 1988년에는 양국 간 자유무역협정(CUSFTA)을 맺었는데, NAFTA는 기본적으로 이 미국, 캐나다 간의 자유무역협정 조항을 멕시코까지 확대시킨 것으로 볼 수 있다.

당시 이들 3국의 FTA 추진 배경을 좀 더 구체적으로 살펴보면, 미국의 경우 1980년대 초 GATT의 농산물·서비스 분야에 대한 다자간 자유 무역 확대를 위한 시도가 실패로 돌아가고 1986년 9월에 시작된 우루과이라운드도 교착 상태에 빠지면서, GATT의 기능과 역할에 회의를 가지고 지역 통합쪽으로 눈을 돌려 NAFTA를 추진하게 되었다. 또한 유럽연합(EU)이 1986년 유럽단일의정서(Single European Act)와 1992년 마스트리히트 조약을 통하여 회원국 간의 분리된 시장을 단일 시장으로 묶어 정치·경제적 통합을 꾀하고, 다른 한편으로는 EFTA 7개국과 유럽경제지역(European Economic Area: EEA)을 결성하여 인접국들과 경제 협력도 확대시켜 나가고 있었다. 아시아 지역에서도 일본의 입지가 점차 강화되고, 아시아 신흥공업국들도 급부상할 뿐 아니라 사회주의 국가들이 개방화하는 등 세계 경제가 다극화 추세를 보이자, 미국은 북미 인접 국가와의 경제 협력 체제를 통해 국제 사회에서 하락된 자신의 헤게모니를 회복시키기 위해 노력하였다. 국내적으로는 남쪽으로 국경을 이루고 있는 멕시코와 FTA 체결을 통해 정치·경제적 불안정의 위험을 줄이고, 멕시코 내의 직업 창출을 통해 미국으로 유입되는 불법 이민자 수를 줄이려는 목적도 있었다.

그러나 NAFTA의 의회 비준을 앞두고 미국 내에서는 찬반 양론이 극렬하게 맞붙었는데, 찬성론자들은 NAFTA를 통해 거대한 북미 3국 시장을 통합함으로써 미국의 수출 규모를 확대하고, 미국 산업에 새로운 성장 기회를 부여하여 막대한 고용 창출 효과를 누릴 수 있다고 내다보았다. 그러나 환경보호론자와 소비자 단체, 노동조합 측으로 구성된 반대론자들은 NAFTA 협정문에 환경 보호 문제라든가 노동자 권익을 보장할 수 있는 명시적 문구가 없다는 점을 들어 NAFTA 추진에 부정적이었다. 특히, 노동조합 측은 NAFTA로 인해 미국의 많은 기업들이 임금이 싼 멕시코로 이전해 가서, 미국 노동자들이 그만큼 직장을 잃을 것이라 주장하였다.

한편, 멕시코는 전후 보호 무역 정책하에 정부 주도의 수입 대체 산업화(import-substitution industrialization) 정책을 추진하여 급격한 산업화를 이루며 1950년부터 1970년까지 3~4%의 지속적인 경제 성장을 이루어 왔었다. 그러나 이러한 지속적 성장률은 1970년대 중반 심한 인플레이션과 국제 수지 위기에 직면하면서 끝이 났고, 1970년대 후반에는 정부의 하이테크 자본재 수입 대체 전략이 실패하면서 성장 동력을 잃기 시작하였다. 1981년 들어 국제 석유 시장이 붕괴되고 미국의 이자율이 상승하면서 멕시코는 재정과 외환 부문에서 이중고를 겪게 되었고, 결국 1982년 대외 채무 불이행(Moratorium)을 선언함으로써 국가 경제 전체가 마비 상태에 이르는 큰 위기를 겪었다.

이에 1982년 미겔 델 마드리드 정권이 등장하여 40년간 유지하였던 팽창적 경제 정책을 포기하고, 1985년부터 근본적인 개혁을 추진하였다. 그래서 과도한 국내 산업 보호와 석유 수출에 대한 의존이 경제 체질을 약화시켰다고 판단하여 석유 산업 중점 육성 정책을 폐지하고, 수입 대체 산업화 전략에서 무역 자유화에 기초한 대외 지향적인 성장 전략으로 방향을 전환하였다. 그래서 투자 및 산업화 촉진의 중추적 역할을 민간 부문과 시장에 맡기는 일련의 경제 개혁을 시행해 수입 허가 품목을 줄이고, 기준 가격 제도(the Reference Price System)를 폐지하였으며, 수출에서의 직접 보조금 제도도 폐지하였다. 그 후 1986년 GATT에 가입한 이래 이러한 개방 경제 기조를 더욱 공고히 하였고, 1988년 살리나스 대통령이 집권하면서 개방과 경제 구조 개혁 정책은 한층 더 가속화하였다. 그는 지지부진하던 민영화를 적극적으로 추진하였고, 대외 개방도 과

NAFTA에 서명하는 3국 대통령과 외무장관들

감히 시행하여 2% 정도의 수입허가제를 제외한 비관세 장벽을 제거하고, 관세도 평균 10%로 경감하였다. 1989년에는 75% 미만으로 설정되어 있던 멕시코 기업에 대한 외국인의 투자 한도 제한 조치도 철폐하였다. 그러나 이에 필요한 많은 투자와 재원 조달에 어려움을 느낀 살리나스 정부는 결국 필요한 재원을 북미의 인접국에서 구할 수밖에 없다고 판단, NAFTA 체결을 통해 기존의 정치·경제적 개혁을 지속하고, 동시에 미국 시장을 안정적으로 확보하여 장기적인 투자 여건을 개선시켜 NAFTA 시장에 진출을 꾀하는 역외국들의 투자를 적극적으로 유치하려는 의도를 가지고 있었다. 이에 더해 미국 및 캐나다로부터의 첨단 기술과 선진 마케팅 기법을 도입하여 기업의 경쟁력을 강화함으로써 경제 성장을 촉진시켜 만성적인 외채 누적 및 인플레이션 문제를 동시에 해결하려는 계획이었다.

이에 반해 캐나다는 이미 미-캐나다 간 자유무역협정(Canada-U.S. Free Trade Agreement: CUFTA)을 맺고 있는 상태였으므로, 멕시코와의 경제 교류를 확대하더라도 자국에 미칠 영향은 미미할 것으로 판단하여 처음에는 자유무역지대를 북미 지역 전체로 확대하는 문제에는 소극적인 입장이었다. 그러나 정치적으로 만약 NAFTA 협상에 참여하지 않으면 국제 무대에서 BIG 4[23]로서의 지위를 상실할지 모른다는 점을 우려

23 당시 미국, 일본, EU 그리고 캐나다를 일컫는다.

그림 3-4 멕시코의 환율 및 총외채 추이

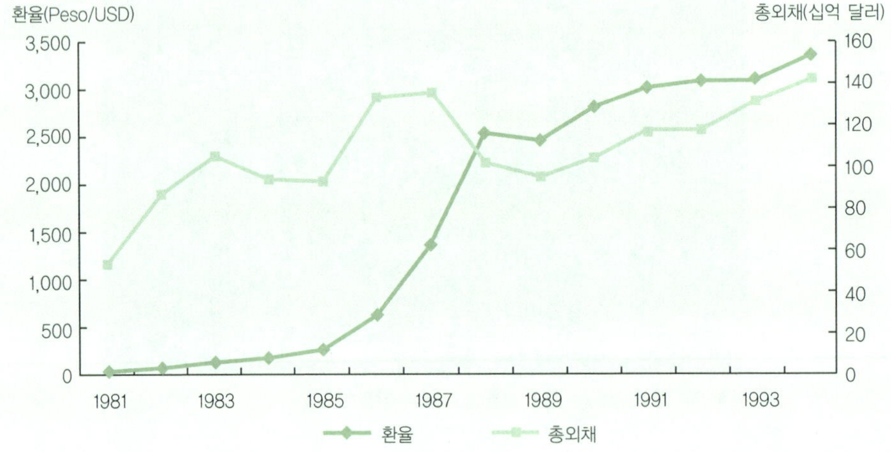

자료: 배찬권 외 2인(2012), p. 14.

하였으며, 또한 경제적으로는 미국과 멕시코 간의 자유무역협정을 방관하면 결국 장기적으로 미국의 무역과 투자가 점차 자국으로부터 멕시코로 전환될 것을 우려하고 협상 참여 의사를 밝혔다.

이러한 각국의 추진 배경 속에서 체결된 NAFTA의 주요 내용을 보면 농산물 및 제조 상품 등의 상품 교역과 관련된 관세 및 비관세 장벽 제거, 원산지 규정 강화, 은행·증권·보험 등 서비스 시장 개방, 투자 제한 규정 철폐, 지적재산권 보호 강화, 노동 및 환경 분야에서의 협조 등이 포함되어 있다.

FTA의 내용을 좀 더 구체적 살펴보면 먼저 역내에 생산된 상품을 수입 민감도에 따라 A, B, C, C+로 분류해 즉시 관세 철폐, 5년 이내, 10년 이내, 15년 이내의 4단계로 나누었는데, 9,000여 개의 총교역 품목 중 50%가 즉시 관세 철폐 그룹에, 그리고 15%가 5년 이내 관세 철폐 그룹에 속하였다. 그 밖에 원산지 규정을 충족시키는 일부 회원국산 섬유 및 의류 제품과 경트럭 및 승용차 등의 품목은 10년 이내 관세 철폐 그룹으로 분류되었다. 하지만 운동화, 세라믹 타일, 가정용 유리그릇 등의 공산품과 미국의 수입품 중 오렌지 주스·설탕, 멕시코의 수입 품목 중 옥수수·건조콩, 캐나다·멕시코 간의 낙농 제품, 가금, 계란, 설탕 등은 수입 민감 품목으로 분류되어 15년 이내에 관세를 철폐하기로 규정하였다.

관세 이외에 쿼터, 수입 허가제, 수입 과징금 등과 같은 비관세 장벽은 즉시 철폐하기로 합의하였으나 보건, 환경 보호 등을 위한 경우 예외적으로 수입 제한을 인정하였으며, 농산물, 에너지, 섬유 및 의류, 자동차 등의 교역에도 특별 규정을 적용하기로 하였다. 농산물의 경우 멕시코는 수입 허가제를 폐지하고, 미국은 땅콩, 면, 낙농품 및 설탕 수입에 대해 부과하고 있는 쿼터를 멕시코에 대해 면제하기로 하였다. 그러나 농산물의 수입 개방에 따른 자국 산업의 피해를 방지하기 위해 미국의 오렌지 주스 등 특정 품목에 대해서는 일정 기간 동안 관세율 쿼터(Tariff Rate Quota) 제도[24]를 운용하기로 하였다. 섬유 및 의류의 경우도 미국은 원산지 규정을 충족시키는 멕시코산 제품에 대해서는 다자간 섬유 협정에 의한 수입 쿼터를 즉시 철폐하기로 하였다. 자동차 산업에서는 회원국 간의 교역 장벽을 제거하고 자동차 부문의 투자 장벽도 10년 내에 제거하기로 하였는데, 미국과 캐나다 간에는 이미 FTA 및 자동차 협정(Auto-Pact)에 의거 무관세를 실시하고 있었기 때문에 주요 적용 대상국이 된 멕시코는 대미 수입 승용차의 경우 발효 즉시 관세를 50% 인하, 10년 이내에 완전 철폐하기로 하였으며, 자동차 부품 수입 시 요구되는 수출 이행 의무도 완화하는 것으로 협약을 맺었다. 또한 트럭과 버스에 적용되는 자동차운송법(Auto Transportation Decree)은 철폐하는 대신 5년간 쿼터 제도로 대체하기로 합의하였다. 미국의 대멕시코 수입 승용차의 경우 발효 즉시 관세 50% 인하, 10년 이내 관세 철폐를 하고 경트럭은 발효 즉시 50% 인하에 5년 이내 관세 철폐를 하기로 하였다. 또한 미국·멕시코 양국은 협정국의 제품에 현재 부과하고 있는 현행 세관 사용료를 1999년 6월 30일까지 완전 철폐하기로 하였다.

원산지 규정은 상품의 모든 공정이 역내국에서 발생한 것뿐 아니라 일부 비북미산 부품을 사용하여 생산한 제품도 일정한 한도 내에서 북미산으로 인정하기로 하였다. 원산지의 기본 원칙으로는 세번 변경(Change of Tariff Heading) 기준[25]을 채택하였으

24 관세율 쿼터 제도란 쿼터량 한도 내의 수입일 경우 관세를 부과하지 않으나 쿼터량을 초과하는 수입에 대해서는 관세를 부과하는 제도이다.

25 세번 변경 기준(稅番變更基準)이란 제품의 제조 및 생산 과정에서 사용된 원재료 또는 부품의 세번(稅番)과 이로부터 생산된 제품의 세번이 상이할 경우 해당 공정이 행해진 국가를 원산지로 인정하는 기준을 말하며 관세율표상

며, 역내 산업 보호가 필요하다고 판단되는 자동차, 직조 및 의류 등에 대해서는 특별 기준을 설정하였다. 자동차의 경우 원산지 규정으로 '세번 변경 기준+부가가치 기준'[26]을 채택하고, 부가가치 비율(=현지 부품 조달 비율; local content)도 미국-캐나다 FTA 기준(50%)보다 강화하여, 승용차, 경트럭, 자동차 부품 중 엔진 및 변속기의 현지 부품 조달 비율을 처음 4년간은 50%, 그 후 4년간은 57%, 8년 후는 62.5%로 점차적으로 높여 가기로 하였으며, 기타 차량 및 부품의 현지 조달 비율은 60%를 적용하기로 하였다. 섬유 및 의류 제품에는 방적사 기준(Yarn Forward)을, 면(Cotton)과 인조사(Man-made Yarns)에는 섬유 원료 기준(Fiber Forward)[27]을 적용하였고, 역내 공급이 충분하지 않은 실크, 린넨(Linen) 및 내의 직물(Shirting Fabrics) 등을 사용하여야 하는 제품은 비록 역외에서 수입하더라도 역내에서 절단·봉제되면 원산지 자격을 부여하기로 하였다. 그러나 원산지 규정을 충족시키지 못하는 역내산 섬유사·직물·의류에 대해서는 일정한 한도 내에서 관세율 쿼터를 적용하여 특별 관세를 부여하기로 결정하였다. 컬러TV의 경우 역내산(域內産) 브라운관(CRT)이 장착되고 부가가치율이 50% 이상인 경우 역내산으로 인정하며, 컴퓨터의 경우 역외산(域內産) 주집적 회로 및 회로 기판이 장착되고 부가가치율이 50% 이상일 때 한하여 역내산으로 인정하기로 합의하였다.

투자 부문에 있어서는 역내국 간의 자본과 기술을 촉진할 수 있도록 투자 제한을 완화 또는 자유화하기로 합의하였으며, 투자 기업의 판매 수입, 이자 소득 및 기타 상업 소득의 본국 송금도 보장하기로 하였다. 이에 따라 멕시코 투자 진출 시 부과되고 있는 각종 제한 규정은 15년 내 완전 철폐되고, 미국과 캐나다의 대멕시코 투자 기업에 대해서는 내국민 대우가 부여되며, 멕시코의 국내 부품 사용 비율과 멕시코 내 투자 인가의 선행 조건이었던 수출 이행 의무 제도도 폐지하기로 합의하였다. 그러나 미국에 대한 문화적 종속을 두려워하는 캐나다의 강력한 주장으로 캐나다의 문화 산업(출판·영화·TV 방송)은 계속 예외로 하기로 하였으며, 석유, 원자력 개발, 천연가스, 기

분류의 변경을 의미한다.

26 이 기준은 특혜 관세 비수혜국이 특혜 관세 수혜국에 최소한의 투자를 통해 원산지 규정을 충족시켜 부당한 관세 혜택을 얻는 것을 방지하기 위하여 특정 공정이 일어나는 과정에서 일정 수준 이상의 부가가치가 발생할 경우 해당 공정이 일어난 국가를 원산지로 인정하는 원칙이다.

27 직물 및 의류 교역에 있어 동제품이 역내에서 생산된 섬유사(Yarn)를 사용하여 만들어져야 하고, 면과 인조사는 섬유 원료를 사용하여 만들어진 경우에 한하여 역내산으로 인정하는 원칙이다.

초 석유 화학 산업, 정유 분야에 대한 멕시코 정부의 독점권도 그대로 인정하고 멕시코 국영 석유 기업(Pemex)의 구매 시장도 10년에 걸쳐 단계적으로 개방하기로 합의하였다.

서비스 시장도 개방하여 서비스 기업이 회원국에 진출하였을 경우 불리한 대우를 받지 않도록 하는 무차별·내국민 대우 원칙을 규정하였는데, 통신, 건설, 육상 운송, 특수 항공 서비스, 상업, 금융, 보험 등 대부분의 서비스 사업이 포함되었다. 이에 따라 비즈니스 활동을 위한 기업 또는 개인의 공공 통신망 사용이 자유화되며, 멕시코는 1995년 7월까지 통신 장비 및 통신 서비스 시장을 개방하여야 하고, 멕시코 공공 전화 사업 분야에서도 미국 및 캐나다 기업에 대한 비차별적 시장 접근을 보장하였다. 그러나 멕시코 측에 일정 경과 기간을 인정해 주고 점유율 한도도 제한할 수 있게 하였다. 즉, 멕시코는 미국과 캐나다의 은행, 보험, 증권 회사들에 대해 점진적으로 자유로운 시장 접근을 허용하여, 미국과 캐나다 은행들의 100% 지분 소유 현지 자회사 설립은 가능하나 2000년까지는 시장 점유율을 15% 이상으로 확대할 수 없고, 보험 시장의 경우도 이미 진출한 보험 회사들은 1996년까지 100% 소유권 확보가 가능하도록 하였다. 신규 진입 회사는 1998년까지 50% 이상의 지분 획득이 가능하지만, 지분 및 시장 점유율에 관한 모든 제한은 2000년까지 존속시키기로 하였다. 또한 NAFTA 체결 전에는 멕시코 국경 지역에서 미국의 화물 운송업자가 멕시코의 운송업자에게 화물 운송권을 넘겨주었지만 협정 서명 3년 후에는 역내 트럭 운송업자의 자유로운 국경 출입이 허용되고, 협정 발효 6년 후에는 역내 전 지역의 출입을 자유화하기로 하였다.

지적재산권의 보호에 있어서는 기준을 종래 GATT, 베른협약, 제네바협약 및 파리협약 등의 국제 지적재산권 조약에 의거 규정하였는데, 역내국의 판권, 특허권, 상표권, 식물 재배권, 산업 디자인, 영업 비밀, 집적 회로(반도체칩) 등을 주요 보호 대상으로 하였다. 저작권은 50년간 수입, 판매, 렌트 등의 허가와 금지를 저작자에게 주는 것으로 정하고, 특허권은 출원일로부터 20년 이상, 특허 부여일로부터는 17년 이상으로 하고 있다. 이에 따라 멕시코는 관련 법규를 강화하고 캐나다는 의약품 및 문화 산업(인쇄 매체, 필름 및 음악 녹음, 라디오, TV 방송) 등 일부 산업의 규제를 완화하기로 하였다.

이 밖에도 NAFTA에서는 회원국의 연방 정부, 기관, 국영 기업의 상품 및 서비스 조달 시 최혜국 대우에 의한 응찰 기회를 부여하도록 하며, 역내국의 무역업자나 생산

미-멕시코 트럭 분쟁

1982년 이래 멕시코 트럭은 미국 국경 20마일 이내 상업 구역에서만 운행이 허용되었고, 기타 지역에서는 운행이 금지되어 왔다. 따라서 그동안 미국으로 운행되는 멕시코 트럭은 20마일 이내 상업 구역까지만 운행한 후에 목적지로 제품을 운송하기 위해서 다시 미국 트럭으로 바꿔야 하였기 때문에 운송 시간 및 물류 비용 부담이 컸었다.

그 후 NAFTA 체결 때 양국은 2000년부터 멕시코 트럭의 미국 내 모든 도로에 대한 접근을 보장한다고 합의하였었다. 그러나 미국 내 트럭 노조와 환경 단체들은 멕시코 트럭 운전사가 영어를 모르고, 마약을 사용하며, 노후 차량이 많아 사고 위험이 높고, 멕시코 트럭이 오염 물질 배출도가 높아 환경을 오염시킬 소지가 높다며 문호 개방을 거부하였다. 이에 멕시코가 2000년에 미국을 NAFTA 중재위원회에 고소하였고, 2001년 분쟁조정위원회가 멕시코 손을 들어 주고 시정을 권고하였다. 2002년에 부시 행정부는 미국 내 모든 도로를 멕시코 트럭에 개방할 것을 지시하였고, 반대 단체들은 부시 행정부의 결정을 대법원에 제소하였다. 2004년 6월 미국 대법원은 멕시코 화물 트럭의 미국 내 모든 도로에 대한 접근을 허용하는 판결을 내렸으며, 이에 따라 미국-멕시코 국경을 통과하는 멕시코 화물 트럭에 대해 미국 내 모든 도로가 개방되어야 하였다. 하지만 미국 내 반대론자들은 연간 미국 국경을 넘어 운행되는 멕시코 차량 수가 450만 대에 달하기 때문에 2010년경에는 미국 도로의 공기 오염도가 현재보다 2배로 증가할 것이라고 주장하며 극렬히 반대하여, 결국 멕시코 운송업체들의 의무 사항 및 권리에 대한 미국-멕시코 간 추가 협의가 진전되지 못하였다.

그 후 2007년 처음으로 부시 행정부가 "미국과 멕시코 간 양국 국경 개방을 위한 시범 프로그램"을 운영하면서, 엄격한 조건 속에서 트럭의 양국 운행이 시작되어 해결의 실마리를 찾는 듯하였다. 하지만 2009년 집권한 오바마 대통령이 서명한 정부 지출 법안에 이 프로그램을 무효화하는 내용이 포함되면서 분쟁은 다시 시작되었다. 멕시코는 이에 대한 보복 조치로 HS code 기준 89개 품목에 대해 최고 45%의 보복 관세를 부과한다고 관보를 통해 발표하였다. 이때 포함된 주요 제품은 과일·채소·유선 전화기·와인·애완견용 식품·개인 위생용품·선글라스·화장지·인조 섬유 등이며 대부분 10~20% 사이에서 관세가 부과되었지만, 신선 포도류는 가장 높은 45%의 관세가 부과되었다. 그 후에도 미국이 국경 개방을 계속 지연시키자 2010년 8월에는 27개 품목의 미국산 제품에 대한 보복 관세를 추가로 발표하였다. 결국 멕시코는 총 99개 항목의 미국산 제품에 대해 관세를 부과하였으며, 새롭게 추가된 품목은 주로 미국산 돼지고기·치즈·과일·껌·초콜릿 등의 식료품이며, 일부 공산품도 포함되었다.

그러다 2011년 3월 오바마 대통령이 칼데론 멕시코 대통령과 백악관에서 정상 회담을 갖고 멕시코 화물 트럭의 미국 내 운행을 허용하는 데 원칙적으로 합의함으로써 20년 넘도록 끌어온 트럭 분쟁이 마침내 종지부를 찍었다.

오바마 대통령은 멕시코 화물 트럭이 미국 교통 당국이 제시한 안정성 기준에 부합하고 운전자가 운전 기술과 언어 수준을 만족할 경우 멕시코 트럭의 미국 내 운행을 허용할 것이라고 밝혔다. 이에 멕시코는 미국 제품에 부과한 24억 달러 보복 관세의 절반은 60일 내로 철폐하고 나머지는 멕시코의 트럭이 미 교통부의 화물 기준을 통과하면 즉시 없애기로 하였다.

자에 대하여는 세관 행정상의 간소한 절차만 거칠 수 있도록 하기 위해 원산지 규정 해석에 동일한 규정을 적용하였다. 그리고 원산지 증명서 및 증빙 요건도 통일하며,

교역 상품에 대한 원산지 규정의 사전 유권 해석(Advance Ruling)을 역내 수출 대상국 세관에 의뢰할 수 있도록 하였다. 추가적으로 회원국 간 반덤핑 관세 및 상계 관세를 부여할 수 있도록 허락하고, 분쟁 발생 시 분쟁 해결을 위해 NAFTA 무역위원회(NATC)를 설치하여 정부 보조금, 환경 규제, 기타 통상법 등에서의 분쟁은 당사국 간의 합의를 우선시하되, 합의에 이르지 못할 경우 NAFTA 무역위원회에서 중재하도록 하였다. 그러나 이 위원회에서도 해결하지 못할 경우에는 당사국의 요청을 받아 패널을 설치하며, 분쟁 당사국은 상대국이 선정한 전문가 중에서 패널 위원을 지정할 수 있도록 하였다. 분쟁 해결에 관한 합의가 최종 실패하면 피해국은 피해 상당액의 보복 조치를 발동할 수 있도록 하였다. 반덤핑 및 상계 관세 관련 분쟁 해결을 위해서는 별도의 절차에 따라 양국의 패널 및 특별 이의 위원회를 설치할 수 있도록 하였고, 사안이 NAFTA 및 다자주의 규범에 공통적으로 해당하는 경우에는 양자의 분쟁 해결 절차 중 하나를 선택할 수 있도록 하였다. 이 밖에도 북미 3국이 합의하면 비회원국의 본 협정 가입이 가능하고 본 협정의 탈퇴를 위해서는 6개월 전 공식 통보하여야 한다는 것을 내용으로 하는 부칙 조항을 삽입하였다.[28]

협정이 타결된 후 NAFTA는 협정의 원만한 운영과 시행을 위해 몇 개의 기구를 만들었다. 먼저 자유무역위원회(Free Trade Commission)는 각 국가의 장관이나 각료급 대표로 구성되며, 협정의 실행을 감독하고, 협정의 추가적인 구체화 작업을 한다. 협정의 해석과 적용에 있어 회원국 간에 야기되는 분쟁도 해결하고, NAFTA 위원회나 실무단(working group), 보조 기구들의 활동도 감독한다.

NAFTA 사무국(Secretariat)은 회원국의 산업 간, 혹은 국가 간 무역 분쟁을 해결하는 절차와 관련된 업무를 담당한다. 패널(panel), 위원회, 법원 소송 절차와 관련되어 법정같이 등기소(registry)를 유지하며, 과거와 현재의 분쟁과 관련된 정보가 포함된 3국의 웹사이트(tri-national website)를 개설해 업데이트한다. 그리고 국가별로 별도의 사무국을 개설하였는데, 캐나다는 오타와, 멕시코는 멕시코시티, 미국은 워싱턴에 위치하였다.

NAFTA 위원회 실무단(Committees and Working Groups)은 NAFTA의 운영과 실행을 효율

28 정홍열(1998), pp. 98~103.

적으로 하고 무역과 투자를 촉진하기 위해 설립된 기구로, 30개가 넘는 위원회와 실무단이 있다. 핵심 분야는 상품의 교역과 원산지 증명, 관세, 농산물 교역, 보조금, 표준(standard), 정부 구매, 투자 및 서비스, 사업가의 국가 간 이동, 대체적 분쟁 해결 등이다.

NAFTA 전문가 집단(Coordinators)은 각국 무역 부서의 고참 공무원으로 구성되며, 매일 NAFTA 이행을 관리하는 책임을 진다.

이 밖에도 협정 타결 이전부터 미 의회에서 논란의 대상이 되었던 노동과 환경 문제는 계속해서 문제가 제기되어 NAFTA는 노동과 환경 분야에서 특별히 별도의 위원회를 두고 운영하였는데, 노동협동위원회(Commission for Labor Cooperation)는 국내 노동법을 효율적으로 집행하고 NAFTA 회원국 간에 노동 문제에 상호 협력을 촉진하기 위해 창설되었다. 각국의 노동장관으로 구성된 각료위원회(Council of Ministers)와 사무국으로 구성되며, 사무국은 연간 근로 프로그램을 실행하고 각료위원회를 행정적·기술적·운영적으로 지원해 준다.

환경협동위원회(Commission for environmental Cooperation)는 NAFTA의 환경 분야 합의안을 회원국 간에 실행하는 데 추가적 협동을 이끌어 내고, 북미 대륙의 자유 무역과 관련한 환경 이슈를 다루기 위해 설립되었다. 각국의 환경장관과 15인으로 구성된 공적 합동자문단(Joint Public Advisory Committee)과 사무국으로 구성되어 있다.

NAFTA는 협정이 발효되고 10년이 지나는 동안 섬유 및 의류, 자동차 같은 상품의 거래에 부과하였던 관세 및 비관세 장벽 대부분이 철폐되었다. 농산물은 멕시코와 미국, 멕시코와 캐나다 간에 별도의 양자 협정이 체결되어 관세를 폐지하였는데, 옥수수나 설탕같이 민감한 곡물은 가장 긴 15년의 유예 기간을 거쳤다. 서비스 분야도 대부분 회원국에 개방되었지만, 멕시코의 통신(telecommunication) 같은 소수의 특정 분야는 제외되었다.[29] 북미 지역 내의 투자에 대해서도 회원국들은 100%의 과실 송금을 허용하며, 금융 부문에 대해서도 모든 투자 장벽을 철폐하였다. 해외 직접 투자나 지적재산권, 분쟁 해결(dispute resolution), 정부 구매 분야에서도 회원국 간에 상당한 정도의 통합을 이루어 내었다.

29 미국의 해운, 캐나다의 영화 및 출판, 멕시코의 석유 및 가스 채굴 분야는 예외 규정을 적용하였다.

NAFTA 설립 20주년 기념 행사에서 악수를 하는 3국 정상들

2014년 북미자유무역협정(NAFTA) 체결 20주년을 맞아 다양한 축하 행사와 경제적 평가가 이루어졌다. 경제적 효과 측면에서 살펴보면 결성 당시 일부 경제학자들이 우려하였던 것만큼 결과가 참담하지는 않다. OECD에 따르면 NAFTA 발효 이후 멕시코 GDP는 20년간 65%, 미국은 63%, 캐나다는 66%가량 증가하였다. 같은 기간 OECD 회원국들의 평균 성장률 53%를 웃돈 것이다. 수출 역시 미국과 캐나다는 약 3배, 멕시코는 7배의 수출 신장을 기록하였다. NAFTA 발효 이후 3국 간 교역 비중의 변화를 보면, NAFTA 발효 이전 1993년 1~10월 멕시코, 미국, 캐나다 3국 교역 총액은 3,026억 달러를 기록하였으나, 2013년 같은 기간에 9,509억 달러를 기록해 3배 이상 증가하였다. 국가별로 보면 같은 기간 멕시코-미국 간 교역 비중은 29.1%에서 42.6%로 증가하였고, 멕시코-캐나다의 경우는 0.9%에서 1.8%로 2배 증가하였다.[30]

그러나 NAFTA 결성이 회원국에게 좋은 효과만 가지고 있는 것은 아니다. NAFTA 발효 이후 캐나다·멕시코에 대한 미국의 수출은 각각 201%, 370% 늘었으나, 수입도 크게 늘어 대(對)캐나다 수입 194%, 대멕시코 수입 621% 상승으로 미국의 대외 무역 적자가 심화되었다. 특히, 미국은 NAFTA가 발효된 첫해 대멕시코 무역 수지에서 40억 달러

30 반면 미국-캐나다 교역 비중은 69.9%에서 55.7%로 감소한 것으로 나타난다.

흑자를 한 번 기록한 후 19년 동안 적자를 면치 못하였다. 무엇보다 심각한 것은 미국 기업들이 인건비가 싼 멕시코로 공장을 이전하면서, NAFTA 발효 무렵 1,700만 개였던 미국의 제조업 일자리 수가 1,200만 개로 줄었다는 점이다.[31] 반면 멕시코는 NAFTA의 최대 수혜국으로 간주된다. 세계 최대 시장인 미국과 국경을 맞대고 있어 글로벌 투자가 집중되고 있다. 이에 따라 1984년과 1998년, 2008년 등 10년에 한 번 꼴로 국제통화기금(IMF)의 구제 금융을 받던 단골 외환 위기국이라는 오명도 벗어났다. 특히, 제너럴 모터스(GM), 포드, 아우디, 도요타, 혼다 등 세계적 자동차 회사들이 멕시코 공장에서 생산을 늘려 2013년에는 자동차 생산이 293만 대로 사상 최고치를 기록하며 대미 수출량이 세계 2위인 일본을 처음으로 제쳤다. 하지만 멕시코도 NAFTA로 미국의 값싼 옥수수가 밀려들어 와 경쟁력을 잃은 멕시코 농민 수백만이 일자리를 찾아 미국으로 강제 이주해야만 하였다. 멕시코농민협회는 농촌 가계의 70%가 빈곤 상태에 놓여 있다며, NAFTA 체결 전 멕시코는 개발 도상국이었지만 지금은 저개발국으로 전락하였다고 지적하였다.[32] 제조업에서는 자동차 및 부품 산업, 항공 산업 부문에서 수혜를 받았지만, 전체 제조업 부문에서 수혜가 크지 않은 것으로 평가한다. 이는 미국 공장들이 멕시코로 많이 들어왔지만, 생산 공장이 아닌 단순 조립 공장이라 멕시코가 원하는 기술 이전 등이 없어 제조업 발전에 별 영향을 주지 못하기 때문이다. 그 외에도 일자리 축소, 환경 오염 심화, 임금 하락, 소득 불평등 증대부터 시작하여, ISD(투자자국가소송제)에 의한 정부의 손실, 그리고 이주가 증가함에 따른 문제들도 많이 거론되었다.

(2) 미국·멕시코·캐나다 협정

NAFTA는 2017년 1월 20일 도널드 트럼프(Donald Trump)가 미국 45대 대통령으로 취임하면서 그 운명이 크게 바뀌었다. 트럼프는 대통령 후보 시절부터 TPP와 NAFTA를 미국 무역 적자의 주요 원인이라 비난하며 '최악의 무역 협정'이라고 강도 높게 비난

31 아시아경제(2014. 1. 2), "NAFTA 20년 외형 키웠지만 실속은 물음표"(http://www.asiae.co.kr/news/view.htm?idxno=2014010118130652628).

32 미국은 2000년에 옥수수 부문에 100억 달러 정도의 보조금을 지원하였고, 이 옥수수가 멕시코로 헐값에 들어와 멕시코 농민 200만 명이 실직하고, 평균 임금이 16%나 감소하였다. 결국 그해 치러진 멕시코 대선은 제도혁명당이 71년 만에 패배하고, 국민행동당의 비센테 폭스 케사다가 집권하면서 끝났다.

도널드 트럼프 미국 대통령이 1월 23일 백악관 집무실에서 TPP 탈퇴 계획을 담은 행정 명령에 서명한 뒤 이를 들어 보이고 있다. (AP=연합뉴스)

하였었다. 그래서 당선 후 제1 선결 과제로 TPP 파기와 NAFTA 재협상을 처리할 것으로 예상하였는데, 실제로 취임 3일 만인 1월 23일 북미자유무역협정 재협상을 선언하고, 이어서 TPP 탈퇴 계획을 담은 행정 명령에 서명해 미국 산업을 보호하고 일자리를 지키겠다는 공약을 즉각 행동으로 옮겼다.

트럼프 행정부는 2017년 8월 NAFTA 재협상을 시작해 멕시코, 캐나다와 여러 차례 장관급 회동을 열었지만, 입장 차이가 커서 합의에 실패하였다. 2018년 5월부터는 재협상이 멕시코 대선으로 중단되었다가, 7월 오브라도르 멕시코 대통령 당선인이 협상 개시 선언을 하면서 급물살을 탔다. 그리고 2018년 8월 27일 자동차부품 원산지 규정, 일몰 조항 등 주요 부분에 합의를 이뤄내면서, 미국과 멕시코는 캐나다에 앞서 먼저 새 무역 협상을 타결하였다.

그 후 미국은 캐나다와 2018년 8월 28일부터 NAFTA 개정 협상을 벌였으나 합의 없이 종료되었고, 9월 11일부터 개정 협상을 재개하였으나 의견차를 좁히지 못하였다. 협상이 순조롭지 못하자 미국은 9월 30일을 협상 마감 시한으로 정하고 캐나다를 압박하였고, 결국 합의에 이르렀다. 그러나 트럼프 대통령이 NAFTA를 '최악의 협정'이라고 혹평해 온 만큼 명칭은 '미국·멕시코·캐나다 협정(United States Mexico Canada Agreement: USMCA)'으로 새롭게 정함으로써 1994년 발효된 NAFTA는 발효된 지 24년 만에 종결되었다.

'신(新)NAFTA협정' 혹은 USMCA협정의 주요 내용을 살펴보면 다음과 같다.

첫째, 자동차 분야에서 미국은 캐나다산·멕시코산 자동차에 각각 연간 260만 대·240만 대까지 관세를 면세하되, 이를 초과할 경우 25%의 고율 관세를 부과기로 하였다. 자동차부품은 캐나다 324억 달러, 멕시코 1,080억 달러(모두 연간 기준)까지는 관세 부과 대상에서 제외하였다.

자동차 원산지 규정도 강화해 무관세 혜택 기준을 상향 조정하였다. 실제로 이 자동차 원산지 규정 부분은 3국이 재협상을 진행하던 당시부터 이견 차이를 가장 많이 보인 부분이었는데, 미국이 요구하던 북미 지역 내 부품 비율(역내부가가치비율, Regional Value Content) 내용들이 상당 부분 관철되어 현행 62.5%에서 3년에 걸쳐 75%까지로 상향 조정하였다. 이외에도 자동차 생산에 사용되는 철강 및 알루미늄의 70%는 북미 지역 생산품이어야 한다고 규정하였다.

둘째, 자동차 원산지 규정 중 노동 임금과 연계된 노동 가치 비중(Labor Value Contents) 부분이 협정에 새롭게 포함되었는데, 이는 자동차의 일부 부품을 생산하는 인력의 임금이 특정 수준에 달해야 무관세 혜택을 받을 수 있다는 것이다. 즉, 자동차를 미국에 무관세로 수출하기 위한 조건 중 하나로 미국에 수출하는 승용차의 40%, 픽업 트럭의 45%는 시간당 16달러 이상의 임금을 받는 노동자가 생산한 부품이어야 한다고 결정하였다. 임금 수준은 물가 상승률을 반영하지 않아 시간당 16달러가 매년 유지되며, 발효일 기준으로 6년마다 시행될 이행 검토 절차에서 상승 여부가 결정되도록 하였다. 미국과 멕시코는 임금 격차가 매우 큰데, 미국의 경우 자동차 근로자 평균 시급이 20달러 이상인 반면 멕시코의 경우 8달러 미만이고 부품 생산 근로자의 경우는 4달러 미만에 그친다. 이 때문에 많은 미국 기업이 멕시코로 이전을 하였는데, 이번 합의로 저임금 이점이 사라지면서 더 이상의 이전을 막을 수 있게 되었다.

셋째, 농산물 분야에서 미국과 캐나다 간 주요 쟁점이었던 낙농업 시장에서 캐나다가 연간 160억 달러인 유제품 시장의 3.5%를 미국에 개방하는 데 합의하였다.

캐나다는 유제품, 닭, 달걀 상품에 한하여 공급 관리(supply management) 체계를 갖추고 있으며, 캐나다 정부는 해당 제품들의 가격 안정화를 위해 공급을 제한하였었는데, 미국은 캐나다에 미국 유제품 수출 허용을 지속적으로 요구해 왔었다. 그래서 USMCA

협정에서는 캐나다가 우유, 크림, 저지방 우유 파우더, 버터/크림 파우더, 산업용 치즈, 치즈, 요구르트/버터밀크, 유장(whey) 파우더, 농축유, 우유 파우더, 버터밀크 파우더, 우유 성분 제품, 아이스크림, 아이스크림 믹스, 기타 유제품에 대해 TRQ(Tariff Rate Quotas) 형태로 미국에 개방하기로 합의하였다.[33]

넷째, 기존 NAFTA와 비교해서 USMCA에서는 지식재산권 보호가 강화되었다. USMCA에서는 저작물, 실연(song performance) 또는 음반의 저작권에 대해 보호기간을 연장(최초 발행 이후 최소 75년 이상)하고, 바이오의약품(biologic drug) 정보 보호(자료 독점) 기간은 10년까지로 연장하며 대상도 확대하였고, 일반 지적재산권은 70년간 보호하기로 하였다. 영업 비밀 절도(trade secret theft)와 관련하여서도 민형법상 구제 절차를 마련하여 소송 절차 중 영업 비밀 보호, 영업 비밀을 불법으로 공개한 정부 관료 처벌 등의 규정을 마련하여 지재권 보호 및 집행력을 강화하였다. 이에 따라 캐나다는 생물 의약품에 대해 현재 8년간 정보 보호 기간을 10년으로, 최초 출판 이후 50년 동안의 저작권 보호 기간을 70년으로 연장하여야 하며, 특허 등록 지연 시 특허 기간을 연장해야 하며, 영업 비밀 관련 민형사 제재 규정도 마련해야 된다.

다섯째, 분쟁 해결 절차에서 미국이 폐지를 요구해 온 제19조 반덤핑·상계 관세 분쟁 해결 절차는 유지하기로 하였고, 11장의 투자자 국가 분쟁 해결(Investor State Dispute Settlement)은 미국-멕시코 간에 석유, 가스, 통신, 인프라 등 주요 산업에 한정해서 유지하기로 하였다.

다섯째, 비시장국과의 FTA에 대한 규정을 새로 도입하였는데, 이는 미국이 멕시코나 캐나다가 중국과 FTA를 체결할 경우 저렴한 중국 상품이 NAFTA 회원국을 통해 우회수출될 가능성을 염려하여 이에 대한 대비책으로 마련하였다.

협정에서는 비시장국(non-Market Country)과의 FTA 협상을 개시하고자 하는 당사국은 적어도 협상 개시 3개월 전까지 다른 당사국에 이 의사를 알려야 하며, 늦어도 서명 30일 전 당사국은 다른 당사국에 부속서 및 부속 문서를 포함한 그 협정의 전문(full text)을 주어, 당사국이 협정을 검토하여 USMCA에 미칠 잠재적 영향을 평가할 수 있도록

33 캐나다가 미국에 개방한 유제품 시장 규모가 캐나다 전체 시장의 3.59% 정도라는 분석에 따라, CPTPP를 통해 캐나다가 개방한 3.25%보다 높은 수준이라는 평가이다.

하였다. 그리고 비시장국과의 FTA 발효 시 다른 두 국가는 3국 간 협정을 종료하고, 양자 간 FTA로 대체할 수 있도록 규정하였다.

여섯째, 협정문에 '환율 조작 금지'를 명시한 점도 눈에 띈다. USMCA는 '협정 당사국은 환율이나 국제 통화 시스템을 조작하는 것을 피한다', '외환 시장 개입 내역을 매달 공개해야 한다'는 내용도 담았다. 무역 협정과 환율 문제는 결부시키지 않는다는 국제 관례를 깬 것이다.

일곱째, 일몰 조항 분야에서는 미국이 5년마다 재협상을 벌여 합의가 이뤄지지 않으면 기존 합의를 자동으로 폐기하도록 해야 한다고 주장하였지만, 미국이 한 발 물러나 협정 유효 기간을 16년으로 두고 6년마다 협정 내용을 재검토하기로 합의하였다. 이에 따라 발효일로부터 만 6년이 도래하기 전 당사국들은 공동 위원회를 결성하여 USMCA 운영(operation)에 대한 검토를 해야 하며, 검토 단계에서 당사국들은 특정 조치에 대해 제안할 수 있으며, 해당 조치에 대한 결정을 내릴 수 있다. 공동 검토를 통해 당사국들이 모두 USMCA를 연장하기를 희망한다면 개별 국가 정부 수장이 서면으로 이를 전달하고, USMCA는 자동적으로 그 시점으로부터 16년 연장이 되도록 하였다. 만약 공동 검토 단계에서 한 국가 이상이 USMCA를 추가적으로 16년 연장하기를 희망하지 않는다면 공동 위원회는 그 시점으로부터 만기일(발효일로부터 16년 시점)까지 매년 검토하고, 매년 검토 단계에서 어느 시점에라도 당사국들이 협정을 16년 연장하기를 희망하면 해당 시점으로부터 16년 연장이 가능하며, 탈퇴 희망 국가가 서면으로 탈퇴 의사를 나머지 국가들에 전달하면 그 시점으로부터 6개월 후 USMCA로부터 탈퇴가 가능하도록 하였다.

이러한 내용으로 체결된 USMCA는 미 트럼프 행정부의 통상 정책이 구체적인 협정으로 드러난 첫 사례로, 미국이 추진할 통상 협정과 국제 통상 질서 재편의 방향을 제시하는 것으로 평가되었다. 미국은 'American First' 정책의 일환으로 자국산 상품의 사용 비중을 높이고 무역 수지 적자를 줄이기 위해 '상품 시장 개방' 및 '원산지' 규정 등 양자 무역 관계에 맞춤화된 규정을 협정에 포함시켰다. 비시장국과의 FTA 체결에 대한 규정은 대중국 견제를 강화·지속할 것임을 시사하는 것이었고, 이에 따라 2017년 중국과 FTA 추진 의견을 묻는 공공 자문(public consultation)을 실시하였던 캐나다는 중국과 FTA를 더 이상 진전하기 어렵게 되었다.

트럼프 미국 대통령은 USMCA 협상이 타결된 후 백악관에서 "새 무역 협정으로 제조업 일자리가 미국으로 돌아오고, 양질의 일자리가 생길 것"이라고 주장하였고, 자신의 트위터 계정에는 "NAFTA의 많은 결함과 실수를 해결하고 우리 농민과 제조업자들에게 시장을 크게 개방하며, 미국에 대한 무역 장벽을 낮추고, 세 대국이 세계 다른 나라들과 경쟁하는 데 힘을 합치게 할 것"이라면서 "USMCA는 역사적인 거래"라고 자랑하였다.

전문가들 중 일부는 불확실성이 줄었다는 점에서 투자 심리가 한층 개선될 것으로 보았다. 그러나 새 협정의 내용을 자세히 분석한 일부 통상 분석가들은 USMCA 타결이 트럼프 대통령이 호언하듯이 '대승'인지는 좀 더 따져 보아야 한다고 하였다. 특히, USMCA의 수혜를 입을 것이라는 자동차업계는 예측과 달리 의외의 부담이 가중될 수 있다는 것이다. 먼저 USMCA협정에서 미국이 쿼터를 넘는 수입 자동차에 대해 25%의 고율 관세를 부과하기로 하였지만, 캐나다나 멕시코 둘 다 미국으로 자동차 수출이 연 260만 대를 넘지 않아 쿼터 자체가 별 실효성이 없다고 지적하였다. 또 캐나다와 멕시코에서 생산된 자동차가 미국에서 관세를 면제받기 위해서는 해당 차량의 부품 가운데 75%가 북미에서 생산된 것으로 채워져야 하며, 2020년까지 제조 승용차 30%가, 2023년까지 40%가 시간당 16달러의 임금을 받는 노동자에 의해 만들어져야 한다고 명시하였는데, 이 16달러는 멕시코 평균 시급의 3배 수준이다. 이로 인해 멕시코에서 차량을 조립하면 무관세 혜택을 받기가 어려워지고, 유럽이나 아시아에서 부품을 조달할 유인도 떨어졌다. 결국 16달러 이상을 받는 미국에 완성차 공장을 세우라는 것이지만, 이렇게 되면 결국 자동차업계와 소비자에게 비용이 전가될 수밖에 없다. 그래서 자동차연구센터(CAR)의 크리스틴 디젝은 "미국 소비자는 차량 가격이 한 대당 470~2,200달러까지 오르게 될 것"이라고 예상하였다.

캐나다는 낙농업 시장의 약 3.5%를 미국 농가에 개방하기로 하였는데, 20조 달러의 미국 경제 규모로 보았을 때 그 정도 규모로는 효과가 미미할 것으로 보는 전문가가 많다. 대신 미국은 캐나다가 유지하자고 주장하였던 NAFTA의 분쟁 해결 절차 관련 조항(제19조)을 USMCA에서도 그대로 유지하기로 하였다. NAFTA 제19조는 당사국이 덤

미주자유무역지대

원래 미국은 단순히 NAFTA에만 그치지 않고 NAFTA와 중남미를 포함하는 미주 전역을 자유무역지대로 묶어 남북 아메리카를 단일 경제권으로 만드는 미주자유무역지대(Free Trade Area of Americas: FTAA)를 구상하였었다. NAFTA가 발효된 1994년 12월 미국 마이애미에서 개최된 제1차 미주 34개국 정상 회담에서 이러한 분위기를 반영하여, 미주 국가들 간에 정치 · 경제적 협력을 보다 공고히 함으로써 2005년까지 미주 대륙 전체를 자유무역지대로 완성시키기로 합의하였다. 그 후 1998년 3월 칠레 산티아고에서 열린 제2차 미주 정상 회담에서도 FTAA 창설 협상을 개시하는 '산티아고선언'으로 FTAA가 더욱 구체화하였다. 하지만 산티아고선언에서 약속한 2000년까지 관세 표준화 마련 등 구체적 실천 계획은 실무 회의에서 각국의 주도권 싸움과 이견으로 차질을 빚었다. 그러다 2001년 4월 캐나다 퀘벡에서 열린 3차 미주 정상 회담에서 쿠바를 제외한 미주 지역 33개국 정상들은 2005년 1월까지 협상을 종료하고, 2005년 12월 31일 발효할 것을 합의한 '퀘벡 선언문'을 채택하였다. 하지만 2005년 11월 아르헨티나의 휴양지 마르델 플라타(Mar del Plata)에서 열린 34개국 4차 미주 정상 회의에서 미주자유무역지대(FTAA)에 관한 협의는 극심한 반미 데모 속에 결렬되었다. 34개 회원국 중 멕시코와 중미권 등 29개국은 미주자유무역지대를 찬성하였지만, 베네수엘라, 브라질, 아르헨티나, 우루과이, 파라과이 등 남미공동시장 정회원국은 극렬히 반대하였다.* 특히, 사사건건 미국과 충돌해 온 베네수엘라의 우고 차베스 대통령은 회담이 시작되기 전부터 "FTAA를 매장하기 위해 왔다"고 선언하였다. 결국 2006년 4월 FTAA 창설을 위해 고위 회담을 열자는 미국의 제안은 남미 국가들 간의 이견 차이를 좁히지 못하고 끝이 났다. 그 후 2009년 트리니다드 토바고에서 열린 미주 정상 회담에서도 별다른 협의 없이 끝났고, 그 후 더 이상 진전이 없었다.

하지만 최근 들어 남미 지역에 우파 정권들이 하나둘씩 들어서면서 1994년 미주자유무역지대(FTAA) 창설 논의 이후 20여 년 만에 자유무역협상이 재개될 수 있는 여지가 생겨나고 있다.

* 특히, 북미의 맹주 미국과 남미의 맹주 브라질 간의 갈등이 심하였다. 미국은 사탕수수, 오렌지, 땅콩 등 농산물에 대한 보조금을 일괄 폐지하면 미 농부들이 불리할 것이라며, 철강, 섬유 산업 등을 반덤핑 관세 부과를 통해 일정 기간 보호할 필요가 있다고 주장하였다. 이에 대해 브라질은 농산물 보조금 등 핵심 사항이 해결되지 않으면 결코 협상 테이블에 나서지 않겠다며 MERCOSUR 회원국들과 같이 선진국 횡포에 맞설 것이라고 반대 입장을 분명히 하였다(wiki 백과사전).

핑이나 보조금 지급 등으로 인해 타국의 제재를 당하였을 때 이에 항의할 수 있도록 하는 규정이 담겨 있다. 이에 대해 캐나다 국영방송 CBC는 "NAFTA 제19조 내용을 그대로 유지하기로 한 것만으로도 이번 협정이 캐나다 협상단에게 큰 승리"라고 평가하였다.

이렇게 협상 결과에 대한 평가가 서로 엇갈리는 속에서 2019년 12월 10일, 멕시코 상원이 107표, 반대 1표로 북미 3국 중 처음으로 USMCA 비준을 완료하였다. 미국은

2019년 12월 19일 하원에서 385 대 41로 비준안이 통과해 상원으로 넘겨졌고, 2020년 1월 16일 상원의 전체 회의에서 찬성 89표, 반대 10표로 비준안을 처리하였다.

이제 캐나다 의회까지 비준을 마치면 1994년 발효된 나프타는 26년 만에 역사 속으로 사라지고, USMCA가 공식적으로 발효된다. 캐나다 의회의 비준 일정은 아직 결정되지 않았지만, 캐나다 야권인 보수당도 지지한다는 입장이어서, 별다른 반발 없이 처리될 것으로 예상된다.

3. 남미공동시장

남미공동시장(MERCOSUR)은 스페인어 Mercado Commun del Sur에서 온 용어로 남부공동시장(southern common market)이란 뜻이다.

19세기 후반 들어 세계 경제가 유럽 중심으로 재편되면서 라틴아메리카 지역 국가들도 그 영향을 받아 유럽 선진국들에서 공산품은 수입하고, 남미 국가들이 1차 산품을 수출하는 교역 구조가 만들어졌다. 이때 아르헨티나는 유럽인의 대규모 이민 유입과 철도 건설에 힘입어 곡물과 쇠고기를 유럽에 대량 수출하였고, 브라질과 콜롬비아는 커피, 칠레는 초석, 페루는 설탕과 면화를 수출하면서 경제가 크게 성장하였다. 그러나 1차 산품에 의존하는 경제 구조는 수출입 동향에 따라 수출품 가격 변동폭이 심하고, 고용을 창출하는 데도 한계를 드러냈다. 그 후 제1차 세계대전으로 경제가 침체되고 보호주의가 다시 대두되었으며, 대공황과 제2차 세계대전을 겪으면서 기존의 주요 수입 대상국들이 군수 산업 생산에 치중함으로 공산품 수입이 어려워졌다. 이에 남미 국가들은 새로운 경제 정책을 모색하여 1945년 이후 1차 산품 수출에서 중간재나 자본재를 수입해 국가 공업화를 도모하는 '수입 대체 산업화'(Import-Substitution Industrialization) 정책을 추진하였다.

그러다 1957년 유럽에서 유럽경제공동체(EEC)가 결성된 직후, 라틴아메리카에서도 지역 통합을 위한 다양한 시도 끝에 1960년 몬테비데오협정(Treaty of Montevideo)을 체결하고 아르헨티나, 브라질, 칠레, 멕시코, 파라과이, 페루, 우루과이 7개국이 라틴아메리카자유무역연합(Latin American Free Trade Association: LAFTA)을 창설하였다. 1970년까지는 볼리비아, 콜롬비아, 에콰도르, 베네수엘라 등 남미 4개국이 회원국으로 가입하였다. 창설 당시 1973년까지 중남미 지역에 자유무역지대를 창설하는 것을 목표로 하였지만, 몇몇 업종에 관세가 인하된 것 이외에는 통합의 방향이나 합의, 통합에 대한 열의 부족, 회원국 경제 정책의 상이 등을 이유로 목표 달성에 실패하였다. 이에 LAFTA는 자유무역지대 달성 목표 연도를 1983년으로 10년이나 더 연장하였지만 1970년대 말까지 별다른 성과를 얻지 못하였다. 이에 따라 중남미 13개 국가들[34]은 LAFTA를 대처할 새로운 통합 기구를 모색하게 되었고, 1980년 또 다른 몬테비데오협정을 통해 라틴아메리카통합연합(Latin American Integration Association: LAIA)으로 개편하고 통합 목표를 다소 완화하였다. 즉, 구체적이고 성취 가능한 목표로 범위를 줄이고, LAFTA같이 모든 회원국들이 동일한 목표와 성과를 요구하는 범지역 차원의 통합은 추구하지 않고, 회원국들 간에 가능한 협정 체결과 상호 협력 증진에 목표를 두었다. 그러나 앞서 추진하였던 '수입 대체 산업화' 전략을 통해 정부가 각종 보조금과 배타적 관세 정책을 펴면서 국내 산업을 보호·육성하는 바람에 국내 시장이 포화 상태에 이르렀고, 생산품들의 질이 낮아져 수출하기도 어려워지면서 국제 경쟁력이 떨어졌다. 이는 만성적인 무역 적자를 초래하였고, 무역 적자를 메우기 위해 외채를 계속 들여오는 악순환이 반복되면서 대외 부채의 증가와 함께 심각한 인플레이션과 높은 실업률을 경험하였다. 결국 1982년 멕시코를 시작으로 발생한 외채 위기로 회원국들이 국제 수지 방어와 수입 규제 등 자국의 빗장을 닫고 위기에 대응하는 전략을 시행함으로써 LAIA 역시 구체적인 통합 성과를 얻지 못하였다. LAIA가 지지부진해지면서 브라질과 아르헨티나 양국 간의 교역량이 급격히 줄어들자 두 국가는 1985년 이과수(Iguacu)선언에 서명하고, 1986년 7월 아르헨티나-브라질 경제 통합 프로그램(Argentina-Brazil Economic Integration Program)을 채택하였다.[35]

34 아르헨티나, 볼리비아, 브라질, 칠레, 콜롬비아, 쿠바, 에콰도르, 멕시코, 파나마, 파라과이, 페루, 우루과이, 베네수엘라 13개국임.

35 원래 중남미 국가들은 제2차 세계대전 이후 수입 대체 정책 위주의 내부 지향적 정책을 채택하였었다. 이에 따라 자국의 유치 산업을 발전시키기 위해 높은 관세와 비관세 장벽을 구축하였고, 이를 바탕으로 1950년대와 1960년대에 어느 정도 경제 성장을 이룩할 수 있었다. 그러나 이러한 폐쇄적 정책으로는 국가의 장기적 성장을 이루기 어렵다는 것을 깨달은 두 국가는 세계 시장 진출을 위해 과감히 자국의 관세와 투자 장벽을 축소하기 시작하였다. 또한 다자간 무역 체제하에서는 여러 국가 간의 이해관계가 엇갈려 단기간에 경제 통합의 효과를 얻기가 어렵다고 판단한 두 국가는 우선적으로 양국 간에 경제 통합을 추진한 것이었다.

이 프로그램의 주요 목적은 양국 상품 시장의 선별적 개방과 특정 경제 부문의 상호 보완을 통해 경제 통합을 증진하는 것이다. 하지만 양국이 외채 위기 후유증에서 쉽게 벗어나지 못하였고, 그 여파로 브라질은 1987년에 두 차례나 외채 지불 유예를 선언하였다. 그 후 1988년 11월에는 양국 간의 관세 및 비관세 장벽의 점진적 철폐와 향후 10년 이내에 양국 공동 시장을 창설할 것에 합의한 통합·협력 및 발전 조약(Treaty for Integration, Cooperation and Development)에 서명하여 두 국가 간의 경제 통합을 위한 초석을 마련하였다. 1990년에는 공동 시장 창설 계획 기간을 6년이나 단축시켜 1995년 1월 1일까지 설립하기로 합의한 부에노스아이레스협정(Act of Buenos Aires)에 서명하였다. 이러한 브라질, 아르헨티나의 적극적인 경제 개방 계획에 양 국가와 경제 의존도가 높은 파라과이와 우루과이가 공동 참여하기로 함으로써 4개국이 1991년 3월 파라과이에서 아순시온조약(Treaty of Asuncion)을 체결하고, 회원국 간에 1995년 1월 1일까지 공동 시장을 창설하는 내용의 남미공동시장을 출범시켰다. 이후 브라질과 아르헨티나, 우루과이, 파라과이 4개국 정상은 4년간의 협상을 거쳐 1994년 12월 오루프레투의정서(Protocol of Ouro Preto)에 서명함으로써 1995년 1월 1일부터 MERCOSUR가 공식 출범하게 되었다.

아순시온조약은 회원국 간에 구체적인 무역 자유화 일정을 규정하고, 대외 공동 관세 설정, 거시 경제 정책 조율, 생산 요소의 자유로운 이동 등 광범위한 분야에서의 경제 협력 내용을 포함하였다. 부속서(Annex 1)에는 1992년 6월 30일부터 6개월마다 회원국 간 무역 관련 관세를 점진적으로 폐지하여 1994년 12월 31일까지 완전히 철폐하도록 명시하였다.[36] 그러나 1995년 1월 1일부터 시작하기로 한 공동 시장 단계는 실제로 공동 시장에 이르지 못하였는데, 왜냐하면 이 지역의 정치·경제적 불안정성 때문이다. MERCOSUR 출범 당시 4개 회원국 모두 초인플레이션 상황에 시달리고 있었고, 아르헨티나는 자국 통화 아우스트랄(Austral)을 미국 달러에 1:1로 연계하며 물가를 안

36 수입 관세 양허율은 1992년 6월 30일부터 1994년 12월 31일까지 매 6개월마다 61%, 68%, 75%, 82%, 89%, 100%로 각각 정해진 일정에 따라 적용되며, '민감 품목'은 국가별로 예외 품목 리스트를 두어 관세 인하 일정에 적용하지 않기로 하였다. 예외 품목 수는 브라질 324개, 아르헨티나 394개, 파라과이 439개, 우루과이 960개였는데, 브라질과 아르헨티나는 1990년 말부터 1994년 말까지 매년 20%씩, 파라과이와 우루과이는 1991년 말까지 10%씩, 그리고 그 이후 1995년 말까지 매년 20%씩 예외 품목을 축소하기로 하였다.

정시키려 노력하였다. 그러나 이로 인해 지속적으로 환율이 상승된 브라질에 경쟁력을 상실해 브라질과의 교역에서 심각한 적자를 기록하였다. 브라질에서는 MERCOSUR를 적극 지원하던 콜로르 대통령이 부정·부패로 탄핵을 받아 사임함에 따라 MERCOSUR가 추구하던 여러 가지 협력 이슈들이 제때에 진행되지 못하였다. 그러다 1994년 12월 관세 동맹 구축을 주요 내용으로 하는 오루프레투의정서가 체결됨으로써 기존에 합의한 공동 시장은 구축하지 못하고, 1995년 1월 1일부터 역내 관세는 원칙적으로 철폐하고[37] 교역품의 70%에 해당하는 9,750여 개 역외 수출품에 대해 0~20%의 공동 관세를 부과하는 관세 동맹 형태로 발족하였다.[38] 주요 예외 품목은 자본재와 통신장비, IT 제품, 컴퓨터 및 관련 소프트웨어, 자동차 및 설탕 등이었다. 그 밖에도 각 정부들은 추가적으로 300개 품목에 일시적으로 공동 대외 관세 예외 법칙을 적용하였다. 그러나 실제로 모든 품목에 공동 대외 관세를 적용하고 내부 관세를 완전히 없애려는 공동체의 시도는 멕시코의 페소화 위기, 1997년 시작된 아시아 금융 위기에 의한 1998년 브라질의 경제 위기, 2001년 아르헨티나의 심각한 경기 침체로 2002년 회원국 간의 역내 수출 비중이 11%까지 급락하면서 중단되었다. 그리고 그동안 추진해 온 신자유주의 경제 정책에 대한 비판적 시각이 대두되면서, 브라질의 룰라 정부(2003), 아르헨티나의 키르츠네르 정부(2003), 우루과이 바스케스 정부(2004) 같은 좌파 성향의 정권이 출범하는 주요 요인이 되었다.

MERCOSUR를 운영하는 기구는 아순시온조약에 정의되어 있으며, 오루프레투의정서에 의해 개정되었는데, EU의 초국가적 기구 형태와는 달리 정부 간 기구 형태를 띠고 있다. 각 국가들은 하나의 투표권을 가지고 있으며 만장일치제로 결정한다. 주요 의사결정 기관은 공동시장이사회(Common Market Council)인데, 기구 내 '최고 의사결정 기관'으로 회원국 외무장관과 재무장관으로 구성되며, 아순시온협약에 명시된 목표

37 실제로는 내부 무역에 90% 가까이 관세를 제거함으로써 자유무역지대에 근접하였다. 나머지 10% 남아 있는 관세는 아르헨티나와 브라질이 1999년 1월까지, 그리고 파라과이와 우루과이가 2000년 1월 1일까지 폐지하기로 하였다. 관세 폐지 품목은 아르헨티나가 221개로 주로 종이와 섬유 제품이고, 브라질은 복숭아와 와인을 포함한 29개 품목, 파라과이는 섬유와 채소, 유제품 등 427개 품목이고, 우루과이는 섬유와 철강부터 화학 제품까지 950개 품목에 이르렀다.

38 공동 대외 관세율은 원자재는 0~12%, 농산물 10~12%, 자본재 12~16%, 소비재 18~20%였다. 이때 원칙적으로 60% 이상의 현지 조달을 규정한 남미공동시장 원산지 제도도 도입하였다.

와 일정을 이행하기 위한 책임과 정책 집행권을 가진다. 이사회의 의장국은 국가명 알파벳 순으로 6개월마다 선임되며, 1년에 최소 1회 이상 정상들이 참여한 가운데 회의를 개최한다. 이 이사회 산하에 회원국 공무원으로 구성된 공동 시장 그룹(Common Market Group)과 무역 정책과 분규를 연구하는 무역위원회(Technical Trade Commission)가 의사결정을 돕는다. 공동 시장 그룹은 기구의 집행 기관으로서 조약 이행의 감시와 이사회 결정 사항의 이행에 필요한 제반 조치들을 결정하는 임무를 수행한다. 회원국의 외교부, 경제부 및 중앙은행 대표들로 구성되는데, 무역 개방화에 필요한 조치와 거시경제 정책의 조정, 비회원국 국제 기구와의 협상 등을 주도한다. 특정한 이슈를 처리할 실무 그룹(Working Group)을 구성할 권한도 가진다.[39] 무역위원회는 각 회원국을 대표하는 4명의 상임위원과 동수의 예비위원으로 구성되며, 회원국들에 의해 합의된 공동 무역 정책 제도들이 관세 동맹 운영에 적용될 수 있도록 MERCOSUR 집행부의 기능을 보좌한다. 회의는 최소 월 1회 개최되며, 그 외 회원국이나 MERCOSUR의 집행 기구가 요청하면 개최할 수 있다. 그 후 오루프레투의정서에 의해 회원국들 간의 법을 입법하는 국회 역할을 하는 공동의회(Joint Parliamentary Commission), 문서의 보관, 분류와 각종 회의의 행정적인 사무 처리, 홍보를 위주로 하는 MERCOSUR 사무국(Administrative Secretariat), 사회적·경제적 이슈에 대해 자문하는 사회경제자문포럼(Social and Economic Consultative Forum) 등 다른 기구들이 설립되었다. 2007년 5월에는 5개 회원국에서 선발된 18명(상·하원 각 9명)의 의원으로 구성된 남미공동시장 의회(MERCOSUR's Parliamentary)가 공식적으로 출범하였다. 의회는 남미공동시장의 통합과 관련하여 정책을 권고하고, 회원국 간 입법을 촉진하는 역할을 담당한다. 2010년부터 점진적으로 비례 대표제를 도입하여 브라질 37석, 아르헨티나 26석, 파라과이, 우루과이 각 18석으로 확대하였다. 2015년 이후에는 브라질 75석, 아르헨티나 43석, 파라과이, 우루과이 각 18석으로 각 회원국에서 직접 선거로 선출한다.

MERCOSUR는 실제로 공동 시장을 목표로 하고 있어 어느 정도 초국가적으로 정책

39 조약이 처음 승인한 그룹은 무역 정책, 관세, 기술 규범, 무역 관련 세제 및 통화 정책, 육상 운송, 해상 운송, 산업/기술 정책, 농업 정책, 에너지 정책, 거시 경제 정책 조정 등 10개였지만, 추후 노동과 사회 보장 이슈를 논의할 실무 그룹이 추가되어 총 11개 작업반이 1991년 말에 설립되었다.

을 기획하고 결정할 기구가 필요하지만, 회원국들이 특정 부분에 주권 양도를 꺼리고 있어, 기구 설립에 이러한 회원국들의 의견을 반영해 절충안이 만들어진 것이다.

MERCOSUR의 공동 시장으로 발전을 위한 노력은 아르헨티나와 브라질이 경제 위기를 극복한 2003년 이후에 재활성화되었다. 2003년에 재정 수지, 공공 부채, 인플레이션 등에 대한 공동 목표 설정 및 공동 이행을 위한 '거시 경제 감시 그룹'이 설치되었고, MERCOSUR 공동 통화 도입을 추진하는 데 합의하였다. 2004년에는 회원국 간 통상 분쟁을 전담할 '상설재판소'(Tribunal Permanente de Revisión del MERCOSUR)가 파라과이 아순시온에' 설립되었고, 2007년에는 자국 화폐 지급 시스템을 도입하기로 합의해 회원국 간 무역 거래 결제 시 자국 화폐 사용이 가능하도록 하였으며, 회원국 간에 사회 개발 정책과 관련한 기술적 지원과 역내 불균형 극복 및 수평적 협력을 심화시킬 방안을 모색하기 위해 'MERCOSUR 사회문제연구소' 창설을 합의하였다. 2008년에는 역내 경제적 불균형 해소와 경쟁력 강화, 사회적 결속을 위해 구조수렴기금(Fondo Para La Convergencia Estructural Del Mercosur: FOCEM)을 조성하기로 결정하였다. 기금의 규모는 총 1억 달러로 정하고, 회원국들의 평균 GDP를 기준으로 브라질 70%, 아르헨티나 27%, 우루과이 2%, 파라과이 1% 규모로 투자하였다.[40] 그 후 2009년에 자국 화폐 결제 시스템을 회원국 간의 모든 종류의 거래에 확대하기로 하였고, 동년 7월에는 '사회문제연구소'를 파라과이 아순시온에 개소하였다. 2011년에 '사법재판소'를 설립하였으며, 트럭과 버스는 2016년부터, 승용차 등 일반 차량은 2018년부터 통일된 차량 번호를 사용하기로 하는 등 정치·사법·사회 분야에서의 통합 방안에 대해 합의하였다. 특히, 2010년 12월 개최된 제40차 공동시장이사회에서는 CET 이중 부과 폐지,[41] 관세 수입 분배 제도, 통관 절차 간소화 및 조화, 공동 자동차 산업 정책, 역내 생산 통합 등을 포함한 통합과 관련한 21개 항목이 검토·결정되었다.

2015년 들어 MERCOSUR는 기존 계획을 앞당겨 우루과이가 3월부터 단일 차량 번

40 프로젝트가 진행되면 기금의 분배는 파라과이 48%, 우루과이 38%, 아르헨티나, 브라질 10%로 하기로 결정하고, 2009년 12월 38차 남미정상회의에서 브라질은 5억 달러를 지원하겠다고 약속하였다.

41 역외에서 수입되는 제품은 최초 수입국에서 공동 관세를 납부하면 원래는 MERCOSUR 역내에서는 자유롭게 이동해야 하지만, 많은 제품들이 이중으로 과세되어 왔다. 이러한 이중 과세 문제에 대해 브라질과 우루과이는 신속한 폐지를 주장하지만, 아르헨티나와 파라과이는 점진적 폐지를 주장하고 있어 합의를 하지 못하고 있다.

브라질에서 2019년 12월 개최된 55차 남미정상 회의에 참석한 정상들. 왼쪽부터 아르헨티나 대통령 마크리, 브라질 대통령 보우소나르, 파라과이 대통령 압도, 그리고 우루과이 부통령 토폴란스키

호판을 사용하기 시작해 2016년 1월부터 의무화하기로 하였다. 브라질도 2016년 1월 1일부터 판매되는 차량에 새 번호판의 사용을 의무화하기로 하였으며, 파라과이와 베네수엘라는 자체 계획에 따라 번호판을 교체하기로 하였다.

MERCOSUR의 결성은 중남미 경제 통합에 새로운 패러다임을 제시하였다. 즉, 이전의 경제 통합이 주로 수입 대체 산업화와 역내 국가로의 교역 전환을 통한 소극적 통합 방식이었다면, MERCOSUR는 개방화와 상호 경제 보완에 근거한 새로운 교역의 창출을 시도한 적극적 통합 방식이라 할 수 있다. 그러나 MERCOSUR의 회원국 간 경제 통합은 더디게 진행되고 있다. 오루프레투의정서를 통해 공동 관세를 부과하고 2006년까지 완전한 관세 동맹을 달성하기로 약속하였지만, 폭넓은 예외 품목과 더불어 회원국별 특별 수입 제도, 관세 환급 제도, CET 이중 부과 제도, 경제 위기에 대응한 잦은 관세율 조정, 복잡한 행정 절차 등으로 CET 수렴이 쉽게 이루어지지 않았다.[42] 한때 대외 공동 관세의 적용 대상이 전체 관세 품목의 85%에 달하기도 하였지만, 2011년 공동시장이사회는 각국 경제 상황을 이유로 100개 품목을 상한으로 관세 인상을 인정하였

42 김진호 외 4인(2011), pp. 55~57.

고, 2012년에는 상한을 200품목으로 확대하는 등 오히려 역방향으로 운영되었고, 이에 대외 공동 관세 적용 범위도 초기 70%에 못 미치게 되었다. 또 사회경제자문포럼이 관련 이슈를 논의해 권고안을 제시하여도 각국 정부가 무시하였고, 중재재판소가 창설되었지만 구속적인 판결을 내리지 못해 중대한 분쟁은 관련 정부 간 협상으로 해결되었다. 경제 위기가 발생할 때마다 회원국 간에 각기 다른 정책 발표로 통상 마찰과 분쟁으로 비화되었지만, 이를 협의하거나 조정할 메커니즘이 존재하지 않는 것도 큰 약점으로 꼽힌다.[43] 2009년 7월에 개최된 제37차 정상 회의에서 무역 불균형 해소를 위한 비관세 장벽 철폐에 대해 협의를 하였지만 회원국 간에 이견이 심해 합의에 실패한 것이 그 예이다. 이에 따라 브라질의 전체 통상 규모 가운데 MERCOSUR 회원국들이 차지하는 비중은 1998년 17.36%에서 2013년에 10.2%로 갈수록 줄어들었다. 이 상황은 시간이 지날수록 더 악화되어 2015년 1월 아르헨티나와의 양국 간 무역이 16억 달러를 기록해 2009년 이후 6년 만에 가장 적은 수준을 기록하였다. 이처럼 무역 규모가 줄어든 것은 주로 아르헨티나가 브라질 제품에 대해서 자국 산업 보호 명분으로 수입 장벽을 최대한 높였기 때문이다. 하지만 경제 위기를 겪고 있는 아르헨티나는 중국과 210억 달러 규모로 평가되는 15건의 경제 협력 협정을 체결하였다. 지역 통합에 지도력을 발휘해야 할 아르헨티나가 자국산 제품에는 보호주의를 강화하면서 중국에 시장을 개방하는 형태를 취하자 회원국들은 아르헨티나가 계속 중남미 통합에 역행하는 행동을 하면 굳이 MERCOSUR라는 블록을 유지할 명분이 없다고 아르헨티나를 비난하였다.

MERCOSUR는 볼리비아와 칠레, 에쿠아도르, 페루, 콜롬비아, 수리남, 가이아나 등 7개국을 준회원국으로 두고 있으며, 멕시코와 뉴질랜드는 옵서버국이다.

회원국은 2005년 우고 차베스 베네수엘라 대통령이 새로이 MERCOSUR에 가입 서명을 함으로써 5개국으로 늘어났다. 베네수엘라는 원래 안데스조약에 소속되어 있었지만, 같은 회원국인 페루와 콜롬비아가 미국과 자유무역협정(FTA)을 체결하자 그에 반감을 품고 MERCOSUR로 옮겨 왔다. 이에 브라질, 아르헨티나, 브라질 의회는 베네수엘라의 가입안을 승인하였다. 하지만 차베스 베네수엘라 대통령의 적대적인 반미 정

43 지난 20여 년간의 통합 과정에서 우루과이는 EU와 같은 초국가적 기구의 창설을 지속적으로 주장하였지만, MERCOSUR를 주도하고 있는 브라질이 반대하고 있어 진전이 되지 못하고 있다.

남미국가연합(UNASUR)

남미의 12개국 정상들은 2008년 5월 브라질 수도 브라질리아에 모여 남미 국가들을 모두 포함하는 역내 경제 공동체로 남미국가연합(Union of South American Nations: UNSAL(포르투갈어), UNASUR(스페인어))을 창설하는 조약에 서명하였다. 이는 지난 2004년 페루 쿠스코(Cusco)에서 열린 정상 회의에서 남미국가공동체(South American Community of Nations)라는 이름으로 남미를 EU와 같이 단일 통합 기구화하려고 약속한 쿠스코선언(Cusco Declaration) 이후 4년 만에 결실을 본 것으로, 미국이 미주자유무역지대(Free Trade Area of America: FTAA)를 강력히 밀어붙이자 남미 국가들이 이에 반발해 남미 중심의 정치·경제적 통합체를 만들어 "남미 문제는 남미 스스로 해결한다"는 취지로 만든 공동체였다. 당시 남미 국가 가운데 비교적 개방화 정도가 높고, 일정한 수준의 경제 발전을 이룬 칠레, 아르헨티나, 베네수엘라는 FTAA를 위한 자유무역협정의 체결에 찬성하는 입장으로 브라질과 다른 입장을 견지하였었다. 브라질은 FTAA의 조기 실행보다는 우선 남미 지역의 자유무역지대를 건설한 다음, 북미 지역과 가능한 한 대등한 입장에서 FTAA를 건설하자는 입장이다. UNASUR은 남미국가공동체(SACN)를 개명해 연장한 것으로 남미 지역에 정치·경제·사회 통합이라는 대전제하에 에너지, 통신, 과학 기술, 교육, 금융 등 다양한 분야의 세부적인 통합 계획을 추진하였다. 2006년 11월에는 남미 12개국* 이 모여 회원국 시민은 90일 이내 관광 목적으로 방문 시 서로 비자를 면제하는 협정에 서명하였다. 2007년 12월에는 브라질과 아르헨티나, 볼리비아, 에콰도르, 파라과이, 우루과이, 베네수엘라 등 남미 7개국 재무 및 경제 장관들이 모여 미국의 경제 영향력으로부터의 독립과 IMF, 세계은행의 채무 식민 탈피, 경제 주권 획득 등을 슬로건으로 새로운 지역 국제 금융 기구인 남미은행(the Bank of the South)을 설립하였다. 칠레와 콜롬비아는 첫 모임에 참석하였지만, 결국 불참하기로 하였다. 남미은행의 초기 자본금은 70억 달러로 결정되었으며, 브라질과 아르헨티나, 베네수엘라가 각각 20억 달러를 지원하고 에콰도르와 우루과이가 각각 4억 달러, 볼리비아와 파라과이가 각각 1억 달러씩 분담하기로 하였다. 남미은행은 향후 남미국가연합에 가입한 12개국 전체의 참여를 유도하는 동시에 자본금을 200억 달러로 늘릴 계획이다. 주로 남미 지역 인프라 확충 사업에 대한 투자와 남미 각국 기업을 위한 금융을 지원하기로 하였다.

각 회원국 정상들로 구성된 정상 회담은 1년에 한 번 개최되며, 제1차 남미정상회의는 2005년 9월 브라질의 브라질리아에서, 제2차 남미정상회의는 2006년 12월 볼리비아 코차밤바에서 열렸고, 제9차 남미정상회의는 2016년 4월 에콰도르에서 열리기로 하였지만 지진 발생으로 취소되었고, 그 다음 해인 2017년 1월과 5월에 에콰도르에서 특별정상회의가 열렸다. 정상의 대표는 1년씩 순번대로 돌아가면서 맡는다. 외무장관 회의는 6개월마다 개최되며, 실천 계획을 만들고 계획의 집행 여부를 결정한다. 2006년에는 남미 통합을 발전시킬 책무를 가진 특별위원회(Special Commission)를 설립하였다. 그리고 사무국의 사무국장을 먼저 선출해 영구적인 사무국을 만드는 임무를 부여하기 위해 2010년 5월 전(前) 아르헨티나 대통령 네스토르 키르치네트(Néstor Kirchner)를 사무총장으로 선출하였다. 사무국은 에콰도르 키토에 소재하며, 남미국가연합 기구에서 협의된 지시사항들을 수행한다.

2007년 12월에는 남미은행(Bank of the South)을 설립하는 협정에 서명하였는데, 이 남미은행은 베네수엘라의 차베스 대통령이 2004년부터 IMF나 세계은행 등 미국 주도의 금융 질서에 반대하여 남미 지역만의 금융 기구 설립

* 12개국은 아르헨티나, 볼리비아, 브라질, 칠레, 콜롬비아, 에콰도르, 가이아나, 파라과이, 페루, 수리남, 우루과이, 베네수엘라이다.

을 제안한 것이 실현된 것이었다. 아르헨티나, 브라질, 베네수엘라, 우루과이, 에콰도르, 볼리비아, 파라과이 등 7개국이 초기에 참여하였다.

한편, 2008년 5월 남미 12개국 정상 회담 때 UNASUR 창설조약에 서명함으로써 남미국가연합이 설립된 UNASUR은 12개 회원국 중 9개국이 가입에 필요한 절차를 완료함에 따라 2011년 3월 개최된 외무장관회의에서 국제기구로 공식 출범하였다. 집행본부 사무국은 에콰도르 키토(Quito)에, 남미의회는 볼리비아 코차밤바(Cochabamba)에, 남미은행은 베네수엘라 카라카스(Caracas)에 설치하기로 결정하고, 2019년까지 공동 통화, 의회, 여권을 포괄하는 EU 같은 수준의 새로운 공동체를 만들려고 하였다.

2014년 12월에는 에콰도르 수도 키토에서 북쪽으로 14km 떨어진 적도공원(Mitad del Mundo) 인근의 신축 청사에서 각국 정상들이 참석한 가운데 UNASUR 집행본부의 출범식이 거행되었다.

2015년 중에는 베네수엘라 반정부 시위 사태, 미국 정부의 대베네수엘라 행정 제재명령, 국경 통제에 따른 난민 사태 등 베네수엘라와 관련하여 수차례의 UNASUR 특별외교장관회의를 개최하는 등 사태 수습을 위한 중재를 위해 노력하고, 중남미 입장을 대변하기 위한 외교적 노력을 전개하였다.

그러나 2015년 아르헨티나를 시작으로, 2016년 페루와 브라질, 2017년 칠레에서 잇따라 우파 정부가 출범하고 미국과의 관계 개선에 나서면서 순수한 남미 국가들 간 경제 통합을 추구하는 연합체의 목표 실현이 점점 더 어려워지고 회원국 간 갈등이 본격화되었다. 2017년 베네수엘라 니콜라스 마두로 대통령 재선 과정의 합법성 여부에 대한 판단을 두고 UNASUR의 우파 성향 6개 회원국(페루, 아르헨티나, 브라질, 칠레, 콜롬비아, 파라과이)과 볼리비아 · 베네수엘라 등 좌파 성향 회원국이 분열되어, 2017년 1월 에르네스토 샘퍼 사무총장 후임을 선출하는 데 합의에 이르지 못하였다. 또 2018년 4월 베네수엘라와 이념적 유대가 깊은 볼리비아가 UNASUR 의장국을 수임하자, 우파 성향의 6개 회원국은 신임 사무총장 선임 등 UNASUR 운영이 정상화 될 때까지 UNASUR 활동을 중단할 것임을 선언하는 등 갈등이 고조되었다.

2016년 12월에 남미은행이 공식 출범하였지만, 회원국 간 합의 도출 실패로 2004년 창설 제안 이후 무려 12년이 지난 후에 공식 출범하게 되었고, 자본금도 당초 계획한 200억 달러의 1/3 수준인 70억 달러에 불과하였다. 또한 남미은행이 12개국이 회원인 남미국가연합(UNASUR)의 금융 기관으로 역할을 할 수 있을 것으로 기대되었으나, 남미국가연합 회원국들 중 콜롬비아, 페루, 칠레, 가이아나, 수리남 등이 동 은행 설립에 유보적 입장 내지 반대 의사를 표명함으로써 남미를 대표하는 금융기관으로서의 성격에 태생적 한계를 드러냈다.

이러한 여러 요인들로 인해 이 남미국가연합(UNASUR)이 그 목적을 달성하기까지는 많은 난관이 예상된다. 실제로 남미 국가 전체가 모임으로 경제 규모가 큰 공동체로 발전할 것으로 기대하였던 회원국들은 공동체가 반미 등 정치적 측면으로 치우치자 페루, 콜롬비아, 칠레 등 개방 경제를 추구하는 국가들과 베네수엘라, 볼리비아, 에콰도르 등 좌파적 성향을 띠는 국가들 간에 이해관계가 달라지기 시작하였다. 이에 회원국들이 남미국가연합 모임에 적극적으로 참여하지 않고 있으며, 연합체가 추구하는 정책을 따르지 않을 경우 처벌할 조항도 마련되어 있지 않다. 또한 남미 국가들이 독자적으로 미국과 특혜성 무역 협정을 진행하고 있어, 순수한 남미 국가들 간 경제 통합을 추구하는 연합체의 목표 실현이 점점 더 어려워지고 있다.

그 후 2019년 3월 아르헨티나, 브라질, 콜롬비아, 칠레, 에콰도르, 가이아나, 파라과이, 페루 등 남미의 친미 우파 8개국은 유럽연합(EU)식 역내 통합을 위한 '남미 발전을 위한 포럼'(PROSUR) 창설에 합의하였다. 이들 8개국 정상들은 칠레 수도 산티아고에서 만나 '이념적인 배제 없이 협력과 협조의 지역 공간'으로 PROSUR을 설립한다는 내용의 공동 선언문에 서명하였다.

이에 따라 남미 지역은 UNASUR와 PROSUR 두 그룹으로 나누어졌고, UNASUR는 베네수엘라, 볼리비아, 우루과이, 기아나, 수리남 등 5개국만 남았다.

책은 역내 친미 회원국과 정책적 마찰을 빚기 시작하였다. 특히, 파라과이는 차베스의 반민주적인 형태를 문제 삼아 공동체 가입을 반대하였다. 가입 문제가 교착 상태에 빠진 가운데 2012년 6월 파라과이에서 경찰과 농민의 대립으로 17명이 사망하고 80명이 다치는 사건이 발생하였다. 파라과이 의회는 이 사건의 책임을 물어 페르난도 루고 당시 대통령을 탄핵·축출하고 부대통령 페데리코 프랑코를 대통령으로 승계하였다. 그러자 지우마 호세프 브라질 대통령과 크리스티나 페르난데스 아르헨티나 대통령, 호세 무히카 우루과이 대통령은 6월 말 정상 회의를 열어 이를 '의회 쿠데타'로 규정하고, 파라과이의 회원국 자격을 2013년 4월 21일 대선 때까지 정지시켰다. 그리고 파라과이가 자격 정지된 기회를 이용해 수년째 지연된 베네수엘라의 MERCOSUR 가입을 밀어붙여, 2012년 7월 31일 브라질 수도 브라질리아에서 열린 특별 정상 회의에서 가입을 공식적으로 발표하였다. 이에 파라과이는 강력 반발하며 상원에서 이 가입안을 표결에 부쳐 찬성 3표, 반대 31표, 기권 11표로 부결시켰다. 이 과정에서 파라과이와 베네수엘라가 서로 대사를 철수시키면서 갈등이 확산되었고, 파라과이는 MERCOSUR에서 탈퇴하는 방안까지도 검토하였다. 그 후 2013년 들어 6개월 단위의 순번 의장국이 베네수엘라로 넘어가자 오아리오 키르테스 파라과이 신임 대통령은 MERCOSUR 보이콧을 선언하였다. 하지만 지우마 호세프 브라질 대통령이 이 보이콧을 철회해 줄 것을 요구하며 2013년 8월 열리는 카르데스 당선자 취임식에 직접 참석할 것을 약속하고, 다른 회원국 정상에게도 참석하자고 제안해 동의를 얻는 등 회유를 위해 많은 노력을 기울였다. 그 결과 양국 간에 화해 분위기가 조성되어 2013년 12월 10일 파라과이 상원은 베네수엘라의 MERCOSUR 가입안을 표결에 부쳐 전체 45명의 의원 가운데 찬성 29표, 반대 10표, 기권·무효 6표로 승인하였고, 하원이 12월 18일 승인하면서 파라과이 대통령 탄핵 사태 후 파행 운행을 거듭해 오던 MERCOSUR의 갈등이 1년 6개월 만에 봉합되었다.

MERCOSUR는 확대되는 이웃 태평양동맹의 영향력을 의식해 회원국 확대를 추구하고 있는데, 2010년 12월 개최된 제40차 남미공동시장 정상 회담에서는 쿠바의 준회원 가입을 추진하기로 하였으며, 2012년 12월에는 볼리비아를 MERCOSUR의 새로운 정회원으로 가입시키기 위한 의정서(protocol)에 서명하였다. 그러나 볼리비아의 관세 수준이 MERCOSUR보다 낮아 회원국이 되기 위해서는 오히려 볼리비아의 관세를 높여야 하는데, 그럴 경우 국내 물가에 영향을 줄 것이므로 볼리비아와 쉽게 합의할 수 없었다. 이에 볼리비아에 일정 부분 예외 조항을 두는 것을 검토하였지만 그런 특혜를 받지 못한 역내 약소국 우루과이와 파라과이가 강력히 반발해, 볼리비아의 가입은 아직도 각국 의회의 비준을 기다리고 있다. 그 후 2013년에 에콰도르가 정회원으로 가입 의사를 비추었다.

한편, 베네수엘라는 MERCOSUR 가입 후 공동 관세 적용 등 정회원국 이행 의무를 다하지 않아 2016년 12월 회원국 지위가 잠정 정지되었다. 그 후 니콜라스 마두로(Nicolas Maduro) 대통령의 퇴진을 요구하는 반정부 시위가 격렬해지면서 120여 명의 사망자까지 발생하자, 2017년 8월 국내의 민주주의 파괴를 이유로 MERCOSUR 정상들은 베네수엘라의 회원국 지위를 무기한 정지시켰다.

MERCOSUR의 역외국들과의 무역 협정 체결 상황을 살펴보면 2004년 인도와 특혜무역협정(Preferential Agreement: PTA), 모로코와 FTA 체결을 위한 기본 약정, 2005년에 걸프협력회의(GCC)와 경제협력협정을 체결하였다. 그리고 2007년에 이스라엘, 2010년에 이집트와 FTA를 체결하였다. 이전에도 볼리비아, 칠레와 1996년 경제보완협정(Economic Complementary), 안데스공동체와 2004년 FTA, 페루와 2005년에 경제보완협정(Complementary Economic Union)을 체결하였고, 남아프리카관세동맹(SACU)과는 2009년 특혜무역협정(PTA)을 체결하였다. 인도와의 PTA는 MERCOSUR가 라틴아메리카 이외의 지역 개도국과 체결한 최초의 무역 협정으로 의미를 가지며, 안데스공동체와는 2015년 1월부터, 이스라엘과는 2009년 12월 제38차 MERCOSUR 정상 회의에서 FTA가 발효되었다. EU와의 FTA 협상은 1995년 지역간 포괄적 기본협력협정에 서명(99년 발효)하면서 시작되었는데, 전형적인 선진국과 개도국 간의 협상에서 나타나는 문제점으로 2004년 10월 협상이 중단되었다. MERCOSUR는 EU의 농업 보조금 지급과 저가 농산물의 역내 수입, EU 공산품과 서비스 유입으로 국내 시장이 피해를 볼 것으로 예상하였고, EU는 MERCOSUR가 제안한 서비스 시장의 개방 수준이 낮아 반발하였다. 양허 품목에 대한 양측의 견해 차이도 컸다. 그러다 2009년 12월 개최된 제38차 MERCOSUR 정상 회의에서 협상을 재개할 것에 합의함에 따라 2010년 7월 EU와 6년 만에 FTA 교섭이 재개되었다. 하지만 브라질과 우루과이가 협상에 적극적인 반면, 아르헨티나는 자국 산업의 보호·육성을 이유로 미온적인 태도를 보여 교섭에 진전이 없다가, 2016년 4월 협상 재개에 다시 합의하고, 2018년 4월 벨기에 브뤼셀 및 9월에는 우루과이 몬테비데오에서 양측 간 회의가 개최되었다.

최근 들어서는 캐나다와 중국과 FTA 협상 중이며, 태평양동맹과의 FTA 체결도 2014년부터 모색하고 있다.

오루프레투의정서에 따르면 MERCOSUR는 국제법상 법인체의 성격을 가지고 있기 때문에 역외국과 무역 협상을 추진할 때 전체 단위로만 무역 협상을 추진할 수 있다. 따라서 2001년 6월 30일 이후 MERCOSUR 회원국들은 역외 국가나 타 경제 공동체와 무역 협정을 추진할 때 개별 회원국이 직접 협상을 할 수 없고, MERCOSUR 차원에서만 협정을 추진할 수 있다.

MERCOSUR는 실제로 남미 대륙 전체 면적의 62%를 차지하며, 브라질 단독으로도 남미 면적의 약 절반(47.7%)을 차지한다. 인구는 3억에 가까워 남미 인구의 70%, GDP는 3조 4,000억 달러(2019 명목)로 80%에 이른다.

그러나 공동체의 이름과는 달리 운영이 공동 시장과는 거리가 멀고, 관세 동맹이라 하기도 불안하다. 관세 동맹을 위해서는 단일 정책이 필요하지만 브라질은 자주 불만을 털어 놓으며 협조를 꺼린다. 그 이유는 자국이 다른 회원국보다 산업이 더 발달해서, 더 높은 수준의 보호가 필요하다는 것이다. 반면 파라과이는 자국의 경제가 발달하지 못하였다고 다른 회원국보다 더 특별한 대우를 요구한다. 공동대외관세(CET)가 있지만 상품이 MERCOSUR로 수입되어 다른 국가로 이동할 때 국경에서 또 관세를 부과하는 경우도 허다하다. 시장경제 체제의 결핍과 회원국 간의 경제적 격차, 회원국 간의 낮은 경제적 의존도[44] 등도 공동체 통합의 진전을 더디게 한다.

한국은 1997년 2월 MERCOSUR와 한-MERCOSUR 협의회 구성에 합의해, 4월에 제1차 한-MERCOSUR 정책협의회를 개최하였었다. 이 정책협의회에서 한국과 MERCOSUR 간의 통상 투자 및 산업 협력 증진 방안을 논의하였고, 한-MERCOSUR 정책협의회를 연례적으로 개최하며, 상호간의 통상 및 투자 확대와 민간 분야 협력 촉진을 위한 협력 사업으로서 1998년 9월 서울에서 양측 전문가가 참가하는 한-MERCOSUR 세미나를 개최하기로 하였다. 그 후 2007년까지 총 6차례의 정책협의회를 개최하였으며, 2004년 11월에는 무역 협정 공동 연구 개시를 발표한 후 4차례에 걸쳐 공동 연구를 실시하고, 2007년 10월 공동 연구를 완료하고 그 결과를 발표하였다. 2009년 7월 파라과이에서 개최된 남미공동시장 각료회의에서는 한국과 남미공동시장 양측이 한-남미공동시장 무역 협정 공동 연구 후속 조치로서 무역과 투자 증진을 위한 공동 협의체 설립 양해각서(MOU)에 서명하고, FTA 체결을 위한 공동 협의체 회의의 조기 개최를 추진하였다. 그러나 자국 산업의 피해를 우려하는 브라질과 아르헨티나의 미온적인 태도로 실제로 협상이 진행되지 않고 있다가, 2015년 4월 한·브라질 정상 회담을 계기로 한-메르코수르 간 대화 채널을 재가동하기로 합의해 2015년 5월 제1차 한-메르코수르 무역투자공동협의체회의를 개최하였다. 그 후 2018년 5월 25일 서울에서 한국과 MERCOSUR 통상장관들이 모여 무역 협상 개시를 선언하였으며, 제1차 무역 협상이 2018년 9월 11~15일 5일간 우루과이 몬테비데오에서 개최된 후 2020년 2월 5차 회의까지 양측을 오가면서 개최되고 있다. 그러나 아르헨티나는 2년 연속 마이너스 성장, 실업률 증가, 디폴트 위기 등 부진한 경제 실적을 이유로 2020년 4월 25일 MERCOSUR 차원에서 싱가포르, 캐나다, 한국 등과의 대외 무역 협상에 참여하지 않겠다는 입장을 밝혀 협상이 중단될 위기에 처했었다. 그러나 5월 들어 아르헨티나는 입장을 선회하여 MERCOSUR의 공동 일정에 맞추어 협상을 계속 진행하겠다고 밝혀 중단 위기를 넘겼다.

44 MERCOSUR의 회원국 총수출 중 내부(회원국 간) 수출 비중은 13%로 EU의 63.2%에 비해 지나치게 낮다.

4. 안데스공동체

안데스공동체(Andean Community: ANCOM)는 남아메리카의 콜롬비아, 페루, 볼리비아, 에콰도르, 칠레 5개국이 소지역 통합을 위해 1969년 5월 콜롬비아 카르타헤나에서 서명한 카르타헤나협정(Cartagena Agreement)을 바탕으로 창설된 경제 협력체이다. 본부는 페루의 수도 리마(Lima)에 있고, 공동체 설립 목표는 ① 통합과 경제적·사회적 상호 협력을 통해 회원국 간에 조화로운 발전 촉진, ② 성장과 고용 창출, ③ 라틴아메리카 공동 시장 출범을 위한 지역 통합에 참여 지원, ④ 회원국 간에 존재하는 격차 축소, ⑤ 안데스공동체 내 시민들의 생활 조건 개선을 위한 연구, ⑥ 세계와 국제 경제에 회원국들의 역할 증대 등이다.

1973년 베네수엘라가 가입하여 회원국이 6개국으로 늘어났지만, 1976년 국내 자본 비율 및 송금 규제를 골자로 한 공동 외자 규제 정책을 둘러싸고 회원국 간, 특히 볼리비아와 이해 충돌로 칠레가 탈퇴하여 다시 5개국으로 줄었다. 그리고 2006년에는 차베스 베네수엘라 대통령이 안데스공동체 회원국이 친미 성향을 보이자 안데스공동체를 '신자유주의 국가들 모임'이라고 비난하면서 탈퇴해 정회원국이 4개국으로 줄었다.

1996년까지는 안데스협정(Andean Pact) 또는 안데스그룹(Andean Group)으로 불렸지만 1996년 페루 트루히요(Truijillo)에서 열린 제8차 정상 회의에서 경제·사회 통합을 통한 회원국 간의 상호 발전을 목적으로 명칭을 안데스공동체로 바꾸었다. 이는 1980년대 남미 지역을 휩쓸었던 외채 위기에서 회원국들이 어느 정도 벗어나고, 베를린 장벽의 붕괴, 사회주의 체제의 완화 등 국제 환경이 크게 변화하면서 새로운 경제 통합에 대한 논의가 활발히 진행되는 과정에서 시작된 것이라 할 수 있다.

주요 기구로는 정상회의(Andean Presidential Council), 외교장관 회의(Andean Foreign Relations Ministers Council), 집행위원회(Andean Community Commission), 안데스 사법재판소(Andean Court of Justice), 의회(Andean Parliament), 사무국(Andean Community General Secretariat)이 있으며, 부속 기구로는 경제사회자문위원회와 협의위원회가 있다. 정상 회의는 회원국 정상들의 모임으로 공동체 전체 정책의 진행 과정을 결정하기 위해 매년 정기적으로 개최한다. 각기 다른 국면에서 통합의 가이드라인과 우선순위, 방향 등을 설정하는

데 다소 늦은 1990년에 설립되었다. 외교장관 회의는 국가의 정치 리더십을 대표하며, 회원국 외무장관들의 모임으로 1979년 설립되었다. 안데스공동체의 외교 정책을 수립하고 수행한다. 안데스 정상회의 의장국 외교장관이 의장국을 수임하며, 정기 회의는 연 2회, 특별 회의는 필요 시 개최된다. 집행위원회는 유럽연합(EU)의 집행위원회와 같은 역할을 하는데, 정회원국 통상장관으로 구성되고, 안데스 정상회의 의장국 통상장관이 의장국을 맡는다. 회의는 통상 연 3회 개최한다. 사무국은 안데스공동체의 집행기구로서 공동체 규범의 이행, 안건 제출 등을 담당하고 행정적 업무를 처리한다. 사무국장(General Secretary)은 회원국 국민으로서 외무장관 회의 및 집행위원회 합의로 선출하며 임기는 5년이다. 현재 페루 리마에 위치한다. 안데스 사법재판소는 의회와 같이 1979년에 창설되었는데, 이는 1970년대 남미에서 인권과 민주주의 원칙을 훼손하는 데 대한 비난이 높아짐에 따라 설치된 것이다. 공동체 규범과 관련해 회원국 간 분쟁을 해결하는 기구로서, 1984년 1월부터 운영되었다. 에콰도르의 수도 키토(Quito)에 있다. 의회는 정치적 자문 기관(advisory body)으로 콜롬비아 보고타(Bogota)에 소재한다. 각 회원국으로부터 5명의 직접 선출된 의원으로 구성되며 임기는 5년이다. 카르타헤나 협정 제43조에 규정된 공동체 통합에 관한 사항을 심의한다. 그 외 라틴아메리카개발은행(Latin American Development Bank), 라틴아메리카준비기금(Latin American Reserve Fund), 시몬볼리바르대학(Simón Bolívar Andean University), 기업자문위원회, 노동자문위원회 등을 산하 기구로 두고 있다. 그중 라틴아메리카 개발은행의 경우 당초 안데스 지역의 지속적인 발전과 지역 통합을 도모하기 위해 설립된 다국적 금융 기관으로, 1968년 2월 보고타에서 헌장(Convenio Constitutivo)을 제정하고, 1970년 1월 발효되면서 설립되었다. 그 후 지속적인 역내 회원국 가입을 독려하여 최근에는 중남미 17개국뿐만 아니라, 스페인, 포르투갈 등 19개국[45]이 참여하고 있으며, 13개 은행을 회원으로 보유한 역내 최대 개발 은행으로 발돋움하였다. 본부는 베네수엘라 카라카스에 위치해 있다.

안데스공동체는 초기에는 회원국 간의 '폐쇄적 통합'만을 이루었으나, 점차 대외

45 정회원국은 아르헨티나, 볼리비아, 브라질, 콜롬비아, 에콰도르, 파나마, 파라과이, 페루, 트리니다드 토바고, 우루과이, 베네수엘라 11개국이며, 준회원국은 바베이도스, 칠레, 코스타리카, 스페인, 자메이카, 멕시코, 도미니카공화국, 포르투갈 등 8개국이다.

개방을 통해 '개방적 지역주의'(open regionalism)를 추구하였다. 그래서 1993년에는 자격 정지된 페루를 제외하고 볼리비아와 콜롬비아, 에콰도르, 베네수엘라 4개 회원국 간에 자유무역지대(Andean Free Trade Area)를 창설하였다. 또한 관세 정책을 조화시키기 위한 협상을 1993년부터 시작하여 수입품의 90%에 대한 공동 대외 관세(CET)에 관한 협약을 1994년에 맺었다. 통합 과정을 가속화하기 위해서 1993년 8월에는 회원국 정상들이 직접 참여하여 정상 간 협의 메커니즘을 수립하고, 외교장관 간 협의 메커니즘도 동시에 수립하였다. 그 후 1995년 1월에 볼리비아, 콜롬비아, 에콰도르, 베네수엘라 등 4개국이 대외 공통 관세를 도입[46]하고, 이에 따라 각 회원국은 개별적으로 제3국과 자유무역협정 체결이 가능하게 되었다. 1997년에는 페루도 안데스자유무역지대에 점진적으로 가입하기로 협약하였다.

2001년에는 회원국 간에 비자가 없이 여행을 할 수 있는 안데스 여권(Andean Passport)을 만들었고, 2005년 1월 1일부터는 회원국 국민 누구나 타회원국에 비자 없이 자국 신분증(national ID Card)만 제시하면 입국할 수 있게 하였다. 그리고 2006년에 페루의 협조하에 안데스자유무역지역도 완성하였으며, 2007년에는 안데스이민카드(Tarjeta Andina de Migracion)를 도입하여 역내 이동 시 표준화된 이민 수속이 가능하도록 조치하였다.

2011년 7월 리마에서 개최된 제18차 정상회의에서는 공동체 기구 조직 및 안데스 통합체제(SAI) 기능 점검 추진을 통해 지역 통합을 촉진하고, MERCOSUR, UNASUR 등의 지역 기구와 협력 강화를 통해 중남미 통합을 촉진하기로 하였다. 그해 11월 보고타에서 개최된 특별 정상 회의에서는 SAI 재구성 추진 결정을 재확인하고, 사무총장에게 향후 공동체와 MERCOSUR, UNASUR 간 통합 추진을 위한 연구를 지시하였다.

대외적으로는 남미공동시장(MERCOSUR)과 1998년 4월 자유무역지대(FTA) 창설을 위한 기본협정(Framework Agreement)을 체결하였다. 그 후 1999년 3월에는 제1단계 협상을 완료하여 3,500개 특혜 관세 적용 대상 품목 중 1,100개 품목에 대한 협상을 완료하였다. 원래 두 동맹체는 2000년 1월 1일 남미자유무역지대(SAFTA) 출범을 목표로 하였지

46 그러나 2007년 8월 1일 대외 공통 관세 적용 의무를 잠정 정지(2007.6.13. 집행위 결정 제669호)시킨 후 현재까지 적용 의무를 중단하고 있다.

만 회원국 간의 의견 차이로 협상이 정체되어, 2004년 10월에 FTA를 체결하였다. 미국과는 2003년부터 자유무역지대를 위한 협상이 시작되었는데, 미국무역대표부(USTR)는 콜롬비아, 페루, 에콰도르 및 볼리비아와 FTA 추진 의사를 의회에 통보하였으나 실제 협상은 2004년 5월 개시되었고 이때 볼리비아가 제외되었다. 미국은 당시에 양자 협정이 아닌 안데스공동체 전체와 FTA를 체결하고 싶어하였지만, 공동체 회원국 간에 경쟁이 심화되자 입장을 바꾸어 양자 협상 형식을 선택하였다.[47] 이에 페루와 콜롬비아와의 협상이 2006년 2월에 타결되었고, 페루 FTA는 2007년 11월 8일에 미 의회에서 통과되어 2009년 2월 발효되었다. 하지만 콜롬비아 FTA 비준은 2008년 4월 미 하원 의원들의 거부로 무산되어 무기한 연장되었다가, 4년이 지난 2012년 5월 마침내 국회를 통과해 발효되었다.

러시아와는 2001년 5월 '정치 대화 및 협력 의정서'가 체결되었고, 2004년 4월에는 제1차 정치 대화 및 협력 메커니즘 회의가 모스크바에서 개최되었다.

2003년에는 인도와 상호 무역과 투자 관계의 이해와 상호 협력, 문화 및 과학의 교환, 친선 관계의 다양화와 강화를 목적으로 정치적 대화(Political Dialogue)와 상호 협력 메커니즘(Cooperation Mechanism)을 설립하였다. 그리고 2010년 페루를 방문한 인도 대표에게 공동체 사무국장은 환경과 에너지, 식량 안보, 농촌 개발, 과학 및 기술 분야에 상호 협력을 요청하였다.

유럽연합(EU)과는 제휴 협정(Association Agreement)[48]을 추진하였는데, 1차 협상은 2007년 9월 콜롬비아에서 개최되었고, 2차 협상은 2007년 12월 브뤼셀에서, 3차 협상은 2008년 4월 에콰도르의 키토에서 개최되었다. 그러나 동맹체 내 정치적 노선 차이로 볼리비아와 에콰도르가 반대를 함으로써 4차 협상이 개최되지 못하였다. 그 후 2007년 9월 콜롬비아의 보고타에서 안데스공동체-유럽연합 간 '정치·협력·통상 제휴 협정' 협상을 다시 개시하였지만, 두 블록 간의 입장 차이뿐만 아니라 회원국 내 정치적 노

47 미국 정부가 자신의 뒷마당이라고 자신한 중남미 국가들과의 미주자유무역지대(FTAA) 창설이 사실상 어렵게 되자 친미 성향의 국가들을 상대로 개별적인 FTA를 추진하는 과정에서 중남미 국가들이 상호 극한 반목과 대립 양상을 불러일으켰다. 당시 미국은 볼리비아를 제외한 네 나라의 최대 교역국이었는데, 특히 콜롬비아와 에콰도르는 수출의 약 40%를 미국에 의존하였다.

48 제휴 협정은 FTA뿐 아니라 정치 대화와 포괄적인 협력 관계까지 포함하는 협정이다.

선 차이로 인해 협상이 진전되지 않았다.

중앙아메리카공동시장(CACM) 국가 중에는 과테말라, 엘살바도르, 온두라스 3국과의 경제 보완 협정을 2001년 5월에 체결하였고, 중앙아메리카통합체제(SICA)와도 2004년 11월 협력 협정을 체결하여 공통 관심 사항에 대해 서로 협력하기로 합의하였다. 2006년 11월 3일에는 멕시코와 '정치 대화 및 상호 관심 사항에 대한 협력 메커니즘 설립'을 위한 협정에 서명하였고, 2007년 9월에는 파나마와 정책 대화 및 협력 메커니즘 설립에 관한 협정에 서명하였다.

중국과는 2000년 3월 정책 협의 및 협력에 관한 협정을 체결하였고, 2004년 제2차 정책 협의 회의를 개최한 후, 2007년 1월에는 안데스공동체 외교장관과 중국 부주석 간에 회동을 한 후 협정을 구체적으로 이행키로 합의하였다.

우리나라도 2004년 4월 개최된 한국-페루 국장급 협의회에서 한국-안데스공동체 대화 협의체 창설을 제의하여, 2005년 2월부터 한-안데스공동체 대화 협의체 설립을 위한 교섭을 시작하였다. 그러나 2006년 4월 베네수엘라의 공동체 탈퇴 선언과 볼리비아의 동반 탈퇴 의사 표명으로 인한 혼란으로 안데스공동체와 대화 협의체 교섭은 사실상 중단되었다. 대신 개별 국가 기반으로 한-페루 FTA(2011. 8. 1 발효)와 한-콜롬비아 FTA(2013. 2. 21)에 서명하였다.

멕시코는 2004년부터 안데스공동체 정상 회의에 옵서버로 참여하고 있으며, 남미공동시장(MERCOSUR) 회원국인 브라질, 아르헨티나, 파라과이, 우루과이는 2005년 7월 준회원국으로 가입하였고, 2010년 2월부터는 준회원국 자격으로 안데스공동체 모든 기구의 회의에 참석하고 있다. 2006년 9월에는 칠레가 안데스공동체로 복귀하기로 결정 준회원국으로 재가입하였고, 파나마도 2007년 9월 준회원국으로 가입하였다.

안데스공동체는 회원국 간 통합을 통해 규모의 경제 효과를 창출하여 역내 산업을 발전시킨다는 목적으로 1969년 창설되었으나, 1970년대와 1980년대의 장기간 정체 상태를 겪으면서 통합체에 강한 회의론이 제기되었다. 미국과 미주자유무역지대(Free Trade Area of America: FTAA)를 추진할 당시 적극 참여한다는 것이 기본 입장이었지만 실제로는 회원국들의 입장이 달랐었다. 회원국 중에는 콜롬비아가 참여에 가장 적극적이었던 반면, 베네수엘라는 반대편에 섰다. 그러나 미주자유무역협정(FTAA)의 실현 가능성이 희박해짐에 따라 안데스공동체 회원국들은 1990년대 중반부터 MERCOSUR와의 협상을 강화해 나갔다. 그리고 2002년에 미국과 안데스공동체 간에 안데스특혜관세제도(ATPDEA)가 실행됨에 따라 공동체가 사실상 미국 경제권에 편입되었고, 안데스특혜관세제도 수혜국 자격 요건의 하나로 미주자유무역지대 협상에 적극 참여하기로 약속하였다. 그러나 이 특혜 관세 제도 수혜국에서 제외된 베네수엘라는 미주자유무역지대에 대해 맹렬히 비판하였다. 그러다 페루에 이어 콜롬비아가 미국과 FTA를 마무리짓고, 에콰도르마저 미국과 FTA 협상을 추진하자 베네수엘라의 차베스 대통령은 "페루와 콜롬비아가 워싱턴에 나라를 팔아먹었다"고 비난하며 2006년 4월 공동체 탈퇴 선언을 하고, MERCOSUR에 가입 신청서를 제출하였다. 이에 동조해 볼리비아도 동반 탈퇴설을 언급하면서 안데스공동체는 분열되었고 통합의 동력을 잃었다.[49] 이에 공동체 정상들은 2006년 칠레를 준회원국으로 복귀시키고 파나마를 준회원국으로 가입시키는 등 공동체를 되살리기 위한 노력을 펼쳤지만, 역내 회원국 간에 교역 규모가 미미하고, 통합을 주도할 확실한 리더가 없어 안데스공동체는 점차 유명무실해져 갔다. 결국 회원국 중 칠레와 페루, 콜롬비아가 태평양동맹을 설립하였고, 남아 있는 볼리비아와 에콰도르는 MERCOSUR 가입을 추진하고 있어 공동체는 점점 와해되어 갔다. 그러나 볼리비아가 잔류하기로 결정하고, 2020년 2월에는 공동체 창설 50주년을 맞아 콜롬비아 카르타헤나(Cartagena)에서 외교장관 회의를 개최하고, 베네수엘라의 회원국 복귀 요청과 ① 50년간 지역 통합 강화를 위한 안데스공동체의 공헌, ② 리마 선언 이행 및 후속 조치, ③ 안데스공동체 내 분쟁 해결 메커니즘 및 제도적 프레임워크 강화, ④ 국경통합지역(ZIF)의 지속 발전 등을 포함한 12개 공동 선언문을 발표하며 통합의 의지를 다져나갔다. 이러한 공동체의 복귀 요청에 후안 과이도 베네수엘라 임시 대통령도 투자와 상품·서비스 교역·인적 교류를 위해 다시 안데스공동체로 복귀할 뜻을 밝혔다. 다만 이는 니콜라스 마두로 현 대통령의 외교 노선과 정반대여서 그 결과가 주목된다.

49 당시 안데스공동체는 미국과의 교역량이 회원국 간 무역 규모를 넘어서는 상황이어서 페루와 콜롬비아가 자국의 실리를 포기해 가면서까지 공동체를 유지할 이유가 별로 없었다.

5. 동남아시아국가연합

동남아시아 국가들의 지역 협력은 실제로는 오랜 역사를 가지고 있다. 최초의 지역 협력 시도는 1954년 8월 미국이 주도해 만든 동남아상호방위조약(Southeast Asian Treaty Organization: SEATO)이다. 이것은 국방 협력을 위한 국제기구였지만, 당시에는 미국과 군사 동맹국인 필리핀과 태국을 제외하고는 다른 국가들이 별로 관심을 보이지 않았다. 또한 정책을 추구할 때 회원국들 간에 만장일치를 요구해 합의를 하기 어려워 결국 실패하였다. 그 후 필리핀, 태국, 말라야연방(Federation of Malaya) 3개국은 지역 협력 증진 및 공산주의 확대 저지를 위해 1961년 반공주의 지역 협력체인 동남아시아연맹(the Association for Southeast Asia)을 설립하였는데, 정치보다는 경제·사회·문화·과학·행정 등 제반 분야의 협력 관계에 초점을 두었다. 하지만 1963년 필리핀의 북보르네오 사바(Sabah) 지역에 대한 영유권 분쟁으로 말레이시아와 필리핀의 관계가 악화되면서 중단되었다가, 1965년 인도네시아에서 쿠데타가 일어나 수카르노(Sukarno) 정권이 물러나고 수하르토(Suharto) 정권이 집권하면서 다시 양국의 관계가 좋아졌다. 이후 반공적 협력체에 합류하기를 꺼렸던 인도네시아의 아담 말리크(Adam Malik) 외상이 1967년 4월 새로운 지역 협력 기구를 창설하자고 제안하였다. 그리고 인도네시아, 말레이시아, 필리핀, 싱가포르, 태국 5개국이 1967년 8월 태국의 방콕에 모여 "동남아시아의 평화와 안보를 촉진시키고, 경제 성장과 사회 진보, 문화 발전을 가속화시킨다"는 취지의 아세안선언(ASEAN Declaration, 혹은 방콕선언(Bangkok Declaration))[50]을 통해 동남아시아국가연합(Association of Southeast Asian Nations: ASEAN)을 창설하였다. 아세안선언에서는 ASEAN이 추구하는 목표를 ① 협력 프로그램을 통해 지역 내의 경제 성장, 사회 진보 및 문화 발전을 촉진하고, ② UN 헌장의 원칙과 법규 준수를 통해 동남아 지역의 평화와 안정을 확보하고, ③ 개별 국가의 경제, 사회, 문화, 기술, 과학 및 행정 분야의 발전을 위한 상호 원조와 상호 협력의 증진, ④ 교육, 직업, 행정 분야에서의 훈련 및 연구 시설의 상

50 ASEAN은 '방콕선언' 전문에서 어떠한 외부의 간섭으로부터도 동남아의 안전을 지킬 것과, 외국의 지역 내 군사 기지는 일시적이라는 것, 그리고 ASEAN의 목적과 원칙에 동의하는 동남아 모든 나라에 문호를 개방할 것을 다짐하고 있다.

호 지원, ⑤ 농공업 및 무역, 상품, 교통 및 통신 분야 협력을 통한 각국의 생활 수준 향상, ⑥ 동남아 지역 연구의 촉진, ⑦ 국제기구 및 지역 기구들과 긴밀한 협력 등으로 규정하였다.

그 후 브루나이는 1984년, 베트남은 1995년, 라오스와 미얀마는 1997년, 그리고 캄보디아는 1999년에 가입해 현재 10개국으로 늘어났다. 브루나이의 경우 1984년 1월 영국에서 독립하면서 ASEAN에 가입하였고, 1990년대 들어서 냉전 종식 등 국제 정세 변화와 함께 세계적 지역주의화 현상이 동남아 지역 국가들에도 영향을 미치면서 베트남, 라오스, 미얀마, 캄보디아 등 사회주의권 국가들도 잇달아 가입하였다.

ASEAN은 출범한 1967년 1인당 GDP가 122달러에 빈곤층 비율이 높은 지역이었다. 그러나 1980~1990년대 아세안-5(인도네시아, 태국, 싱가포르, 필리핀, 말레이시아)를 중심으로 빠른 경제 성장을 이루어 1990년 1,000달러, 2005년 2,000달러를 돌파하였고, 2010년 3,000달러를 거쳐 2020년에는 5,000달러를 돌파하였다. 1999년 10개국 모두 가입이 완료되었을 때 총GDP가 5억 7,700만 달러에 불과하였지만, 지금은 약 6억 6,000만 명이 넘는 인구와 총 GDP 3조 3,170억 달러(전 세계 총GDP의 3.6%)로 세계 5위 경제 블록으로 올라섰다.

ASEAN은 창립 초기 주로 비정치적·비군사적인 문제만 다루었고 인도차이나반도의 3개국이 공산화되기 전까지 별다른 움직임이나 성과도 없었다. 이는 당시 사바 지역을 둘러싼 필리핀과 말레이시아 간의 계속된 영토 분쟁, 국경 지대에서의 회교도 분리 움직임으로 야기된 태국과 말레이시아 간의 불화 등 회원국들 간의 해묵은 갈등 구조가 해결되지 않았고, 회원국들도 시급한 국내 문제 해결에 급급하였기 때문이다. 그러나 10년 이상 지속된 베트남전쟁에서 북베트남이 승리하고 인도차이나반도의 라오스, 캄보디아가 공산화된 후 인접국 태국이 먼저 안보에 위협을 받게 되었고, 말레이시아와 필리핀도 공산 게릴라들의 활동 강화로 공산화 도미노의 불안에 휩싸였다. 싱가포르와 인도네시아는 이들 3개국 같지는 않았으나 인도네시아공산당(Partia Komunis Indonesia) 잔당이 완전히 소탕되지 않아 그들 나름대로 잠재적 위협이 남아 있었다. 이러한 시대적 상황 속에서 이들의 든든한 후견자였던 미국이 베트남전쟁에서 패배해 물러난 틈을 타 소련과 중국의 세력이 남하해 오고, 베트남도 세력 팽창을 꾀하자 이

치앙마이협정

1999년 11월 제3차 ASEAN+3 정상회의 때 1997년의 외환 위기의 재발 방지를 위해 ASEAN+3 체제를 통한 역내 금융 지원 메커니즘을 강화하기로 약속하였는데, 이는 1990년대 말 발생한 동아시아 외환 위기가 재발되는 것을 방지하기 위한 것으로, 특정 국가에서 금융 위기가 발생할 경우 IMF 등의 국제금융협정 및 국제기관에만 의존하지 말고 아시아 국가 간에 자금 지원과 통화 스와프 등의 제도적 장치를 마련하여 스스로 위기에 대응하자는 취지에서 논의가 시작되었다.

그 후 2000년 태국의 치앙마이에서 열린 동남아시아국가연합(ASEAN, 아세안)과 한국·중국·일본(ASEAN+3)의 재무장관 회의에서 회원국들 간 상호 협정을 통하여 역내 국가들이 금융 위기로 유동성 어려움을 겪을 때 해당국 통화를 달러화 같은 국제 통화로 일정 기간 맞바꿔 주는 양자 간 통화 스와프 제도인 치앙마이협정(ChiangMai Initiative)에 합의하였다. 협정 체결 당시 동남아시아국가연합 5개국(태국·말레이시아 · 인도네시아·싱가포르·필리핀)과 한·중·일 3국이 780억 달러 규모로 상호 지원하기로 합의하였고, 그 후 베트남·라오스· 캄보디아·브루나이·미얀마 등 나머지 동남아시아국가연합 회원국들도 참여하였다.

'치앙마이협정'의 양자 간 통화 스왑 협정이 성공적으로 정착됨에 따라 2006년 5월 ASEAN+3 재무장관 회의에서는 보다 진전된 형태의 역내 금융 협력 체제 구축을 위해 '치앙마이협정 다자화'(Chiang Mai Initiative Multilateralization: CMIM) 논의를 시작하기로 합의하였다. 치앙마이협정 다자화는 한 국가에서 위기가 발생하면 양국가 간이 아니라 다른 모든 회원 국가에서 사전에 약속된 비율로 스와프 형태의 자금을 공여한다는 점에서 양자 간 스와프와는 차이가 있다. 이 다자화 계획은 2009년 5월에 합의되었고, 2010년 3월 24일 공식 발효되어 집단적 지원 체제로 전환되었다.

치앙마이협정 기금은 2008년 780억 달러 규모로 설립하기로 합의하였다가, 2009년 5월 ASEAN+3 재무장관 회의에서 중국과 일본은 각각 32%인 384억 달러, 한국은 세 번째 큰 규모인 192억 달러(16%), 아시안 10개국이 나머지 240억 달러(20%)를 분담하여 총 1,200억 달러로 증액하기로 하였다. 또한 투표권, 독립적인 감시기구 설립 등에 대해 최종 합의를 한 후 2009년 6월부터 협정문을 마련해서, 2009년 12월 서명을 완료하고, 2010년 3월 24일 발효되었다.

그 후 우리나라가 의장국이었던 2012년 5월 3일 필리핀 마닐라에서 열린 아세안+3 재무장관 및 중앙은행 총재 회의에서 치앙마이협정 다자화 기금 규모 2배 확대, 위기 예방 프로그램 도입, IMF 비연계 비중 확대 등의 방안이 합의되었다. 이 합의의 배경에는 1,200억 달러 규모의 기금은 남유럽 재정 위기가 발생하기 전에 논의된 금액으로 남유럽 재정 위기 상황에 비추어 보았을 때 이 금액으로는 아시아 전역을 감당하기 힘든 금액이라는 판단에 따른 것이다. 그리고 1년 후 아세안+3 재무장관·중앙은행 총재 회의에서 협정 문안을 마련하였다. 하지만 태국의 국내 정국 불안으로 서명 절차가 지연되었다가 지난 2014년 7월 10일 태국이 마침내 서명을 하면서 7월 17일부터 치앙마이협정 다자화 개정안이 발효되었다. 이 개정안에 따르면 CMIM 총규모는 1,200억 달러에서 2,400억 달러로 2배 확대되었고, 우리나라는 이 중 16%인 384억 달러를 분담하며 위기 시 384억 달러까지 지원받을 수 있게 되었다. 중국과 일본은 각각 768억 달러를 분담하고 384억 달러를 인출할 수 있다. IMF 대출과 연계 없이 지원할 수 있는 자금의 비율(IMF 비연계 비중)도 현행 20%에서 30%로 확대되면서 역내 위기에 독자적으로 대응할 수 있는 능력을 강화하였다. 그 외에도 그동안 위기 해결에 국한되었던 CMIM에 위기 예방 기능을 새롭게 추가하였다. 즉, 위기가 발생하지 않더라도 위기가 예상되는 경우 사전에 유동성 지원이 가능하도록 한 것이다.

이렇게 지속적으로 발전되어 온 CMIM은 각 회원국이 자금을 출연한 기금 형태가 아니고 일종의 협약 형태이기 때문에 막상 위기가 발생하였을 경우 실제로 각 회원국이 약정한 금액의 자금을 지원할지가 의문이며, 총규모 2,400억 달러 중 30%만 회원국이 위기 시 독자적인 지원 결정을 할 수 있고 나머지 70%는 IMF의 구제 금융 지원 조건을 만족시켜야만 집행할 수 있다는 점도 자금 운용에 많은 제약을 부여하고 있다. 따라서 이러한 문제점들은 향후 논의를 거치면서 점차 개선 보완해 나가야 할 것이다.

들 국가 간에는 단결과 협력의 필요성을 절실히 느끼게 되었다. 그래서 ASEAN 회원국은 1976년 2월 인도네시아 발리에서 처음으로 정상 회의를 개최하였다. 그리고 ASEAN을 중심으로 한 구체적인 지역 협력 관계를 발전시켜야 한다는 내용의 ASEAN 협력선언(the Declaration of ASEAN Concord, 혹은 발리선언 I(Bali Concord I))과 회원국의 사회, 문화, 경제, 정치적 협력을 통해 역내 안전을 강화하겠다는 동남아우호협력조약(the Treaty of Amity and Cooperation in Southeast Asia)을 채택하였다. ASEAN 협력선언에는 아세안 회원국 간에 낮은 관세율을 적용하여 회원국 간에 무역을 활성화하기 위한 특혜 무역 협정 내용이 포함되었다. 실무적 측면에서 역내 경제 협력을 뒷받침하기 위하여 아세안 사무국도 설립하여, 지역 협력체로서의 발전 기반을 구축하였다. 1977년 쿠알라룸푸르에서 열린 제2차 정상 회담에서 정상들은 비회원국이나 공동체들과의 경제적 관계를 확대·심화시키는 것이 필요하다는 데 인식을 같이 하였다. 그리고 동년에 개최된 아세안 경제장관 회의에서 호주, 뉴질랜드, 일본의 정상들과 회합을 가졌다. 그리고 이 경제장관 회의에서 아세안특혜무역협정(Agreement on ASEAN Preferential Trading Arrangements: PTA)이 승인되었다. 아세안특혜무역협정(PTA)은 자유무역협정이나 관세 동맹 같은 경제 통합체의 설립을 목표로 하지는 않았지만, 회원국 간에 지역 경제 통합을 위한 최초의 의미 있는 정책 협조였으며, 무역 자유화를 위한 제도적 기반을 마련하였다는 데 그 의의를 찾을 수 있다. 협정에는 회원국의 특정 상품이 아세안 역내에서 생산된 부품을 최저 50% 이상 사용한 경우, 이 상품의 역내 교역에서 최고 90%에서 최저 25%까지의 특혜 관세 할인율을 적용하고 수량 규제나 정부 조달 등에 특혜를 부여하는 내용

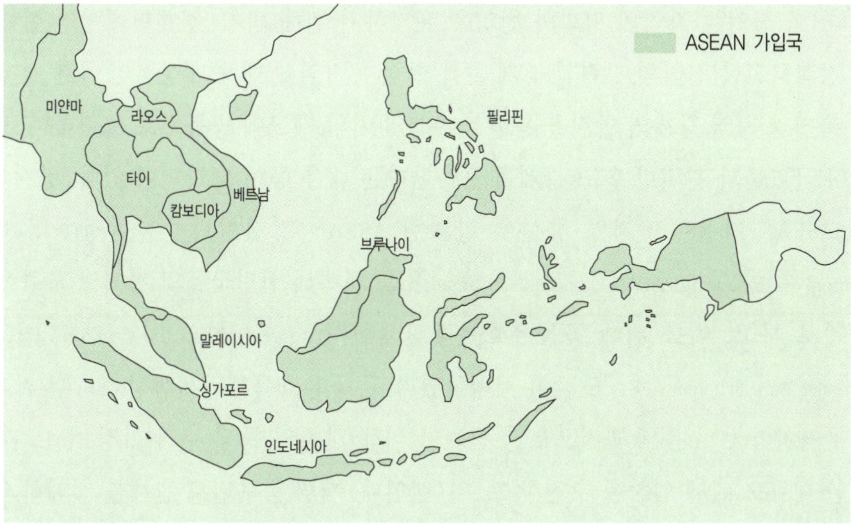

ASEAN 가입국

이 담겨 있다. 그러나 회원국들이 주종 수출 상품을 PTA 대상 품목에서 제외하고, 대상에 포함된 상품도 비관세 장벽을 이용해 보호함으로써 기대하였던 성과를 얻지 못하였다.

1980년대 말 미국과 소련의 냉전이 끝남으로써 ASEAN 국가들은 비로소 이 지역에서 큰 정치적 독립을 얻을 수 있게 되었다. 그리고 1990년대 지역의 무역과 안보 문제에 있어서도 주도적 목소리로 나타났다. 예를 들면, ASEAN은 남중국해 분규에 해결을 위한 선언문을 채택하였고, ASEAN 지역포럼(Regional Forum)을 설립함으로써 지역 안보대화를 촉진하였으며, 북한으로 멤버십을 확대하고 동티모르에서 불화를 해결하려고 노력하였다.

1991년 6월에는 태국의 빤야라춘(Panyarachun) 수상이 역내 공업 제품에 대한 자유무역을 제안하면서 아세안의 자유무역지대 설립이 처음 논의되기 시작하였고, 동년 10월 개최된 아세안 경제장관 회의에서 아세안자유무역지역(ASEAN Free Trade Area: AFTA) 창설에 합의하였다.

그 후 1992년 1월 싱가포르에서 개최된 제4차 정상 회담에서 탈냉전 시대를 맞아 지역 운용의 새로운 이정표를 제시한 싱가포르선언(Singapore Declaration of 1992)을 채택하였다. 이 선언은 지역의 평화와 번영을 유지하기 위해 정치·경제면에서의 협력 관계를 강화하고 선진국의 강력한 경제 블록 형성 움직임에 대해 개방적인 국제 경제 체제의 촉진과 지역 경제의 발전을 통한 ASEAN의 이익 제고에 공동으로 노력하며, 인도차이나 국가들과 긴밀한 협조 관계를 구축한다는 내용 등이 포함되어 있다. 경제적으로는 ASEAN 자유무역지역 창설에 합의한 ASEAN 경제협력증진협정(Framework Agreement on Enhancing ASEAN Economic Cooperation)을 채택해 선진국들의 경제 블록화에 대응하기로 하고, 이를 위해 공동유효특혜관세협정(Agreement on the Common Effective Preferential Tariff Scheme: CEFT)도 같이 채택하였다. 공동유효특혜관세협정(CEFT)은 ASEAN 자유무역지역(AFTA)을 효과적으로 추진하기 위해 기존의 특혜 무역 협정(PTA)보다 광범위한 대규모 관세 인하를 추진한 프로그램인데, 개별 품목별로 관세를 철폐하지 않고 부문별로 관세를 인하하는 방식을 택하였다. 대상 품목은 공산품과 가공 농산물 등 제조품만 대상으로 하고 농산품과 서비스는 제외하였는데, 기본 내용은 대상 상품들의 관세를 0~5% 수준으로 낮추고, 수량 제한 및 비관세 장벽을 없애는 것이다.[51] 공동유효 특혜 관세의 적용을 받으려면 그 상품이 수출국과 수입국 모두에서 CEPT 대상 품목에 포함되어야 하는데, 적용 대상 품목을 특성에 맞게 몇 개의 그룹으로 나누었다. 먼저 관세 인하 적용 품목(inclusion List)은 관세 인하와 비관세 장벽 철폐 적용을 받는 상품 목록으로 전체 교역 품목의 82.78%를 차지하였다. CEPT 적용 대상 품목이지만 회원국별 경제 사정에 의해 일시적으로 관세 인하가 유보되어 있는 상품은 잠재적 제외 품목(Temporary Exclusion List: TEL)으로 분류되었는데, 약 15.04%를 차지하였다. 그리고 야채, 과일, 곡물류, 육류 등의 비가공 농산물 등은 민감 품목(Sensitive List)으로 설정해 CEPT 적용을 배제하였는데, 약 0.58%의 품목이 해당되었다.[52] 일반 제외 품목(General Exclusive List: GEL)은 아세안 회원국들의 국가 안전 보장, 공공 도덕, 인간·동물·식물의

51 현행 관세가 20% 이상인 품목은 1993년 1월 1일부터 5~8년 이내에 20% 수준으로 낮춘 후에 7~10년간 0~5% 수준으로 인하하고, 현행 관세가 20% 이하인 품목은 1993년 1월 1일부터 15년 이내에 0~5% 수준으로 인하하기로 하였다. 비관세 장벽은 현행 관세율이 20% 이상인 품목은 1993년 1월 1일부터 5~8년 이내에 철폐하고, 현행 관세율이 20% 이하인 품목은 즉시 철폐하기로 하였다.

52 이 민감 품목은 자유 무역 전에 특별히 긴 기간을 허용하였는데, 2010년까지 수량 제한이나 비관세 장벽을 철폐하고, 관세를 0~5%까지 낮추기로 하였다. ASEAN의 새 회원국은 그 기간이 연장되어 베트남은 2013년, 라오스와 미얀마는 2015년, 캄보디아는 2017년까지 완료하기로 하였다. 상품군별 %는 2000년을 기준으로 산정한 것이다.

생명, 예술품, 문화재 및 유물 등이 포함되었는데, 이 품목들은 약 0.58% 정도로 회원국 간에 적용되는 특혜 관세에서 영원히 배제되었다. 원래 계획은 1993년 1월 1일부터 15년간 단계적으로 역내 공산품 관세를 0~5%로 인하하기로 하였지만 싱가포르와 말레이시아만 적극적으로 수용하였고, 나머지 회원국들은 소극적이어서 관세 인하 계획을 1년 늦춰 1994년 1월부터 시작하였다. 그러다 1994년 9월 개최된 경제장관 회의에서 관세 인하 일정을 당초의 2008년에서 2003년으로 5년이나 앞당기기로 약속하였다.

1995년에 개최된 제5차 아세안 정상 회담에서는 '방콕선언'을 통해 아세안자유무역지대(AFTA)의 실현을 처음의 15년에서 10년으로 단축한다는 확대 경제 통합 아젠다(Agenda for Greater Economic Integration)에 합의하였다. 하지만 1997년 태국을 시작으로 불어닥친 동남아시아 금융 위기로 1998년 하노이에서 개최된 제6차 정상 회담에서는 확산된 동남아 경제 위기를 극복하기 위해 ASEAN 회원국 간 경제 통합을 가속화하기로 하고, 공동유효특혜관세(CEPT) 완성 일정을 2003년에서 2002년으로 1년 더 앞당기기로 하였다.[53] ASEAN 각국은 관세 인하 시기의 단축 문제와 예외 품목의 축소, AFTA 대상 국가의 확대 문제 등에 대해 활발히 논의하였고, 1999년 11월 필리핀에서 열린 제3차 ASEAN 비공식 정상 회담에서 기존 6개 회원국은 최종적으로 2010년까지, 후발 가입국(CMLV)[54]은 2018년에서 2015년까지 3년을 앞당겨 역내 관세를 완전 철폐해 관세율을 0%로 낮추기로 결정하였다.

2003년 인도네시아 발리에서 개최된 제9차 ASEAN 정상 회담에서는 ASEAN 공동체(ASEAN Community) 달성을 위한 'ASEAN 협력선언 II'(Declaration of ASEAN Concord II, 또는 발리선언 II)에 합의함으로써 ASEAN 경제 통합 발전에 새로운 전기를 마련하였다. 이 ASEAN 공동체는 2020년까지 'ASEAN 안보공동체'(ASEAN Security Community), 'ASEAN 경제공동체'(ASEAN Economic Community), 'ASEAN 사회·문화 공동체'(ASEAN Socio-Cultural Community) 3개의 ASEAN 공동체 설립을 목표로 하는 미래 발전 방향이다. 또한 2003년

53 2003년에 ASEAN 선진 6개국(말레이시아, 싱가포르, 브루나이, 태국, 인도네시아, 필리핀)의 평균 관세율이 1993년 12.76%에서 2003년 2.39%로 낮추어졌고, 전체 회원국은 2003년 2.68%를 기록해 CEPT가 성공적으로 수행되었다. 후발국들(CLMV)은 관세율을 0~5%로 낮추는 시기가 베트남 2006년, 라오스와 미얀마 2008년, 캄보디아 2010년으로 주어졌다.

54 CMLV는 동남아시아국가연합(ASEAN)의 후발주자이자 경제적으로 다소 낙후된 국가들을 지칭하는 용어로, 캄보디아, 미얀마, 라오스, 베트남을 지칭한다.

AFTA(ASEAN Free Trade Area) 체제의 본격적인 발효를 시작으로 ASEAN 역내 경제 통합과 ASEAN+3 등의 형태로 동아시아 거대 경제 권역 형성을 위한 협력 방안을 지속적으로 모색하였다.

2004년 11월 라오스의 수도 비엔티안에서 열린 제10차 정상 회의에서는 ASEAN 회원국 간의 개발 격차 해소와 통합을 위한 비엔티안행동계획(Vientiane action plan)을 채택하였다. 이 계획에 따르면 아세안 10국은 오는 2007년까지(후발국인 CLMV 국가들은 2012년) 전기와 농산물, 자동차, 수산, 고무 제품, 섬유, 관광 등 11개 우선 분야의 교역을 원칙적으로 자유화하기로 하였다.

2007년 1월 필리핀 세부에서 열린 제12차 정상 회담에서는 'ASEAN 창립 40주년'을 맞아 아세안의 새로운 방향을 설정하였다. 정상들은 2015년 ASEAN 공동체 설립의 가속화를 선언하고, 아세안이 현재의 합의 기구에서 법률을 토대로 유럽연합과 같은 강력한 형태의 통합체가 되도록 하는 아세안헌장 초안에 서명하였다. 이에 ASEAN 공동체는 원래의 2020년에서 5년 앞당겨진 2015년 출범을 목표로 하게 되었다. 그리고 같은 해 8월 싱가포르에서 열린 제13차 정상 회담에서 '아세안헌장'(ASEAN Charter)을 채택하였다. 아세안헌장은 회원국들이 갈등을 해결하고, 제재 조치를 부과할 수 있는 장치를 마련하도록 하고 있으며, 민주주의와 법치주의 원칙, 인권과 기본적 자유 보호 등 55항으로 구성되어 있다. 이 밖에도 동남아시아를 2015년까지 자유무역지대로 전환하는 것을 목표로 하고, 핵무기를 비롯한 대량 살상 무기를 전면 금지하는 내용도 포함하고 있다. 아세안 정상들은 이러한 구속력 있는 헌장을 제정함으로써 지금까지 단순한 '회의장'으로만 비추어지고 있는 아세안이 좀 더 강력한 연합으로 거듭나기를 희망하였다. 이 아세안헌장은 2008년 12월에 발효되었다.

2010년 1월 들어 아세안 6개국(브루나이, 인도네시아, 말레이시아, 필리핀, 싱가포르, 태국)은 공동유효특혜관세(Common Effective Preferential Tarff: CEPT)에 포함된 전 품목에 관세를 계획대로 폐지하였다. 이는 아세안 역내 거래 전체 품목의 99%에 해당하는 것으로 아세안 역내 평균 관세는 2010년 0.9%까지 낮추어졌다.

그리고 2010년 10월 베트남 하노이에서 열린 제17차 정상 회담에서는 ASEAN 공동체 출범을 향한 기본 계획이 채택되었고, 2011년 11월에 열린 제18차 정상 회의에서

표 3-5	ASEAN 회원국 통계표				
회원국	인구(2019, 명)	면적(km²)	GDP(억 $)	1인당 GDP	HDI(2018)
브루나이	450,000	5,769	125	27,871	0.845
캄보디아	16,490,000	181,035	267	1,620	0.581
인도네시아	267,000,000	1,904,569	11,117	4,163	0.707
라오스	7,160,000	236,800	191	2,670	0.604
말레이시아	32,800,000	329,847	3,653	11,136	0.804
미얀마	53,020,000	676,578	660	1,244	0.584
필리핀	108,310,000	300,000	3,568	3,294	0.712
싱가포르	5,670,000	719	3,628	63,987	0.935
태국	67,910,000	513,120	5,292	7,792	0.765
베트남	95,490,000	331,210	2,616	2,739	0.694

자료: 한-아세안 센터, 2020, 「2020 Asean_Brochure」, p. 11, Wikipedia.
1. HDI: Human Development Index.
2. GDP는 경상가격.

ASEAN 정상들은 ASEAN 10개국과 한국, 중국, 일본, 인도, 호주, 뉴질랜드 6개국이 광역 자유무역지대 창설을 추진키로 합의하고, 이를 관련국들에 제안하였다.[55] 특히, 2011년 11월 발리에서 열린 제19차 정상 회의에서는 아세안 공동체의 지속적 통합과 아세안헌장 이행 등을 통하여 세계 속의 아세안의 영향력을 공고히하겠다는 의지를 천명한 발리선언 III(Bali Concord III)를 공표하였다.

2014년 5월의 제24회 정상 회의에서는 아세안 회원국들 간 상호 연동을 강화하고 아세안 기구와 체제의 효율을 높이며, 구체적인 프로젝트와 행사를 통해 2015년 ASEAN 공동체 추진을 강화하겠다는 '네피도선언'(Nay Pyi Taw Declaration)을 채택하였다. ASEAN 통합에 대한 정치적 의지를 재확인한 이 모임에서 개막 연설을 한 테인 세인 미얀마 대통령은 2015년 말 출범 예정인 아세안경제공동체(AEC) 준비의 80%가 완료되었다며 "회원국들은 나머지 20%를 이행해야 하는 과제를 안고 있다"고 밝혔다. 이 정상 회담에서 정상들은 ASEAN 공동체 실현에 필요한 제반 이니셔티브의 실행에 각별한

55 아세안은 일본의 '환태평양경제동반자협정'(TPP) 참여에 자극을 받아 아세안 10개국이 중국과 손잡고 새로운 경제 구도를 구축하기로 결정하였다. 그래서 2012년까지 광역 자유무역지대 협정에 편입할 재화와 서비스 종류 및 규칙을 확정한 후, 한·중·일 등 6개국 가입 의사를 타진해 2013년 이후 광역 자유무역지대를 창설할 계획을 세웠다.

관심을 표명하였는데, 특히 ASEAN 단일 시장 및 생산 기지화, 단일 항공시장협정 이행, 단일 해운 시장 추진 등 경제 분야 이니셔티브의 이행과 역내포괄적경제파트너십(RCEP)협정 체결을 통한 외부 경제와의 통합 가속화에 의지를 표명하였다. 그리고 그해 11월 개최된 제25차 ASEAN 정상 회의에서는 'ASEAN 공동체 Post 2015 비전에 관한 네피도선언'을 채택하고, 공동체 출범 이후 협력을 공고화하는 노력을 강조하였다.

ASEAN의 기구를 살펴보면 정상 회의(ASEAN Summit)는 그 위치가 명문화되어 있지는 않지만, 최고의 정책 결정 권한을 가지고 있다. 초기에는 비정기적으로 열리다가 1992년 제4차 정상 회의에서 향후 3년마다 정기적으로 개최하기로 결정하였는데, 2008년 ASEAN 헌장 발효 이후에는 1년에 2번 회합을 가지고 있다. ASEAN의 정책과 목표의 방향을 설정해 주고, 협정에 서명하고 공동체 선언을 체결하고, 협력을 위해 특정 분야에 ASEAN 부문별 기구를 설립·해체하기도 한다. 정상 회의 다음으로 중요한 정책 결정이 이루어지는 곳은 아세안 조정이사회(ASEAN Coordination Council)이다. 이전에 ASEAN 외무장관 회의(ASEAN Ministerial Meeting)였는데 ASEAN 헌장에 의해 이름이 바뀌었다. 각국의 외무장관으로 구성되어 있으며, ASEAN 창설 당시 ASEAN 최고 기구로서 정치·경제·사회·문화 등 ASEAN의 제반 중요 문제를 토의, 결정하였다. 현재에도 정상 회의를 지원하고, 아세안 공동체의 3가지 분야에 대한 조율과 실행을 감독한다. ASEAN 공동체이사회(ASEAN Community Council)는 크게 정치-안보 공동체이사회(the ASEAN Political-Security Community Council), 경제공동체이사회(ASEAN Economic Community Council), 사회-문화 공동체이사회(ASEAN Socio-Cultural Community Council) 3개로 구성되어 있으며, 각 분야 관련 장관들로 구성된다.

아세안 부문별 장관급 회의(ASEAN Sectoral Ministerial Bodies)는 경제공동체위원회와 마찬가지로 크게 3개 분야로 나뉜다. 정치-안보 공동체는 주로 회원국 외무장관 회의, 동남아시아 비핵화지역위원회, 국방장관 회의, 법무장관 회의, 초국경범죄장관 회의, ASEAN 지역포럼 등을 담당하는 고위 관리들로 구성되고, 경제 공동체는 경제장관 회의, ASEAN 자유무역지역위원회, ASEAN 투자지역(ASEAN Investment Area)위원회, 재무장관 회의, 농업 및 임업장관 회의, 에너지장관 회의, 기술과학장관 회의, 정보통신장관 회의 등을 담당하는 고위 관리들로 구성된다. 사회-문화 공동체는 정보 및 교육장관,

문화예술장관, 교육장관 회의, 환경 및 보건장관 회의, 노동과 후생장관 회의 등을 담당하는 고위 관리로 구성된다. 산하에 보조 기구를 두고 여러 분야에서 1년에 700건 이상 생겨나는 모임을 지원하고 감독한다.

상주대표위원회(Committee of Permanent Representatives)는 매일매일 실무 차원에서 ASEAN의 활동을 조율하는 기구로서 각 회원국의 대사급 각료로 구성되어 있으며 자카르타에 본부를 두고 있다. 1967년 설립되어 ASEAN을 위해 상호 조정을 수행하던 ASEAN 상주위원회(Standing Committee) 업무를 이어받았다. 주로 공동체 이사회 및 부문별 장관급 회의 업무 지원 등의 역할을 수행한다. 사무국은 중앙사무국(ASEAN Secretariat)과 국가별 사무국(ASEAN National Secretariat)을 따로 두었으며, ASEAN의 행정 업무를 담당한다. 중앙사무국은 자카르타에 본부를 두었으며, 각국에서 파견된 직원들이 사무국장(ASEAN Secretary-General)의 지휘를 받아 업무를 처리하는데, 아세안에 모든 조직들을 조정·통제하고 정책 입안의 효율성 제고를 도모한다. 사무국은 1992년 싱가포르 정상회의에 따라 확대·개편되었으며, 장관급으로 격상된 임기 5년의 사무총장은 모든 ASEAN 관련 회의에 출석하여 제반 활동을 감독하고 조정하며, ASEAN 회원국의 관리나 학자들 중에 외교장관 회의의 추천을 받아 정상 회의에서 임명한다. 반면 국가별 사무국은 각 회원국들의 외교부에 설치하며, 회원국 간의 접촉 창구 역할을 하며 관련된 정보를 종합하는 역할을 담당한다. 이 밖에 ASEAN은 역외국들과 협의를 위해 다양한 종류의 역외 협의체를 운영하고 있는데, 이 중 주목할 것으로 아세안 확대 외무장관 회의(post ministerial conference)이다. 이 회의는 1978년 ASEAN과 일본 간 외무장관 회의를 시작으로 1979년부터 정례화된 회의인데, 매년 연례적으로 열리는 아세안 외무장관 회담 직후 개최된다. 회원국 및 역외국 모두가 참가하는 전체 회의와 회원국과 개별 대화 대상국 간 개별 회의로 구분되며, 전체 회의에서는 국제 문제 전반에 관한 정책 협의를 하고, 개별 회의에서는 개별 대화 상대국과 쌍무 관계를 협의한다. 또한 비회원국들과의 대화 창구 역할을 하는 해외 ASEAN위원회(Committees Abroad)[56] 외에 고위 관료 회의(Senior Officials Meeting: SOM), 고위 경제 관료 회의(Senior Economic Official Meeting:

56 대화 상대국을 포함해 총 21개국에 설치되어 있으며, ASEAN 10개 회원국 대사들로 구성되어 있다. 한국에는 ASEAN Committee in Seoul이 있다.

SEOM), 특별 고위 관료 회의(Special SOM), 합동자문위원 회의(Joint Consultative Meeting: JCM) 등이 있다.

한편, 1990년 12월 마하티르 말레이시아 총리가 미국·호주 등을 제외한 아태지역 국가들만의 경제 협의체 결성을 목표로 '동아시아경제회의(EAEC: East Asian Economic Caucus)' 창설을 주장하였는데, 그 후 동아시아 국가 간의 교역과 투자가 확대되는 등 경제적 상호 의존도가 심화됨에 따라 미국의 아태 경제 질서 주도 등에 대응하여 동아시아 경제권의 독자적 목소리를 내야 한다는 여론이 확산되었다. 이에 1997년 12월 말레이시아에서 개최된 ASEAN 창설 30주년 기념 행사에서 마하티르 총리가 '아시아 금융 위기' 등 초국가적인 문제의 해결을 위해 한·중·일 정상을 비공식 초청하여 '제1차 ASEAN+3 정상 회의'를 처음 개최함에 따라 ASEAN+3 체제가 발족하였다.

1998년 2차 ASEAN+3 정상 회의(베트남), 1999년 3차 정상 회의(필리핀 마닐라), 2000년 4차 정상 회의(싱가포르), 2001년에 5차 정상 회의(브루나이)가 매년 연속적으로 개최되었다. 특히, 제3차 정상 회담에서는 회의의 정례화가 합의되고, '동아시아 협력에 관한 공동 성명'을 채택함으로써 분야별 역내 기본 협력의 방향이 제시되었다. 그리고 4차 정상 회의 때는 한국의 김대중 대통령이 동아시아 경제 협력체 구성을 위한 구체적인 실천 방안을 제시하여 참가국 정상들에게 큰 호응을 얻었다. 이 방안은 EU나 NAFTA와 같이 동아시아를 하나의 블록으로 묶는 역내 공동체 구상이라는 점에서 주목을 받았고, 이러한 구상을 구체화하기 위해 민간인으로 구성된 '동아시아비전그룹'이 출범해 5차 정상 회의 때 보고서를 제출하였다. 2002년 11월 개최된 제6차 ASEAN+3 정상 회의에서는 우리나라가 제안하였던 동아시아 연구 그룹(EASG) 최종 보고서가 주요 의제로 채택되었다. 2007년에 싱가포르에서 개최된 11차 정상 회의에서는 ① 우리 동아시아에서 역사가 왜곡되지 않고, ② 진정한 '자유 민주주의 국가·체제로 변화'해 상호 협력하고, ③ 우리 국가와 국민들, 자국과 국민들, 동아시아 모두의 평화와 공동 번영을 위해 노력할 것을 결의하였다. 그러나 2008년 정상 회의는 당시 의장국이었던 태국의 정세 불안으로 무산되기도 하였다. 그 후 ASEAN+3 정상 회의는 계속해서 개최되어 2014년에는 미얀마에서 제17차 정상 회의가 개최되었고, 2015년 말레이시아, 2016년 라오스, 2017년 필리핀, 2018년 싱가포르, 2019년 태국에서 지속적으로 개최되었다.

2020년 4월에는 전세계를 강타한 코로나19 영향으로 ASEAN+3 특별정상회담이 화상으로 개최되기도 하였다.

ASEAN+3 정상 회의 이외에도 ASEAN은 여러 역외 협의 체제를 가지고 있는데, 그 중 하나가 동아시아정상회의(East Asia Summit: EAS)이다. 동아시아정상회의는 2002년 11월, 제6차 ASEAN+3 정상 회의에서 '동아시아 공동체' 형성을 위해 '동아시아 비전 그룹'과 '동아시아 연구 그룹'이 권고한 사항으로 ASEAN+3 체제를 확대한 별도 대화 포럼으로 2005년 출범하였다.[57] 동아시아정상회의는 매년 ASEAN+3 정상 회의와 연계하여 개최되는데, 각국 정상들이 역내 전략적·정치적 현안에 대해 자유롭게 의견을 개진하는 정책 대화의 장을 제공하고 있다. 한국, 중국, 일본, 호주, 뉴질랜드가 참여하고 있었는데, 2011년 제6차 정상 회담부터 미국과 러시아가 참여해서 회원국은 총 18개국으로 확대되었다.

이 정상 회의는 주로 '동아시아 공동체'를 둘러싼 주도권 경쟁과 관련되어 있어

57 원래 취지는 ASEAN+3 협력이 진전된 이후 ASEAN+3를 EAS로 완전히 대체하려는 것이었으나, 관련국 간에 합의가 되지 않아 ASEAN+3를 존치한 채 별도로 EAS를 출범시켰다.

한·중·일뿐 아니라 중국을 견제하려는 미국과 러시아 등 외부 국가 간의 치열한 주도권 다툼이 이루어져 정상들 간에는 매우 중요한 포럼으로 인식되고 있다. 2015년 말에는 EAS 출범 10주년을 맞이하여 ASEAN 의장국 말레이시아를 중심으로 회원국 간 EAS의 미래 발전 방향 관련 'EAS 10주년 기념 선언'을 채택하였다. 그 외에도 ASEAN 회원국들은 한·중·일 동북아 3개국 및 유럽연합(EU) 회원국과 함께 아시아-유럽 정상 회의(Asia Europe Meeting: ASEM)에도 참여하고 있다. 1994년 고촉통 싱가포르 총리가 아시아와 유럽의 협력 관계 강화를 위해 제안하여 발족되었다. 제2차 세계대전 이후 식민지적 지배 관계가 단절된 이래 아무런 연결 고리를 갖지 못한 아시아와 유럽이 새로운 동반자 관계를 구축함으로써 유럽-북미-동아시아 3각 지역 협력 체제의 기틀을 마련한다는 데 의의가 있다. 회의는 격년제로 열리며 제1회는 1996년 3월 1일 태국의 방콕에서 열렸는데 ASEAN 7개국(필리핀, 말레이시아, 태국, 인도네시아, 싱가포르, 브루나이, 베트남) 및 한국, 중국, 일본과 EU 15개국이 참가해 아시아와 유럽 간의 협력을 확대하고 포괄적 동반자 관계를 선언하면서 대화 채널 구축에 합의하였었다. 그 후 2004년 10월 베트남 하노이에서 개최된 제5차 정상 회의부터 ASEAN 10개국 모두가 참여하였다. 2000년 10월 ASEM 제3차 회의는 우리나라 서울에서 열렸다. 정기적인 정상 회담이 끝나면 수시로 열리는 고위 관리 회의를 통해 정상 회의 시 합의된 사항을 이행하기 위한 후속 조치를 협의한다. 그리고 정상 회담이 열리지 않는 홀수 해에는 외무·경제·재무장관 회의 등 각료 회의가 열리게 된다.

ASEAN은 이러한 역외 협력 체제 외에도 아시아·태평양 지역 국가들의 다양한 정치·안보 현안을 다루는 협의체인 아세안지역안보포럼(ASEAN Regional Forum: ARF)과 환태평양 지역의 주요 경제 실체 간 경제 협력과 무역 증진을 목표로 결성된 아시아·태평양경제협력체(Asia Pacific Economic Cooperation: APEC)에도 참여하고 있다.

떠오르는 '기회의 땅' 아세안은 지난 15년 이상 지속적인 경제 성장을 이루어 왔고, 또한 여러 국가들과 지역 및 개별 자유무역협정을 맺고, 포괄적 경제 협력 파트너십에 참여함으로써 시장 범위를 확대해 왔다. 따라서 거대한 인구 규모와 지속적인 경제 규모의 증가, 안정적인 경제 성장률이 큰 장점으로 꼽힌다. 더구나 미·중 간 무역전쟁이 심화되면서 기업들의 탈중국화와 그 최적 대체지로서 주목을 받고 있다.

ASEAN 공동체

아세안이 10개 회원국으로 확대되면서 단일한 공동체로 발전해 나가는 것은 쉽지 않았다. 하지만 아세안이 1997년 창설 30주년을 맞아 '아세안 비전 2020'을 채택하고, 2020년까지 회원국 간 관세를 면세하고 자본과 서비스의 자유 이동을 목표로 하는 동남아 지역 통합 계획을 처음으로 발표하였다. 2003년에는 ASEAN 협력선언(Bali Concord II)을 통해 2020년까지 ASEAN 공동체(ASEAN Community) 설립에 합의하였다. 그러나 중국과 인도가 급격히 성장하자 회원국들은 하루 빨리 경제 블럭을 결성해 대처할 필요가 있다는 데 공감하면서 2007년 아세안 정상회담에서는 아세안 공동체를 2020년이 아닌 2015년에 앞당겨 출범시키겠다는 의지를 밝혔으며, 3개의 공동체 중 가장 먼저 아세안 경제 공동체 청사진을 채택하였다.

2008년에는 아세안 헌장(ASEAN Chater)을 공식 발표, 아세안 공동체 건설을 향한 비전과 제도적 기반을 마련하였다. 아세안 헌장은 아세안의 체계화 및 제도화를 구현하여 법적 구속력 있는 지역 기구로서의 아세안의 역할을 강화하는 것을 주요 내용으로 한다. 이어 2009년에는 정치·안보 공동체 청사진 및 사회·문화 공동체 청사진을 각각 채택하였고, 아세안 통합 이니셔티브 실행 계획과 함께 아세안 공동체를 위한 로드맵(2009~2015)에 관한 후아힌 선언을 함으로써 아세안 공동체 실현을 위한 구체적인 단계별 로드맵을 완성하였다.

그리고 2015년 11월 개최된 제27차 정상 회의에서 쿠알라룸푸르 선언을 통해 보다 확대되고 통합된 단계별 로드맵인 '아세안 2025'(ASEAN 2025: Forging Ahead Together)를 발표하였다. 그 후 12월 31일 아세안 공동체를 출범시키면서 평화, 번영과 진보를 향한 여정에 큰 이정표를 마련하였다.

아세안 공동체는 아세안 정치·안보 공동체(ASEAN Political-Security Community: APSC), 아세안 경제 공동체(ASEAN Economic Community: AEC), 아세안 사회 · 문화 공동체(ASEAN Socio-Cultural Community: ASCC) 세 축으로 구성되어 있는데, 경제적 통합에서 기능적 통합을 거쳐 제도적 통합으로 나간다는 기능주의적 전략을 따라가고 있다.

전공의 특성상 여기서는 경제 공동체에 한정해서 알아본다.

아세안 경제 공동체(ASEAN Economic Community)

아세안 공동체의 모토는 '하나의 비전, 하나의 정체성, 하나의 공동체'(One Vision, One Identity, One Community), 목표는 '돌봄과 나눔의 공동체'(Caring and Sharing Community)이다. 약 6억 4,000만 아세안 시민은 서로 돌보고 나눌 수 있는 하나의 공동체를 만들고자 하는 목표를 공유하고 있다.

아세안 공동체는 2015년 12월 공식 출범하였지만 이것은 아세안 공동체가 완성된 것을 의미하는 것은 아니고, 보다 심화되고 유기적으로 통합된 아세안 공동체를 만들기 위한 새로운 이정표를 마련하여 도약 단계로 접어들었다는 것으로 해석할 수 있다. 왜냐하면 아세안이 공동체 출범 선언과 함께 2025년까지 공동체 구상을 밝혔기 때문이다.

I. 아세안 경제 공동체 추진의 배경

아세안이 2000년대 들어 경제 통합 혹은 경제 공동체 구축을 적극적으로 추진한 이유는 다음과 같다.

첫째, 정치적 안정이다. 아세안 역내에 정치적인 충돌이나 불안이 크게 해소되면서 각국은 경제 활성화에 집중하게 되었다. 태국을 제외한 모든 아세안 국가들은 짧게는 100년, 길게는 400년 동안 유럽의 식민지를 거쳤고, 1945년 제2차 세계대전을 마치면서 독립한 국가들이다. 이들은 새롭게 현대 국가의 틀을 다지는 동시에 냉전 시대, 자유주의 국가와 공산주의 국가 간의 이데올로기 싸움의 최전선에 있었다. 때문에 각국 정부는 국가의 안위와 정치적인 안정을 최우선으로 삼으며 1950년부터 1980년대를 거쳤다. 당시 이데올로기 싸움의 가장 대표적인 것이 1960~1970년대 벌어진 베트남전쟁이다. 이 기간 동안 북베트남과 남베트남은 치열한 전쟁을 벌였고, 상호간에 엄청난 인적·물적 피해를 보았다. 1989년 독일의 베를린 장벽이 무너지고 공산주의가 붕괴되면서 이러한 이데올로기 싸움은 막을 내렸고, 이 국가들은 경제 부흥을 통한 국가 발전을 적극적으로 추진하였다. 베트남과 라오스가 시장경제를 도입하였고, 캄보디아도 경제 활성화 정책을 추진하면서 아세안은 기존의 6개국에서 10개국으로 확대되었다. 이렇게 역내 국가들이 아세안에 모두 가입하고 정치적인 불안이 줄어들면서 이들은 경제 활성화를 최우선 정책 과제로 선정하였다. 특히 이들은 경제 통합이 경제 활성화에 기여한다는 점을 깨닫고, 이를 추진하기에 이르렀다.

둘째, 중국의 부상이다. 1990년대 이후 중국은 개혁과 개방을 꾸준히 추진하여 2014년에는 미국에 이어 세계 2위의 경제 대국이 되었다. 이렇게 중국이 세계 시장에서 부상하면서 중국 주변의 아세안 국가들은 정치·경제적으로 많은 위협을 느꼈고, 경제 협력을 통하여 이를 극복하는 방법을 채택하였다. 이들은 중국에 대한 경쟁력을 확보하는 주요 방법이 바로 아세안 역내 국가들 간의 협력이라는 점을 깨닫게 되었다. 중국이 12억 인구의 거대한 대륙으로서 규모의 경제 효과를 적극적으로 활용하는 데 비해 상대적으로 경제 규모가 작은 아세안 각국의 중국과의 경쟁에서 살아남기 위해서는 역내 국가들과의 협력이 필수 불가결하다는 점을 이해하게 된 것이다.

셋째, 유럽 경제 통합의 효과이다. 유럽연합은 1950년대 이후 지속적으로 경제 통합을 추진하여, 1999년에는 유로화를 도입하여 사용하는 수준에 이르렀다. 일부 국가의 경제 협력에서 시작된 유럽이 통화 통합까지 이루어 내는 것을 목격한 아세안 국가들은 역내 경제 통합이 각국 발전에 기여할 것이라는 확신을 갖게 되었고 이는 아세안 경제 공동체의 탄생으로 이어졌다. 실제로 아세안 각국은 경제 통합을 추진하는 과정에서 유럽의 경험을 연구하고 그 차이점을 살펴보고 있다.

넷째, 1997년에 닥친 동아시아 경제 위기이다. 동아시아 금융 위기는 아세안 국가들의 정치인 및 일반인에게 매우 커다란 영향을 주었다. 1997년 7월 태국 바트화의 폭락으로 시작된 금융 위기는 말레이시아와 인도네시아 및 필리핀으로 전염되면서 역내 금융 위기로 발전하였다. 과거 아세안 각국은 개별 국가의 금융 시장은 주변 국가로부터 큰 영향국으로 빠르게 전염되고 그 효과도 매우 크게 확대됨에 따라 이들 국가들은 상호 협력의 필요성을 크게 인식하게 되었다. 이 과정을 통해 아세안 국가들은 금융 위기를 극복하거나 예방하기 위해서는 각국의 금융 시장뿐만 아니라 주변국의 금융 시장 역시 안정되어야 하며, 이를 위해서는 역내 국가들이 공동으로 협력하여야 한다는 사실을 깨달았다. 이에 각국 정부가 다양한 형태로 상호 협력하여야 한다는 사실을 깨달았다. 이에 각국 정부가 다양한 형태로 상호 협력하게 되었고 이는 경제 공동체 구축으로 발전하였다.

Ⅱ. 아세안 경제 공동체 2025년까지의 청사진

2007년 발표된 아세안 경제 공동체의 청사진은 '단일 시장·생산 기지', '경쟁력 높은 경제 지역', '균형 경제 발전', '세계 경제로의 통합'이라는 네 가지 목표로 제시되었다. 2015년 발표된 '아세안 경제 공동체 청사진 2025'는 글로벌 경제 체제에서 보다 통합되고 연결된 경제 공동체로 발전하기 위한 좀 더 구체화된 목표 다섯 가지를 제시한다. 이는 아세안이 보다 비즈니스 친화적이고, 원활한 무역과 투자가의 신뢰를 얻을 수 있는 시장 주도의 환경을 갖출 수 있게 발전하는 것을 형상화하고 있다.

아세안 공동체: 2015년 출범과 아세안 비전 2015

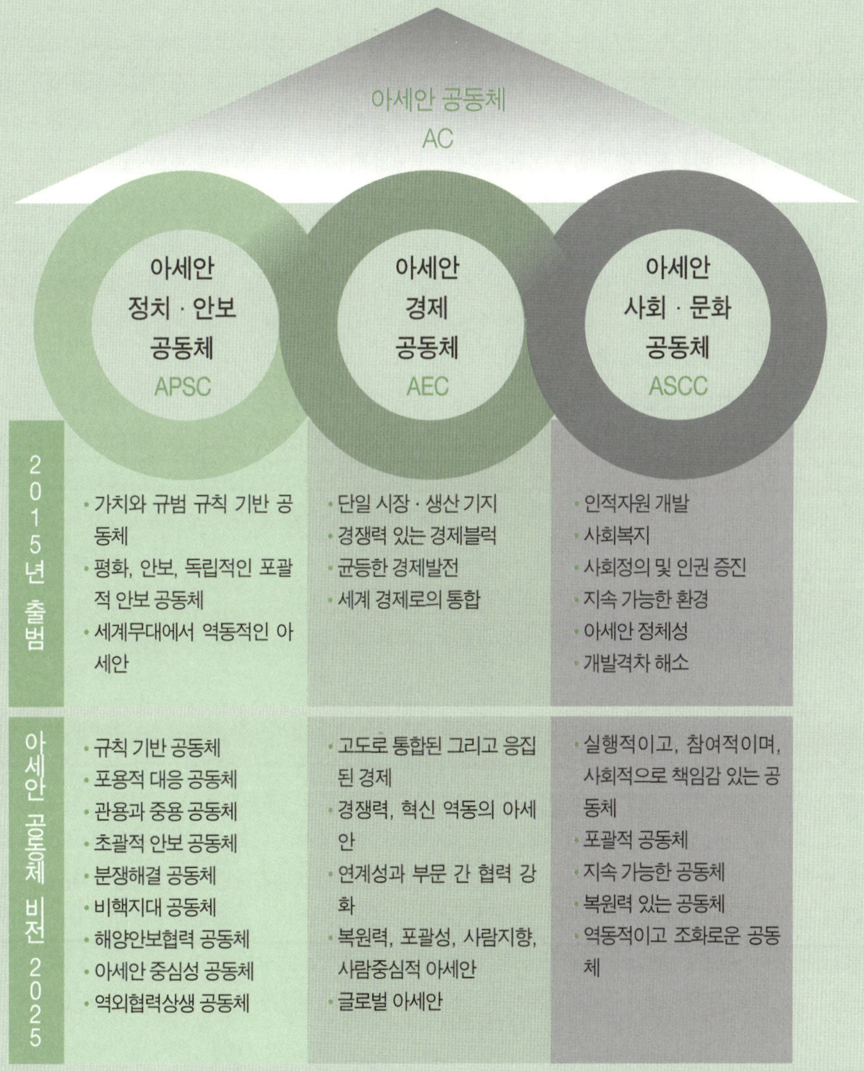

'아세안 공동체 비전 2025'는 5가지 대영역과 그 아래 74개의 프로그램과 146개의 전략이 담겨 있는 광범위한 밑그림이다. 총론에 명시된 경제 공동체의 5가지 목표는 1. 고도로 통합되고 응집력 있는 경제(A Highly Integrated & Cohesive Regional Economy), 2. 경쟁적이고, 혁신적이며, 역동적인 경제(A Competitive, Innovative & Dynamic Community), 3. 강화된 연계성 및 부문 간 통합(An Enhanced Economic Connectivity & Sectoral Integration), 4. 복원 가능하고, 포용적이며, 사람 지향적인 공동체(A Resilient, Inclusive & People-Oriented, People-Centered Community), 5. 글로벌 아세안(Global ASEAN)이다.

첫째, '고도로 통합되고 응집력 있는 경제'를 위해 아세안은 다음과 같은 세부 목표를 정하였다. 높은 수준의 경제 성장을 뒷받침하고 무역, 투자, 일자리를 창출하며 글로벌 도전과 메가트렌드에 대응하는 역량을 향상시킨다. 상품 교역의 기존 조치를 강화하여 단일 시장을 촉진하고, 비관세 장벽을 효율적으로 해결하며, 서비스 교역의 통일성을 심화하며, 투자·숙련 노동력·기업인·자본의 중단 없는 이동을 확대한다.

둘째, '경쟁적이고, 혁신적이며, 역동적인 경제'라는 목표를 달성하기 위한 세부 목표는 다음과 같다. 지식의 생산과 실용적인 적용, 혁신 지원 정책 및 디지털·그린 기술 개발의 채택을 통한 건실한 생산성 향상을 촉진한다. 바람직한 지배 구조, 효율적인 분쟁 해결 체계 및 투명성과 대응적 규제를 촉진하며, 글로벌 가치사슬에의 참여를 확대한다.

셋째, '강화된 연계성 및 부분 간 통합'의 아세안은 경제 공동체의 효율적 이행에 핵심적인 전략 부문의 지역 정책과 프레임을 개선한다는 세부 목표를 정하였다.

넷째, '복원 가능하고, 포용적이며, 사람 지향적인 공동체'를 위해 다음과 같은 세부 목표를 정하였다. 공평한 발전과 표용적인 성장을 촉진하고, 중소기업 발전 정책 및 협력을 강화함과 동시에 기업인과 이해당사자의 효율적인 참여를 보장한다. 또한 소지역의 발전 협력 및 프로젝트를 강화하며, 빈곤 퇴치를 위한 경제 기회를 확대한다.

다섯째, '글로벌 아세안'으로 나아가기 위한 세부 목표는 다음과 같다. 대외경제관계에 대해 보다 체계적이고 일관된 입장을 견지하며, 아세안 중심성과 동아시아 경제 통합의 촉진자로서의 역할을 유지하고, 주요 이슈의 해결 시 공동의 입장을 제시하여 전 세계적 경제 사안에의 참여를 확대한다.

5가지 경제 공동체 목표의 달성을 위한 구체적 실천계획은 다음과 같다.

1. 고도로 통합, 응집된 경제권(A Highly Integrated and Cohesive Economy)

아세안 경제 공동체는 기업과 소비자를 위한 단일 시장을 형성하고, 아세안 역내 무역과 생산 네트워크를 강화하기 위해 상품, 서비스, 투자, 자본 그리고 숙련 노동의 이동을 촉진하는 것을 목표로 한다.

상품: 아세안 상품협정(ASEAN Free Trade Area Agreements: ATIGA) 강화, 아세안+1 FTA 촉진과 역내포괄적경제동반자협정(Regional Comprehensive Economic Partnership: RCEP) 협상 추진, 원산지 규정 이행과 단순화, 무역원활화 집행과 심화 등. 구체적으로 아세안 싱글윈도(ASEAN Single Window: ASW) 구축과 범위 확대, 무역에 관한 행정 규제, 문서, 수출입 과정, 세관 규정의 단순화와 합리화, 비관세 조치의 실현 등.

금융: 금융 통합, 금융 포괄성, 금융 안정성 세 가지 원칙과 자본의 자유화, 지불과 결제 시스템, 역내 금융 개발 격차 해소를 위한 역량 강화에 기초한 금융 통합 지향.

숙련 노동과 비즈니스맨들의 자유로운 이동: 아세안 자격인증제도(ASEAN Qualifications Reference Framework: AQRF) 집행, 전문직 상호인증제도(Mutual Recognition Arrangements in Services: MRAs) 집행, 아세안 자연인 이동

에 관한 협정(ASEAN Agreement on the Movement of Natural Persons: MNP) 실현 등.

2. 경쟁적이고, 혁신적이며, 역동적인 아세안(A Competitive, Innovative and Dynamic ASEAN)

아세안 경제의 경쟁력과 생산성을 높이기 위한 분야이다.

효과적인 경쟁력 정책: 국제적 베스트 프랙티스(Best practice)를 아세안 내에서 실현하기 위한 노력, 경쟁력 강화를 위한 정책·법률을 강화하기 위한 노력 등.

소비자 보호: 소비자 보호는 현대적, 효율적, 효과적 그리고 공정한 시장을 만드는 데 중요.

지적재산권 협력 증진: 지적재산권(Intellectual Property Right: IPR) 보호로 역내 회원국에게 한 차원 높은 기술 발전 증진, 기술 이전 활성화, 혁신과 창의성 증진 등.

혁신과 연구 개발: 연구기술파크 조성, 기술 개발과 혁신을 위한 산·관·학 협력 체제 구축, 지역적 차원의 R&D 네트워크 구축과 강화·발전 등.

굿 거버넌스: 효과적이고 효율적이며 일관된 규제 관행을 만드는 노력. 지속 가능한 경제 발전: 재생 가능한 에너지, 저탄소 기술, 식량 안보, 보건 및 환경 이슈에 적합한 새로운 적정 기술, 관리 시스템의 발전.

3. 강화된 연계성 및 부분 간 통합(Enhanced Connectivity and Sectoral Cooperation)

아세안 연계성을 위한 마스터플랜(Master Plan on ASEAN Connectivity: MPAC)의 목표를 공유하면서 교통, 정보통신 기술, 에너지 등 경제적 연계성을 강화하기 위해 노력한다.

교통: 교통 인프라 상호 연계성 강화 및 완성, 아세안 단일 항공 시장(ASEAN Single Aviation Market: ASAM) 강화, 아세안 단일 해운 시장(ASEAN Single Shipping Market: ASSM) 구축과 해양 안보 증진, 국제해양기구(IMO) 조약의 효과적인 집행, 교통 원활화를 위한 다양한 협정 완료 및 실행 등.

정보통신 기술: ASEAN ICT 마스터플랜 계승과 집행, ICT 혁신과 기업가 지원, ICT 인프라 발전, ICT 인적자원 개발, 뉴미디어와 컨텐츠 산업 증진 등.

전자상거래: 아세안 전자상거래협정(AAeC) 실현.

에너지: 에너지 협력을 위한 아세안 행동계획 2016~2025(ASEAN Plan of Action for Energy Cooperation: APAEC)의 실현.

식량·농업·임업: 아세안 식량·농업·임업에 관한 비전(Vision and Strategic Plan for ASEAN Cooperation in Food, Agriculture and Forestry: FAF)의 실현.

관광: 지속 가능한 관광, 관광의 질을 높이기 위한 노력.

보건: 헬스케어 산업 발전을 강화하고, 본 산업의 발전을 위해 전통적 지식, 전통 약제 방식을 적극 활용.

광업: 아세안 광업 협력을 위한 행동계획 2016~2025(ASEAN Minerals Cooperation Action Plan 2016~2020: AMCAP 2016~2025)의 실현.

과학기술: 아세안 과학, 기술 혁신을 위한 행동계획 2016~2025(ASEAN Plan of Action on Science, Technology and Innovation 2016~2025: APASTI 2016~2025)의 실현.

4. 복원 가능하고, 포용적이며 사람 지향적인 공동체(A Resilient, Inclusive, People-Oriented and People-Centered Community)

불균형한 경제 발전을 지양하고 균형 잡힌 경제 발전을 실현하기 위한 분야이다.

소상공인 및 중소기업(Micro, Small and Medium Enterprises: MSMEs) 육성 정책: 소상공인 및 중소기업 육성 정책은 아세안 경제의 근간이지만, 여전히 여러 가지 측면에서 도전 과제를 갖고 있기에 소상공인 및 중소기업의 경쟁력, 시장 진출, 기술력 확보를 위한 노력 필요.

민간 영역 역할 제고 : 아세안 비즈니스 자문위원회 운영, 민간 영역의 자문 제도화, 온라인 네트워크 포럼 등.

민관 협력 체제(Public–private Partnership: PPP): 민관 합작 투자 사업은 아세안 경제 공동체와의 연계성 플랜을 실현하는 데 유효한 수단으로 활성화 필요.

개발격차 해소: 브루나이·인도네시아·말레이시아·필리핀으로 구성된 성장 지대(Brunei Darussalam-Indonesia-Malaysia-Philippines East ASEAN Growth Area: BIMP-EAGA), 인도네시아·말레이시아·태국으로 구성된 성장 트라이앵글(Indonesia-Malaysia-Thailand Growth Triangle), IMT-GT, 메콩강 유역(Greater Mekong Subregion: GMS), 아세안 통합 이니셔티브 III(Initiative for ASEAN Integration III), IAI III의 집행 등.

이해당사자 참여 증진: 경제 이해당사자들의 참여와 개입을 강화하고, 기업의 사회적 책임(corporate social responsibility: CSR) 활동을 늘리며, 경제 이슈에 대한 이해당사자들의 자문 활동 강화.

5. 글로벌 아세안(A Global ASEAN)

아세안은 그동안 중국·일본·한국·인도·호주·뉴질랜드 등 역외 국가들과의 FTA와 포괄적 경제협정(Comprehensive Economic Partnerships: CEPs)을 통해 세계 경제와의 통합 노력을 계속하고 있었다. 그 밖에도 역내포괄적경제동반자협정(RCEP)과 아세안-홍콩 자유무역협정(Asean-Hong Kong Free Trade Agreement: AHKFTA)을 계속 진행하고 있다. 이러한 FTA와 포괄적 경제협정은 아세안 경제 공동체의 위상을 강화하는 데 기여하고 있으며, 또한 개방적이고 포용적인 아세안 경제 공동체를 만들고 있다.

III. 경제 공동체 구축의 구조적 어려움

아세안은 경제 공동체 출범을 통해 여러 가지 공동체에 이익을 추구하고 있다. 그러나 실제로 이러한 경제 공동체를 구축하는 것은 쉽지 않다. 아세안이 직면한 현실에서 여러 가지 어려운 점이 발생하고, 또한 경제공동체를 구축하는 과정에서 여러 가지 해결해야 하는 문제점도 발생하기 때문이다.

경제 공동체의 구조적 어려움은 다음과 같다.

첫째, 아세안 국가의 상당수가 저소득 국가라는 점이다. 경제 공동체 구축은 10개국이 하나의 공통된 제도를 구축한다는 것을 의미한다. 이러한 공통된 제도를 구축하려면 먼저 각국의 기존 제도를 연구한 후, 이들에게 적합한 이상적인 틀을 디자인하고 이를 단계별로 실천해야 한다. 하지만 현재 아세안 국가의 대부분은 개발도상국이기 때문에 이러한 구축 과정을 실천하기는 매우 어려운 실정이다. 이를 실천하려면 관련 분야에 다수의 고급 인력을 확보하고 관련 예산을 사용하여 추진하여야 하나, 아세안은 이러한 인적·물적 자원을 보유하지 못하고 있다. 또한 적절한 계획이 수립되었다고 하더라도 일부 국가들은 이를 실천하기 어려운 실정이다. 각국은 자신의 제도를 정비하는 과

ASEAN 경제 공동체 연대표

2015	아세안 경제 공동체 공식 출범 아세안 경제 공동체 청사진 2025 발표
2013	포괄적 아세안 투자협정(ASEAN Comprehensive Investment Agreement: ACIA) 발효
2010	아세안물품무역협정(ASEAN Trade in Goods Agreement: ATIGA) 발효
2008	아세안 헌장(ASEAN Charter) 발효
2007	아세안 경제 공동체 청사진 발표
2003	아세안 협력선언 II(Bali Concord II) 채택
1997	아세안 비전 2020 채택
1995	아세안 역내 서비스 기본협정(ASEAN Framework Agreement on Services: AFAS) 서명
1992	아세안 자유무역지대(AFTA) 창설 합의
1967	아세안 창설

정에서 많은 인적 및 물적 자원을 필요로 하는데, 실제로 이를 보유하지 못한 국가들이 많기 때문이다. 예를 들어, 아세안 각국이 통관을 손쉽게 하기 위해 각종 관세 관련 시스템을 현대화하려는 계획을 수립하였다고 하자. 그러나 막상 이를 현실화하려면 각국 정부가 각종 관련 시스템을 전산화하고 통관 시스템을 상호 연결하는 작업을 추진하여야 하는데, 일부 국가들은 이를 수행할 지원조차 갖고 있지 못하다.

둘째, 아세안 국가들 간의 경제 구조 차이가 크다는 점이다. 아세안 국가들의 1인당 소득이나 전체 경제 규모, 산업 구조 등은 모두 서로 크게 차이를 보인다. 이에 따라 이들 국가의 경제 공동체를 추진하는 과정에서 많은 어려움이 발생한다. 예를 들어, 경제 공동체를 추진하려면 각국이 관련 제도를 표준화하고 통합하여야 한다. 가장 선진화된 싱가포르 기준으로 제도를 통합하는 것이 이상적이지만 다른 국가들이 싱가포르 수준의 제도를 단기간에 구축하는 것은 불가능하다. 구체적인 예로 싱가포르는 통관 시스템을 모두 전산화하여 외국 상품이 세관을 통과하는 데 시간이 얼마 소요되지 않지만, 일부 국가들은 서류를 통하여 수입품의 세관 통과가 일어나기 때문에 상당한 시간이 걸릴 수 있다. 또 다른 예로 베트남 호치민 시티의 티셔츠 생산자가 캄보디아의 단추를 부품으로 사용하는 경우에서 찾아볼 수 있다. 이 경우 상호 협력이 존재하려면 양국 간의 단추 규격이나 품질에 대한 제도가 통일되어야 한다. 이때 양국의 경제 발전 수준 격차가 너무 클 경우 여러 가지 어려움이 발생한다. 한쪽은 품질 규격이 매우 복잡하나, 다른 국가에는 이에 대한 규정도 없을 수 있기 때문이다.

셋째, 개발 격차이다. 아세안 국가 내에서 노동력 이동을 자유롭게 하는 것이 경제 공동체 형성에 매우 중요한 요소인데, 경제력 차이가 크면 이를 추진하기가 어려워진다. 급격한 사회 불안을 초래할 수 있기 때문이다. 인도네시아를 비롯해 태국, 싱가포르, 필리핀, 말레이시아 등 아세안 경제 성장을 이끄는 소위 '아세안 5'는 아세안 총생산의 약 90% 정도를 차지한다. 또 싱가포르의 1인당 소득 64,041달러는 이웃 국가인 인도네시아의 1인당 소득 3,870달러보다 16배나 많다. 캄보디아 1,509달러보다는 42배, 미얀마 1,298달러보다는 49배로 더 차이가 난다. 이렇게 소득 격차가 클 경우 양쪽 국가의 노동력 이동을 자유롭게 하기 힘들다. 즉, 인도네시아의 노동자들은 싱가포르 노동자의 임금이 훨씬 높다는 사실을 인식하고 싱가포르 이주를 적극적으로 추진하게 될 것이므로, 대규모의 인구 이동을 초래할 수 있기 때문이다. 이는 대도시의 주거 문제와 교통 문제 등 각종 사회 문제를 초래할 수 있다. 아세안이 경제공동체 구축에서 단지 '숙련된 노동의 자유화'를 주장하고 이마저도 매우 신중하게 추진하는 이유가 이 때문이다.

이러한 구조적 어려움을 가지고 출범한 아세안경제공동체(AEC)는 2030년 GDP 5조 달러로 세계 4위의 경제 규모를 달성한다는 목표를 추구하고 있다. 하지만 실질적인 성과를 내기 위해서는 아직 갈 길이 멀다는 회의론도 만만치 않다. 거레스 리더 캐피털이코노믹스 아시아 담당 이코노미스트는 "AEC는 각 국가들이 합의를 지키지 않아도 제재할 방법이 없을뿐더러 아세안 사무국도 이를 추진할 충분한 인력과 자금이 없다"고 지적하였다. 실제로 아세안 사무국의 매년 예산은 1,700만 달러(약 200억 원)에 불과하고, 인력은 300명 정도이다. 지역경제 통합 전문가인 자얀트 메논 아시아개발은행(ADB) 수석 이코노미스트는 이를 "당근만 있고 채찍은 없는 상황"이라고 표현하였다.

전문가들은 또 아세안 국가 간에 관세 장벽은 사라졌지만 지식재산권, 토지 사용권, 이민 정책을 비롯해 각종 비관세 장벽은 여전히 남아 있다고 지적한다. 네덜란드 맥주업체 하이네켄은 인도네시아에 직접 공장을 세워 현지 맥주 시장의 70%를 점유하였지만, 2018년 인도네시아 정부가 갑자기 모든 주류 판매를 금지하면서 타격을 입었다.

그러나 AEC의 경우 평균 연령이 29세로 젊고, 중산층도 증가하고 있어 향후 성장 잠재력은 매우 크다고 평가되고 있다.

자료: 윤진표, 이충열, 최경희(2016), 『아시아의 꿈, 아세안공동체를 말하다』 참조.

우리나라도 일찍부터 동남아시아 국가들과 외교 관계를 맺어 왔고, 한국 기업들도 1960년대 후반부터 자원 확보를 위한 투자를 진행하였다. 국가적 차원에서는 아세안과 1989년 11월 부분 대화 관계(Sectoral Dialogue Partnership)를 수립한 후, 1991년 7월 완전 대화 상대국 관계(Full Dialogue Partnership)로 격상시켰다. 그 후 1997년 12월 제1차 ASEAN+3 정상 회의를 개최하였고, 2004년 11월에 '한-ASEAN 포괄적 협력 동반자 관계에 관한 공동선언' 채택 및 동남아우호협력조약(Treaty of Amity and Cooperation)에 가입하였다.

그리고 2004년 11월 한-ASEAN FTA를 위한 협상 개시를 선언한 이후 ① 기본 협정 및 분쟁 해결 제도, ② 상품, ③ 서비스·투자 분야를 순차적으로 타결하기로 하고 협상을 진행하였는데, 당초 계획대로 기본 협정 및 분쟁 해결 제도는 2005년 12월에 서명하고, 2007년 6월 발효되었다. 그리고 상품 협정은 2006년 8월 서명하고, 2007년 6월 발효되었으며, 서비스 협정은 2007년 11월 서명하고, 2009년 5월부터 발효되었다. 한-ASEAN FTA 발효 후 2018년 교역 규모가 2007년에 비해 약 2.2배로 증가(수출 2.6배, 수입 1.8배)하여 동기간 우리나라 전체 교역 증가율을 상회하며, 한국의 제2대 교역 상대 지역으로 부상하였다.

한편, ASEAN 회원국과 교역 증대, 투자 촉진, 관광 및 문화 교류 활성화를 통한 상호 이해와 협력 증진을 목적으로 '한-아세안 센터'가 2009년 3월 공식 출범하여 현재 활동 중이다.[58] 또한 2014년 한-ASEAN 특별정상 회의를 계기로, 한-ASEAN 간 다양한 학술, 문화, 인적 교류를 통해 상호 이해 제고 및 공동체 인식 기반 조성을 위해 아세안문화원(ASEAN Culture House)이 부산광역시 해운대구에 설립되어 운영되고 있다.[59]

한편 2015년 11월 제27차 ASEAN 정상 회의에서는 'ASEAN 공동체 비전 2025에 관한 쿠알라룸푸르선언'을 채택하여, 'ASEAN 공동체 비전 2025'의 주요 내용 및 사항들을 강조하였다. 그리고 'ASEAN 공동체 비전 2025' 및 ASEAN 공동체 산하 3개 공동체(정치-안보, 경제, 사회-문화)별 계획서(Blueprint)도 채택하였다.

2015년 12월 31일에는 오랫동안 계획하였던 'ASEAN 공동체'가 정식으로 출범하였다. 이에 당시 인구는 6.2억 명으로 중국과 인도에 이은 세계 3위, GDP는 2.5조 달러로 프랑스, 브라질 등과 비슷하여 세계 7위 규모, 상품 수출 규모는 1.3조로 중국, 미국, 독일에 이은 4위이며 상품 수입은 미국과 중국에 이은 3위의 거대 단일 시장이 출현하였다.

그리고 2016년부터 전개될 ASEAN 공동체는 2015년 제27차 아세안 정상회의에서 채택된 쿠알라룸프르선언, "아세안 2025, 함께 앞으로 나아가자"(ASEAN 2025: Forging Ahead Together)의 하나인 'AEC 2025 청사진'(ASEAN Economic Community Blueprint 2025)에 기초하여 움직이고 있다.

58 한-아세안 센터는 2007년 11월 싱가포르에서 개최된 제11차 한-아세안 정상 회의에서 서명한 '한-아세안 센터 설립 양해 각서'가 2008년 12월 발효함에 따라 설립되었고, 한-아세안 대화 관계 20주년을 맞은 2009년 3월 13일 공식 출범하였다. 한국 사무소는 서울 지하철 시청역 부근에 있다. 센터 홈페이지는 http://aseankorea.org/index.asp이다.

59 공식 웹사이트 주소는 https://ach.or.kr/user/main이다.

역내포괄적경제동반자협정

요약

역내포괄적경제동반자협정(Regional Comprehensive Economic Partnership: RCEP)은 아시아·태평양 지역을 하나의 자유무역지대로 통합하는 '아세안+6' FTA로 ASEAN 10개국과 한·중·일, 호주, 인도, 뉴질랜드 등 16개국의 역내 무역 자유화를 위한 다자간 무역 협정이다. 다양한 형태의 동아시아 경제 통합 논의 속에 2011년 ASEAN이 RCEP를 제안하였으며, 중국이 TPP에 대응할 만한 동아시아 경제 통합의 필요성을 느껴 RCEP 출범에 적극 협력하면서 시작되었다.

최초 협상 타결 목표 시한을 2015년으로 정하였지만 협상 주도권과 개방 수위를 놓고 참가국 간 이해관계가 대립하면서 협상이 지지부진한 상황으로 이어져, 목표 시한을 지키지 못하였다. 그런 가운데 트럼프 행정부가 2017년 1월 TPP(Trans-Pacific Partnership) 탈퇴를 선언하면서 RCEP는 다시 부상하였고, 중국의 주도하에 협상이 빠르게 추진되었다.

애초 RCEP는 중국 중심의 아시아 지역 블록이 형성될 것을 막기 위해 일본이 견제 계획의 일환으로 제안한 것이었지만, 중국은 동아시아 지역 내에서 영역을 확장하기 위한 디딤돌로 RCEP를 받아들였고 미국 주도의 TPP를 견제하기 위해 노골적으로 RCEP를 적극 추진하였다.

2011년 RCEP가 제안된 후 2013년 5월 9일 첫 공식 협상이 브루나이 국제 회의장에서 열린 이후 6년 이상의 기간 동안 총 28차례 협상, 16차례 장관 회의, 7차례의 회기간(回期間) 장관 회의가 개최되었다, 정상 회의도 2017년 11월 필리핀 마닐라에서 열린 이후, 2018년 11월 싱가포르에서 제2차 정상 회담이 개최되었고, 2019년 11월 초 태국 방콕에서 열린 제3차 정상 회담에서 RCEP가 타결되었다. 그러나 인도는 국내 산업 보호를 위해 자국 시장 개방에 소극적이었으며, 특히 중국과의 무역에서 만성적 적자에 시달리고 있는 상황에서 관세를 인하함에 따라 중국에서 공업 제품 및 농산물이 대량으로 유입되는 것을 우려하였다. 또한 침체된 농촌 경제와 불확실한 서비스 시장 개방 등의 이슈를 제기하며 RCEP 협상 합의를 유보하였다.

이에 따라 인도를 제외한 15개국만이 RCEP 협정문에 대한 합의를 하게 되었으며, 협정문은 상품, 서비스, 투자, 전자상거래, 정부 조달을 포함한 20개 챕터로 구성되어 있고, 품목별 단일 원산지 기준 및 전자상거래·지재권 등 최신 무역 규범 조항을 포함하고 있다.

15개 회원국들은 협정문의 법률 검토에 즉시 착수하는 한편, 잔여 시장 개방 협상도 조속히 마무리해 2020년 최종 서명에 차질이 없도록 하겠다는 의지를 표명하였는데, 한편으론 인도가 RCEP에 동참할 수 있도록 인도와 관련된 잔여 이슈 해소를 위해 참여국 모두 노력하기로 합의하였다.

원래 RCEP는 GDP 27조 5,000억 달러로 세계 GDP의 32.1%, 인구 36억 명으로 세계 인구의 47.5%, 교역 13조 4,000억 달러로 27%를 차지하는 세계 최대 경제 블록을 꿈꾸었지만, 인도가 빠짐으로써 GDP 25조 달러(29%), 인구 23억 명(30%), 교역 12억 2,600억 달러(25%) 규모로 줄어들었다.

향후 RCEP가 선도적인 메가 FTA로서 지속 가능성 확보 및 영향력 확대를 위하여 인도의 RCEP 참여가 중요하며, 이러한 과정에서 서비스 투자 부분을 포함한 전체적인 RCEP 협상의 개방 수준이 높아질 수 있도록 중국의 역할이 더욱 중요하게 되었다. 그러나 RECP 타결이 발표되자 미국이 불참을 선언한 인도와의 경제 협력 방안인 인도 태평양 전략 보고서(INDO-Pacific Advancing a Shared Vision)를 발표하며 중국에 대한 견제를 노골화하고 있어, 인도의 RCEP 참여가 쉽지 않을 것 같다.

한편, 2020년 초 전 세계를 강타한 코로나19의 영향으로 '역내포괄적경제동반자협정'(RCEP)의 제29차 공식 협상이 2020년 4월 20·22·24일 3회에 걸쳐 화상 회의로 개최되었다. 참여국들은 이번 공식 협상을 통해 잔여 시장 개방 협상을 가속화하고 인도의 RCEP 복귀 방안 등을 논의하는 한편, 제도 규정 등 기술적 이슈 등도 함께 논의하면서 연내 서명 준비에 박차를 가할 계획이다.

ASEAN은 현재 내부적으로 ASEAN 공동체를 발족시킨 것 외에 역내포괄적경제동반자협정(RCEP)에도 적극적으로 동참하고 있다. 또한 2019년 11월 대한민국과 아세안 간의 대화 관계 수립 30주년을 기념하기 위해 부산 벡스코에서 열린 2019 한-아세안 특별 정상 회의에서 지난 30년간 한-아세안 양측 간 관계가 지속적으로 발전되어 왔다고 긍정적 평가를 하고, '평화·번영과 동반자 관계를 위한 한·아세안 공동 비전'도 채택하였다.

6. 중앙아메리카공동시장/중앙아메리카통합체제

1950년대에 중앙아메리카는 경제 통합 전망이 세계에서 가장 어두운 지역 중 하나였다. 70% 가까운 인구가 커피·바나나·콩 농업에 종사하였고, 국민 소득의 35~50%는 농업 부문에서 나왔다. 그리고 수출 및 수입의 2/3는 미국에 의존하고 있었다.

그러나 공동의 언어(스페인어)와 공동의 식민지 유산, 그리고 미국으로부터의 간섭과 지배를 줄이려는 공동의 관심사 등이 영향을 미쳐 이 지역에서 통합에 대한 움직임은 실제로 19세기 초까지로 거슬러 올라간다. 멕시코, 스페인으로부터 독립한 코스타리카(Costa Rica), 과테말라(Guatemala), 온두라스(Honduras), 니카라과(Nicaragua), 엘살바도르(Salvador) 5개 국가들은 1824년에 중앙아메리카연맹(the Central American Federation)을 결성하였다. 이 기구는 1938년에 해체되었지만, 지협(Isthmus)의 통합에 대한 열망은 지역 동맹을 위한 많은 프로젝트를 만들어 냈다. 물론 통합을 향한 움직임은 정치적·문화적 영향력 외에 경제적 요인 또한 중요한 역할을 하였다. 1950년대 중반 커피 붐(boom)이 붕괴된 후 전통적인 수출 상품의 가격 하락과 가용 토지의 부족, 쿼터로 인한 수출 상품 생산 증가 가능성의 제약 등 여러 경제적 어려움에 처하였다. 결국 중남미 국가들은 해외 상품의 내부 시장 접근을 막고, 국제 무역을 피하면서 국내 산업을 발전시키는 수입 대체 산업 전략(import substitution industrialization strategy)을 채택하였다. 그리고 이러한 수입 대체 산업 전략이 내부 시장의 규모에 크게 의존하므로, 먼저 주변국과 자유무역지역을 형성해 시장의 규모를 키우는 것이 효율적이라고 판단해 1950년대에 여러 가지 통합 조약을 맺었다.[60]

그러나 이러한 조약들이 내부적으로 보호주의 색체가 짙어 미국이나 주변국들로부터 비난이 쏟아졌고, 패쇄적인 정책으로는 지속적인 경제 성장을 꾀하기 어렵다는 것을 깨닫고, 좀 더 개방적인 정책을 추구하게 되었다. 1960년 체결한 '중앙아메리카 통합에 관한 일반조약'(The General Treaty on Central American Economic Integration)이 이러한 새로운 기조를 반영한 조약으로 이를 바탕으로 중앙아메리카공동시장(Central American Common Market: CACM)이 탄생하였다. 과테말라, 온두라스, 니카라과, 엘살바도르 4개국이 1960년 12월 15일 니카라과 수도 마나과(Managua)에서 체결한 이 조약은 과테말라와 엘살바도르, 니카라과에서는 1961년 6월, 온두라스에서는 1962년 7월부터 발효되었다. 1962년에는 코스타리카가 가입해 회원국이 5개국으로 늘어났다. 본부는 과테말라의 수도 과테말라시티(Guatemala City)에 있다. 그러나 파나마는 당시 이들 국가와 무역 관계가 많지 않고, 생산 구조도 서비스 위주로 되어 있어 CACM에 참여하지 않았다.[61]

일반 조약에는 ① 역내 관세 인하 및 철폐를 통한 역내 무역의 자유화, ② 역외 국

60 중앙아메리카 국가들은 1951년 지역 협력과 통일을 촉진하기 위해 중앙아메리카기구(Organizatio of Central American States)를 창설하는 조약에 서명하였다. 1952년에는 중앙아메리카 경제 통합 프로그램(Central American Economic Integration Program)을 체결하였고, 이러한 경제적 연합은 그 후 1958년 중앙아메리카 산업 통합을 위한 제도 협약(the Agreement on the Regime for Central American Integration Industries)과 중앙아메리카 자유 무역과 경제 통합 다자간 조약(the Multilateral Treaty of the Central American Free Trade and Economic Integration), 1959년 수입 관세 및 부과 균등화를 위한 중앙아메리카 협약(the Central American Agreement on the Equalization of Import Duties and Charge)과 중앙아메리카 특혜 관세 의정서(the Protocol on Central American Preferential Tariff)의 체결로 이어졌다. 그리고 이러한 협약들의 내용과 철학들은 그 후 체결된 CACM의 조약 속에 일부 포함되었다.

61 파나마는 옵서버(observer)로, 벨리즈(Belize)는 CACM 정상 회담에 참여하고 있지만, 두 국가 모두 CACM의 통합 활동에는 참여하지 않았다.

표 3-6	CACM 회원국의 경제·지리적 현황				
국가	인구(1,000명)		실제 1인당 소득(US$)		면적(km^2)
	1998	2019	1998	2019[1)]	
코스타리카	3,840	4,587(2011)	1,685	12,014	51,100
엘살바도르	5,810	6,290(2013)	1,043	4,008	21,041
과테말라	10,930	15,807	901	4,616	108,889
온두라스	6,100	8,250(2010)	762	2,548	112,492
니카라과	4,500	6,071(2012)	506	1,921	130,372
파나마	2,418	3,608	1,906	16,245	75,417

주: 1) 1인당 GDP(경상가격) 추정치.
자료: IMF Wikipedia.

가에 대한 공동 관세 적용 및 공동 통상 정책의 수립, ③ 역내 국가 간 노동·자본의 자유로운 이동을 통한 역내 자원의 효율적인 이용, ④ 역내 간 산업 정책의 조정 및 통합 등을 통해 공동 시장의 실현, ⑤ 중미경제통합상설사무국 및 중미경제통합은행(Central American Bank for Economic Integration) 창설, ⑥ 니카라과 및 파나마에 대해서는 참여 방법 및 시기 등에 대하여 유보 조건 부여 등의 내용이 포함되었다.

CACM 출범 후 1966년까지 지역 내에서 생산된 상품 중 95%가, 그리고 1969년까지는 98%가 자유 무역 대상이 되었으며,[62] 지역 외부 상품은 공동 대외 관세(CET) 대상이 되었다.[63] 이에 따라 CACM을 통해 동맹체 내 무역과 상업이 급격히 확대되어 1960년에 3,100만 달러였던 회원국 간 무역이 1970년에는 2억 8,500만 달러로 9배 이상 증가하였다. 총무역에서 차지하는 회원국 간 무역 비중도 1960년에 7%에서 1970년에는 26%로 늘어났다. 그리고 지역 내 산업화에 기여하여 주로 농업에 의존하던 경제가 1970년에는 GDP에서 산업이 차지하는 비중이 1950년 10%에서 20%로 늘어났다.[64] 이러한 실적으로 인해 CACM은 초기에 매우 성공한 통합체로 평가받았다. 하지만 CACM은 시작

62 그러나 남은 2% 상품이 역내 무역 총액의 1/5을 차지하고 있었는데, 주로 석유 제품이나 밀, 설탕, 커피, 전자 제품과 자동차 등이 포함되었다.

63 자유 무역이나 공동 대외 관세 대상이 아닌 상품은 국제 협약에 의한 국가별 쿼터 상품(커피나 설탕)이나 쌀, 옥수수와 같이 수량 제약 대상인 생존에 필요한 일부 작물, 알코올이나 석유 정제와 같이 정부가 독점하는 상품들이다(J. B. Nugent, 1974, p. 8).

64 Bulmer-Thomas(1997), p. 7.

표 3-7	CACM의 2007년 내부 무역 교역량			(단위: 백만 달러)
	수출	%	수입	%
과테말라	910,914	31.6	688,367	22.3
엘살바도르	751,945	26.1	816,448	26.4
온두라스	285,750	9.9	792,767	25.7
니카라과	251,724	8.7	454,530	14.7
코스타리카	683,539	23.7	335,415	10.9
총계	2,883,873	100.0	3,087,527	100.0

자료: Rafael A. Sánchez(2009), p. 160.

부터 군사적·정치적·경제적 측면에서 많은 문제를 내포하고 있었다. 특히, 경제 통합을 촉진하기 위해 기획된 계획 중 문제가 된 계획은 1961년 설립된 중앙아메리카청산기구(Central American Clearing House)와 1964년에 설립된 중앙아메리카통화위원회(Central American Monetary Council)를 꼽을 수 있다. 중앙아메리카통화위원회는 회원국 간 통화 동맹을 결성하기 위해 설립되었는데, CACM 회원국 중앙은행의 많은 기능을 통합하였으며 페소(Peso centroamericano)를 환율의 기준 단위로 설정하였다. 중앙아메리카청산기구는 회원국들 간의 단기 무역 채무 결제에 지역 통화의 사용을 촉진시키기 위해 설립되었는데, 궁극적으로 CACM 회원국 경제의 상호 조정 목표에 도달하는 데 실패하였고, 회원국 간에 자본 이동도 통제하지 못하였다. 페소도 결국 세계 시장에서 환율 단위로 수용되지 못하였고, 내부적으로 단순히 환율의 척도(yardstick)로만 존재하였다.[65] 또한 일반 조약은 주로 지역 내에서 생산된 소비재의 내부 무역을 자유화하는 데 초점이 맞추어져 있고, 농산물의 내부 거래에는 여러 장벽이 남아 있었다. 이에 따라 제조업 부문이 취약한 온두라스나 니카라과 같은 저개발국은 상당한 내부 무역 불균형을 경험하였다. 1960년대 중반에 이르러 엘살바도르에 대한 온두라스의 만성적 무역 적자와 온두라스에 대한 엘살바도르인의 높은 투자는 온두라스인의 광범위한 거부감을 유발

65 1963년까지 CACM 회원국들은 통화 협력 노력이 약화되면서 그들의 무역 적자를 미국 달러로 1년에 두 번 결제하였다. 1966년에 이르러 많은 회원국이 심각한 국제 수지 문제를 겪으면서 CACM 회원국의 경제적 발전은 멈추고, CACM 내에 통화 태환성이나 환율 안정을 유지하려는 노력도 제한되었다. 모든 회원국은 상호간에 채무가 있었으며, 수출과 수입 수입(輸入收入)의 감소로 지불을 완결할 수 없었다. 1967년까지 모든 CACM 회원국들은 적자를 기록하였고, 이에 많은 회원국들이 일방적인 보호 수단을 취하면서 장기적인 국제 수지 문제를 발생시켰다.

시켰고, 엘살바도르 상품에 대한 온두라스인의 불매 운동을 불러왔다.

온두라스는 원래 엘살바도르보다 5배 정도의 큰 영토를 가지고 있었지만, 인구는 엘살바도르(370만 명)가 온두라스(260만 명)보다 40% 더 많았다. 이 때문에 엘살바도르에는 농지가 부족해 엘살바도르인들이 대거 온두라스로 월경, 무단 경작을 하면서 경작지 문제로 충돌이 잦았었다. 특히, 엘살바도르인의 온두라스로의 대규모 이주는 1969년 초에 절정에 달해 30만 명에 이르렀고, 이들이 무단으로 차지하고 있던 농지가 온두라스 전체 농토의 20%에 달하였다. 이에 온두라스 대통령 오스왈도 로페스(Oswaldo López)는 이주민들이 불법 점유하고 있는 농토를 환수하여 자국민들에게 재분배하기 위해 1969년 토지개혁법을 반포하였다. 이 개혁법에 의해 수천 명의 엘살바도르 노동자들이 추방되었고, 엘살바도르가 이에 강하게 항의하면서 양국 간에 긴장 상태가 조성되었다. 그러던 차에 1969년 7월 14일 양국 간 축구전쟁(Soccer War)이 발발하면서 온두라스는 자국 내에 있던 엘살바도르의 자산을 몰수하고, 온두라스에서 살던 엘살바도르 인 30여만 명을 추방함으로써 엘살바도르와 상업 및 외교 관계가 10여 년간 단절되었다. 온두라스는 1971년 CACM에서 탈퇴하고, 다른 회원국으로부터의 수입에 관세를 부과하였다. 이러한 정치적·경제적·군사적 문제들은 비회원국으로부터 상품 수입에 공동 대외 관세를 설정하고, 회원국 간 교역에 내부 관세를 폐지하려는 CACM의 목표를 달성하기 어렵게 만들었고, 이러한 상황은 1980년에 온두라스와 엘살바도르가 평화 협정(Peace Treaty)에 서명하고 정회원으로 복귀하기 전까지 계속되었다.

그러나 CACM의 발전이 정체된 것은 단순히 온두라스와 엘살바도르 간의 전쟁 때문만은 아니다. 1967년까지 엘살바도르 경제가 심하게 침체되었고 국제 수지의 어려움에 직면하자 정부는 다른 국가로부터의 수입에 보호 정책 수단을 채택하였다. 그 밖에도 니카라과와 엘살바도르가 내부의 정치적 격변을 겪었고, 빈번한 국경 봉쇄로 코스타리카와 니카라과는 늘 긴장 상태를 유지하였다.

1970년대에 대외적 요소도 CACM의 위기를 더욱 심화시켰다. 불화의 주요 원인은 전통적 수출 상품의 세계 가격이 하락해 이 부문의 수입(收入)이 줄어든 것과 세계적 경기 침체인데, 이것은 재정과 국제 수지의 적자와 인플레이션으로 내부화되었다. 그리고 이러한 무역 수지 적자는 CACM을 통한 경제 통합 정책이 실패한 것으로 인식하

축구전쟁(蹴球戰爭; Soccer War)

1969년 엘살바도르와 온두라스 사이에 벌어진 5일간의 전쟁이다. 100시간 전쟁이라고도 한다.

여러 문제로 사이가 안 좋았던 두 나라 간의 1970년 월드컵 예선전이 벌어지자 관중들 간의 충돌은 물론이고 각종 방해 공작이 판을 쳤다. 1969년 6월 6일 온두라스 수도 테구시갈파에서 벌어진 1차전에서는 온두라스 시민들이 엘살바도르 선수단 숙소 바로 옆에서 밤새도록 축제를 벌였다. 이 바람에 잠을 설친 엘살바도로 축구 대표팀은 온두라스에 1:0으로 패하였다. 이에 열혈 축구팬 소녀가 자국의 국가대표 팀이 진 것에 충격을 받아서 권총으로 자살하였고, 그 소녀의 장례식에 대통령과 축구 대표팀 전원이 참석하며 정부 차원에서 극단적으로 국민감정을 부추겼다. 그 후 6월 15일 엘살바도르 산살바도로에서 치러진 홈경기 2차전에서는 호텔 요리사가 대량의 설사약과 수면제를 넣은 요리를 경기 날 아침 온두라스 선수들에게 제공하였다. 이걸 먹은 온두라스 선수들은 정상이 아닌 몸 상태로 경기를 치러 엘살바도르에게 3:0으로 졌다.

양국 간에 서로 감정이 격화되자 관중 간의 유혈 사태를 우려한 FIFA가 3차전을 제3국인 멕시코에서 열기로 합의하였다. 6월 27일 경기가 벌어진 멕시코 경기장에는 10만 명을 수용할 수 있었지만 관중은 2만 명만 입장시켰고, 그보다 많은 경찰이 배치되었다. 3차전의 결과는 2:1로 엘살바도르가 승리하였지만, 온두라스 정부가 먼저 단교를 선언하였고, 7월 14일 엘살바도르 공군이 온두라스 수도 테구시갈파의 공군 기지를 기습적으로 공습하며 결국 전쟁이 개시되었다.

이 축구전쟁은 FIFA 월드컵 예선전에서 붙은 시비가 명분이 되었지만, 진짜 이유는 두 나라 간에 이민자 문제, 경제 문제, 영토 문제 등이 복합적으로 작용하였다고 볼 수 있다.

결국 미주기구(OSA)의 중재 끝에 8월 초 엘살바도르 군이 철수하는 것으로 끝났고, 11년이 지난 1980년 국제사법재판소에서 영토 문제 해결 등을 포함한 양국 간 평화 조약이 체결되면서 양국 관계가 정상화되었다.

그러나 이 일로 인해 엘살바도르는 주변국들과의 무역이 끊기면서 경제적 타격을 입고, 온두라스는 국토 일부가 초토화되었다. 2,000명이 넘는 귀중한 생명도 희생되었다.

그 후 월드컵 예선에서 이기고 올라간 엘살바도르는 0승3패에 무득점 9실점이라는 참담한 성적으로 탈락하였다.

게 하였으며, 지역 문제에 서로 협력하지 않으려는 분위기가 만연하였다. 이에 CACM은 직면한 위기를 타개하기 위해 5개국 대표로 구성된 고위급 위원회(High Level Committee)를 설립하고, 1973년부터 1975년까지 13차례나 모임을 가졌지만 해외 자본에 대한 각 회원국의 이해관계가 달라 별다른 성과를 얻지 못하였다.

결국 1980년대 초까지 지속된 중앙아메리카의 심각한 경제 문제와 정치적 격변은 CACM 대부분의 활동과 기구들의 역할을 약화시켰고, 세계적 불황으로 대외 수출도 감소하기 시작하였다. 1982년에는 예산 적자와 인플레이션으로 모든 CACM 국가들의

GDP가 감소하였으며, 내전과 대외 채무 문제는 회원국 간 국제 수지에 어려움을 가중시켰다. 그 결과 1980년에서 1986년 사이에 내부 무역이 50% 이상 줄어들었고, 늘어나는 부채와 보호 압력으로 인해 1980년대 중반에는 CACM의 활동이 정지되었다. 그래서 잃어버린 10년이라는 1980년대 CACM의 활동은 거시 경제의 불안정, 경기 침체, 내전, 그리고 공공 부문 서비스 삭감 등으로 특징지어진다.

그러나 1980년 후반에 내전의 종식과 중앙아메리카 국가들의 민주화 움직임은 새로운 개혁 편향적인 민주 정부를 탄생시켰고, 1987년 중앙아메리카평화협정(the Central American Peace Agreement)이 체결되면서 지역 내 민주주의와 평화가 복원되었고, 통합 체제를 새롭게 강화하려는 활동이 생겨났다. 또한 냉전의 심화와 일부 국가에서의 좌익 세력 발흥은 회원국들 간에 단결을 강화시키는 촉매제가 되었으며, 미국의 GATT, 우루과이라운드 정체에 따른 지역주의로의 방향 선회도 중앙아메리카 지역의 지역주의 부활을 도왔다.

이러한 추세에 맞추어 1990년 6월 과테말라 안티과(Antigua)에서 열린 정상 회담에서 정상들은 개방적 지역주의를 원칙으로 한 통합 과정 부활을 공식적으로 결정하고, 중앙아메리카경제실천계획(the Economic Action Plan for Central America)을 승인하였다.[66] 이 계획은 통합 과정을 새로 설정하고 '중앙아메리카 경제 공동체'를 공고히하는 것이지만, 통합의 궁극적 목표는 지역적 단합이나 공동체 건설보다는 세계 경제로의 통합이었다. 이런 의미에서 통합은 외부 세계와의 통합을 추진하기 위해 정부에 의해 의도적으로 조직된 '협정'이 되었으며, 1990년대 중앙아메리카 통합은 개방 지역주의(open regionalism)적 특색을 띠게 되었다. 또한 1990년대 들어 냉전이 끝남에 따라 중앙아메리카 지역은 지역 안보 측면에서 미국과 EU에 그 중요성이 줄어들었고, 대신 멕시코와 안데스 국가들이 더 주목과 지원을 받게 되었다. 미국은 이 지역에 설탕 쿼터의 60%와 경제 원조의 30%를 줄였고 의류 수입도 동결시켰다. EU도 안데스 국가에 특혜적 접근

66 이 경제 활동 계획에서 정상들은 경제부 장관들에게 지역 프로그램과 관세 감소의 일정표를 짜도록 하였다. 이에 경제 장관들은 새로운 CET를 1991년 설정하였는데, 최종재와 중간재는 최대 20%, 최소 5%로, 그리고 원자재와 자본재는 10~15%로 정하였다. 한편, CACM에 참여하지 않은 파나마는 최대 40%, 최소 2.5%로 정하였다. 그 후 엘살바도르, 과테말라, 코스타리카는 1990년대에 관세를 감축시키는 데 많은 진전을 이루었지만 저개발국인 니카라과와 온두라스는 별 진전을 이루지 못하였다.

(preferential access)을 허용한 반면, 중앙아메리카 국가들의 바나나 수입은 제한하였다.

이에 CACM은 새로운 목표를 달성하기 위해 무역에서의 지역 내 장벽을 제거하고, 동시에 지역 전체를 수출 주도 성장을 기반으로 하여 점차적으로 글로벌 경제에 편입시키려는 노력을 기울였다. 그래서 CACM하에 설립된 산업 기반은 국제 시장에서 경쟁할 수 있도록 개혁 및 현대화를 추구하고, 비전통적 수출품들은 좀 더 적극적으로 증진시키기로 하였다. 그리고 낮은 관세율과 사회 간접 자본의 개선, 여러 가지 기술적 무역 장벽의 제거처럼 공동체 본연의 임무를 강조함으로써 경제 통합에 재초점을 맞추기 시작하였다.[67]

1990년 초부터 상당한 수준의 거시 경제적 안정성을 얻었는데, 인플레이션의 통제와 재정 적자의 감소, 환율 및 금융 정책의 안정 등이 포함된다. 환율과 재정 시장이 지역 내에서 완전히 자유화되었고, 이러한 경제적 여건을 바탕으로 모든 회원국이 1990년대 전반기에 무역이 살아나면서 강력한 경제 성장을 경험하였다. 이에 1990년대 전 세계적으로 정부가 시장에 개입하는 신자유주의 경제 개혁에 영향을 받아 CACM 통합에 대한 추가적인 진전이 있었다. 1991년 12월 온두라스 타구시갈파에서 개최된 제11차 정상 회담에서 기존 5개국과 파나마가 기존의 통합 틀을 수정해 중미 전체를 새로운 형태의 중앙아메리카통합체제(the Central American Integration System: SICA)를 설립하는 타구시갈파의정서(Tagucigalpa Protocol)에 서명하였고, 1993년 2월 1일부로 발효되었다.

의정서는 회원국들이 경제 연합(Economic Union)을 창설할 것과 중미 지역을 세계 경제에 편입할 것을 요구하였는데, 이는 지금까지 통합체의 경제 발전 모델을 새롭게 바꾸는 중요한 전환점이 되었다. 즉, 초기에 중앙아메리카공동시장(CACM)을 주도하였던 내부 지향적이고 수입 대체적인 틀에서 벗어나 외부 지향적이고 수출 주도형 발전 전략의 틀로 통합의 노력이 본격적으로 진행될 것이라는 것을 암시하였다.

중앙아메리카통합체제(SICA)에서는 정상 회의(the President's Summit)와 각료이사회(the Council of Ministers)가 중요한 역할을 담당하는데, 정상 회의는 중앙아메리카 지역 통합의 주요 정책과 지침을 설정하고, 민주주의와 발전, 자유, 평화 및 안보와 관련된 결

67 그래서 지역의 평균 관세가 1985년 45%에서 2002년에는 거의 6%로 떨어졌다.

정(decision)을 하고, 회원국의 대외 정책들을 확정하고, 기구들의 활동을 조화시키는 데 필요한 규정을 채택하고, 새 회원국을 허용하는 것 등을 포함하여 통합체 운영에 전반적인 책임을 진다. 정상 회의는 6개월마다 개최하고, 의사결정은 만장일치제를 채택한다. 또한 필요 시 특별정상 회의를 개최한다. 각료이사회(the Council of Ministers)는 사안별로 관련된 장관들로 구성된다. 정상 회담에서 논의할 주제(topic)를 준비하고, 정상 회의에서 채택된 결정을 실행하고, 필요한 후속 조치를 취한다. 각료이사회 내에서는 외무장관 회의가 가장 중요한 역할을 담당하는데, 그들은 SICA 조직을 원칙적으로 상호 조정함으로써 통합에 필요한 업무를 실질적으로 수행한다. 또한 대외 관계에 있어 지역을 대표하고, 새로운 SICA 회원국 가입을 권고하며, 지역의 민주주의와 안보를 책임진다. 한편, 집행위원회(the Executive Committee)는 상설 기구로 회원국 대통령이 임명하는 각국 대표(각국별 1명)로 구성되며, 정상 회의에서 지역 통합을 위한 경제 정책이나 경제 통합과 관련하여 내린 결정을 실행하는 업무를 책임진다. 집행위원회는 1주일에 한 번씩 모임을 갖고, 사무국을 통해 정상 회의에서 결정된 사항을 이행 및 감독하고 예산안을 편성하며, 사무국의 반기 보고서를 검토하고, 필요한 권고안을 외교장관 회의에 제출한다. 또한 각료이사회에 보낼 계획안을 준비하고, 평가하고, 제출한다. 사무국(General Secretariat)은 가장 상위의 행정 기관으로 각료이사회로부터의 결정과 SICA 정상 회의로부터의 위임 사항을 상호 조정하고 실행한다. 또한 기구를 대표해 협정 체결 등 대외 교섭을 수행한다. 사무국장은 회원국에서 6개월씩 돌아가며 맡으며, 본부는 엘살바도르의 산살바도르에 소재한다. 그 외에도 1991년 10월 설립되어 SICA의 국회 역할을 하는 중앙아메리카 의회(the Central American Parliament)와 역내 회원국 및 비회원국, SICA 기구 간의 분쟁 해결을 위한 중앙아메리카 사법재판소(the Central American Court of Justice), 각 회원국 시민 단체로 구성되고, 사무총장에 대한 정책 자문 역할도 하는 자문위원회(the Consultative Committee) 등이 있다. 중앙아메리카 의회는 과테말라시티에 소재하며 현재 각 회원국을 대표해 122명의 의원이 활동 중이다. 주요 업무는 역내 공통의 정치·경제·사회·문화·안보 관련 사안에 대한 자문을 제공하고, FTA 체결 등 회원국의 주요 정책에 대해 권고하며, 역내 통합 관련 조약·협정 등을 심의하나, 법률 제정권은 없다.

온두라스는 1992년 2월 다른 중앙아메리카 회원국들과 이전적 다자간 자유무역협정(the Transitional Multilateral Free Trade Agreement)에 서명함으로써 그동안의 불화를 정리하고 지역 내 통합 과정에 완전히 재편입되었다.

중앙아메리카의 경제 통합은 NAFTA가 결성되면서 더욱 가속화되었고, 1992년 8월에는 중앙아메리카 5개국과 멕시코가 자유무역협정체제(Framework Free Trade Agreement)에 서명하였다. 콜롬비아와 베네수엘라도 중앙아메리카 자유무역지대에 포함된 것은 1993년 2월의 지역 정상 회의에서 채택된 카라카스공약(Caracas Commitment)에서 예견되었던 것이다.

한편, 1992년 엘살바도르, 온두라스, 과테말라 3국은 온두라스의 오코테페케(Ocotepeque)에 따로 모여 오코테페케조약을 맺고 3국 간에 상품과 자본의 자유 이동을 허용하는 자유무역지대와 관세 동맹 설립을 추진하였다. 이 협약은 1993년 4월 니카라과가 가입해 확대되면서 4개국 간(Central America Four: CA-4)에 여행과 상업적 목적으로 사람들의 자유 이동을 허용하였다. 이에 따라 CA-4 회원국 국민들은 지역 내에서 여권 없이 이동할 수 있게 되었다.[68]

중미 지역에 경제 통합을 위한 새로운 중요 발걸음은 1993년 10월에 이루어졌는데, 6개 중앙아메리카 대통령이 과테말라에 모여 특별한 최종 기간을 정하지 않고, 관세 동맹과 통화 동맹을 설정하는 목표를 재천명한 중앙아메리카경제통합일반조약(the General Treaty for Economic Integration)에 서명하였다. 일명 과테말라의정서(Protocol of Guatemala)라고도 불리는 이 의정서에는 회원국들이 그들의 경제적 격차의 수렴을 촉진하고, 관세 동맹을 결성하며, 대외 무역 관계를 상호 조정하기로 하는 내용이 포함되어 있다. 그래서 SICA는 이 의정서를 통해 새로운 지역주의로 일신하고, 지역 내 자유무역지역을 강화하고 외부 경쟁에 시장을 개방하고, 기존의 보호주의적 협정들을 폐지하였다.

이 과테말라의정서에는 SICA 경제 하부 체제의 제도적 틀도 명시해 놓았으며,[69]

68 나중에 코스타리카, 파나마, 도미니카가 가입하였다.

69 경제 하부 체제는 3개의 기술적 행정 기구(경제통합 사무국(the Secretariate for Economic Integration), 농업이사회 사무국(the Secretariat of the Agricultural Council) 그리고 통화이사회 사무국(the Secretariat for

경제장관과 중앙은행 총재들로 구성된 경제 통합 각료이사회(the Council of Ministers for Economic Integration)는 경제 정책을 상호 조율하도록 하였다.

2001년 2월에는 커피, 사탕, 밀, 밀가루, 에틸알코올 등 민감 품목을 제외한 상호 교역 품목의 96%에 대해 역내국 간 무관세 및 평균 6%의 대외 공동 관세를 실시하였는데, ① 역내 제품의 경쟁재가 아닌 자본재 및 원자재는 무관세, ② 역내 제품의 경쟁재인 원자재는 5% 관세, ③ 역내 제품의 경쟁재가 아닌 중간재는 10% 관세, ④ 소비재와 기타 재화는 15%의 관세를 부과하기로 하였다.

2004년과 2005년에는 오코테페케조약이 더욱 진전되어 회원국 국민들뿐 아니라 미국이나 유럽 국민 등 외부 지역 국민도 이 지역 내에서는 자유롭게 여행할 수 있도록 하였다. 또한 해외 여행객의 부담을 줄이기 위해 고안된 단일 비자가 2005년 3월 테구시갈파의 내무장관 모임에서 채택됨에 따라 2005년 5월부터 해외 여행객들은 더 이상 각 회원국에서 입국 심사를 거치지 않아도 되게 되었다.

역외국과의 무역 협정 체결 상황을 살펴보면, 2004년 코스타리카, 엘살바도르, 과테말라, 온두라스, 니카라과 등 SICA 국가와 미국, 도미니카 사이에 자유무역지대 창설을 위한 자유무역협정(the Dominican Republic-Central America Free Trade Agreement: CAFTA-DR)이 체결되었다. 그리고 미국, 엘살바도르, 과테말라, 온두라스, 니카라과는 2006년에, 도미니카는 2007년에, 코스타리카는 2009년에 협정이 발효되었다. 이 협정으로 미국의 모든 소비재 및 공산품의 CAFTA-DR 국가에 대한 수출은 2015년까지, 그리고 대부분의 미국 농산물에 대한 관세는 2020년까지 폐지하기로 하였는데, 현재 미국산 제품의 78%, 중미산 제품의 99.7%에 대해 관세가 철폐되었다.

그 후 2007년 12월 과테말라에서 개최된 제31차 정상 회의에서 '중앙아메리카관세동맹' 창설에 대한 기본 협정이 체결되어 코스타리카를 제외한 엘살바도르, 과테말라, 니카라과, 온두라스 4개국에서 협정이 발효되었다.

2008년 10월 온두라스에서 개최된 SICA 특별 정상 회의에서는 '중앙아메리카 동

Economic integration))과 3개의 기술적 기구(경제통합은행(the Bank for Economic Integration), 공공행정기구(the Institute for Public Administration) 그리고 산업기술 및 연구기구(the Institute for Industrial Technology and Research))로 구성되어 있다. 한편, 파나마와 2000년에 SICA에 정회원이 된 벨리즈(Belize)는 SICA의 경제 통합 하부 체제에는 참여하지 않았다.

맹·통합으로의 길' 선언이 채택되었고, 그해 12월 온두라스에서 개최된 제33차 SICA 정상 회의에서는 '관세 동맹 절차 3개년 계획(2009~2011년)'이 수립되었다.

이러한 SICA의 부단한 노력에 따라 대부분의 SICA 내 지역 상품들도 역내에서 자유롭게 거래되었고, 2007년 SICA 통계에 따르면 이미 94%(총 6,198개 품목 중 5,846개 품목)의 상품이 공동 대외 관세(CET) 내에서 조율되었다. 공동 대외 관세도 초기 통합 시기에 비해 보호 무역주의 색채가 훨씬 줄어들어서 역외 자본재와 원자재에는 0%, 역내 원자재에는 5%, 역내 중간재는 10%, 최종재에는 15%의 관세가 부과되었다.

2007년부터는 EU와 협상을 시작하여 2010년 5월 중미-EU 제휴협정(Acuerdo de Asociacion)을 체결하였고, 2013년 12월 FTA가 발효되었다. 멕시코와는 2011년부터 FTA를 추진하여 2013년 9월 발효되었으며,[70] 2015년 2월에는 과테말라-온두라스 양자 간 관세 동맹 협정이 체결되었다. 그리고 2018년 2월에는 한국-중미 5개국(과테말라 제외) 간 FTA가 체결되었다. 2018년 8월에는 2015년 체결된 과테말라-온두라스 간 관세 동맹에 엘살바도르가 추가로 가입함으로 중미 북부 3개국 간 관세 동맹(중미 역내 인구의 73%(3,200만 명) 및 역내 GDP의 62.5%(1,260억 달러)를 차지)으로 확장되었으며, 이는 역내 6개국 간 관세 동맹을 구축하기 위한 긍정적 동기를 제공할 것으로 전망된다.

2015년 6월 과테말라 제45차 SICA 정상 회의에서는 2020년까지 관세 동맹을 마무리할 것을 촉구하였다.

2018년 6월에 도미니카공화국에서 개최된 제51차 SICA 정상 회의에서는 SICA 통합 중점 분야의 진전사항을 점검하고 평가하였는데, 동 정상 회의에서 채택된 '산토도밍고 선언'에는 특이하게 남북한이 '판문점 선언' 합의 사항을 이행하기로 한 것을 평가하는 내용도 포함되어 있다.

그리고 2019년 6월에는 중미 6개국 간 단일 세관 신고서를 사용해 자유로운 재화 이동을 장려하기 위해 중미단일세관신고서(DUCA)를 출범시켰다. 중미 6개 회원국들은 이를 통해 원활한 수출입 절차가 진행되어 경제 통합이 한 단계 더 진전되기를 기

70 2001년 멕시코와 중미 3개국(과테말라, 엘살바도르, 온두라스)은 멕시코와 다자간 FTA를 체결하였으며, 코스타리카는 1995년, 니카라과는 1998년 각각 양자 간 FTA를 체결하였다. 그러나 중미 5개국과 멕시코는 무역 관계를 돈독히할 목적으로 기존 세 개의 협정을 하나로 통합하기로 결정해 새로운 협정을 체결하였으며, 2013년 9월 1일부로 FTA가 발효되었다.

제53차 SICA 정상 회의(2019년 6월 5일)에 참석한 정상들

대하였다.

SICA는 1993년 발족 후 역내 회원국 간 경제 통합뿐 아니라 역외국과의 경제 통합도 추진하면서 회원국들의 경제를 세계 경제에 편입시키는 데 많은 기여를 하였다. 설립 후 역내국과의 교역이 크게 증가하였고, 미국 및 중국과의 교역 비중도 수입을 중심으로 크게 증가하였다. 특히, 수입 시장에서 대미국 의존도가 약 50%까지로 확대되고, 중미, 중국, EU로부터의 수입 비중이 모두 확대되어 이들 4대 지역에 대한 수입 의존도가 90%에 육박하여, 수입 다변화가 시급한 과제로 떠올랐다.

수출입의 확대에 따라 SICA의 경제적 위상도 올라가 호주, 독일, 대만, 이탈리아, 스페인, 일본 등의 17개 역외 옵서버국과 멕시코, 아르헨티나, 칠레, 브라질 등 9개 역내 옵서버국들을 가지고 있다.

1998년에는 벨리즈가 SICA의 새로운 정회원이 되었고, 도미니카는 2004년부터 준회원국으로 활동하다가 2013년 정회원이 되면서 SICA 회원국도 총 8개국으로 늘어났다. 아이티는 2013년 준회원국으로 가입하였다.

그러나 회원국 중 코스타리카는 통합이 진전·심화되는 것을 별로 원하지 않았는데, 왜냐하면 다른 국가들이 자신들과 사회적 여건이 다르다고 생각하고 있기 때문이다. 그래서 다른 국가들의 노동 조건과 복지 시설, 입법 변화를 포함한 사회 여건이 변해야 정치적 통합을 할 수 있다는 주장이다. 더구나 코스타리카 정부 수입의 50%가 관세로부터 오기 때문에 중앙아메리카 지역의 폭넓은 통합 체제에 포함되는 것을 원하지 않았다. 그래서 코스타리카는 자유무역지역을 강화하는 제한적 통합을 선호하고 있지만, 통합으로부터 배제될 수 있는 위험과 미국의 압력으로 인해 지역 통합에 부분적으로 참여하고 있다.

결과적으로 중앙아메리카 지역에서 경제 통합은 초기의 구상대로 활발히 진행되지는 못한 측면이 있다. 또한 회원국들이 미주 지역 국가들과 SICA의 일부로서 또는 개별적으로 무역 협정을 추구함으로써 공동체가 대외적 위상을 공고히하는 데 어려움을 겪고 있다. 지금까지 이 지역 국가들은 칠레, 캐나다, 도미니카, 멕시코, 파나마, 미국, EU, CARICAOM 등 많은 나라와 자유 무역 협정을 맺었다. 회원국 중 가장 부자국가인 코스타리카는 가난한 회원국으로부터 저가의 상품이 범람할까 많은 우려를 하고 있으며, 1995년 멕시코와 FTA가 발효된 후 캐나다와 2002년, 카리브공동체와 2005년, 중국과 2011년, 페루와 싱가포르는 2013년, EFTA와 2014년에 FTA를 발효하였다. 2016년에는 콜롬비아와 FTA를 체결하였고, 그 외에도 호주, 일본, 노르웨이, 뉴질랜드, 스위스, 터키 등으로부터의 일반특혜관세제도(GSP) 혜택을 받고 있다. 나머지 SICA 회원국들도 세계 여러 나라와 개별적으로 FTA를 체결하고 있는데, 이러한 회원국별 진행은 공동체 전체의 발전에 상당한 저해 요인으로 작용하고 있다. 또한 중미 국가들 간에 많은 국경 분쟁(과테말라-벨리즈, 온두라스-니카라과, 온두라스-엘살바도르, 니카라과-코스타리카) 문제도 통합 과정에서 주요 장애 요인으로 작용하고 있으며, 회원국 간 경제력 차이, 이념적 갈등과 중미의회·중미사법재판소 등 주요 기구 간의 이견 등으로 단기간에 EU와 같은 심화된 단계의 통합체로 발돋움하기는 어려울 것으로 보인다.

우리나라는 1996년부터 기술 지원과 함께 경제 발전 분야에서 인적 교류 및 협력 관계를 구축하는 '협력 증진을 위한 대화 포럼'을 통해 중앙아메리카통합체제(SICA)와 상호 협력해 왔다. 또한 2011년 7월 엘살바도르에서 개최된 제37차 중앙아메리카통합체제(SICA) 정상 회의에서 우리나라의 역외 옵서버 가입안이 만장일치로 통과됨에 따라 아시아에서는 대만과 일본에 이어 3번째로 SICA 역외 옵서버국으로 활동하고 있다.

우리나라 대통령들도 중앙아메리카통합체제(SICA) 정상들과 세 차례 정상 회의를 가졌는데, 1996년 9월 김영삼 대통령이 제1차 정상 회의를 열었고, 2005년 9월에 노무현 대통령이 제2차 회의를 열어 경제 통상 협력 강화를 주요 내용으로 하는 11개 항의 공동 선언문을 채택하였다. 그 후 2010년 6월 이명박 대통령이 파나마시티에서 제3차 정상 회의를 열고, 한국 기업의 중앙아메리카 진출 확대를 적극 추진하기로 하는 등 13개 항의 공동 선언문을 발표하였다. 그 외에도 1996년 9월 김영삼 대통령이 과테말라를 방문하였을 때 중미 5개국 정상과 합의에 따라 1997년 7월 엘살바도르에서 제1차 한-SICA 대화 협의체 회의를 개최한 후 서울과 중미 국가를 오가면서 현재까지 해마다 대화 협의체 회의를 개최하고 있고, 2018년 2월에는 중미 5개국과 FTA를 서명하였다.

그러나 중미공동시장(CACM)은 공동 시장이라는 명칭과 달리 실질적으로는 불완전한 관세 동맹 수준이며, 중앙아메리카통합체제(the Central American Integration System: SICA)와 별도의 지역 기구라기보다는 SICA의 궁극적 지향점이라 볼 수 있다.

7. 카리브공동체

카리브공동체(the Caribbean Community: CARICOM, 원명은 the Caribbean Community and Common Market)는 바베이도스(Barbados), 자메이카(Jamaica), 가이아나(Guyana), 트리니다드 토바고(Trinidad and Tobago) 4개국이 트리니다드 토바고의 차구아라마스(Chaguaramas)에서 맺은 조약에 의해 설립되었는데, 1973년 7월 4일 서명하고 8월 1일부터 발효되었다. 그 후 벨리즈(Belize), 도미니카공화국(Dominica), 그레나다(Grenada), 몬체라트(Montserrat),[71] 세인트루시아(Saint Lucia), 세인트빈센트 그레나딘(Saint Vincent and the Grenadines)이 1974년 5월 1일 가입하였고, 앤티가 바부다(Antigua and Barbuda), 세인트키츠 네비스(Saint Kitts and Nevis)가 1974년 7월, 바하마(Bahamas)가 1983년 7월, 수리남(Suriname)이 1995년 7월, 아이티(Haiti: 2004. 2~2006. 6 회원 정지)가 1997년 조건부로 가입하였다가 2002년 7월 정식으로 가입해 총회원국은 15개국으로 늘어났다.[72]

71 몬체라트는 영국의 해외령(Overseas Territory)으로 회원국 중 인구 크기가 가장 작은 나라이다. 대부분의 국가 소득은 이주자가 보내오는 송금과 영국으로부터 오는 자본과 보조금, 외국인 거주자로부터 온다. 농업 규모도 작고 산업은 거의 없다.

72 CARICOM 회원국들은 거의 영어를 사용하는 국가이지만 1995년 네덜란드어를 쓰는 수리남이, 그리고 2002년에는 프랑스어를 사용하는 아이티가 처음으로 가입하였다. 수리남은 1995년 7월에 카리브공동체에 먼저 가입하고, 1996년 1월에 공동 시장에 가입하였다. 회원국 중에 저개발국(Less Developed Countries: LDCs)으로 분류되는

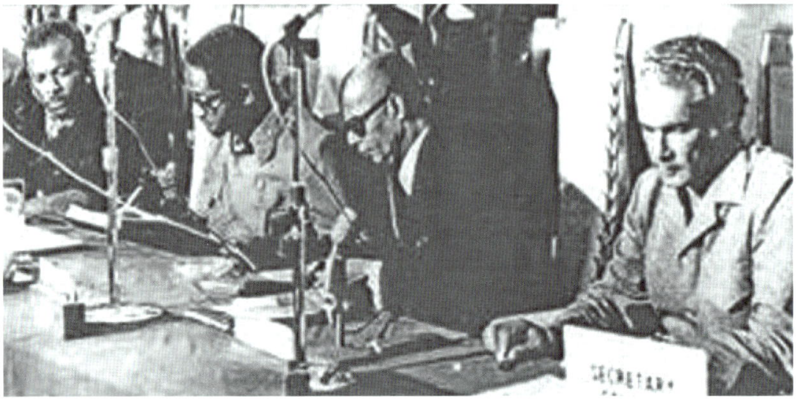

1973년 7월 4일 차구아라마스조약(Treaty of Chaguaramas)에 서명하는 4개국 대표들

앙귈라(Anguilla), 버뮤다(Bermuda), 브리티시 버진 제도(the British Virgin Islands), 케이맨 제도(the Cayman Islands), 투르크스 카이코스 제도(the Turks and Caicos Islands) 등 영국 해외령들(British Oversea territories)은 준회원국이며, 베네수엘라, 네덜란드령 앤틸리스 제도(Netherlands Antilles, curaçao), 미국령 푸에르토리코, 멕시코, 도미니카공화국, 콜롬비아, 네덜란드령 아루바(Aruba) 등 7개국은 옵서버로 참석하고 있다.

CARICOM 회원국들은 지리적·경제적 특성이 매우 상이해 인구가 몬체라트 5,203명부터 아이티의 1,111만 명까지 큰 차이를 보이고 있다. 하지만 대부분의 회원국들은 100만 명 이하의 인구를 가진 소국들이며, 특히 동카리브국가기구(the Organization of Eastern Caribbean States: OECS) 회원국들은 15만 명 이하이다. 면적도 회원국별로 차이가 많이 나는데, 가장 큰 면적을 가진 가이아나(214,969km^2)는 가장 작은 면적을 가진 몬체라트(102km^2)보다 2,107배나 된다. 또한 대부분의 국가가 무역 의존도가 높고 허리케인이나 지진 등 자연재해에 취약한 소규모 섬 중심 경제의 특성을 가지고 있다.

카리브공동체(CARICOM)는 1958년 1월 3일부터 1962년 5월 31일까지 지속되었던 서인도제도연맹(the West Indies Federation)[73]이 통합의 시초가 되어, 카리브자유무역연맹

국가는 앤티가 바부다, 벨리즈, 도미니카공화국, 그레나다, 아이티, 몬체라트, 세인트키츠 네비스, 세인트루시아, 세인트빈센트 그레나딘이며, 개발국(More Developed Countries: MDCs)으로 분류되는 국가는 바하마, 바베이도스, 가이아나, 자메이카, 수리남, 트리니다드 토바고이다.

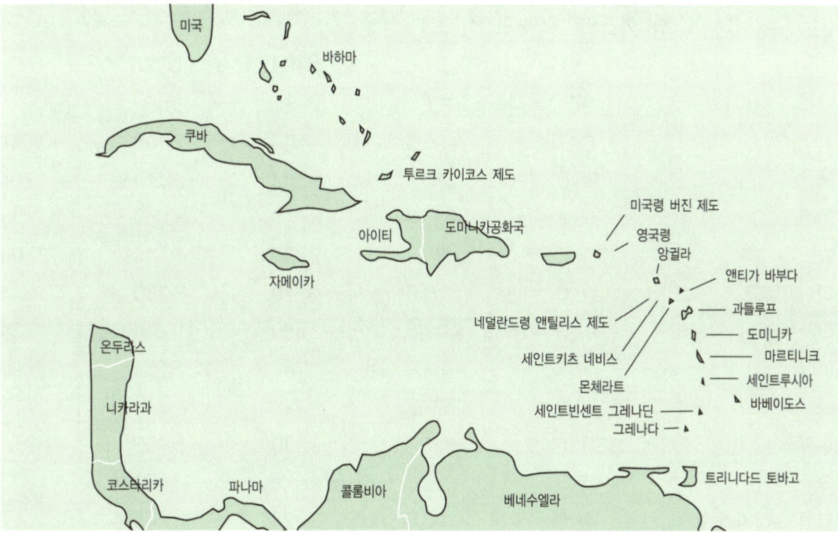

중남미 및 카리브해 국가들

(Caribbean Free Trade Association: CARIFTA)[74]으로 발전하였다가 CARICOM으로 대체되는 수순을 밟아 왔다.

서인도제도연맹은 앤티가 바부다, 도미니카공화국, 세인트키츠 네비스 앙귈라(Saint Kitts-Nevis-Anguilla), 세인트루시아, 세인트빈센트, 바베이도스, 자메이카, 트리니다드 토바고, 그레나다, 몬체라트 등 주로 영국 식민지 국가 중심으로 구성되었는데, 그런 이유로 영국이 임명하는 집행총독(Executive Governor-General)이 연맹 정부를 대표하였다. 연맹은 짧은 기간 동안 존재하였지만 회원국 간에 결속을 다지기 위해 연맹 정부가 직접 세금을 거두는 것과 중앙 발전 계획 수립, 지역 관세 동맹 설정, 연맹 헌법의 개정 등 많은 이슈들을 논의하였다. 그러나 영국이 일방적으로 만든 행정 기구 및 통

73 서인도제도연맹은 영국의 주도하에 결성되었으며, 회원국은 주로 과거 영국의 식민지 국가였던 앤티가 바부다, 바베이도스, 도미니카, 그레나다, 자메이카, 몬체라트, 세인트크리스토퍼 네비스 앙귈라(Saint Christopher-Nevis-Anguilla, 현재는 Saint Kitts and Nevis and Anguilla), 세인트루시아, 세인트빈센트 그레나딘, 트리니다드 토바고이며, 주로 서아프리카 흑인 후손들로 구성되어 있고 인구는 3만~400만 명 정도였다.

74 CARIFTA는 카리브해 여러 국가들 간에 관계 개선과 무역 증진, 다양화, 자유화를 추구하며, 공정한 경쟁을 보장하려는 목적을 가지고 결성되었다. 처음에는 앤티가 바부다, 바베이도스, 가이아나, 트리니다드 토바고 4개국이 중심이 되어 결성하였고, 1968년에 도미니카공화국, 그레나다, 자메이카, 몬체라트, 세인트키츠 네비스, 세인트루시아, 세인트빈센트 그레나딘이 가입하였고, 1971년에는 벨리즈가 새로 가입하였다. 그러나 CARICOM조약이 발효되고 나서 1974년 5월 1일에 CARIFTA는 해체되었다.

표 3-8 CARICOM 회원국의 경제·지리적 현황

국가	인구(1,000명)		실제 1인당 소득(US$)		면적(km²)
	1997	2019	1999	2019[1)]	
앤티가 바부다	69.7	96.5	9,410	18,109	442
바하마	288.0	385.3	11,214	33,261	13,943
바베이도스	265.4	287.0	8,660	18,069	430
벨리즈	204.0	408.5	2,730	8,014	22,966
도미니카공화국	76.0	71.8	3,170	8,380	751
그레나다	99.5	112.0	3,450	11,381	344
가이아나	775.1	782.8	760	5,252	214,969
아이티	7,180.0	11,577.8	621	784	27,750
자메이카	2,540.5	2,726.7	1,980	5,460	10,991
몬체라트	5.0	5.0	n.a	12,384[2)]	102
세인트키츠 네비스	42.6	52.8	6,420	18,245	261
세인트루시아	149.6	178.7	3,946	11,075	618
세인트빈센트 그레나딘	111.0	110.6	2,941	7,750	389
수리남	418.9	581.4	1,660	6,310	163,820
트리니다드 토바고	1,270.0	1,363.9	4,230	16,365	5,130

주: 1) 1인당 GDP(경상가격).
2) 2019년(PPP 기준).
자료: United Nation, Wikipedia.

치 구조, 세금이나 중앙 발전 계획에 대한 회원국 간 지지도 차이, 연맹의 수도 위치에 대한 이견 등으로 회원국 간에 불화가 쉽게 해소되지 못하였다. 그러다 연맹에서 가장 영향력이 큰 자메이카가 1962년 최초로 영국으로부터 독립하면서 연맹을 탈퇴하였고, 트리니다드 토바고가 뒤따르면서 연맹은 해체되었다. 그 후 카리브해 지역 영어 사용국인 앤티가 바부다, 바베이도스, 가이아나, 트리니다드 토바고 4개국이 모여 회원국 간에 경제 관계 지속을 위해 1965년 12월 카리브자유무역연맹(Caribbean Free Trade Association: CARIFTA)을 새롭게 결성하였다.[75] CARIFTA는 무역을 자유화와 다양화하여 확

75 1968년 7월 1일에 도미니카공화국, 그레나다, 세인트키츠 네비스 앙귈라, 세인트루시아, 세인트빈센트 그레나딘 제도(Grenadines)가 회원국으로 가입하였고, 1968년 8월 1일에는 몬체라트, 자메이카가 가입하였다. 1971년에는 벨리즈가 준회원국이 되었다.

표 3-9 1967~1972년 동안 지역 내 무역 추이

국가	CARIFTA로부터 수입이 GDP에서 차지하는 비중(%)			CARIFTA로부터 수출이 GDP에서 차지하는 비중(%)		
	1967	1970	1972	1967	1970	1972
바베이도스	7.0	9.9	12.5	2.9	4.1	6.4
가이아나	6.9	8.1	9.9	5.9	5.7	8.4
자메이카	0.5	0.8	2.3	0.7	1.1	1.5
트리니다드 토바고	1.2	1.6	2.0	3.3	5.0	5.7
ECCM[1)2)]	13.3	19.2	19.4	2.3	2.3	3.1
CARIFTA[2)]	2.5	3.4	4.4	2.3	2.3	3.9

주: 1) ECCM은 동카리브공동시장(Eastern Caribbean Common Market).
2) 벨리즈 제외.
자료: Anthony J. Payne(1980), p. 168.

대시키고 공정한 경쟁을 보장하는 목적으로 설립되었는데, 실제로 그 효과가 나타나 1967년에서 1974년까지 회원국 간의 무역량은 액수(in value) 기준으로 4배 증가하였고, 수입은 4,750만 달러에서 24억 7,300만 달러로, 수출은 4,980만 달러에서 23억 2,800만 달러로 늘어났다.

1973년 1월에는 영국이 유럽공동체(European Community)에 가입함으로써 그동안 카리브해 지역 영연방 국가들이 누려 왔던 각종 경제적 특혜가 감소하게 되었다. 이에 CAFTA 가맹국들은 이를 발전적으로 해체하고, 카리브공동체(CARICOM)로 발전시키기 위해 1973년 3월 조지타운협정(Georgetown Accord)에 서명하였고, 그해 8월 CARICOM 설립협정(Chaguaramas Treaty)을 체결하고 카리브공동체를 설립하였다. CARICOM의 목적은 설립 조약 제4조에 잘 나타나 있는데, ① 공동 시장을 설립해 회원국 간에 경제 통합을 추구하고, ② 회원국들의 대외 정책을 상호 조정하며, ③ 회원국 국민들의 이익을 위해 공동의 서비스와 활동을 효율적으로 운영하고, 사회·문화·기술적 발전과 국민들 간의 큰 이해 증진 등을 통해 기능적 상호 협력(functional cooperation)을 추구하는 것이다. CARICOM의 주요 활동으로는 경제 정책과 개발 계획을 상호 조정하고, 저개발 국가를 위한 특별 계획을 수립·제정하며, 지역의 단일 시장을 운영하고, 지역의 무역 분쟁을 해결하는 것이다.

설립 조약 부록(Annex)에는 카리브공동시장을 설립하고 운영하는 조항도 만들어 놓았는데, 여기에는 ① 회원국 간에 경제 및 무역의 규제와 상호 조율을 강화하고, ② 회원국 경제에 지속적인 통합과 확대, ③ 국가나 국가 그룹을 대하는 데 상당한 독립성과 효율성 증대 등을 목적으로 하고 있다.

CARICOM의 주요 조직으로는 정상 회의와 각료 회의(the Common Market Council of Ministers)를 꼽을 수 있다.

CARICOM 정상 회의(the Conference of Heads of Government)는 회원국 정상들의 모임으로 공동체 내 최고 정책수립 기구이다. 공동체에 필요한 기구와 정책의 방향, 공동체 재정 문제에 관련된 결정을 내리며, 각료 회의나 공동체 기구들이 추진해야 할 목표(Direction)를 채택한다. 그리고 공동체의 재정 문제와 관련된 문제도 해결한다. 정상 회의 다음으로 중요한 기구는 공동 시장 각료 회의(the Common Market Council of Minister)로 공동체 운영에 대한 정상 회의 결정 사항을 재검토하고, 이를 시행하기 위한 예산 등 제반 행정 사항에 대한 최종 결정을 한다. 또한 공동 시장 기능과 관련해 발생하는 문제를 해결하는 것을 포함해 CARICOM의 발전과 효율적 운영을 보장하는 임무도 가진다.[76] 특수한 분야의 문제들을 다루기 위해 장관상설위원회(Standing Committee of Ministers)를 설치·운영하였다. 정상 회의나 각료 회의에서 의사결정은 대부분 만장일치로 하지만, 필요한 경우 다수결로 결정하였다.[77] 매년 정상 회의(7월)와 외무장관 회의를 개최하며, 의장국은 6개월마다 교체한다. 한편, CARICOM의 모든 행정적 업무를 맡고 있는 CARICOM 사무국(Secretariate)은 가이아나의 조지타운(Georgetown)에 본부를 두고 있다. 사무국은 초기에 사무국장(Secretary-General)과 부사무국장(Deputy Secretary-General), 무역 및 통합국장(Director for Trade and Integration), 행정국장(Director for Administration), 직원들로 구성되었는데, 시간이 지나면서 조직이 확대되었다. 사무국장은 정상 회의에서 임명하며 5년 임기에 재임이 가능하다. 사무국은 정상 회의와 다른 주요 기구의 회의를 준

76 이 각료 회의는 다른 4개 기관(COFAP: Council for Finance and Planning, COFCOR: Council for Foreign and Community Relations, COHSOD: Council for Human and Social Development, COTED: Council for Trade and Economic Development)과 3개 단체(Legal Affairs Committee, Budget Committee, Council of the Central Bank Governors)로부터 지원을 받는다.

77 다수결에서는 최소한 MDSs 2개국을 포함한 회원국 2/3가 찬성하면 된다. 자세한 것은 Annex 제8조, 제11조, 제13조, 제18조, 제28조, 제29조 참조.

비하고, 회의에서 결정된 사항들을 실행하며, 공동체 목표 성취와 관련된 문제와 연관하여 회원국의 요구 사항에 대한 서비스를 제공하고, 정상 회의나 다른 공동체 기구에서 부여한 임무를 수행한다. 사무국장은 공동체의 주요 업무에 대해 매년 정상 회의에 보고를 하며, 사무국장과 직원들은 업무를 수행함에 있어 자국 정부나 기타 기관으로부터 지시를 받지 않는다. 카리브공동체 의회(Assembly of Caribbean Community Parliamentarians: ACCP)는 바베이도스 총리 샌디포드(The Hon. Erskine Sandiford)가 1987년 지역민들을 대표하는 지역 의회(regional parliament)를 만들자는 의견을 제시한 후 오랜 논의를 거쳐 1994년 설립되었다. 각 회원국 의회에서 선출되거나 임명된 대표들로 구성되며, 카리브공동체 내 주요 현안 문제에 대해 심의와 권고를 하며 각 회원국 간의 의견을 조율한다.

한편, 1970년대에 오일 쇼크로 야기된 국제적인 경제 위기는 카리브해 국가들의 경제적 전망과 정치적 안정에도 부정적인 영향을 미쳤다. 또한 주요 강대국들이 카리브 지역의 사건들에 영향력을 행사하면서 1970년대 말에 이르러 지역이 또 다시 외부 세력의 전쟁터로 변할 가능성이 커졌다. 1980년대에 이러한 상황을 개선하기 위해 전문가로 구성된 연구팀이 결성되었다. 이 연구팀은 1981년 1월 보고서를 제출하였는데, 보고서에는 1980년대까지 공동체의 통합 진전에 대한 부정적 평가와 함께, 공동체에 대한 희망이나 신념이 상실된 것으로 판단하였다.

그러나 이러한 어려운 여건에서도 통합에 대한 긍정적인 움직임도 나타났는데, 그것은 1981년 6월 동카리브국가기구(Organization of Eastern Caribbean States: OECS)가 창설된 것이다. 이 기구는 앤티가 바부다, 도미니카공화국, 그라나다, 몬체라트, 세인트키츠네비스, 세인트루시아, 세인트빈센트 그레나딘 등 소국으로 구성되어 있으며, 영국령 버진 제도와 앙귈라는 준회원국이다. 이들 회원국은 국가의 경제 규모가 작고, 역량이 크지 않아 그들의 공동 이익을 위해 개별 국가의 통치권을 공동으로 운영할 체제를 구축할 필요가 있었다. 그래서 회원국 간 상호 협력과 경제 통합을 증진하고, 대외 정책을 완전히 조화시키고, 동카리브중앙은행(Eastern Caribbean Central Bank: ECCM)을 통해 경제 통합을 촉진하려는 목표를 가지고 기구를 결성하였다.[78]

78 그러나 오늘날까지 대외 정책 분야에서 일부 회원국은 중국과, 그리고 일부 회원국은 타이완과 밀접한 관계가 있

그러나 1980년대에 전반적인 정치적 갈등으로 인해 CARICOM의 통합 이슈는 후순위로 밀려났다. 또한 1979년의 2차 오일 가격 상승 이후 경제적 어려움이 가중되면서 카리브해 국가들도 경기 침체를 겪었다. 이에 역내 무역이 1981년 5억 7,700만 달러에서 1984년 4억 3,250만 달러로 줄어들었고, 지역 내 무역을 촉진시키기 위해 설립된 CARICOM 다자간 결제기구(CARICOM Multilateral Clearing Facility: CMCF)도 가이아나가 7,000만 달러의 채무를 지불하지 못하자 붕괴되었다.

이러한 침체기를 겪은 후 1989년 그레나다에서 열린 정상 회담에서 정상들은 회원국들의 시장을 통합해 1993년까지 단일 시장을 만들겠다는 그랜드 안세선언(the Grande Anse Declaration)을 채택하였다. 이 안세선언에서는 ① CET와 원산지 규정, 재정 인센티브의 조화 제도 등을 합의해 1991년 1월까지 발효하고, ② 관세 동맹을 준비하기 위해 관세 행정(Customs Administrations)을 강화하며, ③ CARICOM 다자간 결제 기관(CMCF)을 1990년 12월까지 재설립하고, ④ 1991년 7월까지는 모든 남아 있는 무역 장벽을 제거하고, 거시 경제 정책의 상호 조율과 상호 협력을 꾀하는 것 등등을 포함하여 총 9개의 광범위한 계획 내용을 포함하고 있다. 그리고 이를 통해 1993년까지 카리브단일시장과 경제(CARICOM Single Market and Economy: SME)를 설립하기로 하였다.

이러한 폭넓은 계획 외에도 정상 회의는 카리브의회와 지역사법서비스위원회를 설립하고, 1990년 말까지는 카리브 주민들이 여권 없이 지역 내에서 자유롭게 여행할 수 있도록 협정을 체결하기로 하였다. 그리고 정상 회의에서 합의된 이들 내용이 회원국 차원에서 실행되는지를 살펴보기 위해 검토 팀(review team)이 1989년 초에 임명되었다.

1991년에는 CARICOM에 공동 대외 관세(CET)가 도입되었지만 벨리즈, 세인트키츠네비스, 앤티가 바부다, 몬체라트, 세인트루시아 등 5개국은 참여하지 않았다. 그리고 CMCF의 부활이나 여권 철폐, 카리브의회 설립, 또는 비관세 장벽 제거 같은 분야에도 거의 진전을 이루지 못하였다.

하지만 같은 해에 카리브단일시장과 경제(CSME)를 설립하기 위한 우선 사항

었다. OECS는 창립 25주년 축하 행사에서 2006년 6월 말까지 카리브단일시장(the Caribbean Single Market)에 가입할 것을 명확히 하였지만, 그를 위해 지역발전기금(Regional Development Fund)의 창설을 조건으로 내세웠다.

(priority)에 대한 합의가 이루어졌는데, 지역 원산지 상품의 자유로운 내부 이동과 자본 및 노동, 서비스의 자유 이동을 위한 제도(mechanism), 관세법과 절차, 지적재산권, 경쟁 정책, 법인세, 덤핑, 보조금 등을 포함한 제반 법과 규정의 광범위한 조화를 위한 협정을 완성하는 것 등의 내용이 포함되었다. 또한 공동체 기구의 개혁, 공동 서비스의 합동 운영, 거시 정책과 대외 무역 정책의 상호 조정도 주요한 의제로 논의되었다.[79]

이러한 카리브단일시장과 경제(CSME)의 설립 추구는 주로 지역 내 무역과 투자의 확대 부진과 큰 다자간 무역 자유화 및 무역 특혜(trade preferences)의 상실, 큰 무역 블록들의 창설, 지역 간 경쟁력 강화의 필요성, 냉전의 종식에 따라 출범한 국제적 환경 변화에 대한 반응이었지만, 내부적으로는 국제 경쟁력 향상에 대한 관심이 CSME 창설의 주요 이유라고 할 수 있다. 이것은 매우 중요한 변화인데, 왜냐하면 회원국들에 특혜를 주기 어려워졌고, 다자간 차원에서 무역 자유화로부터 발생하는 새로운 기회를 이용하기 어렵다는 것을 깨달았기 때문이다. CSME로의 전환은 또한 기존의 조약에서 지역 내 무역에 초점을 맞추던 것과는 반대로 지역 외 무역에 더 많은 강조를 하였는데, 이는 기술적·행정적 능력이 부족해서 정치 발전과 인적 자본, 연구, 기술, 마케팅과 정보 체제 개발 같은 분야에서 불리한 위치에 처한 소국(小國)들이 CARICOM을 불완전한 공동 시장에서 단일 시장과 경제로 전환시키면서 자원의 더 나은 이용을 촉진할 것이라는 기대를 반영하고 있다는 의미이다.[80]

그 후 1993년 10월 트리니다드 토바고의 수도 포트오브스페인(Port of Spain)에서 CARICOM과 콜롬비아, 멕시코, 베네수엘라 정상들이 모여 '경제적 상호 협력 활동 계획'에 서명하고 CARICOM과 멕시코, CARICOM과 콜롬비아 간에 FTA를 맺었다. 그리고 미국의 반대에도 불구하고 1993년 후반에 무역과 기술적 상호 협력, 환경 보호 촉진을 위해 CARICOM과 쿠바 간에 합동위원회(Joint CARICOM-Cuba Commission)가 설립되었으며, 1998년 8월에는 도미니카와 CARICOM 간에 FTA가 체결되었다.

79 OECS도 1991년에 OECS 단일 시장을 설립하는 데 합의하였는데, 이는 상품과 노동, 자본의 자유 이동도 포함한다. OECS 국가는 이미 통화 동맹(Monetary Union)을 가지고 있으므로 자본의 이동을 용이하게 하였다. OECS 단일 시장으로의 이행 과정은 점진적인데, 상품의 자유 이동 장벽 제거에 초점을 두었다. 그리고 공동 대외 관세의 이행은 CARICOM의 도움하에 이루어지고 있다.

80 Taccone and Nogueira(2002), p. 3.

2001년 7월 5일 바하마의 수도 나소(Nassau)에서 개최된 제22차 정상 회의에서 차구아라마스조약(Treaty of Chaguaramas)을 개정하여, 공동 시장을 카리브단일시장과 경제(CARICOM Single Market and Economy: CSME)로 바꾸기로 최종 결정하였다.

이 개정된 조약에서는 기존의 CARICOM 설립 목적을 좀 더 확대시켜 조약 제6조에 명시해 놓았는데, 이는 ① 근로(work)와 삶의 기준을 향상시키고, ② 노동과 다른 생산요소를 완전 고용하고, ③ 경제 발전 및 수렴의 가속화, 상호 조율, 지속화하고, ④ 제3국과의 무역 및 경제 관계를 확대시키고, ⑤ 국제 경쟁력 수준을 강화하고, ⑥ 생산 및 생산성 증대를 위해 조직화하고, ⑦ 제3국이나 국가 그룹을 대하는 데 있어 회원국의 효율성과 경제적 영향력 수단을 크게 성취하고, ⑧ 회원국의 대외 및 경제 정책의 상호 조정을 고양하고, ⑨ 회원국 국민들의 이익을 위해 특정한 공동의 서비스와 활동을 효율적으로 운영하고, 사회·문화·기술적 발전과 국민들 간의 많은 이해 증진을 꾀하며, 교육, 건강, 운송, 통신 같은 분야의 활동을 증대하는 것을 포함한 기능적 상호 협력(functional cooperation)을 추구하는 것으로 개정하였다.

이 카리브단일시장과 경제는 3가지 핵심 의도(features)를 가지고 있는데, 첫째 공동 시장을 넘어 단일 시장과 경제로 나아감으로써 경제 통합을 심화하고, 둘째 회원국 확대를 통해 CARICOM의 경제 규모를 확장시키고, 셋째 비전통적 국가들과 무역 관계를 강화하여 글로벌 무역 및 경제 체제에 점차적으로 공동체 경제를 편입시킨다는 것이다.

이때 개정된 조약에 의해 2005년에는 카리브사법재판소(the Caribbean Court of Justice)가 설립되었는데, 이 재판소는 회원국들의 분쟁에 대한 초기의 사법적 판단을 하고, 회원국 항소에 최종 법원으로서의 역할을 맡았다. 재판소는 2005년 8월부터 포트오브스페인에서 공식적으로 업무를 시작하였는데, 식민지 유산으로 오랫동안 카리브 국가들의 최종적 재판소 역할을 해 왔던 런던의 옥외사법위원회(the Judicial of Privy Council)를 마침내 대체하였다.

2006년 1월에는 오랫동안 진전되지 못하였던 CARICOM 단일 시장(single market)을 마침내 발족시켰다. 그러나 이 단일 시장에 OECS 국가들은 불참함으로써 바베이도스, 자메이카, 트리니다드 토바고, 벨리즈, 가이아나 그리고 수리남 6개국만 참여하였다. 그 후 2006년 7월에 앤티가 바부다, 도미니카공화국, 그레나다, 세인트키츠 네비스, 세인트루시아 그리고 세인트빈센트 그레나딘이 서명해 참여국이 12개국으로 늘어났다. 아이티는 국내 정치 상황의 어려움과 지진 등으로 정회원으로 부분적으로 참여하고 있다. 바하마도 숙련공들의 자유로운 이동에 대한 국내 노동 단체들의 반발이 많아 CSME에 가입하지 않았다. 당시 몬체라트는 CSME에 가입하기 위해 영국의 승인을 기다렸지만 거부당해 결국 가입을 못하였다.

2007년 2월 정상 회담에서 CARICOM 단일 시장을 2015년까지 완전히 이행하기로 하였으며, 여러 산하 기구들[81]도 설립하였다.

2008년 7월 제29차 카리브공동시장 정상 회의에서 정상들은 CARICOM의 목표를 궁극적으로 유럽연합(EU)과 같은 단일 경제 시장의 지향으로 규정하고, 카리브공동시장개발기금 창설과 2015년까지 CARICOM 단일 시장으로 완전 이행을 합의하였다. 그러나 2008년 시작된 금융 위기와 그에 따른 경제 불황으로 2011년 CARICOM 정상들은 단일 경제에 대한 진전이 중단되었다고 선언하였다.

한편, 2005년 1월에 수리남이 CARICOM 여권(passport)을 발행하기 시작해, 2005년 4월에 세인트빈센트 그레나딘, 10월에 세인트키츠 네비스도 공동 여권을 발행하였다. 2009년에는 12개 회원국 간에 여권이 발행되었고, 바하마, 몬체라트, 아이티 3개국만이 프로그램에 참여하지 않았다.

2013년 7월 트리니다드 토바고에서 개최된 제34차 CARICOM 정상 회의에서는 CARICOM 출범 40주년을 평가하고, 식민 시대 유산(학살 및 노예 제도 운영 등) 배상에 관한 후속 조치에 합의하였다. 그리고 UN의 Post 2015 Development Agenda 논의 시 카리콤 차원에서 공동으로 대응하기로 하였다.

2014년 7월 앤티가 바부다에서 열린 제35차 CARICOM 정상 회의에서는 CARICOM 5개년 전략 계획을 승인하고, 카리브 지역 군소 도서 개도국의 기후 변화 대응 및 Post-2015 개발 아젠더도 협의하고, CARICOM 배상위원회의 '카리브 노예제 배상 프로그램

81 관련 기구로는 (a) the Caribbean Development Bank; (b) the Caribbean Investment Corporation; (c) the West Indies Associated States Council of Ministers; (d) the East Caribbean Common Market Council of Ministers; (e) the Caribbean Examinations Council; (f) the Council of Legal Education; (g) the University of Guyana; (h) the University of the West Indies; (I) the Caribbean Meteorological Council; (j) the Regional Shipping Council 등이 있다.

하에 전략 및 운영 계획'을 채택하고, 베네수엘라와 가이아나 간 영토 문제에서 가이아나에 대한 확고한 지지를 선언하였다.

한편, 2016년 7월에 개최된 제37차 CARICOM 정상 회의에서는 카리브 소재 은행들이 조세 피난처로 조명되는 것과 관련한 논의를 위해 카리브외환거래지역포럼 구성 및 출범에 대해 의견을 교환하였다. 가이아나와 베네수엘라 간 국경 분쟁과 관련하여서는 가이아나의 주권과 영토 보존을 다시 한번 더 지지하였고, 벨리즈와 과테말라 국경문제에 대해서도 벨리즈의 주권과 영토 보존, 안보를 지지하는 입장을 재확인하였다. 그리고 도미니카공화국 내 아이티인의 강제 추방 등과 관련하여 인도주의적 위기에 대한 국제적 인식과 환기를 촉구하며, 대외적인 목소리를 높였다. 또한 CARICOM-칠레 및 CARICOM-쿠바 간의 관계 강화에 대한 논의도 하였다.

2018년 7월 제39차 CARICOM 정상 회의에서는 그동안 진전이 지지부진하던 CARICOM 단일시장경제(CSME) 공동체의 이행 활성화(기술 인력 이동 자유화 등)와 지역의 재해 관리 및 복원력 강화(포괄적 재해 관리 마련), 지역 안보(지역안보기구와 회원국 안보 주무 부처 간 네트워킹을 통한 정보 공유) 및 마리화나 이용(마리화나 재분류 필요성 논의 공감), 소규모 취약 국가를 대상으로 한 다자 통상 시스템의 특별 조치 대책 등을 수립하였다.[82]

그 후 2018년 12월 3~4일 트리니다드 토바고에서 개최된 CSME에 대한 특별 정상 회의가 끝날 무렵, 지도자들은 CSME 실현을 위한 3개년 계획에 동의하였다.[83]

2019년 6월 5일 열린 40차 정상 회의에서는 단일시장 및 경제(CSME)의 완전한 이행을 가속화하기 위한 몇 가지 조치에 동의하였는데, 이는 ① 합의된 투자 정책과 투자 기준(Investment code), 인센티브 제도, 통합된 자본 시장과 보안 규정(securities legislation) 등을 포함하여 CSME를 좀 더 경쟁적으로 만드는 수단들을 지원하는 데 큰 초점을 두고, ② CSME의 총리 소위원회(The Prime Ministerial Sub-Committee)는 9월부터 바베이도스에서 'CSME 실현 과정에 긴급성'을 두고 분기마다 만날 것이며, ③ 11월 트리니다드 토바고에서 열릴 CARICOM 특별 정상 회의에서는 CSME에 대한 것만 논의하기로 결정하였다.

82 외교부(2019), pp. 156~157.
83 3개년 계획에 포함된 내용은 Wikipedia의 CARICOM Single Market and Economy 참조. https://en.wikipedia.org/wiki/CARICOM_Single_Market_and_Economy.

카리브해 국가들은 EU와 경제적 대화를 위해 1992년에 카리브포럼(The Caribbean Forum: CARIFORUM)을 창설하였었는데, 당시 15개 CARICOM 회원국이 모두 참여하였다. 그 후 2008년에 EU와 경제동반자협정(Economic Partnership Agreements)을 체결해 양 동맹체 회원국들 간 무역과 투자에 동등한 권한을 부여하였다. 조약은 234조에 양 기구 사이에 분쟁이 생기면 유럽사법재판소(European Court of Justice)가 맡아서 해결하도록 규정하였다. 그러나 가이아나와 아이티는 이 협정에 참여하지 않았다. 경제동반자협정은 EU가 ACP(African, Caribbean and Pacific Group of States) 국가들에게 제공하는 특혜 무역 협정(preferential trade agreements)이 WTO 규정에 어긋나므로 이를 수정해 이들 국가와 FTA를 결성하려는 목적으로 맺은 협정이지만, 카리브해 국가들 간의 경제적 격차로 인해 이견이 노출됨으로써 합의 도출에 어려움을 겪었다. 그 외 CACM은 현재 회원국 간 단일 통화 도입을 추구하고 있다.

CARICOM은 1970대 초반에 출범한 후 꾸준히 연례 정상 회의 및 장관급 회의를 개최해 오면서 카리브 국가들의 대표적인 역내 기구로서 역할을 해오며 많은 성과를 거두었지만, 지역의 무역 및 투자 통합 속도는 계획보다 느리게 진행되었고, 서비스 및 상품 수출의 낮은 성장률은 성장 및 발전을 위한 무역 개방의 중요성 관점에서 우려를 낳고 있다. 또한 통합의 진전을 위해 기획된 많은 목표 분야의 최종 기한(deadline)이 계속 연기됨에 따라 그 진행이 늦어지고 있다. 즉, 단일 시장 경제권 구상이 주권 및 권한 위임에 관한 회원국 간 이견으로 진척이 안 되고, 2005년 설치된 카리브사법재판소도 15개 회원국 중 바베이도스, 가이아나, 벨리즈 3개국만이 사법재판소를 최고 법원으로 인정하고 있는 상황이다. 회원국 내에서도 역내 부국(MDC)과 빈국(LDC) 간의 갈등이 존재하고, 회원국 내에 작은 경제 공동체가 중복적으로 결성되고, 회원국별로 제3국과 FTA를 체결하는 것도 공동체의 발전을 더디게 하는 요인들이다. 회원국들은 인구, 면적, 경제 규모 및 국제 무대에서의 위상 면에서 소국이고 주요 수입원이 관광이라는 점 등 여타 중남미 국가들에 비해 상대적으로 각 회원국들 간에 유사성이 많으나, 최근 연례 정상 회의를 통해서도 논의만 무성할 뿐 특별한 합의 사항이 발표되지 못하고 있는 상황이라 통합체가 설립된 지 50년이 다 되어감에도 불구하고 회원국 간 경제 수준, 인종, 역사, 지리 차이 등으로 지역 통합이 지지부진한 상태이다. 또한 회원국들은 부채가 많고, 경제 규모도 작아 주로 여행 산업과 몇몇 농작물을 재배하는 농업에 초점이 맞추어져 있다. 또 회원국들도 지리적으로 흩어져 있고, 통합을 주도할 리더국이 없어 미국 같은 외부 지역 국가의 영향을 크게 받아 왔었는데, 최근 들어서는 중국이 카리브해 국가들에 대규모 차관이나 투자를 제공하며 영향력을 확대하자 미국이 이를 두고 '부채 함정'이라고 비판하면서, G2 국가들 간에 주도권 다툼이 치열해지고 있고, 그에 따라 회원국 간에 분열 현상도 나타나고 있다.[84]

어윈 라로크(Irwin LaRoque) 사무총장도 CARICOM 사무국 개혁과 함께 CARICOM 통합 진전을 위한 동력을 확보하기 위해 오랫동안 노력하였으나 회원국들로부터 큰 지지를 받지 못하였다. 그러나 최근 제39차 정상 회의에서 카리콤단일시장경제(CSME) 공동체 관련 실질적 합의를 도출하면서, CARICOM이 향후 카리브 국가들의 역내 통합 논의를 주도해 나갈 것으로 예상된다. 또한 카리브 지역 재해 복원력 강화(기후 변화), 지역 안보 문제(마약 등), 정보 통신 기술 등 글로벌 이슈에도 큰 관심을 표명하고 있는바, 향후 동 분야 활동에 주력해 나갈 것이다.

우리나라와 CARICOM은 2006년 5월 한-카리콤 대화협의체설립협정을 체결한 후 2007년 1월 카리브공동시장 사무국이 있는 가이아나 조지타운에서 제1차 한국-카리브공동시장 대화협의체 회의를 개최하였다. 회의에서는 주로 한반도 및 카리브 지역 정세, 개발 및 통상·투자 협력, 2012년 여수 세계 박람회 유치 등 다양한 주제를 논의하였다. 그 후 2010년 7월 CARICOM 사무국에서 한국-카리브공동시장 정책협의회가 개최되었다. 의제는 한반도 및 카리브 지역 정세, 한국-카리브공동시장 협력 사업, CARICOM의 E-Government 사업, 카리브공동시장의 2012 여수 세계 박람회 참가, 국제기구에서의 협력, 미주개발은행(IDB) 한국신탁기금 활용 방안 등이었다. 회의 결과 제1차 한국-카리브공동시장 대화 협의체 개최 이후 추가적인 교류가 없었던 CARICOM과의 대화 채널이 강화되었다. 2012년에는 우리나라 정부가 카리브공동시장 8개국 대표와 카리브 역내에 전자 정부 도입과 관련해 지역 전자 정부 사무소 설립을 위한 사무

84 "폼페이오 "중국의 '쉬운 돈' 조심해야"…카리브국서 中 견제," 2020. 1. 23. 연합뉴스(https://www.yna.co.kr/view/AKR20200123022900087?input=1195m); ""미국의 편가르기 안돼"…일부 카리브국가 폼페이오 회동 거부," 2020. 1. 22. 연합뉴스(https://www.yna.co.kr/view/AKR20200122008400087?input=1195m).

소 인력 충원, 장비 조달 등을 지원하는 문제를 논의하였다. 이 프로젝트에는 사업비가 총 128만 달러 소요되는데, 그중 우리나라가 117만 달러(3년 사업)를 지원하였다. 2014년 10월 서울에서 제4차 한-CARICOM 고위급 포럼이 개최되었는데, 이전 포럼과는 달리 민간 전문가 100여 명이 참여해 다양한 관점에서 양 지역 간 협력 증진 방안을 논의하였다. 또한 CARICOM 전 회원국을 대상의 KOICA 전자정부(E-Government) 연수 특별 프로그램을 2014년 성공적으로 개최한바, 우리의 체계적이고 종합적인 대 CARICOM 실질 협력 사업 활성화를 위해 동 연수 프로그램을 2015년부터 정례화하여 2017년에도 15명이 방한하여 연수하는 등 지금까지 꾸준히 관계를 유지하고 있다.

8. 태평양동맹

태평양동맹(Pacific Alliance)은 2010년 페루 대통령 알란 가르시아(Alan Garcia)가 주창해 창설된 경제 동맹체로 멕시코, 칠레, 콜롬비아, 페루가 2011년 4월 페루 리마에서 제1차 정상 회의를 갖고 리마협약(Declaración de Lima)을 통해 '태평양동맹' 설립에 동의한 후, 2012년 6월 칠레 안토파가스타(Antofagasta)에서 개최된 제4차 정상 회의에서 '태평양동맹 기본협정문'(Framework Agreement of the Pacific Alliance)에 서명함으로써 공식적으로 출범하였다. 당시 파나마와 코스타리카는 옵서버로 참여할 의사를 밝혔지만 에콰도르는 응답하지 않았다. 그 후 2015년 7월 20일 태평양동맹 기본 협정이 발효되어 법적기반을 마련하였다.

태평양동맹 기본 협정 제3.1조에는 동맹체의 세 가지 목적이 명시되어 있는데, 첫째 재화, 서비스, 복지, 자본 및 인력의 자유로운 이동을 위한 경제 통합의 장(An area of deep economic integration)을 마련하고, 둘째 복지와 사회 경제적 불균형 해소, 구성원들의 사회적 포용 등의 달성을 목표로 회원국의 경제적 경쟁력과 발전, 성장을 제고하고, 셋째 세계 특히 아시아·태평양 지역에 중점을 둔 정치적 협력 및 경제 무역 통합을 위한 발판(A platform)을 모색하는 것이다.

그리고 기본 협정 제2조에는 태평양동맹에 가입하기 위한 조건으로 ① 민주주의, ② 권력 분립, ③ 인권 보장 등을 명시하고 있으며, 제11.1조는 신규 회원국이 여타 회

2019년 7월 개최된 14차 태평양정상 회의에 참석한 정상들, 왼쪽부터 마르셀로 에브라르드 멕시코 외무장관, 세바스티안 피녜라 칠레 대통령, 마르틴 비스카라 페루 대통령, 이반 두께 콜롬비아 대통령(태평양동맹 홈페이지 제공)

원국들과 각각 FTA를 체결한 경우에만 태평양동맹에 가입할 수 있다고 규정하였다.

2012년 11월 스페인 카디스(Cadiz)에서 제5차 정상 회담이 개최되었는데, 역내 인력의 자유로운 이동을 규정한 리마선언의 정신에 따라, 멕시코가 콜롬비아 및 페루에 대해 180일 내 체류를 조건으로 비자 면제를 결정하였다. 당시 호주, 캐나다, 스페인, 뉴질랜드, 우루과이가 옵서버로 참가하였다.

동맹은 다수의 중남미 국가를 포함하는 폭넓은 공동체 형태를 택하지 않고, 실제로 통합 의지가 강한 소수의 국가들로만 구성하는 형태를 선택하였다. 그리고 회원국 간 무역 자유화를 통해 경쟁력을 강화하고, 외국인 투자를 활성화하며, 아시아·태평양 지역 국가와 협력 확대를 도모하는 것을 주요 목표로 삼았다. 출범 당시 인구는 2.1억 명, GDP는 2조 달러로 당시 ASEAN과 유사해 세계 9위권의 경제 규모를 가졌었다.

태평양동맹 회원국들은 이미 상호간에 양자 무역 협정을 체결하였고, 앞에서 언급하였듯이 새롭게 정회원이 되려면 기존 정회원국들 모두와 양자 FTA를 체결해야 한다는 규정을 가지고 있는데, 이는 태평양동맹이 FTA 수준을 넘어 공동 시장 수준의 경제 통합을 이루려는 의지를 표명한 것이라 할 수 있다. 또한 아시아·태평양 지역으로의 진출을 꾀하고 있지만, 반드시 이 지역만 목표로 삼지 않고 터키 이스탄불에 공동 무역사무소를 운영하고 있고, 가나와 모로코에도 공동 대사관을 설치하기로 해 오히

표 3-10 회원국 통계표					
회원국	인구(2020, 명)	면적(km²)	GDP(억$)	1인당 GDP	HDI(2018)
멕시코	128,649,565	1,972,550	13,220	10,405	0.767
칠레	19,116,201	756,096	3,085	15,854	0.847
콜롬비아	50,372,424	1,141,748	3,432	6,744	0.761
페루	32,824,358	1,285,216	2,402	7,317	0.763

주: HDI: Human Development Index.
GDP는 경상가격.
자료: Wikipedia.

려 전 세계 모든 지역으로 진출하려고 한다고 볼 수 있다. 또한 남미의 MERCOSUR나 UNASUL 등이 정치적·이념적 성향이 강한 데 반해, 태평양동맹은 정치적·이념적 이유로 특정 국가를 배제하지 않고 실용주의에 입각한 경제 통합을 추구하고 있다.

2013년 5월 콜롬비아 칼리(Cali)에서 개최된 제7차 정상 회담에서는 코스타리카를 5번째 정회원국으로 승인하고, 도미니카공화국, 에콰도르, 엘살바도르, 프랑스, 온두라스, 파라과이, 포르투갈 등 7개 국가를 옵서버 국가로 받아들였다. 또한 각 회원국이 25만 달러씩 출연해 협력 펀드를 만들고, 4개국 단일 비자를 발행하며, 금융·통신·항공·해상 운송 분야 서비스 촉진 및 투자 보장 협상을 6월 30일까지 마치기로 합의하였다. 이때 페루는 칠레, 콜롬비아, 멕시코에 대해 최대 183일간 체류 시 비자 면제를 공표하였다.

그해 7월 콜롬비아 비야데레이바(Villa de Leyva)에서 개최된 제8차 외교통상부 장관 회담에서는 상품 교역의 91.8%에 해당하는 상품을 즉각 무관세로 하기로 합의하였고, TPP(환태평양경제동반자협정)와 연계를 통해 아태 지역과 협력 강화를 추진하기로 하였다. 또한 한국, 터키, 중국, 미국을 추가적으로 옵서버국으로 승인하여, 옵서버국이 스페인, 프랑스, 일본, 호주, 뉴질랜드, 우루과이, 파나마, 코스타리카, 과테말라, 도미니카공화국, 캐나다 등을 포함해 총 20개국으로 늘어났다. 이들 옵서버 국가 중 파나마는 정회원국 가입을 적극 희망하였다.

태평양동맹은 정상 회담(Presidential Summit), 장관급 회담(Council Of Minister), 차관급 회담(High Level Group), 5개 분과위원회로 구성되어 있다.

정상 회담은 각국 수반들의 모임인데, 알파벳 순으로 1년간씩 의장직을 수행한다. 2013년 6월 7차 정상 회담 이후 6개월에 한 번씩 회동하며, 동맹체의 최고 의사결정 기구 역할을 한다. 장관급 회담은 각 회원국의 외교나 통상 관련 부처의 장관들로 구성되며, 협정문이나 정상 회담에서 협의된 내용을 구체화하고 실행해 나가는 가장 핵심적인 기구이다. 차관급 회의는 외교나 통상 관련 부처의 차관들 모임으로 실무 그룹에서 제안한 내용을 검토하고, 차후 논의될 수 있는 새로운 이슈들에 대해 평가한다. 그 외 2011년 리마협약을 통해 5개 분과위원회가 설립되었는데, 주로 무역 및 통합, 서비스와 자본, 협력, 인력 이동, 제도 분야에 대해 협상하는 실무 그룹들이다.[85]

한편, 2014년 2월에는 콜롬비아 카르타헤나(Cartagena)에서 제8차 정상 회의를 갖고 역내 무역 촉진을 위해 태평양동맹 무역의정서(Protocolo Adicional al Acuerdo Marco de la Alianza del Pacífico)를 맺고, 역내 교역품의 92%에 해당하는 품목의 수입 관세를 철폐하기로 합의하였다. 나머지 품목 중 7%는 중단기적으로, 그리고 1%는 장기적으로 철폐하기로 하였다. 멕시코의 바나나와 커피, 콜롬비아의 옥수수와 콩 등 일부 민감 품목의 관세는 최장 17년간 유지하기로 하였다. 하지만 회원국들이 다른 중남미 국가들과 마찬가지로 농업 부문 수출 비중이 높아 완전한 관세 철폐를 이루는 데에는 더 많은 시간이 걸릴 것으로 보인다. 이 8차 정상 회의에서 핀란드, 인도, 이스라엘, 모나코, 싱가포르가 새로운 옵서버국으로 승인됨으로써 옵서버국은 32개국으로 늘어났다. 그 후 2015년 7월 20일 태평양동맹(Alianza del Pacifico) 협정이 발효되어, 당시 세계 경제 6위, 인구 5위, 수출 그룹 7위로 라틴아메리카의 55% 수출을 담당하는 경제 동맹체가 출범하였고, 2016년 5월에는 태평양동맹 무역의정서가 발효되었다.

2018년 7월 멕시코 푸에르토 바야르타(Puerto Vallarta)에서 개최된 제13차 태평양동맹 정상 회의에서는 당시 미국의 보호 무역주의로 촉발된 무역 전쟁에 중남미 공동 대

85 무역 및 통합위원회는 관세 및 원산지 협약, 무역기술장벽협정(TBT), 동식물검역규제협정(SPS), 무역 증진 및 관세 협정을 관장하고, 서비스 및 자본위원회는 전자 상거래, 투자, 서비스 국경 무역, 금융, 통신, 항공·해상 교통 및 기술 서비스 등과 자본 시장 통합을 담당한다. 협력위원회는 주로 학술 교류 기반 구축, 기후 변화에 대한 과학 연구 네트워크 구축, 지리적 연결, 협력 기금 마련 등을 주 업무로 하며 인력이동위원회는 이민과 기업인들의 자유로운 이동, 학생들의 교류, 이민 정보 교류 및 전략 구축 등을 맡는다. 그리고 제도위원회는 동맹의 제도적 문제와 연관된 기구들을 관장한다(임태균·이시은, 2013, pp. 25~26). 그 후 분과위원회는 공공 구매와 지적재산권, 규제 증진, 관광 등 여러 분야로 확장되었다.

응 및 극복 방안 도출이 주요 의제였다. 이에 중남미 역내 통합 진전 및 무역 협정 체결 가능성 모색 등을 위한 태평양동맹-MERCOSUR 행동계획을 수립하였고, 향후 12년간의 태평양동맹 발전 전략을 담은 '전략 비전 2030'을 채택하였다. 이 '전략 비전 2030'에서는 4대 핵심 협력 분야로, ① 통합 확대, ② 아태 지역 진출 강화, ③ 디지털 연결성 증대, ④ 금융 서비스, 사이버 안보 등 전략 분야에서 대(對)민간 협력 확대 등을 설정하였다. 그리고 아직 남아 있는 태평양동맹 국가 간 관세 철폐 문제도 논의되었다. 이 회담에서 우리나라는 태평양동맹 준회원국 가입을 신청하였지만, 당시 태평양동맹과 준회원국 가입 협상 중인 캐나다, 호주, 뉴질랜드, 싱가포르 4개국에 우선순위가 돌아갔다.

코스타리카는 정회원 가입을 위한 협상을 일찍부터 시작하였지만, 자국의 농업 부문에 피해가 올 것을 두려워해 가입 진행을 늦추고 있고, 파나마는 정회원국이 되기 위한 협상을 진하행고 있다. 그 후 2018년 8월 에콰도르(Equador)가 정회원 가입을 공식적으로 요청하였다. 현재 태평양동맹 회원국들은 CPTPP(포괄적·점진적 환태평양경제동반자협정; Comprehensive and Progressive Agreement for Trans-Pacific Partnership)와 연계해 아시아·태평양 지역과 협력 강화를 추진하고 있다.

태평양동맹은 회원국들이 지리적으로 밀접해 있지 않아 흔히 국경 지역에서 발생하는 이민이나 마약, 국경 수비 등의 문제가 발생할 확률이 낮아, 당장 우려할 만한 안보나 정치 분야에 갈등은 없다. 다만 칠레와 페루 두 회원국은 국경이 접해 있어 해안에 대한 영유권 문제로 오랜 불화를 겪었지만, 국제사법재판소에 회부하여 판결에 따르기로 함으로써 영토 문제가 정치적으로 확대되는 것을 막으려 노력하고 있다. 또한 회원국 모두 미국과 FTA를 체결해 긴밀한 관계를 유지하고 있으며, 미국은 동맹체에 옵서버로 활동하고 있다.

태평양동맹은 비교적 최근에 탄생한 동맹체로서 누적된 성과를 가지고 있지는 못하지만, 다른 중남미에 비해 경제 상황이 양호하고 대외 개방성이 넓으며[86] 실용적이고 개방적인 지역주의를 표방함으로써 회원국들 간에 빠른 통합을 이루어 나가고 있다. 회원국들이 풍부한 천연자원을 바탕으로 에너지 인프라 시장에 엄청난 성장 잠재

86 실제로 칠레는 전 세계 60개국과 무역 협정을 체결하였고, 멕시코는 44개국, 페루 50개국, 콜롬비아 30개국과 FTA를 맺어 회원국 모두 세계 최고 수준의 개방적 경제 정책을 구사하고 있다.

력을 보유하고 있고, 이미 동맹국 사이에서는 92%의 관세를 철폐하였으며, 2030년까지 100% 무관세 역내 교역을 목표로 하고 있고, 회원국 간 관광 및 비즈니스 비자는 이미 필요없어졌다. 더구나 기존의 남미공동시장(MERCOSUR)이 보호 무역주의를 강화하고 정치적·이념적 성향이 강한 데 반해, 태평양동맹은 실용주의에 입각한 경제 통합을 추구하면서 낮은 인플레이션과 활발한 외국인 투자 유입, 개방적 지역주의 등으로 중남미의 새로운 성장 동력으로 떠오르고 있다. MERCOSUR도 이러한 점을 감안하여 2014년부터 태평양동맹과의 꾸준히 경제 통합을 모색하고 있다.

2020년 초반 옵서버국이 63개국으로 늘어날 정도로 세계 각국의 주목을 받고 있는 태평양동맹은 옵서버 및 제3국과의 협력 전략 구상을 위한 4대 우선 분야(과학 기술 및 혁신, 무역 원활화, 중소기업 육성, 인력 이동 및 교육)를 선정하고, 동 분야를 중심으로 협력 사업을 추진하고 있다. 현재 중남미 카리브 지역 국내총생산(GDP)의 40% 이상을 차지하며, 세계 8번째 규모의 경제 블록으로서 떠오르고 있는데, 태평양동맹 회원국은 외환 투기 및 외부의 경제적 충격으로부터 보호를 위해 고수준의 외환 보유고를 유지하고 있고, 중남미 카리브 국가의 국가신용등급에서도 상위 4위권에 들어 있으며, 기업 여건 및 환경에서도 상위를 기록하고 있다.

동맹의 회원국들은 우리나라와도 일찍부터 긴밀한 관계를 맺어 4개 회원국 중 멕시코를 제외한 나머지 3개국이 이미 FTA를 체결하였고, 특히 칠레는 우리나라가 최초로 FTA를 맺은 국가이기도 하다. 또한 2013년 6월부터 우리나라도 태평양동맹의 옵서버로 가입해 활동하고 있으며, 2015년 3월 국제전략연구소(International Institute for Strategic Studies: IISS)가 주관하여 콜롬비아 카르타헤나에서 개최한 '카르타헤나 대화: 환태평양 정상 회의'(Cartagena Dialogue: The Trans-Pacific Summit)에서 우리나라 조태열 외교부 차관이 참석, 태평양동맹을 바라보는 한국의 시각을 주제로 한 기조 연설을 통해 우리 정부의 한–태평양동맹 파트너십 강화 의지를 천명하였다. 그 후에도 태평양동맹과 매년 고위급 만남을 이어가고 있으며, 2019년 7월 6일 페루 리마에서 개최된 제14차 태평양동맹(Pacific Alliance: PA) 정상 회의를 계기로 우리나라가 준회원국으로 가입하기 위한 협상을 개시하기로 합의해, 현재 진행 중이다. 만일 우리나라가 태평양동맹의 준회원국으로 가입할 시에는 FTA 미체결국인 멕시코와 신규 FTA를 맺는 효과를 누릴 수 있으며, 페루·콜롬비아·칠레와도 각 FTA별 개별 수요를 반영할 수 있는 계기가 될 것이다.

9. 남아시아지역협력연합

남아시아 국가들은 인도, 파키스탄, 방글라데시, 부탄, 네팔, 스리랑카, 몰디브, 아프가니스탄으로 구성되어 있으며, 아프가니스탄은 인도의 요청으로 2007년 4월 제일 늦게 가입하였다. 이 지역은 세계 다른 지역에 비해 과거 40~50년간 상당히 괄목할 만한 발전을 하였으며, 특히, 1960년과 1970년대에는 평균 경제 성장률 5.5%를 기록하며 세계에서 가장 빨리 성장하는 지역 중 하나로 손꼽혔다.[87] 이 지역에서 결성된 남아시아지역협력연합(South Asian Association for Regional Cooperation: SAARC)은 최초로 남아시아 7개국이 모여 결성한 경제 및 정치 연합체이다. 연합체 회원국들의 총인구는 약 16억 2,000만 명으로 세계 인구의 23%를 차지하지만, 국민 소득은 평균 450달러로 세계 극빈층의 절반이 살고 있는 저소득 지역이었다.

1970년대 후반 방글라데시 대통령 자울 라먼(Ziaur Rahman)이 남아시아 국가들로 구성된 무역 블록(trade bloc)을 만들자는 제안을 최초로 하자, 이에 부응해 1981년 4월 콜롬보에서 7개국 외무장관이 모여 이 문제를 논의하는 과정에서 남아시아협력기구를 만들자는 의견이 제시되었다. 그 후 몇 차례의 모임을 더 가진 후 1983년 8월, 뉴델리에서 만나 남아시아지역협력기구(South Asian Regional Cooperation: SARC)를 결성하기로 선언하였다.[88] 그리고 1985년 12월 7일 방글라데시의 수도 다카(Dhaka)에서 부탄, 인도, 몰디브, 네팔, 파키스탄, 방글라데시, 스리랑카 7개국 정상들이 모여 지역 협력체에 대한 헌장(Chart)을 채택하면서 남아시아지역협력연합으로 개명하여 출범하였다.

SAARC의 설립 목적은 헌장에 자세히 명시되어 있는데, 연합체를 통해 ① 남아시아 국민들의 삶의 질과 복지를 향상시키고, ② 지역의 경제 성장, 사회적·문화적 발전

87 Saradgi(2007), p. 51.

88 1981년과 1983년의 외무장관 모임에서는 9개 분야에서의 통합 활동 프로그램(Integrated Programme of Action: IPA)도 시행하기로 하였다. 이때 확정한 9개 분야는 농업 및 농촌 지역 개발, 원격 통신(telecommunication), 기상학(metrology), 건강 및 주민 활동, 운송, 우편 서비스, 과학 및 기술 그리고 스포츠, 예술, 문화 분야이다.

을 가속화시키며, 국민 개개인이 인간으로서 존엄성을 가지고 살 수 있도록 하고, 또 그들의 잠재력을 완전히 실현시킬 수 있는 기회를 제공하며, ③ 남아시아 국가들 간에 집단적 자립(collective self-reliance)을 촉진·강화시키고, ④ 상호 신뢰를 제공하고, 상대방의 문제를 이해 및 인정하며, ⑤ 경제·사회·문화·기술 및 과학 분야에 상호 지원과 공동 연구를 증진하고, ⑥ 다른 개도국과 협력을 강화하고, ⑦ 공동의 관심사에 대해 국제 포럼에 상호 협력을 강화하며, ⑧ 비슷한 목적과 목표를 가진 지역 및 국제 기구와 상호 협력하는 것을 주요 내용으로 하고 있다.[89]

회원국들 간의 상호 협력은 동일한 주권과 지역적 통합, 정치적 독립, 회원국 국내 문제에 대한 불간섭, 상호 이익을 원칙으로 하여 실행하며, 기존의 상호간 또는 다자간 협정하의 준수 사항은 서로 보완하거나 일치시키기로 하였다.[90] 또한 SAARC의 모든 결정은 만장일치를 원칙으로 하며, 회원국 간의 논쟁적인 이슈들은 SAARC의 논의 주제에서 제외시키기로 하였다.

SAARC를 운영하는 조직은 각 회원국 수반들의 모임인 정상 회의(Meetings of the Heads of State or Government), 외무부 장관들이 만나 정책을 결정하고 새로운 프로젝트를 구상하는 장관 회의(Council of Ministers), 외무부 차관들이 모임을 갖고 협력 프로그램을 감독하는 상설위원회(Standing Committee), 기타 분야별 기술위원회(Technical Committees)와 사무국(Secretariat) 등으로 구성되어 있다.

정상 회의는 1년에 한 번 개최되며, 연맹의 발전에 관련된 중요한 이슈들을 최종적으로 결정하는 최고 의사결정 기구이다. 1985년 12월 방글라데시 다카에서 처음 정상 회담이 열린 후, 2014년 11월 네팔의 수도 카트만두에서 제18차 정상 회담까지 개최되었고, 2016년 파키스탄에서 열릴 예정이던 제19차 정상 회담이 취소된 후 아직까지 개최되지 못하고 있다. 장관 회의는 1년에 2회 개최되며 연맹에 필요한 정책을 만들고, 지역 협력에 필요한 절차와 과정을 검토한다. 더불어 새로운 협력 분야를 검증하며, 필요하면 추가적으로 새로운 제도(mechanism)를 만든다. 상설위원회는 장관 회의와 같이 1년에 2회 개최되는데, 외무부 차관들(Foreign Secretaries)로 구성되며, SAARC의 상

89 SAARC, Chart of the South Asian Association For Regional Cooperation, 1985, 제1조.
90 Hussain(1999), p. 21.

호 협력 프로그램을 검토·조정하며 연합체가 재정 지원하고 편성한 각종 프로젝트를 승인한다. 또한 분야들 간에 우선순위를 정하고, 상호 협력할 새로운 분야도 찾아내며, 필요하면 언제나 모임을 갖고 수시로 장관 회의에 보고한다. 상설위원회는 각 회원국의 원로 관료(officials)들로 구성된 프로그램위원회(Programming Committee)의 지원을 받는데, 이 위원회는 사무국 예산을 검토하고, 여러 활동의 실행 날짜를 확정하며, 상설위원회에서 위임받은 업무들을 수행한다. 사무국은 1987년 1월 카트만두에 설립되었는데, 사무총장은 3년 임기로 회원국 이름의 알파벳 순번으로 각료이사회(the Council of Minister)에서 임명한다. 사무총장은 전문적 지식을 가진 직원과 일반 직원, 기능직 직원들의 도움을 받아 일을 하는데 현재 7명의 사무국장(Director)이 있다. 사무국은 주로 ACC에서 결정한 사항의 수행 여부를 감시·조정하며, 회의를 준비하고, 협력체와 회원국 간의 또는 회원 국가와 다른 지역 통합체들 간의 대화 채널 역할도 수행한다.

제1차 정상 회담은 SAARC 헌장이 체결되었던 방글라데시 다카에서 개최되었고, 2차 회담은 1986년 벵골라에서, 3차 회담은 1987년에 카트만두에서, 4차 회담은 1988년에 이슬라마바드에서 개최되었다. 그 후 1998년까지는 정상 회의가 꾸준히 개최되다가 1999년에는 인도-파키스탄 간 카슈미르분쟁 및 파키스탄 내 군부 쿠데타로 파키스탄에 군사 정부가 들어섬에 따라 군사 통치자의 참석에 반대한다는 인도의 입장에 따라 카트만두에서 개최 예정이던 제11차 SAARC 정상 회의가 취소되기도 하였다.[91] 그 후 3년 후 11차 정상 회담이 2002년 네팔의 카두만두에서 개최되었고, 15차 정상 회담이 2008년 스리랑카의 콜롬보(Colombo)에서, 그리고 16차 정상 회담이 2010년 부탄의 수도 팀푸(Thimphu), 18차 정상 회담이 2014년 네팔 카트만두에서 개최되었다.

SAARC가 결성되어 발전해 가는 동안 여러 가지 연합체의 활동이 기획·실행되었는데, 특히 1991년 12월 콜롬보에서 개최된 제6차 정상 회담에서는 1997년까지 남아시아지역협력연합 특혜 무역 협정(SAARC Preferential Trading Arrangement: SAPTA)을 설립하기 위한 정부 간 실무 그룹(Inter-Governmental Group)을 설립하는 데 합의하였다. 1993년 4월 다카에서 열린 제7차 정상 회담에서는 마침내 남아시아지역협력연합 특혜 무역 협정

91 인도, 파키스탄의 핵실험 및 카슈미르를 둘러싼 영토 분쟁, 인도-방글라데시 간 갠지스강을 둘러싼 수리권 분쟁 등이 역내 갈등의 대표적 예이다.

(SAPTA)이 조인되었다. 그 후 1995년 창설 10주년을 맞이하여 12월 7일 원래 계획한 1997년보다 2년 빨리 SAPTA를 발효시켰다. 이 SAPTA에서는 ① 회원국들의 각기 다른 경제적·산업적 발전 수준과 대외 무역 형태, 무역 및 관세 정책 및 제도 등을 고려해 모든 국가들에 동일한 이익이 돌아가도록 전체적인 호혜주의와 상호 의존(mutuality)의 장점을 취하고, ② 단계별로 관세를 개혁하고, 정기적인 검토를 통해 지속적으로 단계를 확대 및 개선시키고, ③ 회원국 내 저개발국에 특별히 필요한 것을 인식하고, 그들에게 우호적인 구체적 특혜 제도에 합의하고, ④ 저개발국의 원료, 반가공, 완전 가공 형태의 모든 생산품, 공산품, 상품을 포함시키는 것을 기본 원칙으로 정하였다. 그리고 SAPTA하에서 4차에 걸쳐 5,500개 상품을 포함하는 무역 협상이 수행되었다. 하지만 회원국들의 지속적인 보호 무역주의, 관세 감축에 대한 소극적 대처, 많은 경제 분야에서 관세 감소 금지, 정치적 불안정 및 부패 등의 이유로 SAPTA의 진행이 계속 늦어지자 결국 1993년 12월 뉴델리에서 개최된 제16차 각료 회의에서 남아시아자유무역지대(South Asian Free Trade Area: SAFTA)를 실현하기 위해 더 많은 노력이 필요하다는 데 동의하고, 자유무역지대 창설에 필요한 단계를 설정하기 위해 1996년에 정부 간 전문가 그룹(Inter-Governmental Expert Group)을 설립하기로 하였다. 그 후 1998년 7월 개최된 제10차 정상 회담에서는 지역 내 자유무역지역을 창설하기 위한 종합적인 조약 체제 초안을 마련하기 위해 전문가위원회(Committee of Experts: COE)를 설립하기로 결정하였다. 그러나 파키스탄의 군사 정권이 들어섬에 따라 1999년 12월 개최하기로 예정되었던 정상 회의가 인도의 반대로 취소되면서, 설립 계획이 늦춰졌다.

또한 회원국들 간에는 FTA에 대해 부정적 의사를 표명하는 회원국들이 많았다. 특히 SAARC를 주도하는 인도는 이미 몰디브와 네팔, 부탄, 스리랑카와 여러 무역 협정을 맺고 있었고, 방글라데시와 파키스탄 간에도 비슷한 무역 협정이 있어 자유무역지대(SAFTA) 도입에 적극적이지 않았다. 2000년 들어 인도와 파키스탄 간에 관계 정상화를 촉구하는 국제 사회의 압력이 커지고, 인도와 파키스탄 간에 화해 분위기도 어느 정도 조성됨에 따라 SAARC 내 전문가위원회(COE)가 몇 차례 모여 SAFTA 초안을 마련하였고, 이 초안이 2004년 1월 1일 파키스탄 이슬라마바드에서 개최된 제12차 정상 회담에서 최종 합의되었다. 그리고 2004년 7월 이슬라마바드 외교장관 회의에서는 남아시아

2008년 제15차 정상 회의에 참석한 SAARC 정상들

자유무역지대(SAFTA)의 순조로운 출범을 위해 민감 품목 리스트 확정, 최빈국에 대한 보상 조치 등 구체적 준비 방안을 협의하였고, SAARC의 UN 옵서버 자격 취득을 추진하기로 하였다.

한편, 이 12차 정상 회담에서는 다른 여러 가지 중요한 의제도 많이 다루어졌었는데, 그중 하나가 남아시아 국민들의 후생과 복지에 핵심이 되는 인구의 안정, 여성의 권익 향상(empowerment of women), 청소년 이동(youth mobilization), 인적 자원 개발(human resource development), 건강 및 영양 개선(promotion of health and nutrition), 어린이 보호 같은 사회적 이슈를 다루기 위한 SAARC 사회 헌장(Social Charter)을 체결한 것이다. 또 정상들은 남아시아의 더 확대된 번영을 위해 단계적으로 남아시아 경제를 통합하기로 하고, 무역·재정·투자의 핵심 분야에 상호 협력을 가속화하기로 합의하였다. 이에 따라 남아시아경제연합(South Asian Economic Union)을 초기에 기획하고 최종적으로 실현시키는 권고안을 기획하고 연구하는 책임을 SAARCFINANCE[92]에 맡겼으며, 남아시아개발은행(South Asian Development Bank)의 설립도 같이 검토하도록 하였다. 지역 내 빈곤 문제를 다루기 위해서 서남아시아빈곤완화독립위원회(the Independent South Asian Commission on

92 SAARCFINANCE는 중앙은행장과 각 회원국의 재무국장들로 구성되어 있으며, 정기적으로 모임을 갖고 재정에 관련된 문제의 상호 협력을 논의한다.

Poverty Alleviation: ISACPA)에 차기 정상 회담까지 빈곤 감소, 교육, 건강 및 환경 분야에 다음 5년 동안 실제적이고 종합적인 연합체 발전 목표에 대한 청사진을 확정해 제출하도록 하였다.

그리고 2005년 11월 방글라데시 다카에서 개최된 제13차 정상 회의에서는 남아시아자유무역지대협정을 2006년 1월 발효시킬 것을 재확인함으로써, 2006년 1월 1일자로 남아시아자유무역지대협정이 발효되었다. 협정에는 각국의 경제 발전 정도에 따라 비저개발국(Non-Least Developed Countries: Non-LDCs)과 저개발국(Least Developed Countries: LDCs)으로 나누어 차별화된 관세 인하율과 관세 인하 시점을 설정하였다. 이에 따라 회원국 내 비저개발국인 인도, 파키스탄, 스리랑카 3국은 2008년까지 기존의 관세를 20%로 줄이고, 2013년까지(스리랑카는 2014년까지) 점차적으로 0~5%까지 줄여 나가기로 하였다. 대신 기존 관세가 20% 이하인 상품들은 매년 10%씩 2년간 줄여 나가기로 하였다. 반면 역내 저개발국인 부탄, 방글라데시, 네팔, 몰디브 4국은 2008년까지 기존의 관세를 30% 내로 줄이고, 그 후 유예 기간을 추가적으로 3년을 더 주어 2016년까지 점차적으로 0~5%로 줄이기로 하였다. 기존의 30% 이하 상품들은 처음 2년간 매년 5%씩 줄이고 그 다음부터 점차적으로 줄이기로 하였다. 따라서 이러한 관세 감축 일정에 따르면 SAFTA하에서 최빈국이 아닌 회원국들은 2013년까지, 최빈국은 2016년까지 회원국 간의 교역 상품 모두가 무관세로 된다.[93] 저개발국에 대한 관세 수입 감소를 보전하는 메커니즘도 도입하여 저개발국은 비저개발국으로부터 향후 4년간 SAFTA로 인해 감소된 관세 수입 전액을 보장받고, 이들 국가로부터 무역, 조세, 관세 등 10개 분야에 대한 기술 지원도 보장받기로 하였다. 하지만 인도는 파키스탄 측이 SAFTA가 본격화될 경우 인도가 그 주요 수혜국이 될 것으로 보고 이의 추진에 미온적이라 생각하고 개별 국가들과 FTA 양자 교섭도 병행 실시하는 한편, 동남아시아국가연합(Association of South East Asian Nations: ASEAN) 완전 가입을 그 대안으로 추진하였다. 그래서 당시 인도와 파키스탄은 SAFTA에 서명만 하고, 비준은 하지 않았다.[94]

이 13차 정상 회의에서는 남아시아개발기금(South Asian Development Fund: SADF)의 지

93 Mukherji(2007), p. 87.
94 자세한 SAFTA의 성과는 Chakraborty and De(2008) 참조.

원 범위도 넓히고, SAARC 개발기금(SAARC Development Fund: SDF)으로 재구성하기로 하였으며, 동시에 아프가니스탄을 신규 회원국으로 승인하였다.

그 후 2008년 8월 스리랑카 콜롬보의 제15차 정상 회의에서는 SAARC 개발기금헌장에 서명하고 약 3.2억 달러 규모의 기금을 조성하였으며, 부탄 팀푸(Thimphu)에 'SAARC 개발기금' 사무국을 개소하기로 합의하였다.

SAARC는 통상적인 연합체 활동 이외에도 매년 특별한 의제를 정해 추진해 왔는데, 환경 보호나 문맹 퇴치, 빈곤, 청소년, 여자어린이(Girl Child), 결핵(TB), HIV, AIDS, 남아시아 관광 등이 주요 의제였다.

10년 단위로 추진하는 의제도 있는데, 1991년부터 2000년까지는 여자어린이, 2001년부터 2010년까지는 어린이 권리(the Rights of the Child), 2006년부터 2015년까지는 빈곤의 경감(Poverty Alleviation), 2010년부터 2020년까지는 지역 간 연결(Inter-Regional Connectivity)이 실천 의제로 정해졌다.

통합 활동 프로그램(Integrated Programme of Action: IPA)의 경우도 상호 협력의 핵심 분야로 간주되어 몇 차례 수정을 거쳐 총 7개로 정리되어 기술위원회(the Technical Committees)를 통해 추진되었으며,[95] 최근에는 고위 실무 그룹(working group)을 발족, 정보·통신 기술, 생명 공학(biotechnology), 지적재산권, 관광 및 에너지 분야에 협력을 강화하고 있다. 더구나 정상 회담에서 협력 분야의 확대와 지역적 협력 강화의 필요성을 지속적으로 강조함에 따라 SAARC의 공동 활동 분야가 계속해서 확대되고 있다.

2006년 4월에는 미국과 한국이, 6월에는 EU가 SAARC에 옵서버 자격을 공식으로 요청해 2006년 8월 SAARC로부터 정식으로 승인받았다. 중국은 SAARC에 특별한 관심을 가지고 있는데, 파키스탄과 방글라데시, 네팔 등이 중국의 회원국 가입을 지지하고 있지만 인도가 반대하고 있다. 이란의 경우 기본적으로 아프가니스탄이나 파키스탄, 인도, 방글라데시와 강력한 문화적·경제적·정치적 관계를 가지고 있기 때문에 회원국 가입에 많은 관심을 보여, 2005년 가입 의사를 전달하였다. 미얀마도 SAARC 회원국에 관심을 나타내고 있는데, 특히 미얀마는 2008년 5월 정회원을 공식적으로 요청해

95 7개 분야는 ① 농업 및 농촌 지역 개발, ② 보건 및 인구 활동(population activities), ③ 여성, 젊은이(Youth), 어린이, ④ 환경 및 산림, ⑤ 과학, 기술 및 기상학, ⑥ 인적 자원 개발, ⑦ 운송이다.

놓고 있는 상황이지만 당분간은 어려울 전망이다.

2010년 12월 SAARC의 옵서버 국가는 호주, 중국, EU, 이란, 일본, 한국, 모리셔스(Mauritius), 미얀마, 미국 등 총 9개국으로 늘어났다.

SAARC 지역은 인구 밀도가 높고 세계적으로 열악한 보건 지표들을 가지고 있는데, 많은 수의 국민이 영양실조에 시달리고, 세계 결핵 예산의 40%가 지원되는 지역이다. 또는 심장 혈관 질환이나 당뇨병, 출산 관련 질환과 가축으로 인한 동물성 질병 감염률도 높다.

그러나 다른 한편으로는 미래에 경제 발전 가능성도 높은 지역이다. 인도와 파키스탄은 2009년이 되어서 남아시아자유무역지대(South Asian Free Trade Area: SAFTA) 조약을 비준하였으며, 가장 늦게 회원국이 된 아프가니스탄은 SAFTA 의정서(protocol)를 2011년 5월 비준하면서, 회원국들은 현재 SAFTA를 넘어 회원국 전체를 하나로 묶는 남아시아경제연합(South Asian Economic Union)을 추구하고 있다.

하지만 이러한 SAARC의 목표 달성을 위해서는 뛰어넘어야 할 장애물이 많다. 먼저 SAFTA 완성을 위해서는 관세 인하 적용을 받지 않는 민감 품목(sensitive list)의 수를 대폭 줄여야 할 뿐 아니라, 각 회원국에 상존하는 비관세 장벽들도 제거해야 한다. SAFTA를 통해 회원국들이 경제적 이득을 보기 위해서는 회원국 간 무역량 증대가 필수적이지만 설립 당시 3% 정도 수준이던 회원국 간 무역 수준이 현재에도 크게 나아지지 않고 있으며, 열악한 운송(도로, 철도) 시설과 통신 시설 등 빈약한 사회 간접 자본도 이에 기여를 하고 있다. SAARC 국가들의 높은 인플레이션율과 인구 성장률, 대외부채의 높은 비중과 높은 인플레이션율과 빈곤율 등의 공통점도 공동체의 발전에 저해 요인으로 손꼽힌다. 그 외에도 지속적인 보호 무역 기조와 이웃 국가들 간에 적대적 관계도 공동체의 발전을 방해하고 있는데, 특히 SAARC를 이끌고 있는 인도와 파키스탄 두 나라의 정치적 불화가 가장 큰 문제점으로 지적되고 있다. 양국은 1947년 분리·독립 때부터 갈등과 전쟁을 계속하고 있으며, 카슈미르 지역의 영유권을 놓고 3차례 전쟁(1947, 1965, 1971년)을 치르는 등 70년 가까이 분쟁을 지속해 왔다. 2008년 11월 발생한 뭄바이 폭탄 테러 사건도 470여 명의 사상자를 내면서 그동안의 화해 분위기를 급속히 냉각시켰다. 이러한 두 나라의 갈등은 아직도 진행형이어서 2014년 네팔에서 개막된 제18차 SAARC 정상 회의에서 중국에게 더 많은 권리를 부여하기를 원하는 파키스탄과 중국의 회원국 승격을 반대하는 인도가 또다시 충돌하였다. 그 여파로 정상 회의에서는 국경을 넘나드는 철도 협약과 도로 교통 협약은 체결되지 못하고, 에너지 협력 협약만 채택되었다. 실제로 모디 인도 총리는 정상 회의 기간 동안 네팔, 아프가니스탄 등 다른 회원국 정상 모두와 양자 회담을 하면서도 나와즈 샤리프 파키스탄 총리와는 양자 회담을 하지 않았다.

2016년 9월 들어서는 카슈미르의 분쟁이 다시 격화되어 분리주의 무장 조직 전투원들이 18일 새벽 잠무·카슈미르주에 주둔하는 인도 정부 보안군 기지를 공격해 인도 군인 18명이 숨졌다. 이들은 파키스탄 쪽 국경에 가까운 우리(Uri)의 군 기지 근처에서 매복하고 있다가 동이 틀 무렵 공격을 하였다. 이에 인도 정부는 파키스탄이 배후에 있다며 강도 높게 비난하였는데, 그 여파로 2016년 11월 파키스탄에서 열리 예정이던 제19차 SAARC 정상 회담은 인도와 방글라데시가 불참 의사를 밝히므로 개최되지 못하였다.

그 후 양국 간 교착 상태가 지속되자 2018년 9월 파키스탄 칸 총리는 인도 총리에게 편지를 보내 2015년 12월 시작되었던 포괄적 양자 대화를 다시 추진하자고 요청하였다. 칸 총리는 편지에서 구체적으로 양국 외교부 장관의 회담을 제안하며 “인도와 파키스탄은 대화를 통해 테러, 카슈미르 문제 등 모든 중요한 이슈 해결을 검토해야 한다”고 강조하여, 야당 시절 인도에 부정적이었던 태도와는 달라진 모습을 보였다. 인도 정부도 9월 20일 칸 총리의 제안을 받아들여 양국 외무부 장관의 미국 유엔 총회에서 면담에 합의하였다. 그러나 9월 18일 카슈미르의 인도·파키스탄 접경 지대에서 인도 경비대원이 살해된 데 이어, 21일에 잠무-카슈미르주(인도령 카슈미르)에서 인도 경찰 3명이 테러범들에게 납치되어 살해된 사건이 발생하였다. 인도는 그동안 파키스탄이 카슈미르의 테러리스트를 암묵적으로 지원하고 있다고 비난하며, 미국 유엔 총회에서 열기로 하였던 외무장관 회담을 취소하였고, 양국은 또다시 멀어졌다.

2019년 2월 14일에는 카슈미르 지방의 인도 지역에서 치안 부대를 태운 버스에 자살 폭탄 테러가 발생해 치안 요원 44명이 사망하는 사건이 발생하였고, 파키스탄을 거점으로 하는 이슬람 과격파 조직 ‘자이쉬-에-무함마드’가 자신들의 소행이라고 성명

표 3-11 SAARC 회원국 통계표

회원국	인구 (2018, 천 명)	GDP (백만$)	1인당 GDP (PPP, $)	문자해독률 (Literacy rate, %)	빈곤선 아래 인구 비율	중학교 등록률(%)
아프가니스탄	37,171	19,585	2,017	38.2	42.0	54
방글라데시	161,377	347,991	5,453	75.4	8.1	54
부탄	754	2,627	9,540	59.6	12.0	78
인도	1,352,642	2,716,746	7,874	74.0	3.7	75
몰디브	516	5,302	21,760	98.6	16.0	N/A
네팔	28,096	28,812	2,905	64.7	6.0	98
파키스탄	212,228	278,019	5,839	58.0	24.3	72
스리랑카	21,228	88,223	13,397	93.2	6.7	94

자료: SAARC Wikipedia.

을 냈다. 이에 인도는 전투기 12대를 투입해 파키스탄을 공습하였는데, 인도 공군이 파키스탄을 공습한 것은 1971년 제3차 인도-파키스탄 전쟁 이후 48년 만이다. 그러나 파키스탄 공군이 인도 공군기 두 대를 격추, 조종사 두 명을 체포하면서 인도와 파키스탄 간 핵전쟁 우려까지 대두되었지만, 파키스탄이 억류 중인 인도 공군 조종사를 송환하여 최악의 충돌은 면하였다.

이렇게 SAARC를 이끄는 인도와 파키스탄의 불화는 SAARC 발전에 최대 걸림돌이 되고 있으며, 그 여파로 2014년에 SAARC 정상 회담이 개최된 후 아직까지 모임을 갖지 못하고 있다.

우리나라는 인도를 포함한 SAARC 국가들의 발전 가능성에 일찍이 눈을 돌려 2006년 SAARC에 옵서버로 가입한 이래 SAARC 정상 회의에 고위급 수석 대표를 지속적으로 파견해 왔다. 그리고 SAARC와의 정보 교류 확대와 협력 확대를 위해 2010년 카트만두에서 제1차 한-SAARC 파트너십 세미나를 개최한 후 지금까지 매년 빠지지 않고 정기적으로 '한-SAARC 파트너십 세미나'를 개최하고 있다. 그리고 SAARC 사무국 및 회원국 관계자를 초청하여 한-SAARC 간 장기적인 협력 방안 마련을 위해 지속적으로 논의하고 있다.

10. 걸프협력위원회

1979년 2월 이란혁명으로 인한 왕정 붕괴, 1979년 12월 소련의 아프가니스탄 침공, 1980년 9월 이란과 이라크 사이의 전쟁 발발 등 1970년대 말부터 1980년대 초에 걸프만 주변에서 발생한 일련의 사태들이 이들 국가와 걸프만을 마주하고 대치하는 국가들의 정치적 불안정성을 고조시키면서 공동 안보 협력을 촉진시키는 계기가 되었다. 또한 근대화에 따른 경제적 여건 변화와 외국인 노동력 유입 등으로 국가 내 사회적 갈등이 높아진 점도 걸프 지역에서 이러한 문제점들을 보완할 협력체의 필요성을 고조시켰다.

이에 1981년 초에 개최된 '이슬람회의기구' 정상 회담에서 걸프 지역 국가의 협력이 구체적으로 결의되었고, 이어 2월 사우디아라비아의 수도 리야드(Riyadh)에서 열린 6개국 외무장관 회의에서 걸프협력위원회(Gulf Cooperation Council: GCC) 헌장 초안이 작성되었다. 그 후 5월의 아랍에미리트연합 아부다비(Abu Dhabi) 정상 회담에서 사우디아라비아, 쿠웨이트, 바레인, 아랍에미리트연합(UAE), 카타르, 오만 6개국 정상들은 걸프협력위원회(GCC)를 결성하는 데 서명함으로써 GCC가 출범하였다.[96] 그리고 1981년 11월 아부다비에서 통일경제협약(Unified Economic Agreement)을 체결하여 회원국 간에 사람 및 자본의 자유 이동과 관세 철폐, 은행과 금융 제도의 조화, 회원국 간 기술 협력 향상을 촉진시키기로 하였다.[97] 통상 걸프협력위원회라 부르는데, 공식 영문 명칭은 'The Cooperation Council for the Arab States of the Gulf'이며, 페르시아만의 6개 아랍 산유국들의 모임이라 해서 페르시아만협력회의(the Persian Gulf Cooperation Council)라고도 한다.

걸프협력위원회(GCC)의 목적은 전 분야에 있어 회원국 간에 상호 조정과 통합, 내부 결속을 촉진하고, 회원국 국민들 간에 결속을 강화하며, 경제·재정·무역·관세·관광·법규·행정 등 다양한 분야에서 동일 규정을 마련하는 것이다. 또한 동물 자원(animal resources)과 수자원, 농업 및 광업, 산업에 있어서 과학 및 기술 개발을 촉진하고,

96 기구의 공식 명칭은 걸프아랍국협력체(Cooperation Council for the Arab States of the Gulf)이다. 이들 국가는 지정학적으로 서로 인접하고, 종교적 · 문화적으로 깊은 동질성을 가지고 있어 GCC 결성에 또 다른 결정 요인으로 작용하였다.

97 동 협정이 경제 통합의 기본 틀이 되었는데, 1982년 인준되어 1983년 발효되었다.

걸프협력기구(GCC)의 35번째 정상급 회담이 2014년 12월 카타르 수도 도하에서 열렸다.

과학 연구 센터 및 합작 기업(joint ventures)을 설립하고, 민간 분야(private sector)에 상호 협력을 촉진하여 궁극적으로 통일체를 형성한다는 내용도 포함하였다(GCC 헌장 4조).

GCC의 조직을 살펴보면 회원국 정상들의 모임인 최고위원회(The Supreme Council)가 있다. 최고위원회는 GCC의 가장 상위 의사결정 기구로, GCC의 목표와 비전(vision)을 정한다. 최고위원회 의장은 회원국 국가 이름 알파벳 순으로 맡는데 매년 정기적으로 2회 개최하고, 회원국들의 특별 요청과 재청이 있으면 별도로 소집할 수 있도록 하였다.[98] 각 회원국은 한 표씩 행사하며, 회원국 중 2/3 이상이 참석해야만 회의가 유효한 것으로 간주한다. 중요한 이슈들은 만장일치로 하고, 절차적 성격을 가진 이슈들은 다수결로 한다. 주로 GCC 최고 정책의 입안 및 지침을 설정하고, 여타 국가 및 국제기구와의 협력 문제를 협의, 사무총장 임명, 헌장 개정 등 중요한 정책들을 결정·승인한다. 두 번째 기구는 각료이사회(The Ministerial Council)인데, 회원국 외무장관 및 분야별 장관으로 구성되며, 각료이사회 의장은 이전에 최고위원회 의장을 맡았던 국가에서 맡는다. 각료이사회는 분기별로 한 번씩 개최되는데, 다른 회원국의 재청이 있으면 별도로 개최할 수 있다. 이사회 모임도 회원국의 2/3 이상이 참석하여야 유효한 것으로 간주

98 1998년에 개최된 제19차 정상 회담 때에는 최고위원회에서 매년 열리는 정상 회담 사이에 심의 회의(consultative meeting)를 별도로 가지기로 하였다.

한다. 각료이사회는 GCC에 필요한 정책을 제안하고 권고안을 만들며, 최고위원회에서 결정한 사안을 시행하고, 상호 조정하는 권한을 가진다. 또한 최고위원회의 회의 및 의제를 준비한다. 투표 절차와 통과 기준은 최고위원회와 비슷하다. 사무국(the Secretariate-General)은 사무총장(임기 3년, 1회 연임 가능), 사무차장(3명: 정치, 경제, 군사) 및 사무국 직원으로 구성되며, 사우디아라비아 수도 리야드에 소재한다. 사무국은 행정 집행 부서로 최고위원회나 각료이사회에서 결정한 사항들을 실행한다. 또한 GCC 공동사업 및 통합과 관련된 협력 및 협의를 준비하고, 사무국 업무에 대한 정기적인 보고서를 준비한다. 결의(Resolution)에 대한 이행 상태도 감시하고, 최고위원회에서 요청받은 이슈에 대해 연구와 보고서도 준비하며, 각료이사회를 위한 의제와 결의 초안(Resolution draft) 및 회의도 준비한다. 사무국 직원들은 한 번 연장이 가능한 3년 임기로 최고위원회에서 임명하며, 정치, 경제, 인류(human)와 환경, 안보 그리고 군사 업무 등 5개 분야에 보조 사무원을 두고 있다.

이러한 주요 조직 외 산하 조직으로 ① 최고이사회 자문위원회(Advisory Commission for the Supreme Council)와 ② 분쟁조정자문회의(Commission for Settlement of Disputes), ③ GCC 국민 간 또는 GCC와 외국인 간의 무역 분쟁을 중재하는 GCC 상사중재센터(Commercial Arbitration Center, 1993년), ④ GCC 각국의 특허 관련 업무를 관장하는 특허사무소(Patent Office, 1998년), ⑤ GCC 표준기구(Gulf Standards Organization, 1982년), ⑥ GCC 투자회사(Gulf Investment Corporation, 1984년), ⑦ GCC 국제은행(The Gulf International Bank) 등이 있다. 이 중 최고이사회 자문위원회와 분쟁조정자문회의는 둘 다 최고이사회의 자문 기구이다. 최고이사회 자문위원회는 1998년 설치되었으며, 각 개인의 경험과 지난 3년간의 업무 능력 등을 기준으로 6개 회원국으로부터 30명(각국별 5명)을 심사·선발한 전문가들로 구성되어 있다. 그리고 회원국 간에 불화가 있을 때 조정하고, 최고위원회에 의해 의뢰된 문제들을 연구하고 자문한다. 한편, 분쟁해결위원회(Commission for the Settlement of Disputes)는 최고위원회의 지시에 의해 분쟁 사안의 성격에 따라 사례별로 구성된다.[99]

GCC가 결성된 후 최고위원회는 GCC의 발전을 가져오는 공동의 경제 활동을 촉진

99 권용석 외 3인(2006), pp. 2~4.

하는 여러 가지 중요한 결정을 하였다. 협정 체결 당시 관세 동맹의 완성 시기를 1986년까지로 확정한 것이나, 1993년 3월 역내 자유무역지대에 합의하여 역내에 관세 장벽 철폐, 여행 제한을 해제한 것 등이다. 그러나 더 중요한 결정은 GCC의 관세 동맹과 공동 시장, 통합의 발전 및 경제통화동맹(Economic and Monetary Union)과 관련된 것들이다. 이러한 결정을 뒷받침하는 법적 환경을 제공하기 위해, 최고위원회는 1999년에 개최된 제20차 정상 회담에서 1981년에 체결하였던 경제통합협정[100]을 개정하도록 명령하였다. 이에 사무국에서는 여러 번 수정을 거친 계획안을 제출하였고, 2001년 12월 제22차 회기 기간에 최고위원회에서 대체한 경제 협약(Unified Economic Agreement)을 체결하였다. 이 새로운 협정[101]은 회원국 간의 상호 협력과 상호 조정뿐 아니라 특별 프로그램도 채택하고, 실제로 회원국들이 시행할 수 있는 제도를 채택해 GCC가 회원국 간의 경제 통합을 수행하기 위한 공동 업무에 새로운 방식을 제공하였다. 또 회원국 국민들 간에 자유로운 이동과 2010년 전까지 단일 통화를 도입하기로 합의하였다. 2002년 카타르에서 개최된 최고위원회 제23차 회기에서는 GCC 내 관세 동맹을 2003년 1월부터 시행하는 것을 승인하였고, 이에 따라 2003년 비회원국으로부터 수입되는 상품의 공동 대외 관세(Common External Tariffs)가 5%로 정해졌다.[102] 관세는 GCC국 중 처음에 수입되는 국가에서 징수하고, 관세 수입은 상품의 최종 목적지에 따라 회원국 간에 배분하는 것으로 하였다.

한편, 2000년 이후 GCC 내 통화 동맹(Monetary Union)을 창설하기 위해 많은 조치들이 취해졌다. 2000년 바레인(Bahrain) 회의에서 최고위원회는 GCC에 단일 통화를 도입하기 위한 실무 계획(working plan)과 일정표를 만드는 데 동의하였다. 그리고 GCC 통화

100 경제통합협정은 총 7장, 28조로 구성되어 있으며, 회원국 간 경제 활동에 관한 조정·조화 및 통합의 원칙을 제시하고 있다. 동 협정은 제1~7조는 무역에 관한 조항으로 역내 생산물의 이동에 대한 관세 철폐 및 대외 수입품에 대한 관세율의 통일을 규정하고, 제8~9조는 자본, 노동, 거주의 자유, 소유 상속 유산의 자유, 경제 활동의 자유 및 자본 이동의 자유 등을 규정하고 있다. 이 밖에 경제 개발에 관한 상호 조정에 관한 조항은 제10~13조에, 기술 협력에 관한 조항은 제14~17조에, 운수 및 통신에 관한 조항은 제18~20조에, 재정 및 금융 협력에 관한 조항은 제21~23조에, 그리고 보칙(補則)은 제24~28조에 명시되어 있다.

101 새로운 협정의 제1장에는 관세 동맹, 제2장은 공동 시장, 제3장은 경제 통화 동맹, 제4장은 통합의 발전, 제5장은 인적 자원 개발, 제6장은 과학 및 기술 연구 분야의 상호 협력, 제7장은 운송, 통신 그리고 사회 간접 자본, 제8장에는 시행하는 제도와 추진하는 방법들에 관련된 내용들이 포함되었다.

102 하지만 국가별로 12~20%의 관세를 부과하는 품목이 있으며, 담배, 돼지고기, 알코올 제품은 수입 금지 또는 100%를 초과하고 있다.

당국(monetary authorities)은 통화 동맹 가입에 선결 조건은 아니지만 통화 동맹 설립 전·후로 정책 평가에 기준이 되는 경제 수렴 조건을 최종적으로 확정하였고, 이를 2006년 12월 리야드에서 개최된 정상 회담에서 승인하였다. 승인된 경제 수렴 조건은 EU가 유로(euro)를 도입할 때 설정하였던 기준과 매우 비슷하며,[103] 이 기준은 2007년에서 2010년 사이에 이행하도록 결정하였다. 그 후 2008년 1월에는 GCC 공동시장이 출범하였다. 이에 GCC는 회원국의 모든 기업과 국민을 단일 국가 기업과 국민으로 대우하고, 그를 위해 회원국 간의 투자 및 서비스 교역에 모든 장벽을 제거해 제거해 나가기로 하였다. 2008년 12월 말 오만에서 개최된 제29차 GCC 최고위원회는 통화 동맹 협정과 통화 동맹에 대한 법적, 제도적 틀을 개발하고, 통화위원회 목적과 임무를 정의한 금융 통화위원회 규정을 승인하였다. 그리고 2009년에 12월에는 바레인, 쿠웨이트, 카타르, 사우디아라비아는 단일 통화를 도입하기 위한 통화위원회(Monetary Council)를 창설한다고 발표하였다. 그러나 GCC 내 다른 회원국으로부터 경제 원조를 받고 있던 오만이 자국 내 인플레이션을 우려해 2006년 일찌감치 단일 통화에 불참을 선언한 가운데, 연합중앙은행을 리야드에 두려는 사우디아라비아와 GCC 최대 경제 활성화 지역이며 금융 인프라가 잘 구축되어 있는 아부다비에 두어야 한다는 UAE의 경쟁에서 UAE가 패배하면서 그에 따른 불만으로 2009년 단일 통화 불참을 선언해 결국 모든 회원국이 참석하는 단일 통화 도입 계획은 불발되었다. 그래서 통화동맹협정에 참가한 사우디아라비아, 카타르, 바레인, 쿠웨이트 4개국만 협정을 비준하여, 2010년 2월 27일부터 발효되었다. 그리고 2010년 3월 30일 연합중앙은행(Joint Central Bank)을 설립하고 통화 체제를 선택하기 위한 실천 계획과 일정표를 수립하기 위해 걸프통화위원회(Gulf Monetary Council)가 처음으로 개최되었다. 2011년 '아랍의 봄' 기간에는 회원국 바레인 군주를 돕기 위해 GCC가 군대를 파견하고, 예멘과 협상하기도 하였다.

GCC 내 전체 GDP의 45.3%, 인구 60.8%를 차지하는 맏형 사우디아라비아는 아랍의 봄 직후인 2011년 12월 정상 회담에서 GCC를 '유럽연합'과 같은 더 강력한 정치·안보

103 그 내용은 GDP에 대한 예산 적자(Budget deficit) 최고 비율을 3% 이내로 하며, 재정 적자는 GDP의 60%를 초과하지 못하게 하고 있다. 인플레이션은 최저 인플레이션율 3개국 평균값의 2% 이상을 초과하지 못하도록 하였고, 이자율도 최저 이자율 3개국 평균 이자율에 2%를 초과하지 못하게 하였다.

동맹체인 '걸프연합'(Gulf Union)으로 격상시키려는 구상을 제안하였다. 하지만 바레인은 이 계획이 사우디아라비아가 바레인을 속국으로 만들려는 의도라며 대규모 시위를 펼쳤고, 오만 역시 걸프연합이 사우디아라비아의 지역 패권을 기정사실화할 수 있다며 공식적으로 반대하였다. 그 후 2012년 11월에 오만을 제외한 GCC 5개국 정상들은 공동안보협정(Joint Security Agreement)에 서명하였다. 이 안보 협정은 각국이 직접적으로나 간접적으로 다른 회원국의 내정에 간섭하면 안 되고, 직접적으로 혹은 정치에 영향을 주는 방법으로 각국의 치안과 안정을 위협하는 단체나 개인을 지원할 수 없도록 하는 내용을 담고 있다. GCC 각국 정상들은 2013년 12월 쿠웨이트에서 개최된 연례 정상회의에서 이 협정에 비준 서명하였다. 그러나 카타르는 '아랍의 봄'을 거치면서 실제적으로 튀니지, 이집트, 리비아 등지에서 무슬림형제단(Muslim Brotherhood)의 반정부 시위를 적극 지원, 중동 지역에서 영향력을 키워 왔다. 또한 무슬림형제단 출신 무함마드 무르시가 2012년 7월 이집트 대통령으로 취임하자 80억 달러의 차관 제공을 약속하기도 하였다. 사우디아라비아와 UAE, 바레인 등 걸프 왕정 국가들에게 이슬람주의를 표방하는 무슬림형제단은 자국 체제를 위협하는 눈엣가시와 같은 존재인데, 이를 지원하는 카타르에 대해 불만이 고조되었다. 결국 2014년 3월 사우디아라비아, UAE, 바레인 3국은 공동 성명을 발표하고 카타르의 안보 협정 미이행을 이유로 카타르에 주재하는 자국 대사들에게 소환 명령을 내려 갈등의 골이 깊어졌다. 이 분쟁은 8개월 뒤인 2014년 11월 GCC 국가들 간에 외교 갈등으로 철수하였던 대사들이 복귀하면서 일단락되었다.

그러나 2017년 6월 5일 그동안 꾸준히 불화를 겪던 카타르와 GCC 회원국 간의 갈등이 고조되면서 단교까지 가는 사태가 발생하였다. 단교 사유는 카타르가 테러리즘을 지원하고 중동의 안전을 위협한다는 이유였다. 사우디아라비아, 바레인, 아랍에미리트, 예멘과 이집트, 리비아, 몰디브 7개국이 먼저 단교를 선언한 후, 추가적으로 서아프카의 모리타니와 모리셔스가 가세해 9개국으로 늘어났다. 그리고 이란과의 외교관계 축소, 테러 조직에 자금 지원 중단, 이란과 관계 단절, 알자지라(Al-Jazeera) 방송 중단, 터키군 주둔 기지 폐쇄 등의 내용을 포함한 13개 외교 단절 해제 조건을 제시하였지만, 카타르는 단호히 거절하였다. 이에 UAE 및 사우디아라비아 등은 국경 폐쇄(육해

공 이동 차단)와 인적·물적 교류 중단, 우편을 통한 서신·소포 교환까지 끊었다. 또한 카타르 내 자국 외교관 소환과 자국 내 카타르 외교관 추방 등의 조치를 시행하며 외교적으로도 극단적으로 치달았다. 그 후 단교 사태가 장기화되어 최근까지도 관계가 회복되지 못하고 있다. 이러한 회원국들 간의 지속적인 갈등으로 일부에서는 GCC가 결국 분열될 것이라 우려하고 있다.

GCC는 지금까지 비회원국과 FTA 체결을 다각적으로 추진하고 있는데, 1990년 EU와 처음으로 FTA 협상을 시작한 후, 2004년 중국, 2006년 일본, 호주, 싱가포르 및 뉴질랜드, 2007년에는 우리나라와 FTA 협상을 시작하였다. 미국과는 GCC 단위가 아닌 개별 국가가 FTA를 추진해 바레인과는 2004년 9월, 오만과는 2005년 10월에 협정을 체결하였고, 바레인과는 2006년, 오만과는 2009년 발효된 상태이다. 그 밖에 레바논과는 2006년 발효되었다. 그러나 미국, 호주, 싱가포르와 GCC 회원국들 간에 개별 FTA 협상이 진행되면서 회원국 간의 내부 갈등이 심화되자, 2005년 12월 아부다비에서 개최된 GCC 6개국 금융장관 회의에서 향후 FTA 체결 시 역외국과의 협상은 모두 GCC 단위로 한다는 원칙에 합의하였다.[104] 그 후 GCC는 2008년 싱가포르, 2009년 EFTA와 FTA 체결을 하였으나, 금융 위기, 제조업 육성 필요, 역내 관습과 제도 보호의 필요성, 회원국 간 견해 차이 등의 이유로 2009년 이후에는 FTA 협상이 잠정 중단되었다. 그러나 2013년 9월 싱가포르, 2014년 7월 EFTA와 기체결된 FTA가 발효되었고, 2016년부터는 중국과 FTA 협상을 시작하였다.

우리나라와는 2008년 7월 제1차 FTA 협상을 시작한 후 2009년 3월과 7월에 제2차, 제3차 협상이 연이어 열린 후 더 이상 진전이 없다가, 2015년 들어 협상 재개를 타진하였다. 이는 2014년 3월 GCC 외교장관 회의에서 GCC FTA 협상 재개를 승인하였기 때문인데, 구체적인 시기를 언급하지 않아 별 효과가 없었다. 2017년 노무현 대통령이 사우디아라비아를 방문하였을 때도 GCC와 FTA 체결을 추진하겠다는 계획을 발표하였지만, 카타르와의 단교 등 GCC 내부 문제 등으로 협상이 진전되지 않아, 지금까지 뚜렷한 성과를 거두지 못하고 있다.

104 황주성(2006), p. 62.

현재 GCC 국가들은 1인당 GDP가 회원국 모두 4만 달러가 넘어 세계 평균(13,100달러)을 크게 상회한다.[105] 출산율도 높고, 외국인 노동자의 유입이 지속되고 있는 등 젊은 층 중심으로 인구가 증가 추세에 있다. 경제는 주로 석유에 의존하고 있는 구조로, 세계 원유 매장량의 29.4%, 석유 및 천연가스 매장량의 45%, 21%를 차지하고 있다. 그리고 원유 생산량은 세계 24.5%, 천연가스는 11%를 차지하고, 석유 수입(收入)이 바레인을 제외한 나머지 회원국들의 GDP에 40% 이상을 차지한다. 수출 수입에서 석유가 차지하는 비중도 70%를 넘으며, 석유는 또한 정부 활동의 주요 원동력이며, 민간 부문 지출을 지원하는 주요 공급원이기도 하다.[106] 그러나 이러한 석유 부문의 발전이 다른 경제 부문과 거의 산업적 연관 관계를 갖지 못함으로써 국가 경제의 균형적 발전에 크게 기여하지 못하고 있다. 현재에도 GCC 국가들의 GDP 대비 제조업 비중이 10% 내외에 불과하다. GCC 회원국들도 이러한 문제점을 잘 인식하고 1990년대부터 민영화와 경제적 자유화를 통해 구조적 발전의 불균형을 변화시키려는 노력을 하였지만, 지금까지 교육받은 졸업자들이 대부분 고임금의 공공 부문에 투입되고, 민간 부문은 저임금의 해외 노동자들에게 의존하고 있는 관계로 강력한 민간 부문이 출현하지 못해 성과를 거두지 못하고 있다.

회원국 확대도 다소 시간이 걸릴 듯하다. 예멘이 1996년부터 GCC에 회원국 가입을 추구하여 1999년 1월부터 공식 지원국이 되어 2016년에 가입하기를 희망하고 있다. 하지만 예멘이 가난하고, 인구도 많으며, 정치도 왕정 체제가 아닌 공화국(The Republic of Yemen)이고, 경제적으로 GCC 국가와 수준 차이가 크다는 이유로 회원국 가입을 강력히 반대하는 회원국이 있으며,[107] 인접한 아랍 국가들의 회원국 영입에도 상당히 보수적인 입장이다.

GCC는 지금까지 관세 동맹과 공동 시장을 도입하며 많은 진전을 이루었으며, 2015년 들어 단일 통화 도입을 통한 통화 동맹도 다시 추구하고, 원유 의존도를 낮추기

105 2013년 구매력 기준으로 카타르는 1인당 GDP가 14만 달러를 초과하며, 2위인 쿠웨이트는 70,785달러, 3위인 UAE는 63,180달러에 이른다.
106 GCC 국가들은 재정 수입의 80% 이상을 원유 수출에 의존하고 있으며, 특히 사우디아라비아는 89.5%에 달한다.
107 오만과 카타르는 회원 가입을 지지하지만, 사우디아라비아는 반대하고 있다.

위한 산업 다각화 노력도 병행하고 있다. 즉, 사우디아라비아와 UEA는 산업 다각화를 추진하면서 세계 최고층 빌딩을 쌓아 올리고, 거대한 자금이 투입되는 프로젝트들을 진행하고 있다. 카타르도 MICE 산업을 중심으로 세계적인 행사를 유치하였다. 또한 교육 개방과 인적자원 개발과 교류, 환경 보호, 인도주의, 스포츠 산업 육성 및 사회적 유산의 개발 등을 표방하며 '중동의 스위스'를 지향하고, 세계적인 수준의 대학들 분교뿐 아니라 2022년 월드컵도 유치하였다. 2003년 관세 동맹 출범 후 장기간의 실행 노력과 논의를 거쳐 2015년 1월 1일부터 완전한 관세 동맹을 출범시켰고, 2008년 공동 시장을 출범해 이들 6개국 사이에 국가 간 자본의 흐름이 한 나라처럼 별다른 제재를 받지 않고 GCC 회원국 국적자는 6개국에서 이동과 거주, 민간·공공 부문의 고용이 자유롭게 되었다. 이에 따라 GCC 회원국들은 단일한 관세, 통관 규정, 절차를 갖게 되었고, 수입품은 GCC 국가 중 어느 한 곳의 통관을 거치면 역내에서 자유롭게 이동할 수 있고, 관세 수입은 비율에 따라 분배되고, GCC 역내 생산품은 관세 없이 회원국 내에서 자유롭게 이동할 수 있게 되었다.

그러나 회원 국가 간 시민들의 자유로운 이동은 활발하지 않고, 비회원국 출신 해외 노동자 비율은 여전히 높게 나타난다.[108] 상품과 서비스, 인력의 자유로운 이동에도 몇 가지 장벽이 남아 있는데, 장벽 제거를 위해 과세 제도나 회계 기준, 민사입법뿐만 아니라 전문 자격, 보험 증서 및 신분증명서의 상호 운용성도 조정 중이다.

통화 동맹의 경우도 UEA와 오만이 처음부터 불참하면서 동력이 떨어졌고, 회원국 모두 무역의 촉진과 환율의 안정을 위해 자국 통화를 미국 달러에 페그시켜 놓았다. 또한 회원국들의 경제 규모나 발행 통화의 낮은 세계 비중, 달러를 통한 석유 수출 등으로 국제적 활용도가 낮으며, 역내 교역도 유럽은 비중이 60% 정도 되지만 GCC는 6~7%에 불가하므로 통화 통합의 경제적 유인이 높지 않다. 더구나 사우디아라비아의 영향력 확대를 경계하는 주변국들이 통화 주권 이양에 대한 거부감이 커서 통화 동맹의 진전은 더디게 이루어지고 있다.

그러나 2019년 이후 공동체 발전에 최대 걸림돌이 되었던 카타르 단교 사건이 조

108 비회원국 해외 노동자 비율이 사우디아라비아의 32%에서 UAE의 89%까지 나타난다.

금씩 해빙 분위기를 맞고 있다. 2019년 11월 카타르에서 열린 아라비안 걸프컵 축구대회에 단교한 걸프 지역 3개 국가가 대표팀을 보냈고, 사우디아라비아 국왕은 2019년 12월 10일 리야드에서 열리는 GCC 정상 회의에 카타르 군주(에미르)를 공식 초청하였다. 아랍에미리트(UAE)도 카타르와 단교한 지 2년 8개월 만인 2020년 2월부터 우편을 통한 교류를 재개하며 분위기 전환을 위해 노력하고 있다. 또한 2019년 12월 10일 사우디아라비아 리야드에서 열린 GCC 정상 회의에서 2025년까지 재정·통화 단일화를 위한 입법을 완료하기로 합의하였다.

11. 아랍협력위원회

1983년 3월 걸프 지역 국가들이 걸프협력위원회(Gulf Cooperation Council: GCC)를 출범시키고 결속력을 강화하자 GCC에서 제외된 요르단·이라크·북예멘 3국은 새롭게 아랍 국가들과 결속을 추구하는 이집트와 함께 1989년 2월 16일 이라크의 수도 바그다드에서 아랍협력위원회(Arab Cooperation Council: ACC)를 출범시켰다.

이날 서명된 아랍협력위원회 헌장 제1조에는 협력위원회의 성격이 잘 나타나 있는데, ACC를 '아랍연맹' 기구 중 하나임을 분명히 하고, 아랍 및 국제 지역 그룹들과 상호 협력 관계를 수립한다고 명시하였다. 또한 ACC의 목적을 크게 6가지로 나누어 놓았는데, 이는 첫째 회원국 간에 높은 수준의 상호 조정·협력·통합·단결을 달성하고, 각 국가가 처한 상황과 발전 가능성, 그리고 전문적 지식에 맞추어 점차적으로 그 수준을 높여 가며, 둘째 여러 생산 부문 단계를 조정하는 정책을 시행하여 경제 통합을 점진적으로 이루고, 더 높은 단계로 이동해 감에 따라 회원국의 상황과 경제적 여건, 성장률을 고려하여 회원국의 발전 계획을 상호 조정하고,[109] 셋째 공공 및 민간, 공동과 혼합 부문 간의 경제 협력과 합작 기업 및 투자를 장려하고, 넷째 아랍공동시장과 아랍경제동맹의 설립을 향해 나아가는 단계로서 회원국 간에 공동 시장 설립을 추구

109 특히, ① 경제 및 금융, ② 공업 및 농업, ③ 운송 및 통신, ④ 교육, 문화, 정보, 과학 연구 및 기술, ⑤ 사회적 문제, 보건 및 관광, ⑥ 노동, 여행 및 거주 정비 등의 분야에 있어 바람직한 통합과 상호 조정을 한다고 서술하고 있다.

하고, 다섯째 모든 분야에 있어 회원국 국민들 간의 유대 및 단결을 강화하고, 여섯째 아랍의 결속 강화를 위해 아랍의 공동 활동을 촉진 및 발전시키는 것이다.[110]

ACC 조직은 크게 3개의 기구로 구성되었는데 최고기구, 각료기구 그리고 사무국이다. 최고기구(the Supreme Body)는 회원국 간의 정상 회담으로 각국 수반들로 구성되며, 회원국들이 교대로 1년에 한 번 정기 회의를 개최하고, 회의 개최국이 1년 동안 최고기구 의장이 된다. 별도의 회의는 최고기구 의장이 제안하거나 회원국 1개국이 요청하고 최소한 다른 1개국의 재청이 있으면 소집하는데, 이 회의는 최고기구 의장이 속한 국가에서 개최된다. 이러한 최고기구 회의는 회원국 과반수 이상이 참석해야 유효하다. 최고기구에서는 ① ACC의 최고 정책을 기획하고, ② 각료기구에서 올라온 권고안들과 관련해 필요한 결정을 채택하고, ③ 협의회의 업무와 권한 내에 있는 문제들을 각료기구에 위임하고, ④ ACC의 운영 절차 규정을 승인 및 개정하고, ⑤ 사무국 직원을 임명하고, ⑥ 새로운 회원국 가입을 승낙하고, ⑦ ACC 설립 협약을 수정하고, ⑧ 상호 조정·협력·통합을 위해 합의된 절차의 진행 상태를 검토하고, ⑨ 필요하면 다른 기구나 상설위원회를 설립한다.

각료기구(the Ministerial Body)는 회원국 수반이나 그와 같은 역할을 하는 대리자들로 구성된다. 각료기구는 최고기구 의장이 속한 국가에서 매 6개월에 한 번씩 회의를 개최하며, 그 국가의 총리나 그 국가에서 지명한 자가 의장이 된다. 별도의 회담은 각료기구의 의장이나 한 국가가 요청하고 최소한 다른 회원국 1개국이 재청함으로써 개최될 수 있다. 그리고 과반수 이상의 회원국이 참석해야 유효하다. 각료기구가 수행하는 업무는 ① ACC와 관련된 문제나 업무(affairs)에 관해 연구하고, ② ACC의 목적을 달성하는 데 관련된 권고안과 계획(plan), 기획안(proposal)들을 최고기구에 제출하고, ③ 최고기구의 결정안을 이행하는 데 필요한 시행 수단을 채택하고, ④ 적합한 기획안을 검토하고 제출하기 위해 필요하면 이와 관련된 특별위원회를 설립하고, 상호 협력 업무와 관련된 문제들을 연구하고, ⑤ ACC의 운영 절차를 준비하고, 승인을 위해 최고기구에 올리고, 개정안을 발의하며, ⑥ 사무국의 재정 및 행정적 규정의 수정 및 승인과 ⑦

110 ACC: Agreement on the Establishment of the Arab Cooperation Council, 1989.

ACC 업무와 관련된 사무국의 보고서를 검토하고, ⑧ 사무국 예산의 검토 및 승인, 사무국의 재무 회계와 사무국의 최종 재정 및 행정 상태를 승인하고, ⑨ ACC 업무로 인해 요청을 받으면 임시위원회를 만들고, ⑩ 최고기구의 의제 초안을 준비하는 것 등이다.

사무국(the General Secretariate)은 본부를 요르단 암만에 두고, 사무총장과 필요에 따라 소수의 사무국 직원을 둔다. 최고기구는 ACC의 목적을 고려해 회원국 국민 중에서 개인적인 신뢰와 능력을 심사해 사무총장을 임명한다. 사무총장의 임기는 2년이며, 최고 두 번까지 재임이 가능하다. 사무국 직원도 최고기구에서 개인적인 신뢰와 능력에 따라 회원국 국민 중에서 채용한다. 사무총장과 그의 임원들은 사무국이 설치된 국가나 회원국에서 그들의 임무를 수행하기 위하여 필요한 면세 및 면책 특권을 가지며, 편익 시설을 이용할 수 있다. 사무총장은 ACC 사무국 실행 부서의 수뇌로서 사무국 업무가 적절히 잘 수행되도록 할 직접적 책임을 가진다. 또한 사무총장은 ① 최고기구와 각료기구의 결정 사항을 이행하고, ② 두 기구에 제출하기 위해 ACC 업무에 관련된 필요한 보고서를 준비하고, ③ 각료기구의 의제 초안도 준비하고, ④ ACC의 예산 초안과 최종 회계를 준비하며, ⑤ 사무국의 행정 및 재정상의 규정을 발의하고 그것을 각료기구에 제출하며, ⑥ 사무국 직원의 채용 및 해고를 담당하고, ⑦ 최고기구와 각료기구에서 위임한 다른 업무도 수행한다. 사무국은 모든 회원국이 동일하게 출연한 연간 예산을 편성하여 사용한다.

의사결정은 회원 가입이나 ACC 설립 협약의 수정, 의장의 직위에 관한 사항과 ACC 창설 협정의 개정에 대해서는 모두 만장일치 원칙을 적용한다. 그리고 만장일치가 불가능할 때에는 다수의 결정에 따르지만, 그 결정 사항은 모든 회원국에게 적용된다.

이러한 목적과 조직을 가지고 탄생한 ACC는 이미 출범한 GCC와 함께 아랍 지역에 새로운 지역 통합 가능성을 보여 주었고, 정치적으로뿐만 아니라 경제적으로도 급속한 발전을 기대하게 해 주었다. 많은 학자들도 아랍 지역의 오랜 이념적 분쟁과 아랍 내 세력 다툼이 끝나고, 정치·경제적으로 실질적인 상호 협력을 위한 새로운 진전을 한 것으로 간주해 아랍 지역의 밝은 미래와 새로운 시대의 개막을 예상하였다. 이러한 기대에 부응해 ACC도 회원국 간에 정치·경제적 상호 협력을 위한 실제적 진전들을 많이 이루었고, 아랍 내부의 정치적·경제적 동태성에 대해 많은 것을 보여 주었다.

ACC 초기에는 동맹체 자체가 ACC 헌장에 방위적 상호 협력보다는 아랍 내부의 경제적 단결을 강조하는 내용을 담았었다. 왜냐하면 4개 회원국 모두 ACC 서명 당시 상당한 채무 부담을 지고 있을 때였고, 1980년대 오일 가격의 하락으로 회원국 모두 고통을 겪고 있었기 때문이다. 특히, 이집트와 요르단, 북예멘은 걸프 지역 노동 시장에 의존성이 크고, 걸프 지역으로부터의 송금에 많이 의존해 있었는데, 이 지역의 석유 경제 위축에 많은 어려움을 느끼고 있었다. 따라서 ACC 결성 목적 중에는 회원국 간의 노동 흐름을 촉진시키고, 특히 요르단과 이집트의 노동력으로 이란과 8년전쟁에 의해 파괴된 이라크의 재건을 돕는 것도 포함되어 있었다. 1989년 ACC 첫 정상 모임에서도 이러한 당시의 상황을 반영하여 회원국 간에 입국 비자를 없애고 노동 시장의 이동을 수월하게 만드는 데 합의를 하였고, 나아가 비회원국 노동자들보다 회원국 노동자들에게 채용 시 더 많은 우선권을 주기로 하였다. 또한 아랍 내부의 교역을 확대시키기 위해 ACC가 공동 시장으로 역할을 담당하기로 하고, 회원국이 지고 있던 대외 채무를 제공한 국가나 국제기구에 동맹체 전체가 하나가 되어 재협상하려는 의도까지 가지고 있었다. 이러한 상호간의 경제적 이해관계를 기초로 ACC 국가의 단결이 강화되었지만, ACC의 정치적 역할에 대해서는 근본적으로 회원국들 간에 다른 시각이 존재하였다.[111] 요르단은 ACC를 정치·경제적 블록으로 보고, 나중에 폭넓게 확대된 지역 동맹으로 확대될 것으로 예상하였다. 예멘도 요르단과 동일한 생각을 하고 있었다. 하지만 문제는 동맹 내 두 강대국에 있었다. 이라크는 ACC를 정치화하려고 시도하였고, 특히 시리아에 대한 적대 세력으로 만들려고 생각하였다. 그러나 이집트는 이러한 생각에 강력히 반대하여, 이라크와 정치적·안보적인 연대를 피하고 순수한 경제적 측면만 강조하려고 하였다. 그리고 1990년 8월 이라크가 쿠웨이트를 침공하면서 시작된 걸프전(Gulf War)에서 회원국들의 대응은 확연히 차이가 났다. 요르단과 예멘은 이라크 편에 선 반면 이집트는 사우디아라비아와 연합해 다국적 편에 섰고, 이에 따라 ACC 내 가장 강력한 두 회원국이 하룻밤 사이에 동맹자에서 군사적 적대자로 바뀌었다. 그리고 전

111 Ryan(1988), pp. 388~389.

쟁의 포성이 멈추었을 때 ACC 헌장의 갱신 마감날이 다가왔지만 누구도 추진하는 사람이 없었고, 결국 ACC는 회원국들의 분열과 함께 조용히 활동을 멈추었다.

제3절 지역별 주요 경제 통합체

앞 절에서는 세계의 경제 통합체 중 우리나라와 관련이 깊은 통합체이거나 세계 경제에서 차지하는 비중이 큰 경제 통합체, 또는 경제 통합 발전에 주요한 의미를 가진 통합체들을 선별하여 살펴보았다. 하지만 세계에는 이보다 훨씬 더 많은 경제 공동체가 존재하며, 이 절에서는 이러한 경제 공동체들을 지역별로 나누어 개괄적으로 정리하였다.

1. 유럽

기구명	회원국	성격 및 목표	설립일
유럽연합 (European Union: EU)	• 설립국(6): 프랑스, 독일, 이탈리아, 벨기에, 네덜란드, 룩셈부르크 • 회원국 확대: 영국, 아일랜드, 덴마크(73. 1), 그리스(81. 1), 스페인, 포르투갈(86. 1), 스웨덴, 핀란드, 오스트리아(95. 1), 키프로스, 체코, 에스토니아, 헝가리, 라트비아, 리투아니아, 몰타, 폴란드, 슬로바키아, 슬로베니아(04. 5), 루마니아, 불가리아(07. 1), 크로아티아(2013. 7) • 현재 27개국	• 단일 시장 • 정치 · 경제 동맹 외교 · 안보 및 내무 사법 협력	• 52. 8 ECSC 설립 • 58. 1 EEC 설립 • 67. 7 EC로 개편 • 93. 11 마스트리히트조약 EU로 개편 • 10. 10 한-EU FTA 체결 • 2020. 1. 31 영국 EU 탈퇴
유럽자유무역연합 (European Free Trade Association: EFTA)	• 영국, 노르웨이, 덴마크, 스웨덴, 스위스, 오스트리아, 포르투갈 7개국의 합의로 결성. 핀란드는 당시 준가맹국. 아이슬란드(70. 3), 영국과 덴마크 탈퇴(73. 1), 포르투갈 가입(86) • 현 회원국(4): 노르웨이, 아이슬란드, 스위스, 리히텐슈타인	• EEC에 대응하여 영국이 중심이 되어 설립한 자유무역지대	• 59. 11 스톡홀름조약 • 60. 5 유럽자유무역연합 발족 • 60. 5 발효 • 72. 7 EC와 FTA 체결 • 73. 1 발효 • 92. 5 EEA 서명 • 05. 7 한국과 FTA • 06. 9 한-EFTA 협정 발효
유럽경제지역 (European Economic Area: EEA)	• 유럽공동체(EC) 12개국, EFTA 7개국 서명(스위스는 국내 비준 문제로 미가입)	• EEU와 EFTA 간 사람 · 상품 · 자본 · 서비스의 자유 이동	• 77 협상 시작 • 92. 5 서명 • 94. 1 발효
중부유럽자유무역지대 (Central European Free Trade Area: CEFTA)	• 헝가리, 폴란드, 체코, 슬로바키아, 슬로베니아(96), 루마니아(97), 불가리아(99)	• 자유무역지대 • 회원국들의 EU 가입으로 와해	• 92. 12 서명 • 93. 3 발효
독립국가연합 (Commonwealth of Independent States: CIS) 경제동맹	• 러시아, 우크라이나, 벨라루스, 몰도바, 카자흐스탄, 우즈베키스탄, 투르크메니스탄, 타지키스탄, 키르기스스탄, 아르메니아(91. 12), 그루지야(93. 10), 아제르바이잔 92년 탈퇴 후 재가입(93. 9)	• 공동 시장 및 통화협력을 주요 내용으로 하고 있으며 러시아의 경제력과 경제 안정에 영향을 받고 있음.	• 91. 12 출범 • 2008 조지아(그루지야) 탈퇴 • 2014 우크라이나 탈퇴
발틱자유무역협정 (Baltic Free-Trade Area: BAFTA)	• 에스토니아, 라트비아, 리투아니아	• 자유무역지역 설립을 목적으로 하며 농산물은 예외로 함.	• 94 창설

기구명	회원국	성격 및 목표	설립일
동유럽상호 경제원조회의 (COMECON)	• 소련, 불가리아, 체코슬로바키아, 헝가리, 폴란드, 루마니아, 알바니아(47), 동독(50), 몽고(62), 알바니아 탈퇴(61), 쿠바(72), 베트남(78), 유고슬라비아(준회원국), 북한, 아프가니스탄, 앙골라, 에티오피아, 모잠비크, 라오스, 중국 등이 옵서버	• 경제 통합 목적, 마셜 플랜에 대항하기 위한 목적 • 1991년 6월 사회주의 체제 붕괴와 주도국인 소련의 붕괴로 소멸	• 49. 1 • 59 정식 비준 • 91. 6 46차 총회에서 기구해체의 정서에 서명함으로써 완전 해체됨.
지중해연합 (Union For the Mediterranean)	• 유럽연합 27개국, 북아프리카 6개국(리비아는 불참), 중동 6개국, 동유럽 5개국 등 총 44개국	• 정치적 · 경제적 협력과 중동 평화를 목적으로 출범한 국가 간 연합	• 2008. 7 출범
남동유럽지역 협력협의회 (Regional Cooperation Council: RCC)	• 알바니아, 마케도니아, 보스니아-헤르체고비나, 불가리아, 크로아티아, 그리스, 헝가리, 몬테네그로, 루마니아, 세르비아, 슬로베니아, 터키	• 경제 발전을 위한 정부 간 협력 강화와 EU, 국제 금융기구와 관계 증진. 회원국들 간 에너지와 인프라 분야의 협력 증대에 초점	• 2008. 7 출범
비세그라드그룹 (Visegrad Group)	• 슬로바키아, 체코, 폴란드, 헝가리 • 처음에는 3국이었지만 1993년 체코와 슬로바키아가 분리하면서 4개국으로 늘어남.	• EU와 NATO 가입이 목표 • 2004년 EU 가입으로 목표를 이루었지만 지금도 회원국 간 협력 유지 • 1989년 2월 회원국들 한국과 수교 협정	• 92. 2 창설 • 2004. 5 코로므네쥐즈(Kromeriz) 정상 회의에서 신비셰그라드선언을 발표, V4의 새로운 협력 방안 설정

2. 미주

기구명	회원국	성격 및 목표	설립일
북미자유무역협정 (North American Free Trade Agreement: NAFTA)	• 미국, 캐나다, 멕시코	• 관세 및 무역 장벽 폐지, 자유 무역	• 92. 12 서명 • 94. 1 발효
미국 · 멕시코 · 캐나다협정 (United States Mexico Canada Agreement)	• 미국, 캐나다, 멕시코가 기존의 NAFTA를 대체하기 위해 합의한 협정 체제로 '신(新)나프타'로도 불림.	• 자동차 역내 부품 비율 상향, 자동차 노동자 임금 인상, 미국이 자동차 관세 도입할 경우 무관세 쿼터제 도입	• 2018. 11 협정에 서명 • 2019. 12 멕시코 비준 • 2020. 1 미국 비준 • 2020. 7 발효예정
라틴아메리카 통합연합(Latin American Integration Association: LAIA)	• 브라질, 아르헨티나, 멕시코, 칠레, 파라과이, 페루, 우루과이, 콜롬비아, 에콰도르, 베네수엘라, 볼리비아 등 11개국 현재 결속력 약화	• LAFTA의 성과 부족으로 LAFTA의 발전적 해체 후 설립, 특혜 관세 부여, 상호 결제 제도, 교육, 문화, 기술 협력	• 60. 2 LAFTA 설립 • 80. 8 LAIA로 개편 • 81. 3 LAIA로 발효
남미공동시장 (South Cone Common Market: MERCOSUR)	• 브라질, 아르헨티나, 파라과이, 우루과이, 베네수엘라 등 5개국, 칠레와 볼리비아 등 7개국이 준회원국	• 1995년부터 CET 0~20% 적용, 예외 품목은 2001년까지, 나머지 품목은 2006년까지 통일	• 91. 3 서명 • 91. 11 발효 • 95. 1 관세 동맹 개시 • 95 EU와 협력 합의 • 2017. 8 베네수엘라 회원국 지위 무기한 정지
안데스공동시장 (Andean Community: ANCOM)	• 볼리비아, 콜롬비아, 에콰도르, 페루(69. 5), 베네수엘라(73) 등 5개국. 외자 규제 반대로 칠레 탈퇴(76), 회원국과 갈등으로 2006년 베네수엘라 탈퇴	• 관세 동맹(대외 관세율: 1차산품: 5%, 중간재: 10%, 자본재: 15%, 완제품: 20%)	• 69. 5 안데안그룹 설립 • 96. 3 ANCOM으로 개명

기구명	회원국	성격 및 목표	설립일
중미공동시장 (Central American Common Market: CACM)	• 엘살바도르, 과테말라, 온두라스, 니카라과, 코스타리카 등 5개국 • 1991년 중앙아메리카통합체제(SICA)로 확대	• 1993년 코스타리카를 제외한 4개국 CET 15% 설정 공동 시장 • 공동중앙은행 설립	• 60. 12 조인 • 61. 7 발족 • 93. 1 관세 동맹 실시 • 2018. 2 한-중미 5개국(과테말라 제외)간 FTA 체결
카리브공동시장 (Caribbean Common Market: CARICOM)	• 자메이카, 가이아나, 바베이도스, 트리니다드 토바고, 그레나다, 몬세라트, 세인트루시아, 앤티가 바부다, 버뮤다, 수리남, 아이티 등 15개국	• 공동 시장 • 2000년까지 상품, 서비스, 자본, 노동의 자유 이동	• 68. 5 CARIFTA 설립 • 73. 7 CARICOM으로 개편 • 99. 1 단일 시장 목표
G-3 자유무역협정	• 멕시코, 콜롬비아, 베네수엘라	• 1995년부터 10년간 수입 관세 단계별 인하	• 93 창설
남미국가연합 (Union of South American Nations: UNSAL(포르투갈어), UNASUR(스페인어))	• MERCOSUR: 아르헨티나, 브라질, 파라과이, 우루과이 • ANCOM: 볼리비아, 콜롬비아, 에콰도르, 페루, 베네수엘라 • 이상 9개국과 칠레, 수리남, 가이아나 총 12개국	• 경제 통합 및 정치 협력으로 미국, EU와 같은 거대 경제권에 대항	• 2004. 12 남미국가공동체(CNS)로 출발 • 2008. 5 창설 조약 서명 • 2011. 3 공식 출범 • 2018. 8 콜롬비아 탈퇴
미주자유무역지대(Free Trade Area of the Americas: FTAA)	• 쿠바를 제외한 북·중·남미 34개국이 2005년까지 전 미주자유무역지역 설립 기초 마련(2001년 4월 퀘벡 미주 34개국 정상 회의에서 합의)	• 시장 개방, 투자, 서비스, 정부 조달, 지적소유권, 농업, 덤핑 등 9개 분야 협상 최종적으로 자유무역 체제 확립	• NAFTA 출범 후 미국 부시 대통령이 추진 • 남미 국가들의 반대로 현재는 중단된 상태
미주 대륙을 위한 볼리바르동맹 (Bolivarian Alliance for the Peoples of Our America: ALBA)	• 베네수엘라, 쿠바, 볼리비아, 니카라과, 도미니카, 에콰도르, 앤티가 바부다, 세인트빈센트 그레나딘, 세인트키츠 네비스, 그레나다, 세인트루시아(08. 8 가입한 온두라스는 쿠데타로 09. 12 탈퇴)	• 미국의 정치·경제적 영향력에 대항하고 시몬 볼리바르 정신을 바탕으로 라틴아메리카와 카리브 국가들 간 정치·경제·사회적 통합 추구	• 2004. 12 출범 • 2008. 1 ALBA 은행 출범 • 2009. 10 공동 통화 SUCRE 창설 • 2013. 12 포괄적 공동경제구역 설립 추진에 합의

기구명	회원국	성격 및 목표	설립일
태평양동맹 (Pacific Alliance)	• 멕시코, 칠레, 콜롬비아, 페루	• 회원국 간 무역 자유화를 통한 경쟁력 강화, 외국인 투자 활성화, 아태 지역 국가와 협력 확대	• 12. 6 결성 • 2016. 5 태평양동맹 무역의정서 발효 • 2018. 7 한국의 태평양동맹 준회원국 가입 협상 대상국 선언
중남미 · 카리브해국가공동체 (CELAC)	• 앤티가 바부다, 아르헨티나, 바하마, 바베이도스, 벨리즈, 볼리비아, 브라질, 칠레, 콜롬비아, 코스타리카, 쿠바, 도미니카, 에콰도르, 수리남, 엘살바도르, 그레나다, 과테말라, 가이아나, 아이티, 온두라스, 자메이카, 멕시코, 니카라과, 파나마, 파라과이, 페루, 도미니카공화국, 세인트루시아, 세인트키츠 네비스, 세인트빈센트 그레나딘, 트리니다드 토바고, 우루과이, 베네수엘라 등 33개국	• 민주주의 및 민주적 가치 보존, 회원국 간 정치적 대화 강화, 국제 사회에서 지역 입장 대변 등 • 대내적으로 연대 강화, 국가 간 경제적 보완성 증대 및 사회 통합 도모	• 2010. 2월 결성 선언 • 2011. 12월 카라카스(Caracas)선언으로 출범
카리브국가연합 (Association of Caribbean States, Asociación de Estados del Caribe)	• 앤티가 바부다, 바하마, 바베이도스, 벨리즈, 콜롬비아, 코스타리카, 쿠바, 도미니카공화국, 도미니카연방, 엘살바도르, 그레나다, 과테말라, 가이아나, 아이티, 온두라스, 자메이카, 멕시코, 니카라과, 파나마, 세인트키츠 네비스, 세인트루시아, 세인트빈센트 그레나딘, 수리남, 트리니다드 토바고, 베네수엘라 등 25개국	• 역내 경제권 창설을 위한 지역 협력 및 통합 과정의 촉진 • 역내 공동 유산인 카리브해의 환경 유지 및 보전 • 카리브 국가들의 지속 가능한 발전의 촉진 • 자연재해로 야기되는 물리적 · 경제적 취약성 공동 극복	• 92. 10 최초 설립 제의 • 94. 7 25개 카리브 연안국 정상이 창설 협정에 서명 • 95. 8 17개 회원국의 협정 비준으로 공식 출범

3. 아프리카

기구명	회원국	성격 및 목표	설립일
서아프리카 경제·통화동맹 (West African Economic and Monetary Union)	• 베냉, 부르키나파소, 코트디부아르, 말리, 니제르, 세네갈, 토고, 기니비사우 등 8개국(UEMOA)	• 96. 5 관세 동맹 • 경제·통화 동맹 목표	• 59 CUWAS 설립 • 66 WAEC로 개편 • 94. 1 WAEMU로 재개편
서아프리카 경제공동체 (Economic Community of West African States: ECOWAS)	• WAEMU 회원국 및 감비아, 가나, 기니비사우, 모리타니, 나이지리아, 라이베리아, 시에라리온, 기니, 카보베르데 등 16개국	• 서아프리카 최대 지역 협력체 • 농산품, 수공품, 공산품의 단계적 자유 무역	• 75 설립 • 90. 1 공산품 자유 무역 실시 • 90 역내 통일 통화 창설 합의
중앙아프리카 관세 및 경제 동맹(Central African Customs and Economic Union)	• 콩고, 가봉, 중앙아프리카공화국, 차드, 카메룬, 기니 등 6개국 • CACE	• 관세 동맹 개시 (62. 7)	• 59. 6 적도관세동맹 설립 • 66 CACEU로 개편
중부아프리카 경제공동체 (Economic Community of Central African States)	• CACEU와 대호수 지역 경제 공동체 3개국(자이르, 부룬디, 르완다)과 결합	• 아프리카 전 지역을 공동 시장화하려 함.	• 63 창설
남아프리카개발 공동체 (Southern African Development Community: SADC)	• 탄자니아, 앙골라, 보츠와나, 모잠비크, 말라위, 레소토, 스와질랜드, 짐바브웨, 모리셔스, 나미비아, 남아공, 잠비아, 세이셸, 콩고 총 14개국	• 역내 경제 통합 • 공동 시장	• 80 SADCC 설립 • 92 SADC로 개편 • 96 출범 • 2012년까지 역내 관세 철폐, 지역 평화, 안전 보장 등 포괄적 협력
남부아프리카 관세동맹(South African Customs Union)	• 남아공, 나미비아, 스와질랜드, 레소토, 보츠와나	• 남아프리카공화국 중심의 관세 동맹 및 공동 통화 도입	• 70 창설 • 03. 5 미국과 FTA 협상 시작

기구명	회원국	성격 및 목표	설립일
동남부아프리카 공동시장 (Common Market for East and Southern Africa: COMESA)	• 탄자니아, 앙골라, 모잠비크, 잠비아, 말라위, 레소토, 스와질랜드, 짐바브웨, 모리셔스, 나미비아, 수단, 소말리아, 우간다, 자이르, 르완다, 에티오피아, 케냐, 마다가스카르, 부룬디, 코모로, 지부티, 에리트리아, 세이셸 등 23개국. 남아프리카공화국은 옵서버	• 동남아프리카 지역의 안보, 질서, 평화 실현 역내 특혜무역(96) • 공동 시장 추진 (2000년까지)	• 1967 EAEC 설치 • 1983 PTA로 개편 • 94. 12 COMES로 개편
동부아프리카 공동체 (East African Community)	• 케냐, 탄자니아, 우간다	• 관세 동맹, 공동 시장을 추진하고 있으며 금융 동맹 및 정치적 동맹까지 목표로 하고 있음.	• 67년 동아프리카 공동체로 발족 후 77년 해체, 99년 재발족
동아프리카 개발 기구 (Intergovernmental Authority on Development)	• 지부티, 에티오피아, 케냐, 소말리아, 수단, 우간다, 에리트리아, 남수단(2011)	• 8개국 무역 블록으로 1986년 설립된 정부 간 가뭄 및 개발 기구 (Intergovernmental Authority on Drought and Development: IGADD)를 계승한 기구	• 1996년 설립 • 에리트리아는 1993년 가입 후 2007년 탈퇴 후 2011년 재가입

4. 아시아 및 중동

기구명	회원국	성격 및 목표	설립일
동남아국가연합 (Association of Southeast Asian Nations: ASEAN)	• 설립국(5): 인도네시아, 말레이시아, 필리핀, 싱가포르, 태국 • 신규 가입국(5): 브루나이(84), 베트남(95), 미얀마, 라오스(97), 캄보디아(99) • 한국은 대화 상대국 10개국에 포함.	• 역내 특혜 무역의 실시(77. 2) • 대외 공동 교섭 2003년까지 AFTA 추진	• 67. 10 설립 • 87. 12 마닐라선언 • 91. 1 자유무역협정 서명 • 97 아세안-한중일 정상 회의
아 · 태경제 협력회의(Asia Pacific Economic Cooperation: APEC)	• 창설국: 한국, 미국, 일본, 캐나다, 호주, 뉴질랜드, 태국, 말레이시아, 인도네시아, 싱가포르, 필리핀, 브루나이 12개국 • 중국, 대만, 홍콩(91. 11), 멕시코, 파푸아뉴기니(93. 11), 칠레(94. 11), 러시아, 베트남, 페루(98. 11)	• 경제 협력(무역, 투자, 과학 기술, 에너지, 통신, 수송, 자원, 관광 등) 역내 선진국은 2010년까지, 역내 개도국은 2020년까지 무역 자유화 조치를 채택키로 함.	• 89. 11 각료 회의 출범 • 91. 11 서울 각료 회의 • 93. 11 시애틀 각료 회의 • 94 보고르선언 • 05. 11 부산 정상 회의
남아시아지역 협력연합(South Asian Association for Regional Cooperation: SAARC)	• 인도, 스리랑카, 파키스탄, 방글라데시, 부탄, 몰디브, 네팔, 아프가니스탄(07)	• 2007년까지 관세 20%로 감소, 2012년까지 무관세, • 네팔, 부탄, 방글라데시, 몰디브 등은 2015년까지 무관세	• 85. 12 출범 • 96. 12 특혜무역 협정 발표 • 04. 1. 6 SAFTA 조인 • 06. 1. 1 협정 발효
걸프협력위원회 (Gulf Cooperation Council: GCC): 페르시아만 협력회의	• 바레인, 쿠웨이트, 오만, 카타르, 사우디아라비아, UAE 등 6개국	• 역내 교역 관세 철폐(82. 7) • 재정, 통상, 교육, 통신, 문화, 종교 등 통합 제도	• 81. 6 서명 • 83. 3 발효 • 94. 4 3년 이내 관세 동맹 결성키로 합의
아랍공동시장 (Arab Common Market: ACM)	• 참가국: 이집트, 이라크, 요르단, 시리아, 쿠웨이트 5개국 • 쿠웨이트 승인 불가 요르단 탈퇴(72)	• 역내 교역 관세 철폐(7. 1) • 관세 동맹 추진	• 64. 8 카이로 서명 • 65. 1 발효
아랍협력위원회 (Arab Cooperation Council: ACC)	• 요르단, 이라크, 이집트, 북예멘 4개국	• 걸프협력위원회에 대항	• 89. 2. 16 바그다드 설립

기구명	회원국	성격 및 목표	설립일
아랍마그레브 연합 (Arab Maghreb Union: AMU)	• 튀니지, 알제리, 모로코, 리비아, 모리타니아	• 자유무역지역 • 교통, 통신, 무역 및 관광 등의 분야에 공동 시장 조성	• 89. 2. 17 설립 • 94 경제 · 문화 · 무역 부문 상호 협력을 포함하는 10개 협정 체결
아랍국가연맹 (League of Arab States), 약칭 아랍연맹	• 이집트, 이라크, 요르단, 레바논, 사우디아라비아, 시리아(창립 회원국), 예멘(45. 5), 리비아(53), 수단(56), 모로코, 튀니지(58), 쿠웨이트(61), 알제리(62), 아랍에미리트(72), 바레인, 카타르(71), 오만(71), 모리타니(73), 소말리아(74), 팔레스타인(76), 지부티(77), 코모로(93) 등 주로 수니파 국가	• 반(反)이스라엘이 중요한 가치 • 회원국 간 경제 · 정치 · 군사 분야 협력 강화 • 시리아는 창립 멤버였지만 2011. 11 군사 쿠데타로 회원 자격 정지	• 45. 3 창립 • 79 이집트가 이스라엘과 평화 협정을 맺음으로써 자격 정지 • 89 이집트 자격 복원
호주 · 뉴질랜드 경제협력 긴밀화 협정 (Australia–New Zealand Closer Economic Relations Trade Agreement: ANZCERTA)	• 호주, 뉴질랜드	• 완전한 자유무역 지역 설립 목적	• 1965년 뉴질랜드–호주 자유무역협정(NAFTA)을 1983년 대체한 무역 협정 • 90. 7 전 품목 관세 철폐, 투자의 완전한 자유화 등 사실상 단일 경제권으로 결성
남태평양 무역 및 경제협정 (South Pacific Regional Trade and Economic Agreement: SARTECA)	• 호주, 뉴질랜드, 쿡아일랜드, 피지, 키리바티, 파푸아뉴기니, 솔로몬 제도, 통가, 서사모아, 투발로, 나우루 등 11개국 및 도서국	• 호주 및 뉴질랜드에 대한 일방적 특혜 무역 허용	• 81. 6 서명 • 83. 3 발효
태평양제도 포럼(Pacific Islands Forum: PIF)	• 호주, 뉴질랜드, 피지, 파푸아뉴기니, 바누아투, 사모아, 솔로몬 제도, 통가, 투발루, 쿡 제도, 니우에, 마셜 제도, 미크로네시아연방, 팔라우, 키리바시, 나우루	• 호주의 주도 아래 경제 · 안보 등 광범위한 사안에 대한 협력 강화 • 지구 온난화에 따른 기후 변화에 관심이 큼.	• 71 남태평양포럼(South Pacific Forum)으로 시작 • 00 태평양제도포럼으로 개칭 • 14. 11 한–태평양제도국 외무장관 회의

5. 기타 지역

기구명	회원국	성격 및 목표	설립일
아시아아프리카 경제협력기구 (Organization for Afro-Asian Economic Cooperation)	• 일본, 중국, 에티오피아, 가나, 인도, 인도네시아, 이라크, 리비아, 파키스탄, 수단, 아랍에미리트 등 20여 개국	• OECD에 대항하는 경제 협력 기구를 지향하였으나 실효성 없음.	• 58 카이로회의 • 59 협의위원회 • 60 발족
믹타(MIKTA)	• 멕시코, 인도네시아, 한국, 터키, 호주	• 한국이 주도해 창설한 협의체, BRICs에 이은 힘 있는 협의체	• 13. 6 창설 • 14. 2 서울에서 고위급 회의
이베라아메리카 정상회의 (Ibero-American Summit)	• 과테말라, 니카라과, 도미니카공화국, 멕시코, 베네수엘라, 볼리비아, 브라질, 스페인, 아르헨티나, 안도라, 에콰도르, 엘살바도르, 온두라스, 우루과이, 칠레, 코스타리카, 콜롬비아, 쿠바, 파나마, 파라과이, 페루, 포르투갈	• 이베리아반도와 중남미 22개국으로 구성 • 중남미 국가는 대부분 스페인, 포르투갈의 식민지. 회원국 간의 교류와 협력 증진	• 91 출범 • 09 비스페인, 포르투갈어권 중 필리핀이 최초로 가입
상하이협력기구 (Shanghai Cooperation Organizationl)	• 러시아, 중국, 카자흐스탄, 키르기스스탄, 타지키스탄 등 5개로 시작, 2001년 우즈베키스탄, 2015년 파키스탄과 인도가 회원국으로 가입	• 상호 신뢰와 선린우호 강화, 정치·경제·과학·기술·문화·교육·자원·교통·환경 보호 등의 영역에서 협력 촉진, 지역 평화와 안정 그리고 안전 보장	• 96년 설립된 '상하이 5국'으로부터 시작 • 01년 7월 설립 • 18. 6 '칭다오선언' 채택 – 보호무역 반대

Chapter

4

자유무역지역의 경제학

자유무역지역의 경제학

앞 장에서는 경제 통합의 기본적인 내용들과 통합 단계에 대해서 살펴보았는데, 이제부터는 앞에서 배운 내용들을 기본으로 하여 각 경제 통합에 있어 단계별로 나타나는 경제적 효과에 대한 이론적 접근을 해 본다. 경제 통합을 크게 시장 통합과 정책 통합으로 나누었는데, 먼저 시장 통합 그중에서도 가장 초기 단계인 자유무역지역에 관련된 내용부터 살펴본다.

자유무역지역은 관세 동맹과 구별하는 두 가지 기본적 특징이 있고, 이는 경제적 분석에서 두 단계 간에 경제적 효과를 다르게 가져오는 근본적 이유가 된다. 그 두 가지 특징은 아래와 같다.

① 자유무역지역 회원국들은 여타 세계로부터 수입해 오는 상품에 대해 회원국별로 독자적인 관세율을 정할 권한을 가지고 있다.
② 자유무역지역에서는 역내 자유 무역을 회원국들이 생산한 상품으로 제한하기 위하여 원산지 규정(rules of origin)을 적용하고 있다.

이렇게 원산지 규정을 적용하는 목적은 이미 설명하였듯이 자유무역지대의 경우 회원국별로 다른 관세율을 가지고 있어, 역외국들이 이 자유무역지대로 수출할 때 회원국 중 가장 낮은 관세율을 가진 국가로 수출한 후 다시 높은 관세율을 가진 다른 회원국으로 재수출하는 무역 굴절(trade deflection) 현상을 막기 위해서이다. 예를 들어, NAFTA 3개국 중 캐나다가 특정 수입 상품에 대해 관세를 5%, 미국이 4%, 멕시코가 3%로 부과한다고 할 경우 대부분의 역외국들은 먼저 관세율이 낮은 멕시코를 통하여

NAFTA 지역에 상품을 수출한 후, 회원국들 간에 무관세 자유 무역 규정을 이용해 미국이나 캐나다로 재수출하려 할 것이다. 그러나 이들 상품이 회원국 간의 국경을 통과할 때 그 상품이 회원국 국가 내에서 만들었다는 원산지 증명서 제출을 요구할 수 있다면, 제3국을 통해 수입된 상품의 무관세 통관을 막을 수 있고, 따라서 자유무역지대에서 발생하는 무역 굴절 현상도 근본적으로 차단할 수 있다.

자유무역지대에 대한 이론적 접근을 하기 전에 먼저 경제 통합에서 기본적으로 언급되는 무역 창출 효과와 무역 전환 효과의 의미를 알아보고, 개별 국가들이 관세를 인하하였을 때 기대할 수 있는 이익 추정에 대한 분석 방법을 살펴본다.

제1절 무역 창출 효과와 무역 전환 효과

경제 동맹의 결성으로 회원국들 간에는 관세가 철폐되어 무관세로 교역이 가능하지만 비회원국들에게는 여전히 관세를 부과함으로써 회원국과 비회원국 간에는 차별이 발생하고, 이러한 차별로 인해 무역 창출 및 무역 전환 효과가 발생하게 된다.

이 절에서는 정통적 이론에서 언급되는 무역 창출 효과(trade creation effects)와 무역 전환 효과(trade diversion effects)에 대해 우선 살펴보자.[1]

무역 창출 효과란 경제 동맹을 결성함에 따라 동맹국 상호간에 관세가 철폐되고, 재화의 공급원이 역내 고생산비 공급자에서 저생산비 공급자로 대체되는 효과를 의미한다. 이로 인해 동맹국 간에 새로운 무역이 발생하게 된다.

〈그림 4-1〉은 A국 입장에서 무역 창출 효과를 수치적 예로 설명하고 있다. 어떤 재화에 대해 A국은 경제 동맹 전에 수입 금지를 위한 100% 관세를 부과하고 있다고 가정하자. 따라서 B국과 C국 제품에 관세가 부과된 후 가격이 각각 80달러, 60달러로 높아

1 실제로 이러한 무역 창출 효과와 무역 전환 효과는 자유무역지역보다는 관세 동맹에서 더 분명히 나타나는 현상인데, 왜냐하면 관세 동맹에서는 공동 대외 관세(CET)를 부과함으로써 회원국과 비회원국 간 무역에서 관세 차이가 자유무역지역보다 훨씬 더 분명해지기 때문이다. 하지만 자유무역지역의 경제적 효과를 분석할 때도 이에 대한 이해가 필요하므로 이 장에서 설명한다.

그림 4-1 무역 창출 효과

(경제 동맹 결성 전)

A국	$50
B국	$40 + $40 = $80
C국	$30 + $30 = $60

(경제 동맹 결성 후)

A국	$50
B국	$40
C국	$30 + $30 = $60

짐으로써 A국의 생산 가격보다 높아지게 되어 수입이 되지 않고 있는 상황이다. 이제 A국과 B국이 경제 동맹을 맺고 양국 간 자유무역지역을 창설하면 양 국가의 제품에 대해 상호간에 관세가 면제되고, 대신 비회원국인 C국 제품에만 100% 관세가 부과된다. 이 경우 C국 제품의 가격이 B국 제품의 가격보다 비싸져 A국은 C국 대신 B국으로부터 상품을 수입하게 된다. 그 결과 동맹을 맺은 회원국 간에 새로운 무역이 창출되고, 높은 가격의 국내 생산 대신 낮은 가격의 B국 제품으로 공급원이 바뀐다. 이런 결과는 종국적으로 동맹국 전체의 자원 배분의 효율성을 제고시키고 후생을 증대시키는 효과가 있다.

이러한 무역 창출 효과는 다음의 두 가지 측면에서 발생한다.

① 국외에서 생산된 것과 동일한 상품의 국내 생산은 감소(또는 중단)시키는 대신 이 상품을 역내 상대국으로부터 수입함[생산 효과].

② 동맹 전 고비용의 국내 상품으로 수요를 충족시키던 것 대신 상대국의 저비용 상품을 수입함으로써 소비가 증가함[소비 효과].

전자는 동맹 전에 국내에서 생산되던 상품이 더 낮은 비용으로 생산하는 동맹국으로부터 수입됨으로써 국내에서도 효율적으로 생산하는 공급자만 남게 되어 생산에 있어 실질 비용을 절약하게 되면서 발생하는 생산 효과를 말하고, 후자는 필요한 상품

그림 4-2 **무역 전환 효과**

	(경제 동맹 결성 전)
A국	$50
B국	$40 + $20 = $60
C국	$30 + $15 = $45

	(경제 동맹 결성 후)
A국	$50
B국	$40
C국	$30 + $15 = $45

을 높은 가격으로 구입하던 것을 낮은 가격으로 대체함으로써 소비자 잉여가 증가하면서 발생하는 이익을 말한다. 경제 동맹의 무역 창출 효과는 이 두 가지 효과를 모두 포함한다.[2]

이에 반해 무역 전환 효과란 경제 동맹을 결성함으로써 수입품의 공급원이 저비용의 역외 국가로부터 고비용의 역내 회원국으로 바뀌면서 나타나는 효과를 말한다.

이제 무역 전환 효과를 수치적 예로 설명해 보자. 이번에는 동맹 전에 수입을 허용하기 위해 관세를 50% 부과하고 있다고 가정하자. 그러면 〈그림 4-2〉와 같이 해당 상품의 가격이 B국은 60달러이고 C국은 45달러가 되어, A국은 상품 가격이 가장 싼 C국으로부터 수입을 하게 된다. 그런데 A국과 B국이 경제 동맹을 맺고 자유무역지역을 결성하면 상호간 관세가 폐지되어 이제는 B국의 상품 가격이 40달러로 하락하게 되어 3국 중 최저 가격이 되고, A국은 C국으로부터 B국으로 수입 국가를 바꾸게 된다. 이 경우 경제 동맹으로 생산 효율성이 높고 가격이 싼 비회원국 상품에서 상대적으로 생산 효율성이 낮고 생산비가 높은 회원국 상품으로 대체되는 결과를 초래해, 세계 전체의 자원 배분이 비효율적으로 되고 후생은 감소한다.

이러한 무역 전환 효과는 다음과 같은 두 가지 측면에서 발생한다.

2 1950년에 관세 동맹 이론을 발전시킨 바이너(Viner)는 무역 창출의 생산 효과에 집중하고 소비 효과는 간과하였는데, 1955년에 이 관세 동맹의 이론을 확장시킨 미드(Meade)가 소비 효과를 처음으로 고려하였다. 그 후 존슨(Jhonson)은 관세 동맹의 총효과를 얻기 위해 두 효과를 합쳤다.

① 수입품의 공급원이 역외국에서 동맹국 내 회원국으로 바뀜에 따라 동맹 전 역외국에서 수입하던 상품의 비용이 증가함[역의 생산 효과].

② 저비용의 역외 상품을 고비용의 회원국 상품으로 대체함으로써 소비자 잉여가 감소함[역의 소비 효과].

이러한 무역 창출과 무역 전환에 대한 효과를 그래프를 통해 살펴보자.[3]

먼저 특정한 산업에 대한 특혜 무역 협정(preferential trade agreement) 효과를 고려하는 부분 균형 분석틀을 사용한다. 국가는 A, B, C 3국이 있고, 각 국가는 특정 산업에 동질의 상품을 수요하고 공급한다고 가정한다. 특혜 무역 협정으로 자유무역지역(FTA)과 관세 동맹(CU)을 고려할 수 있지만, 설명의 편의를 위해서 여기서는 자유무역지대를 결성하는 것으로 한다. A국은 국제 시장에서 소국으로서 국제 가격을 주어진 것으로 받아들이고, B국과 C국은 대국이라 가정한다.

무역 창출 효과를 살펴보자. 〈그림 4-3〉에는 A국의 수요 곡선과 공급 곡선이 그려져 있다. P_B는 자유 무역하에서 B국의 A국 상품 공급 가격이고, P_C는 자유 무역하에서 C국의 A국 상품 공급 가격이다. 그리고 C국 생산자는 B국 생산자보다 상품을 더 효율적으로 생산하여 C국 상품의 공급 가격이 B국 공급 가격보다 더 낮다.

이제 A국이 B국과 C국에서 상품을 수입할 때 일정 크기의 관세를 부과한다고 하자($t^* = t^B = t^C$). 관세가 부과되면 그림에서와 같이 B국과 C국의 A국 공급 가격이 P_{B+t}와 P_{C+t}로 상승한다. 관세가 부과된 B국과 C국의 공급 가격이 A국의 국내 가격 P_A보다 높기 때문에 A국은 상품을 수입하지 않고 Q_A만큼 생산해 자급자족한다.

다음으로 A국과 B국이 자유무역지대(FTA)를 형성하고, B국에 부과한 관세를 폐지하였다고 하자. C국에 대한 관세는 계속 부과되기 때문에 이제 A국은 B국으로부터 P_A보다 낮은 P_B 가격으로 Q_2-Q_1만큼 수입한다. 이렇게 A, B 양 국가가 자유무역지대를 결성함으로써 이전에 없었던 무역이 새롭게 창출되었다. 이러한 무역 창출로부터 발

3 Steven M. Suranovic, "International Trade Theory and Policy," Trade 110-2A, Trade Diversion and Trade Creation 참조(http://internationalecon.com/Trade/Tch110/T110-2A.php). 그래프를 통한 무역 창출 및 무역 전환 크기에 대한 수치적 예는 Salvatore(2011), Chapter 7 참조.

그림 4-3 **무역 창출 효과**

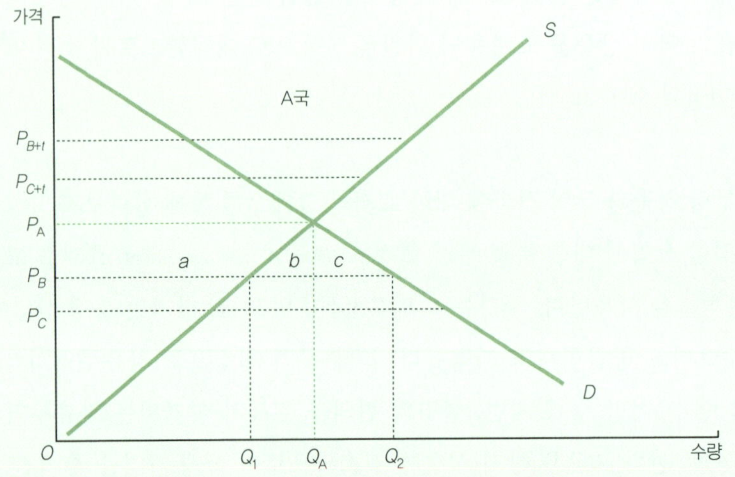

생하는 후생 효과를 살펴보자. A국 소비자는 FTA 결성으로 B국으로부터의 수입 상품과 국내 생산 상품의 가격 하락으로 $a+b+c$만큼의 소비자 잉여 증가를 체험한다. 반면 국내 생산자들은 상품의 가격 하락으로 생산량이 줄어들고, 고용이 감소하며, 이윤도 감소한다. 그래서 생산자 잉여가 a만큼 줄어든다. A국 정부는 이 산업에서 처음부터 무역 거래가 없었기 때문에 FTA 체결을 전후하여 관세 수입 변화는 없다. 결과적으로 A국이 B국과 FTA를 결성하여 발생한 무역 창출로 얻는 순후생 효과는 생산에서의 효율성 증가로 얻는 양(+)의 이익인 b와 소비에서의 양(+)의 효율성 이익인 c로 이루어진다. a는 새로 생겨난 이익이나 손실이 아니고 FTA 전 생산자가 누리던 생산자 잉여가 FTA 결성 후 소비자에게 전환된 잉여로 국내에서 생산자에서 소비자에게 재분배된 것이다.

이제 무역 전환 효과를 살펴보자. 무역 전환 효과는 이미 살펴보았듯이 역외의 효율적인 생산자로부터 비효율적인 역내 회원국으로 무역이 전환되면서 발생하는 효과를 말한다. 따라서 일반적으로 무역 전환은 국가의 후생 수준에 좋지 않은 영향을 미

그림 4-4 **무역 전환 효과**

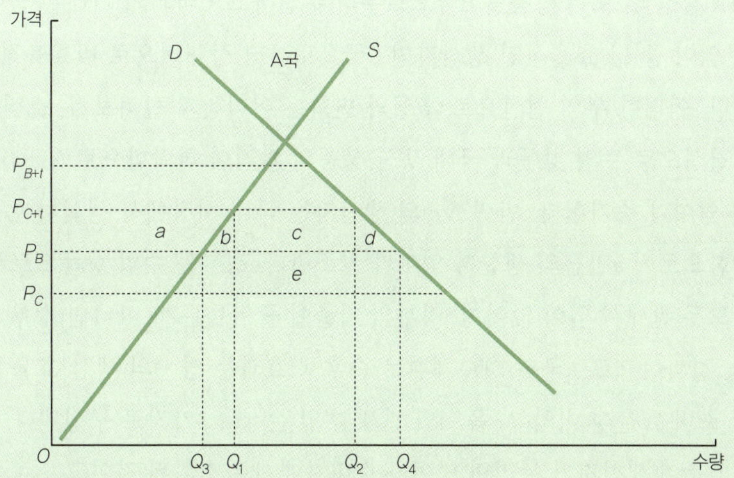

치지만, 경우에 따라 오히려 해당 국가의 후생 수준을 높이기도 한다. 여기서는 두 가지 경우를 다 살펴본다.

〈그림 4-4〉는 FTA 결성이 국가에 해로운 무역 전환 효과를 가져오는 것을 예시한 그래프이다. 그림에는 A국의 수요 곡선과 공급 곡선, B국과 C국의 A국에 대한 관세 부과 및 자유 무역하의 상품 공급 가격이 예시되어 있는데, 기본적으로 〈그림 4-3〉과 같이 설정되어 있다.

먼저 A국이 B국과 C국으로부터 수입 상품에 대해 일정 크기의 관세를 부과한다고 가정하자($t^* = t^B = t^C$). 그러면 양 국가에서 수입되는 상품의 가격이 P_{B+t}와 P_{C+t}로 각각 상승한다. 관세 부과 후 C국으로부터 수입 가격($=P_{C+t}$)이 B국으로부터 수입 가격($=P_{B+t}$)보다 낮기 때문에 A국은 C국으로부터 상품을 수입하고, B국과는 거래를 하지 않는다. 이때 C국으로부터 수입량은 Q_2-Q_1이고, A국 정부의 관세 수입은 $c+e$이다.

이제 A국은 B국과 FTA를 체결하고 B국으로부터 수입되는 상품에 관세를 철폐한다고 가정하자. 이 경우 t_B=0이지만 t_C는 여전히 t^*만큼 부과되어 C국으로부터 수입되는 해당 상품의 A국 국내 가격(=P_{C+t})이 B국으로부터 수입 상품의 가격(=P_B)보다 높아져서, A국은 FTA 결성 후 모든 상품을 B국으로부터 수입하고, C국과의 거래는 없어진다. 이에 따라 무역이 좀 더 효율적인 생산자인 C국으로부터 상대적으로 비효율적인 B국으로 전환된다. 이러한 무역 전환으로 후생의 변화는 어떠한지 살펴보자. 소비자들은 이러한 FTA 결성으로 수입 상품과 국내 생산 상품의 가격이 하락함으로써 $a+b+c+d$만큼의 소비자 잉여가 증가한다. 반면 A국의 생산자는 국내 시장에서 생산하는 상품의 가격이 하락함으로써 a만큼의 생산자 잉여가 감소한다. 정부는 수입 상품으로부터 거두어들였던 모든 관세 수입이 없어져, 정부의 지출이 줄어들든가, 아니면 정부의 채무가 늘어난다. 결과적으로 A국의 FTA 체결로 순후생 효과는 양(+)의 생산 효율성 이익(b)과 양(+)의 소비 효율성 이익(d), 음(–)의 관세 수입 손실(e) 3가지로 구성된다. a는 앞에서 언급하였듯이 생산자가 누리던 잉여가 소비자에게로 전환된 것이고, c는 원래 정부의 관세 수입이었던 것이 소비자 잉여로 전환된 것으로 이익도 손실도 아니다.

순후생 효과 구성 요소 중에는 양(+)인 요소도 있었고, 음(–)인 요소도 있기 때문에 전체적인 결과는 두 가지 요소의 크기를 비교해 보아야 알 수 있다. 〈그림 4-4〉에서는 시각적으로 보아서도 그 크기가 확연히 식별되는데, 양(+)의 효과인 b와 d를 더한 크기보다 음(–)의 효과인 e의 크기가 명확히 더 크다. 따라서 전체적인 순후생 효과는 음(–)으로 나타나, A국이 B국과 FTA를 결성함으로써 발생하는 무역 전환이 A국의 후생 수준을 줄인다고 결론지을 수 있다.

그러나 만일 다른 경우를 고려하면 A국의 후생 수준이 늘어날 수도 있다. 〈그림 4-4〉에서 관세 부과 전 자유 무역하에서 B국의 수입 상품 가격 P_B가 C국 수입 상품 가격 P_C와 차이가 크지 않다고 가정하자. 이때에는 P_B선이 P_C선에 더 근접할 것이고, 그에 따라 FTA 결성 후 국내 가격 하락폭이 커져 b와 d의 크기는 커지는 반면, e의 크기는 작아져 전체적인 순후생 효과는 양(+)이 된다. 따라서 일반적으로 무역 전환 효과가 후생을 줄여 준다고 말하지만 필연적이지는 않다.

환언하면, FTA를 결성한 상대 회원국(partner country)과 여타 세계 국가들 간에 관세 부과 전 상품의 가격 차이가 클수록 무역 전환으로 인한 후생 수준 감소 확률이 커진다고 할 수 있다.[4]

이번에는 무역 창출과 무역 전환에 대한 수치적 예를 살펴보자.[5] 먼저 일본이 아세안(ASEAN)으로부터 컴퓨터 부품을 수입하고 있다고 하자. 하지만 일본이 중국과 자유무역협정(free trade agreement)을 체결하고 이제 중국으로부터 컴퓨터 부품을 수입하게 되었다고 가정하자. 아세안은 일본에 컴퓨터 부품을 수출해 얻었던 판매 수익을 잃음으로써 생산자 잉여의 손실을 겪게 되는 반면, 중국은 새롭게 일본에 컴퓨터 부품을 판매함으로써 생산자 잉여를 얻게 된다. 이러한 결과가 가지는 문제점은 중국이 가장 효율적인 컴퓨터 부품 생산자가 아니라는 점이다. 왜냐하면 일본이 원래 아세안으로부터 부품을 수입하고 있었다는 것은 아세안이 가장 효율적인 컴퓨터 부품 생산자였기 때문이다. 따라서 일본이 덜 효율적인 생산자로부터 수입하게 되어, 무역 전환으로 인해 일본은 어느 정도의 잠재적 손실을 입게 된다. 좀 더 구체적인 수치를 가지고 알아보자. 일본이 아세안과 중국으로부터 컴퓨터 부품을 수입하는 비용이 〈표 4-1〉과 같다.

〈표 4-1〉에는 좀더 현실적인 예를 위해 관세율을 대폭 낮추어 관세가 0%일 때, 10% 일 때, 20%일 때의 컴퓨터 부품 가격이 제시되어 있다. 무관세하에서 중국은 부품을 30,000원에 생산하지만 아세안은 28,000원에 생산하므로 아세안이 더 효율적인 생산자이다. 10%의 관세하에서는 아세안과 중국으로부터 수입 가격이 30,800원과 33,000원으로 상승하고, 20%의 관세하에서는 33,600원과 36,000원으로 각각 상승한다.

이제 〈표 4-1〉을 가지고, 중국과 일본의 FTA 결성이 각 국가의 후생에 미치는 영향을 알아보자. 먼저 일본이 20%의 관세를 적용하고 있었다고 가정하면, 중국으로부터는 36,000원에, 아세안으로부터는 33,600원에 컴퓨터 부품이 수입될 것이므로 일본이 수입을 하지 않고 자체적으로 생산하는 방법을 취할 것이다. 따라서 20% 관세하에서는 컴퓨터 부품의 수입은 없을 것이다. 이제 중국과 일본이 FTA를 결성하게 되면 중국은 무관세로 일본에 수출할 수 있게 되고, 아세안은 여전히 20% 관세를 적용받게 될

4 위의 분석에서는 FTA에 진입한 한 국가의 특정한 산업을 대상으로 분석하였었다. 그러나 실제로 FTA가 형성되면 하나가 아니라 여러 국가와 여러 산업의 시장이 영향을 받는다. 따라서 FTA 체결에 대한 전체적 효과는 영향을 받는 모든 시장과 국가들에 대한 효과를 더하여야 한다. 이에 경제학자들은 일반적으로 무역 창출로 인한 양(+)의 효과가 무역 전환으로 인한 음(−)의 효과보다 크다면 FTA는 해당 국가의 후생을 증가시킨다고 간단히 이야기한다. 하지만 실제적으로는 경우에 따라 여러 다른 결과가 나온다. 그러나 그러한 모든 경우를 살펴보는 것은 이 책의 수준을 벗어나기 때문에 여기에서는 더 이상 깊이 논의하지는 않는다.

5 R. G. Feenstra and Alan M. Taylor(2008), pp. 400~405 예시 내용을 저자가 적절히 수정하였다.

표 4-1 컴퓨터 부품의 수입 비용 (단위: 원)

	0%	10%	20%
FTA 결성 전 중국	30,000	33,000	36,000
아세안	28,000	30,800	33,600
FTA 결성 후 중국	30,000	30,000	30,000
아세안	28,000	30,800	33,600
일본	33,200	33,200	33,200

것이다. 따라서 FTA 결성 후 일본은 중국으로부터 30,000원에 컴퓨터 부품을 수입할 것이다. 이것은 무역 창출의 사례로서 일본은 컴퓨터 부품을 가장 낮은 가격으로 수입하게 됨으로써 이익을 얻게 될 것이 확실하며, 중국도 일본으로 컴퓨터 부품을 새롭게 수출할 수 있게 되어 이익을 얻게 된다. 한편, 아세안은 처음부터 일본에 컴퓨터 부품을 수출하지 않았으므로 이익도 손해도 없다.

이제 일본의 컴퓨터 부품 관세가 10%라 가정해 보자. 이 경우 일-중 FTA 이전에 일본은 자체 생산 가격이 33,200원이므로 생산을 하지 않고, 중국으로부터 33,000원 또는 아세안으로부터 30,800원에 컴퓨터 부품을 수입하였을 것이다. 이 경우 일본은 최저 가격으로 수입할 수 있는 아세안의 컴퓨터 부품을 선택할 것이다. 그러나 중국과 FTA를 결성하면 이러한 결과는 변한다. 중국과는 컴퓨터 부품 무관세 수입으로 30,000원이 되지만, 아세안으로부터 수입에는 10% 관세가 붙어 30,800원이 되고 일본의 자체 생산은 33,200원으로, 중국으로부터의 수입이 최저 비용 선택이다. 중국과 일본의 FTA 설립으로 일본은 아세안으로부터 중국으로 수입선을 바꿀 것이고, 이것은 무역 전환 사례가 될 것이다. 아세안의 생산자 잉여는 일본으로 수출 판매를 상실함으로써 줄어들고, 대신 중국의 생산자 잉여는 증가한다. 일-중 FTA 이전에는 일본이 아세안으로부터 컴퓨터 부품을 30,800원에 수입하였는데, 그중 10%인 2,800원은 관세였다. 그러나 관세 후 동맹국 중국으로부터 30,000원에 수입할 때 관세를 부과할 수 없으므로 아무런 관세 수입을 얻을 수 없다. 따라서 일본은 컴퓨터 부품 1단위 수입마다(중국 부품이 아세안 부품보다 800원 싸니까) 800원의 이익을 얻는다. 대신 그동안 아세안으로부터 수입 1단위당 2,800원씩 부과하던 관세 수입은 잃게 된다. 이 예에서 보듯이 일본이 컴퓨터

그림 4-5 일본의 컴퓨터 부품 수입 사례

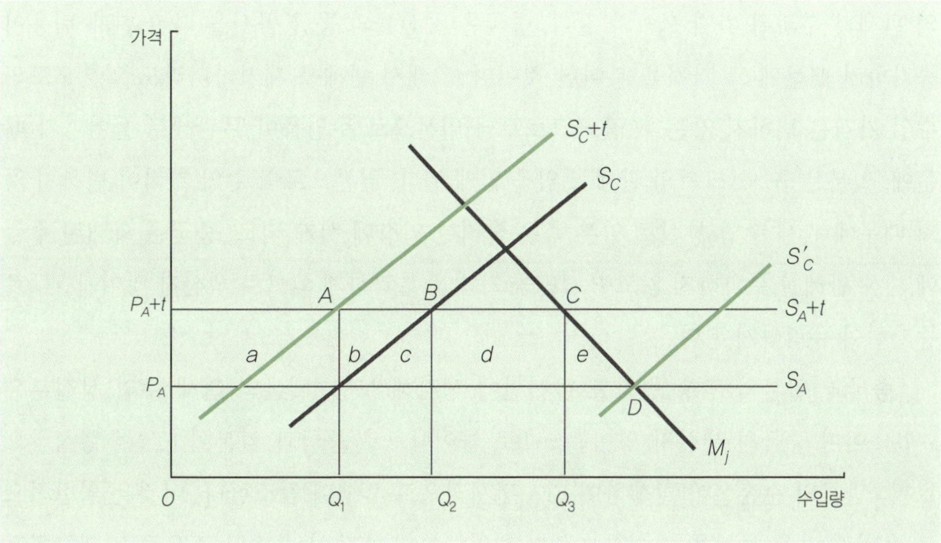

부품을 중국으로부터 수입하면 더 이상 관세 수입을 얻을 수 없어 유익한 거래를 하는 것은 아니라고 할 수 있다. 이러한 내용을 그래프를 통해 살펴보자.

〈그림 4-5〉에 P_A는 아세안으로부터 관세가 없을 때 수입하는 컴퓨터 부품 가격이고 아세안의 자유 무역하에 수출 공급 곡선은 수평선 S_A이다. 이렇게 가격을 고정시킴으로써 일본은 아세안 국가로부터 잠재적 공급량에 비해 상대적으로 작은 국가라는 것을 가정하고 있다. 관세를 포함하면 아세안으로부터 수입 가격은 P_A+t가 되며, 공급곡선은 S_A+t가 된다. 중국으로부터의 자유 무역 공급 곡선은 우상향하는 기울기를 가진 S_C곡선이며, 관세를 포함하면 중국의 공급 곡선은 S_C+t이다. 일-중 FTA 전에 중국과 아세안에 적용되던 관세율은 t로 동일하다. 따라서 수입은 점 C에서 균형을 이루고 수입량은 Q_3, 균형 가격은 P_A+t 이다. M_j곡선은 일본의 수입 수요 곡선이다.

균형 수입량 Q_3 중에서 Q_1만큼은 중국에서 수입되고, 나머지는 아세안으로부터 수입된다. 그리고 두 국가로부터 거두어들이는 총관세 수입은 $a+b+c+d$이다. 그러나 일-중 FTA 후에는 중국이 일본에 관세 없이 컴퓨터 부품을 수출할 수 있다. 따라서 중국의 공급 곡선은 S_C로 우측으로 이동하며, 일본의 중국으로부터 수입량은 Q_2로 늘어난다. 점 B에서 중국으로부터 수입 가격은 관세가 없음에도 불구하고 여전히 아세안의 관세가 부과된 가격 P_A+t와 같다. 중국은 자신들의 공급 곡선을 따라 한계 비용이 증가하기 때문에 그 가격을 부여한 것이며, 그래서 관세를 제거하더라도 일본으로의 수입 가격은 변하지 않는다. 중국으로부터 일본으로 수입품이 무관세로 들어가기 때문에, 일본은 $a+b+c$ 크기의 관세 수입을 잃게 된다. 일본으로의 수입 가격이 변하지 않기 때문에 관세 수입 상실로 일본 측은 불리한 입장에 서게 되고, 중국은 확대된 수출에 대해 관세를 부과하지 않고 P_A+t만큼 가격을 부과하게 되므로 생산자 잉여가 $a+b$로 증가하여 유리하게 된다.

중국과 일본의 후생 변화를 한꺼번에 생각해 보면, 일본의 관세 수입 상실분은 $a+b+c$이며 중국의 생산자 잉여는 $a+b$로 늘어나므로 중국과 일본이 FTA를 형성함으로써 c만큼의 순손실이 발생하여 FTA 전체적으로 후생이 감소한다. 이것은 일반적으로 우리가 자유 무역을 결성함으로써 회원국들의 후생이 증가할 것으로 기대하였던 것과는 전혀 다른 결과이다. 그러면 왜 이러한 결과가 나타났을까? 아세안은 Q_1-Q_2 단위의 컴퓨터 부품 생산에서 가장 효율적인 생산자이며, 한계 비용은 P_A이다. 그러나 중국으로 생산을 전환하면서 일본으로 수출하는 중국의 추가적 수출품의 한계 비용이 P_A(Q_1에서의 한계 비용)에서 P_A+t(Q_3에서 중국의 한계 비용)로 증가하였다. 따라서 일본은 무역 전환으로 인해 중국이 얻는 이익보다 더 큰 손실을 입게 된다.

FTA 결성으로 생긴 c만큼의 순손실은 중국의 한계 비용(P_A에서 P_A+t로 증가)과 아세안의 한계 비용(P_A) 간의 차이의 평균에다 중국으로부터의 추가적 수입량을 곱한 것과 같은 크기이다. 이러한 손실 c는 소국(小國) 일본의 관세로 인해 생겨나는 '효율성의 손실'(efficiency loss) 또는 '생산의 손실'(production loss)로 불린다. 하지만 이러한 순손실은 지역 협정으로 회원국 간에 관세를 추가하는 것보다 제거함으로써 발생하는 것이다. 이 예에서 나타난 무역 전환의 역효과에 대해 우리가 주목해야 하는 것은 중국과 일본 간에 컴퓨터 부품에 대한 관세는 철폐하였지만, 아세안으로부터 컴퓨터 부품 관세는 유지하고 있다는 것이다. 따라서 이것은 완전한 자유 무역이 아닌 절반의 자유 무역이라 할 수 있다. 그리고 여기에서 이러한 절반의 자유 무역이 관련국들에 좋은 영향보다는 나쁜 영향을 미친다는 것을 보여 주었다. 이와 같은 무역 전환 효과는 왜 일부 경제학자들이 지역무역협정(RTA)을 반대하고, WTO하의 다자간 협정(multilateral agreements)을 지지하는지 설명해 준다. 하지만 이 예에서 지역무역협정으로 인한 손실은 중국의 한계 비용에 대한 가정에 따른 가능한 결과이지 필연적인 결과는 아니다. 수입국이 앞의 사례와는 달리 이익을 얻을 수도 있다. 예를 들면, 〈그림 4-5〉에서 일-중 FTA 후에 중국이 컴퓨터 부품 생산 시설에 투자를 늘려 공급 곡선이 S_C에서 S'_C으로 증가하였다고 가정해 보자. 그러면 일본의 균형 수입량은 D가 되고 균형 가격은 P_A가 되어, 중국이 아세안으로부터 컴퓨터 부품 수입을 완전히 대체하게 된다. 그러면 초기의 관세가 있던 상황과 비교하여 일본은 $a+b+c+d$에 해당하는 모든 관세 수입을 상실하게 되지만, 수입 가격은 P_A로 떨어져 $a+b+c+d+e$만큼의 소비자 잉여를 얻게 된다. 따라서 전체적으로는 e 크기만큼 순이익이 발생한다. 이 경우에는 일본이 소비자 잉여에서 순이익을 얻게 되고, 중국은 더 많은 수출을 하게 되므로 중국의 생산자 잉여도 증가하게 된다.

여기서는 중국이 아세안을 대체함으로써 무역 전환 요소가, 그리고 일본이 이전에 아세안으로부터 수입하던 총수입량보다 더 많은 양을 중국이 일본에 수출함으로써 무역 창출 요소가 있어 두 가지 요소를 모두 포함한다. 결국 FTA나 다른 지역무역협정들에 있어 무역 창출 효과의 크기가 무역 전환 효과 크기보다 클 경우에만 회원국 간에 이익이 창출될 수 있다고 결론을 내릴 수 있다.

제2절 자유무역지역의 경제적 후생 효과

특정한 모델의 컴퓨터를 A라는 국가가 자유 무역을 함으로써 얻을 수 있는 경제적 이익을 분석해 보자. 먼저 A국의 경제 규모가 세계 경제에 비해 무척 작기 때문에 세계 경제에 미치는 영향은 미미하다고 가정하자. 이때 A국의 경제 규모가 작다고 가정하는 것은 이 A국의 판매 정책이 세계 컴퓨터 가격에 아무런 영향도 미치지 못하며, 결국 세계 시장에서 정해진 가격을 그대로 받아들이는 가격수용자(price taker)로서의 역할만

그림 4-6 자유 무역 효과

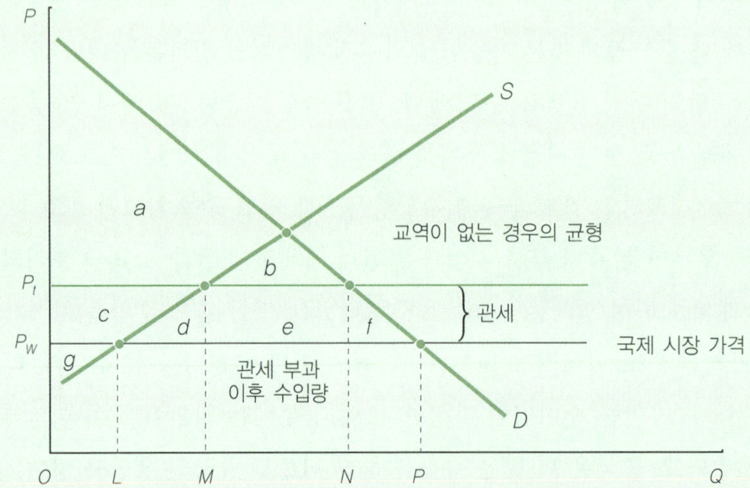

한다는 뜻이다.[6]

〈그림 4-6〉은 A국의 컴퓨터 시장을 나타낸다. 자유 무역 전에 A국은 관세를 부과하고 있었다고 하자. 그림에서 P_W는 바로 컴퓨터의 국제 시장 가격을 나타낸다. P_W선이 수평으로 나타난 것은 앞에서 언급하였듯이 A국이 경제 규모가 작아 가격 수용자로서 행동함으로써 P_W 가격에서 컴퓨터를 무한대로 구입할 수 있기 때문이다. 이때 수입 컴퓨터에 관세가 부과되면, 국내 컴퓨터 가격은 부과된 관세만큼 높아진다. 이는 그림에서 P_t로 나타난다. 이제 국내 컴퓨터 생산자들은 국제 가격에 수입 관세만큼을 더한 가격을 받을 수 있다. 따라서 수입 컴퓨터나 국산 컴퓨터 모두 가격이 상승한다.

국내 컴퓨터 가격이 관세의 영향으로 P_t로 상승하면 국내 컴퓨터 수요량은 OP에서 ON으로 감소하고, 국내 컴퓨터 공급량은 OL에서 OM으로 증가한다. 즉, 관세가 부과되면 수입량이 줄고, 국내 가격은 상승한다. 그리고 초과 수요량 MN만큼은 외부에서 수입되어 충당된다. 이때 소비자 잉여는 $a+b$이고 생산자 잉여는 $c+g$가 된다. 정부

6 A국을 소국으로 가정하는 것이 무역 효과를 분석하는 데 반드시 필요한 것은 아니다. 다만 이러한 가정을 하면 분석이 단순해지기 때문이며, 기본적인 분석 결과는 대국이라고 가정하더라도 크게 달라지지 않는다.

의 관세 수입은 거래량에 관세를 곱한 e이다. 그래서 A국이 관세를 부과하였을 때 총잉여는 $a+b+c+e+g$가 된다.

이제 A국이 지금까지 부과하였던 관세를 다시 철폐하고 무관세로 자유 무역을 한다고 가정하자. 그러면 컴퓨터의 가격이 P_t에서 P_W로 하락하여 국내 가격과 국제 가격이 같아진다. 이렇게 가격이 하락함에 따라 생산자들은 생산을 감소시켜 생산량은 OL로 줄어든다. 반면 소비자들은 낮아진 가격으로 수요를 확대시켜 OP만큼 소비하게 된다. 관세 철폐로 인해 국내 생산자들은 손해를 보고, 국내 수요자들은 이익을 보게 된다. 초과 수요인 LP만큼 수입량도 늘어났다. 하지만 정부는 관세 철폐로 지금까지 거두어들였던 관세 수입이 모두 사라졌다. 이러한 각 경제 주체들의 자유 무역으로부터 발생한 경제적 이득과 손실을 〈그림 4-6〉을 통해 다시 살펴보자. 관세 철폐 후 소비자 잉여는 수요 곡선과 국제 가격 수준 사이의 면적인 $a+b+c+d+e+f$로 늘어났으며, 생산자 잉여는 공급 곡선과 국제 가격 수준 사이의 면적인 g로 줄어들었다. 정부의 관세 수입은 컴퓨터 수입량의 증가에도 불구하고 0이다. 따라서 자유 무역하에서 소비자 잉여는 $c+d+e+f$만큼 늘어났고, 대신 생산자 잉여는 c만큼 줄었다. 자유 무역 시행에 따른 경제적 총잉여(소비자 잉여, 생산자 잉여, 정부 수입의 합)는 $a+b+c+d+e+f+g$로 관세 폐지로 인해 $d+f$만큼 경제적 순이익이 증가하였다. e는 관세 부과 시에는 정부의 관세 수입 부분이었는데, 관세가 폐지된 후 소비자 잉여로 귀속됨으로써 실제로는 정부에서 소비자에게 소득이 재분배된 부분으로 득도 실도 아니다.

관세를 부과하면 경제적으로 순손실을 초래한다는 것은 이미 널리 알려진 사실이다. 이는 경제학 이론에서 분석한 세금 부과 효과와 마찬가지로 관세 부과도 경제적 유인을 왜곡시키고, 재화의 배분을 최적 상태에서 멀어지게 만들기 때문이다. 이렇게 관세를 부과하면 두 가지 현상을 관찰할 수 있다. 첫째, 국내 컴퓨터 가격이 상승하기 때문에 국내 컴퓨터 생산자들이 컴퓨터의 생산을 OL에서 OM으로 늘린다. 이를 국내 산출량 증가 효과라고 한다. 관세가 부과되어 국내 생산이 증가하게 되면 고용도 증가하기 때문에 산출량 증가 효과는 관세의 고용 증대 효과 또는 국내 산업 보호 효과라고도 할 수 있다. 둘째, 국내 컴퓨터 가격의 상승으로 인하여 국내 소비가 OP에서 ON으로 감소하는 것이다. 이것을 관세의 소비 억제 효과라고 한다. 그림에서 d가 컴퓨터의 과잉 생산으로 인한 경제적 순손실이고, f가 과소 소비에 의한 경제적 순손실이다. 물론 전체 경제적 순손실의 크기는 이 두 삼각형 면적의 합이 된다.

한편, 관세 부과는 수입 상품의 국내 가격을 상승시킴으로써 해당 상품의 국내 생산이 증가되기 때문에 대내적으로는 국내 기업들의 경쟁력이 제고된다. 대외적으로는 관세 부과가 자유 경쟁을 제한하여 경쟁 억제 효과를 가져온다. 그래서 전체적으로는 후자가 전자를 압도한다. 특히, 국내 산업 구조가 불완전 경쟁 시장일수록 그 정도가 심해진다.

제3절 자유무역지대에 대한 기본적 분석

앞에서는 한 국가가 관세를 폐지하고 자유 무역을 함으로써 얻는 경제적 후생 효과를 간략하게 살펴보았다. 이 절에서는 앞에서 배운 기본적인 내용을 바탕으로 자유무역지역에서 발생하는 여러 가지 경제적 효과에 대해 분석한다. 먼저 자유무역협정을 맺은 후 한 나라에서 발생하는 경제적 효과를 살펴보고, 그 다음으로 자유무역협정을 맺은 2개국 모형을 가지고 각 국가에 대한 통합 효과를 살펴본다. 관세율은 두 나라 관세율을 평균한 평균 관세율($0.5(P_A+P_B)$)을 비교 기준으로 삼기로 한다.[7]

1. 일국(一國)의 입장에서 본 자유무역지역의 경제적 효과

먼저 A와 B의 2개국이 있으며, 2개국 모두 동일한 상품을 생산하나, 관세율은 서로 다르다고 가정하자. P_W는 세계 시장에서의 공급 가격을 나타내며, B국의 관세율은 P_WP_B이고 A국의 관세는 P_WP_A로 A국의 관세율이 더 높다. 이 두 나라가 자유무역지역을 결성하고 원산지 규정을 채택하여 A와 B국에서 생산된 상품만 역내에서 무관세 혜

7 Robson(1998), pp. 28~35; 손병해(2002), pp. 90~96.

택을 누린다고 하자. 그러한 자유무역지역 결성의 효과를 A국의 입장에서 분석해 보기로 한다.

분석을 단순하게 하기 위해 자유 무역 결성 전에 A국이 수입 금지적 관세를 적용하고 있다고 가정하자. A국의 공급 곡선은 S_A이며, A국의 관세는 P_WP_A, 공급은 가격 P_A에서 ON만큼 이루어진다. B국에 대한 분석은 따로 하지는 않지만 B국 관세는 P_WP_B이며, B국의 공급 곡선은 A국의 공급 곡선에 수평으로 합해져 새로운 공급 곡선 S_{A+B}로 나타난다.

이제 두 국가 간에 자유무역지역이 결성되면, A국에서의 해당 상품 가격은 자유무역지역 전체가 순수입자로 남아 있는 한 낮은 관세국인 B국의 P_B 이하로 결코 떨어질 수 없다. 또한 P_W에 A국의 관세를 더한 P_A 가격을 초과할 수도 없다. 따라서 A국의 유효 공급 곡선은 P_BCEF이다. 동맹 지역 내 B국이 공급하고자 하는 양은 가격에 달려 있으며, 그때 B국이 획득 가능한 가격은 A국의 수요 곡선에 따라 달라질 것이다.

〈그림 4-7〉에서 A국의 수요 곡선이 D_A와 D'_A 두 개로 그려져 있는데, 이는 서로 탄력도가 다른 수요 곡선을 고려하여 그려 놓은 것이다. 만일 해당 상품에 대한 A국의 수요 곡선이 D_A로 D'_A에 비해 상대적으로 비탄력적으로 나타난다면, A국의 상품 가격은 P_B가 될 것이며, 이 가격에서 B국은 $LP(=BC)$만큼 A국에 공급할 것이다. 이때 삼각형 $a+d+e$는 무역 창출[8]을 나타내고, 삼각형 $b+f$는 자유 무역으로 발생한 해당 상품의 가격 하락으로 A국에 발생한 소비 효과를 나타낸다. 이러한 소비 효과도 앞에서 언급하였듯이 시장 통합으로 인한 무역 창출적 이익에 포함된다.

한편, A국의 수요 곡선이 좀 더 탄력적인 D'_A으로 나타난다면, A국의 가격은 P'_A이 되어 자유 무역 결성 전의 가격인 상한가 P_A에 좀 더 가까이 접근할 것이다. 이 경우 A국은 자체 공급이 늘어나 자국 시장에 OM만큼 공급할 것이고, B국은 A국에 MQ만큼 공급할 것이다. 그러면 무역 창출 효과는 D'_A과 S_A의 교차점 A에서 점 N으로 수직으로 그은 선과 P'_A에서 그은 수평선 사이에 있는 종전보다 작은 삼각형 $a+b+c$로 나타날 것이다. 따라서 좀 더 탄력적인 수요 조건하에서는 무역 창출 효과가 줄어든다는 것을

8 이때 줄어든 생산량 LN은 고비용의 자국 생산이 저비용의 동맹국(B국) 생산으로 대체되는 무역량으로, 바이너(Viner)가 언급하였던 무역 창출 효과이다. 때로는 생산 효과라고도 한다.

그림 4-7 A국의 자유무역지역 효과

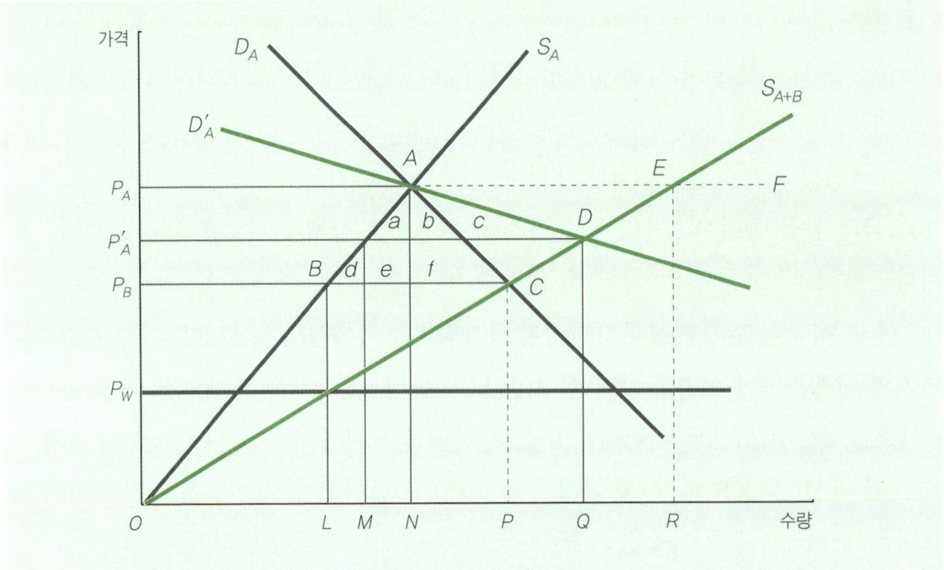

알 수 있다. 한편, 자유무역지역에서 B국은 P_B 이상의 가격이라면 자신들이 공급할 수 있는 최대 한도까지 A국에 수출할 것이며, 그로 인해 발생한 국내 시장의 부족분은 여타 세계로부터 수입할 것이다. 이런 방법으로 B국 시장 가격은 A국에서의 해당 재화의 최종 가격과 상관없이 P_B까지 낮아질 것이다. 이러한 무역 흐름에서 유도된 변화를 간접 무역 굴절(indirect trade deflection)이라고 정의한다. 그리고 이 간접 무역 굴절 현상은 원산지 규정에 의해서도 제거될 수 없다. 왜냐하면 B국이 같은 회원국이기 때문에 B국에서 생산된 제품이 바로 원산지 제품이기 때문이다.

2. 양국(兩國)의 입장에서 본 자유무역지역의 경제적 효과

앞의 절에서는 자유무역협정을 맺은 국가 중 하나의 국가(A국)를 중심으로 분석하였지만, 이제는 A, B 양국을 동시에 고려한 모델을 가지고 그 경제적 효과를 분석해 보자.

그림 4-8 **양국의 자유무역지역 효과**

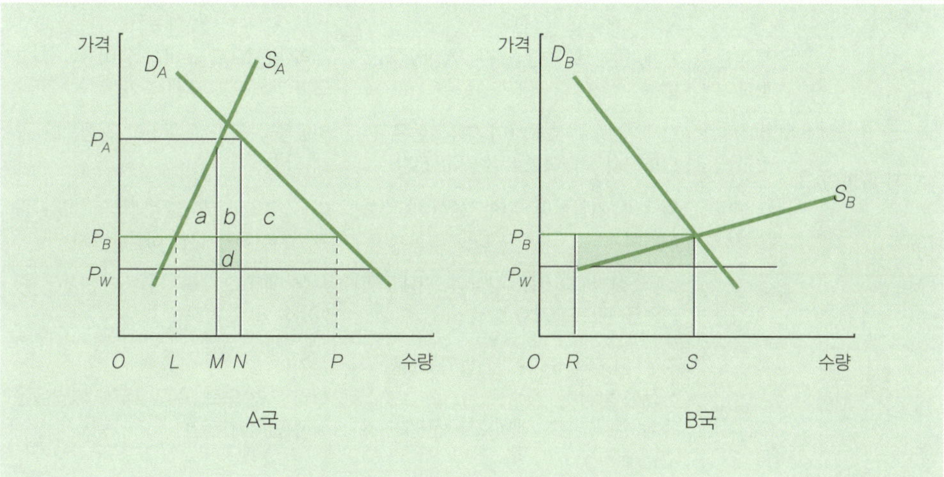

〈그림 4-8〉의 D_A, D_B, S_A, S_B는 특정한 상품에 대한 A국과 B국의 수요와 공급 곡선을 그린 것이다. 이때 A, B국은 유사한 수요 조건을 가지고 있다고 가정한다. 하지만 B국의 공급 곡선은 A국에 비해 상대적으로 탄력적이면서 경쟁적이고, A국의 공급 곡선은 반대로 B국에 비해 상대적으로 비탄력적이고 비효율적이다. P_W는 앞에서와 같이 세계 공급 가격을 나타낸다. 자유 무역이 결성되기 전 B국은 P_WP_B만큼 관세를 부과하여 P_B의 가격에서 모든 수입을 차단하고 *OS*만큼 생산해서 소비하는 자급자족 형태를 보이고 있다. 이에 비해 A국은 P_WP_A만큼 관세를 부과하고 *OM*에서 생산하고 *ON*에서 소비하며, 그 차이인 *MN*만큼은 P_W의 가격으로 여타 세계 국가로부터 수입해서 충당한다. A국의 관세 수입은 $MN \times P_WP_A$로 그림에서 $b+d$ 크기로 나타난다.

만일 A국과 B국이 자유무역지역을 결성하면 〈그림 4-8〉의 P_B 가격에서 자유무역지역 내 공급(*OL+OS*)은 지역 내 수요(*OP+OS*)보다 적은데, 그 차이(*LP*)는 그 가격에서 B국의 공급 능력보다 작다. 최저 비용의 역외 공급원을 배제한 자유무역지역에서 B국은 A국의 시장에 P_B의 가격으로 *LP*(=*RS*)만큼 공급할 것이며, *OR*만큼은 국내 시장을 위하여 남겨 둔 채, 나머지 부분(*RS*)은 역외국으로부터 P_W 가격에 수입한다. 그리고 통합 후 자유무역지역에서 상품의 가격은 자유무역지역 결성 전 두 회원국의 가격 중 보다

표 4-2 자유무역지역 결성의 효과

		내용	효과(가입국)
무역 및 입지 효과	무역 창출 효과	관세 인하로 가입국 간 무역이 새로 발생	무역 발생으로 소비자 잉여 증가하고 국가 전체로도 후생 증가
	무역 전환 효과	관세 인하로 효율성이 가장 높은 역외국에서 역내국으로 수입이 전환	비효율적 국가로 수입이 전환되어 후생 감소
	생산 설비 재배치	역내의 기업들이 기존 생산 설비를 재배치	비교 우위가 있는 역내국의 입지 증가, 일부 국가 산업 이탈
시장 효과	규모 효과	무역 장벽 제거로 시장이 확대되면 기업은 규모의 경제 발생	시장 확대로 수출 기업의 생산이 증가하고 비용 하락
	경쟁 효과	경쟁 압력의 증가로 기업의 효율 및 생산성 향상 규제 완화, 구조 개혁으로 산업 구조 고도화	수입 개방으로 수입 대체 기업들은 경쟁 압력에 직면
	투자 유치 효과	제3국 기업들의 투자	역내 시장 지향의 제3국 기업 투자 증가
정치적 효과	안정 보장 효과	비회원국에 대항한 안전 보장	안전 보장 강화
	협상력 효과	소수 국가가 통합으로 협상력 증가	협상력 증가
	개혁 효과	개혁의 조류를 이용하는 정치적 목적	국내 기득권 세력에 대한 개혁 · 개방 목적 달성

자료: 박번순 외 4인(2003), p. 16.

낮은 국가의 가격과 동일하게 될 것이다.

A국에서는 생산 효과 a와 소비 효과 c를 합한 것이 무역 전환 효과(d)보다 더 크게 나타난 것으로 볼 수 있다. 무역 전환 비용(d)과 초기 관세 수입 간의 차이($=b$)는 원래 정부의 관세 수입 중 일부였던 것인데 이제는 소비자에게로 돌아가는 내부 이전이므로, 소득이 재분배된 것으로 공동체의 실질적인 손실은 아니다. B국의 경우 자유 무역 결성 전이나 후에 가격의 변화가 없고 생산량이나 소비량 모두 똑같지만, A국으로 음영된 사각형만큼 수출하고, 그만큼 세계 가격으로 제3국으로부터 수입하면서 정부의 관세 수입이 증가하였다. 따라서 B국은 자유 무역 결성을 통해 국내 소득이 증가하였음을 의미한다. 여타 세계의 측면에서 보면 A국과 B국이 자유 무역을 결성하기 전의 A국 수입량(MN)과 비교해 자유 무역 결성 후 B국으로 수출량(RS)이 더 커져 A국과 B국

의 자유무역지역 결성은 동맹국뿐만 아니라 여타 세계의 입장도 같이 개선시킨다.

그러나 이러한 FTA의 주요 효과는 위에서 분석한 정태적 효과뿐 아니라 동태적 효과, 즉 시장 효과에서 더 크게 나타날 수 있다. 먼저 무역 장벽이 철폐되고 무역이 자유화되면 시장의 규모가 확대되고, 동시에 기업 간 경쟁이 증가하게 된다. 그러면 장기적으로 효율적인 기업만 살아남아 생산 규모를 확대시키고, 반대로 비효율적이고 경쟁력이 약한 기업은 도태될 것이다. 회원국 간의 비교 우위에 따라 산업과 기업의 재편도 일어날 것이다. 그 밖에도 확대된 회원국들의 시장을 노린 제3국 기업의 진출도 활발해질 것이다. 이미 회원국들의 시장에 진출해 있던 다국적 기업들도 역내 국가 간에 유리한 지역으로 생산 설비를 재배치할 수 있다. 그러나 이러한 동태적 효과는 장기적으로 발생하고, 규모의 경제나 외국인 직접 투자 유치 같은 효과도 포함되어 있어 정확한 크기를 측정하기가 쉽지 않다.

순수한 이론적 측면에서 보면 FTA보다는 전 세계적 자유 무역 실현이 세계 전체의 후생을 극대화시킨다. 그러나 현실적으로 세계 전체를 무역 자유화한다는 것은 불가능한 목표이다. 다자간 무역 협상을 통해 그 목표에 근접해 가더라도 시간이 많이 걸리고, 실질적으로 성과도 제한적이다. 따라서 세계의 많은 국가들이 그 차선책으로 지역 단위의 무역 자유화 방안으로 FTA를 체결하고 있다.

Chapter 5

관세 동맹의 경제학

관세 동맹의 경제학

앞의 장에서는 시장 통합 초기 단계인 자유무역지역에서 나타나는 여러 가지 경제적 효과에 대해 분석해 보았다. 이 장에서는 관세 동맹에 관련된 경제적 효과에 대해 살펴보자.

먼저 관세 동맹이 가지는 고유의 특성은 앞의 제2장에서 설명하였듯이 비회원국으로부터 수입되는 상품에 대해 공동 대외 관세(CET)를 부과하는 것이다. 따라서 대외적으로 동일한 상품에 동일한 관세가 적용되므로 자유무역지역에서 필요하였던 원산지 증명서가 더 이상 필요하지 않다.

관세 동맹을 결성하면 회원국 간뿐 아니라 비회원국 간 무역의 흐름과 회원국 내 생산 및 소비 등 모든 부분에 영향을 미침으로써 다양한 경제적 효과를 발생시킨다. 관세 동맹에 대한 경제적 분석은 이러한 변화가 가져오는 효과와 자원 분배, 역내 상품 가격의 변화, 여타 세계에 주는 영향, 그리고 회원국들의 후생에 미치는 영향에 대해 각 회원국뿐 아니라 그룹 전체, 그리고 범세계적인 차원에서 포괄적으로 분석하게 된다. 관세 동맹에서는 자유무역지대와 달리 공동 대외 관세를 정할 수 있기 때문에, 동맹 내에서 회원국들을 하나의 그룹으로 간주하여 그들의 경제적 후생을 극대화시켜 줄 수 있는 가격을 설정할 수 있게 된다.

관세 동맹을 결성함에 따라 발생하는 이익과 비용은 관세 동맹을 통해 얼마나 교역조건을 향상시켰는가, 자원 분배의 효율성은 얼마나 향상시켰는가, 규모의 경제 효과는 어느 정도 확대시킬 수 있는가 등 여러 가지 요소에 따라 달라진다.

이 절에서는 관세 동맹이 가져오는 경제적 효과를 분석하기 위해, ① 상품 및 생산요소 시장은 완전 경쟁적이고, ② 가격은 운송비를 고려하지 않고 생산 비용만 반영하며, ③ 모든 자원은 완전 고용되고, ④ 생산 요소는 한 국가 내에서는 이동이 자유로우나 국가 간에는 자유롭게 이동하지 못하고, ⑤ 무역을 제한하는 수단은 관세가 유일하며 다른 장애물은 없다고 가정한다.

이와 같은 가정들은 국제 무역의 이론에서 일반적으로 상정하는 것으로 분석의 주요 결과를 바꾸거나 손상시키지는 않는다. 그러나 현재의 생산이나 무역, 특히 제품 차별화 및 산업 내 무역 그리고 불완전 경쟁과 같은 현상이 존재하는 것을 고려하지 못하는 까닭에 관세 동맹을 결성해서 나타나는 결과가 전통적인 통합 이론의 예측과는 전혀 다르게 나오기도 한다. 다음 장에서 논의되는 내용은 이러한 이슈를 좀 더 포괄적으로 다루어 정통 이론에서 고려하지 못하였던 내용들을 보완한다.

제1절 관세 동맹의 경제적 효과

관세 동맹의 기본적 이론은 주로 개별 회원국, 그룹 전체, 그리고 세계에 미치는 관세 동맹의 자원 배분, 특화 및 후생 효과를 분석한다. 경우에 따라 국가들이 관세 동맹을 맺는다 하더라도 자원 배분에 별다른 효과를 가져오지 않을 때도 있다. 즉, 동맹을 체결하는 회원국들이 동맹 결성 전에 모든 상품에 대하여 수입을 금지시킬 만큼 높은 관세율을 적용하지 않고, 또 관세율이 모두 동일하다면, 동맹 후 관세율의 변화가 없는 한 관세 동맹을 결성하여도 새로운 무역 효과는 별도로 나타나지 않는다. 이러한 상황에서 관세 동맹을 결성한다고 하여도 세계 가격이나 관세에는 전혀 영향을 주지 않고, 결과적으로 아무것도 변하지 않을 것이다. 결국 관세 동맹이 자원 분배에 일정한 영향을 가지기 위해서는 동맹국 간의 관세율이 동맹 전에 최소한 일부 품목에서라도 차이가 있어야 하고, 이러한 차이가 관세 동맹을 통해 일부 조정되면서 자원 분배에 효과를 가지게 된다. 이때 조화되는 관세율은 회원국들 간의 관세율 평균치, 또는 최고 관세율과 최저 관세율 사이의 특정한 값을 취하게 된다.

여기서는 관세 동맹의 효과에 대해 세 가지 사례로 나누어 분석해 본다.[1] 실제로 관세 동맹에 대해 자세히 분석을 하려면 이 책 한 권으로도 모자랄 것이다. 그러나 이 책에서는 몇 가지 선택된 사례만으로 분석할 것이고, 이 분석만으로도 관세 동맹의 핵심적인 내용은 거의 파악할 수 있을 것으로 생각한다.

관세 동맹에 대한 분석에서는 기본적으로 동맹을 맺는 최소 2개국과 여타 세계를 대표하는 1개국을 포함해 최소한 3개국 모델이 필요하다. 하지만 분석을 단순히 하기 위해 일단 규모에 대한 보수(returns to scale)를 무시하고, 동맹에 대한 교역 조건 효과도 동맹의 여타 세계와의 무역에 대한 공급 가격이 완전 탄력적이라고 가정함으로써 여타 세계에 대한 분석도 일단 제외한다.

〈그림 5-1〉에는 2개국이 관세 동맹을 결성할 때 동일한 상품 시장에서의 수요와 공급 곡선이 나타나 있다. 이때 A는 자국, 그리고 B는 관세 동맹을 맺는 상대국을 나타낸다. D_A는 A국의 해당 상품에 대한 수요 곡선, S_A는 공급 곡선이며, S_A+M_B는 해당 상품이 A국에 공급되는 총공급 곡선이다. 즉, S_A+M_B로 나타나 있는 공급 곡선은 B국과의 관세 동맹으로 B국으로부터 해당 상품의 수입에 관세가 면제된다고 가정할 때, B국으로부터의 수입되는 양을 합한 것이다. P_W는 해당 상품의 여타 세계 공급 가격을 가리키며, A국이 소국이라는 가정하에 이것은 수평선으로 표시되어 있다. 한편, B국의 시장 조건은 그림 (b)에 나타나 있는데, D_B는 B국의 수요 곡선, S_B는 B국의 공급 곡선이다. 이제 관세 동맹을 전후해서 관세의 선택적 가정에 따라 나타나는 세 가지 경우를 고려해 보자.

■ 사례 1: 양국 모두 무역 금지적 관세를 부과하고 있는 경우

양국이 관세 동맹을 결성하기 전에 무역을 전적으로 금지하려는 목적으로 A국은 P_WT_A만큼, 그리고 B국은 P_WT_B만큼 관세를 부과하고 있다고 하자. 이러한 높은 관세율 하에서 양 국가의 국내 수요는 전적으로 국내에서 생산된 상품으로 공급될 것이다. 이제 양 국가가 관세 동맹을 맺으면서 공동으로 적용할 관세를 기존 관세율을 평균한 관세율($CET=0.5(T_A+T_B)$)로 정하였다고 하면, 새로운 공동 대외 관세율은 $P_WCET(=P_WT'_A)$가 된다.

1 Robson(1998), pp. 18~26.

그림 5-1 관세 동맹의 효과

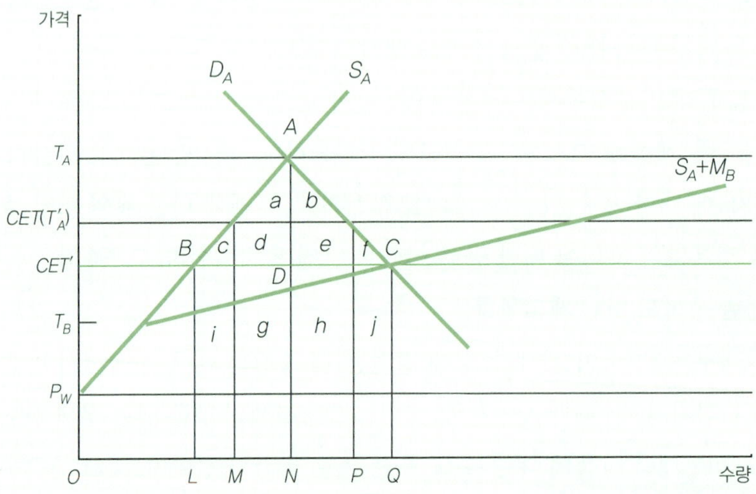

(a) 자국(A국)

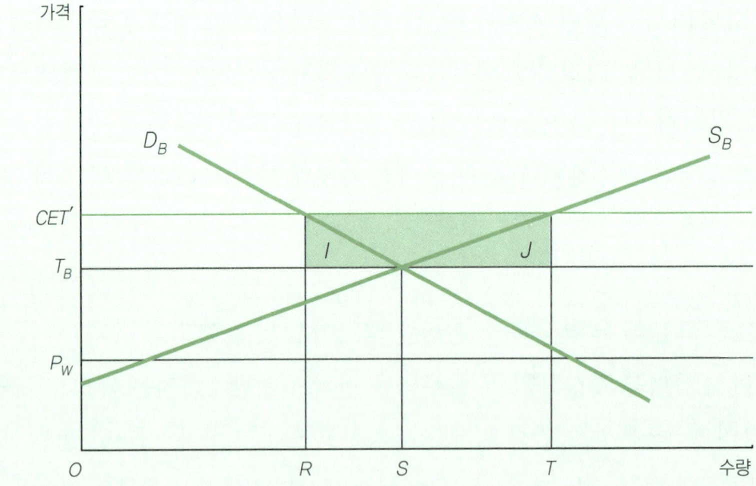

(b) 상대국(B국)

그러나 새로 설정한 이 관세율하에서는 가격이 *CET* 로 되어 이 가격에서는 동맹의 공급량이 수요량보다 더 크게 된다. 따라서 이 공동 대외 관세율은 균형 가격보다 높아 상징적 의미 외에는 실질적으로 균형 가격으로서의 의미는 없게 되고, 결국 시장에서 수요량과 공급량이 일치하는 CET'에서 균형 가격이 결정된다. A국의 국내 소비는 ON에서 OQ로 증가하는 반면, 공급은 ON에서 OL로 줄어든다. 반면 B국의 생산은 OS에서 OT로, 소비는 OR로, 그리고 A국에 대한 수출은 $LQ(=RT)$가 된다.

이 첫 번째 예에서 A국의 경우 일종의 무역 창출 사례가 된다. 즉, A국은 관세 동맹으로 동맹국으로부터 낮은 가격으로 상품을 수입함으로써 지금까지의 고비용 생산자를 대체하여 국내 생산에서 비용 절감을 할 수 있게 되었고, 그 크기는 삼각형 ABD(또는 $a+c+d$)이다. 또 이러한 수입 대체로 인해 가격이 하락함으로써 늘어나는 순수 소비자 잉여의 크기는 삼각형 ADC(또는 $b+e+f$)이다. 결국 무역 창출에 의해 발생한 총이익은 이 두 면적을 합한 것으로, 그것은 수입량(LQ)과 가격 하락폭($T_ACET'=AD$)을 곱한 것의 절반이 된다. S_A선의 상부에 있는 T_A와 CET' 사이의 면적은 동맹 결성 전 A국의 생산자 잉여 부분인데, 동맹 후 소비자 잉여로 이전된 것으로 생산자로부터 소비자로 소득이 재분배된 것을 나타내며, 국가 전체로 보면 이익도 손해도 아니다.

B국의 경우 수입 금지 수준의 관세로 인해 관세 동맹 전에는 자급자족을 하는 상태였는데, 관세 동맹 결성으로 인해 가격이 상승하여 소비자는 결국 I만큼의 소비 손실을 겪게 되었다. 또한 가격 상승으로 인해 J만큼의 초과 생산이 발생하는데, 초과 생산분 ST만큼 더 생산하기 위해 추가적으로 자원이 투입되었다. 하지만 높은 가격으로 인해 A국에 RT만큼 수출함으로써 추가적 소득(음영된 직사각형)을 얻게 되었고, 이 추가적 이익의 크기는 I와 J의 역효과를 상쇄하고도 남는다. 그러므로 B국 역시 A국과 같이 분명히 유리한 입장에 서 있다.

여타 세계의 경우 동맹 결성 전이나 후나 관세 동맹국들과 교역량이 전혀 없는 관계로 관세 동맹 결성으로 인해 받은 영향은 아무것도 없다. 따라서 첫 번째 사례의 경우 관세 동맹으로 인한 후생의 변화는 관세 동맹을 맺은 회원국으로만 한정된다. 관세 동맹을 창설한 결과 동맹국들은 동맹 전에 비해 보다 나은 상황을 맞게 되었다.

사례 2: B국만 수입 금지 수준의 관세를 부과하고 있는 경우

이번에는 관세 동맹을 맺기 이전에 B국의 초기 관세를 수입 금지 수준인 P_WT_B로 가정하고, A국은 어느 정도 무역을 허용하는 $P_WCET(P_WT'_A)$ 수준으로 상정해 보자. 이 경우 관세 동맹 전 B국의 상황은 사례 1의 경우와 같다. 그러나 A국의 경우 동맹 전 가격 $CET(T'_A)$에서 OM만큼은 국내 생산으로부터 충당하고, 나머지 MP만큼은 여타 세계에서 수입해 충당한다. 따라서 총관세 수입의 크기는 $MP \times P_WT'_A$만큼 된다.

이러한 상태에서 양국의 관세를 평균한 관세 동맹을 결성한다면 공동 대외 관세가 P_WCET'이 될 것이며, 관세 동맹의 경제적 효과는 다음과 같다. A국의 경우 수요량은 사례 1과 마찬가지로 OQ로 증가하고, 국내 생산은 OL로 줄어들 것이다. 이에 따라 생산 비용은 관세 동맹 후 국내 생산량이 줄어든 것과 연관해 삼각형 c로 표시된 면적만큼 감소되고, 소비자는 소비 증가와 관련된 삼각형 f만큼 이익을 얻을 것이다. 그리고 이 두 면적을 합한 크기가 무역 창출 효과이다. 한편, A국은 동맹 전 여타 세계로부터 수입하던 상품을 고비용인 동맹국 B국 상품으로 대처함으로써 동맹 전 관세 수입 총액에 해당하는 $d+e+g+h(MP \times P_WCET')$만큼의 비용 증가를 수반하는데, 이 크기가 바로 무역 전환을 나타낸다.[2] 따라서 관세 동맹이 A국의 후생을 증가시키는지 감소시키는지는 무역 창출 크기와 무역 전환 크기 두 개를 비교해 보아야 하는데, 위의 그림에서는 무역 창출 크기보다 무역 전환의 크기가 훨씬 더 크게 나타나 명백하게 후생이 감소하는 것으로 나타난다.

한편, 관세 동맹의 결성이 B국에 미치는 영향은 사례 1에서의 경우와 정확하게 동일하다. 그러므로 B국의 입장에서는 동맹 전 상황과 비교하여 관세 동맹을 결성하는 것이 더 유리하다.

여타 세계의 경우, A국과 B국의 관세 동맹으로 A국에 대한 무역량은 감소한다. 그리고 세계의 공급 곡선을 완전 탄력적이라고 가정하였기 때문에, 이러한 무역량 감소가 여타 세계의 후생에는 크게 영향을 미치지 않는다.[3] 그렇지만 역외국로부터의 수입량 감소는 결국 관세 동맹이 무역 전환적인 동맹임을 의미한다.

2 그러나 실제로 d와 e는 정부의 관세 수입에서 소비자 잉여로 전환되는 부분으로 순무역 전환 효과는 $g+h$이다.
3 세계 공급 곡선이 완전 탄력적이라는 뜻은 A국과 B국이 동맹을 맺더라도 두 국가의 경제 규모가 크지 않아 세계 공급 곡선에 거의 영향을 미치지 못한다는 의미이다.

▌사례 3: B국이 A국 관세 수준으로 높이는 경우

마지막으로 A국의 동맹 전 관세가 $P_W CET'$(관세 포함 가격은 CET')이고, B국은 앞의 사례와 마찬가지로 관세가 계속 $P_W T_B$(관세 포함 가격은 T_B)인 경우를 가정해 보자. 그리고 관세 동맹을 맺은 후 양 국가가 공동 대외 관세를 설정할 때 앞의 사례와 같이 관세 평균적으로 정하는 것이 아니라 B국의 관세율을 고관세국인 A국의 수준으로 맞추어 높이는 경우를 고려해 보자. 이러한 관세 동맹이 결성되었을 때 A국 상품의 생산과 소비는 관세 동맹 전이나 후에 전혀 변화가 없을 것이다. 대신 A국은 동맹 전 역외국으로부터 수입해 오던 것을 동맹국 B국의 상품으로 동일한 양만큼 대체하게 된다. A국 입장에서 보면 이것은 순수한 무역 전환 효과이며, 이때 발생하는 비용은 관세 수입의 상실분 크기($g+h+i+j$)만큼이다. 그렇지만 B국의 경우 관세 동맹 결성으로 A국으로의 수출량 증가 효과와 그것이 B국 소득에 주는 유익한 효과는 앞의 두 사례와 동일하다.

여타 세계의 경우, 지금까지 A국으로 수출하던 것이 없어졌다. 그러나 공급 곡선이 완전 탄력적이라 가정하였으므로, A국으로의 수출 감소로 생겨나는 후생 감소 효과는 그리 크지 않다.

자원 분배 측면에서 보면 세 가지 사례 중 마지막 사례는 무역 창출 효과가 전혀 없기 때문에, 세 가지 경우 중 가장 불리하다. 세 번째 사례의 경우 관세 동맹 결성은 A국에서 B국으로 소득을 재배분하는 효과를 가져오지만, 세계 전체적인 자원 배분을 악화시키는 결과를 가져온다.

이렇게 단순화시킨 관세 동맹 효과 분석이 가지고 있는 몇 가지 문제점에 대해 언급해 보면 다음과 같다.

먼저, 위의 분석에서 관세 동맹의 경제적 효과에 단일 상품만 있는 것으로 가정하고 그 단일 상품 시장에 대한 부분 균형 방식을 채택하였다. 그러면 이러한 분석을 여러 가지 상품이 존재하는 다상품 시장의 관세 동맹에도 적용할 수 있는가? 실제로 이러한 단일 상품에 대한 균형 분석이 일반 균형 조건을 교란시키지 않기 위해서는 해당 상품을 제외한 다른 상품의 가격들이 시장의 상황 변화로부터 아무런 영향을 받지 않는다는 조건을 충족시키는 경우에만 가능하다. 만일 대상 국가들이 소국(小國)이라서 시장 규모가 작아 수요와 공급의 영향을 받지 않는다면 이 분석은 정당화될 수 있다.

그러나 단일 시장의 부분 균형 분석은 관세 동맹 결성으로 대부분의 교역 상품 가격이 영향을 받는 상황에서는 그 분석 결과가 한계점을 가지고 있다.

이러한 문제점을 극복하기 위해 바이너 이후 초창기의 분석 방법은 단일 재화가 아닌 거의 표준 2재 일반 균형 모델을 적용하여 설명하고 있으며, 3국 2재 모델도 립시(Lipsey, 1957; 1960), 미드(Meade, 1955), 바넥(Vanek, 1969), 켐프(Kemp, 1965) 등에 의해 시도되었다. 이 일반 균형 모델은 제4절에서 다시 살펴본다.

둘째, 앞의 관세 동맹 효과 분석에서 국가 간 관세 동맹을 설립해도 여타 세계에 대한 회원국들의 교역 조건은 영향을 받지 않는다고 가정함으로써 여타 세계 후생에 관한 관세 동맹의 효과는 무시하였다. 따라서 관세 동맹 회원국의 후생 변화가 곧 세계 전체의 후생 변화를 의미한다. 관세 동맹의 설립은 무역 창출과 무역 전환의 상대적 크기에 따라 동맹의 후생을 향상시키거나 악화시킬 수 있다. 그리고 무역 창출적인 관세 동맹이라도 최소한 1개 회원국은 피해를 입을 수 있고, 무역 전환적인 관세 동맹에서도 최소한 1개 회원국은 후생이 증가할 수 있다. 또한 무역 창출적인 관세 동맹에서 모든 회원국이 잠재적으로만 유익하다고 할 수 있다. 만일 회원국 간의 이익과 손실의 분배에 대해 회원국들이 관심을 가진다면, 관세 동맹의 결성으로 어떤 국가도 손해를 보지 않는다는 것을 보장하기 위해 보상적 이전(compensatory transfers)이 필요하다. 실제로 공동 대외 관세 구조의 결정은 허용할 수 있는 이익과 손실 분배를 초기에 확보하는 주된 수단이 되지만, 이러한 접근 방법은 분배 문제를 다루는 데 가장 효율적인 방법이 아닐 수도 있다.

켐프와 완(Kemp and Wan, 1976)에 따르면 그룹의 공동 대외 관세가 적절하게 정해져 동맹 전 수준으로 회원국 무역량을 유지하고, 회원국 간 총액보상세(lump-sum compensatory taxes)와 보상 이전에 의해 각국의 이익을 보장할 수만 있으면 회원국들의 후생 수준을 상승시키는 것이 항상 가능하다. 즉, 무역을 창출하는 동맹은 원칙적으로 항상 가능하며, 관세 동맹을 통해 각 회원국의 후생을 증진시킬 수 있다. 그러나 이러한 결론은 역외국들에 역효과가 없을 때만 가능하다.

제2절 자유 무역과 관세 동맹의 경제적 효과 비교

앞의 절에서는 관세 동맹을 맺으면서 발생하는 경제적 효과에 대해 알아보았다. 이 절에서는 이러한 관세 동맹과 자유무역지역의 경제적 효과에 대해 비교해 어느 것이 더 경제적으로 유익한 결과를 가져오는지 살펴보자.[4]

〈그림 5-2〉의 (b)에서 관세 동맹을 맺은 후 평균적 관세를 설정하였을 경우 *CET* 가격(=0.5(P_A+P_B))에서는 동맹국 내 공급이 수요를 초과하게 되고, 그래서 이 공동 대외 관세는 앞에서와 같이 단지 가격의 상한선만 설정해 주는 역할을 한다. 실제 균형 가격은 동맹 내 공급량과 수요량이 같아지는(*TV*=*LR*) 가격 P_{CU}가 될 것이다. 따라서 다시 한 번 무역 창출 효과(생산 효과(*a*)+소비 효과(*c*))가 순수 무역 전환 효과(*d*)보다 크게 나타난다. 하지만 자유 무역 결성 시의 그림 (a)와 비교해 보면 관세 동맹 결성 시 나타나는 무역 창출 효과의 크기는 자유무역지역의 경우보다 작다.

두 가지 서로 다른 상황 간의 비교에서 정작 중요한 차이는 B국에서 발생한다. 관세 동맹의 경우 B국의 소비자는 *I*만큼의 소비 손실을 입는다. 이는 B국에서 A국과의 관세 동맹으로 가격이 상승함으로써 소비자가 겪는 역효과이다. 또한 B국의 생산자는 순이익을 누리게 되지만, *J*만큼 바람직하지 못한 역(adverse)의 생산 효과도 발생한다. 자유무역지역의 경우에는 역의 생산 효과와 소비 효과의 발생 없이 정부 수입이 생겨나게 되며, 그것은 관세 동맹의 경우에 B국에 귀속되는 순이익보다 크다. 더구나 관세 동맹의 경우에 여타 세계와의 무역이 없어지는 반면에, 자유무역지역을 선택할 경우 간접 무역 굴절 현상으로 인해 여타 세계와의 무역도 증가할 것이다.

이상에서 분석해 본 바에 의하면, 순수한 정태적 효과만 고려할 때는 관세 동맹의 경제적 효과가 자유무역지역보다 오히려 못하다고 할 수 있다. 두 경제 통합 형태의 본질적인 차이는 자유무역지역의 경우에 발생하는 간접 무역 굴절 현상이며, 이는 기존의 원산지 규정으로도 막을 수 없다. 이것은 제한적으로 자유무역지역에서 나타나

4 Robson(1998), pp. 30~35.

그림 5-2 자유무역지역과 관세 동맹 비교

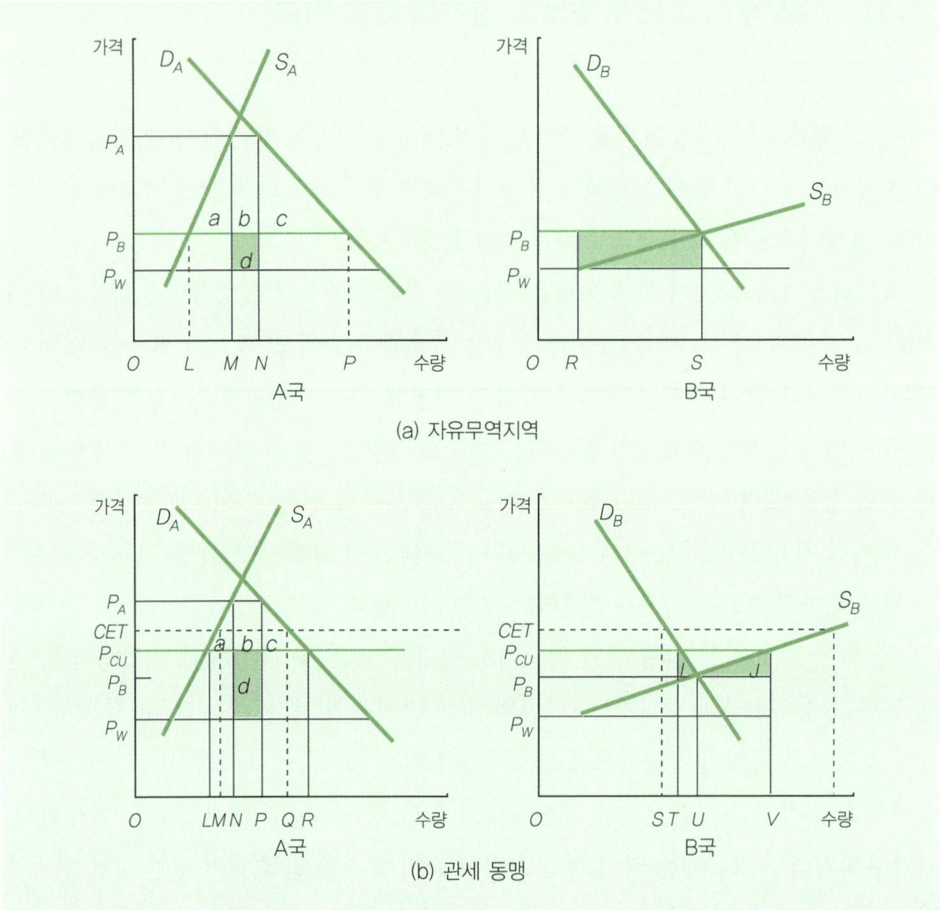

는 효과를 공동 대외 관세의 기준을 동맹 전 최저 관세로 채택하였을 때의 관세 동맹에서 나타나는 효과와 같게 만들어 준다. 하지만 국가 간 무역에서 발생하는 운송비를 고려한다면, 회원국들이 지리적으로 더 넓게 분산되어 있는 자유무역지역일수록 간접 무역 굴절 현상은 작게 나타날 것이다.

이러한 자유무역지역과 관세 동맹의 비교는 오직 최종재만 대상으로 한 것으로, 만일 중간재를 포함해서 분석하면 다른 결과를 가져올 수 있다. 즉, 중간재의 관세가 회원국 간에 다르다면, 중간재의 관세가 가장 낮은 국가로 생산이 집중되어 지역 내 생산 패턴을 바꿀 수 있다. 더구나 지금까지의 비교는 정태적인 상황을 가정하여 분석한 것으로 장기적으로 동태적인 효과가 어떻게 되느냐에 따라 이러한 비교 결과는 달라질 수 있다. 실제로 관세 동맹을 통해 동태적으로 얻는 효과로는 보호 장벽의 제거에 따른 비효율 기업의 도태, 규모의 경제 달성, 외부 경제의 발생, 기술 개발의 가속화, 불확실성의 감소 등을 꼽는데, 이에 대한 이슈들은 다음 장에서 자세히 다룬다.

제3절 관세 동맹 결성 효과와 일반적 귀착

앞의 〈그림 5-1〉에서 관세 동맹의 효과를 분석할 때 여타 세계에 대한 관세 동맹 결성의 효과에 대한 일반적 귀착(general incidence)은 상당히 극단적이어서 여타 세계는 A국에 대한 해당 상품의 수출을 완전히 중단하게 된다. 하지만 이러한 극단적인 경우를 완화해서 좀 더 현실적인 시장을 한 번 고려해 보자.[5]

〈그림 5-1〉에는 해당 상품에 대한 A국과 B국의 수요와 공급 곡선이 동시에 그려져 있다. 그리고 P_WS_W선은 여타 세계의 공급 가격 및 공급 곡선인데, 여타 세계의 해당 상품 생산 규모가 매우 커서 불변 비용을 가정한 완전 탄력적인 직선으로 나타난다.

설명을 간편하게 하기 위해 우선 두 국가의 관세가 동일하다고 하자($tA=tB$). 관세 동맹을 결성하기 전에 비효율적 생산국인 A국은 여타 세계로부터 P_W에 관세(t_A)를 붙인 가격인 P_{CU} 가격($=P_W(1+t_A)=CET$)에서 CF만큼 수입한다. B국의 경우 점 G에서 자급자족하는데, 점 G 이하의 가격에서는 음(−)의 수출을, 점 G 이상의 가격에서는 양(+)의 수출을 하며, P_{CU} 가격에서는 A국에 DF만큼 잠재적 수출을 할 수 있다. 그러나 여타 세계와 가격 경쟁이 되지 않아 실제로는 수출이 불가능하다.

이제 A국과 B국이 관세 동맹을 결성하면 B국은 그동안 A국과의 교역에서 존재하던 관세 장벽이 더 이상 존재하지 않게 된다. 따라서 B국의 수출 공급 가능 곡선을 A국

5 Pelkmans(2006), pp. 102~104.

그림 5-3 **관세 동맹의 일반적 귀착: 양국의 동일 관세 경우**

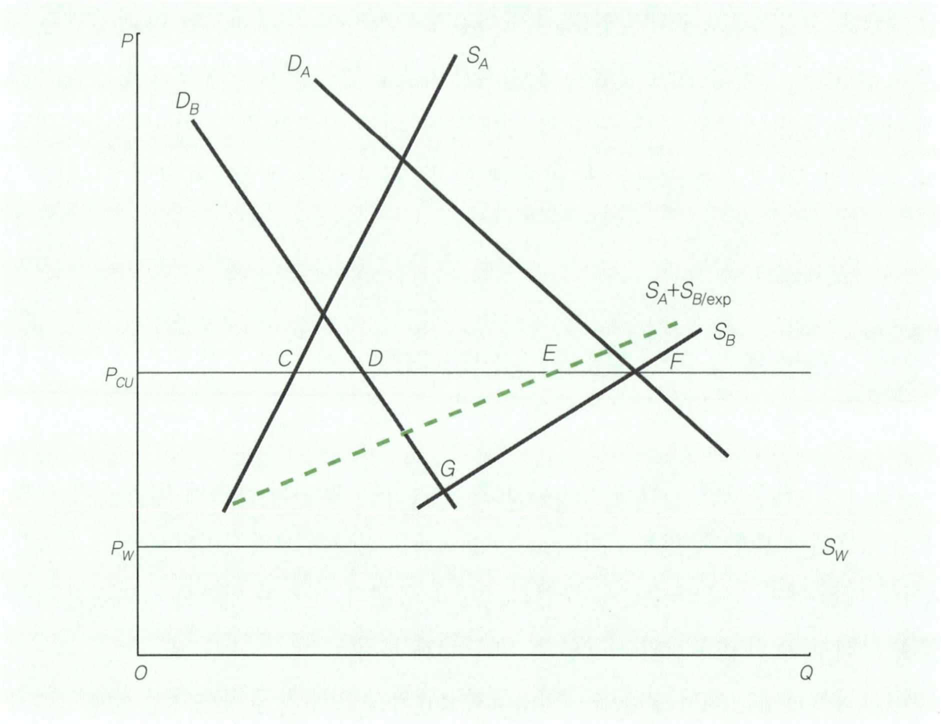

의 공급 곡선에 더하면 $S_A+S_{B/exp}$곡선을 얻게 되며, 관세 동맹하에서 B국은 A국에 무관세(tariff-free)로 *CE*(=*DF*)만큼 수출하여 여타 세계의 수출을 대체한다.[6] 이때 *CE*는 무역전환(trade diversion)인데, 이 수출 비용이 여타 세계에서 생산하는 비용보다 더 높기 때문이다. 따라서 이 관세 동맹은 여타 세계에 역의 효과를 가져다주는데, 만일 B국이 좀 더 효율적 생산자여서 점 *G*가 더 낮은 곳에 위치한다면 *DF*의 크기는 더욱 커질 수 있으며, 종국적으로 이전의 여타 세계의 A국 수출량 모두를 빼앗을 수 있을 만큼 커질 수도 있다. 또한 B국의 공급 곡선 S_B가 탄력성이 훨씬 더 커져도 동일한 결과를 가져온다.

물론 위의 경우는 다소 특수한 경우이다. EU를 포함한 세계 여러 나라의 관세 동맹체들의 중요한 이슈는 결국 각기 다른 관세율하에서 정확히 어떤 수준에서 공동 대

6 하지만 *EF*(=*CD*)만큼은 여타 세계에서 여전히 수입한다.

그림 5-4 관세 동맹의 일반적 귀착: 양국의 관세가 다른 경우

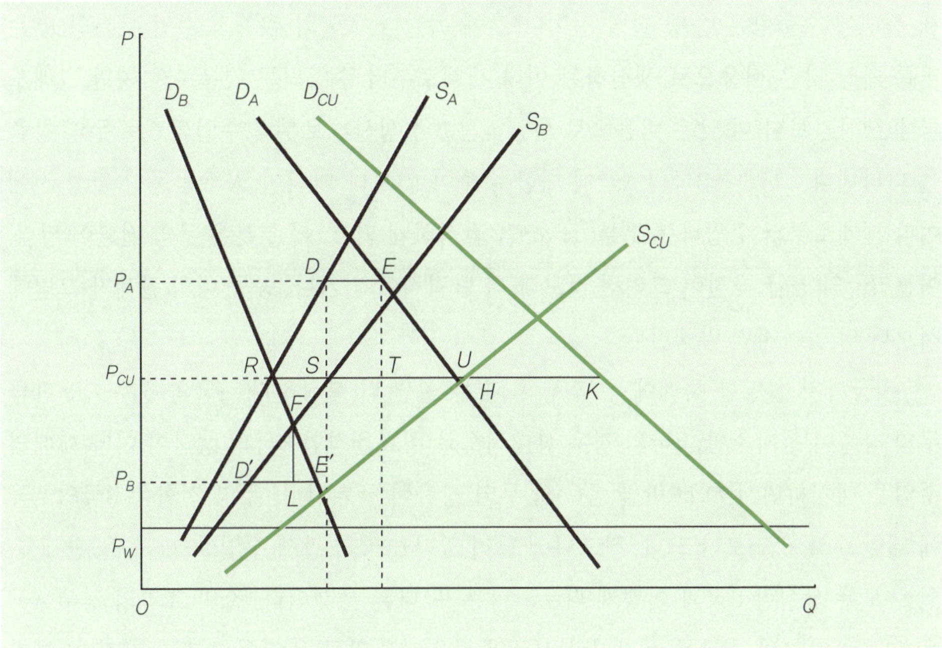

외 관세가 결정되는가 하는 것이다. 이런 측면에서 〈그림 5-4〉의 사례가 좀 더 일반적인 경우라고 볼 수 있다. 이제 공동 대외 관세가 관세 동맹을 맺는 A국과 B국의 관세를 평균한 관세가 $CET=\frac{1}{2}\{(P_W(1+t_A)+P_W(1+t_B))\}$이라 가정하자. 물론 관세 동맹 전에 A국과 B국은 여타 세계로부터 수입을 하였었다.

A국은 관세 동맹 전에는 여타 세계로부터 *DE*만큼 수입하다가 관세 동맹을 결성한 후 *RU*만큼 수입량이 증가하였는데, 그중 *RS*만큼은 동맹국인 B국이 공급하고 나머지 *SU*만큼은 여타 세계가 공급한다. 이는 *DRS*만큼의 생산 효과와 *ETU*만큼의 소비 효과를 A국에 가져다준다. 무역 전환이 있는가는 B국의 반응에 달려 있다. 〈그림 5-3〉에서 A국에만 집중해서 분석할 때 간과하였던 내용이 두 나라를 동시에 그려 놓은 〈그림 5-4〉에서는 명백히 드러난다. 공동 대외 관세를 선택함에 따라 여타 세계에서 *D′E′*만큼 수입하였던 B국이 A국에 *RS*만큼 수출하는 국가로 바뀌었다. 〈그림 5-4〉에는 *D′E′*이 설명의 편의상 *TU*와 같은 크기로 그려져 있으므로 A, B 두 국가가 여타 세계로부터 관

세 동맹 결성 전에 수입하던 양은 *SU*이다. 정의에 의해 *SU=HK*이므로 여타 세계의 관세 동맹에 수출량은 동맹 결성 전이나 후에 똑같다. A국의 추가적 수입 부분인 *RS*는 비록 가장 낮은 비용으로 생산하는 여타 세계로부터 수입되는 것은 아니지만 그래도 국내 생산자보다 더 낮은 비용으로 생산하는 B국 생산자로부터 수입되므로 무역 창출을 나타낸다. 그러나 B국의 A국에 대한 수출이 *RS*보다 커지면, A국이 동맹 결성 전에 여타 세계로부터 수입하는 부분(*DE=ST*)을 잠식하게 되고, 이 부분은 무역 전환이 된다. 이는 B국의 공급 곡선이 그려진 것보다 더 탄력적이 되거나, 공동 대외 관세가 그림에서보다 더 높아지면 발생한다.

지금까지 설명한 사례에서 '후생 효과'는 훨씬 더 복잡하다. A국의 경우 *DRS*만큼 무역 창출이 생기지만, B국의 경우 상대적으로 비효율적인 B국의 생산이 여타 세계의 수입을 대체하면서 *D′LF*만큼 음(–)의 무역 창출이 생겨난다. 무역 전환은 B국의 A국에 대한 수출이 *RS*보다 크냐, 작으냐에 달려 있다. A국의 관세 수입(*SU*× *CET*)을 관세 수입을 모두 상실한 B국과 어떻게 나누느냐는 또 다른 문제이다. 소비 효과의 경우 A국은 *ETU*로 양(+)의 효과를 가지지만, B국의 경우 *FLE′*만큼 음(–)의 효과를 가진다. 하지만 B국은 *FRS*만큼 A국에 수출함으로써 순이익(net gain)을 갖는다.

위의 사례에서 두 가지 추가적으로 지적할 수 있는 흥미로운 점이 있다. 첫 번째 것은 모든 관세 동맹이 비록 명시적이지는 않지만 암묵적으로 추구하는 목표로 역내의 무역을 촉진시키는 것이다. 앞의 그림에서 명백히 나타나듯이 공동 대외 관세가 동맹 내에 상대적으로 효율적인 생산자(여기서는 B국 생산자)를 명백히 보호해 주는 한 관세 동맹은 회원국 간에 무역을 증진시킨다. 이런 예는 흔히 볼 수 있는데, 유럽연합의 경우 많은 농산물의 관세 수준을 상당히 높여 역내에 상대적으로 효율적인 농산물 수출국인 프랑스, 아일랜드, 네덜란드, 덴마크의 역내 농산물 거래 성장률을 획기적으로 높였다. 또한 높은 보호 관세하에 스페인과 그리스, 이탈리아는 감귤류와 올리브를, 그리고 이탈리아와 포르투갈은 섬유와 의류를 EU 회원국들에게 많은 양을 수출하였다.

두 번째 흥미로운 점은 여타 세계의 동맹국 시장 접근에 관한 것이다. 보통 관세 동맹을 맺음으로써 관세 동맹의 시장을 외부 국가로부터 차단하여 자기 회원국들만의 요새(fortress)를 만든다고 평가한다. 하지만 〈그림 5-4〉에서와 같이 역외국의 관세 동맹에 대한 수출은 동맹 결성 후에도 그대로 남아 있다. 그러나 항상 이러한 결론에 도달하는 것은 아니며, 실제로 공동 대외 관세(*CET*)가 어느 수준에서 결정되는가에 따라 여타 국가의 동맹에 대한 수출량은 달라진다. 즉, *CET*가 높아지면 *HK*의 크기가 줄어들고, 반대로 *CET*가 낮아지면 동맹 결성 이전보다 더 많은 양을 수출할 수 있게 된다.

제4절 관세 동맹의 일반 균형 모델

지금까지 설명하였던 부분 균형 모델에서는 단일 상품 시장을 고려하고 해당 상품을 제외한 나머지 상품들은 모두 고정되어 있는 것으로 가정하였다. 하지만 일반 균형 모델에서는 모든 시장을 다 고려하며, 모든 가격이 가변적이고 모든 시장을 동시에 균형으로 만들어 주는 경쟁적 균형이 있다고 가정한다. 그리고 모든 시장은 투입물과 대체재, 정보 기술, 요소 및 상품의 이동, 소득 등의 연관을 통해 서로 연결되어 있다고 가정한다.

먼저 립시(Lipsey, 1957, 1960)가 관세 동맹의 체계에서 처음으로 연구하였던 3국 2재 모델을 살펴보자.[7] 모델에서는 A, B, C 3국이 있고, 상품(또는 시장)은 *X*, *Y*재가 있다. 그리고 A국은 소국으로서 *Y*재를 생산하고 *X*재는 가장 낮은 비용으로 생산하는 C국(또는 여타 세계)으로부터 수입을 한다고 가정한다.

〈그림 5-5〉에서 소비는 자유 무역의 경우 A국은 C국과 무역을 하며, I_1I_1의 무차별 곡선을 갖는다. 이제 A국이 수입재에 무차별 관세(non-discriminatory tariff)를 부과한다고 하자. 이 경우 A국의 상대 가격은 *AD*에서 *AB*로 바뀐다. 그런데 이러한 관세가 A국 국내 기업들이 *X*재를 더 생산할 만큼 인센티브를 주지 못한다고 하자. 그러면 A국은 I_2I_2의 무차별 곡선상의 점 *F*에서 균형을 이루게 된다. 이때 A국 정부가 모든 관세 수입을 소비자에게 여러 형태로 되돌려준다면 균형점은 다시 *AD*선 위의 한 점에서 균형을 이

7 Jovanović(2006), pp. 56~60.

그림 5-5 **무역 전환적 관세 동맹에서의 후생**

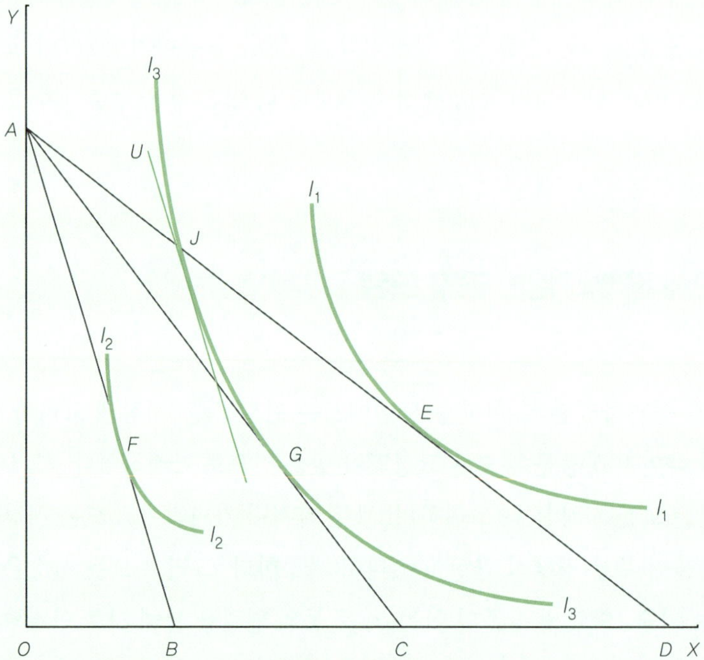

룰 것이다(왜냐하면 C국이 여전히 제일 좋은 공급 국가이기 때문이다). 그래서 균형점은 *AB*선이 평행 이동한 *U*선과 C국과의 교역 조건선인 *AD*선이 만나는 점 *J*가 된다. 오른쪽으로 이동하는 교역 조건선의 폭은 그 가격에서 얼마나 소비자들이 많이 수입하는가, 그래서 얼마나 많은 액수의 관세 수입이 그들에게 돌아가는가 하는 데 달려 있다. 관세는 생산 구조와 상대 가격을 변화시키고, 국내 상품의 소비는 증가하고 수입과 수출은 줄게 된다.

이제 A국이 B국과 무역 전환적 관세 동맹을 결성한다고 하자. B국과의 교역 조건선은 *AC*선이 되고, 점 *J*와 *G*가 동일한 무차별 곡선상에 있으므로 이 관세 동맹의 결성으로 A국의 소비 구조는 바뀌었지만 후생은 변하지 않는다. 최적의 상황이 점 *E*라면, A국의 관세 동맹 창설은 준최적점인 *J*에서 또 다른 준최적점인 *G*로 이동한 것이다. 만

그림 5-6 **A국의 관세 전후의 생산과 소비**

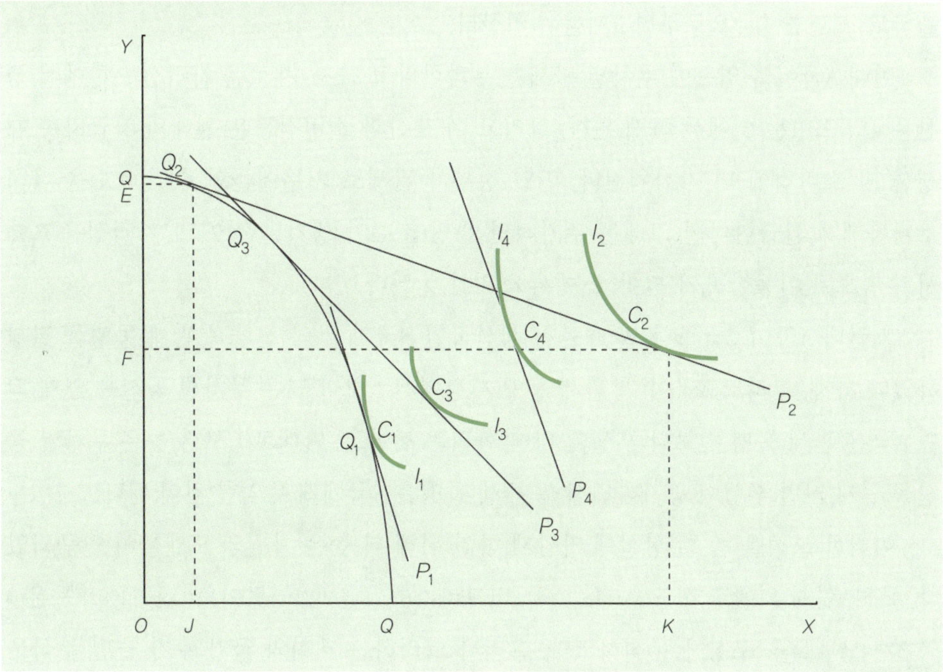

일 A국이 관세 동맹에서 얻은 교역 조건이 *OC/OA*보다 못하면, A국은 무차별 관세 때보다 후생이 악화된다. 그러나 교역 조건이 *OC/OA*보다 좋다면 무역 전환 관세 동맹이라도 후생이 증가할 수 있다. 따라서 무역 전환이 언제나 나쁜 것으로 생각하는 고전적인 주장은 기각된다.

립시의 이러한 모델은 나중에 한 국가가 두 상품을 모두 생산하는 모델로 발전하였는데, 실제로 이러한 모델은 생산에서의 대체를 허용함으로써 좀 더 현실적인 모델이 된다. 이는 <그림 5-6>에 예시되어 있는데, *QQ*는 A국의 생산 가능 곡선이다. 자급자족 상태에서 A국은 Q_1에서 생산하고 C_1에서 소비한다. 자급자족 가격선 P_1에서는 생산 가능 곡선과 무차별 곡선 I_1이 서로 접한다.

이제 A국이 국제적으로 개방하여 무역을 허용한다고 하자. A국은 소국이어서 *X*재와 *Y*재 사이의 국제 시장에서 주어진 가격 비율 P_2를 그대로 받아들인다. 그러면 이 가격 비율하에서 Q_2만큼 생산하고, C_2만큼 소비한다. 이에 따라 A국은 *EF*만큼 *Y*재를 수출하고, *JK*만큼 C국으로부터 *X*재를 수입한다.

이때 A국이 수입품에 무차별 관세를 부과한다고 하자. 새로운 가격선 P_3하에서 생산은 Q_3, 소비는 C_3에서 하게 된다. 그리고 이 생산과 소비점들은 원래의 자급자족 때 생산 및 소비점에 더 가까워진다. 만일 정부가 관세로 거두어들인 수입(收入)을 다시 소비자에게 환급한다면 그때는 추가적인 수입(輸入)이 생겨날 것이고, 가격선은 P_1에서 수평으로 이동한 P_4가 되어, C_4에서 소비하게 된다.

그런데 A국이 C국보다 덜 효율적 생산국인 B국과 무역 전환적 관세 동맹을 결성하였다 하자. 그리고 A국이 그 관세 동맹 시장에서 I_4보다 낮은 무차별 곡선을 얻게 되면 A국은 관세 동맹 전보다 후생이 더 악화되는 것이고, 반대로 I_4보다 높은 무차별 곡선을 얻게 되면 후생이 증가하면서 그 관세 동맹은 A국에게 유익한 것이 된다.

이러한 분석을 좀 더 현실에 가깝게 하기 위해 더 높은 차원의 모델들이 연구되었다. 특히, 립시 외에도 미드(Meade, 1968), 버그라스(Berglas, 1979), 로이드(Lloyd, 1982) 등은 3국 3재 모델들을 구상해 분석하였다. 그러나 고려하는 재화와 국가 수가 늘면 분석은 점점 더 복잡해지고, 단순한 분석에서 명확히 나타났던 무역 창출과 무역 전환 그리고 동맹 내 교역 조건에 관한 영향 등을 구별하기가 쉽지 않게 되어 또 다른 문제점을 야기하므로 여기에서는 더 깊이 나아가지 않는다.

어쨌든 관세 동맹이 항상 무역 창출적일 수 있다면, 관세 동맹의 결성은 각국이 후생을 증가시키는 데 매우 유용한 경제적 수단이 될 것이다. 그러나 무역에 왜곡이 존재하는 세상에서는 어떠한 관세 동맹도 차선책일 뿐이다. 많은 경제학자들의 연구에 따르면 그런 결과는 대부분은 특별한 상황에서만 적용될 수 있는 것으로 밝혀졌고, 그러한 상황은 아래와 같다.

- 관세 동맹에서 다루는 경제적 영역이 넓을수록, 회원국의 수가 많을수록 무역 전환 효과보다 무역 창출 효과가 발생할 여지가 더 크다.
- 관세 동맹 체결 전에 잠재적 회원국 간의 무역 및 경제 관계가 클수록, 관세 동맹 체결 후에 더 큰 후생의 증가 기회가 생겨난다.

- 관세 동맹 체결 전에 회원국의 무역 장벽이 높을수록, 관세 동맹 체결 후 비회원국에서 회원국으로 무역을 전환하는 것보다 회원국 간의 무역을 창출할 가능성이 더 높다.
- 역외국의 수출 상품에 대한 수요가 낮을수록, 그리고 관세 동맹 내 상대 회원국이 생산하는 상품의 수요가 클수록 무역 창출에 의한 후생 증가의 확률이 커진다.
- 관세 동맹국과 여타국의 무역에서 장벽이 낮을수록 무역 전환을 야기할 가능성은 작아진다.
- 제3국의 무역 장벽이 높을수록 관세 동맹의 무역 창출 효과는 커진다.
- 관세 동맹의 상대적 효과는 관세 동맹 전후(前後) '평균' 관세 수준의 크기에 달려 있다. 동맹 후 정해진 관세 수준이 더 낮을수록 무역 창출 효과는 더 커질 것이며, 동맹 후 정해진 관세 수준이 더 높을수록 무역 전환 효과가 더 커진다. 일반적으로 상품의 수요와 공급 곡선이 평평할수록(즉, 〈그림 5-1〉 (a)에서 수요·공급 곡선의 탄력성이 클수록), 무역 창출 효과(c와 f의 크기)는 커진다.
- 일반적으로 회원국 경제 구조가 보완적이기보다는 경쟁적일수록 생산 특화와 무역 창출의 기회가 더 커진다. 즉, 관세 동맹이 경쟁적인 두 산업 국가에 의하여 결성되는 것이 산업 국가와 농업 위주 국가가 결성되는 것보다 후생을 더 증가시킨다.
- 회원국 간 생산 상품 중 유사한(중복되는) 상품의 종류가 많을수록, 무역 창출의 원천인 자원 재분배 가능성은 커진다.
- 통합이 인접국 간에 일어나면 운송 비용을 줄이고, 통합으로부터 더 많은 이익을 얻을 수 있다.
- 역외국들의 공급이 더 비탄력적일수록 역외국들의 손실은 커지고, 반대이면 관세 동맹 내 상대국이 더 많은 이익을 얻는다.
- 통합 이전에 덜 발전된 국가일수록 특화를 통해 이익을 얻을 수 있는 잠재적 기회가 더 높다.

표 5-1 유럽 공동체 시장 통합에 따른 무역 창출 및 무역 전환 효과 크기 (단위: 10억 달러)

저자	연도	무역 창출	무역 전환
Aitkin(1973)	1964	5.7	0.2
	1965	6.9	0.0
	1966	8.6	-0.2
	1967	9.2	-0.6
Truman(1969)	1964	4.5	-1.6
Williamson 외(1973)	1969	9.6	0.0
Truman(1975)	1968	5.7	-3.7
Balassa(1975)	1970	11.4	-0.1
Resnick 외(1975)	1968	1.8	-3.0
Verdoon 외(1972)	1968	10.1	-1.1
Kreinin(1972)	1969/1970	7.3	-2.6
Prewo(1974)	1970	18.0	-3.1

주: 1) 무역 창출을 Truman(1969; 1975), Resnick(1975)은 국내 생산의 감소로, 그리고 다른 저자들은 EC 역내 무역의 증가로 정의하였다.
2) 무역 전환은 여타 세계로부터 EC로의 공급이 줄어든 것으로 정의하였다.
3) Aitken(1973)의 무역 전환은 EFTA를 상대로 한 것이다.
자료: Pelkmans(2006), p. 108.

상품 시장 통합의 영향에 대한 많은 연구는 무역의 흐름이나 후생, 시장 구조뿐 아니라 가격이나 고용, 성장 같은 거시 경제 변수들까지 포함해 이루어졌다. 특히, 1960년대 초기의 실증 분석들은 주로 부분적이거나 단순한 모델들이 많고 거시적 영향들에 대한 연구는 거의 이루어지지 않았다. 이들 초기의 연구들은 주로 무역에 대한 연구에만 초점이 맞추어져 있었다. 이는 후생 효과가 관세 동맹의 역내 무역의 유인에 비례한다고 가정한다는 것을 의미하며, 한편으로는 기업가나 정책 입안자가 주로 내부 무역의 기회에 많은 관심을 가진다는 것을 뜻한다. 이것은 관세 동맹의 핵심이 무역의 확대라고 하는 상업적 인식(notion) 때문이다. 경제 전반적 시각으로 보면 이러한 인식은 잘못된 것으로 수입(輸入)의 경쟁으로부터 오는 이익을 무시하고 있으며, 또한 무역 창출과 무역 전환을 구분하지 못하기 때문이다. 그러나 시간이 흐르면서 연구들은 점차 다양하고 복잡해졌고, 부분 균형뿐 아니라 일반 균형적 접근법들도 나타났다. 〈표 5-1〉에는 초기 유럽 공동체의 시장 통합으로 공산품의 역내 교역 증가에 따른 무역 전환 및 무역 창출 효과의 크기를 추정한 연구 결과들을 요약한 것이다.

하지만 연구 결과가 보여 주듯이, 측정된 값의 편차가 생각보다 크게 나타나며, 특히 무역 전환 효과는 양수로 나타난 값과 음수로 나타난 값이 혼재되어 나타나 일반적인 법칙을 도출하기가 어렵다.

Chapter 6

관세 동맹의 다른 이슈들

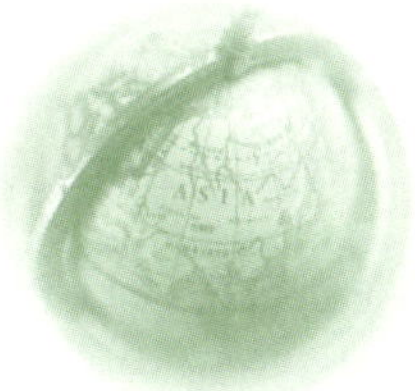

관세 동맹의 다른 이슈들

앞 장에서는 관세 동맹을 결성함으로써 발생할 수 있는 이익과 손실을 회원국들과 여타 세계 간의 배분이라는 관점에서 분석하였는데, 이 장에서는 관세 동맹을 결성함으로써 생겨나는 또 다른 이슈들에 대해 살펴보자.

실제로 관세 동맹에 의해 시장이 확대됨에 따라 규모의 경제와 관련된 효과나 경쟁이 심화됨에 따른 생산성 증가와 기술 진보, 투자의 증대, 상품의 가격과 생산 비용 하락 등 다양한 측면에서 변화를 가져와 여러 부문에서 그 영향이 나타나게 된다.

먼저 관세 동맹의 결성으로부터 생겨나는 가장 큰 동태적 이익으로는 경쟁의 증가를 꼽을 수 있다. 즉, 관세 동맹이 형성되어 회원국 간의 무역 장벽이 제거되면 각국 생산자들은 관세 동맹 내에 있는 다른 생산자들과 경쟁이 심화되고, 이에 대처하기 위해 보다 효율적으로 경영을 하거나 비효율적 기업은 합병 또는 퇴출된다. 또한 이러한 경쟁의 증가는 발전을 자극하고 새로운 기술의 활용도를 높여 생산비를 감축시키고 소비자의 이익을 증대시킨다.

관세 동맹의 두 번째 동태적 이익은 확대된 시장으로부터 발생하는 규모의 경제이다. 이는 관세 동맹으로 인해 회원국 간의 시장이 개방되면서 그동안 협소한 국내 시장을 대상으로 생산하던 기업들이 훨씬 더 커진 시장을 대상으로 대량 생산이 가능해져 평균 생산 비용이 낮아지면서 발생하는 이익이다.

그 밖의 또 다른 동태적 이익으로는 관세 동맹으로 확대된 시장을 활용하기 위한 투자가 증대되면서 발생하는 이익이며, 나아가 관세 동맹의 형성으로 비회원국 제품에 부과되는 차별적 무역 장벽을 회피하기 위해 외국의 다국적 기업들이 관세 동맹 내에 생산 시설을 설립함으로써 이러한 투자 증대 효과는 더욱 확대된다.

관세 동맹을 정당화하기 위해 일부 학자들은 통합으로 경쟁이 증가하여 특정 부문에 대한 보호가 축소되면서 나타나는 '냉샤워(cold shower) 효과'[1]를 강조한다. 이는 통합 이전에 국가의 보호 아래 해당 기업이 비용 절감이나 경영의 효율성을 꾀하지 않고 방만하고 느슨하게 운영하던 상태에서 통합 후 경쟁이 심해지면서 좀더 효율적인 생산과 경영 노력을 통해 효율성을 증가시키는 효과를 의미한다. 이러한 효과가 정통적 이론에서 고려하는 자원 배분 효과보다 훨씬 더 중요한 이익의 원천으로 생각하였다. 하지만 통합과 생산의 효율성 간의 관계는 그렇게 단순하지 않다. 왜냐하면 특정 부문에 대한 보호를 감축시킴으로써 나타나는 냉샤워 효과(경쟁 효과)만 있는 것이 아니라, 다른 한편으로 무역 전환으로 인해 새로이 혜택을 받는 부문에서 나타나는 일종의 '터키탕(Turkish bath) 효과'(보호 효과)도 같이 발생하기 때문이다. 어떤 경우에도 냉샤워 효과에 대한 논의는 경쟁적인 기업의 형태에 따라 달라지므로 완전 경쟁을 가정하는 정통적 통합 이론 내에서보다는 불완전 경쟁의 관점에서 다루는 것이 나을 수 있다. 또한 정통적인 관세 동맹 이론에서는 규모의 경제를 고려하지 않고 있으며, 재화의 동질성을 가정함으로써 통합에 대한 제품 차별화의 필요성과 그 이익에 대해서는 다루지 않고 있다. 규모의 경제와 제품 차별화는 불완전 경쟁을 의미하며, 이 두 가지가 결합되어 국제 무역에서의 산업 내 무역을 발생시킨다. 불완전 경쟁 체제 내에서 통합의 새로운 이익 원천은 이윤 마진의 감소, 규모의 경제의 보다 나은 이용, 그리고 다양성의 확대에서 생겨난다.

한편, 통합에 있어 동태적인 효과로 정의되는 자본 축적(capital accumulation)과 기술 혁신 효과가 발생한다면, 그 효과는 단기간에도 통합의 순수한 분배 효과보다 더 커질 수 있으므로 매우 중요하게 고려되어야 한다.

일반적으로 관세 동맹 결성에 따른 동태적 이익이 정태적 이익보다 훨씬 더 크고 중요하게 여겨지며, 최근의 실증 분석에 따르면 이런 동태적 이익이 정태적 이익보다 5~6배 더 크다는 것을 암시한다.[2]

1 '냉샤워 효과'는 산업 보호를 철폐시킴으로써 생산 능률을 촉진시키는 경쟁 효과이다. 이에 반해 '터키탕 효과'는 수입선이 역외국으로부터 회원국으로 바뀌면서 회원국의 수출 공급자가 공동 대외 관세의 보호를 받게 되어 경쟁이 완화되는 효과를 의미한다.

그러나 이러한 효과를 정의하는 것은 쉽지 않고, 더구나 경제적 분석을 통해 구체적인 수치로 측정하기는 더욱 어려워 지금까지 이런 효과가 성장에 미치는 영향을 밝혀 내려는 시도는 명확한 성과를 거두지 못하고 있다.

이 장에서는 좀 더 구체적으로 논의할 수 있는 관세 동맹의 교역 조건에 미치는 효과와 규모의 경제가 도입되었을 때의 영향을 살펴보고, 마지막 절에서는 관세 동맹에 공공재를 도입한 효과를 알아보자.

제1절 관세 동맹의 교역 조건 효과

가장 먼저 몇 개의 국가들이 관세 동맹을 맺었을 때 그 동맹이 교역 조건에 어떠한 영향을 주는지 살펴보자. 지금까지는 분석의 편의를 위해서 여타 세계의 공급 곡선이 완전 탄력적이라고 가정하였다. 그러나 수입(輸入)에 대한 완전 탄력적인 공급 곡선의 가정은 주로 경제 규모가 작은 국가들 간에 맺은 경제 동맹에서는 가능하지만, EU나 NAFTA 같은 경제 규모가 큰 집단에는 그렇지 않다. 이들 큰 경제 공동체는 세계에서 차지하는 무역 비중이 크기 때문에 교역 조건 효과가 동맹과 여타 세계와의 무역에서 발생하였을 때 세계의 후생이 동맹의 후생과 같은 비율로 변한다는 가정은 더 이상 가능하지 않다. 그리고 이러한 교역 조건 효과의 변화 가능성이 존재한다면 앞 장의 분석은 일정 부분 수정이 불가피할 것이다.

관세 동맹을 결성하더라도 역외국으로부터 수입 수요에 아무런 영향을 미치지 않는다면, 여타 세계로부터의 공급이 탄력적이라 하더라도 동맹의 교역 조건은 영향을 받지 않는다. 하지만 관세 동맹의 결성이 역외국으로부터의 수입 수요에 영향을 미치면, 여타 세계에 대한 동맹의 교역 조건은 개선될 수 있다. 이러한 효과는 모든 무역 전환에 의해 초래되는 손실을 감소시키는 요인으로 작용할 것이며, 만일 수입 상품의 가

2 Salvatore(2007), p. 347.

그림 6-1 **관세 동맹의 교역 조건 효과**

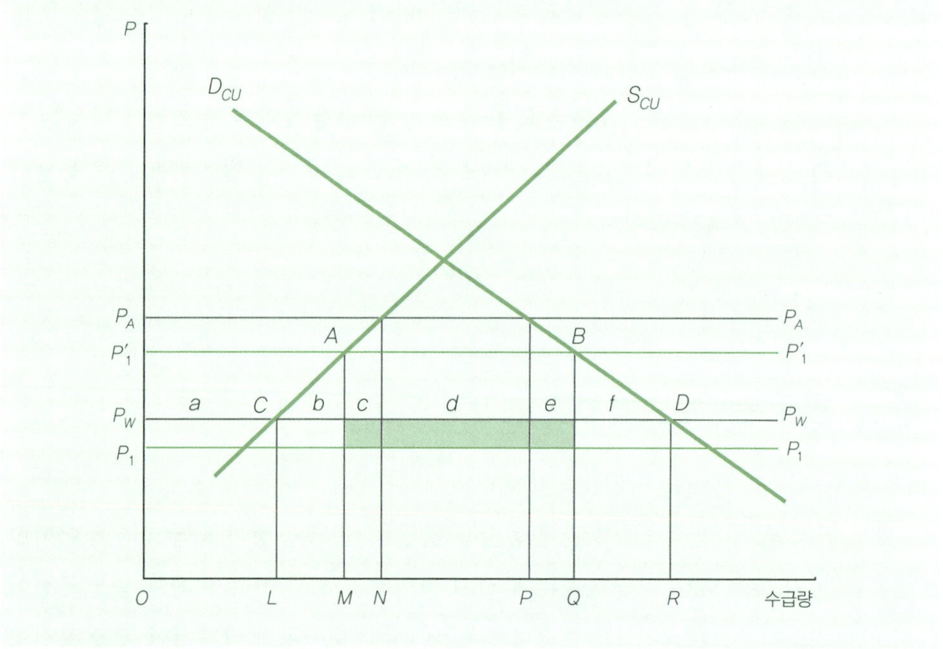

격이 충분히 하락한다면 이러한 효과는 손실을 모두 제거하고도 남을지 모른다.

〈그림 6-1〉을 통해 이런 효과를 살펴보자. 관세 동맹에 참가하는 국가들이 많거나 아니면 참가국이 적어도 경제 규모가 큰 국가가 포함된다면, 동맹국들의 수요량이나 공급량 변화가 세계 시장의 가격에 영향을 미치게 된다. 따라서 여타 세계의 공급 곡선은 우상향하게 된다. 그러나 그림에서는 세계 공급 곡선을 여전히 수평으로 그려 놓았다. 이는 관세 동맹이 세계 시장 가격을 변화시킬 만큼 대규모 경제 집단은 아니지만, 동맹국들이 공동으로 보조를 취해 관세 협상이나 기타 협상 등에서 대외 교섭력을 증가시킬 수준 정도로만 가정하였기 때문이다. 실제로 〈그림 6-1〉에서 세계 공급 곡선이 수평이 아니고 양의 기울기를 가지면 동맹체의 수요 곡선과 만나는 점들이 달라져 가격의 변화가 좀 더 탄력적으로 될 것은 명확하다. 하지만 이는 그 변화의 크기에 약간의 차이를 가져오는 것이지, 교역 조건에 영향을 주는 근본적 원리는 달라지는 것이

아니기 때문에 분석의 편의를 위해 여기에서는 여전히 수평적인 공급 곡선을 가정한다.[3]

그림에서 자유 무역하에서 가격은 P_W이며, 공급 곡선은 P_WP_W이고, 동맹 전 동맹 지역의 여타 세계 수입량은 LR이다. 이제 관세 동맹을 결성하여 P_WP_A만큼 공동 대외 관세를 부과하게 되면 동맹 내의 가격은 OP_A로 인상되고, 여타 세계로부터의 수입은 NP로 줄어든다.

이렇게 관세 동맹이 결성되고 공동 대외 관세가 높게 설정되면 동맹 내에서는 역내 생산이 확대되고, 역외국으로부터의 수입은 감소하게 된다. 따라서 동맹국들은 대외 무역 협상에서 교섭력이 강화되는 반면, 역외국들은 관세 동맹 시장에 수출이 감소하여 시장이 상당히 축소된다. 역외국들은 이러한 시장 축소를 최소화하기 위해 어쩔 수 없이 관세의 일부를 수출 가격에 흡수하고 수출 가격 인하를 단행하게 된다. 따라서 동맹국의 교역 조건은 수출 가격 인하만큼 유리하게 개선된다.

역외국들이 수출 가격을 P_W에서 P_1으로 인하하였으므로 관세를 포함한 동맹 내 가격 수준은 P_1'까지 하락한다. 이때 여타 세계의 수출 가격 P_1은 자유 무역하의 세계 가격 P_W보다 더 낮은 수준인데, 이는 동맹 내의 수출량 감소를 방지하기 위한 고육지책으로 책정한 정책 가격이다. 이러한 가격의 인하폭은 동맹국들과 역외국 간의 교섭력에 의해 결정되며, 한편으로는 수출 감소로 인해 역외국이 겪는 경제적 어려움의 정도에도 달려 있다.

이러한 가격 조정을 통해 여타 세계의 공급 곡선은 P_WP_W에서 P_1P_1으로 하방 이동하게 되고, 관세를 포함한 역내 공급 곡선도 P_AP_A에서 $P_1'P_1'$으로 이동하게 된다. 자유 무역을 할 때와 비교해 관세 동맹의 창설은 동맹국 측의 입장에서는 P_WP_1만큼 하락된 가격으로 MQ만큼 수입되었으므로 음영된 부분만큼의 교역 조건 개선 이익이 생겨났다. 그러나 국내 소비자의 경우 자유 무역 시절에 P_W의 낮은 가격으로 소비하던 것을 관세 동맹이 결성된 후 결국은 P_1' 가격으로 소비를 하게 됨으로써 후생 측면에서는 상당한 손실을 겪게 된다. 이 소비자 잉여의 총감소 크기는 $P_1'BDP_W$인데, 이 중 a는 소비

3 동맹체의 우상향하는 공급 곡선을 가정하여 분석한 결과는 손병해(2002), pp. 107~109 참조.

자 잉여에서 공급자 잉여로 바뀐 것으로 순손실은 아니다. $c+d+e$도 소비자 잉여에서 정부의 관세 수입으로 이익의 주체가 바뀐 것이므로 순손실은 아니다. 그러나 b의 경우 LM만큼의 무역 전환에서 생겨난 손실로 그 크기는 동맹의 공급 곡선의 탄력성과 공통 관세의 수준에 따라 달라진다. 이러한 순손실은 동맹국에만 한정된 손실이 아니라 역외국의 수출 감소와 직접적으로 연결된 부분이므로, 이것은 쌍방 간의 관세 및 가격 협상의 주요한 논의 사항이 될 것이다. 한편, 삼각형 f는 가격이 인상됨에 따라 소비자의 소비가 감소된 부문이며, 그 크기는 역외국의 수출 가격에 따라 영향을 받을 것이다.

한편, 자유무역지역의 경우 교역 조건과 관련된 효과는 관세 동맹 때의 효과와 비교해서 명확하지 않다. 관세 동맹의 경우 동맹 결성 후 관세 수준이 결성 전과 비교해 낮아지지 않는 한 제3국과의 무역은 감소하게 되지만, 자유무역지역의 경우 수입량(輸入量)은 자유 무역 결성 전 동맹국들(저관세국)의 수입량 이하로 줄어들지는 않는다. 오히려 간접 무역 굴절 현상으로 인해 그 이상으로 증가할 수도 있다. 따라서 자유무역지역에서의 교역 조건 개선 효과는 관세 동맹의 경우보다 작을 것이다. 그리고 이러한 간접 무역 굴절 현상이 매우 크게 나타난다면, 자유무역지역의 교역 조건은 오히려 악화되는 수도 있다. 어쨌든 자유무역지역은 교역 조건 효과가 발생되더라도 관세 동맹보다는 제3국에 해를 덜 끼칠 것이 분명하다.

관세 동맹을 통해 동맹국들이 누리는 교역 효과의 이익은 반대로 역외국에게 그 크기만큼 손실을 입힌다는 뜻도 된다. 그리고 관세 동맹 지역이 클수록 여타 세계와의 무역에서 교역 조건 효과를 더 크게 만들 수 있어 여타 세계에 주는 피해도 커질 수 있다. 하지만 장기적으로 이러한 교역 조건 효과를 통해 관세 동맹국들의 소득이 증가하면 그때는 역외국으로부터 수입을 늘릴 수도 있으므로, 여타 세계가 관세 동맹 결성으로 인해 영원히 순손실을 본다고만은 할 수 없다.

추가적으로 여타 세계와의 관세 동맹 교역 조건은 동맹의 공동 대외 관세 수준뿐만 아니라 여타 국가들의 관세 수준에 따라서도 영향을 받는다. 일반적으로 동맹국들의 대외 수출 상품에 대해 여타 세계 국가들의 관세 수준이 높을수록 다른 국가에 대한 동맹의 교역 조건은 더욱 불리해진다.

제2절 관세 동맹과 규모의 경제 효과

앞 절에서 제시된 관세 동맹 이론은 동맹의 공급 가격이 증가하여 공급 곡선이 우상향하는 것을 가정하고 있다. 그러나 관세 동맹을 통해 시장이 확대되고, 규모의 경제라는 개념을 도입하게 되면 기본적인 개념의 일부를 수정할 필요가 있다.[4] 여기서 고려하는 규모의 경제는 일반적인 경제학에서 언급되는 것과 같은 것으로 기업이 생산량을 증가시키면서 평균 비용(average cost)이 계속해서 감소되는 것을 의미한다.

여기서는 하나의 동질적인 상품의 경우를 고려한다. 즉, 이 상품은 여타 세계에서 불변의 비용으로 생산되어 A국과 B국에 공급되지만, A국과 B국에서는 규모의 경제에 의해 지속적으로 감소하는 평균 비용으로 생산을 하고 있다. 그리고 초기에는 A국과 B국 모두 이 상품을 서로에게 수출하지 않으며, 동맹 전 관세율은 관세를 포함한 수입 가격이 평균 비용과 같아지는 수준에서 정해진다고 가정한다.

〈그림 6-2〉는 A국(자국)과 B국(상대국 또는 동맹국) 시장에서의 수요와 비용 조건을 그린 것이다. D_A는 해당 상품에 대한 자국의 수요 곡선이며, AC_A는 A국의 평균 비용 곡

그림 6-2 규모의 경제를 가정한 관세 동맹

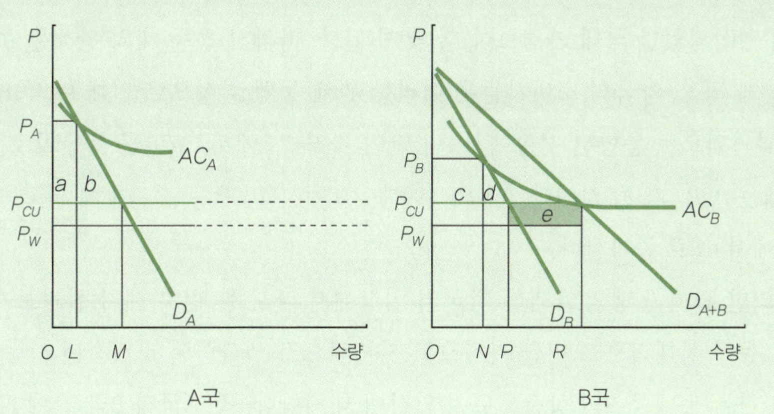

4 Robson(1998), pp. 41~48.

선이다. D_B와 AC_B는 동맹 상대국의 해당 상품 수요 곡선과 비용 곡선이다. D_{A+B}는 관세 동맹을 맺은 A국과 B국의 결합 수요 곡선을 나타내며, P_W는 여타 세계로부터 수입될 때 적용되는 수입 가격을 가리킨다. 여기서는 교역 조건 효과를 고려하지 않았다.

이러한 설정하에서 이제 동맹 전에 양국이 모두 해당 상품을 생산하는 경우와 양국 중 한 나라만 생산하는 경우, 그리고 양국 모두 생산 안하는 경우 이렇게 세 가지 경우로 나누어 간략히 살펴보자.

▌사례 1: 양국이 모두 생산하는 경우

먼저 양국 모두가 처음부터 해당 상품을 생산하고 있는 경우를 생각해 보자. 관세 동맹 결성 이전의 초기 균형은 다음과 같다. 자국 A는 OL만큼 생산하여 소비하며, 이때 국내 판매 가격은 P_A이다. 이는 A국이 국내의 해당 산업을 보호하기 위해 P_WP_A만큼의 관세를 부과하고 있는 것이다. 더 효율적인 생산을 하는 B국의 기업은 P_A보다 낮은 P_B의 가격에서 ON만큼 생산하여 소비하며, 관세는 P_WP_B만큼 부과한다.

이제 A, B 두 나라가 관세 동맹을 결성하고, 동맹 후 생산은 비용 조건이 보다 유리한 B국 생산자가 담당하게 된다면, B국 생산자가 동맹국 전체의 시장을 차지할 것이다. 이렇게 B국의 생산자가 양국 시장 모두에 공급하면 규모의 경제에 의해 평균 비용이 자체 시장에만 공급할 때보다 낮아지게 되어, 결국 동맹의 역내 가격은 동맹 전 양국에서 형성되었던 국내 가격보다 더 낮게 된다. 따라서 공동 대외 관세는 초기 관세보다 낮게 되고, 양국의 소비자들은 이러한 관세 동맹 결성으로 인해 이익을 얻을 것이다. 결과적으로 통합된 시장에서 B국만이 가격 P_{CU}에서 OR만큼 생산할 것이며, 그때 관세는 P_WP_{CU}가 될 것이다. A국의 소비는 OL에서 OM으로 증가하게 되고, B국 소비는 ON에서 OP로 증가한다.

이러한 관세 동맹의 효과를 각국의 입장에서 다시 한 번 자세히 살펴보자. A국의 경우 그동안 상대적으로 비싼 가격으로 자체적으로 생산하여 소비하던 상품을 더 싸게 생산하는 동맹국 B의 상품으로 수입하여 대체한다. 즉, A국과 B국 간에 새로운 무역을 통하여 생산자가 저렴한 공급원으로 이동하기 때문에, A국은 정통적인 무역 창출 이익을 얻게 된다. 이 무역 창출에는 두 가지 구성 요소가 포함되어 있는데, 하나는

B국으로부터 싼 가격으로 수입함으로써 비싼 국내 생산이 대체되어 발생하는 생산 효과이며, 다른 하나는 이러한 수입 대체에 의해 보다 낮아진 국내 가격으로 소비가 증가하면서 발생하는 소비 효과이다. 이 두 효과는 〈그림 6-2〉의 a와 b로 각각 측정된다.

B국도 관세 동맹을 맺음으로써 동맹 전보다 낮은 비용으로 생산하여 국내에 공급할 수 있게 된다. 이것은 일반적으로 말하는 비용 절감 효과이다. 하지만 B국에서 발생하는 비용 절감 효과는 A국에서 발생하였던 정통적인 무역 창출 효과와는 다소 내용이 차이가 난다. B국의 경우 생산자가 다른 회원국의 싼 공급원으로 이동함으로써 생겨나는 효과가 아니라, 기존의 국내 공급원이 규모의 경제로 인한 비용 절감으로 가격을 낮추면서 생겨나는 효과이기 때문이다. 이러한 비용 절감의 이익은 결국 B국의 소비자에게 돌아간다. 이 효과 역시 생산 및 소비 효과 둘 다를 포함하고 있다. 즉, 원래 국내에서 판매되었던 것이 보다 더 낮은 가격으로 생산하게 되어 나타나는 생산 효과와, 보다 낮은 가격에서 추가적으로 더 많은 양을 구입함으로써 생겨나는 소비 효과를 더한 것이다. 〈그림 6-2〉에 나타나 있는 c는 비용 절감 효과의 생산 효과를 나타내며, d는 소비 증가에 따른 소비자 잉여의 이익을 나타낸다. 이에 더하여 B국은 세계 시장 가격을 초과하는 P_{CU} 가격으로 A국에 $PR(=OM)$만큼 판매하여 음영된 부분인 e만큼 추가적인 이익을 얻는다.

사례 2: 한 국가만 생산하는 경우

이제 관세 동맹을 결성하기 전에 양 국가 중 한 나라만이 생산하고 있는 경우를 가정하자. 이 경우 두 가지 가능성이 생긴다. 먼저 기존의 생산자가 좀 더 효율적으로 생산하는 능력을 가진 B국 생산자이고, 대신 A국은 국내 생산자가 없고 동맹 전 수입에 관세를 부과하지 않고 있다고 가정하자. 그러면 동맹 후에는 B국의 생산자가 동맹 시장 전부를 장악할 가능성이 매우 크다. 하지만 B국이 A국 시장을 점유하는 것은 동맹 내 무역 자유화로부터 발생하는 것이 아니고, 관세 동맹을 체결함에 따라 양 국가가 공동 대외 관세를 설정하기 때문에 발생하는 것을 의미한다. 따라서 A국의 국내 가격은 상승하게 된다.

이러한 경우 양국에 발생하는 관세 동맹 효과를 살펴보자. A국은 지금까지 세계 시장으로부터 수입해 오던 것을 B국 상품으로 대체한다. 그러나 B국으로부터의 수입 가격은 분명히 여타 세계로부터 수입해 오던 가격보다 비쌀 것이다. 그렇지 않았다면 B국이 A국 시장에서 경쟁하기 위해 동맹을 결성할 필요가 없기 때문이다. 따라서 A국은 지금까지 세계 시장에서 싼 값에 수입해 오던 상품을 동맹국으로부터 비싸게 수입하면서 무역 전환이 발생한다. 이때 발생하는 손실은 생산과 소비 요소로 나뉠 수 있다. A국에서 소비되는 양은 종전보다 더 비싼 비용으로 수입되며, 소비자에게는 높은 가격으로 인해 유발된 소비 감소로 소비자 잉여도 손실이 생긴다.

B국은 사례 1에서와 같이 자국의 재화를 관세 동맹 전보다 싼 가격으로 취득함으로써 비용이 절감되는 효과가 있으며, 세계 시장보다 높은 가격으로 A국에 수출함으로써 이익을 얻는다. 이때 여타 세계는 A국으로 수출하던 양만큼 수출량이 감소한다.

이제 두 번째 가능성으로 동맹 전에 해당 상품의 생산자가 비효율적인 A국의 고비용 생산자인 경우를 생각해 보자. 이 경우 발생할 확률이 높은 것은 이러한 기존의 생산자가 관세 동맹 결성의 결과로 동맹국 시장에서 축출되고, B국에 좀 더 효율적 생산자가 새로 생겨나는 경우이다. 이러한 생산의 역전 현상이 발생할 경우 A국은 이제 값싼 공급원으로부터 상품을 수입함으로써 사례 1과 같이 무역 창출 이익이 발생하겠지만, B국은 지금까지 값싼 여타 세계로부터 수입해 오던 상품을 그보다 비싼 국내 생산자의 상품으로 대체한 결과 손해를 입게 된다. 새로 설립된 B국의 생산자가 전체 동맹 시장을 장악하여 공급하면, 그 비용은 여타 세계로부터 수입해 오던 때의 비용보다 분명히 더 클 것이다. 그렇지 않다면 동맹 전에 이미 B국에 생산 기업이 존재하고 있었을 것이기 때문이다. 이 경우 여타 세계로부터의 수입이 국내 생산으로 대체되는데, 일찍이 바이너(1950)는 이 점을 무역 억제 효과라고 정의하였다. 그것은 어떤 점에서는 비싼 공급원이 싼 공급원을 대체하는 무역 전환 효과와 비슷한 점이 있지만, 비싼 공급원이 상대국 공급자가 아니라 국내에 새로이 설립된 공급자라는 점에서 차이가 있다. 이때 여타 세계는 B국에 수출하던 전량이 사라지는 경험을 하게 된다.

사례 3: 양국 모두 초기 생산이 없었을 경우

이제 세 번째 경우로 관세 동맹 전에 양국에 생산자가 없는 경우를 생각해 보자.

이 경우에는 동맹 결성 후 양 국가 중 한 국가(B국)에서 생산을 시작할 수 있다. 그러나 그 국가의 관세를 제외한 생산 비용은 틀림없이 동맹 전 여타 세계로부터 수입해 오던 비용보다 높을 것이다. 그렇지 않다면 동맹을 맺기 전에도 A국 시장에서 충분히 경쟁할 수 있었으므로 생산을 하고 있었을 것이기 때문이다. 이렇게 관세 동맹 후 새로운 생산기업이 생겨나면 B국에는 사례 2에서 설명하였던 무역 억제 효과를 가져오고, A국에는 세계 시장 가격보다 비싼 상대국에서 수입하게 되므로 무역 전환 효과가 생긴다. 여타 세계는 A국과 B국에 수출하던 양 모두를 합친 만큼 수출량이 줄어든다.

위에서 설명하였던 규모의 경제가 실제로 통합 후 나타나게 되면, 관세 동맹에서 도달 가능성이 있는 여러 균형점 중에서 어떤 점에 도달하는지는 비교 정태 분석 방법으로 예측하기가 어려워진다. 예를 들어, 동맹 전 초기 상황에서 규모의 경제하에 생산된 상품이 양국에서 동일한 비용 조건으로 생산된다면, 상품이 서로 동질적인 경우 동맹 결성 후 한 기업이 전체 시장을 모두 차지할 수 있다. 하지만 단순히 이론적 분석을 통해 어떤 기업이 전체 동맹 시장을 차지할지 정확히 알 수는 없다. 또한 양 국가에 하나 이상의 생산자가 존재할 경우 그 분석은 더욱 복잡해지고, 장차 도달할 균형점을 예측하기란 거의 불가능하다.

이런 맥락에서 주목받고 있는 또 하나의 가능성은, 규모의 경제가 존재할 때 무역 자유화로부터 초래되는 특화 형태가 왜곡될 수 있다는 것이다. 이 문제를 살펴보기 위해, 동맹 전에 양국이 모두 생산을 하고 있으며 B국의 생산자가 상대적으로 비효율적 생산자라서 B국의 평균 비용 곡선은 항상 상대국 비용 곡선보다 높은 위치에 놓인다고 가정하자. 〈그림 6-3〉에는 이를 반영하여 AC_B 곡선이 AC_A 곡선보다 항상 높게 위치하고 있다. D_A와 D_B는 A국과 B국의 수요 곡선을 나타낸다. 관세 동맹 결성 전 OL만큼 생산할 경우 A국의 생산비는 OP_A이며, 같은 양을 생산하였을 때 B국의 생산비보다 낮다. 그럼에도 불구하고 동맹 전 해당 상품에 대한 B국의 수요가 A국 수요보다 많아서 동맹을 맺기 전에 균형 가격이 OP_B로 정해지며, 생산 조건과 관계없이 실제 시장에서는 B국의 가격이 저생산비국인 A국의 가격보다 낮게 설정된다. 이 상태에서 A국과 B국이 관세 동맹을 결성한다면, A국의 소비자들은 자국의 생산품을 값싼 B국 생산품으로 대체하고자 할 것이다. 이리하여 B국의 생산은 더 확대될 것이고 균형 가격은 더욱

그림 6-3 규모의 경제와 특화의 왜곡

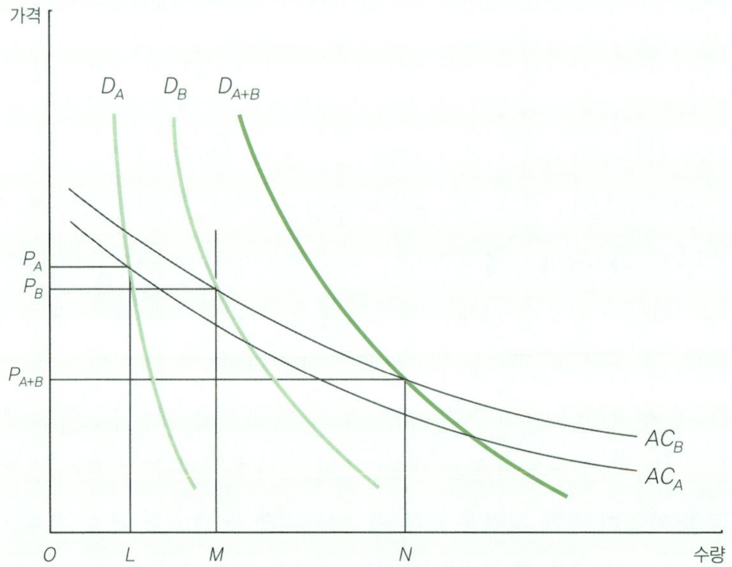

하락한다. 반면 A국에서는 그 반대의 현상이 일어나 생산은 위축되고 자국 생산물의 가격은 더욱 비싸게 된다. 결국 더 효율적 생산자인 A국 생산자는 시장에서 축출되고, 고비용·비효율 생산자인 B국 생산자가 양국 시장을 모두 점령한 상태에서 가격은 OP_{A+B}, 총생산량은 ON에서 균형을 이룰 것이다. 이것이 바로 그루벨(Grubel, 1967)이 무역 자유화가 반드시 그룹 내 최적 특화 패턴을 가져오지 않을 것이라고 주장하게 만든 이유이다.[5]

이와 같이 규모의 경제가 작용하는 경우 관세 동맹의 확대된 시장을 어느 나라가 점유하느냐에 따라 역내 자유 무역이 자본의 최적 배분을 가져오지 못할 경우가 생기는 것이다. 이러한 특화 패턴의 왜곡은 규모의 경제하에서 생겨나는 문제점이라 할 수 있다.

5 이 단락은 손병해(1988), p. 193의 〈그림 10-3〉을 참조.

이러한 비최적화의 결과는 우리가 완전한 지식의 세계와 0의 운송비를 가정한다면, 장기적으로는 A국으로 생산 지점이 이동하여 최적의 결과를 가져올 수 있다. 그렇지만 현실에는 항상 불확실성이 존재하고, 대부분의 소비가 일어나는 B국으로 상품을 이동시킬 때 운송비가 발생하여 그러한 최적의 결과가 영원히 발생하지 않을는지도 모른다. 또한 비용을 결정할 때 '경험 학습'(learning by doing)을 고려한다면, 앞에서 언급하였던 왜곡의 결과가 생겨날 수도 있다. 이러한 '경험 학습' 같은 요인은 B국이 비교우위를 확보하여 '고비용' 산업으로도 장기적으로 생존할 수 있도록 보장해 준다.

관세 동맹 이론이 앞에서 고려한 규모의 경제를 포함하든지 안하든지 상관없이, 정통적 분석은 몇 가지 문제점을 가지고 있다. 정통적 이론은 관세 동맹이 회원국들 간의 산업 간 또는 부문 간 특화에 주는 영향만을 고려하고 있다. 그래서 정통적 관세 이론에서는 개념상 한 나라가 동일 상품의 수출과 수입을 동시에 할 수 없고, 그러다 보니 경제 통합 초창기에 서유럽에서 존재하던 동종 상품 또는 유사 상품 간의 교환 형태, 즉 산업 내 무역 현상을 그들의 이론적 틀 속에서 설명할 수 없었다. 또 정통적 관세 동맹 이론은 그 당시에 규모의 경제와 관련된 논쟁에서도 해결하지 못한 과제를 많이 남겼는데, 이것은 완전 경쟁이 아닌 불완전 경쟁의 이슈를 설명할 수 있는 능력이 없었기 때문이다. 그러한 상태는 1980년대 초에 불완전 경쟁과 규모 수익 체증에 관한 새로운 무역 분석 방법이 개발될 때까지 지속되었다. 1980년대에는 이 밖에도 관세 동맹 분석에 제품 차별화나 과점적 행동 이슈도 차츰 다루어지기 시작하였다.[6]

이러한 신이론에 근거한 통합의 경제학에 대한 내용은 뒷장에서 다시 논의된다.

제3절 관세 동맹과 공공재

앞 장에서는 관세 동맹을 결성하였을 때 발생하는 경제적인 이익과 손실에 대해

6 Helpman and Krugman(1985, 1989), Smith and Venables(1988).

바이너, 립시, 미드 등 초기 경제학자들이 개발한 기초적 분석 방법을 이용해 살펴보았다. 하지만 이러한 내용들을 이제는 다른 관점에서 검토해 보자. 제5장의 〈그림 5-2〉(b)를 보면 A국이 동맹 전에 $P_W P_A$만큼 관세를 부과하고 있다가 동맹을 맺으면서 공동대외 관세를 P_{CU}로 정하여 무역 창출을 $a+c$만큼 발생시켰다. 하지만 A국이 반드시 이러한 관세 동맹을 통해 초기의 관세 수준을 낮추지 않더라도, 자체적으로 관세를 $P_W P_{CU}$ 수준으로 낮출 수 있다. 이 경우에도 결국 가격은 OP_{CU} 수준으로 낮아져 관세 동맹 결성 때와 같은 크기의 국내 생산과 소비를 할 것이며, 같은 크기의 무역 창출 효과를 거둘 수 있다. 차이점이 있다면 자체적으로 관세를 인하할 때는 상품의 수입국이 동맹 상대국이 아니라 역외국이 될 것이라는 것이다. 이때에 발생하는 관세 수입(關稅收入)은 동맹국이 아닌 A국의 순수입으로 귀착될 것이다.

실제로 이러한 결과는 반드시 관세 동맹에만 한정된 것은 아니다. 자유무역지역의 경우도 관세 동맹에서와 같이 자체적인 관세 인하 결과보다 못하다. 〈그림 4-8〉에서 A국이 자체적으로 $P_W P_B$ 수준으로 관세를 인하하게 되면 마치 자유무역협정을 맺으면서 나타나는 결과와 같은 양의 소비와 생산이 될 것이다. 다만 자유무역협정을 체결할 때와 다른 점은 상품 수입(輸入)이 협정 상대국이 아닌 여타 세계로부터 올 것이라는 것이다. 이때 상품의 수입으로부터 생겨나는 관세 수입은 A국에 추가적인 이익을 가져다줄 것이다. 따라서 자체적인 관세 인하와 자유무역지역 결성의 차이는 국민소득 감소분만큼의 관세 수입을 A국으로부터 B국으로 이전하느냐, A국이 갖느냐 하는 분배 문제로 귀착된다.

이러한 결과는 관세 동맹에 규모의 경제를 도입한 분석에서도 똑같이 나타난다. 〈그림 6-2〉에서 A국이 관세 동맹을 결성하지 않고 자체적으로 가격을 P_A에서 P_{CU}로 관세를 인하하더라도, A국이 B국과 관세 동맹을 맺고 공동의 대외 관세를 설정할 때와 똑같이 후생이 증가한다. 그러나 B국의 경우 관세 동맹 결성 때 얻었던 추가적인 이익은 이러한 A국의 자체적 관세 인하 상황에서는 사라지게 된다.

따라서 특정한 국가가 자체적으로 관세 인하를 할 수 있다면, 규모의 경제를 포함하여 관세 동맹이나 자유무역지역의 결성보다 더 나은 결과를 가져오기 때문에, 이러한 경제 동맹들이 자체적인 관세 인하보다 더 나은 선택이라고 말할 수 없다. 이러한 딜레마를 해결하기 위해 경제 동맹을 지지하는 경제학자들은 후생 함수에 공공재(公共財)를 포함하여 그 경제학적 근거를 찾으려 하고 있다. 실제로 이러한 공공재를 분석의 틀에 포함시키면 사적 재화나 서비스의 소비 관점에서만 정의되었던 후생이나 지금까지 다루지 않았던 외부성에 의해 발생한 왜곡된 상황까지도 다룰 수 있는 장점이 있다.

이제 관세 동맹에 공공재를 포함해 분석해 보자.[7] 앞 장의 분석과는 달리, 상품과 서비스의 사적 소비와 정부가 공급하는 다양한 공공재에 대한 집단적 소비로부터 후생이 발생한다고 가정한다. 앞 장들의 분석에서와 마찬가지로 동맹국이 2개국이며, 각국은 보호하기를 원하는 최소한 2개의 공업 제품을 생산하고 있다고 가정한다. 그리고 두 나라는 산업의 다양화를 추구하고 있지는 않으며, 관세 동맹의 비용과 이익은 무역을 통해서만 발생한다고 가정하여 재정 이전을 통한 이익의 재분배 가능성은 고려하지 않는다. 또한 해당 공업 제품은 모두 보호가 필요하므로, 여타 세계에 수출은 하지 않는다. 따라서 국내 수요 수준이 각국에서의 판매량을 결정한다.

〈그림 6-4〉는 2국 2재에 동시에 적용하기 위해 앞의 〈그림 6-2〉를 단순히 다시 그려 놓은 것에 불과하다. 곡선 AC_{A1}과 AC_{A2}는 A국에서 규모의 경제에 의해 생산된 두 상품의 비용 곡선을 나타낸 것이며, 각각의 수요 곡선은 D_{A1}과 D_{A2}로 나타나 있다. 다른 점이 있다면 설명의 단순화를 위하여 B국의 제1상품의 비용 곡선은 A국의 제2상품의 비용 곡선과 같다고 가정한 것이다. A국에서 규모의 경제에 의해 생산된 두 상품의 비용 곡선을 나타낸 것이며, 각각의 수요 곡선은 D_{A1}과 D_{A2}로 나타나 있다. 다른 점이 있다면 설명의 단순화를 위하여 B국의 제1상품의 비용 곡선은 A국의 제2상품의 비용 곡선과 같다고 가정한 것이다. 또한 각 상품에 대한 개별적 국내 수요는 동일하다고 가정하며, 그에 따라 $D_{A1}=D_{B2}$, $D_{A2}=D_{B1}$으로 나타난다.

이러한 제품의 공업화나 공공재 보호 목표를 달성하기 위해 관세 동맹 전 A국은 두 산업 제품에 대해 인위적인 관세를 부과한다고 가정한다. 그러면 A국은 제1상품을 OL만큼, 제2상품을 ON만큼 생산할 것이고, 각각의 관세는 P_WP_A와 P_WP_B가 된다. 이것

7 Robson(1998), pp. 55~62.

그림 6-4 관세 동맹과 공공재: 특화의 이익

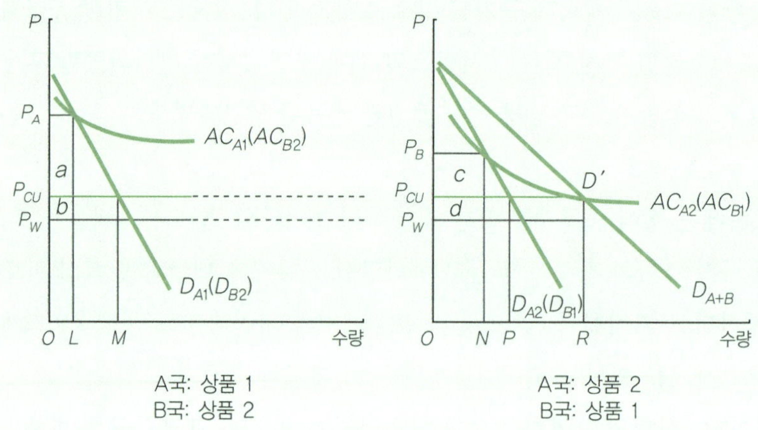

을 여타 세계에서 수입해 오는 경우와 비교해 보면, 민간의 소득 손실분은 국내의 초과 생산 비용에 해당하는데, 제1상품분이 $a+b$이고, 제2상품분은 $c+d$와 같다. 비슷하게 관세 동맹 전 B국도 인위적 관세를 부과하여, 제2상품을 OL만큼 그리고 제1상품을 ON만큼 생산하고, 그때 각각의 관세 크기는 P_WP_A, P_WP_B이다. 민간 소득 상실의 크기는 A국의 경우와 같아진다.

만일 두 나라가 관세 동맹을 맺고 P_WP_{CU}만큼의 공동 대외 관세를 각 상품에 부과하고, A국은 제2상품에, 그리고 B국은 제1상품에 각각 특화한 후 국내 소비를 초과하는 생산량은 상대국에 수출한다면, 각국이 보다 적은 비용을 들여 각 공산품이나 공공재에 대한 그들의 선호를 충족시킬 수 있다. 그러한 상황에서 〈그림 6-4〉의 오른쪽 그림의 AC 곡선은 양국 상품 시장의 총수요를 충족시키기 위하여 각 상품을 생산할 때, 각 상품의 생산 비용 곡선을 그린 것이다. 각국에 대한 동맹의 이익은 같을 것이며, 그 크기는 관련된 면적을 비교해 봄으로써 쉽게 식별할 수 있다. 만일 보호받은 제품이 최소의 비용으로 특정한 양의 공산품을 공급한 것이라면, 그 관세는 '효율적인' 공동 대외 관세라고 할 수 있다. 이것은 매우 중요한데, 왜냐하면 관세 동맹의 결성이 자체적인 관세 인하보다 공공재 선호를 충족시키기 위해 보다 효율적인 방법이 될 수 있다는 이론적 근거를 제시해 준 것이기 때문이다. 따라서 앞에서 언급하였던 단순한 관세 인하가 관세 동맹 결성보다 나은 방법이라는 주장을 뒤엎을 수 있게 되었다.

하지만 상황에 따라 두 나라의 산업 비용 구조상 최소 비용 상품 두 개 모두가 A국에 소재하는 경우가 있을 수도 있다. 그러한 경우 두 국가가 관세 동맹을 결성하면, A국은 상대적으로 두 상품을 모두 낮은 비용으로 생산하게 되는 반면, B국은 아무것도 생산하지 못하는 상황에 처하게 된다. 이때 B국은 관세 동맹을 맺더라도 최소한 동맹 전 해당 상품의 생산량만큼은 유지되기를 원한다면, B국은 이러한 상황을 받아들일 수 없다. 따라서 비록 A국이 두 상품을 모두 특화하여 B국보다 더 싸게 생산해서 동맹국에 공급한다 하더라도 B국이 자국 산업에 대한 선호가 강하다면, 단순한 관세 동맹으로는 이러한 공공재 또는 공업화 목표를 충족시킬 수 없게 된다. 이를 극복할 수 있는 한 가지 방법은 관세 동맹 내에서 이익을 얻는 국가가 다른 나라로 이익을 재분배해 주는 것이다. 그러나 이러한 방법도 완벽하지는 않다. 만일 모든 산업이 다 입지하는 국가가 상대국 산업의 손실을 충분히 보상해 줄 수 있을 만큼 이전해 주면 아무런 문제가 없다. 하지만 충분한 금액에 대한 양 국가의 생각이 일치하기 어렵고 요구하는 금액이 보상해 주려는 국가가 동맹을 통해 얻은 이익보다 더 크다면, 보상 이전은 고사하고 오히려 분란만 더 일어날 것이다. 더구나 정부가 직접적으로 기업에 생산 보조금을 제공하는 방식을 선택할 수 있다면, 굳이 관세 동맹을 맺지 않더라도 각국이 원하는 수준의 공공재를 공급해 줄 수 있다. 일부 경제학자들은 이러한 보조금 제도가 조세 징수를 통해 이루어지기 때문에 또 다른 왜곡을 가져온다고 주장한다. 현실적으로도 GATT/WTO 등 세계 무역 기구들이나 다른 국제적 규정 모두가 개도국을 제외한 나머지 국가들 간에 차별적인 관세 특혜 제도 같은 일련의 보호 정책이나 수출 보조금 지급 등을 금지시키고 있다. 이러한 여러 국제적인 제약은 관세 동맹이 논의 중인 이익을 실행 가능하게 하는 유일한 수단임을 암시한다고 볼 수 있다. 하지만 이러한 공공재와 관련된 관세 동맹의 정당성은 아직도 경제학자들 간에 많은 논란이 되고 있다. 또한 이러한 공공재 근거가 인정되더라도 관세 동맹이나 광범위한 국제 통합의 형태를 정당화시켜 줄 수 있는 일반적인 사례는 없다는 주장에 대해 쉽게 반박하기도 어렵다. 그러나 중요한 점은 관세 동맹이나 기타 다른 지역 통합 형태는 여러 가지 후생 이익을 창출할 수 있는 반면, 일방적인 관세 인하 또는 세계적 협력을 통해서는 이것이 불가능하다는 것이다. 더구나 추정하기는 어렵지만 장기적으로 관세 동맹을 통해 얻을 수 있는 동태적 효과도 이러한 관세 동맹의 결성으로부터 발생하는 또 다른 이익이다. 경제적인 분석에서는 항상 '최선'의 개념이 판단에 있어 절대적 기준이 되지만, 최선의 정책은 거래 비용이나 불완전한 정보, 초국경 확산 효과 등을 고려하지 않고는 분명하게 정의될 수 없다는 것도 간과할 수 없는 점이다. 경제 통합의 결성에 이러한 요소들이 관세 동맹의 수준을 넘어 그 다음 단계의 통합 형태에까지 어떻게 영향을 미치는지에 대한 분석은 다음 장들에서 다루어진다.

Chapter 7

공동 시장의 경제학

공동 시장의 경제학

지금까지 다루었던 경제 통합의 기초적 이론들은 관세 동맹과 자유무역지역의 정태 이론들로 구성되어 있는데, 그 이론들의 바탕에 깔린 가정은 회원국 간에 그리고 역외국으로 상품 이동은 가능하지만 생산 요소와 서비스의 이동은 불가능하다는 것이다. 하지만 지금부터 다루게 될 공동 시장 지역은 상품 시장의 통합뿐만 아니라, 동맹 내 생산 요소와 서비스의 이동이 자유로운 시장 통합까지도 포함하는 경제 통합 형태이다.

통합체가 관세 동맹을 최종 목표로 정하였으면 FTA에 필요한 조치와 대외 공동 관세(CET) 설정 등 공동 통상 정책 분야만 검토하면 되지만, 공동 시장을 최종 목표로 할 경우 공동 경쟁 정책과 회원국들의 규범을 일정하게 평준화하는 정책들의 조화까지도 염두에 두어야 한다.

공동 시장의 개념은 1956년 스파크보고서(Spark Report)에 의해 처음 도입된 것 같은데, 아무튼 그 용어는 1950년대 중반부터 널리 사용되기 시작하였다. 1957년 유럽경제공동체(European Economic Community: EEC)를 결성할 당시의 조약에서는 12년 이내에 공동 시장을 결성하기로 규정하였는데, 그 목표는 회원국 간 '노동과 서비스 그리고 자본'의 자유로운 이동을 막는 장벽을 철폐하는 것이었다.

공동 시장 이론의 기본적인 관심사는 단순한 관세 동맹을 넘어 공동 시장을 구성함으로써 발생하는 추가적인 이익에 있다. 그러한 시장에서 최소한 요구되는 것은 회원국 간 생산 요소의 자유 이동을 보장하는 것이지만, 실제로는 효율적인 요소 시장의 통합을 위해서 노동과 자본 시장에서의 차별을 철폐하는 좀 더 적극적인 조화의 채택이 필요하다는 것이다.

정태적 수준에서 우리가 관세 동맹을 공동 시장으로 한 단계 진전시키면서 기대하는 이익은 자원 분배의 이익이다. 실제로 관세 동맹 내에서 회원국 간의 생산 요소에 대한 한계 생산성의 차이가 존재하고 있지만, 생산 요소의 재분배를 통해 그러한 차이를 제거할 수만 있다면 그룹 전체의 소득과 후생은 증가시킬 수 있다. 즉, 생산 요소들을 생산성이 상대적으로 낮은 국가로부터 생산성이 높은 국가로 이동시키면 이익이 발생하고, 그렇게 되면 회원국 간 상이한 요소 소득 차이도 줄어든다.

정통적 이론의 관점에서 관세 동맹을 결성하면, 무역 효과를 통하여 요소 소득과 한계 생산성의 역내 불균형을 감소시킬 수 있다. 만일 이론에서 주장하듯이 무역 효과를 통하여 역내의 요소 한계 생산성을 균등화시킬 수 있다면, 관세 동맹 내에서 자원들이 가장 효율적으로 활용되고 있기 때문에 관세 동맹에서 공동 시장으로 통합이 한 단계 진전되더라도 요소의 재분배를 통한 효율성은 더 이상 증가시키지 못할 것이다. 따라서 굳이 공동 시장으로 통합을 진전시키더라도 이에 따른 추가적 이익은 발생하지 않을 것이다.

하지만 단순히 무역만을 통해서 요소의 한계 생산성을 균등화시키기는 어려우며, 헥셔-올린-사무엘슨의 요소 가격 균등화 정리(factor-price-equalization theorem)도 균등화되는 조건이 극히 제한적이고, 현실적으로는 성립되기 어려운 이론으로 받아들여지고 있다. 또한 회원국 간에 생산 함수도 각기 다르고, 생산에서 규모의 경제가 존재하는 등 다양한 이유로 관세 동맹에서 공동 시장으로 진전됨에 따른 추가적인 이익을 기대해 볼 수 있다.

이 장에서는 먼저 공동 시장의 기초적인 경제적 이론들이 소개된다.[1] 특히, 자본과 노동의 이동에서 생겨나는 이익과 금융 시장을 통합하였을 때 생겨나는 이익 등에 대해 살펴본다. 두 번째는 다국적 기업이 존재할 때, 관세 동맹 또는 공동 시장의 후생 효과를 평가하는 정통 이론에 어떤 수정이 요구되는가 살펴본다. 그리고 마지막으로 공동 시장의 동태적 측면을 검토해 본다.

1 Robson(1998), pp. 72~81; 손병해(2002), pp. 114~124.

제1절 자본 시장의 통합

요소의 이동 없이는 생산 요소의 가격이 동일화되기 어렵기 때문에, 무역이 자유화되고 나면 자원의 효율적 배분을 위해 역내 자본 이동의 자유화가 선결 조건이다.

유럽연합도 설립 초기에 공동 시장이 적절하게 기능하기 위해 공동 시장으로 이전하는 기간 동안 자본의 이동에 장애가 되는 요소들을 철폐하라는 조항을 명시하였다.[2] 이에 따라 집행위원회는 이를 실행하기 위해 직접 투자와 개인 자본의 이동, 상업 거래의 단기 및 중기 금융과 관련된 자본 이동의 규제를 철폐하였다.

환율의 규제가 없는 상태에서 자본의 이동성은 투자 지역의 수익성 차이와 위험 및 불확실성 정도에 따라 좌우된다. 이때 위험과 불확실성은 미래의 환율에 대한 규제 설정, 정치·금융의 불안정성, 세금의 변화, 배당금에 대한 통제, 국수주의의 출현 같은 요인들로부터 생겨난다. 정치적인 위험을 예외로 하면, 이 모든 불확실성 요인들은 경제 활동에 있어 각국 정부의 개입이 증가되는 것과 관련되어 있으며, 제1차 세계대전 이전과 비교해 국제적인 자본 이동의 감소에 크게 기여를 하였다. 자본의 기대 수익을 추정하는 데 있어 위험과 불확실성은 대부분 사회적인 비용이라기보다 사적 비용으로 돌아간다고 할 수 있다. 따라서 공동 시장 결성을 통해 이러한 위험 및 불확실성을 줄이는 것은 사적 수익성과 사회적 수익성의 차이를 줄이는 것이며, 결국 자원 배분의 효율성을 증가시키는 방향으로 유도한다.[3]

이러한 관점에서, 공동 시장이 결성됨에 따라 공동체가 자본의 이동에 장애가 되는 요인들을 제거해 자본 이동이 자유로워졌다고 가정하자. 그리고 분석의 단순화를 위하여 단일 제품이 생산되는 2개국 모델을 상정한다. 그러나 공동 시장 결성 이전에 역내의 자본 이동에 장벽이 존재하고 있어, 그 결과 양 국가 간에 자본의 한계 생산성(marginal productivity)이 차이가 나고 관세 동맹 결성만으로는 그 차이가 해소되지 않는다고 하자.

2 유럽경제공동체설립조약(The Treaty establishing the European Economic Community) 제67조.
3 Balassa(1962), pp. 93~94.

그림 7-1 관세 동맹의 교역 조건 효과

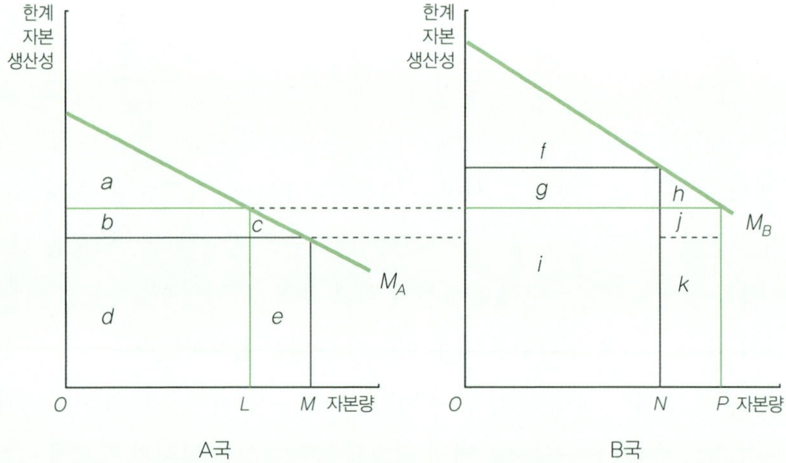

〈그림 7-1〉은 A국과 B국의 자본의 생산 조건을 그린 것이다. 직선 M_A와 M_B는 양국의 자본 스톡(이때 노동은 주어진 것으로 가정한다)과 자본의 한계 생산성을 결부시킨 선이다. 초기에 공동 시장을 결성하기 전인 관세 동맹 단계에서 자본 스톡은 A국은 OM, B국은 ON으로 가정한다. 공동 시장 이전 단계에서는 국가 간에 자본 이동이 불가능하기 때문에, 모든 자본 스톡은 국내에서만 소유되어야 한다. 일반적인 경쟁 시장에서는 자본 1단위당 이윤은 그것의 한계 생산물과 같아질 것이다. 그러므로 A국의 총생산은 $a+b+c+d+e$이며, 이 중 자본의 총이윤은 $d+e$이고, 나머지 $a+b+c$는 노동의 몫이다. 이와 유사하게 B국에서의 총생산은 $f+g+i$이고, 이 중 자본 이윤은 $g+i$, 노동 이윤은 f이다. 관세 동맹이 결성되었음에도 불구하고, 자본에 대한 대가가 B국이 더 높은데, 이는 B국의 생산 환경이 더 유리한 때문으로 볼 수 있다.

이제 두 나라가 기존의 관세 동맹에서 더 나아가 공동 시장을 결성하였다고 하자. 그러면 그동안 여러 가지 장벽으로 회원국 사이에 자유롭게 이동을 하지 못하던 자본이 자유롭게 순환되기 시작한다. 일단 관세 동맹의 총자본 스톡은 외부로부터의 자본 통제로 공동 시장을 결성하더라도 그 크기가 변하지 않는다고 하자. 그러면 공동 시장 결성 이후에 자본은 높은 수익을 찾아 A국에서 B국으로 이동하며, 이 이동은 두 나라 자본의 한계 생산성이 균등해져(A국에서는 OL, B국에서는 OP 크기의 총스톡량) 새로운 균형점을 이룰 때까지 계속된다.

그리고 새롭게 도달한 새 균형점을 이전의 상태와 비교해 보았을 때 양국 모두에 유익한 결과를 가져다준다. 이를 좀 더 자세히 보자. A국의 경우 공동 시장 결성 후 국내 생산은 $a+b+d$로 줄어들지만, B국에 투자된 A국의 자본(NP)에 대한 이윤의 국내 송금(즉, $j+k$)을 고려하면($e=k$라고 하면) A국의 생산은 ($j-c$)만큼 증가한다. 한편, B국의 국내 생산은 $h+j+k$만큼 증가하지만, A국으로의 이윤 송금($j+k$)을 빼면 국내 생산은 h만큼만 증가한다.

주체별로 보면 A국의 경우 자본의 일부가 유출되어 B국으로 투자되므로 A국의 노동자 몫은 줄어들고($a+b+c$에서 a로), 자본 소유주는 유리해진다($d+e$에서 $b+d+j+k$). 이와 반대로, B국의 경우 외국 자본의 유입에 따른 공장이나 대형 사업장의 확대로 노동자의 몫은 늘어나고(f에서 $f+g+h$) 자본 소유주에게는 불리하도록 바뀐다($g+i$에서 i로). 그림에서 b는 A국 내에서 노동자 몫이 자본가 몫으로 소득 재분배되는 것이고, g는 B국 내에서 원래 자본가 몫이 노동자에게 소득 재분배된 것이다. 그리고 이러한 공동 자본 시장의 결성을 통해 블록 전체에는 $j-c+h$만큼의 순소득 증대가 발생하고, 이것은 순수하게 자본의 한계 생산력이 높은 곳으로 자본이 재배치되면서 생겨난 것이다. 이러한 경우는 현실적으로 쉽게 그 사례를 찾을 수 있는데, 만일 국내 자본가들이 국내 투자를 줄이고 대신 중국에 기업을 설립해서 그 자본을 투자한다고 가정하면, 국내에서는 기존의 공장이 폐쇄됨에 따라 실업자가 발생하고 노동자의 몫은 줄어든 반면, 중국에는 새로운 한국 기업이 생겨나고 현지 중국인의 고용이 늘어, 중국 노동자에게는 혜택이 늘어나는 것과 같은 이치이다.

그러나 경우에 따라 자본이 지속적으로 한 국가에만 집중되었을 경우에는 그러한 요소 이동이 필연적으로 모든 국가에 이익을 가져다주지 않고, 자본이 계속 유출되는 국가로부터 반발을 유발해 공동 시장이 유지되는 데 문제가 발생할 수도 있다. 따라서 모든 파트너가 공동 시장으로 이행하면서 생겨난 이익이 골고루 분배되어야 하고, 그렇게 하기 위해서는 동맹 내에서 소득의 재분배가 요구된다.

제2절 노동 시장의 통합

공동 시장에서는 자본뿐 아니라 노동 시장도 통합되어 역내 회원국 간 노동의 자유로운 이동이 보장되기 때문에, 공동체 내에서 노동의 한계 생산력이 낮은 국가에서 생산력이 높은 국가로, 또는 임금이 낮은 국가에서 높은 국가로 노동이 이동하게 된다. 그로 인해 공동 시장 내에서는 회원국들 간에 노동의 한계 생산력이 균등하게 되고, 공동체 전체로서는 총생산이 증대하게 된다.

그러나 노동의 이동은 자본의 경우와 달리 단순한 보수(수익)에만 영향을 받는 것이 아니라 노동자의 출신 국가, 문화, 인종 등 여러 가지 사회적 요인에 의해 영향을 받게 된다. 뿐만 아니라 이주 지역의 직업에 대한 불확실성, 이주에 드는 비용, 세제상의 차이, 전문 기술의 인정 차이, 고향에 대한 향수, 언어, 이주국의 성장 전망 등도 노동 이동의 장애 요인으로 작용하게 되므로 노동 시장이 통합되어 이동이 자유롭게 되더라도 회원국 간에 노동의 한계 생산력이나 임금 수준이 똑같이 되기는 어렵다. 더구나 회원국 중 일부 국가가 제공하는 무료 의료 서비스, 노년 연금, 실업 수당 등 여러 가지 사회 보장 특혜가 임금의 차이보다 충분히 더 크다면 노동자들은 낮은 임금 수준에도 불구하고 그러한 국가로 이주하려 할 것이다. 그러나 이 절에서는 분석의 간편화를 위해 노동이 자유롭게 이동하면 노동의 한계 생산력이 같아지고, 국가 간 임금의 격차도 사라진다고 가정한다.

〈그림 7-2〉는 노동 시장에서 공동 시장의 효과를 설명하고 있다. D_A, D_B와 S_A, S_B는 각각 A국과 B국의 노동의 수요 곡선과 공급 곡선을 나타낸다. 노동 시장에서 고용량은 수요와 공급의 균형점에서 결정되며, 회원국 간 노동의 이동은 이동에 드는 비용과 임금에 의해 영향을 받는다고 보자.

양 국가가 공동 시장을 결성하기 전에는 서로 노동 시장이 분리되어 있고, 상호간에 노동의 이동도 없었다고 하자. 또한 양 국가의 초기 상황이 달라 A국에서는 임금이 높게 형성되어 있었고, 반대로 B국에서는 임금이 낮게 형성되어 있었다고 하자. 즉, 공동 시장 결성 전에 A국의 임금은 P_A이며, B국의 임금은 P_D이다. 이러한 상황에서 A, B

그림 7-2 노동 시장의 공동 시장 효과

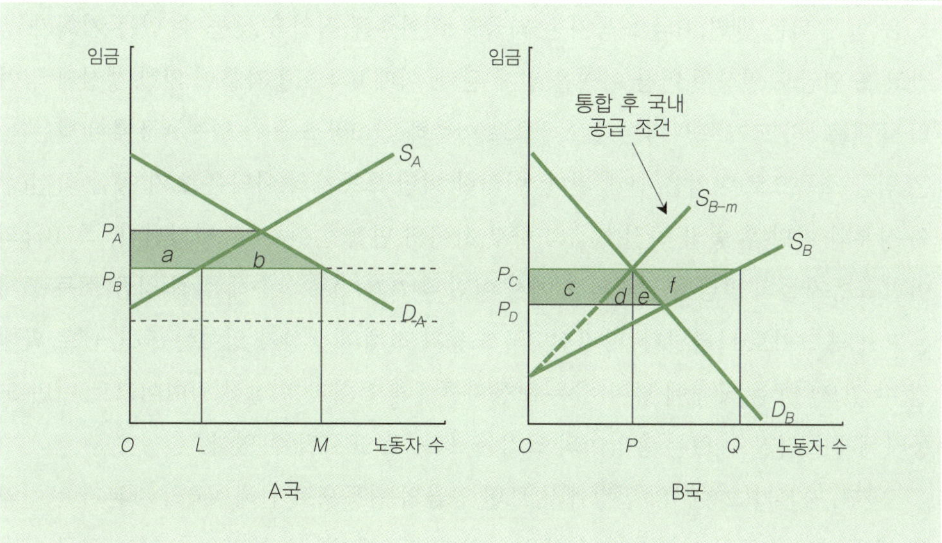

양국이 공동 시장을 결성하여 노동 이동의 장벽을 제거해 나가면 B국의 노동자는 보다 높은 임금을 받을 수 있는 A국으로 이동해 갈 것이다. 먼저 B국에서 A국으로 노동력이 유입되면 A국에서는 임금이 P_A에서 P_B로 하락하고, 그에 따라 국내 노동자의 공급은 OL로 감소되는 반면 국내의 수요는 OM으로 늘어난다. 초과 수요분 LM만큼은 B국으로부터 온 이민 노동자로 충당된다.

한편, B국에서는 이와 반대의 현상이 나타난다. 노동력의 해외 유출로 노동력이 줄어들어 국내 임금은 P_D에서 P_C로 상승하고, 그 결과 국내 공급은 OQ로 증가하나 수요는 OP로 줄어든다. 초과 공급분 $PQ(=LM)$는 A국으로 이민간 노동자 수를 나타낸다. 이와 같이 낮은 임금의 B국이 높은 임금의 A국과 공동 시장을 결성함으로써 자국 노동자의 유출 현상을 경험하게 되고, 그 결과 자국 내의 실질적 노동 공급 곡선은 당초의 공급 곡선(S_B)에서 A국으로 이민간 노동자 수를 뺀 잔여 곡선(S_{B-m})으로 이동하게 된다. 이때 국내의 새로운 노동 공급 곡선은 다른 여건이 불변인 상태에서 노동력만 감소한 공급 조건을 반영하게 됨으로써 종전보다 비탄력적인 공급 곡선이 된다.

이러한 노동력 이동으로 인한 양국의 노동자 및 자본가에 대한 후생 효과를 살펴보자. 노동자 측에서 볼 때 A국 노동자는 임금 하락으로 a만큼의 손실(생산자 잉여의 감소)을 입게 되는 반면, B국 노동자는 외국으로 이주해 직업을 찾을 수 있는 기회가 생겼고 또 임금도 인상된 만큼 이익을 얻게 된다. 이때 B국 노동자들에 의한 생산자 잉여의 증대는 c의 크기로 나타난다. A국으로 이주해 간 B국 노동자 역시 A국에서 받는 높은 임금 소득으로 이익을 얻게 된다. 이러한 이민 노동자의 이익은 초기 공급 곡선(S_B)의 상부와 이민 후 공급 곡선(S_{B-m})의 하부 사이의 면적인 $d+e+f$로 나타난다. 즉, B국의 이민 노동자들의 임금은 원래의 P_D에서 이민 후 $P_C(=P_B)$로 상승해 실질 임금 소득 증대는 P_CP_D의 크기로 나타난다. 따라서 B국 노동자 전체의 생산자 잉여는 $c+d+e+f$로 확대될 수 있으나 c는 국내에 남아 있는 노동자들에게 돌아가는 실질 잉여이므로 이민 노동자에게 돌려질 수 있는 총잉여의 크기는 $d+e+f$로 표시될 수 있다.

한편, 자본가(고용주)의 입장에서 보면 임금의 변동으로 인해 A국의 자본가는 이익을 얻은 반면, B국의 자본가는 손실을 입었다. A국에서는 노동자의 유입과 임금 하락으로 자본가의 후생 증대분인 소비자 잉여가 $a+b$만큼 늘었으나, a는 자국 노동자의 소득이 자본가의 소득으로 재분배된 것이기 때문에 상쇄되고, 삼각형 b만큼의 순이익이 생겼다. 반면 B국 자본가(고용주)는 임금의 인상과 그로 인한 이윤 감소를 감수해야 한다. B국 자본가의 소비자 잉여는 $c+d+e$만큼 감소하였으며, 이 중 c는 국내에 남아 있는 노동자의 소득으로 재분배되었다. 만약 이민을 간 노동자의 소득 증대분 $d+e+f$가 모두 본국(B국)으로 송금되어 올 경우, B국 내에서는 이러한 이민 소득 증대분으로 국내 자본가의 순손실 $d+e$를 보상하고도 f만큼의 순후생 이익이 생겨나게 된다. 그러나 이민을 간 노동자들로부터 이러한 송금이 없을 경우 B국은 노동 시장 통합으로 자본가의 손실에 상당하는 $d+e$만큼의 순손실을 보게 된다.

공동체 전체의 입장에서 볼 때 임금이 높은 국가로 노동이 이전하면서 A국의 순이익 b와 B국의 순이익 f를 합친 크기만큼 순후생 증대 효과가 생겨난다. 이러한 순후생 증대 효과는 노동 이동의 자유화가 추진됨으로써 회원국 상호간 노동의 한계 생산력(임금)이 동일한 수준으로 되었기 때문에 생겨난 결과이며, 한편으로는 노동의 효율성 증가에 따른 결과이기도 하다. 이는 노동 시장이 통합되기 전 낙후된 지역의 젊은이들이 일자리가 없거나, 있더라도 생산성이 낮은 직업에 종사하다가 이웃 국가와 경제 통합을 하여 이주가 자유로워지면서 노동자들이 이웃 국가로 이민을 가 좀 더 좋은 직장을 가지고 높은 임금을 받으며 일하게 되고, 고향에 남아 있는 친구들도 노동이 희소하게 되어 이전보다 더 높은 임금을 받으며 일하게 되므로 모두가 좀 더 좋은 노동 환경에 처하는 경우를 의미한다.

이렇게 양국에 긍정적인 영향을 가져오는 노동의 이동은 실제로는 이론에서 살펴본 것과 같이 자유롭게 이루어지는 것은 아니다. 이는 앞에서 언급하였듯이 이주가 국가의 규제뿐 아니라 여러 가지 사회적·물리적·경제적 장애물에 의해 방해를 받기 때문이다. 이때 사회적·물리적 장애 요소들은 주로 언어의 차이, 관습, 종교, 기후, 교육 시설, 의료 시설, 쇼핑 시설, 음식, 익숙해진 주변 환경의 변화 등을 꼽을 수 있으며, 경제적 요인으로는 이주지의 직업 및 임금 불안정, 연공서열(seniority)의 상실, 이주지의 좋지 못한 거주 시설, 진급 전망들을 꼽을 수 있다. 이러한 요인들은 물론 이주지에서 외국 근로자를 받아들이기를 망설이는 요인이 되기도 한다. 많은 국가에 존재하는 국가 및 인종 차별 역시 이주를 저해하며, 대량 이주에 따른 임금의 하락과 직업의 상실에 대한 이주지 노동자들의 반발도 마찬가지 효과를 가지고 있다. 이는 각국의 노동자 협회가 종종 외국 근로자의 이주를 반대하는 가장 강력한 단체로 부상하는 이유이기도 하다. 그 밖에도 이주지에서 요구하는 기술 수준에 외국 근로자가 부응하지 못하는 것도 이주를 저해하는 요인이 되기도 한다. 인구가 과잉인 지역의 노동자는 보통 교육 수준이 매우 낮고, 그래서 산업화된 지역에서 요구하는 기술을 갖추지 못하고 있는 경우가 많으며, 심지어 초등학교 교육도 마치지 못한 경우도 많다.

따라서 이러한 비효율성을 개선하고 이주를 촉진시키기 위해 이주해 가는 국가의 교육적·문화적·사회적 상황과 그 국가에서 요구하는 기술의 종류와 수준에 대한 정보를 제공하고, 이주 문제를 직접 다루는 중앙 관청의 설립이 필요하다. 이 기관을 통해 필요한 기술을 습득하게 해 주는 직업 훈련이나 필요한 사람에게 초등 교육 수준의 지식을 갖출 수 있도록 도와 주고, 나아가 이주 비용이나 교육 비용 등을 지원해 주면 이주를 훨씬 더 촉진시킬 수 있다. 여러 연구 사례에 따르면 이러한 정부 기관을 통한 이주의 지원은 각 개인들이 선택해서 하는 이주보다는 훨씬 더 좋은 결과를 가져오는 것으로 나타난다.

제3절 서비스 시장의 통합

공동 시장에서 노동 시장과 자본 시장의 통합에 더하여 또 하나의 중요한 시장 통합 대상은 서비스 시장의 통합이다. 일반적으로 서비스라 하면 그 대상 업종에 따라 금융이나 보험, 운송을 위시하여 의료 서비스나 법률 서비스에 이르기까지 그 형태가 매우 다양하다.

서비스 시장에서 서비스 가격은 단순히 그 수요와 공급에만 영향을 받는 것이 아니라 해당 국가의 법률이나 세금 제도, 시장 환경, 보건 위생 기준 등 시장 이외의 요인에 의해서도 크게 영향을 받는 특징을 가지고 있다. 따라서 서비스 시장의 통합 효과는 여러 가지 복합 요인으로 인해 단순한 이론 모형으로는 그 효과를 분석하기 어려우며, 상품 시장의 통합과 여러 가지 측면에서 다르다.

서비스의 다양한 특성과 구체적인 형태로 묘사할 수 없는 성격으로 인해 명확하고 분명하게 나누기는 어렵지만 일반적으로 통용되는 부문으로 나누어 보면 〈그림 7-3〉과 같다. 즉, 서비스 부문은 크게 교역 가능 서비스(tradable service)와 비교역 서비스(non-tradable service)로 나누어지며, 교역 가능 서비스는 다시 규제 서비스(regulated service)와 비규제 서비스(non-regulated service)로 나누어진다. 그리고 규제 서비스는 다시 세부 부문으로 나누어지는데, 이러한 서비스 산업의 다양성으로 인해 서비스 시장이 통합되었을 때의 효과를 모두 다루기 어려워, 이 절에서는 금융 서비스 시장의 통합 효과에만 초점을 맞추어 분석한다.

설명을 단순화하기 위해 시장 외적인 요인은 고려하지 않기로 하자. 그리고 금융 시장에 있어 자본의 흐름은 이자율에 영향을 받고, 이자율은 저축 곡선과 투자 곡선에 의해 결정된다고 하자. 자금의 공급자(저축자)와 수요자(투자자)는 은행을 통해 연결되고, 은행은 예금과 대출의 금리 차이에서 오는 이윤으로 운영된다고 하자.

금융 시장이 통합되기 전에 A국은 외국으로부터의 자본 유입을 통제하고 있다고 하자. 따라서 국내 자본 시장은 비경쟁적으로 운영되고 국내 은행은 보호된 시장하에서 독점적 이윤을 누리고 있다.

그림 7-3 서비스의 분류

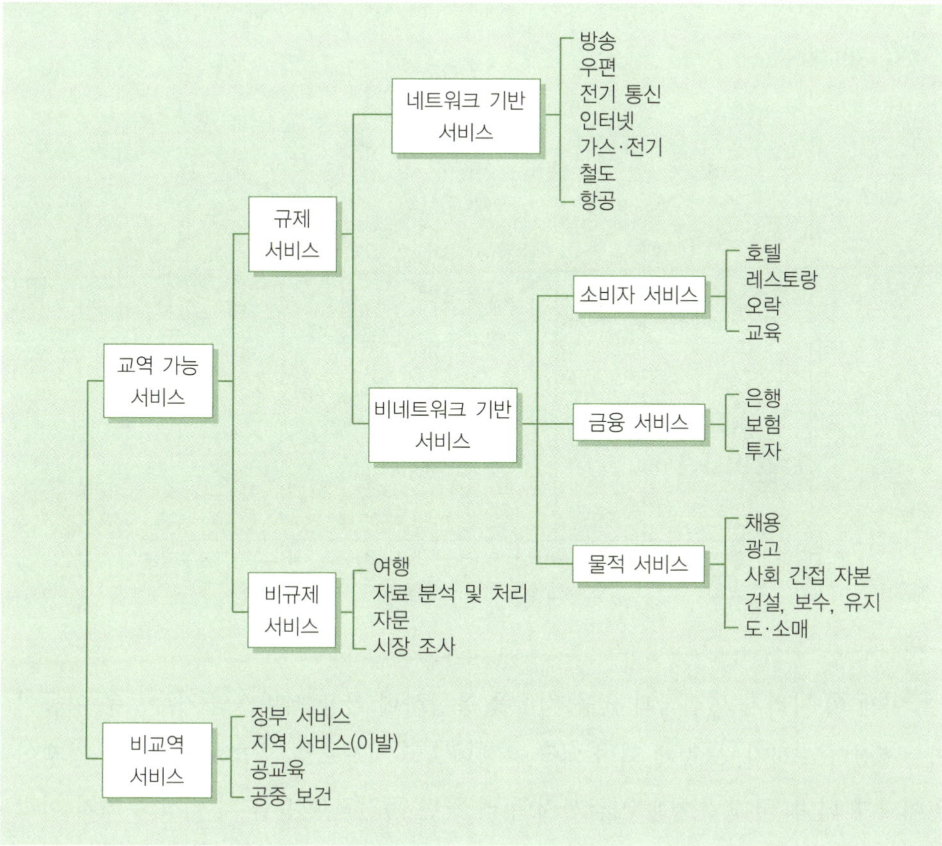

〈그림 7-4〉는 이러한 상황에서 A국이 인접 국가들과 금융 시장을 통합할 경우 어떠한 영향을 받는지 보여 준다. S_A는 A국의 저축 곡선, I_A는 투자 곡선을 나타낸다. 인접국과 공동 시장을 결성하기 전에 A국은 국내의 자본량을 *OA*로 제한하고 있으며, 그로 인해 은행의 대출 이자율은 *OI*만큼 높고, 대신 예금자에 대한 이자율은 *OM*으로 낮다. 그리고 그 차이인 *IM*은 은행이 중간에서 자금을 중계하는 대가로 얻는 서비스 중계 이익(마진율)이다. 이러한 서비스 중계 이익은 외국 은행의 진입을 원천 봉쇄함으로써 국내 은행이 보호를 받게 되어 발생하는 독점적 이익(금융 서비스의 가격)이며, 이때 국내 은행의 독점 이윤은 $a+c+f+i$로 표시된다.

그림 7-4　금융 서비스 시장의 공동 시장 효과

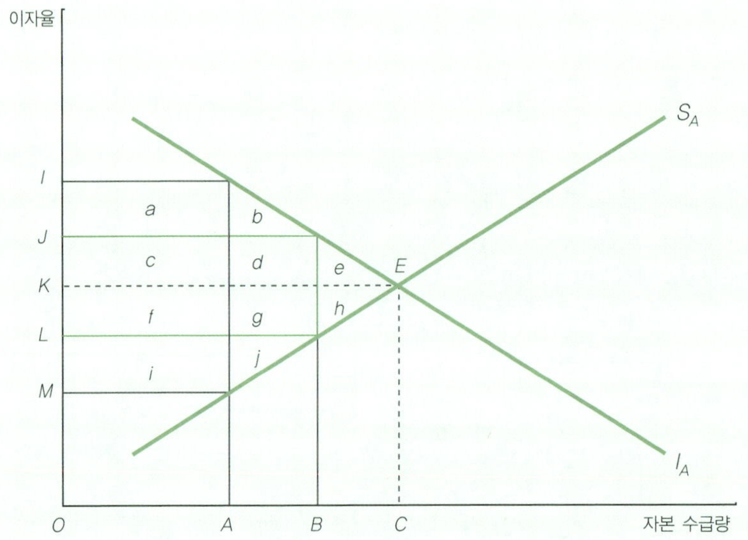

이제 이 나라가 인접국과 금융 시장을 통합하여 금융 서비스의 자유로운 이동이 가능해졌다고 하자. 그렇게 되면 외국 은행이 A국 시장으로 진입하여 서비스 경쟁이 일어나게 되며, 국내 은행은 지금까지 누려 왔던 독점적 이윤을 더 이상 누리기 어렵게 된다. 따라서 국내 은행은 경쟁이 심화된 상황에서 자신의 서비스 이익을 줄여 저축자에게는 통합 전보다 높은 이자를 지불하고, 투자자에게는 이전보다 낮은 이자를 받는 형태의 금융 상품을 개발하여 외국 은행과 경쟁을 해야 한다. 결국 국내 금융 시장에는 지금까지 보호받으며 생겨났던 비효율성이 없어지고 저축과 투자가 늘어나, 국내의 생산 활동이 활발하게 될 것이다.

〈그림 7-4〉를 통해 금융 시장의 통합으로부터 생겨나는 후생의 변화를 살펴보자. 먼저 시장이 통합됨에 따라 외국으로부터 자본이 유입되어 총자본량은 *OA*에서 *OB*로 늘어나게 되고, 이에 따라 은행의 대출 이자는 *OJ*로 낮아지고 대신 예금 이자율은 *OL*로 인상된다. 따라서 은행의 서비스 이익폭은 *JL*로 축소되었고, 그로 인해 저축자와 투자자의 이익도 추가적으로 더 늘어났다.

A국 입장에서는 *b*만큼의 투자자 잉여(소비자 잉여)와 *j* 만큼의 예금자 잉여(생산자 잉여)가 추가적으로 증대되었으며, *d*+*g*만큼의 은행 수입이 생겨났다. A국 전체로는 사변형 *b*+*d*+*g*+*j*만큼의 순후생 증대가 생겨났는데, 이것이 바로 금융 시장 통합으로 생겨난 순후생 증대 효과이다. 하지만 은행의 입장에서는 경쟁 심화에 따른 이윤 감소(*a*+*i*)와 자본 공급 확대로 인한 이윤 증대(*d*+*g*)가 동시에 발생하므로 순이익이냐 순손실이냐는 이 두 효과의 상대적 크기에 의해 결정될 것이다. 그림에서 *a*는 원래 은행에 돌아가던 이익인데 금융 시장 통합 후 투자자에게 소득 재분배된 부분이고, *i*부분도 은행 이익에서 예금자 이익으로 바뀌었다. 만일 국내의 자본 시장이 더 개방되어 외국 자본의 유입이 계속된다면, 종국적으로 국내 시장에서 자본 공급은 〈그림 7-4〉에서 수요와 공급이 일치하는 점 *E*까지 늘어날 수 있다. 이렇게 되면 국내의 투자자와 예금자의 이익은 각각 *b*+*d*+*e*와 *g*+*h*+*j*로 극대화될 것이다. 하지만 이 상태에서 은행은 서비스 중계 이익(마진율)이 없어 더 이상 자본을 유입하지 않을 것이다.

한 가지 유의할 사실은 이러한 서비스 시장의 경우 한 국가의 순후생 증대가 반드시 다른 동맹국의 서비스 공급을 감소시키는 것은 아니라는 점이다. 자본 및 노동 시장의 통합 효과 분석에서는 분석 대상국들의 요소 부존량이 일정하다고 가정함으로써 한 국가로의 자본 및 노동 유입은 그만큼 다른 회원국으로부터의 자본 및 노동의 유출을 전제로 하고 있었다. 따라서 통합의 순수 효과는 한 국가의 후생 증대분 가운데 다른 회원국이 요소 유출로 인해 감소된 후생의 크기만큼을 공제한 잔여분으로 평가되었다. 그러나 금융 서비스 시장의 경우 서비스의 양이 항상 고정되어 있는 것이 아니라 시장 여건에 따라 얼마든지 가변적으로 조절될 수 있는 것이다. 따라서 A국의 순후생 증대(*b*+*d*+*g*+*j*)가 반드시 다른 회원국들의 후생 손실을 대가로 생겨나는 것은 아니다. 즉, A국에 외국 은행이 진출한다고 해서 그 수만큼 다른 회원국의 은행 수가 감소하는 것은 아니라는 것이다. 따라서 금융 시장의 통합으로 인해 회원국 전체의 금융 서비스 공급이 줄어들지 않는 한, A국의 후생 증대는 경제 통합체 전체의 후생 증대로 연결되는 것이다.

제4절 다국적 기업과 공동 시장

일반적으로 개별 국가들이 경제 통합을 추구하는 동기가 국가별 정책에 의해 유발되는 시장 왜곡이 가져오는 분배와 효율성의 손실을 줄이려는 것이다. 기업들도 다국적 기업(transnational corporations: TNCs) 형태를 채택하는 주요 동기가 기업을 세계적으로 운영함으로써 각국의 공공 정책에 의해 생기는 왜곡의 비효율성 비용과 분배상의 비용을 줄일 수 있다고 기대하기 때문이다.

그러나 정통적인 경제 통합 이론 체계 내에서는 기업과 소유권, 내부화(internalization) 등에 대한 고려를 전혀 하지 않기 때문에, 경제 통합과 다국적 기업의 상호 영향에 대해 공식적으로 분석하기 위한 영역은 없다. 더구나 정통적 모델은 다국적 기업의 내부 무역과 밀접하게 연관되어 있는 산업 내 무역도 설명할 수 없다. 1980년대에 무역과 통합, 그리고 산업 조직에 대한 새로운 이론들이 발전하면서 경제 통합과 기업 통합 간의 상호 영향을 체계적으로 고려할 수 있는 새로운 방법을 열어 주기는 하였지만, 아직까지도 이들 간의 상호 영향을 명확하게 설명해 줄 수 있는 모델은 출현하지 않고 있다.

하지만 인접국 간에 공동 시장을 결성하여 상품과 노동, 자본이 자유롭게 이동하기 시작하면, 다국적 기업들도 공동체의 큰 시장을 겨냥해 공동 시장에 진출하면서 기존의 손실과 이익의 분배 등과 연관시킨 분석의 결과에도 변화를 가져오게 된다. 또한 이렇게 새롭게 진입하는 다국적 기업뿐 아니라 시장 통합이 이루어지기 전에 이미 동맹국들 시장에 진출해 있던 기존의 다국적 기업들도 추가적으로 영향을 받을 것이다. 따라서 이 절에서는 이러한 다국적 기업들의 공동 시장 형성에 따른 영향을 살펴본다.[4]

4 Robson(1998), pp. 109~119; 손병해(2002), pp. 224~233.

1. 경제 통합과 다국적 기업의 투자 결정

다국적 기업이 세계 시장에 투자를 하는 목적은, 크게 현지의 시장에 접근을 하기 위한 투자와 생산의 비교 우위를 확보하기 위한 투자 두 가지로 나누어진다. 이들 두 가지 투자 중 어느 쪽을 목적으로 하든 그 투자 동기로 더닝(Dunning, 1989)은 세 가지 요인을 꼽는다. 이것이 널리 알려진 이른바 OLI 모델인데, OLI는 소유(ownership), 입지(location), 내부화(internalization)의 영문 첫 글자를 딴 것으로 각각 기업의 소유 특유의 우위와 입지 특유의 우위, 내부화 우위를 뜻한다. 먼저 기업의 소유 특유의 우위(ownership-specific advantages)란 특정 기업이 가지고 있는 기술적 우위, 인적 자본의 우위, 정보의 우위, 생산 비용상의 우위 등을 포괄하며, 기업은 이러한 경쟁적 우위를 실현하기 위해 해외 투자를 하게 된다. 이러한 경쟁상의 우위는 새롭게 진입하는 기업에게는 진입 장벽으로 작용한다. 다음으로 입지 특유의 우위(location-specific advantages)란 기업을 특정 국가로 유인하는 요소를 의미하는데, 주로 유인국의 큰 시장, 저렴한 인건비, 낮은 금융 비용, 고급 인력, 정부의 인센티브, 잘 갖추어진 사회 간접 자본, 우호적 정책 등 유인국으로 직접 투자를 유발하는 요소들이 여기에 속한다. 이러한 투자 동기는 주로 개도국에서는 저렴한 요소 비용을 이용하는 투자로, 그리고 선진국에서는 고도의 정보 통신 부문이나 첨단 산업 부문 설비를 이용하는 투자로 일어난다. 마지막으로 내부화 우위(internalization advantages) 요소는 다국적 기업의 투자 동기 중 가장 중요한 요소인데, 그 기업이 가진 특유의 우위 요소를 외부 시장을 통해 이용하는 것보다는 기업의 내부 조직을 통하여 직접 이용함으로써 이익을 얻는 것을 말한다. 이러한 내부화 거래를 시도하는 이유로는, 첫째 특정 국가의 정부가 기업 활동을 과도하게 규제하여 정상적인 시장 기구를 통해 거래하였을 때 비용이 너무 높거나, 둘째 지적 재산에 대한 보호가 잘 되어 있지 않아 모방의 위험에 노출되어 있을 때, 셋째 환위험이나 조세 부담을 최소화하기 위해 자회사들 간에 교차 보조나 이전 가격을 조작할 필요가 있을 때 등이다. 또한 완제품과 달리 거래 비용이 많이 들고, 거래가 불확실한 중간재의 경우도 기업으로서는 내부화 거래를 선호하게 되며, 특히 생산 기술의 외부 유출을 방지하고, 안정적인 부품 확보를 위해서 내부 거래 전략을 쓰기도 한다.

이렇게 다국적 기업의 여러 가지 내부화 동기에 의해 완제품이나 중간재뿐 아니라 생산 요소까지도 기업 내 무역을 이용해 거래를 한다. 그리고 기업 내에서 내부 시장이 형성되고, 내부 시장 내에서는 이전 가격(transfer-price) 또는 내부 가격(internal price)이 형성되며, 이러한 내부 시장과 내부 조달을 통해 각국 정부의 정책에 의해 생겨난 시장 왜곡을 극복하게 된다. 즉, 다국적 기업들은 내부 시장에서의 이전 가격을 통해 국가 간의 상이한 조세율, 이자율, 관세율 등을 조정함으로써 (국가별 시장을 분리할 목적으로 기획된) 정부의 간섭으로 생겨난 왜곡을 완화시킬 수 있다. 또한 국가 간의 상품 이동에 관세가 부과되는데, 다국적 기업의 경우 관세를 부과하는 국가에 있는 자회사의 공급 가격을 내부 가격으로 최소화함으로써 관세의 부담을 어느 정도 완화할 수 있다. 그 밖에 법인세, 영업세, 물품세 등 각종 조세들도 국가 간의 차이로 인해 조세 부담률이 각국별로 다른데, 다국적 기업의 경우 해외 자회사에 영업 이윤을 적절히 배분함으로써 이러한 조세 부담도 최소화시킬 수 있다. 따라서 다국적 기업의 경우 이러한 내부화 전략을 통해 경제 통합 이전에 이미 관세, 환율, 그리고 각종 조세율의 국가별 차이를 조정하고 있으며, 어떤 측면에서는 동맹국 간에 경제 통합이 있기 이전에 다국적 기업은 관세와 같이 공식적으로 부과된 시장 왜곡을 극복할 수 있는 그들 자신의 능력을 통하여 이미 상당한 정도로 경제 통합을 달성하고 있다고 볼 수도 있다.

국가 간에 경제 통합이 결성되어 회원국 간에 무역 장벽이 제거되고, 국가별 관세나 환율, 조세율이 조정되어 차이가 줄어들면 내부화 동기에 의한 투자 요인이 줄어든다. 대신에 시장 규모의 확대에 따른 기업의 소유 특유의 우위나 입지 특유의 우위를 이용한 투자 확대의 기회가 늘어난다.

한편, 다국적 기업의 관점에서 기업의 내부 무역에 적용되는 내부 가격(또는 이전 가격)은 두 가지 의미를 가지고 있다. 첫째는 전체적 이윤을 극대화시켜 준다는 의미에서 다국적 기업 내에 국제적인 자원 배분이 효율적으로 되도록 고안된 잠재 가격(shadow price)이라는 점이다. 그리고 두 번째는 이 내부 가격이 조세 최소화라는 목표를 추구할 때 이윤을 국가별로 할당하는 수단이 된다는 점이다. 어쨌든 이 두 가지 측면 모두 다국적 기업이 존재하는 상황에서 경제 통합을 평가하는 데 관련이 있다.

2. 다국적 기업과 공동 시장

국가들 간에 경제 동맹을 결성하기 전에 외국의 다국적 기업이 회원국에 먼저 진출해 있었다면, 경제 동맹을 결성한 후에 동맹 내 회원국들의 시장 확대에 따른 추가적 이익을 얻을 수 있지만, 한편으로는 냉샤워 효과에 의한 경쟁력 심화로 오히려 피해를 볼 수도 있다. 그렇다면 외국 기업의 존재 그 자체가 전통적인 경제 동맹에 대한 평가 기준의 수정을 요구하는가? 전통적인 신고전학파 분석 차원에서 무역 창출과 무역 전환은 만일 외국 기업이 국내에서 생산 활동을 하고 있으면 회원국의 비용과 이익의 충분한 지표가 더 이상 될 수 없다는 것을 쉽게 보여 줄 수 있다.

한 국가가 다른 국가와 경제 동맹을 결성하려고 할 때, 이미 그 국가에 외국 기업이 진출해 있다면, 그 기업은 언제든지 그들만의 배타적인 자산을 이용하여 순경제적 지대를 창출하게 될 것이다. 이때 배타적 자산이란 외국의 다국적 기업들 자신만이 가지고 있는 고도의 생산 기술이나 특별한 경영 기술 및 기업가적인 역량 등을 의미한다. 이러한 자산을 바탕으로 현지에 진출한 다국적 기업은 생산비를 절감할 수 있게 되고, 그 결과 경쟁적인 시장 조건에서도 순지대나 준지대를 더 얻을 수 있도록 해 준다.

외국의 다국적 기업이 진출해 있을 경우, 통합의 이익과 손실에 대한 분석을 할 때에는 전통적인 분석에서 언급하는 무역 창출 효과와 무역 전환 효과 이외의 추가적 효과도 고려해야 한다. 왜냐하면 다국적 기업 진출국에 발생하는 추가적인 이익과 손실이 외국 기업이 획득한 지대의 변화로부터 발생하기 때문이다. 지금 A국에서 수입 가능재(importable goods)가 외국의 다국적 기업에 의해 생산되고 있다고 하자. 이때 A국이 이웃 나라와 경제 통합을 하여 무역 창출 효과가 발생한 결과로 다국적 기업에 의해 생산된 상품 가격이 하락한다면, 이 나라에 진출한 외국 기업의 지대가 감소하면서 A국은 이익을 얻을 것이다. 이와 같이 경제 통합으로 외국 기업의 지대가 감소하여 투자를 유치한 국가에 추가적으로 발생하는 이익을 티로니(Tironi, 1982)는 외국 이윤 전환 효과(foreign profit diversion effect)라 정의하였다. 즉, 여러 국가가 경제 통합을 결성해 시장이 통합되면 동맹 지역 내 경쟁이 심화되어 역내에 공급 가격이 하락하게 되고, 이에 따라 지금까지 외국 기업이 취하였던 이윤이 가격 하락을 통해 동맹 내 소비자들에게

그림 7-5 외국 기업이 있는 경우 통합의 비용과 이익

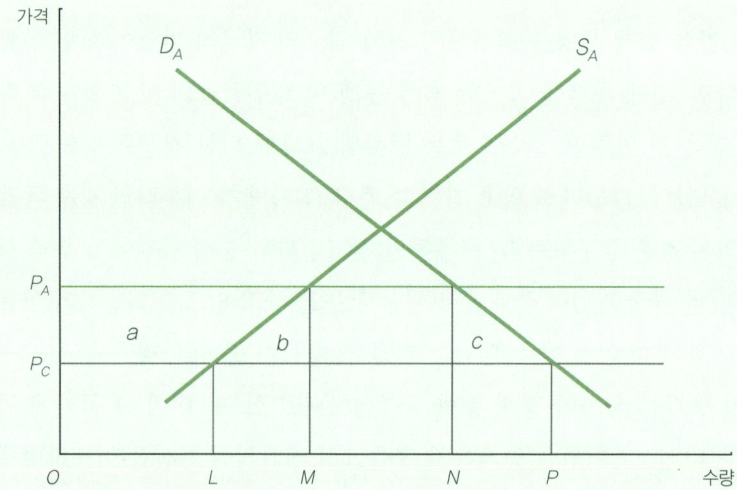

돌아가는 현상을 외국 이윤 전환 효과라 한다.

이 내용은 〈그림 7-5〉를 통해 알아보자. 〈그림 7-5〉에 나타나 있는 D_A와 S_A는 A국에 의해 생산된 수입 가능재의 수요와 공급 곡선이다. 경제 동맹 전에는 가격 P_A에서 OM만큼 생산되고 있었다. 경제 동맹이 결성되면서 가격이 P_C로 떨어진다고 가정하자. 생산자가 모두 국내 기업인이라면, A국의 통합 이익은 앞 장에서 설명하였던 바와 같이 $b+c$ 영역으로 나타날 것이다. 그러나 경제 동맹 전에 이 상품이 외국의 다국적 기업에 의해 생산되고 있었다면, 경제 동맹 전에 외국 기업의 생산자 잉여로 귀속되었던 a만큼은 A국의 소비자 잉여로 전환된다. 특히, 경제 통합의 형태가 관세 동맹이 아닌 공동 시장일 경우, 이제는 회원국 간에 자본이 자유롭게 이동하여 동맹국들의 자본이 A국으로 흘러들어올 수 있고, 이 자본이 기존의 다국적 기업 자본과 경쟁하여 외국 이윤 전환 효과가 더욱 커질 수 있다. 하지만 회원국들의 기술이나 경영 능력이 외국의 다국적 기업에 필적하지 못한다면 공동 시장의 형성을 통해 외국 기업의 독점적 이윤이 더 커질 가능성도 있다.

이와 반대로, 만일 지역에서 비교 우위를 누리던 외국의 다국적 기업이 A국에 진출해 있고, A국이 B국과 경제 동맹을 맺는다면 A국에 있던 다국적 기업은 확대된 시장에서 기본적인 무역 및 후생 효과에 추가하여 티로니가 '외국 이윤 창출 효과'(foreign profit creation effect)라고 정의하는 그 이상의 이익을 누리게 된다. 〈그림 7-5〉를 다시 보자. 지금 A국에 외국 기업이 진출하여 상품을 생산해 P_C의 가격으로 판매하고 있는 반면, B국은 생산 기술이 떨어져 높은 보호 관세를 부과하고 있다고 하자. 이때 두 국가가 경제 동맹을 결성하고 공동 대외 관세를 P_AP_C만큼 부과하기로 하였다면, 역내의 해당 상품의 가격은 P_A로 상승하게 된다. 이렇게 되면 A국은 경제 동맹 전보다 가격이 상승하여 소비자 후생 측면에서 $b+c$만큼의 손해가 발생할 뿐 아니라 추가적으로 a크기만큼 국내 소비자 잉여가 외국의 다국적 기업 생산자 잉여로 전환하게 된다. 이때 a가 바로 외국 이윤 창출 효과이며, 이는 A국의 소득이 아니라 외국의 다국적 기업의 이윤 송금으로 유출되는 소득이다. 이와 동시에 동맹 상대국에 판매하여 벌어들이는 추가적 지대도 A국의 이익을 나타내지는 않는다. 이와 같이 외국의 다국적 기업이 진출해 있는 국가가 경쟁 조건이 불리한 인접 국가와 경제 동맹을 결성할 경우 외국의 다국적 기업은 생산 확대로 인한 추가적 이윤을 얻게 되는데, 이때의 외국 다국적 기업의 추가적 이윤을 외국 이윤 창출 효과라 한다. 그리고 외국 기업이 경제 동맹 내 시장을 사실상 지배할 경우, 외국 기업은 확대된 시장에서 규모의 경제를 통해 비용을 더욱 절감할 수 있을 것이며, 그 비용 절감폭만큼 외국 기업은 이윤 창출 효과를 더 크게 만들 수 있다.

한편, 경제 동맹이 관세 동맹이 아니라 공동 시장을 결성할 경우에는 비회원국 다국적 기업들의 동맹 내 시장에 대한 투자 진출은 회원국 기업들에 비해 훨씬 불리한 위치에 놓이게 된다. 따라서 동맹 내 기업들과 현격한 기술이나 생산비에서 우위를 나타내지 않는 한 비회원국 기업이 공동 시장 내에 진출할 기회는 관세 동맹에 비해 현저히 줄어들게 되고, 동맹 전체는 외국 이윤 창출 효과를 억제할 수 있게 된다. 다만 탁월한 기술 우위를 가진 첨단 산업 분야의 다국적 기업이 공동 시장 내에 진출해 있고, 동맹국 내에서는 기술적으로 필적할 만한 기업이 없을 경우에는 외국 이윤 창출 효과를 억제하기란 어렵다.

다국적 기업이 진출해 있는 국가에서는 보통 조세 징수를 통하여 외국 및 국내 기업이 벌어들인 지대와 이윤에 관여한다. 만일 한 국가가 조세를 통하여 이윤에 관여한다면, 조세를 통한 외국 이윤 전환 효과는 $(1-t)\times a$(이때 t는 이윤에 대한 세율, a는 이윤 전환 효과이다)로 감소할 것이다. 그리고 외국 이윤에 대해 100%의 세금을 부과한다면, 외국 기업이 존재하는 상황에서도 경제 동맹 결성의 후생 효과는 국내 기업만 있을 때와 동일하게 될 것이다. 하지만 이러한 100% 세율은 몰수에 가까운 세율로 부과가 불가능하므로 어느 정도의 이윤 전환 효과는 감수할 수밖에 없다.

제5절 공동 시장과 동태적 효과

지금까지는 공동 시장의 결성과 그에 따른 생산 요소의 자유로운 이동에 대한 정태적 분석에 주요 관심을 기울였다. 그렇지만 관세 동맹이 장기적으로는 동태적 효과를 통하여 비용과 수요, 공급 조건, 요소 공급뿐만 아니라 경제 성장률에 영향을 미치는 것과 마찬가지로, 생산 요소의 이동에 대한 장벽들도 차츰 제거해 나감으로써 공동 시장도 장기적으로 많은 경제적 여건들을 변화시킨다.

정통적인 신고전학파의 이론에 따르면, 지역 내에 생산 요소의 자유로운 이동은 지역 간의 실질 소득을 수렴시키는 것으로 나타난다. 또한 경제 성장의 관점에서도 지역 내 자본 및 기타 생산 요소의 이동은 일반적으로 공동 시장을 통하여 좀 더 공평하게 기술 진보와 생산성 증가의 과실을 배분하는 수단으로 간주된다. 앞 절에서 분석하였던 자본 시장과 노동 시장, 금융 시장의 통합 효과 분석에서도 이러한 신고전학파의 견해에 따라 통합 후 자본의 한계 생산성이나 임금, 이자율들이 수렴하였다.

하지만 뮈르달(1957)과 허쉬맨(1958)으로 대표되는 격차확대학파(divergency school)에 따르면, 공동 시장의 도입으로 발생하는 생산 요소의 공간상 이동은 소득 수렴에 기여하지 못할 뿐만 아니라, 소득 성장률의 수렴에는 이보다 더 못한 결과를 가져온다고 주장한다. 그 반면에 지역 간 요소 이동에 수반되는 수요와 비용의 점진적인 조정과 함께, 규모의 경제 및 집적 효과(agglomeration effect)의 영향으로 실질 소득의 지역 간 불균형을 더욱 확대시키는 누진적 인과 관계(cumulative causation)의 동태적 효과를 발생시킨다고 주장한다. 즉, 발전하는 지역은 자체적 강화 요인에 의해 새로운 기업을 유인하고 집적 경제가 증가하여 누진적 성장을 하고, 반대로 쇠퇴 지역은 추가적으로 인재와 자본, 기업들이 타지역으로 빠져나가면서 누진적으로 쇠퇴하여 지역 간 소득 불균형은 더욱 커질 것이다.

이러한 불균형의 확대가 구조적인 요소에 의한 영향이라기보다는 공동 시장의 결성에 따른 영향이라고 주장하기가 어렵지만, 그러한 결과를 뒷받침할 수 있는 일부 실증적인 자료가 발견되어 있다. 이러한 동태적 효과는 공동 시장에서 지역 정책의 시행을 정당화시켜 주는 중요한 근거가 된다. 지역 정책에 관련된 이슈들은 제11장에서 자세히 논의한다.

Chapter 8
시장 통합의 추가적 이슈들

시장 통합의 추가적 이슈들

정통적인 경제 통합 이론들은 경제 통합이 회원국에게 비교 우위에 따라 산업 간 특화에 참여할 수 있는 기회를 확대시켜 주고, 그럼으로써 통합에 참여한 회원국들이 생산의 합리화를 도모할 수 있음을 보여 준다. 그리고 경제 통합을 통해 발생한 무역 창출 이익이 동맹국과 역외국 간에 발생한 무역 전환에 의하여 감소된 손실보다 크다면 동맹체 전체에 자원 배분이 개선되는 것으로 고려한다. 이러한 비교 우위 이론은 통합 분석에 있어 언제나 핵심 개념으로 인식되어 왔지만, 최근 들어 경제 통합을 분석한 연구나 실증 분석들은 현대의 무역 형태와 경제 통합 간의 관련성에 의문을 제기하고 있다. 이는 주로 유사한 상품의 산업 내 무역을 정통적인 통합 이론들이 잘 설명하지 못함에 따라 생겨난 의문들이다. 현재의 무역 형태를 보면 많은 부분이 산업 내 무역으로 구성되어 있으며, 이러한 산업 내 무역은 이미 유럽경제공동체(EEC)가 결성된 후 회원국 간에 오래전부터 존재하고 있었다. 따라서 새로운 무역 이론은 이러한 산업 내 무역을 설명할 수 있는 쪽으로 발전해 왔다. 이에 대한 하나의 설명은 규모의 경제와 제품 차별화의 상호 작용에 대한 것이며, 다른 설명은 불완전 경쟁과 시장 분할이라는 능동적인 정책을 지원할 수 있는 유인책 쪽으로 방향을 바꾸었다.

무역이 규모의 경제에 기초를 두고 있다는 견해는 특별히 새로운 것은 아니며, 경제 통합과 관련하여 그 효과가 어떻게 되는지는 앞 장에서 설명하였다. 만일 한 상품이 높은 운송비가 없이 규모 수익 체증 조건에서 생산된다면, 그 상품을 특정한 지역에서 집중적으로 생산하고 다른 지역에서는 단순히 그 상품을 수입함으로써 더 큰 이익을 얻을 수 있다. 비록 각 국가들의 생산 조건이 동일하다고 가정하더라도 더 큰 시장은 장기적으로 생산 비용을 낮출 수 있게 해 주기 때문에, 무역에서 이익을 발생시킬 수 있다. 만일 대다수 재화에 대한 비용 함수가 비슷하고 수익 체증적이면, 어떤 한 국가는 약간의 입지적 우위나 우연에 의해서, 또는 정부 정책의 지원으로 특정 상품의 생산 국가로 될 수 있다.

무역 자유화와 시장 통합의 이익에 대한 새로운 분석들은 특정 부문의 요소 부존량에 기초를 둔 그러한 종류의 비교 우위보다는 규모의 경제와 제품 차별화가 존재하는 상황하에서 경쟁의 증가로부터 생겨나는 무역 이익에 초점을 맞춘다.

이러한 새로운 분석에서는 정통적인 통합 이론에서 설명하는 비교 우위에 의한 특화로부터 발생하는 이익 외에도 경제 통합의 잠재적 이익에 대해 네 가지를 더 추가한다. 이는, 첫째 경제 통합을 통해 시장의 규모를 확대시키고 경쟁을 증가시킴으로써 가격 상승과 시장 분할의 기회를 감소시킨다. 둘째, 시장이 확대되고 이에 따라 장기적으로 비용이 감소되는 과정에서 비효율적인 고생산 비용 기업들을 도태시키고, 부족한 수요는 저생산 비용 기업으로부터 수입되어 충당된다. 셋째, 시장 규모의 확대는 더 많은 생산품의 이익이 남도록 생산되게 하며, 제품의 다양성을 증가시켜 후생 측면에서 이익을 발생시킨다. 넷째, 경제 통합은 기업들을 상품 생산에 더 특화하도록 유도하고, 이에 따라 비용이 절감되면서 한 공장에서 생산되는 제품의 수는 감소시킨다.

이러한 이익의 일부(특히, 첫 번째)는 기존의 경제 구조하에서 경제 통합을 통해 단기간에 확보될 수 있지만, 다른 이익들은 여러 가지 산업 구조 개편 후에 장기적으로만 획득될 수 있는 종류들이다.

이 장에서는 경제 통합과 관련하여 발생하는 여러 가지 이익 중에서, 특히 통합에 따라 감축된 무역 장벽의 효과와 가격 차별을 제거하였을 때 발생하는 효과를 자세히 살펴본다.[1]

1 Robson(1998), pp. 85~92.

제1절 감축된 무역 장벽의 효과

제품 차별화가 생겨나는 것은 기업들이 그들의 시장에서 어느 정도 시장 지배력을 가지고 있을 때 발생한다. 일반적인 경제학적 모델에서 시장 지배력과 이윤은 시장에서 차지하는 각 기업의 점유율(share)과 직접 관련되어 있다. 기업은 일반적으로 무역 장벽과 소비자들의 자국 상품에 대한 선호 때문에 자국 시장에서 더 많은 양을 판매하고 그보다 적은 양을 수출한다. 경제 통합이 되기 전에 기업은 해외 수출보다는 국내 판매에 더 높은 가격을 부과한다. 그리고 경제 통합 후 통합 시장에서 그들이 차지하는 시장 점유율이 그들의 시장 지배력을 결정할 것이다. 통합체 내 시장에서는 통합에 따라 경쟁이 증가되면서 자국 기업의 비중은 자국 시장 내에서 원래의 점유율보다 낮아지고, 상대국 시장에서는 높아질 것이다. 자국 시장에서의 시장 지배력 상실은 그들의 국내 이윤 마진율이 하락하였음을 의미한다. 다른 한편, 상대국 시장에서 수출 기업은 통합 전보다 시장 점유율이 증대하였기 때문에 더 높은 가격을 부과할 것이다. 그렇지만 각 시장은 어쨌든 국내 기업에 의해 지배되고 각 시장에서의 평균 가격은 하락할 것이다. 따라서 이러한 가격 하락에 따른 이익은 명백히 소비자에게 돌아간다.

이와 같은 무역 장벽 감축 효과를 〈그림 8-1〉을 통해 살펴보자. 여기에서는 자국인 A국과 통합 상대국인 B국의 시장으로 한정해 설명한다. 그림에서 D_A는 A국의 해당 상품 수요 곡선을 나타낸다. 그리고 일반적인 과점 시장 이론에서 설정하는 쿠르노가정과 같이 어떤 시장에서 공급량을 결정할 때, 생산 기업은 다른 기업의 판매량을 주어진 것으로 하고 자신의 공급량을 결정한다고 가정한다. 한편, 자국 생산자의 한계 비용은 MC_A로, 그리고 상대국 기업의 한계 비용은 MC_B로 나타나 있다. 이때 상대국 기업의 한계 비용이 더 높은 것은 국경을 통관할 때 필요한 서류 작업이나 통관 처리 비용 등을 포함한 실제 무역 비용과 국내 제품 명세서와 일치시키는 비용 등이 포함되어 있기 때문이다. 이러한 조건하에서 A국에서 가격은 P^0이고 국내 총판매량은 ON인데, 이 중 자국(A국) 기업이 OM만큼 판매하고 상대국(B국) 기업이 MN만큼 판매한다. 이제 양 국가가 통합 협정을 맺음에 따라 상대국의 국경 통관 절차가 간소화되어 실질 무역 비

그림 8-1 무역 장벽 감축의 효과

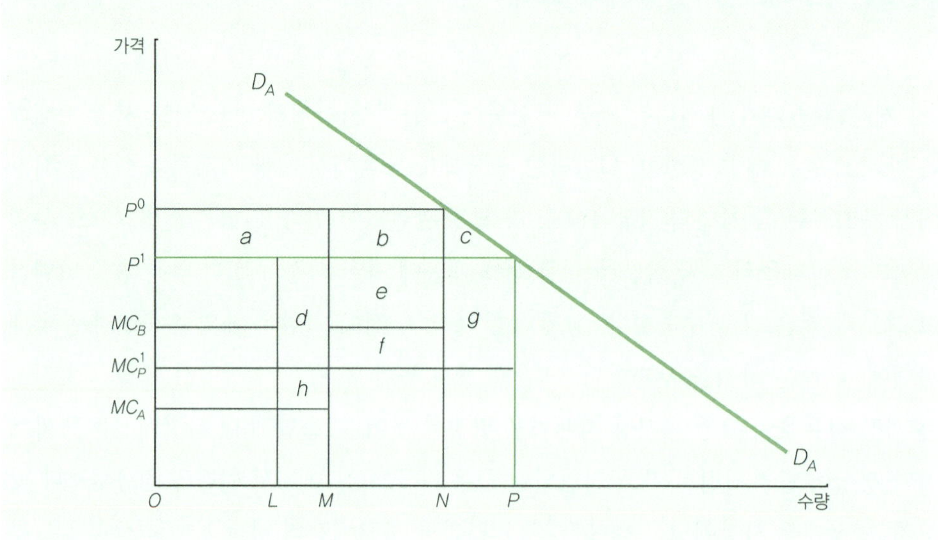

용이 줄어들면서 상대국 기업의 한계 비용이 MC_P^1로 낮아졌다고 가정하자. 새로운 상황에서 국내 가격은 P^1으로 낮아지고 판매량은 OP로 더 확대된 상태에서 새로운 균형점이 성립할 것이다. 하지만 상대국의 한계 비용이 낮아짐에 따라 가격 경쟁력이 높아져 국내 기업의 판매량은 OL로 감소하고, B국 기업의 판매량은 LP로 증가한다.

새롭게 설정된 균형점으로 인해 변화된 후생에 대해 살펴보자. 자국의 소비자는 가격이 기존의 P^0에서 P^1으로 하락함에 따라 $a+b+c$에 해당하는 만큼 소비자 잉여를 추가적으로 얻는다. 그러나 가격 하락에 따라 국내 생산자는 $a+d+h$만큼 이윤 하락을 경험해 손해를 볼 것이다. 한편, 상대국 기업은 $d+f+g-b$만큼 이윤이 증가해 이익을 얻는다. 이것은 실질 무역 비용의 감소로 생겨난 이익 f와 B국 기업이 한계 비용을 낮출 수 있으면서 A국 시장을 잠식해 얻은 이익 d, 그리고 증가된 총판매량으로부터의 이윤에 대한 순효과$(g-b)$로 구성되어 있다. 자국에 대한 순효과는 $b+c-d-h$인데, 이것의 크기는 양(+)일 수도 있고 음(−)일 수도 있다. 결국 통합을 통해 얻은 통합체 전체의 순후생은 $c+f+g-h$이다. 하지만 경제 통합 후 고비용 국가(B국)로부터의 공급이 늘어나기 때문에, h는 일종의 무역 전환에 해당한다. 만일 이 h의 크기가 매우 크다면, 동맹체 전체로서는 손실을 볼 것이다. 그렇지만 초과 비용의 차이가 단지 무역 장벽으로부터 기인한다면, 무역 비용의 큰 폭 감소와 함께 동맹체 전체의 순효과는 분명히 양(+)이 될 것이다. 즉, 자국 소비자들이 더 많은 상품을 싼 가격에 구매할 수 있게 됨으로써 이익을 얻는다는 결론이 나온다. 상대국 생산자 역시 실질 무역 비용을 낮출 수 있기 때문에 그들의 판매량과 시장 점유율을 늘려 이익을 얻게 된다. 다만 자국 생산자의 경우 가격 하락과 시장 점유율의 감소로 인하여 손해를 입게 된다. 자국이 경제 통합에 의한 무역 장벽 감축으로 이익을 볼지, 손해를 볼지는 소비자의 이익이 생산자의 손실을 능가하는지 여부에 달려 있다. 결과적으로, 자국(A국)은 이익과 손실의 상대적 크기에 따라 이익을 얻을 수도 손실을 입을 수도 있지만, 상대국(B국)은 실질 무역 비용의 감소로부터 이익을 얻는다.

경제 통합으로 회원국 간에 실질 무역 비용이 감소되면 관련된 모든 회원국에 유익한 결과를 가져올 것이다. 왜냐하면 비록 특정 국가가 국내 시장에서 손실을 입을 수는 있지만, 대신 수출 시장에서 이익을 얻을 수 있기 때문이다. 〈그림 8-1〉의 분석 결과를 보면 수출을 통한 이익이 국내 시장에서의 손실을 능가하고, 그로 인하여 발생한 총이익 중 일정한 몫을 각 회원국이 챙길 수 있다.

제2절 가격 차별의 철폐 효과

시장 통합의 효과는 불완전 경쟁 시장에서 존재하는 가격 차별(price discrimination)을 폐지 또는 감소시킬 때도 생겨난다. 일반적으로 기업이 하나의 시장에서 동일한 가격으로 생산물을 판매하는 것이 보통이다. 그러나 경우에 따라 독점 기업이 두 개(또는 그 이상)의 시장에서 똑같은 생산물에 대하여 서로 다른 가격으로 판매함으로써, 동일한 가격으로 판매할 때보다 더 많은 이윤을 얻는 형태의 가격 설정을 가격 차별이라고 부른다.

이러한 가격 차별이 성립하기 위해서는 다음의 몇 가지 조건들이 충족되어야 한다. 첫째, 시장을 두 개 이상으로 분리할 수 있어야 하고, 그 분리 비용이 크지 않아야 한다. 둘째, 이들 시장에서 수요의 탄력성이 서로 달라야 한다. 셋째, 이러한 시장의 분리가 유지되고 가격 차별이 이루어지기 위해서는 구매자 간에 상품의 중개 매매(arbitrage)가 불가능해야 한다. 예를 들어, 어떤 사람이 유원지 바깥과 안쪽에 가게를 동시에 운영하고 있다고 하자. 그리고 그는 유원지 내 매점에서 파는 동일한 음료수를 바깥보다 2배나 비싸게 팔고 있다고 생각해 보자. 이때는 입장료 때문에 유원지 밖과 안쪽 시장이 쉽게 분리된다. 또한 유원지 안쪽에서 계속 놀이 기구를 타는 관광객들은 갈증으로 음료수에 대한 수요의 탄력성이 유원지 바깥쪽의 일반인 경우보다는 훨씬 비탄력적이 된다. 그리고 유원지 밖의 음료수 값이 유원지 안쪽의 음료수 값보다 비싸더라도 그 차이가 입장료보다 크지 않다면, 중간에서 음료수를 중개 매매하는 사람은 없을 것이다. 따라서 음료수를 두 시장에 동일한 가격으로 판매하기보다는 유원지 외부에서는 저렴한 가격을, 그리고 유원지 내부에서는 더 높은 가격을 책정함으로써 가게를 운영하는 주인은 이윤을 더 높일 수 있다. 이와 같은 가격 차별 사례는 주변에서 흔히 볼 수 있는데, 주간과 야간에 전화비나 전기세를 달리 부과하거나, 국내 자동차 업체들이 동일한 차종을 국내에서 판매할 때와 해외에서 판매할 때 가격을 달리 책정하는 것도 가격 차별의 일종이라 할 수 있다.

〈그림 8-2〉를 보면 이러한 가격 결정 원리를 잘 설명해 준다. D_A는 A시장(유원지 바깥)의 수요 곡선이고, D_B는 B시장(유원지 내)의 수요 곡선으로 A시장의 수요 곡선이 더 큰 탄력성을 가지고 있다. MR_A, MR_B는 각 시장의 한계 수입 곡선이다. 이제 MR_A와 MR_B를 수평으로 합한 곡선을 오른쪽 그래프의 MR로 표시하자. 이윤을 극대화하는 독점 기업은 $MC=MR_A=MR_B$가 되는 산출량을 생산하여 각 시장에 할당한다. 그림에서 A, B 각 시장에 대한 할당량은 Q_A, Q_B로 나타낸다. 이때 A시장에는 Q_A의 생산량과 P_A의 가격이 설정되고, B시장에는 Q_B의 생산량과 P_B의 가격이 설정된다. 따라서 A시장의 가격(P_A)이 B시장의 가격(P_B)보다 낮아, 수요의 탄력성이 낮은 시장의 가격이 높은 것을 알 수 있다.[2]

2 일반 경제학에서 한계 수입(MR)은 $MR=P\left(1-\frac{1}{e}\right)$로 나타난다. 가격 차별을 행하는 독점 기업의 균형 조건은 $MR_A=MR_B$인데, 이것을 위의 수식 형태로 나타내 보면 $PA\left(1-\frac{1}{e_A}\right)=PB\left(1-\frac{1}{e_B}\right)$로 되어 수요의 탄력성이 낮은 시장에 가격

그림 8-2 **가격 차별과 가격 결정**

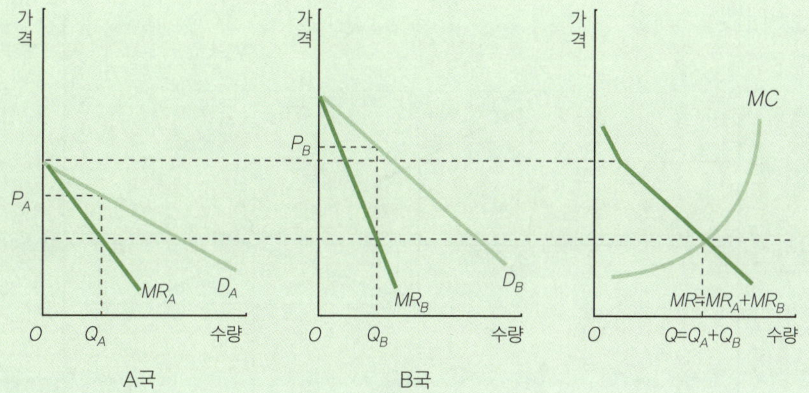

일반적인 경제 모델에서는 기업들이 외국 시장보다는 국내 시장에서 상품의 가격을 높게 부과하는데, 이는 국내 시장에서의 시장 지배력이 더 크므로 그 상품에 대한 수요가 비탄력적이라고 생각하기 때문이다. 따라서 기업들은 국내 시장에서 시장 지배력을 이용하여 더 높은 가격을 책정하는 반면, 국외 시장에서는 시장 점유율이 낮기 때문에 수요 탄력성이 높아 국내 시장보다 더 낮은 가격을 책정한다.

이제 몇몇 국가가 경제 통합을 통해 시장 분할을 없애고, 이에 가격 차별도 철폐하였다면 두 가지 현상을 경험하게 된다. 첫째는 기업이 처음부터 낮은 가격을 부과하였던 수출 시장 부문의 판매량을 높은 가격을 부과할 수 있는 국내 시장 부문으로 재할당하는 것이고, 둘째는 모든 기업이 누려 왔던 시장 지배력이 약화되어 총산출량이 증가하는 것이다.

첫 번째 효과는 〈그림 8-3〉에 설명되어 있다. 논의를 간편하게 하기 위해 총산출량은 주어졌다고 가정하고, 기업은 이윤을 극대화하기 위해 국내 및 다른 국가 간에 판매량의 할당을 모색한다고 하자. 국내의 수요 곡선은 O_A를 원점으로 그려진 D_A이며,

이 높게 설정되는 것을 알 수 있다.

그림 8-3 시장 분할 제거의 영향

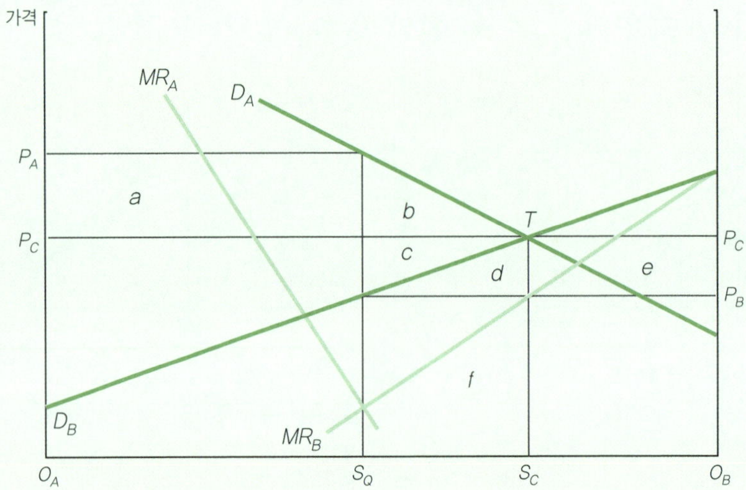

기타 다른 국가들의 수요 곡선은 O_B를 원점으로 그려진 D_B이다. 각각의 한계 수입 곡선은 MR_A와 MR_B로 나타나 있다. 이 그림은 〈그림 8-2〉의 A시장과 B시장의 그래프를 서로 맞대어 그린 그림으로 보면 된다. 다만 A국 시장과 B국 시장의 탄력성 크기가 서로 바뀌어 그려진 것이다. 만일 두 시장이 완전히 분할되어 있다면, 이윤 극대화를 위해 두 시장 간의 한계 수입이 같아지는 점에서 생산하도록 생산량을 할당할 것이다. 따라서 기업은 국내에서는 P_A, 외국에서는 P_B의 가격으로, 그리고 O_AS_Q를 국내에서, O_BS_Q를 기타 다른 국가에서 판매한다.

이제 거래를 하던 국가들 간의 경제 통합으로 양 시장이 통합되어 가격 차별이 철폐된다면, 두 시장 수요 곡선이 만나는 점인 T에서 가격이 P_C로 정해질 것이다. 그리고 국내 판매는 O_AS_C, 그리고 나머지 회원국들에 대한 판매는 O_BS_C가 된다. 이때 발생하는 후생 효과는 다음과 같다. 국내 소비자는 경제 통합에 따른 가격 하락(P_A에서 P_C)으로부터 소비자 잉여의 증가분인 $a+b$만큼 이익을 얻는다. 한편, 다른 국가 소비자들은 가격 상승(P_B에서 P_C)으로 소비자 잉여의 감소분인 $d+e$만큼 손실을 입는다. 기업은 회원국들에 수출 판매를 통하여 $e-f$만큼 수익을 취하게 될 것이다. 국내 판매 측면에서 보면 기업은 a만큼 손실을 보지만, 대신 $c+d+f$ 만큼 국내 판매량이 늘어 그만큼 이익을 얻는다. 하지만 f는 통합 전에는 외국에 수출하면서 얻는 부분인데, 통합 후 국내 소비로 바뀌어 손해도 이익도 아닌 부분이다. 따라서 기업의 순이윤 크기는 $c+d+e-a$로 나타나는데, 이 크기는 틀림없이 음(–)이 될 것이다. 왜냐하면 이 크기가 양(+)이었다면, 기업이 통합 전에 가격 차별 정책을 실시하지 않았을 것이기 때문이다. 통합체 전체로서는 시장 분할의 제거를 통해 순이익을 $b+c$만큼 얻었다. 그렇지만 수출국의 순이익($b+c+d+e$)이 회원국 소비자들의 희생($d+e$)하에 달성된다. 이때 수출국과 나머지 회원국 쪽에서 같은 상품을 서로 수출하고 무역이 균형 상태에 있다면, 수출 이익은 수입 손실을 틀림없이 능가할 것이다. 만일 그러한 산업 내 무역에서 무역 불균형이 발생한다면, 결과적으로 무역 수지 흑자를 실현한 진영에 혜택을 주는 경향이 있을 것이다.

위의 사례에서는 시장 재할당이 소득에 대해 영향을 미칠 것으로 기대되는 효과에 초점을 맞추기 위해 총판매량은 주어진 것으로 가정하였다. 하지만 실제로는 시장 통합이 각 기업의 총판매량에 추가적으로 영향을 미칠 수 있다. 독점 기업이 단일 시장에서는 소비자 각각을 차별할 수 없는 것처럼, 통합된 시장에서는 차별할 수 있는 능력을 상실하게 되고 이는 기업들의 생산량을 감소시킨다. 그러나 다른 한편으로는 통합된 시장에서 한 기업의 시장 지배력은 분할된 시장에서보다 더 작아질 것이고, 이에 따라 기업의 이윤은 줄어들고 총생산량은 틀림없이 많아질 것이다. 그래서 전체적인 변화 방향은 명확하지 않다. 만일 국내 수요와 해외 수요가 똑같이 가격 변동에 민감하고, 가격 차별이 오직 국내와 나머지 경제 블록의 시장 지배력 차이에서만 생겨난다면, 통합의 효과는 시장 각 부문의 주도적 판매자의 시장 지배력을 감소시킬 것이다. 이는 필연적으로 제품의 평균 가격을 낮추고, 총판매량을 확대시키는 결과를 가져올 것이다. 그러나 소비자의 국산품 선호도가 강하거나 통합 후에도 무역 비용이 발생한다면, 그 효과는 분명하지 않을 것이라고 하랜드(Haaland)와 우튼(Wooton)은 지적한다.

위의 분석을 통해 도출된 결과를 정리해 보면 크게 세 가지로 요약할 수 있다. 첫째, 해당 산업이나 부문의 통합체 내 수입(輸入)은 가격 상승으로 인하여 감소될 것이다. 그래서 그 산업이나 부문이 지배적인 위치를 가지고 있으면, 블록 내 무역 확대가

동반되지 않더라도 통합으로부터 상당한 이익이 발생할 수 있다. 이는 새 이론의 예측이 기존의 고전적 접근법과 다른 중요한 측면 중 하나이다. 둘째, 순수하게 상대 가격 변화 효과를 고려하면, 여타 세계에 비해 그 부문의 경쟁력 향상에 대한 긍정적 영향을 반영하여 역외국들로부터의 수입 역시 감소할 수 있다는 점이다. 따라서 역외국들에게는 무역 전환 효과와 동일하지는 않겠지만, 결과적으로 부정적인 무역 효과가 있을 수 있다. 하지만 경제 통합을 통해 장기적으로 동맹국들의 소득이 증가한다면 이러한 소득 효과에 의해 역외국으로부터 수입 수요가 늘어날 수 있을 것이다. 그리고 그 효과가 충분히 크다면, 역외국들도 장기적으로 부정적인 무역 효과를 반드시 겪을 필요가 없다. 셋째, 동일한 맥락에서 만일 상이한 경제적 특성을 가진 국가들끼리 통합해서 무역 전환이 수반되더라도, 낮은 가격으로 생겨난 경쟁으로부터 발생하는 이익이 무역 전환 비용보다 더 크다면, 관세 동맹과 시장 통합은 여전히 유익한 효과를 가질 것이다.

실제로 불완전 경쟁과 과점적 상황, 그리고 제품 차별화가 존재할 때의 통합 이익을 분석하는 이론은 매우 복잡하여 일반화하기가 어렵다. 이것은 국가별 선호와 기술, 기업가의 행태에 대해 어떻게 가정하느냐에 따라 그 결과가 크게 달라지기 때문이다. 더구나 과점 기업가들에게 적절한 시장 형태는 전형적으로 다국적 기업이라는 것이다. 이러한 다국적 기업은 앞 장에서도 언급하였듯이 자원 배분에 대한 경제 통합의 효과를 결정하는 시장을 우회하는 능력을 가지고 있다. 따라서 다국적 기업은 시장 통합이 시행되더라도 회원국 내 시장에서 가격 차별을 지속할 능력을 가지고 있다.

경제 통합의 효과에 관해 과거에 분석한 내용은 대부분 경제 이론에서 나왔다기보다는 주로 무역과 생산 자료를 이용하여 계량적 모델을 이용해 추정한 실증 분석의 결과로 나왔다. 그중 대표적인 것은 유럽연합이 경제 통합을 진전시키거나 단일 시장을 완성시키는 과정에서 각료이사회와 유럽의회에 보고서를 제출하는 과정에서 만들어진 보고서에서 많이 발견된다.[3] 한편, 에머슨(Emerson)과 볼드윈(Baldwin), 콜리(Cawley)와 데번포트(Davenport) 등의 연구 결과가 1980년대 말에 집중적으로 발표되었고, 시장

3 CEC(1988; 1996; 1997).

통합이 제3국에 미치는 영향에 대한 연구 결과도 많이 발표되었다.[4] 국내에서도 한·중·일의 경제 통합으로 인한 경제적 효과에 대한 분석(Ohnish and Yin, 2002)이나 한–미 FTA 결성에 따른 효과에 대한 여러 분석 결과가 발표되었다. 그러나 이러한 계량적 분석에 있어 자료들의 정확성 및 수집 문제뿐 아니라 경제 통합을 연구할 때 고려해야 할 요인들의 다양성에 비해, 분석 모델의 단순성으로 인한 연구 결과는 지금까지 여러 가지 비판에 직면하고 있다.

4 Emerson *at el.*(1988), Baldwin(1989; 1992), Cawley and Davenport(1988), Davenport and Page(1991), Hufbauer(1990), Haaland(1990).

Chapter 9
재정 통합

재정 통합

지금까지는 주로 시장 통합에 관련된 경제적 효과에 대해 살펴보았다. 그러나 공동체 전체의 발전과 경제적 안정을 위한 경제 정책의 조정, 또는 공동 정책의 수립 없이 단순한 상품 및 생산 요소의 자유 이동을 허용하는 시장 통합만으로는 경제적 효율성 제고나 공동체의 지속적 발전을 도모하는 데 한계가 있다. 따라서 대부분의 경제 통합체는 이보다 한 단계 더 나아가 재정 통합이나 통화 통합 등 정책 부문의 통합을 추구하게 된다.

이때 재정 통합이란 각 국가가 가지고 있는 재정과 예산에 관련된 권한의 일부 또는 전부를 공동체로 이관하는 것을 의미한다. 하지만 이러한 문제는 국가 주권의 양도와 관련되어 있어 상당히 민감한 부분이다. 공동체 차원에서 재정 기능의 통합은 어느 정도의 재정 동맹(fiscal union)으로 귀착되며, 공동체 당국에게 역내 지출과 조세에 관련된 정책 수단의 관리와 정책 목표들을 선택하도록 하는 상황을 야기한다. 이런 의미에서, 재정 통합은 각 회원국이 통제하고 있는 특정한 재정 수단을 활용하는 방법에 대한 합의를 다루는 재정 조화(fiscal harmoni- zation)와 본질적으로 공동체 당국에 의해 강요될 수 없는 국가 재정 수단의 자발적 협력을 다루는 재정 조정(fiscal co-ordination)으로 구분되어야 한다. 이 장은 재정 통합에 관련된 이슈들을 먼저 다루고, 재정 조화에서 야기되는 주요 이슈들은 뒤의 절에서 다룬다.[1]

1 Robson(1998), Chapter 8~9.

제1절 재정 통합

각국에서 공동체 예산의 역할은 지출과 재정 조달을 포함하는 정책 권한을 회원국으로부터 공동체로 이전하는 정책적 선택을 축약·반영하는 것이다. 이와 연관된 정책 통합은 결국 정치적 결정에 많이 의존하게 된다. 따라서 회원국으로부터 공동체로 정책들의 관할권을 양도하는 데 영향을 미치는 여러 가지 요건들을 자세히 살펴볼 필요가 있다.

회원국으로부터 공동체로 정책들을 양도하는 데 영향을 미치는 이슈들과 예산상의 의미 등을 다루기 위해서는 국가 예산의 공적 기능을 먼저 고려해 보는 것이 중요하다. 어떤 국가든 모든 국가 예산은 국가 경제를 운영하는 데 중요한 도구이며, 그 크기나 구조는 국가의 정치적·사회적·경제적 목표를 반영하고 있다. 한 국가의 예산은 여러 경로를 통해 국가 경제에 영향을 미치게 되는데, 일반적으로 공공 정책(public policy)이 가지고 있는 기능은 크게 ① 자원 배분, ② 안정화, ③ 소득 재분배, ④ 대외 관계 등 네 가지로 나눈다.

먼저 공공 정책의 자원 배분 기능은 주로 자원의 효율적 사용에 목표를 둔 거시 경제 정책 수단을 요구하는데, 내부 시장이 적절히 기능하도록 목표를 맞춘 모든 정책들을 포함한다. 시장 경제에서의 전제 조건은 이것이 '공공재'에 한정되어야 한다는 것이다. 공공재란 재화의 특성뿐만 아니라 외부성과 확산 효과 때문에 시장에서는 효율적으로 공급되지 않는 상품이나 서비스 등을 말하며, 주로 각 국가의 정부가 그 공급을 맡는다. 두 번째 안정화 기능은 높은 성장률이나, 물가 안정화 그리고 완전 고용 같은 목표들을 성취하기 위한 거시 경제 정책들이나 통화 정책들을 요구한다. 소득 재분배 기능은 시장에 의해 나타난 지역 간·개인 간 소득 분배를 변화시키려는 조세나 지출 정책들과 관계가 있다. 이것은 시장 메커니즘이 동일한 분배의 결과를 성취하지 못하였을 때, 각기 다른 그룹 간에 동일한 분배를 보장하는 정책들을 요구한다. 마지막으로 대외 관계란 관세 동맹의 상업 정책(commercial policies)에서 완전 연합(full union)의 국방 정책과 같이 통합의 각 단계마다 통합체를 제3국들과 비교해 자신들을 정의하고 주체성(identity)을 갖도록 하는 것을 말한다.

처음의 두 가지 기능이 통합의 완전한 이익을 거두기 위해 절대적으로 필요한 것이라면, 세 번째 기능은 통합체 내에서 모든 참여국으로부터 필요한 정치적 지지를 얻기 위해 필요하며, 네 번째는 동맹국끼리 국제 관계 속에서 자신들만의 주체성을 확립하기 위해 필요하다.

경제 통합 그룹에서 마지막 기능을 제외한 나머지 세 가지 기능을 각 회원국 손에 남겨 두는 것이 좋은가, 아니면 공동체 기구에 양도하여야 하는가에 대해서는 많은 논란이 있다. 이것을 판단하는 기준으로는 주로 두 가지를 꼽는데, 하나는 초국경 확산 효과(cross-border spillover effects)이고, 다른 하나는 규모의 경제(economies of scale)이다. 초국경 확산 효과란 특정한 국가나 지역이 어떤 공공 정책을 시행할 때 필연적으로 다른 국가나 지역에 중대한 파급 영향을 미치는 것을 말하는데, 이럴 경우 외부 효과로 인해 통합 그룹에게 최적의 결과를 가져다주지 못한다. 그리고 그러한 영향은 해당 공공 정책의 주요 이익 및 비용을 내부화시킬 수 있는 고위 당국자에게 그 활동이나 실행권을 부여할 수 있도록 해 주는 중요한 이론적 근거가 되고 있다. 또한 특정한 공공 정책 사업이 국가 간 합의하에 공동으로 이루어질 때 상당한 기술적 또는 금전상 규모의 경제가 발생하는데, 그러한 사업을 충분히 큰 규모로 추구할 수 있는 정부 고위 당국에게 양도하는 것이 효율성의 관점에서 더 좋다고 할 수 있다.

이러한 근거를 바탕으로 각 회원국의 재정에 관련된 권한을 공동체로 이전하자는 일부 재정학파 경제학자들은 조세와 관련하여서도 확산 효과가 존재할 때 가장 고위 당국인 공동체가 조세 권한을 갖는 것이 경제적으로 합리적이라고 주장한다. 이들은 그 근거로 세 가지를 내세우는데, 먼저 조세 기반이 회원국 간에 차이가 많고, 초국경 외부 효과가 있으면 재정 통합은 회원국 간의 과세 경쟁을 피하기 위해 바람직할 수 있다는 것이다. 만일 그렇지 않으면 공공재가 최적으로 공급되지 못하거나 기업의 입지 결정이 왜곡될 것이라는 것이다. 둘째, 조세 기반이 회원국 차원에서 합리적으로 정의되지 못하면 재정 통합을 해야 한다는 주장이다. 그리고 재정 통합을 강조하는 세 번째 효율성 주장의 논점은 세금을 회원국별로 거두는 것보다 통합하여 거두면 규모의 경제로 인해 징수 비용을 줄일 수 있다는 것이다.

이러한 재정의 중앙 집중화 방식은 예산의 기능이나 목표와 관련하여 고위 당국만이 효율적으로 운영할 수 있는 경우에 한하여서만 수용될 것이다. 하지만 세금 부과의 권한이 각 국가에는 민감하고, 특히 국가의 주권과 매우 밀접히 연관되어 있으므로, 그 수용 여부는 순수하게 경제적 요인에 의해서만 판단되지 않고 정치적 고려에 의해 좌우될 가능성이 크다.

1. 경제 통합에서 재정 연방주의의 타당성

현재 세계에 존재하는 여러 경제 통합체 중 공적 기능을 양도하는 형태로 재정 통합을 한 사례는 드물며, 굳이 찾아본다면 유럽연합(European Union)이 지금까지 체결한 단일유럽의정서(Single European Union)나 조약들에서 이러한 연방적 특성이 포함된 유일한 예라고 하겠다. 특히, 경제 통합체에서 재정적 연방주의를 재정 통합, 특히 조세권 양도 문제와 연관해 보면 그 한계점은 분명해진다. 이것은 현재 세계의 모든 경제 통합체들이 통합체 차원에서 독립적으로 보유한 세금 징수권을 가지고 있기보다는 각 회원국들이 내는 분담금으로 운영되고 있기 때문이다. 경제 통합체의 관점에서 보면 조세권 양도 분석의 또 다른 한계점은 정치 제도와 그 판단 기준 모두가 주어진 것으로 가정함으로써 실제적으로 이론이 정태적인 조건으로 틀이 짜여져 있다는 것이다. 그러나 오늘날 모든 경제 공동체는 현재 상태로 머물러 있는 것이 아니라 항상 변하고 능동적으로 발전한다.

실제로 특정한 기능을 공동체로 이전함으로써 순수한 효율성 측면에서 상당한 이익을 얻을 수 있더라도, 초국경 확산 효과에 대응하는 유일한 방법은 아니다. 좁은 의미에서 정책 통합이나 중앙 집중화는 엄격히 말해 회원국 간의 정책 조정이나 정책 조화를 대체하는 방안들이 문제를 적절히 다룰 수 없을 때에만 유효하다. 마스트리히트 조약에 명시된 부차성 원칙(subsidiarity principle)[2]은 EU의 권한을 더 강화시키려면 충분한 이론적 근거가 있어야 할 뿐 아니라, 상호간 협력을 통해 공동의 문제를 해결할 수

2 이는 특정한 권한을 공동체보다는 회원국이나 회원국의 지방정부 등 하급 기관으로 이양시키는 원칙을 뜻한다.

없을 때에만 특별히 수용되어야 한다는 것을 의미한다. 논의되었던 초국경 확산 효과는 반드시 권한을 상부 기관으로 이전시켜야만 해결되는 것이 아니고, 종종 동맹국 간의 상호 협력으로도 해결이 가능하며, EU의 경우 이미 많은 영역에서 회원국 간에 상호 협력을 통해 성공적으로 시행되어 왔다.

따라서 일부 재정학파 학자가 주장하는 조세권 양도 기준은 정태적이고, 경우에 따라서는 정치적 고려 사항뿐 아니라 다른 효율성 고려 사항에 의해서도 보완될 필요가 있다. 다음 단락에서는 경제 통합의 측면에서 그들이 재정 통합을 위해 갖고 있는 의미를 좀 더 자세히 살펴보겠다.

(1) 배분 기능

전 세계에 존재하는 경제 통합체 회원국들은 그들의 공공 지출 대부분을 국방뿐 아니라 교육, 보건 그리고 사회 보장 등 공공재를 공급하는 데 지불한다. 국방의 경우 규모의 경제와 확산 효과가 매우 크다. 그러나 정치적으로 민감한 사안으로서 지금까지 어느 공동체나 공동체 차원에서 공동으로 국방을 수행하는 경우는 없다. 사회 복지 사업의 경우 확산 효과를 공통적으로 가지고 있지만, 큰 규모의 경제를 가진 경우는 드물다. 그리고 사회 복지 분야를 공동체 차원에서 통합해서 공급하려 해도 회원국 간에 이 분야에 대한 각기 다른 선호와 전통 등으로 이질적인 요인이 많아 통합에 대한 필요성을 크게 느끼지 않고 있다.

그 밖에도 기술이나 환경, 안전, 보건 분야, 조세 조화, 공동 시장 및 관세 동맹의 운영, 산업 분야에서의 정부 보조, 대외 무역 정책 이슈 등에 관련된 규제적 공공 기능의 실제 범위를 고려하는 것 또한 필요하다. 이 모든 범주에서 어느 정도의 중앙 집중화된 공동체 규제를 실행하기 위해서는 규모의 경제, 확산 효과, 그리고 시장을 효율적으로 만들 필요성 등을 강조함으로써 필요한 합의를 이끌어 낼 수 있을 것이다. 그러나 공동체로의 권한 이양 주장이 몇몇 특정 분야에서는 수용되더라도, 일반적으로 실제적인 공공 지출이나 공공 소유권을 요구하지 않기 때문에 결국 실제적인 재정 통합을 필요로 할지는 의문이다. 즉, 분배 기능의 관점에서 보면 시장 경제로 구성되어 있는 경제 공동체에서 효율성을 기준으로 재정 통합의 필요성은 그다지 크게 나타나지 않는다. 이것은 실제적으로 유럽연합(EU)이나 다른 경제 통합체에서도 잘 나타나는데, 각 경제 통합체의 예산 지출 수준은 각 회원국들의 지출 수준과 비교하면 극히 작은 부분에 지나지 않으며, 회원국의 GDP 규모에 비해 미소한 부분을 차지하고 있고 그 역할도 미미하다. 예를 들어, EU의 현재 예산 총액은 회원국들 총GDP의 약 1%에 지나지 않는다.

(2) 재분배 기능

이제 예산이 갖는 공적 기능 중 소득 재분배 기능과 관련된 이슈들을 살펴보자. 경제 통합을 통해 역내 상품과 생산 요소가 자유롭게 이동하게 되면 공동체 전체적으로는 경제적 효율성이 증가될 수 있는 반면, 통합체 내 지역 간·국가 간 생산 요소의 집중 현상도 나타나 번영하는 지역(국가)과 쇠퇴하는 지역(국가)이 나타나게 된다. 이때 소외되어 경제 통합의 이익을 분배받지 못하는 지역이나 국가는 통합에 대해 불만을 가지게 되고, 장기적으로 이들로 인해 경제 통합체의 유지가 어렵게 된다. 따라서 통합체 내에 지역 간·국가 간의 여러 사회적·문화적·경제적 격차를 축소하고, 통합의 이익을 골고루 재분배하는 정책은 매우 중요하며 필수적인 정책 영역이다.

한 국가 내에서는 국민 개개인에게 영향을 미치는 공공 지출이나 개인에 대한 조세 정책을 시행한 결과 중앙에서 각 지역으로 대규모의 재정 재분배가 자동적으로 이루어진다. 이런 재분배 정책은 전국에 걸쳐 이루어지지만 지리적으로 번성하는 지역이 시간이 지남에 따라 변하기 때문에 재분배 정책의 영향도 지역 간에 각각 달라진다. 공간적인 측면에서 보면, 국가 재정의 재분배는 ① 거시 경제적 충격이 발생하였을 때 그 충격을 좀 더 공간적으로 공평하게 분배하는 데 기여하고, ② 국가나 지역이 자신들의 문제를 완화할 목적으로 스스로 무역이나 환율 정책을 시행할 수 없는 것을 효율적으로 보완해 주며, ③ 다양한 지역에서 경제적 성과가 다르게 나타날 때 이를 좀 더 수렴하고 동일해지도록 도와주고, ④ 국가나 지역 간에 수용할 수 없을 정도의 대규모 이민 흐름을 억제하는 것을 돕는 등 여러 가지 중요한 목표에 공헌한다.

이러한 통합 이익에 대한 재분배 기능과 관련하여, 재정 연방주의자들 주장의 이론적 근거는 주로 요소들의 이동성이 높다는 데 바탕을 두고 있다. 즉, 각 생산 요소가 높은 이동성을 가지고 있으면 상당한 크기의 누출과 재정적 확산 효과를 가지게 되고, 이는 분배 문제를 다루는 데 있어 공동체가 아닌 각국의 정부나 지방정부가 효율적으로 관리하기 힘들어진다는 논리이다. 더구나 요소가 높은 이동성을 가지면 각 회원국이나 지역 간에 조세 및 지출 정책에 차이가 많은 상황에서는 개인 간의 소득 분배나, 그 지역의 경제 성장 등의 문제에 하위 관청이 미칠 수 있는 영향은 제한적이다. 따라서 이와 관련된 기능은 공동체 차원으로 이전해야 한다는 것이다.

그러나 오늘날의 경제 통합체에서 재분배 기능을 공동체 차원으로 양도해야 한다는 주장은 몇 가지 이유로 반대에 부딪치고 있다. 첫째, 비록 공동 시장을 결성하여 요소 이동의 장애 요소를 없애더라도, 언어나 사회·문화적 차이로 인해 노동의 이동성은 생각보다 크지 않다는 것이다. 따라서 회원국들이 법인세 영역은 아니더라도 개인세 영역에서는 효율적으로 관리할 수 있으며, 권역 간의 조세 경쟁에 의해 장기적으로는 관할권이 서서히 없어질 것이라는 것이다. 경제 동맹체 내에서 소득에 영향을 미치는 각 회원국의 역량을 무시할 수 없는 또 다른 요소는, 통화 동맹을 제도화한 경제 공동체가 전 세계에서 유럽연합이 유일하고 나머지 대부분의 경제 동맹체는 회원국이 아직도 명목상 통화 자율권을 유지하고 있는 점이다. 이렇게 경제 동맹체에서 통화 동맹이 제도화되어 있지 않다면, 공동체 차원에서 세금을 부과하는 것은 실제적으로 매우 어려울 것이다. 따라서 재정 통합은 통화 통합과 함께 추구되어야 그 효과가 더 커질 것이다.

일부 재정학자들은 공동체가 실제적으로 개인이나 기업에 직접적으로 과세할 수 있는 초국가적인 권한을 소유하고 있다고 가정한다. 그러나 실제적으로 EU를 포함한 현존하는 경제 공동체 모두가 회원국들이 내는 분담금으로 운영되는 상황에서는 그러한 권한을 가질 수 없으며, 따라서 오늘날의 경제 공동체에 적용하기 어려운 주장이다.

(3) 안정화 기능

기본적인 경제 이론에서 예산의 안정화 기능이란 경제가 외부 충격에 의해 균형에서 이탈하였을 때 정부가 재정 정책이나 금융 정책 등을 시행하여 경제에 미친 충격을 완화하고 새로운 균형점에 도달할 수 있도록 유도하는 기능을 뜻한다. 그러나 경제 통합에서 다루는 또 다른 문제는 안정화를 위해 시행하는 이러한 재정 정책을 회원국 차원이 아닌 공동체 차원에서 담당하도록 만들 수 있는가 하는 것이다.

안정화 정책이 개별 회원국 차원이 아닌 공동체 차원에서 실행되어야 한다고 주장하는 주요 이유는 한 국가가 시행하는 재정 정책이 다른 국가에까지 영향을 미치는 초국경 확산 효과로부터 생겨난다. 이러한 확산 효과가 있으면 한 나라의 경제 정책은 다른 회원국에 영향을 주게 되고 다른 회원국 정책으로부터도 영향을 받게 되어, 공동체 전체적으로 이런 외부성이 정책 중앙화로 내부화되었을 때 도달할 수 있는 최적화 수준에 도달하지 못하게 만든다. 예를 들면, 한 국가가 인플레이션을 억제하기 위해 통화 긴축 정책을 시행하였다고 하자. 그러나 다른 회원국의 물가가 상승하여 그 회원국으로부터 수입해 오는 중간재 가격이 상승해 결국은 이미 시행한 통화 긴축 정책이 아무런 효과를 거두지 못하게 되는 경우가 발생한다.

그러한 정책의 외부성은 경제의 통합 수준에 따라 그 중요도가 달라지는데, 이것은 경제 규모와도 관계가 있다. 경제 규모가 작은 소국은 대체로 그들의 경제가 너무 개방되어 있어 확산 효과 때문에 안정화 정책의 효율적 채택이 불가능하지만, 회원국 중에서 대국의 경우에는 반드시 그렇지는 않다. 또한 다수의 국가로 구성되어 있는 경제 공동체에서 중심국과 주변국 사이의 상호 확산 효과의 크기가 상당한 차이가 있을 수 있다.

안정화 정책을 공동체에 부여해야 한다는 두 번째 주요 이유는 보험 원칙(insurance principle)에 있다. 만일 외부의 경제적 충격이 공동체 회원국에 영향을 미치고, 각국이 경제 충격을 완화시키기 위해 시장에서 자금을 빌려 자신의 안정화 정책에 조달한다면, 국가별 상황에 따라 어떤 국가는 다른 국가보다 좀 더 많은 빚을 지게 될 것이며, 소득을 재분배하는 재정적 체제를 제도화한 공동체보다 경제적 안정을 꾀하기 어려울 것이다. 그러한 경우에, 적절한 공동체 안정화 제도를 도입하는 것은 거시 경제적으로 충격이 발생하였을 때 각 국가에 어느 정도 유리한 상호 보험을 제공해 줄 것이며, 국가별 차원에서 시행하였을 때 도달할 수 있는 최적 수준만큼 안정화로 가는 것을 도와줄 수 있다. 동시에 그러한 정책은 잠재적 수혜자 중 일부가 공동체가 기대하는 행동에서 벗어나도록 하는 가능성도 최소화시킨다.

그러나 경제적 충격을 완화하고 경제적으로 안정을 찾기 위한 정책을 반드시 공동체 차원에서 시행해야만 된다는 근거는 없다. 즉, 공동체를 통해 시행하는 정책 방식 말고도 회원국들 간에 각자의 재정 정책을 상호 조정함으로써 원래의 경제 안정화 목표를 달성할 수 있다. 하지만 이러한 회원국들 간의 정책의 상호 조정은 공동체 내 국가들 간에 계속적인 협상을 필요로 하고, 또 합의에 도달하기까지 많은 시간이 소요될 수 있다는 점에서 또 다른 반대에 직면할 수 있다. 이럴 경우 오히려 개별 국가 차원에서 적절한 때를 맞추어 자유 재량적으로 정책적 개입을 하는 것이 더 효과적이고, 더 쉬울 수도 있어 공동체 내의 협상을 통한 상호 조정 방식은 실행되기 어렵다.

이러한 시차 문제와는 별개로, 안정화 기능을 공동체로 이전하는 것이나 회원국들 간에 재정 정책의 상호 조정이라는 두 가지 안정화 접근법은 그 어느 것도 본질적으로 경제 동맹체의 전체적인 안정화에 기여한다고 말할 수 없다. 미래에 직면하게 될 경제적 상태나 제도의 실행에 수반되는 불확실성 이외에도 정책적 모델의 적절성에 대한 의문도 존재한다. 이러한 것들은 국가마다 달리 나타날 수 있으며, 이것 자체가 정책의 상호 조정을 더욱 어렵게 만든다. 만일 모두가 합의한 정책이 적절하지 않은 정책이었다면, 상호 조정은 내재된 어떤 불안정성을 오히려 확대하는 결과를 초래할 것이다.

결론적으로 경제 공동체가 안정화 목적을 위해 직접 재정 활동을 하기에는 이론적 근거가 미약하며, 현재의 기존 공동체의 체제나 예산 규모로는 불가능하다고 볼 수 있다. 공동체 전체에서 재정 안정화 정책을 시행하다 보면 예산 부족으로 부채가 발생할 수도 있을 것이다. 이때 공동체가 통화 동맹이 결성되어 있지 않다면, 공동체는 각 회원국들의 자본 시장에서 채권을 발행하여 안정화에 필요한 재원을 마련해야 한다. 그러나 이러한 재정 관련 문제는 여전히 각 회원국의 통제를 필연적으로 받기 때문에, 공동체로서는 상당히 많은 제약을 받게 될 것이다. 따라서 공동체 차원의 재정 안정화 정책을 시행하는 데 필요한 차입과 채무 관리 정책은 회원국 간의 효율적인 통화 협력 협정과 연계하거나 통화 동맹 기반을 통해서 수행되는 것이 훨씬 효율적이고 원만하게 수행될 수 있다.

제2절 재정 조화

국제 경제 통합은 단순한 자유무역지대부터 완전 동맹에 이르기까지 여러 가지 형태의 협정을 포함한다. 그리고 실제적으로 완전한 경제 동맹이 성립하기 위해서는 공공재에 대한 회원국들의 선호가 비슷하고, 또 주요 분야에서 정책 목표들도 같아야 한다. 그러한 상황에서 높은 수준의 재정 통합과 유사한 재정 제도, 조세 및 지출 정책이 뒤따를 것이다. 재정 조화에 관련된 이론은 이것과는 약간 출발점이 다른데, 완전한 경제 동맹보다는 낮은 단계의 통합 형태로 공공재에 대한 선호가 회원국별로 다르고, 공공 정책 목표들도 다양하다. 또한 경제 안정화 같은 중요한 정책 영역은 아직도 회원국들이 그 책임을 소유하고 있는 통합에 적용된다. 이 이론의 관심 사항은 주로 회원국들의 조세 조화(tax harmonization) 정책에 관련된 것으로, 이 절에서는 조세의 조화에 주요 초점을 맞출 것이고, 지출의 조화는 다루지 않는다.

조세 조화의 분석은 일반적인 경제적 판단 기준의 범위 내에서 수행되며, 특히 조세를 조화시키는 과정에서 조세 수입이 증가하거나 손실을 입을 수 있기 때문에 조세 조화에 수반되는 후생 증가나 손실은 매우 중요한 고려 사항이다.

조세 조화의 분석에서는 공평성보다 효율성 기준을 더 많이 고려하고 있으며, 자원 배분을 개선시킨다는 정통적 통합 이론의 주장을 반영하고 있다. 그러한 관점에서 조세 조화 분석을 직접세와 간접세 두 세금 형태로 나누어 살펴보자. 그리고 간접세의 경우 부과 원칙에 따라 무역과 생산에 어떠한 영향을 미치는가 하는 것이 주요 분석 문제이며, 직접세의 경우 국가나 국적에 의해 요소 수입에 세금을 부과함으로써 생기는 차이의 효율성 효과가 생산성에 어떠한 영향을 주는가 하는 것이 주요 논점이다.

1. 간접세의 조화

관세 동맹을 결성하여 동맹 내 모든 대외 관세의 영향을 제거하였더라도, 내부적으로 간접세 제도와 세율이 차이가 나면 동맹 내 무역의 흐름은 영향을 받게 된다. 그리고 그러한 영향은 역내 관세가 존재하지 않을 때 더 커지게 된다.

간접세의 경우 생산지를 기준으로 부과하든가, 소비자를 기준으로 부과하든가 하는 둘 중 한 가지 방식을 택하게 된다. 원산지 원칙(origin principle)하에서는 상품이 수출되든 아니든 관계없이 국내 생산 제품에 세금을 부과하며, 수입품에는 세금을 부과하지 않는다. 반면 목적지 원칙(destination principle)하에서는 국내 소비자에게 소비될 예정인 국내 생산 제품과 마찬가지로 수입 상품에도 동일하게 세금을 부과하지만, 외국 소비자에게 소비될 예정인 국내 생산 제품에는 세금이 부과되지 않는다.

이러한 두 가지 원칙 중 어느 것을 선택하느냐에 따라 동맹체 내에서 자원의 배분이 영향을 받게 된다. 다음의 예를 보자. 동맹국 중 A국은 일률적으로 상품에 20%의 세율을 부과하고, B국은 그 절반인 10% 세율을 부과한다고 하자. 그리고 양 국가 모두 의류와 컴퓨터를 생산하고 있다고 하자. 이때 세금이 목적지 원칙에 의해 부과된다면 모든 수출품에는 똑같이 세금이 면제되므로, 수출을 위해 생산된 의류와 컴퓨터의 상대적 비용(relative cost)은 세금에 의해 영향을 받지 않는다. 내부적으로 국내 생산품과 수입품은 국내 세율에 의해 세금이 부과되므로 상대 가격도 영향을 받지 않는다. 그러므로 무역에는 아무런 영향이 없다. 이제 만일 세금이 원산지 원칙에 의해 부과된다고 하면, 모든 수출 상품은 세금을 지불해야 한다. 그러나 세금을 두 상품에 모두 징수하므로 의류와 컴퓨터의 상대적 수출 비용은 불변이다. 하지만 외국 상품에 대한 A국 수출품의 가격은 상승할 것이므로 이것은 수출에 불리하고, 반면 수입 상품에는 세금을 부과하지 않으므로 국내 상품에 대한 A국 수입 상품의 가격은 낮아져 수입에 유리하다. 이렇게 어떤 부과 원칙을 선택하느냐에 따라 상품의 수출 경쟁력이 영향을 받아 국가의 국제 경쟁력이나 무역 수지에 주는 영향이 달라진다. 또한 세금이 부과되는 위치에 따라 세수(稅收)를 거두는 정부 주체가 달라지기 때문에, 원산지 원칙으로 부과하느냐 목적지 원칙으로 부과하느냐에 따라 각국 정부의 수입도 달라진다.

간접세를 모든 상품에 동일한 비율로 부과하지 않고, 회원국별로 상품에 따라 차별화된 간접세율을 적용한다고 가정하면 분석은 좀 더 복잡해진다. 만일 A국은 컴퓨터에만 15%의 세금을 부과하는 반면, B국은 의류와 컴퓨터 모두에 똑같이 10%의 세금을 부과한다고 하자. 이러한 가정하에 양국이 목적지 원칙을 적용한다면, A국 수출자는 세금으로부터 자유롭게 된다. 이러한 상황은 B국 생산자에게도 동일하게 적용되어, 결국 생산자들은 세금에 영향을 받지 않아 생산은 계속 최대화가 될 것이다. 하지만 양 국가의 상품에 대한 세율 차이로 인해 A국의 컴퓨터는 의류에 비해 비싸지기 때문에 상대적인 소비자 가격이 왜곡되고, A국 소비자는 의류를, B국은 컴퓨터를 더 구입하게 될 것이다. 또한 컴퓨터는 B국에서 A국으로, 의류는 A국에서 B국으로 수출되면서 이익을 얻을 것이며, 양국 사이에 무역은 최적화되지 못한다.

이제 동일한 가정하에서 양국이 원산지 원칙을 적용한다고 하자. 그러면 양국 소비자들의 상대 가격은 같을 것이고, 따라서 무역은 최적화된다. 그러나 세금을 낸 후 생산자 가격은 같은 비율로 감소하지 않으므로 생산은 최대화가 되지 않는다. A국 생산자는 컴퓨터의 높은 세금 때문에 생산을 자제하고 의류를 더 많이 생산하려 할 것이고, B국은 반대로 상대적으로 세금이 낮은 컴퓨터를 더 많이 생산하려 할 것이다. 따라서 한 국가의 모든 상품에 세율이 동일하지 않다면 원산지 원칙을 채택하든, 목적지 원칙을 채택하든 관계없이 왜곡이 발생하게 된다. 따라서 목적지 원칙은 생산 극대화에는 적합하지만 무역 최적화에는 적합하지 않고, 원산지 원칙은 무역 최적화에는 적합하지만 생산 극대화에는 적합하지 않게 되어, 결국은 생산 최적화를 선택할 것인가, 무역 최적화를 택할 것인가 하는 문제로 귀착하게 된다.

이렇게 간접세를 부과할 때 적용하는 두 가지 원칙에서 발생하는 문제 이외에도 간접세 조화에서 고려해야 할 요인들이 있다. 오랫동안 원산지 원칙이 목적지 원칙보다 더 좋은 점 하나를 가지고 있다고 인식되었는데, 이는 경제 동맹 내에서의 원산지 원칙을 적용하면 국경 지역에서 세금 조정을 하지 않아도 되어 정부와 기업 양쪽 모두가 거래 비용을 절감할 수 있다는 것이다. 실제로 세계 어느 경제 통합체를 보더라도 세금과 연관되어 요구되는 형식과 절차, 그리고 회원국 간 국경에서 징수하는 물품세는 복잡하고 징수 비용뿐 아니라 행정 비용도 많이 든다. 더구나 국경 통제를 지속하는 것은 통합의 신뢰성뿐 아니라 역내 무역과 완전한 시장 통합을 막는 중요한 장애물로 작용한다.

물론 목적지 원칙을 채택하더라도 여러 방법을 통하여 국경에서 통제를 하지 않을 수도 있다.[3] 하지만 이러한 국경에서의 통제를 없애면 소비자들의 초국경 쇼핑 문제와 중개 거래 기회의 확대라는 새로운 문제가 발생하게 된다. 즉, 국가 간에 세금의 차이를 이용해 소비자들이 국경을 넘나들며 싼 상품을 구매함으로써 몇몇 국가는 상당한 세금 수입의 손실을 감수해야 한다. 또한 일부 국가들은 국경을 개방함으로써 초국경 쇼핑을 통해 세수 이익을 얻으려는 목적으로 그들의 간접세율을 조정하려 할 것이며, 그러한 행동의 결과로 조세 경쟁을 심화시켜 간접세율을 감소시킬 수 있다. 그밖에 간접세 세율 차이를 자국 상품을 보호할 목적으로 이용할 수도 있다. 만일 그러한 결과가 현실화되면 공동체 전체의 후생 손실과 공동체 관점에서 비생산적인 중재거래를 유발할 수도 있다. 따라서 그러한 손실을 피하고 소비의 효율성을 높이기 위해서는 회원국 간의 세율 조화가 필연적으로 요구된다.

하지만 이러한 세율 조화에 대해 현실적으로는 반대 주장이 존재한다. 이들은 지금의 세율 차이가 각 국가들 간에 각기 다른 수요 탄력성을 반영하여 결정된 것이기 때문에, 이것을 인위적으로 조화시킬 경우 일부 회원국들의 세금 수입에 큰 타격을 줄 수 있다고 주장한다. 따라서 이러한 세율을 조화시키려면 이로 인해 세입이 줄어든 국가에게 보상을 해 주는 제도가 우선적으로 마련되어 있어야 한다는 것이다. 또한 간접세라고 하는 것은 국가의 단순한 세수 확보만을 목적으로 하는 것이 아니라, 보건이나 사회 정책, 계층 간 소득 분배 등 회원국들의 사회적 철학을 실현하는 하나의 수단으로도 이용되기 때문에 국가 간의 세금 격차는 계속 유지되어야 한다는 것이다.

이러한 반대 주장 이외에도 국가의 구조 조정과 안정화 정책을 쉽게 하기 위해 세율의 변동성(flexibility)이 유지되어야 한다는 주장도 존재한다. 하지만 이 주장도 앞에서 예시하였듯이 세금 부과 시 원산지 원칙을 채택하느냐 목적지 원칙을 채택하느냐, 그리고 어떤 종류의 세를 목적 달성에 사용하느냐에 따라 그 결과가 다르게 나타나기 때문에 어느 쪽이 더 옳은 주장이라고 하기 어렵다. 만일 법인세의 변화를 경제의 안정

3 달리 말하면, 지불 연기 제도(deferred payment scheme)로서 국적이 다른 두 회사가 교역을 할 때 한 국가가 수입품에 대해 첫 번째로 관세를 부과할 기업으로 이전시키거나, 또는 송장에 기입된(invoiced) 세금에 관하여 수입국의 첫 번째 과세 대상자에게 신용 거래(credit) 권한을 주고 나중에 순수출자가 순수입자에게 순차액(net balance)을 지급하도록 남겨 둔 채 청산 기관(clearing house)을 통해 상쇄하도록 하여 국경에서는 통제를 하지 않을 수 있다. 그러나 이렇게 변형된 방식이 국경에서의 통제는 없애 주지만, 목적지 기준의 국경 조세 조정의 의미에서는 재정적 국경이 내부적으로는 계속 유지됨을 의미한다. 그리고 회원국의 내부 조세 행정 관청 간의 상호 협력과 성과에 대한 비슷한 기준을 요구한다는 점에서 오히려 더 많은 거래 비용이 수반될 수도 있다.

화 목적을 위해 사용하였다고 하자. 하지만 자본은 이동성이 매우 높아 세율이 약간만 차이가 나도 기업의 이익에 상당한 영향을 미치기 때문에 조금이라도 세율이 낮은 국가로 자본이 급격히 흘러들어 동맹국 경제를 불안정하게 만들고 장기적으로 동맹체 전체에 정치적 불안정도 야기할 가능성이 높다. 그런 관점에서 언어나 관습, 사회적 가치관의 차이 등으로 상대적으로 이동성이 낮은 노동자에 대해 개인 소득세율을 변동시키는 것이 오히려 나은 방향이 될 수 있다. 한편, 간접세(예를 들면, 부가가치세)가 목적지 원칙으로 부과되면 비록 국경에서 조세 조정은 있겠지만 이것은 무역에 관해 중립적일 것이고, 따라서 무역 수지에는 아무런 영향이 없을 것이다. 하지만 간접세가 원산지 원칙으로 징수된다면 그 효과는 다르게 나타난다. 만일 A국의 부가가치세 세율이 낮아졌다면 A국 국내 상품에 대한 동맹국 수입 상품의 가격은 상대적으로 높아지게 된다. 반대로 A국 수출 상품의 가격은 상대적으로 낮아져 A국에게 유리하게 작용하며 무역 수지에도 영향을 주게 된다. 물론 장기적인 환율 변동은 고려하지 않은 것으로 단기적 현상을 말한다.

앞에서의 세율 변동 문제와 관련시켜 보면, 원산지 제도를 채택하였을 경우에는 불가능하지만 목적지 제도를 채택하면 무역 수지에 대한 심각한 고민 없이 국가가 그들 자신의 간접세 정책을 자율적으로 추구할 수 있다는 것이다. 따라서 이러한 점들을 고려하여 일부 학자들은 경제 공동체 내에서 안정과 조정의 목표를 위해, 역외국과의 무역을 위한 목적지 제도를 유지하면서 역내 무역을 위해서는 간접세의 원산지 제도를 채택하여 회원국 간 국경에서의 조세 조정을 면제해 주자는 절충식 주장도 있다.

2. 직접세의 조화

앞 절에서는 경제 동맹체 내, 특히 공동 시장에서 간접세의 조화에 대해 관련된 이슈들을 살펴보았는데, 실제로는 직접세와 관련하여서도 조세 조화와 관련된 이슈들이 생겨난다. 직접세의 경우 상품 및 서비스의 가격보다는 노동이나 자본 등의 생산요소 소득에 영향을 주며, 세율 조화가 효율성에 주는 영향과 조화가 갖는 의미가 간접세와는 다르다. 주요한 효율성 이슈는 국가 간의 조세 차이가 경제 동맹체 내 요소의 이동에 주는 영향과 자원 배분 및 회원국의 재정적 자율성에서 갖는 의미와 관련되어 있다. 또 다른 주요 이슈는 하나의 경제 활동에 대해 조세 관할권이 중복되면서 발생하는 이중 과세 문제와 국가 간 조세 수입의 분배 문제이다. 전자의 경우 납세자 사이에 형평성과 생산에서의 효율성에 문제를 야기하고, 후자의 경우 회원국 간의 공평성에 문제를 야기한다.

간접세와 마찬가지로 직접세(예를 들면, 소득세)에도 두 가지 관할권 원칙이 적용된다. 첫 번째는 거주지 원칙(residence principle)으로 소득을 어디에서 얻는가, 또는 자본이 어디에 위치하는가에 관계없이 각각의 거주지 – 개인 또는 기업 – 에서 거두어들인 총소득에 세금을 부과한다. 두 번째 원천지 원칙(source principle)은 요소 소유자의 거주지에 관계없이 소득이 발생하는 조세 관할 구역 내에서 벌어들인 모든 소득에 대해 세금을 부과한다. 실제로 이 두 원칙은 회원국 간에 토지나 노동 같은 생산 요소들의 이동이 없다면 동일한 내용이 될 것이다.

이런 원칙들은 보통 외국인 투자나 생산 요소의 이동에 적합하도록 하기 위해 관할권적 조세 조정을 통해 수정된다. 이때 수정은 공평성, 수입(收入), 효율성 등에 의해 동기를 부여받는다. 세액 공제(tax credit) 접근법에서는 외국에서 부과된 세금을 거주지 국가에서 완전히 공제(credit)해 준다. 만일 프랑스인이 사업을 하는 데 있어 영국에서는 세금이 1,000달러이고, 프랑스에서는 500달러이면, 영국에서 그 차액을 완전히 공제하고 프랑스에서의 세금과 같은 금액인 500달러만 부과하는 방식을 말한다. 이것은 그들의 소득이 국내 자원 또는 외국 자원 어디에서 발생하였는지에 관계없이 납세자를 동등하게 대우하는 것을 뜻한다. 이 원칙을 채택한 국가는 외국세가 국내세보다 적으면 국내세를 줄임으로써 외국에서 지불한 소득세를 조정해 주고, 외국세가 국내세보다 더 많다면 그만큼 환급해 주어야 한다. 두 번째 접근법은 순소득이 일치하도록 외국 소득세의 공제만 허용한다. 이는 순소득이 같아지도록 단순히 외국 소득세를 공제해 주는 방식으로, 외국세를 지출로 취급하는 것과 동일하다. 따라서 세금 대상자는 외국세에 대해 부분적으로 공제받는 것과 같다. 이 접근법에서는 동일한 소득의 납세자라도 그들의 소득 발생이 국내 자원인지, 외국 자원인지의 비율에 따라 세금의 크기가 다르다. 따라서 각국은 어떤 소득세가 선택되든지 상관없이, 또 자국 거주자가 다른 세금 권역에서 지불한 소득세에 아무런 조정 없이 세금을 거둘 수 있다.

그렇다면 경제 통합체 내에서 직접세의 차이와 관할권 원칙이 효율성에 대해 가지는 의미는 무엇인가? 이는 주로 국가 간 생산 요소의 이동성 정도와 회원국 기업들 사이의 효율성 차이, 그리고 실제적인 세금 귀착에 달려 있다. 만일 관세 동맹 결성하에 생산 요소의 이동성이 없다면, 그들이 분배적 측면에서 하는 역할은 크지 않을 것이다. 그러나 공동 시장의 결성으로 동맹체 내 생산 요소가 자유롭게 이동할 수 있게 되고, 한 국가가 다른 국가보다 생산에서 지역적인 장점을 가지고 있거나 국제적 기업들 간에 특별한 경쟁력의 차이가 있다면, 직접세의 차이는 효율성에 상당히 중요한 의미를 가지게 된다. 조세의 귀착이 자본 소득에 있느냐, 노동 소득에 있느냐에 따라서도 직접세의 차이는 동맹 내 노동이나 자본의 입지에 많은 영향을 주게 된다. 또한 공동 시장에서 회원국들 간의 이윤세 세율 차이는 회원국들 사이의 무역에 왜곡을 가져올 것이다.

이 절에서는 자본 소득의 세금을 주로 분석해 볼 것인데, 왜냐하면 경제 블록 내에서 노동의 이동성은 상대적으로 크지 않는 반면, 자본은 생산 요소 중에서 가장 이동성이 크고, 또한 법인세와 관련하여 조세 조화 수단의 필요성을 가장 많이 느끼는 요소이기 때문이다.

법인세의 차이는 경제 동맹 내의 경제 활동에 여러 가지 측면에서 영향을 미친다. 세금이 없다면 기업들은 회원국들 중에서 가장 낮은 비용으로 생산할 수 있는 국가에 투자하지만, 세금이 부과될 경우 세금을 낸 후 가장 높은 이윤을 가져다주는 국가에 투자를 할 것이다. 하지만 생산비가 가장 낮은 국가가 법인세를 부과하고 또 그 세율도 높다면, 기업들은 비록 생산비는 높지만 그 높은 생산 비용을 상쇄하기에 충분할 정도로 낮은 세금을 부과하는 다른 회원국을 찾아 투자처를 돌리려 할 것이다. 따라서 기업에는 높은 수익이 생기겠지만 동맹 내에서는 경제적 자원이 낭비된다. 만일 블록 전체를 통하여 순수하게 거주지 원칙으로만 세금을 조화시키면 자본의 수출에 있어 중립성을 얻을 수 있다.

한편, 법인세의 차이는 각 회원국 기업들의 상대적인 경쟁 우위에 영향을 미치고, 따라서 생산의 효율성에 음(-)의 영향을 미친다. 즉, 세금이 기업 간에 차별적으로 부

和蘭 부호들 세금 피해 越境

출퇴근 쉬운 이웃 벨기에로 국경 부근에 10萬여 명 거주

'세금을 안 내려면 국경을 넘어라.'

요즘 벨기에 국경 지역에는 고율의 세금을 피해 국경을 넘어 이주해 온 약삭빠른 네덜란드 부호들이 급증하고 있다. '국경의 백만장자'로 불리는 이들이 벨기에로 몰리는 이유는 세금 부담이 훨씬 적기 때문이다. 네덜란드에서는 개인의 모든 재산을 합산, 일정액 이상에 대해 누진세율을 적용하는 소위 '부유세' 제도가 철저하다. 그러나 벨기에에서 살면 이와 같은 부유세를 한 푼도 내지 않아도 된다. 직장이 있는 네덜란드의 교통도 어려울 게 없다.

유럽 통합으로 국경 이동이 자유로운데다 네덜란드 국토 자체가 워낙 작아 벨기에 국경에서 로테르담·헤이그 등 주요 도시까지 1시간 정도면 주파할 수 있으며, 비교적 먼 암스테르담도 2시간이면 충분하기 때문이다. 특히, 지난 1993년의 유럽 단일 시장 출범과 함께 이루어진 국경 검사 철폐 덕택에 벨기에에서 네덜란드로 출·퇴근해도 아무런 불편이 없다.

그동안 벨기에 쪽 국경 지역으로 넘어온 네덜란드인은 무려 10만여 명, 가장 유명한 곳이 앤트워프 근처의 브리스하트로 수많은 네덜란드 갑부들이 수영장 딸린 호화 저택을 짓고 사는 바람에 '유럽판 비버리힐스'로 불리고 있다.

물론 이에 대해 벨기에·네덜란드인 모두 곱지 않은 눈으로 보고 있다. 이 지역 벨기에인들로서는 이방인들이 갑자기 몰려오는 통에 부동산 가격이 폭등, 자신들의 보금자리를 마련하기 어려워진 까닭이다. 네덜란드 정부 측도 이들이 국경 너머로 달아나는 바람에 당연히 거두어야 할 세금을 눈뜨고 날린 꼴이 되었다. 자연히 이와 같은 부작용을 없애기 위해 조속히 '유럽 단일 세제'가 도입되어야 한다는 의견이 강력히 대두되고 있다. 그럼에도 유럽연합(EU) 15개 회원국의 복잡한 세제를 통합하기란 단일 통화 도입보다 어려운 일이어서 쉽게 이루어질 가능성은 희박하다.

[런던=남정호 특파원, 중앙일보(1997. 4. 3)]

과된다면, 실제로 훨씬 더 효율적으로 상품을 생산하는 생산자라도 높은 세금 부담 때문에 자신들보다 훨씬 덜 효율적인(낮은 세금 부담을 가진) 생산자와 경쟁을 해야 하는 경우가 생겨난다. 이는 경제 동맹 내 자원이 효율적으로 사용되지 못한다는 것을 의미하며, 이런 비효율성을 개선하기 위해서 국적(國籍)에 관계없이 동맹 전체에 특정 상품을 생산하는 모든 기업들은 동일한 조세율을 적용받도록 해 주어야 한다. 만일 블록 전체를 통하여 조세율이 상호 조화되고 순수하게 원산지 원칙에 의해 부과된다면, 이것은 조세 중립적이 될 것이다.

그러나 이러한 세금 변화에 대한 가정들의 특성에 따라 조세의 중립성을 만들기 위해서는 다양한 조정이 요구된다.[4] 분석을 단순화시키기 위해 환율이나 통화 정책,

프랑스 부자들 벨기에 대이동

TGV 타면 하루 생활권

재산세 안 내려 이민 행렬

현금 자산 무더기 옮겨가

프랑스 부자들이 세금을 피해 이웃나라 벨기에로 이민을 간다고 르 몽드가 19일 보도하였다.

르 몽드는 "금리 생활자들이 많은 벨기에는 노동으로 번 돈에 대해서는 무거운 세금을 매기지만 재산에 대해서는 세금을 부과하지 않는다"며 "이 때문에 벨기에 고급 저택의 주인이 된 프랑스 부자가 2,000여 명에 이른다"고 전하였다. 벨기에가 이처럼 이민 대상국으로 인기를 끄는 것은 세금 문제 외에도 고속철 테제베로 파리까지 일일생활권으로 연결되는 것도 한 원인인 것으로 풀이된다.

르 몽드에 따르면 프랑스 석유 재벌의 상속자인 기슬랭 프루보스트는 '억만장자들의 거리'로 이름이 바뀐 브뤼셀 고급 주택가에서 최근 750만 유로(약 107억 원)짜리 집을 사들였다. 다른 프랑스 부자들도 옛날 영주들이 살던 대저택과 땅을 사들이는 데 가세하였다. 비공식적으로 거론되는 이들의 명단 가운데는 프랑스의 대형 유통 회사인 카르푸의 오싱, 다티 가문의 상속자 이름도 포함되어 있다. 르 몽드는 이로 인해 벨기에 고급 주택 가격이 최근 폭등하였지만 파리의 고급 주택에 비해서는 여전히 싼 편이라고 전하였다.

프랑스 현금 자산의 유출도 만만찮다. 벨기에로 이민간 리베르테 항공사의 전 사장 로트피 벨하신은 프랑스 시사 잡지 『누벨 옵세르바퇴르와』의 인터뷰에서 "현재 벨기에 은행권에 프랑스에서 이민간 사람들이 예치한 돈이 25억 유로(약 3조 5,700억 원)에 이를 것"으로 추산하였다.

프랑스 예산 당국에 따르면 1997년부터 2001년 사이 프랑스를 떠난 부유층 납세자 등 대략 16%가 벨기에에 정착한 것으로 추정되고 있다. 두 나라의 조세 제도를 비교해 본 결과 4억 5,000만 유로(약 6,426억 원)의 재산을 가진 프랑스 사람이 벨기에로 이민가면 1년에 75만 유로(약 10억 7,000만 원)의 세금을 덜 내는 것으로 밝혀졌다. 이에 따라 현재 프랑스에서는 여당인 대중운동연합(UMP) 의원들을 중심으로 재산세 개혁 논의가 본격적으로 추진되고 있다.

[파리=박경덕 특파원, 중앙일보(2004. 10. 20)]

재정 정책과 같은 여러 정부 정책이나 지출 형태 등을 고려하지 않았고, 따라서 그 결과도 매우 제한적으로 적용된다고 하겠다. 더구나 단순하게 세운 가정들까지 완화하기 시작하면 분석이 더욱 복잡하게 될 것이므로, 여기에서는 더 이상 고려하지 않겠다.

조세 조화와 관련하여 세계의 모든 경제 공동체 중 가장 진보된 형태를 띠는 유럽연합도 설립 당시에는 주요 5개 조세 – 판매세, 물품세, 법인세, 개인세 그리고 사회보장세 – 와 관련하여 그 구조나 세율에 상당한 차이를 보였었고, 설립 후 60년이 다 되

4 Musgrave(1967).

"세금 피해 떠나자" 줄 잇는 '리치노마드'(부유한 유목민)

국적 포기 본사 이전 움직임

고율의 세금을 피하려고 고국을 등지는 '리치노마드'(rich nomad, 부유한 유목민)가 각국의 골칫거리가 되고 있다. 재정에 압박을 받는 선진국 정부들이 부자들에 대한 과세 확대로 재정을 충당하려고 하지만 부유층은 아예 '국경 탈출'이라는 극단적인 방법으로 세금을 회피하고 있다.

프랑수아 올랑드 대통령이 부유층 소득에 최대 75%의 세금을 물리는 과세 방안을 내놓자 프랑스의 대표 배우인 제라르 드파르드외는 세금 망명지로 러시아를 택했다. 영화 배우 크리스티앙 클라비에르는 세금을 피하기 위해 영국으로 향했다. 부유세 이주 문제는 소득세에만 한정되지 않았다. 프랑스 대표 명품을 거느린 루이비통모에헤네시(LVMH) 그룹의 베르나르 아르노 회장은 2012년 벨기에 시민권을 신청했다. 60%에 달하는 프랑스의 상속세를 피하려고 벨기에(3%)로 향한 것이다. 그가 벨기에로 이전한 재산은 55억 파운드(약 9조 600억 원)에 달한다. LVMH는 "프랑스의 높은 상속세 때문에 그룹이 해체될 위기에 빠졌다"며 "경영권을 방어하기 위한 불가피한 결정"이라고 설명했다. 프랑스의 국민 배우 알랭 들롱(1999년)과 포뮬러원 카레이서 세바스티앵 로에브(2008년) 역시 프랑스의 높은 부유세를 피하기 위해 스위스로 국적을 옮겼다.

다른 선진국에서도 높은 세율을 피하려는 세금 망명이 이어지기는 마찬가지다. 에두아르도 새버린 페이스북 공동 창업자는 미국의 높은 세금을 피해 2012년 미국 국적을 포기하고 싱가포르 국적을 취득했다. 스웨덴 대표 기업인 이케아는 세금을 피해 네덜란드에 본사를 이전했고, 이탈리아 국민차 피아트크라이슬러 역시 영국으로 본사를 옮겼다.

[김순신 기자, 한국경제(2015. 1. 10)]

도록 완전히 조화를 이루지 못하였고, 각 회원국 간의 의견 차이도 쉽게 좁혀지지 않고 있다. 만일 이러한 조세의 차이가 지속되고, 조세 조화가 여전히 장기적인 이슈로 남게 된다면 공동체 전체의 효율적인 요소 이동과 요소의 생산성에 바람직하지 않는 영향을 주게 되어 공동체 전체에는 많은 손실을 가져오게 될 것이다.

삽입된 기사들의 내용을 보면 왜 통합체 내 회원국 간에 이러한 조세 조화가 이슈가 되고, 조세 조화가 반드시 필요한지 쉽게 이해할 수 있게 해 준다.

Chapter 10
통화 동맹

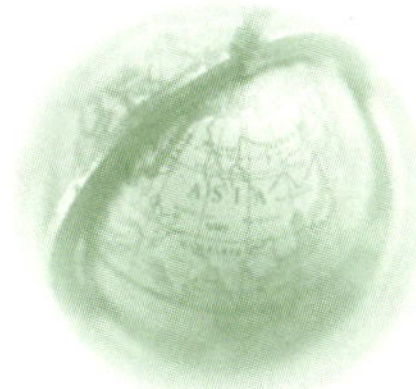

통화 동맹

통화 동맹(monetary union)이라고 하는 것은 국가 주권의 상징인 각 국가의 통화를 폐지하는 내용이 포함되어 있어 경제 통합의 단계들 중에서 상당히 높은 위치를 차지하고 있으며, 정치 통합이라는 질적으로 다른 통합으로 가기 위한 초기 준비 단계이다.

이러한 통화 동맹의 역사는 기원전으로 거슬러 올라가, 기원전 2~기원전 1세기 소아시아 도시 국가 간 협약을 통해 은화를 쓴 기억이 있다. 중세 유럽에서도 뤼베크와 함부르크 두 도시 국가가 1225년 통화 동맹을 맺었다. 1865년에는 프랑스, 벨기에, 이탈리아, 스위스 4개국이 금·은 본위제를 유지하기 위해 라틴통화 동맹을 맺기도 하였다. 현존하는 통화 동맹으로는 1960년대 아프리카의 프랑스 식민지 국가들이 독립한 후 형성한 두 개의 통화 동맹이 있다. 이는 서아프리카경제통화동맹(West African Economic and Monetary Union)과 중앙아프리카 관세 및 경제 동맹(Customs and Economic Union of Central African)에서 체결한 중앙아프리카 경제 및 통화 공동체 설립 조약(the Traety for the Establishment of a Economic and Monetary Community of Central Africa)인데, 이들 회원국은 그들의 자체 통화를 만들지 않고 대신 CFA(*Communauté francaise d'Afrique*; French Community of Africa) 프랑(franc)을 사용하였다. 하지만 이들 두 통화 동맹은 서로 공식적으로 독립되어 있으며, 자신들의 중앙은행을 따로 가지고 있다. 그리고 1999년부터는 그들의 통화를 유로에 고정시켰다.

그 외 앤티가 바부다(Antigua and Barbuda), 도미니카공화국, 그레나다, 세인트키츠 네비스(Saint Kitts and Nevis), 세인트루시아(St. Lucia), 세인트빈센트 그레나딘(St. Vincent and the Grenadines)이 회원국으로 있는 동카리브공동시장(the East Caribbean Common Market)도 통화 동맹을 형성하고 있으며, 브루나이와 싱가포르도 마찬가지이다.

통화 동맹은 기본적으로 경제 동맹국들의 환율이 비동맹 국가의 통화에 대해서는 같이 변동하지만, 동맹 내에서는 서로 변하지 않고 고정되어 있어야 하며, 동맹 내에서 화폐가 완전한 태환성(convertibility)을 가져야 한다는 두 가지 특징을 기본으로 갖추고 있어야 한다. 특히, 태환성의 경우 관세 동맹에서는 무역과 관련된 거래에서 꼭 필요한 요인이고, 공동 시장에서는 자본 시장 통합을 위해 반드시 필요한 요인이다.

이 두 가지 특징이 갖추어졌다면 추가적으로 아래의 두 가지 내용도 더 포함되어야 한다. 첫째, 고정 환율을 지속적으로 유지하기 위해서는 그 지역의 통화 정책이 적절하게 시행되어야 하기 때문에 통화 정책의 기본적 수단들이 공동체 차원에서 집행되어야 하고, 회원국들에게 자율권을 주어서는 안 된다. 둘째, 역외 통화와 역내 통화 사이에 어떠한 환율 변화도 동일해야 하므로 환율 정책과 여타 세계와의 무역 수지에 대한 관리 책임도 공동체에 맡겨져야 하며, 공동체 통화 당국이 외환 준비금의 공동 관리를 감독하여야 한다.

이러한 조건들이 모두 갖추어졌을 때 우리는 그것을 완전한 통화 동맹이라고 말한다. 때때로 경제 동맹을 맺은 회원국들끼리 외환 보유고를 공동 관리하거나, 동맹의 중앙은행을 설립하지 않고 단순히 회원국 간의 환율을 고정시키거나 완전한 태환성을 보장하면서 경제 정책을 상호 조정하여 앞에서 언급하였던 통화 동맹의 특성 중 일부를 충족시킬 수도 있다. 하지만 이러한 방식은 시장 통합을 더 효율적으로 만드는 데에는 도움이 되겠지만, 원래의 통화 동맹에서 의미하는 동맹국 통화 간의 영구적인 관계를 보장해 주지는 않는다.[1]

통화 동맹은 거래 비용의 감소와 자원 배분의 이익을 통해 시장 통합을 좀 더 효율적으로 만든다는 점에서 통합의 이익을 제공해 준다. 그러나 통화라고 하는 것은 어떤 의미에서 한 국가 주권의 일부에 속하는데, 통화 동맹이라고 하는 것은 이러한 국민적 감정과 연관되어 있는 부분의 권한 양도를 요구한다. 또한 국가의 경제를 운영하는 데 있어 중요한 재정 정책과 함께 나머지 경제 정책의 한 축을 이루고 있는 금융 정책의 수단을 제한하는 것이다. 따라서 한 국가가 통화 동맹에 참여할 것인가, 아니면 통화

1 Robson(1998), pp. 190~193.

동맹에 가입하지 않고 분리된 통화로 남을 것인가를 결정할 때는 이러한 통화 동맹에 가입함으로써 얻을 수 있는 이익과 손실을 잘 비교해서 결정하여야 할 것이다.

다음 절에서는 이러한 통화 동맹이 가져다주는 이익과 손실 부분을 자세히 살펴본다.

제1절 통화 동맹의 이익

통화 동맹이란 회원국들의 상품과 용역뿐 아니라 생산 요소 시장의 통합에 상응하는 조치이다. 통화 동맹은 또한 단일 시장이 제대로 운영되기 위해서 꼭 필요한 조건으로, 복지와 성장에 긍정적 영향을 주는 거래 비용의 감소, 회원국 사이의 환율 불확실성 제거, 인플레이션 경향이 있는 국가에 통화의 안전성 제공 등 여러 가지 이익을 가져다준다.

이렇게 통화 동맹을 통해 발생하는 여러 가지 경제적인 이익을 자세히 살펴보면, 첫째 여러 나라에서 사업을 하는 다국적 기업들이나 투자자들이 환율 변동에서 오는 위험을 회피할 수 있다. 이것은 통화 동맹이 회원국 간 환율을 고정시키는 특성에서 생겨나는 이익으로, 실제로 환율의 불확실성을 제거하여 환율 변동의 위험을 줄이므로 투자가 증가하고, 경제 성장률을 높일 수 있다.[2]

둘째, 통화 동맹을 통해 금융 시장의 통합을 한 단계 높은 수준으로 끌어올림으로써 과거에 얻지 못하였던 이익을 얻을 수 있다. 즉, 해외 직접 투자에 대한 규제를 철폐함으로써 투자의 결정을 좀 더 합리적으로 할 수 있도록 해 주고, 동맹을 통해 금융 시장의 규모를 확대시킴으로써 운영에서 규모의 경제를 거둘 수 있도록 해 준다. 그리고 금융 시장의 통합이 차입자와 대부자 양쪽에 모두 폭넓은 금융 수단을 제공함으로써 양측 모두 자금을 사용하는 기간과 위험에 대해 좀 더 효율적인 선택을 할 수 있도록

2 하지만 이러한 환율 변동성을 제거함으로써 투자 이익의 기대 가치를 줄여 오히려 수익률을 감소시킬 확률도 있다. 따라서 어느 쪽의 크기가 큰지는 각국이 처한 경제 상황과 투자 환경, 미래 성장 잠재력 등에 영향을 받는다.

하여 최적의 자금 이용이 가능하게 해 준다.

셋째, 한 나라의 화폐를 다른 나라의 화폐로 교환하는 데 따르는 거래 비용(transaction cost)을 줄일 수 있다. 기업이 여러 국가를 상대로 무역을 할 경우 거래 대금을 지불할 때마다 나라별로 해당 통화로 바꾸어 지불해야 하는데, 환전 때마다 거래 비용이 발생한다. 개인들도 여러 나라를 거쳐 여행을 할 때는 국경을 넘을 때마다 해당 국가의 통화를 환전하는 데 따른 거래 비용을 무시할 수 없게 된다. 그러나 통화 동맹을 맺은 회원국 간에는 단일 통화를 사용함으로써 이러한 거래 비용을 대폭 줄일 수 있게 된다. 또한 제3국과의 무역 거래에서도 공동체 통화를 사용하여 대금을 지불할 수 있으면 그 비용을 절약할 수 있다. 물론 이미 사용하고 있는 초현대적 지불 수단은 이 거래 비용을 충분히 낮추었지만, 단일 통화를 도입하여 운용함으로써 거래 비용을 더 많이 낮출 수 있다. 이러한 이유로 유럽연합에서도 통화 주권에 집착하는 영국을 제외하고는 단일 통화를 선호하는 회원국들이 많다.

넷째, 통화 동맹국들이 외화를 공동으로 관리하게 되면 외환 준비금을 관리할 때도 비용을 줄일 수 있으며, 또한 외환 준비금을 각 국가가 별도로 관리할 때 필요한 행정 비용과 행정 인력도 줄일 수 있다.

마지막으로, 이러한 통화 동맹을 통해 동맹체의 인플레이션 관리 정책에 신뢰도를 높일 수 있다. 인플레이션은 소득이나 자산에 대한 재분배를 가져오고 경제 성장에도 악영향을 미치므로 각국 정부는 되도록 낮은 인플레이션을 유지하려는 정책을 쓴다. 그러나 정부의 저인플레이션 공약을 개별 기업이나 금융 시장이 그대로 믿는 경우는 드물다. 이러한 신뢰성의 부족은 정부의 정책 실현을 어렵게 만들고, 경제에 좋지 못한 영향을 미치게 된다. 하지만 통화 동맹을 결성하고, 동맹체 전체의 통화 정책을 시행할 공동체의 중앙은행을 설립하고, 이 중앙은행을 통해 저인플레이션 정책을 공약하면 과거 개별 국가 중앙은행이 공약하였을 때보다 훨씬 더 신뢰도를 높일 수 있다. 특히, 과거에 정책 실패로 높은 인플레이션 기록을 가지고 있던 국가는 이러한 통화 동맹을 설립함으로써 신뢰도 회복에 많은 도움을 받을 수 있다.

제2절 통화 동맹의 비용

앞 절에서는 통화 동맹으로 인해 생겨나는 이익들에 관해 주로 서술하였는데, 통화 동맹을 결성함으로써 생겨나는 자원 분배나 거래 비용 감소, 투자 증가, 정책 신뢰성의 증가 등의 기대 이익에 상반되는 비용은 없는가? 이 절에서는 개별 국가들이 통화 동맹을 결성함으로써 감수해야 되는 비용(손실)들에 대해 살펴보자.

전통적으로 통화 동맹의 비용에 대한 논의는 이 동맹이 회원국들의 통화나 재정 정책, 특히 환율 정책의 시행을 제약하는 것이 거시 경제적으로 어떤 의미가 있느냐에 초점을 두고 있다.

동맹 내에서 환율의 신축성을 유지하려는 전통적인 입장은 회원국들이 국제 수지의 균형을 중시하는 관점에서 대외 균형뿐 아니라, 가격 안정 및 완전 고용 등 내부 균형을 유지하기를 원한다고 가정한다. 따라서 관세 동맹이나 공동 시장에 있어 내부 균형과 외부 균형을 동시에 성취하려면 환율이 가변적으로 움직여 주어야 하는데, 통화 동맹의 경우 환율을 고정시켜야 하기 때문에 이 두 균형을 동시에 일치시킬 수 없다는 것이다.[3] 기본적으로 고정 환율 제도가 갖는 문제점은 국제 수지의 만성적인 불균형이다. 〈그림 10-1〉에서 만일 환율이 균형 환율보다 낮은 E_3 수준을 고수하는 나라는 자국 통화가 고평가되어 있는 관계로 만성적인 국제 수지 적자에 시달리게 되고, 환율이 균형 환율보다 높은 E_1 수준을 유지하고 있는 나라는 자국 통화가 저평가되어 있는 관계로 만성적인 국제 수지 흑자를 누리게 된다. 따라서 환율이 영구히 고정되어 있으면 환율이 국제 수지의 자동 조정 기능을 상실하게 되어 다른 방법을 통해 국제 수지를 조정하여야 한다. 그러나 국제 수지 적자를 강력한 긴축 재정·금융 정책을 통하여 개선하려면 국내 경제에 경기 후퇴와 실업 증가를 초래해 내부 균형 목표를 포기해야 한다.

또한 고정 환율 제도에서는 인플레이션이 없는 완전 고용(내부 균형)을 달성하기 위해 재정 정책이나 금융 정책을 자유로이 구사할 수 없는 경우가 많다. 왜냐하면 대

3 자세한 내용은 조순 외 3명(2013), pp. 623~627 참조.

그림 10-1

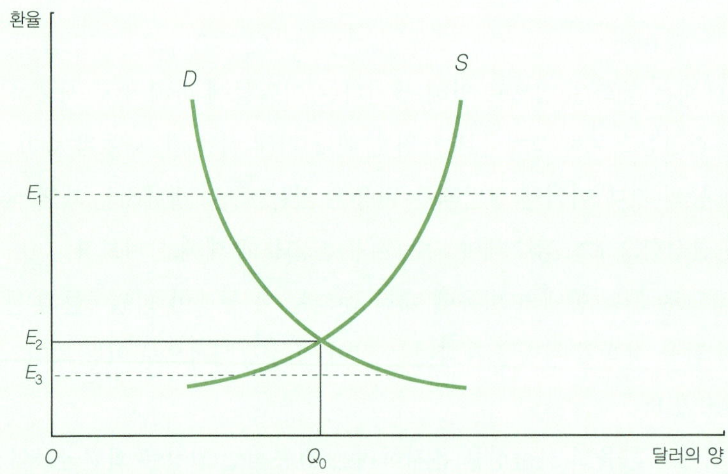

내 균형의 달성이라는 목표와 상충되는 경우가 생기기 때문이다. 즉, 내부 균형을 달성하기 위해 팽창적 재정·금융 정책을 쓰면 국제 수지가 더욱 악화되고, 반대로 국제 수지를 개선시키기 위해 긴축적 재정·금융 정책을 쓰면 대내 균형이 붕괴되어 실업이 증가하고 불황이 심화되기 때문이다.

따라서 국가가 통화 동맹에 참여함으로써 필요한 환율 조정을 실행할 수 없게 되면, 그들은 내부 균형으로부터의 이탈을 강요받게 되어 손실을 입게 된다.

이러한 결론은 국가의 대내외 균형을 조절하는 데 사용 가능한 대체 수단이 없다는 것을 가정하고 있다. 한 가지 생각할 수 있는 것은 소득에 세금을 더 많이 거두어, 국내 생산물의 가격을 보조해 주는 방법을 생각해 볼 수 있다. 이것은 환율을 평가 절하한 것과 비슷한 영향을 가지고 있지만, 이러한 보조금 제도는 국제적 협약에 의해 금지되어 있어 시행이 어렵다. 그래서 국제적 협약에 규제받지 않고 국가가 원하는 경쟁력을 조정할 수 있는 유일한 방법은 보조금 대신 국내 임금과 가격 수준을 직접 변화시키는 것이다. 그러나 이것은 이론상으로나 가능한 것으로, 수만 가지도 넘는 상품 가격이나 개인 임금을 일일이 수정하기는 불가능하다. 국민이 여름이 되어 해가 일찍

그림 10-2 필립스 곡선

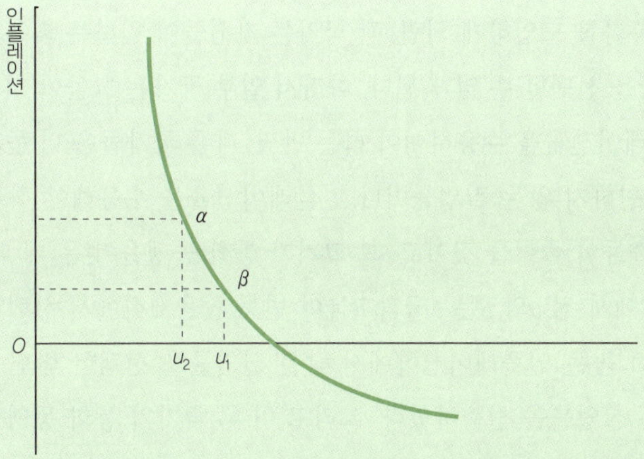

뜨는 데 맞추어 개개인이 모두 자신들의 생활 패턴을 바꾸는 계획을 짜기보다는 나라에서 섬머타임(summertime)제를 도입해서 국가 전체의 시간을 한 시간 당겨 실시하는 것이 훨씬 효과적이듯이, 국가가 명목 환율을 한 번 바꾸는 것이 가장 효율적인 방법일 것이다.

비슷한 분석적 틀에서 대내외 균형을 달성하는 데 있어 환율의 단일화를 분석하는 다른 접근법은 개별 국가의 경제 정책 목표가 각기 다른 통화 동맹에서 정책 목표를 단일화하는 데 드는 비용에 관심을 가졌다. 이 접근법은 영국의 경제학자 필립스(Phillips)가 주장하였던 가격 변화율과 실업률 사이의 상충 관계(trade-off)를 매우 중요한 가정으로 하고 있다. 1958년 필립스는 1861년부터 1957년까지 영국의 실업률과 명목 임금 변화율 사이의 관계를 분석한 후 실업률과 인플레이션 사이에 마이너스 관계가 있다는 것을 발견하였다.

필립스가 주장한 것은 〈그림 10-2〉와 같이 나타낼 수 있는데, 이를 필립스 곡선(Phillips Curve)이라 한다. 이 곡선이 가지고 있는 정책적 의미는 각국의 정부 당국이 여러 가지 실업 수준과 인플레이션 조합 중에 하나를 선택할 수 있다는 것이다.

각국 정부는 자국의 후생을 극대화시켜 주는 실업과 인플레이션율 조합을 선택할 수 있고, 그것은 내부 균형의 최적점을 나타낸다. 하지만 통화 동맹을 맺어 환율을 고정시키거나 단일 통화를 도입하게 되면, 각 국가는 자신들이 원하는 최적의 실업률과 인플레이션율 조합을 선택할 수 없게 된다. 따라서 일부 국가는 그들이 선택하려던 것보다 더 높은 인플레이션율을 수용하여야 하는 반면, 다른 국가들은 더 높은 실업률을 수용하여야 한다. 원하지 않는 실업률이나 인플레이션율을 수용해야 하는 국가들은 그 초과분만큼 산출물이 줄어들 것이고, 그 크기가 통화 동맹을 맺은 데 따른 비용 추정치이다. 즉, 그림에서 점 α와 β는 A국과 B국이 변동 환율제하에서 선택한 점이라고 하자. A국은 비교적 높은 인플레이션하에서 낮은 실업률을 선택한 반면 B국은 낮은 인플레이션과 높은 실업률을 선택하였다. 그리고 이 두 국가가 통화 동맹을 설립한다면 두 국가 모두 동일한 인플레이션을 가져야 하므로 α나 β 또는 그 사이 어느 한 점으로 이동해야 한다. 그에 따라 실업률도 원하든 원치 않든 변화되어야 하므로, 각 국가가 최적의 점을 선택할 권한은 상실하게 된다.

이때 회원국들이 공동의 인플레이션율을 채택하면 일부 회원국에는 조정 비용이 필연적으로 부과된다. 이 비용의 크기는 공동의 인플레이션율을 달성하기 위해 채택된 시간과 인플레이션이 조정되는 속도, 필립스 곡선의 형태, 그리고 각 회원국의 초기 인플레이션율과 공동 인플레이션율 간의 차이 등에 따라 달라진다. 예를 들면, 한 회원국이 통화 동맹 전 동맹체가 공동으로 채택한 인플레이션율보다 더 높은 인플레이션율을 가졌다면 인플레이션을 낮추기 위해 실업률을 증가시켜야 한다. 그리고 두 인플레이션율을 일치시키는 기간을 단축시키려면 실업률 증가가 빨리 이루어져야 한다. 이때 단기 이전 비용이 적을 때는 비용도 적을 것이다. 그러나 초기 인플레이션율 차가 크고 공동 인플레이션율로 수렴이 빨리 이루어지지 않는다면, 상당히 오랜 기간 실업률 상승을 감내해야 할 것이다.

이러한 주장에 대해 1960년대 후반 펠프스(1967)와 프리드먼(1968)은 인플레이션과 실업률의 장기적 상충 관계를 부정하는 논문을 발표하였다. 두 사람의 주장은 주로 고전학파 거시 경제학의 기본 원리에 기초한 것인데, 인플레이션의 주요 원인으로 통화량 증가를 꼽는다. 그리고 이러한 통화량 증가는 산출량이나 고용 등 실물 변수에는 아무런 영향을 주지 못하고, 단지 가격과 명목 소득만 비례적으로 상승시킨다는 것이다. 따라서 프리드먼과 펠프스는 장기적으로 인플레이션이 실업률과 관련이 없다고 주장한다. 하지만 단기적으로는 두 변수가 상반 관계가 있다고 하였는데, 이들의 주장은 필립스 곡선 체계에 예상 인플레이션(expected inflation)이라는 새로운 변수를 도입하여 다음 방정식으로 설명할 수 있다.

실업률=자연 실업률−α(실제 인플레이션−예상 인플레이션)

여기서 α는 예상치 못한 인플레이션이 발생하였을 때 이에 반응하여 실업률이 얼마나 변할지를 나타내는 파라미터(parameter)이다. 이 방정식에서 사람들의 예상 인플레이션은 단기에 고정되어 있다고 가정한다. 따라서 실제 인플레이션이 높아지면 실업률은 낮아진다. 그러나 사람들은 장기적으로는 인플레이션이 얼마인지를 충분히 예상할 수 있고, 따라서 실제 인플레이션율은 예상 인플레이션율과 같아지고 실업률은 결국 자연 실업률과 같아진다.

〈그림 10-3〉을 보자. 각 단기 필립스 곡선은 특정한 예상 인플레이션을 반영하며, 예상 인플레이션이 낮을수록 하단부에 위치하고 예상 인플레이션이 높을수록 그래프 상단부에 위치한다.

이제 어떤 국가의 경제가 실업률이 자연 실업률과 같고 인플레이션율과 예상 인플레이션율이 모두 낮다고 하자. 이제 그 국가의 정부 당국이 인플레이션과 실업률 사이의 상충 관계를 이용하기 위해 재정 정책과 금융 정책을 통해 총수요를 확대한다고 하자. 그러한 수요 확대 정책의 효과로 단기에는 예상 인플레이션이 주어져 있다는 가정하에서 경제는 점 *A*에서 점 *B*로 옮겨 가 실업률은 자연 실업률 이하로 하락하고, 인플레이션율은 예상 인플레이션율보다 높아진다. 이 경우 정부 당국은 비록 인플레이션은 높아졌지만 실업률은 낮추었다고 만족할 수 있다. 하지만 사람들은 시간이 경과하면서 새로운 인플레이션율에 익숙해지고, 이에 따라 예상 인플레이션율도 상승한다. 이렇게 예상 인플레이션율이 상승하면 기업과 노동자 모두 새로운 인플레이션을 임금과 가격에 반영하게 되고 단기 필립스 곡선은 상방으로 이동한다. 따라서 경제는

그림 10-3

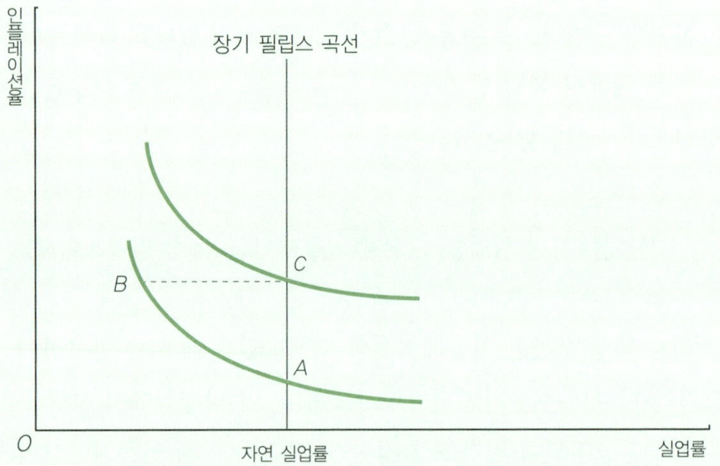

점 *C*로 옮겨 가 최초의 균형점 *A*와 비교해 보면 결국 실업률은 같은데 인플레이션만 올라간 결과를 가져온다. 이러한 관점에서 인플레이션을 단 한 번 증가시키는 것은 실업률을 단지 일시적으로 내릴 뿐, 실업률을 영원히 초기 실업률 이하로 유지하지는 못한다. 이에 대한 유일한 방법은 인플레이션율을 계속 증가시키는 것이다. 정부 당국 입장에서도 증가시킬 때마다 단기적으로만 고용 증가를 얻는 것이다. 따라서 펠프스와 프리드먼은 정부가 실업을 줄이기 위해 총수요를 확대하면 실업률은 변화시키지 못하고 인플레이션율만 높아질 것이라고 주장하였다. 이때 사람들의 실업률에 대한 기대가 실질 인플레이션을 향해 점차적으로 조정되어 간다는 의미에서 적응적 기대(adaptive expectation)라고 한다.[4]

하지만 이러한 프리드먼과 펠프스의 주장은 신고전학파 학자들에 의해 도전을 받게 되는데, 이들은 주로 사전트(Thomas Sargent), 루카스(Robert Lucas), 배로(Robert Barro) 등

4 환율과 연관시켜 보면, 정부가 환율을 변화시키면 그에 따라 유발된 인플레이션에 의해 그 효과가 줄어들어 고용에 대한 영향은 영구적이지 못하다는 것이다. 따라서 국가가 환율을 절하시키면, 실업률을 낮출 수는 있지만 그 효과는 오직 단기적일 뿐이라는 의미이다.

당시 뛰어난 경제학자들로 구성되어 있다. 이들은 합리적 기대(rational expectation)라는 새로운 경제학 이론에 토대를 두고 있으며, 이 이론에 따르면 모든 경제 주체들은 정부 정책을 포함한 경제 운용이나 정부 및 통화 당국의 정책 실행 방법 등에 대해 그들의 지식을 포함해 사용 가능한 모든 정보를 적정하게 이용하여 인플레이션을 예측한다는 것이다.

앞의 적응적 기대를 고려한 프리드먼과 펠프스 이론에서 인플레이션과 실업률 사이의 상충 관계가 단기에는 존재하지만 장기에는 존재하지 않는 것은 예상 인플레이션 때문이다. 그리고 이러한 단기 상충 관계가 얼마나 빨리 없어지느냐는 예상 인플레이션이 얼마나 빨리 적응하는가에 달려 있다. 합리적 기대 이론을 주장하는 학자들은 프리드먼과 펠프스의 논리를 토대로 경제 정책이 변하면 거기에 맞추어 예상 인플레이션을 조정한다고 주장하였다. 따라서 정부가 인플레이션을 퇴치하겠다는 신뢰성 있는 정책 공약을 천명한다면 사람들은 합리적이기 때문에 즉각적으로 예상 인플레이션을 낮출 것이고, 일시적인 실업률 상승과 산출량 감소라는 비용을 치르지 않고 신속하게 인플레이션을 잡을 수 있다는 것이다.[5] 따라서 기대가 합리적이라면, 거시 경제 정책의 체계적인 구성 요소라도 단기적으로 상충 관계가 없게 되고, 통화 동맹을 맺더라도 인플레이션을 낮추기 위해 실업률을 희생할 필요가 없게 된다. 반대로 실업률을 낮추기 위해 인플레이션을 올려도 실업률은 낮아지지 않는다는 의미이기도 하다.

이러한 내용을 〈그림 10-4〉를 통해 설명해 보자. 정부가 현재의 실업률이 너무 높다고 생각하여 이를 낮추기 위해 통화량을 증가시켰다고 하자. 그때 경제 주체들이 적응적 기대를 하면 단기적으로 점 *A*에서 *B*로 이동하여 실업률을 일시적으로 낮출 수 있다. 그러나 경제 주체들이 합리적 기대를 가지고 있으면 인플레이션율을 정확히 예상하여 점 *A*에서 바로 점 *C*로 이동하므로, 경제는 좌우로 이동하지 않고 수직의 장기 필립스 곡선을 따라 상하로 움직인다. 따라서 실업률을 줄이고 국민 소득을 줄이려는 정부의 의도는 성공할 수 없고, 인플레이션만 증가시킨다. 이렇게 합리적 기대 이론에서는 정부 정책이 단기에도 효과가 없다고 하여 이를 정책 무력성의 명제(policy

5 사전트에 따르면 극단적인 경우 비용이 0이 될 수도 있다고 하였다.

그림 10-4 **합리적 기대하에서의 필립스 곡선**

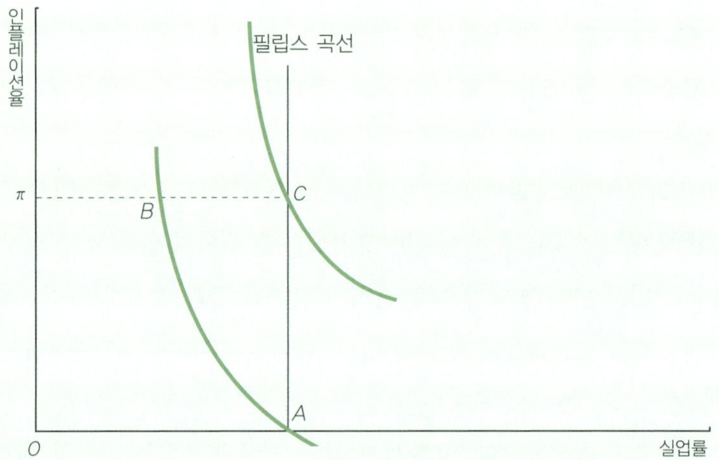

ineffectiveness proposition)라고 한다. 그리고 이 합리적 기대이론학파는 재량적인 정책을 통해 경제를 조정하려는 의도는 포기하는 것이 낫다고 주장한다.

그러나 이러한 합리적 기대 이론에 대한 비판도 적지 않다. 즉, 오늘날과 같이 상호 의존적이고 항상 변화하는 경제에서 각 개인이 항상 합리적으로 기대할 수 있는가 하는 것이다. 또한 노동 시장에서는 임금의 하방 경직성이 나타나고, 다른 시장에서도 갖가지 제약으로 가용한 정보의 양이 제한되어 개별 경제 주체들이 갖고 있는 정보 또한 모두 파악하기가 어렵다는 것이다.

이러한 실업과 인플레이션 사이의 관계에 대한 논쟁 이외에도 통화 동맹의 비용에 대한 또 다른 이슈는 통화 동맹 후의 충격과 혼란에 관련된 조정 비용에 관련된 것이다. 통화 동맹이 완성되고 인플레이션율이 동일화된 후에도, 미래의 지역적 충격과 동요에 의해 요구되는 조정 국면에 대응하기 위해 통화 정책에 제약을 부과한 결과로 개별 국가에 비용이 계속하여 발생할 수 있다. 그 크기는 개별 국가 경제가 받는 충격의 크기와 기대의 적응 속도, 혼란 기간과 정도에 영향을 미치는 제도의 경직성 등에 달려 있다. 전체적으로 총수요는 동맹 수준에서 시행하는 통화 정책에 의해 관리되기 때문에 차별적 수요 충격은 그 크기가 크지 않을 것이다. 그러나 국가별로 명목 임금의 변화나 원자재 가격의 상승, 생산성 향상으로부터 생겨나는 차별적 공급 충격도 있다. 그리고 이러한 수요와 공급의 충격이 발생하였을 때 비용의 크기를 결정하는 것은 주로 시장의 유연성, 특히 노동 시장의 유연성이다. 만일 경제에 해로운 충격들이 노동 시장에서 실질 임금을 감소시키는 것으로 흡수될 수 있다면, 그 충격이 산출물과 고용에 미치는 영향은 훨씬 작아질 것이다. 그러나 이러한 임금의 유연성은 각국 노동 시장의 문화적·사회적 차이와 계약의 특성 및 관행에 달려 있으며, 노동조합의 결성 수준이 낮거나 단체 교섭이 중앙 집중적으로 이루어지는 시장에서는 유연성도 더 커지는 것으로 나타난다.

제3절 유럽연합의 경제통화동맹

이 장 앞부분에서 언급하였듯이 세계에는 몇몇 국가들이 모여 통화 동맹을 결성한 경우가 있다. 하지만 유럽연합(EU)이 시행하고 있는 경제통화동맹(Economic and Monetary Union: EMU)이 그중에서 가장 진보된 형태를 갖추고 있어, 그 발전 과정과 포함된 내용들을 좀 더 자세히 살펴본다.

유럽 지역에서 유럽경제통화동맹(European Monetary and Economic Union: EMU) 창설과 관련한 첫 번째 노력은 제1차 세계대전 직후까지 거슬러 올라간다. 1929년 9월 9일 국제연명(the league of Nations) 모임에서 독일 총리 구스타프 슈트레제만(Gustav Stresemans)은 "우리가 필요한 유럽 통화와 유럽 우표는 어디 있냐?"고 물었다. 그러나 이러한 그의 고귀한 미사여구는 곧 사려 깊지 못한 발언으로 드러났는데, 왜냐하면 한 달도 채 지나지 않아 미국의 대공황 전조인 월가의 주식 대폭락 사건이 발생하였기 때문이다.

그 후 1950년 9월 프랑스 외무장관인 로버트 슈망(Robert Schuman)이 '슈망선언'을 통해 "유럽 평화를 보장하는 유일한 방법은 유럽을 단일 경제 체제로 만드는 것이다"라고 연설하면서 재점화되었다. 그 후 유럽석탄공동체와 유럽경제공동체가 서유럽지역에서 연속적으로 출범하였다.

그러나 유럽경제공동체 설립을 위한 로마조약을 체결할 당시 주로 상품이나 요소 이동의 자유화와 공동 통상 정책, 공동 농업 정책 등에 회원국들의 관심이 집중되면서 공동 통화 정책은 크게 관심을 끌지 못하였다. 1960년대 들어서도 공동체 내에서 통화에 대한 관심은 주로 환율 변동이 유럽경제공동체의 양대 축인 관세 동맹과 공동 농업 정책의 기능을 저해할 것인가에 맞추어져 있었다. 그 후 1960년대 말부터 논의되기 시작한 유럽의 경제통화동맹 계획은 당시의 경제적 필요성에 의해 기획되었다기보다는 관세 동맹과 공동 농업 정책이 어느 정도 완성됨에 따라 유럽연합의 통합에 또 다른 이니셔티브를 만들기 위한 정치적 고려에 의해 이루어진 것으로 보인다. 즉, 1969년 12월 영국의 유럽공동체 가입 문제를 논의하기 위해 헤이그에서 개최된 유럽이사회에서 유럽공동체의 확장과 심화가 이루어져야 한다는 의견이 논의되는 과정에서 유럽공동체 내 경제통화동맹 형성 계획이 수립된 것이다. 이에 1970년 10월 당시 룩셈부르크 총리인 베르너(Pierre Werner)는 경제통화동맹 계획을 담은 보고서를 제시하고, 1971년 EC 각료이사회에서 승인을 얻었다. 이 보고서에는 EC가 단계별로 경제 통화 통합을 하도록 제안하고 있다. 제1단계로는 외환 시세의 변동폭을 축소시키고, 유럽통화협력기금(European Monetary Cooperation Fund)을 설립한다. 그리고 제2단계에서는 각국의 단기 및 중기에 걸친 경제 정책의 조정과 중기 금융 원조 기구를 설립하고, 제3단계로 회원국 중앙은행 간 협력 체제를 강화하고 공동의 중앙은행을 설립한다는 것이다. 그래서 EC 내에 1980년까지 단일 통화를 도입하고, 역내에 자본을 완전히 자유롭게 이동하도록 만든다는 계획을 수립하였다. 하지만 회원국들은 완전한 통화 동맹이 되기 전까지는 각 회원국들 내 통화 당국이 존재하고, 그들 자신의 통화 정책도 시행하며, 협정으로부터 탈퇴도 할 수 있도록 하였다.

그 후 1972년 4월 바젤협정을 체결하고, EC 6개국이 참석하는 스네이크(Snake in the tunnel) 제도를 채택하였다.[6] 이것은 1971년 8월 15일 닉슨이 달러화에 대한 금태환 정지(金兌換停止)를 선언함으로써 브레튼우즈 체제가 완전히 붕괴되고 새로 들어선 스미

6 초기 회원국은 독일, 프랑스, 이탈리아, 네덜란드, 벨기에, 룩셈부르크이며, 후에 영국, 덴마크, 아일랜드, 노르웨이가 참여하고, 달러화에 대해서는 ±2.25%의 변동폭을 유지하면서 참가국 사이에서는 ±1.125% 유지하기로 하였다.

소니언협정을 대체한 것이다. 그러나 국제 통화 위기와 1973년 오일 쇼크에 대응하여 영국의 파운드, 이탈리아 리라, 그리고 프랑스 프랑 등 주요 통화가 독자적으로 변동함으로써, 스네이크에는 단지 베네룩스 3국과 덴마크 그리고 독일과 관련 있는 몇몇 EC 비회원국만 남아 독일의 마르크권으로 급속히 축소되었고 더 이상의 진전도 없었다. 1974년에는 각료이사회가 공동체의 고도의 통합 달성을 위한 결정(decision)과 안정, 성장, 완전 고용을 위한 지침(direction)을 채택하며 경제 안정에 노력하였다. 하지만 당시 회원국들은 통화 동맹을 수용하지 않고 1970년대 불어닥친 오일 쇼크에 회원 각국이 자국 통화 보호를 위해 서로 다른 방식으로 대처함으로써, 고정 환율을 유지할 수 없게 되어 종국적으로 스네이크 제도는 실패하였다.

스네이크 제도가 실패한 후 한동안 유럽연합은 통화 동맹에 대해서는 별다른 계획을 수립하지 않았다. 그러나 경제통화동맹을 성공적으로 안착시키기 위해 많은 경제학자들과 관련 경제 연구 기관들로부터 다양한 개혁 방안이 제시되면서, 기존의 통화 제도를 개혁하려는 움직임이 수면 밑에서 활발하게 나타났다. 1976년 1월 당시 벨기에 총리이던 틴더만(Tindermann)이 베르너보고서의 실패 요인을 분석하여, 종전의 스네이크 제도를 강화하고 그 운용 대상을 대외적인 통화 정책뿐만 아니라 대내적인 통화 정책과 예산 및 단기 경제 정책에까지 확대하여야 한다는 의견을 포함한 틴더만보고서(Tinermann's Report)를 내놓았다. 이 보고서가 나온 후 통합체 내에서 경제통화동맹(EMU) 추진이 활기를 띠기 시작하였다. 특히, 1977년 10월 EC 집행위원장인 로이 젠킨스(Roy Jenkins)가 이탈리아의 유럽대학연구소(European University Institute)에서 행한 연설에서 EC가 추진하여야 할 목표로서 통화 가치의 안정, 경제 성장, 고용 상황의 개선, 지역 간 불균형의 완화 등을 꼽으면서 경제통화동맹을 재추진해야 한다고 주장한 후 더욱 탄력을 받았다. 그리고 바로 1년 뒤 코펜하겐에서 열린 유럽이사회에서 독일의 슈미트(Helmut Schmidt) 총리와 프랑스 지스카르 데스탱(Giscard d'Estaing) 대통령의 주도하에 새로운 유럽통화제도(European Monetary System: EMS)의 설립이 합의되었다. 1979년에는 이 합의에 의거 유럽통화제도가 도입되었는데, 이 제도의 주요 요소는 환율 조정 기구(Exchange Rate Mechanism)로 프랑스, 이탈리아, 스페인, 포르투갈, 영국 등 많은 국가가 이 기구에 참여하였다. 그리고 회원국들의 통화는 당시 유럽 통화 단위인 에쿠(European

표 10-1 에쿠(ECU)의 구성

구분		구성에서 각국 화폐의 비중(%)		
		1979. 3. 13~ 1984. 9. 16	1984. 9. 17~ 1989. 9. 21	1989. 9. 22~ 1998. 12. 31
벨기에	Franc	9.64	8.57	8.183
독일	Mark	32.98	32.08	31.955
덴마크	Krone	3.06	2.69	2.653
스페인	Peseta	–	–	4.138
프랑스	Franc	19.83	19.06	20.316
영국	Pound	13.34	14.98	12.452
그리스	Drachma	–	1.31	0.437
아일랜드	Pound	1.15	1.20	1.086
이탈리아	Lira	9.49	9.98	7.840
룩셈부르크	Franc	–	–	0.322
네덜란드	Guilder	10.51	10.13	9.98
포르투갈	Escudo	–	–	0.6951
1ECU		100.0	100.0	100.0

Currency Unit: ECU)[7]를 중심으로 표시된 중심 환율을 가지고 있고, 그것의 가치는 각 회원국 통화의 명시된 금액의 바스켓(basket)으로 계산되었다. 참가국 간의 환율 변동은 대에쿠(ECU) 중심 환율로부터 ±2.25%까지 허용한 후, 시장 환율이 변동 허용 수준에 근접할 경우 통화 당국은 시장 개입을 실시하여 환율 안정을 도모할 수 있게 하였다. 다만 약세 통화인 아일랜드 펀드와 이탈리아 리라는 예외로 인정해 ±6%의 큰 변동폭을 허용하였다. 한편, 유럽통화제도에서는 유럽통화기금(European Monetary Fund)의 설립을 포함시키려 하였지만, 회원국들 간에 기금의 구조와 범위, 각 회원국 정부와의 독립 정도 등에 의견 차이가 커서 최종적으로 설립되지 못하였다.

이 유럽통화제도는 달러나 금을 고려하지 않은 최초의 순수한 유럽식 제도로서의 의미를 갖는데, 사실 이전에는 환율 제도를 유럽 국가들이 자체적으로 만들었던 적이 없었다. 또한 브레튼우즈 체제하에서는 달러가 주도적 통화였지만 EMS에는 그러한

7 에쿠는 ERM에 참여하지 않는 회원국도 포함해 모든 EMS 국가의 통화를 담은 바스켓이다. 각 국가의 통화는 국가의 크기와 유럽 내 무역의 중요성에 따라 가중치를 달리해 참여하는데, 이 가중치는 5년마다 한 번씩 조정하기로 하였다. 그리고 창설 당시 1에쿠의 가치는 1달러와 같게 맞추었다.

주도적 역할을 하는 통화가 없고, 양자 간에 환율을 유지하는 책임도 양 국가 간에 명시적으로 나누어 가졌다.

유럽통화제도(EMS)는 그 후 환율의 안정적 운용에 비교적 성공적이었다는 평가를 받아 1986년 유럽단일의정서(Single European Act)에 좀 더 진전된 통화 통합 조항이 삽입되는 데 기여하였으며, 스페인은 1989년, 영국은 1991년, 포르투갈은 1992년에 새 회원국으로 가입하였다. 그러나 이러한 EMS도 1992년부터 위기를 겪게 되었다. 그 출발점은 독일의 베를린 장벽 붕괴가 단초가 되었다. 가난한 동독과 부유한 서독의 통일은 서독의 공공 재정에 큰 부담을 안겨 주었다. 또한 동독의 노동자가 잘 사는 서독 지역으로 대거 이동하는 것을 막기 위해 동독 기업의 노동 생산성과 일치하지 않는 수준까지 임금을 끌어올렸고, 그 결과로 독일의 인플레이션율이 급격히 상승하였다. 이에 독일의 중앙은행인 분데스방크(Bundesbank)는 긴축적 금융 정책을 실시하고 이자율을 신속히 올렸다. 그러나 당시 유럽 국가들의 경제 상황도 좋지 않아 1990년대 초기 주변국들도 경제 성장이 둔화되는 시기였다. 더구나 경제통화동맹(EMU)의 조항을 담은 마스트리히트조약(Treaties of Maastricht)이 1991년 12월 체결되었지만, 덴마크 국민들은 자국의 투표에서 부결시켰다. 이는 기술적으로 조약이 무효가 되었다는 의미이며, 환율 시장에 경고를 주면서 즉각 이탈리아와 영국 통화에 대한 투기적 공격이 시작되었다. 이에 이들 국가의 통화를 방어하기 위해 강세 통화국 중앙은행들이 개입하기 시작하였지만, 1992년 중반에 이르러 이러한 투기적 공격이 더 심해지자 분데스방크부터 개입을 중단하였다. 이에 따라 외환 보유고가 급격히 줄어든 이탈리아의 리라와 영국의 파운드는 결국 1992년 9월 ERM으로부터 탈퇴를 하였다. 그러자 다음으로 아일랜드와 포르투갈, 스페인으로 투기적 공격이 이동해 갔다. 심지어 독일보다도 인플레이션율도 낮고, 통화가 과대 평가되지 않는 벨기에, 덴마크, 프랑스의 통화까지도 투기적 공격의 대상이 되었다. 이러한 공격은 1993년 여름까지 계속되어 많은 외환 보유고가 외환 시장으로 투입되었다. 결국 1993년 8월 각국의 통화 당국 관계자들은 원래의 ERM 원칙을 유지하기 위해 확대된 환율 변동폭인 ±15.0%까지 변동폭을 확대하는 데 동의하였다.[8]

8 단, 독일과 네덜란드 간의 ±2.2%는 유지하였다.

표 10-2 경제 수렴 기준

구분	마스트리히트조약 경제 수렴 조건
물가	최근 1년간 소비자 물가 상승률이 가장 낮은 3개 회원국의 평균 물가 상승률 +1.5% 포인트 이내
이자율	최근 1년간 소비자 물가 상승률이 가장 낮은 3개 회원국의 평균 명목 장기 이자율 +2.0% 포인트 이내
재정	재정 적자가 명목 GDP의 3% 이내 정부 부채가 경상 GDP의 60% 이내
환율	자국 통화와 다른 회원국 통화 간의 환율은 ERM의 환율 변동 허용 변동폭(±15.0%) 이내로 유지하되, 최근 2년간 각 회원국 통화 간에 설정된 중심 환율 고수

이러한 ERM 체제의 위기와는 달리 유럽연합의 경제통화동맹(EMU) 구상은 꾸준히 진전되었다. EU는 1988년 하노버 정상 회담에서 들로르(Delors)를 위원장으로 하는 특별위원회를 구성하여, 경제통화동맹 결성 방안에 대한 검토와 실천 단계에 대한 연구를 하도록 지시하였다. 그리고 1989년 6월 마드리드 정상 회담에서 EMU에 대한 연구 결과인 들로르보고서가 제출되었고, 보고서의 주요 내용은 1992년 체결된 마스트리히트조약에 반영되었다. 조약에는 EMU로 이행하기 위한 3단계가 자세히 설정되어 있는데, 제1단계에서는 회원국 간에 경제·통화 정책에 협력을 강화하고 또한 모든 회원국들은 환율 조정 기구에 가입하도록 하였다. 제2단계는 1994년 1월부터 시작하여 유럽통화기구(European Monetary Institute: EMI)를 설립하며, 제3단계는 1997년 1월 또는 1999년 1월부터 시작하며, 유럽중앙은행(European Central Bank)과 유럽중앙은행제도(European System of Central Bank)를 창설하고 단일 통화를 도입하는 것으로 명시되어 있다. 그리고 회원국들이 경제통화동맹에 가입하기 위해서는 〈표 10-2〉의 4가지 경제 수렴 기준 조건을 만족시키도록 하였다.

그 후 계획에 따라 1994년 1월부터 EMU의 실무 업무를 담당할 유럽통화기구(EMI)가 프랑크푸르트에서 업무를 개시하였는데, 이 기구는 유럽중앙은행이 창설되기 전까지 경제통화동맹을 추진하는 한시적 기구로 임무를 수행하며 금융 정책과 환율 정책에 관한 권고를 할 수 있는 권한을 부여받았다. 1995년 12월에는 마드리드 정상 회담에서 단일 통화 명칭을 '유로'(euro)로 확정하였고, 1997년 6월 암스테르담 유럽이사회에서는 단일 통화 도입을 위해 회원국의 거시 경제적 개혁 조치와 조정 내용을 담은 안정 및 성장 협정(Growth and Stability Pact: GSP)을 체결하였다. 이 협정은 EU 회원국들이 그들의 수입을 초과해서 지출하지 못하게 하기 위해 기획된 국가 재정 규칙이다. 협정에 의하면 각국은 재정 적자와 정부 채무가 GDP 대비 각각 3%와 60%를 넘지 못하며, 만일 회원국들이 경제통화동맹에 가입 후 재정 규칙을 위반하였을 시 GDP 성장률이 −0.75%보다 높으면서 재정 적자가 GDP의 3%를 초과하는 국가에 대해서는 GDP 2%에 상당하는 금액을 기초 벌과금으로 유럽중앙은행에 예치하고(고정 벌금), 그와 별도로 부채가 1% 초과할 때마다 0.1%의 벌과금을 추가로 부과하기로 하였다(유동 벌금). 한편, 다음 회계 연도에도 재정 적자가 개선되지 않을 경우 0.1%의 벌과금을 별도로 부과하기로 하였다. 재정 적자 비율이 3년 이내에 3%로 축소될 경우에는 예치한 벌과금을 반환하지만, 재정 적자 감축 조치를 취하지 않을 경우에는 예치금을 유럽중앙은행에 영구 귀속시키기로 결정하였다. 하지만 천재지변이 발생하거나 GDP 성장률이 −2.0%보다 낮을 경우에는 벌과금의 부과를 자동으로 면제하기로 하고, GDP 성장률이 −2~−0.75%에 위치하는 경우 EU 경제재무장관이사회(ECOFIN Council)에서 벌과금 부과 여부를 결정하기로 하였다.[9]

1998년에는 유럽의 경제통화동맹에 의미 있는 일들이 많이 발생하였는데, 1998년 3월 25일 경제통화동맹에 참가할 11개국을 확정하였다. 회원국 중 영국, 덴마크, 스웨덴은 정치적인 이유로 불참을 선언하였으며, 그리스의 경우 참가를 원하였지만 경제 수렴 기준을 만족시키지 못해 자격 미달로 참석을 하지 못하였다. 참여국 중 이탈리아의 경우에는 EMU 참여를 위해 과도하게 구조 조정을 하여서 국가의 행정 조직뿐 아니라 예산 절차까지 혁신적으로 바뀌었다. 동년 5월에는 유럽중앙은행(ECB) 초대 총재로 네덜란드 중앙은행 총재 뒤젠베르크가 임명되어 7월 1일부터 프랑크푸르트에서 중앙은행 업무를 개시하였다. 이 중앙은행은 공동체 내에서 은행 지폐의 발행을 허가하는

9 그러나 2003년에 독일, 프랑스, 이탈리아 등 4개 회원국이 이 안정 및 성장 협정(GSP)에 설정된 재정 요구 사항을 충족시키지 못하였다. 이에 따라 집행위가 범칙금을 부과할 것을 권고하였지만, EU 경제재무장관이사회는 이 권고를 무시하고 GSP를 일부 개정하였다. 이때 목표 수치는 그대로 유지하면서 적용에 약간의 융통성을 부여하였다. 하지만 기준을 준수하지 못한 회원국을 사후 교정하는 과정에서 각료이사회를 대표하는 회원국들에게 더 많은 재량권을 부여하여 지나치게 느슨해진 부분이 있다.

표 10-3 유로 출범 후 세계 준비 통화 비중 변화

통화	1999	2002	2005	2008	2011	2014
미국 달러	70.9	66.5	66.4	64.1	62.2	62.3
유로	17.9	24.2	24.3	26.5	25.1	22.6
영국 파운드	2.9	2.9	3.6	4.1	4.0	3.8
일본 엔	6.4	4.5	3.7	3.1	3.2	4.0
기타	1.9	1.9	2.0	2.2	5.4	7.3

자료: IMF(각년호), IMF: Currency Composition of Official Foreign Exchange Reserves; ECB(각년호), ECB: the Accumulation of Foreign Reserves, Occasional Paper Series, No. 43.

권한을 가지며, 유로화가 통용되는 회원국 내에서 통화 정책과 재정 정책·외환 관리 정책 등을 수행하며, 운영이사회·일반이사회·실무위원회로 구성된 조직으로 운영된다.[10]

1999년 1월 1일에는 드디어 유로화가 출범하였는데, 제1단계 기간(1999년 1월~2001년 12월)에는 유로화를 국공채 발행 등 금융 거래에만 사용하고, 제2단계(2002년 1월~2002년 6월)에는 실생활에도 기존의 자국 화폐와 유로를 혼용해 쓰다가, 제3단계인 2002년 7월이 되면 각국 통화를 없애고 모두 유로만 사용하기로 하였다.

이렇게 새로운 통화인 유로가 채택되자 유럽통화제도(EMS)도 기존의 제도를 변화시킨 EMS II라는 새로운 환율 제도를 1999년 1월 1일 출범시켰다. 이 제도는 유로와 다른 비유로 EU 회원국 사이에 환율 변동이 단일 시장 내에서 경제적 안전성을 저해하지 않도록 하고, 비유로존 국가들이 유로존에 참여할 수 있도록 도와주는 목적을 가지고 있다. EMS II에서는 각국의 통화를 쌍방 간이 아닌 유로를 중심 통화로 패리티(parity)를 결정하며, 변동폭도 ±15%를 기준으로 하지만 그보다 좁은 변동폭도 채택이 가능하도록 허용하였다. 또한 개입이 여전히 자동적이고 무제한적으로 되도록 하였지만, 유럽중앙은행(ECB)이 이러한 책무에 대해 일시적으로 정지할 수 있도록 하였다.

10 운영이사회(Governing Council)는 8년 임기의 총재, 부총재, 그리고 4인의 이사, 경제통화동맹 참여 회원국 중앙은행장으로 구성되며, 매년 10회 이상 회의를 통해 동맹의 통화 정책을 결정한다. 한편, 일반이사회(General Council)는 표결권이 없는 실무위원회(Executive Board) 6인과 27개 회원국 중앙은행장으로 구성되는데, 주요 임무는 유럽중앙은행 운영에 대한 자문 기능이다. 실무위원회는 운영이사회에서 결정된 정책들을 시행하고, 참가국 중앙은행들의 단일 통화 정책 이행 여부를 관리·감독하는 집행 기구이다.

표 10-4 새 회원국들의 ERM II 중심률과 변동폭

회원국	중심률(EUR 1)	변동폭(%)
키프로스(pound)	0.585274	±15
덴마크(krone)	7.46038	±2.25
에스토니아(krone)	15.6466	±15
리투아니아(litas)	3.45280	±15
라트비아(lats)	0.702804	±15
몰타(lira)	0.429300	±15
슬로바키아(koruna)	38.4550	±15
슬로베니아(tolar)	239.640	±15

따라서 이 새 제도는 이전의 EMS보다 더 유연성이 있고, 덜 의무적이다. 그리고 EMU에 가입하기 위해서는 ERM에 최소한 2년간 회원국이어야 한다는 경제 수렴 조건을 만족시키기 위해 이탈리아는 1997년 EMS에 가입하였다. 그러나 영국과 스웨덴은 당분간 참여하지 않기로 하였고, 덴마크는 ±2.25%로, 그리고 그리스는 ±15% 변동폭으로 1999년 1월 가입하였다.

2001년 1월 1일부터 그동안 경제통화동맹(EMU)에 참석하지 못하였던 그리스의 참가가 확정되었고, 유로가 본격적으로 도입되는 2002년 1월 1일 전까지는 정부 간 또는 은행 간 거래에 모두 유로로만 통용하다가 2002년 1월 1일부터는 유럽연합 12개 회원국에서 유로화 동전 및 지폐가 사용되기 시작해, 2002년 2월 28일부터 일정보다 앞당겨 유로만 통용되었다.

한편, 2003년 9월 14일에는 스웨덴 국민 투표에서 유로화 채택 안건이 부결되어 스웨덴의 유로화 도입은 실패하였다. 2004년 5월 1일 유럽연합이 중·동유럽 10개국을 받아들여 회원국이 15개국에서 25개국으로 늘어났는데, EU의 공식 입장은 이들 새 회원국의 ERM(exchang-rate mechanism) 참여를 자발적 의사에 맡겨 두는 것이다. 그 후 2004년 8월에 에스토니아, 리투아니아, 슬로베니아가, 2005년 5월에는 키프로스, 라트비아, 몰타가, 그리고 2005년 11월에는 슬로바키아가 EMS II에 가입하였다. 그리고 2006년 3월 16일에는 새로운 회원국을 포함하는 새 EMS II를 개정해 사용하고 있다. 2007년 1월 1일부터는 중·동유럽 신규 회원국 가운데 최초로 슬로베니아가 유로화를 도입하였으

표 10-5 유로존 가입 국가와 '유로' 도입 연도

연도	도입 국가
1999	벨기에, 독일, 아일랜드, 스페인, 프랑스, 이탈리아, 룩셈부르크, 네덜란드, 오스트리아, 포르투갈, 핀란드
2001	그리스
2007	슬로베니아
2008	키프로스, 몰타
2009	슬로바키아
2011	에스토니아
2014	라트비아
2015	리투아니아

며, 2008년 1월 1일에는 키프로스와 몰타가 유로화를 도입하였다.

안전 및 성장협약(SGP)은 2005년에 중기 예산 목표(Midium-Term Budget Objective)를 포함하는 경제 보고서를 요구하는 방향으로 개정되었다. 이는 SGP 규정이 너무 엄격해 경제 위기를 겪는 국가들이 기준을 준수하지 못하는 경우가 많이 생기다 보니 추가적으로 보완적 수단을 만든 것이다. 그래서 재정 규칙을 지키지 못한 국가들은 언제, 어떻게 원래의 규제 기준으로 돌아갈 것인지에 대한 자세한 청사진을 유럽집행위원회와 유럽연합이사회에 제출하도록 하였다.

2008년 미국발 금융 위기 이후 이른바 'PIGS' 국가들인 포르투갈, 이탈리아, 그리스, 스페인 국가들의 재정 적자가 확대되면서 유로존(Eurozone)에 위기가 닥쳤다. 그리스의 국가 신용 등급은 '정크' 수준으로 강등되었고, 2010년 그리스를 시작으로 아일랜드, 포르투갈에 이어 스페인까지 구제 금융을 요청해 받았다. 그리스, 아일랜드, 포르투갈 3개국을 합친 경제 규모는 유로존 전체 GDP의 6%를 조금 넘지만, 스페인은 단독으로 11.5% 정도를 차지할 정도로 경제 규모가 커 스페인까지 경기 침체에 빠지자 유럽의 위기감은 더욱 증폭되었다. 하지만 EU 및 유로존 국가들이 위기에 대응한 다양한 조치를 실행함에 따라 유럽의 재정 위기는 점차 회복 국면에 들어섰고, 2013년 말부터 아일랜드를 시작으로 포르투갈과 스페인이 순차적으로 구제 금융 관리 체제를 벗어났다.

한편, 이러한 금융 위기 속에서도 EMU에 추가적인 발전은 지속되었다. 2009년 1월 1일부로 슬로바키아가, 그리고 2011년 1월 1일부로 에스토니아가 '유로'(euro)를 채택하였고, 2011년 6월에는 유럽중앙은행(ECB) 총재로 마리오 드라기(Mario Draghi)를 새로 선출하였다.

PIGS 국가들의 재정 위기가 다른 국가로 확산되는 것을 막기 위해 2010년 5월에는 EU 회원국 재무장관들이 브뤼셀에서 모여 유럽재정안정기금(European Financial Stability Facility: EFSF)을 창설하였다. 자금 규모는 4,400억 유로로 독일과 프랑스의 분담 비율이 47.51%에 달한다. 실제로 대출해 줄 수 있는 규모는 AAA 신용 등급을 보유한 국가들의 보증 규모인 1,534억 유로이다. 유로존 국가들은 이 유럽재정안정기금(EFSF)을 IMF와 같은 강력한 금융 지원 기구로 강화하는 것에 합의하였다. 2011년 하반기부터 PIGS 국가들의 재정 위기가 다시 불거지자 그해 10월 개최된 EU 정상 회담에서 기금의 규모를 1조 유로로 확대하기로 합의하였다. 이 EFSF는 2012년 10월 규모가 확대되고 기능이 강화된 상설 기구로, 기금 규모 5,000억 유로의 유럽안정기구(European Stability Mechanism: ESM)로 대체되었다.

2013년 1월에는 일명 '신재정협약'이라 불리는 'EMU의 안정 공조 거버넌스에 관한 조약'(Treaty on Stability, Coordenation and Governance in the Economic and Monetary Union: TSCG)이 발효되었다. 이 '신재정협약'은 일부 회원국들이 재정을 방만하게 운영하여 유럽 국가들의 재정 위기가 발생하였다는 인식하에 채택한 협정으로, 1997년 시행한 '안정 및 성장에 관한 협약'(SGP)을 수정한 것이다. 신재정협약의 핵심적인 내용은 재정 건전화 규정을 강제화하는 것이다. 참여국들은 당해 재정 적자가 국내총생산(GDP)의 3%, 국가 부채는 60% 이내로 제한되는 이른바 '황금률'을 도입해 자국 헌법이나 국내 법규 등에 반영해야 한다. 그리고 이를 어길 경우 유럽연합이 자동적으로 제재할 수 있게 하였다. 경제가 정상적일 때도 당해 재정 적자가 GDP의 0.5%를 넘지 못하도록 하는 규정이 새로 도입되었다. 다만, 경기 침체와 세수 감소로 경기부양책이 필요할 경우에는 이를 초과할 수 있다. 회원국이 재정적자가 GDP의 0.5%를 넘게 되면 재정 지출 축소와 세금 인상 등의 조치를 취해야 한다. GDP의 3%를 넘기면 벌과금 등 제재 조치를 받게 된다. 재제 조치 적용 시에는 역가중 다수결 원칙(Reverse Qualified Majority Voting: RQMV)을 적용하여, 다수가 반대할 경우에만 재제를 적용하지 않고, 그렇지 않으면 자동적으로 제재 조치를 발동하기로 하였다. 그러나 '신재정협약'은 영국의 반대로 기존 EU 조약을 개정한 EU 공동체법이 아닌 원하는 나라만 채택하는 정부 간 협약(intergovernmental agreement) 형태로 도출되었으며, 영국은 처음부터 협약 가입을 거부하였고, 체코의 경우에는 의회 승인 절차 등의 문제로 가입하지 않기로 해 당시 27개 회원국 중 25개국만 2012년 3월 서명하였다.[11]

그 후 시간이 지나면서 '신재정협약'은 규정이 너무 엄격하다는 비판을 많이 받았다. 일부 국가는 이 협약이 개별 국가의 주권을 침해한다고 불평을 하고, 힘없는 약소국들 처벌에 너무 가혹하다고 한다. 전하는 바에 따르면 EU 이사회에서는 독일이나 프랑스 같은 국가들이 재정 규칙 기준치를 벗어나는 경우에도 벌금을 징수할 생각은 하지 않는 반면, 포르투갈이나 그리스 같은 다른 국가들은 과거에 큰 벌금을 징수하겠다는 위협을 받았다고 한다. 일부 비판자들은 이런 이유가 독일과 프랑스는 강대국이고 EU 이사회에 대표자 가중치가 커서 그렇다고 주장한다. 결국 영국의 2016년 Brexit 국민 투표에서 이 협약을 주요 토론 주제로 자주 언급하였고, 영국을 Brexit 찬성 쪽으로 유도하였다고 주장하기도 한다.

한편, 2008년부터 유럽 지역을 강타한 재정 위기는 유로존 지역 기구들의 취약점을 적나라하게 드러냈다. 이에 EU는 EMU를 강화하고 미래에 다가올 충격에 좀 더 잘 대비하는 차원에서 일명 '5대 기구 수장 보고서'[12]로 불리는 경제통합동맹(EMU) 관련 보고서를 2015년 6월에 발간하였다. 이 보고서에는 EMU를 더욱 심화시키는 3단계 과정을 설정하여, 2025년까지 완성하는 일정표를 제시하였다. 이에 따르면 1단계는 2015년 7월 1일부터 2017년 6월 30일까지로 EU 기구와 유로존 회원국들이 기존의 기구와 조약들을 잘 활용해 구조적 수렴과 경쟁력을 향상시키고, 금융 연합을 완성하고, 책임 있는 재정정책 유지와 민주적 책임을 고양시키기로 하였다. 이어진 2단계는 EMU를 완성하는 단계인데, 이를 위해 EMU의 경제적·제도적 구성을 완성하기 위한 좀 더 광범

11 이종원 외 2인(2014), pp. 228~232.

12 5개 기구는 유럽집행위원회(the European Commission), 유럽의회(the European Parliament), 유럽중앙은행(the European Central Bank), 유럽이사회(the European Council), 유럽그룹(the Eurogroup)을 의미하며, 보고서 제목은 "Completing Europe's Economic and Monetary Union"이다.

위한 특성의 구체적인 수단들을 만들기로 하였다. 특히, 이 단계에서는 공동으로 합의된 기준을 통해 수렴 과정이 법적으로 구속력 있게 만들기로 하였다. 그 후 늦어도 2015년까지 마지막 3단계를 완성해야 되는데, 이 단계에서는 심화되고 진정한 EMU가 단일 통화를 쓰는 EU 회원국 국민 모두에게 안정적이고 전망 있는 유럽 지역을 제공해 주고, 준비가 된 다른 EU 회원국들도 EMU 체제 안으로 유인할 수 있도록 만든다.[13]

그 후 1단계에서 성취한 성과를 전문가 그룹과 협의한 후 집행위는 유럽의 미래에 대해 폭넓게 서술한 백서(White Paper)[14]를 2017년 3월 발간하였는데, 백서에는 유럽의 리더들이 어떤 선택을 하느냐에 따라 유럽연합이 미래에 어떻게 발전할 것인가에 대해 5가지 시나리오를 자세히 논의해 놓았다. 또한 백서에서는 EMU 1단계에서 목표 달성을 향한 진행된 내용에 대한 평가를 수행하고, 2단계에 대한 좀 더 자세한 개요와 2단계 완성에 필요한 수단들을 설명하였다. 그리고 2017년 5월에는 '백서' 내용 중 특히 EMU의 미래에 초점을 맞춰 논의를 진행한 소견서(Reflection Paper)[15]를 발간하였다. 그 후에도 유럽연합은 EMU 완성을 위해 집행위를 중심으로 계속해서 노력하고 있다.

유로존 국가도 계속 늘어나 2014년 1월 1일에는 라트비아가, 그리고 2015년 1월 1일부터는 리투아니아가 유로존에 가입해 유로존이 총 19개국으로 늘어났고, 영국을 제외하고 유럽연합 가입국이면서 유로를 국가 통화로 도입하지 않는 나라는 덴마크, 스웨덴, 불가리아, 체코, 헝가리, 크로아티아, 폴란드, 루마니아 등 9개국이다. 2020년 ERMII에는 불가리아와 크로아티아 그리고 덴마크 통화가 들어 있는데, 불가리아와 크로아티아는 2020년 6월 1일에 가입하였다. 그리고 크로아티아는 ±15%의 넓은 변동폭을 가지고 있다. 덴마크는 1999년 1월 1일부터 가입해 있는데, 아직 유로존에 가입할 의사는 없고 ±2.25%의 좁은 변동폭을 적용 받고 있다.

그러나 그리스와 포르투갈, 스페인, 키프로스 등 유로존 국가들이 유럽의 금융 위기 기간 중에 많은 어려움을 겪고 난 후, 폴란드에서는 유로화 사용에 대한 반대 여론

13 European Commission, 2015, Completing Europe's Economic and Monetary Union, p. 5.
14 European Commission, 2017, WHITE PAPER ON THE FUTURE OF EUROPE: Reflections and scenarios for the EU27 by 2025, COM(2017)2025.
15 European Commission, 2017, REFLECTION PAPER ON THE DEEPENING OF THE ECONOMIC AND MONETARY UNION, COM(2017) 291.

이 60%가 넘어 포기하였고, 불가리아도 2015년 유로존에 들어가기로 하고 준비 작업을 하였지만 결국 가입을 보류하였다가 2020년 가입하는 등 비유로 국가들이 예전같이 유로존 가입에 적극적이지 않고 인기가 시들해지는 느낌이다.

한편, 유럽연합의 통화 동맹에는 가입하지 않았으면서 유로를 통화로 쓰고 있는 국가가 많은데 영국의 해외 영토인 아크로티리-데켈리아, 안도라, 코소보, 몬테네그로, 생바르텔레미, 생마르탱 등 6개국과, 바티칸, 모나코, 산마리노 등 유럽의 극소국들에게도 유로화의 사용을 허용하고 있다. 이들 소국은 유럽중앙은행(ECB)과의 협정을 통해 그들만의 유로 동전을 제작할 수 있는 조폐권을 가지게 되었다. 하지만 이들 국가가 주조할 수 있는 동전의 총가치는 엄격하게 제한받으며, 지폐 조폐권은 없다. 안도라와 몬테네그로, 코소보에서도 유로화가 통용 가능한 것으로 알려져 있으며, 안도라는 위의 소국과 유사한 통화 협상을 하여 2014년부터 동전을 주조해 사용하고 있다. 아프리카의 짐바브웨도 2009년 자국 통화가 고인플레이션이 되어 사용이 불가능해짐에 따라 유로화를 여러 통화 중 하나로 사용하고 있다.

그 외에도 캐나다 해안가에 위치한 생피에르 미클롱과 인도양에 위치한 마요트도, 오스트레일리아에서 동쪽의 뉴칼레도니아, 남태평양 중부의 프랑스령 폴리네시아 등 프랑스 해외령은 EU의 외부에 있지만, 유로를 기본 통화로 사용하도록 허용하였다. 대신 이 지역에는 조폐권을 부여하지 않았다.

덴마크와 영국은 EMU에 가입하지 않아 유로가 법적 통화는 아니지만, 유로는 두 국가의 상점에서 사용된다. 특히, 큰 도시에 있는 국제적인 상점과 아일랜드와 국경을 맞대고 있는 북아일랜드에서는 유로가 공식 통화이다. 스위스에서도 유로가 광범위하게 사용된다. 그러나 2020년 영국이 EU에서 탈퇴하면 영국과 영국의 해외령에서 유로 사용이 제한될 수 있을 것이다.

부록 EMU 경제 수렴 기준의 적용 방법

〈표 10-2〉에 제시되어 있는 경제 수렴 기준은 EMU 3단계에 가입하기 위한 기준으로 마스트리히트조약 제109조에 명시되어 있으며, 리스본조약이 체결되면서 제140조로 개편되었다. 수렴 기준 가운데 재정 기준(재정 적자, 공공 부채)은 1997년 채택된 '안정 및 성장 협약'(GSP)에서 체결된 내용이다.

부록에서는 유럽연합의 경제통화동맹에 가입하기 위한 경제 수렴 기준 적용 방법에 대해 알아본다. 부표에서 보면 먼저 물가 상승률이 낮은 3개국은 프랑스, 덴마크, 룩셈부르크로 나타나며, 이들 3개국의 인플레이션율은 1.6%, 2.0%, 2.1%여서 평균 인플레이션율은 1.9%이다. 따라서 이 평균 인플레이션율에서 1.5%를 더하면 3.4%가 EMU 통과 판단 기준 인플레이션율이다. 이 인플레이션율 기준을 통과한 국가는 벨기에, 덴마크, 독일, 프랑스, 아일랜드, 룩셈부르크, 네덜란드, 영국이다. 두 번째 이자율 기준을 보면 물가 상승률이 낮은 3개국인 프랑스, 덴마크, 룩셈부르크의 이자율은 각각 7.2%, 7.8%, 6.4%로 평균 이자율은 7.1%이다. 이 평균 이자율에 2.0%를 더한 9.1%가 판

부표 각 회원국의 경제적 성과

회원국	인플레이션	장기 이자율	재정 적자[1]	정부 부채[1]
벨기에	2.4	7.7	-5.5	140.1
덴마크	2.0	7.8	-4.3	78.0
독일	3.0	7.0	-2.9	51.0
그리스	10.8	20.8	-14.1	121.3
프랑스	1.6	7.2	-5.6	50.4
아일랜드	2.4	7.9	-2.4	89.0
이탈리아	3.9	10.6	-9.6	123.7
룩셈부르크	2.1	6.4	1.3	9.2
네덜란드	2.7	6.9	-3.8	78.8
포르투갈	5.2	10.4	-6.2	70.4
스페인	4.7	10.0	-7.0	63.5
영국	2.4	8.1	-6.3	50.4

주: 1) GDP에 대한 비율.

단 기준 이자율로 이 기준을 통과하는 국가는 벨기에, 덴마크, 독일, 프랑스, 아일랜드, 룩셈부르크, 네덜란드, 영국이다. 국가 재정의 경우 룩셈부르크만 재정 흑자를 기록하고 나머지 국가들은 모두 재정 적자를 기록하였는데, 그중 재정 적자가 3% 이내인 국가는 독일, 아일랜드, 룩셈부르크 3개국이다. 그리고 정부 부채가 GDP의 60% 이내인 국가는 독일, 프랑스, 룩셈부르크, 영국이다. 만일 모든 회원국이 환율 조건을 만족한다고 가정하면 유럽연합의 경제통화동맹에 가입할 수 있는 경제 수렴 기준을 모두 통과한 국가는 독일과 룩셈부르크 2개국뿐이다.

Chapter 11 지역 정책

지역 정책

전 세계 어느 국가나 경제 성장 과정에서 특정 지역에 산업 활동이 집중하고, 다른 지역에는 주요 산업이 유출되어 지역 간 경제적 격차가 발생하는 문제를 가지고 있으며, 이러한 지역 간 경제적 격차를 줄이는 것이 각 국가의 중앙 정부가 풀어야 할 중요한 정책 중 하나로 여겨지고 있다.

경제 통합에 있어 나타나는 문제 중 하나도 이러한 개별 국가 내에서 나타나는 지역 경제 문제와 유사한데, 회원국들이 경제 통합을 통해 이익의 크기를 극대화시키는 것도 중요하지만, 그 이익이 특정 회원국에 집중될 경우 얻은 이익을 어떻게 국가 간·지역 간에 분배할 것인가도 또 다른 중요한 이슈이다. 이러한 이익 분배 문제는 실제로 국가 간의 경제 통합을 실현 가능하게 만드는 문제일 뿐 아니라, 이미 완성된 경제 통합체들이 지속 가능하도록 영향을 미친다.

경제 통합에 있어 분배 문제는 여러 차원에서 일어나는데, ① 자본과 노동 등 생산요소들 간의 이익 분배는 어떻게 영향을 받는가, ② 산업은 특정 국가의 특정 지역에 집중되는 경향이 있는데, 경제 통합은 어떻게 회원국 내의 지역에 영향을 미칠 것인가, ③ 각기 다른 경제 부문에 미치는 영향은 어떻게 달라지는가, ④ 경제 통합이 지역과 국가 수준에서 존재하는 경제적 격차를 줄일 것인가, 아니면 확대시킬 것인가 등의 내용을 포함한다.

경제 통합을 분배적 측면에서 분석할 때는 공간상으로 두 가지 차원에서 고려하게 되는데, 하나는 통합을 결성한 회원국들 간의 이익 분배와 그 분배의 공평성에 대한 이슈이고, 다른 하나는 각 회원국 국가 내에서 지역 간의 이익 분배 및 그의 공평성에 관한 것이다. 두 가지 측면 모두 경제 통합이 회원국 내 경제적 격차에 미치는 영향과 관련되어 있다. 그리고 특정 지역에 경제적 성과를 개선시킴으로써 지역 간 경제적 격차를 줄이거나 수렴(convergence)시키는 지역 정책은 이런 이슈를 다루는 수단이다. 적절한 지역 정책을 수립하기 위해서는 먼저 공간상에서 정책의 영향과 경제적 격차의 발생 원인, 그리고 특정한 지역 정책이 어떻게 그들에게 영향을 주는가 하는 것에 대한 이해가 선행되어야 한다.

경제 통합이 회원국 간 그리고 회원국 내 지역 간 이익 분배와, 특히 지역 간 격차에 미치는 영향은 정책 수단과는 별개로 시장의 조정 메커니즘 형태에 달려 있다. 경제 통합의 영향은 주로 회원국의 상대 가격과 비용의 변화를 통해 일어나며, 통합시 발생하는 상대 가격과 비용의 변화는 무역의 흐름뿐 아니라 자본 축적에도 영향을 주게 된다. 이런 점에서 회원국 상호간에 작용하는 조정 메커니즘과 회원국 내 지역 차원에서 작용하는 조정 메커니즘은 서로 다르다. 하지만 조정 메커니즘에 영향을 주는 기본적인 요소들 중 많은 부분은 서로 비슷하며, 어느 정도까지는 비슷한 분석 방법을 사용한다.

한 국가 내의 지역과 공동체 내의 회원국 사이에는 주요한 차이점이 있는데, 이는 첫째 생산 요소들은 회원국들 간보다 한 회원국 내의 지역 간에 이동성이 훨씬 더 크고, 둘째 국가 경제가 지역 경제보다도 훨씬 덜 개방적이고, 셋째 경제 동맹을 맺은 회원국이라도 종종 그들의 통화 및 환율 정책에 대한 통제 수단을 보유하고 있는 반면, 국가 내 지역은 그러한 통제 수단을 가지고 있지 못하다는 것이다. 또한 한 회원국 내 지역 간에는 국가 예산이 소득 재분배에 큰 역할을 하지만, 경제 동맹에 있어 동맹체의 예산이 회원국 간의 재분배 역할은 매우 미미하다.

하지만 공동 시장으로부터 경제 동맹까지 통합이 점점 더 진전되어 감에 따라 통합의 공간적 측면에서 국가와 지역 사이에서 발생하는 이러한 차이점은 많이 줄어들 것으로 예상된다.

제1절 경제 통합과 지역적 분석

많은 경제학자들이 오래전부터 경제 통합의 분배적 그리고 지역적 차원의 분석에 대한 이론적 연구를 수행해 왔다. 이러한 과거의 많은 연구들은 크게 나누어 비교 정태적 접근법과 성장에 초점을 맞춘 접근법으로 나누어지는데, 이 절에서는 이 두 접근법을 중심으로 살펴보자.[1]

1. 비교 정태적 접근법

(1) 시장 통합 이론으로부터의 추론

첫 번째 접근법은 시장 통합으로부터 발생하는 이익과 비용에 대한 국가적인 또는 공간적인 의미를 단순하게 도출해 내는 것이다. 전통적 접근법은 앞에서 소개되었던 정통적 부분 균형 분석의 국가 간 이익과 비용의 분배에 대한 의미를 고려한다. 이 접근법에는 비교 우위의 결정 요인에 대한 특별한 언급이 없었으며, 일반 균형의 영향뿐 아니라 생산에서 운송비에 대한 영향도 무시하였다. 그러한 분석에서는 통합으로부터 모든 국가가 명백하게 이익을 얻어야 한다는 가정도 없다. 단순한 관세 동맹에서의 결과는 각국의 해당 산출물에 대한 수요와 생산 조건 그리고 공동 대외 관세의 특징에 따라 달라진다. 무역 전환이 발생하면 그 비용을 일부 국가가 더 많이, 또는 특정한 국가가 전부 부담해야 하는 경우도 생겨난다. 따라서 일부 회원국은 통합을 통해 전체적으로 손실을 경험하게 될 것이며, 통합이 회원국 시장 전체에 이익을 만들어 내더라도 일부 국가는 손해를 보는 경우도 생겨난다. 결국 모든 회원국이 이익을 얻기 위해서는 어떤 형태로든 회원국 내 보상(報償) 제도가 필요하게 된다. 그러나 보상적 지급은 재정적인 뒷받침이 있어야 하기 때문에 분배적 비용을 수반하며, 보상을 해 준다는 것 또한 수령자의 행동에 경제적으로 역효과를 가져오기도 한다.

1 Robson(1998), pp. 233~243.

(2) 무역 이론에서의 수렴 이론

경제 통합의 지역적 영향에 대한 두 번째 접근법은 국제 무역에서 신고전학파들이 주장하는 일반 균형 이론이다. 이 이론을 신봉하는 경제학자들은 현재 존재하는 국가 간·지역 간 소득 격차는 초기에 주어진 부존 요소의 차이로부터 생겨난다고 주장한다. 그리고 시간이 흐르면서 요소 가격 균등화 이론(factor-price-equalization theorem)[2]에 따라 이러한 격차는 수렴된다는 것이다. 그리고 공동 시장 결성에 따른 생산 요소의 자유 이동은 이러한 효과를 더욱 강화시킨다는 것이다.

〈그림 11-1〉에 이러한 내용이 간결하게 예시되어 있는데, 완전한 정보와 이주 비용이 없는 세상에서 먼저 두 지역이 있고, 지역 B가 지역 A보다 초기에 특정 생산 요소에 대한 보상이 2만 원 더 많다고 하자. 그러면 이러한 보상의 차이는 생산 요소가 지역 A에서 지역 B로 흘러가도록 유도한다. 이러한 자원의 흐름은 생산 요소의 보상이 두 지역 모두 5만 원으로 같아질 때까지 계속된다.

이러한 정통적 신고전학파의 수렴 모델[3]은 매우 제한적인 가정에 의존하고 있다.

그림 11-1 자원의 이동

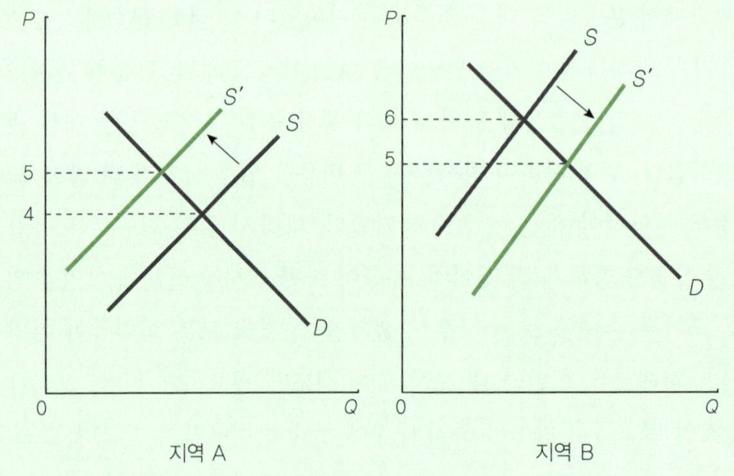

2 헥셔–올린 이론의 한 부분으로서 매우 제한적인 가정하에서 자유 무역을 통해 국가 간에 상품의 가격이 동일화되면, 생산 요소(노동과 자본 등)의 가격도 국가 간에 동일화된다는 이론이다.

우선적으로 모델은 생산 요소의 동질성을 전제로 하고 있다. 즉, 동일한 자본량이 주어지면 어느 곳에서나 똑같은 양(量)의 상품을 생산한다고 가정한다. 노동에서도 같은 가정을 한다. 그러나 현실적으로는 고학력에 전문 기술을 가진 노동자는 저학력에 단순 노동자보다는 주어진 자본량으로 더 많은 산출량을 생산할 수 있다. 그러므로 때로는 경쟁적 우위나 비교 우위를 결정하는 데 있어 생산성 차이가 단순한 요소 부존의 차이보다 훨씬 더 중요한 역할을 할 때도 있다. 만일 생산성 차이가 고소득 국가나 각 국가 내 고소득 지역에 유리하게 작용한다면, 산출물의 분배에 대한 경제 통합 효과는 오히려 고소득 국가나 지역에 더 많은 이익을 줄 수도 있다.

정통적 이론에서 언급되는 경제적 격차의 감소는 단순히 효율적으로 조정된 생산 요소의 보수 차이가 감소되는 것을 의미한다. 그러나 노동자들 간에는 생산성이 각각 다르므로 임금이 그러한 생산성 차이를 반영한 수준으로 조정된다면, 실질 임금과 소득 격차가 반드시 수렴하여야 할 필요는 없다.

정통적 모델이 가정하는 것들 중 또 다른 한계점으로는 정통 모델이 시장에서의 완전 경쟁을 가정하고 있다는 것이다. 정통 모델이 이러한 완전 경쟁을 가정함으로써 경쟁적 구조와 양립할 수 없는 규모의 경제나 기술 진보와 관련된 외부 경제를 고려할 여지가 없다. 또한 과점 기업들의 전략적 행동도 무시한다. 따라서 정통적 모델은 이러한 특징들을 가지고 있는 경제 부문에서 발생하는 통합 효과를 명확히 분석하지 못하거나, 시장 통합의 새로운 경제학(new economies)이 더 적절한 부문들에는 적용하기가 어렵다.

3 일반적으로 신고전학파들은 성장에 있어 국가 간·지역 간 수렴을 예견하는데, 이를 뒷받침하는 메커니즘으로 보수 감소(decreasing return), 기술 확산(technological diffusion) 그리고 구조적 변화(structural change) 세 가지를 꼽는다. 보수 감소란 자본이 증가함에 따라 산출물 성장이 그에 비례적으로 늘지 않는다는 것이다. 즉, 자본이 축적됨에 따라 자본의 한계 생산성이 떨어지고, 이에 따라 성장률이 시간이 지남에 따라 낮아진다는 것이다. 만일 부유한 국가나 지역이 가난한 국가나 지역보다 더 많은 자본 스톡을 가지고 있다고 가정하면, 가난한 국가나 지역의 성장이 더 빨라지고 부유한 국가나 지역을 따라잡기(catch-up)가 가능해져 결국 서로 간에 수렴되어 간다는 것이다. 두 번째로 초기 성장 모델들은 기술 진보를 주어진 것으로 가정하였다. 그러나 새로운 기술을 발명하고 적용하는 것이 지역이나 국가 간에 차이가 있다면 이 또한 수렴이나 괴리를 만드는 또 다른 근원이 될 수 있다. 문제는 이러한 기술 스톡이 보수 감소냐 보수 증가냐 하는 것이다. 일반적으로 혁신을 만들어 내는 것보다는 기술이나 관련 지식을 흡수하여 따라잡는 것이 훨씬 쉽다고 본다. 그리고 이러한 기술적 따라잡기가 작용되면, 우리는 국가 간 또는 지역 간의 수렴을 예상할 수 있다. 세 번째 메커니즘은 구조적 변화인데, 간단한 형태를 상정해 보면 개발도상국들에 있어 보통 낮은 생산성의 농업으로부터 상대적으로 생산성이 높은 2차 산업으로 산업 구성의 구조적 변화를 들 수 있다. 이런 구조적 변화는 시간이 지남에 따라 국가 간·지역 간의 생산성 차이의 축소 쪽으로 기여하게 되고 결국 수렴에 기여한다.

정통 모델이 상정하는 가정이 충족되지 않는다면, 그들이 주장하는 지역 간 경제적 격차의 감소도 반드시 이루어진다고 확신하기 어렵다.

(3) 새로운 경제지리학 이론

세 번째로 살펴볼 비교 정태 분석은 '새로운 경제지리학'으로 불리는 이론이다. 부분적으로는 크루그먼(Krugman)의 주장과 관련된 이 접근법은 운송비나 다른 무역 장벽의 형태로서 공간적 요소를 명시적으로 포함하므로, 앞에서 언급된 이론들의 한계점들을 완화시키려고 노력하고 있다. 크루그먼 모델(1995)의 핵심이 되는 내용은 장벽 감소의 정도에 따라 경제 통합이 생산 구조나 소득 격차를 확대시키므로, 일부 참여국에 피해를 줄 가능성을 보여 주는 것이다.

크루그먼은 시장 접근성의 중요성과 운송 비용의 존재로 인해 입지 결정에 영향을 받게 된다는 관점에서 규모의 경제, 불완전 경쟁, 그리고 생산의 차이를 허용하였을 때 경제 통합으로 인한 무역 장벽의 점진적 감소가 주변국과 중심국의 생산에 어떤 영향을 주는가를 밝히는 데 초점을 두고 있다. 이때 나타나는 일반적인 특징은 경제 통합이 지역에 미치는 영향이 명확하지 않다는 것이다. 그 이유를 살펴보자. 먼저 한 산업이 두 국가 중 한 국가 또는 두 국가에 다 입지할 수 있다고 하자. 중심국은 임금과 생산 비용이 다 높지만 시장 접근성이 좋은 반면, 주변국은 임금과 시장 접근성이 모두 낮다. 그러면 운송비가 낮아짐으로써 생산 지역이 언제나 중심국에서 주변국으로 이동해 간다고 생각할 수 있다. 그러나 이런 생각은 잘못될 수 있다. 앞의 가정에 따라 〈표 11-1〉에서 상품이 중심국인 벨기에나 주변국인 스페인에서 생산되거나 양 국가 모두에서 생산될 수 있다고 하자.[4] 또 단순화를 위해 총판매량은 주어져 있다고 하여 수요의 탄력성을 무시하고, 생산 입지 지점을 결정할 때 단순히 생산비와 운송비를 합한 비용을 최소화한다고 하자. 생산 비용은 주변국(스페인)보다 중심국(벨기에)이 더 비싸지만 규모의 경제 때문에 주어진 산출량을 양쪽 국가에서 모두 생산하는 것보다 어

4 유럽연합이 2013년 7월 1일 크로아티아를 받아들임으로써 회원국이 28개국으로 늘어나 지리적으로 벨기에가 중심국이고 스페인이 주변국이라 하기 어렵게 되었다. 그러나 크루그먼이 이 책을 서술하였을 1995년 당시에는 유럽연합 회원국이 15개국이어서 그렇게 가정할 수도 있다.

표 11-1	무역 장벽 감소가 생산 입지에 미치는 영향			
생산 지역	생산 비용	운송 비용		
		고	중	저
벨기에	10	3	1.5	0
스페인	8	8	4	0
양쪽 지역	12	0	0	0

자료: Krugman(1995), p. 96.

느 한쪽에서 생산하는 것이 더 싸다. 그러나 생산비뿐 아니라 운송비도 있다. 만일 상품이 중심국에서만 생산된다면 산출물 중 일부는 주변국으로 운송해야 한다. 그러나 상품이 저비용의 주변국에서만 생산된다면, 산출물 중 많은 양(量)을 주요한 시장들이 있는 중심국으로 운송해야 한다.

따라서 생산비만 고려하였을 경우는 상품을 주변국(스페인)에서 생산하는 것이 가장 싸고, 규모의 경제 때문에 양쪽 지역에서 모두 생산하는 것이 가장 비싸다. 그러나 입지 선택의 또 다른 요소인 운송 비용을 포함하였을 경우 결과는 달라진다. 만일 운송 비용이 높으면, 운송 비용의 절감이 추가적 생산 비용을 초과하기 때문에 가장 싼 입지 지역은 양쪽 국가 모두에서 생산하는 것이다. 그러나 운송 비용의 절감이 반드시 생산 지역을 낮은 비용의 주변국으로 이전시키지는 않는다. 운송비를 고비용에서 중간 비용으로 바꿀 수 있는 경우, 즉 운송비가 절반으로 줄어드는 경우에는 생산지가 중심국(벨기에)이 될 것이다. 그러나 운송비가 완전히 없어진다면, 주변국(스페인)이 다시 가장 저비용의 생산 지역이 될 것이다. 따라서 운송비와 스페인에서의 생산 관계를 살펴보면 단조롭지 않고 U자 모양이 된다. 그리고 일정 범위 내에서 통합이 진전되면서 생산 지점은 운송 비용의 감소 정도에 따라 U자형의 어느 곳에서나 위치할 수 있다.[5]

그러나 크루그먼이 주장하려는 바는 무역 장벽이 높아지면 지역적 생산을 촉진시키지만, 규모의 경제가 작용하는 적당한 장벽은 시장에서 멀리 떨어진 저비용의 주변 지역보다 시장 접근이 쉬운 고비용의 중심 지역에 생산 집중을 촉진시킬 것이라는 것

5 이 모델에서 통합을 통해 동맹국 간에 국경을 개방하고 운송비를 0에 가까이 낮출 수 있으면, 생산 지점이 주변국으로 이동하여 경제적 격차를 줄이고 수렴을 기대할 수 있게 된다.

이다. 즉, 그는 생산 지역을 선택하는 입지 선정에서 규모의 경제와 운송비가 가장 중요한 핵심 요소로 본다. 그리고 규모의 경제로 인해 생산자들은 몇몇 제한된 수의 입지 지점에 재화와 서비스 생산을 집중시키려는 동기(動機)가 존재한다. 또한 거리에 따른 운송비 때문에 개별 생산자들은 수요가 많고, 투입물의 공급이 편리한 지역을 선호하는데, 이런 지점은 대체로 다른 생산자들이 이미 선택한 지점이 된다. 한편, 이러한 산업의 집중은 한 번 정해지면 큰 집적 효과와 함께 자체적으로 더욱 강화되는 경향이 있다는 것이다. 따라서 크루그먼은 허쉬맨이나 뮈르달이 주장하는 순환적이고 누진적인 인과(circular and cumulative causation)의 아이디어를 차용하고 있으며 장기적으로 경제적 격차가 줄어드는 수렴 가설의 가능성을 배제하고 있다. 이러한 크루그먼의 모델이 기여한 것은 정통적 모델에서 등한시하는 내용들을 확고한 미시 경제학적 기반을 가진 단일의 공식적 모델에 통합하여, 현재의 맥락에서 경제 통합의 분석에 연결고리를 만들어 준 것이라 할 수 있다.

2. 성장과 지역 공간적 효과

경제 통합이 지역 간 격차에 미치는 영향을 분석하는 두 번째 큰 부류는 거시 경제학적 관점에서 경제의 성장을 결정하는 요인을 찾고, 왜 국가와 지역 간의 성장률이 서로 다르며, 성장률과 1인당 GDP 수준이 점차적으로 수렴할 것인가 아니면 괴리할 것인가, 그리고 어떻게 통합이 그 진행 과정에 영향을 줄 것인가 하는 문제에 대한 설명을 찾는 이론들이다. 따라서 이 단락에서는 이와 관련된 이론들을 살펴보도록 한다.

(1) 신고전학파의 성장 모델

정통적인 신고전학파의 성장에 대한 모델은 솔로(Solow, 1956)의 모델과 그 후의 변형 모델들로 특징지어진다. 이 모델은 물질적 자본과 노동 형태의 투입 요소와 산출물을 연관시킨 총생산 함수를 채택한다. 총생산 함수는 규모에 대한 수익 불변과 각 투입 요소에 대한 수익 체감의 특성을 가지고 있다. 먼저 솔로의 고전적 모델을 그의 논문을 중심으로 살펴보자.[6]

몇 가지 가정이 필요한데, 경제에 단일 재화만 존재하고, 저축은 전부 투자되며 ($S=I$), 저축은 단순한 소득의 함수로 본다($S=sY$, 단 $0<s<1$). 또 투자는 단순히 자본 저량(資本貯量)의 증가분이며($\dot{K}=I$), 항등적으로 저축과 같다($\dot{K}=S$ 또는 $\dot{K}=sY$). 그리고 노동은 외생적인 일정률 $n\left(\frac{\dot{L}}{L}=n\right)$으로 성장한다고 가정한다. 마지막으로 경제의 기술 가능성은 연속적인, 그리고 규모에 대한 수확 불변의 총생산 함수로 나타낸다.

$$Y=f(L,K) \tag{1}$$

이때 규모에 대한 수확 불변이라는 가정은 식 (1)을 식 (2)와 같은 축약적 형태로 나타낼 수 있게 해 준다.

$$y=f(k) \tag{2}$$
단, $y=Y/L$, 그리고 $k=K/L$

식 (2)에서 노동자 1인당 산출량은 노동자 1인당 자본의 함수가 된다.

이러한 가정하에서 신고전학파 성장 모델의 기본 방정식을 도출해 보자.

① 한 재화만으로 구성된 경제에서 총소득은 총소비와 총투자를 합한 것과 같다.

$$Y\equiv C+I \tag{3}$$
여기서, Y: 소득, C: 소비, I: 투자

식 (3)의 양변을 L로 나누어 1인당 노동자 단위로 변형한다.

$$\frac{Y}{L}\equiv\frac{C}{L}+\frac{I}{L} \tag{4}$$

시간의 개념을 도입하면,

6 Hywel G. Jones(1975), pp. 69~89.

$$\frac{Y}{L}(t) \equiv \frac{C}{L}(t) + \frac{I}{L}(t) \quad (5)$$

즉, t시점에 있어서 노동자 1인당 산출량을 t시점에 있어서 노동자 1인당 소비와 t시점에 있어서 노동자 1인당 투자로 배분된다.

식 (2)로부터 노동자 1인당 산출량 $Y/L=y$는 노동자 1인당 자본의 함수이므로 식 (5)는 아래와 같이 나타낼 수 있다.

$$f[k(t)] = \frac{C}{L}(t) + \frac{I}{L}(t) \quad (6)$$

② 이제 자본–노동 비율 $k=K/L$를 고찰해 보자. 만약 자본 저량 K, 노동력 L이 모두 같은 비율로 성장하고 있을 때는 k의 성장률은 0이다. 즉, k는 변화하지 않고 일정하다.

편의상 자본의 성장률은 $\hat{K}\left(=\frac{\dot{K}}{K}\right)$으로 나타내고, 노동의 성장률은 $\hat{L}\left(=\frac{\dot{L}}{L}\right)$으로 나타내자. K의 성장률이 L의 성장률보다 크면 자본–노동 비율은 증가한다. 즉, $\hat{k}>0$이다. 반대로 K의 성장률 $\hat{K}$이 L의 성장률 $\hat{L}$ 보다 작으면 자본–노동 비율(k)은 감소한다. 즉, $\hat{k}<0$이다. 이것은 자본–노동 비율의 성장률이 자본 저량의 성장률에서 노동력의 성장률을 뺀 것과 같다는 것을 의미한다.

$$\frac{\dot{k}}{k} = \frac{\dot{K}}{K} - \frac{\dot{L}}{L} \text{ 또는 } \hat{k} = \hat{K} - \hat{L} \quad (7)$$

앞의 가정에 의해 노동력의 성장률 $\hat{L}$은 일정률 n이다. 따라서 식 (7)은 다음과 같이 표시할 수 있다.

$$\frac{\dot{k}}{k} = \frac{\dot{K}}{K} - n$$

양변에 $k=K/L$를 곱하면 다음 관계가 도출된다.

$$\dot{k}=\frac{\dot{K}}{K}\times\frac{K}{L}-n\frac{K}{L}$$

분모와 분자의 K를 소거하면,

$$\dot{k}=\frac{\dot{K}}{L}-nk \quad (8)$$

이 식은 다음과 같이 표시할 수 있다.

$$\frac{\dot{K}}{L}=\dot{k}+nk \quad (9)$$

③ 앞의 가정에 의해 $\dot{K}=I$가 성립된다. 따라서 $\frac{I}{K}=\frac{\dot{K}}{L}$이다. 방정식 (9)는 $\frac{I}{L}=\dot{k}+nk$가 성립됨을 나타내고 있다. 식 (6)의 $\frac{I}{L}$에 $\dot{k}+nk$를 대입하면 다음 관계가 도출된다.

$$f(k)=\frac{C}{L}+\dot{k}+nk \quad (10)$$

④ 방정식 (10)을 변형하면 이른바 신고전학파 경제 성장률의 기본 방정식이라 불리는 것을 쉽게 도출할 수 있다. 이 식을 정리하면 다음 식 (11)에 나타난 관계를 도출할 수 있다.

$$\dot{k}=f(k)-\frac{C}{L}-nk \quad (11)$$

신고전학파의 일부분 모델에서는 노동자 1인당 산출량 Y/L와 노동자 1인당 소비 C/L와의 차액은 노동자 1인당 저축 S/L이다. 따라서 식 (11)은 다음과 같이 쓸 수 있다.

$$\dot{k}=\frac{S}{L}-nk \quad (12)$$

앞에서 총저축(S)은 총소득에 비례($S=sY$)한다고 가정하였으므로 식 (12)는 다음과 같이 바꿔 쓸 수 있다.

$$\dot{k}=\frac{sY}{L}-nk$$

$Y/L=y=f(k)$이므로 구하고 있는 기본 방정식은 다음과 같이 도출할 수 있다.

$$\dot{k}=sf(k)-nk \tag{13}$$

이것이 솔로의 최초의 논문 방정식에 대응하는 신고전학파 경제 성장 이론의 기본 방정식이다.

이제 기본 방정식의 우변을 살펴보자. $sf(k)$는 노동자 1인당 저축이다. 그리고 이 모델에서는 저축은 자동적으로 투자가 되므로 $sf(k)$는 노동자 1인당 투자량으로 볼 수 있다. nk는 노동력이 일정률 n으로 성장할 때 자본–노동 비율(k)을 일정하게 유지하는 데 필요한 투자량이다. 따라서 식 (13)의 도출에 필요한 과정을 별도로 하면 이 식은 명백한 사실을 말해 주는 데 불과하다. 즉, 1인당 자본 스톡의 변화율($\dot{k}$)은 노동자 1인당 저축액(또는 투자량)에서 새로운 노동 증가에 소요되는 1인당 자본 스톡 nk를 뺀 것이다.

그러면 이 신고전학파 경제 성장 모델이 주장하는 몇 가지 명제 중 아래의 수렴 명제 내용만 살펴보자.

[명제] 주어진 가정하에서는 모델의 균형 성장(지속적 성장)해가 존재한다. 이 균형 성장해는 모델의 변수 전부의 초기값이 어떤 것이든 간에 경제는 항상 균형 성장 경로를 향해 움직인다는 의미에서 안정적이다.

이 명제는 〈그림 11-2〉를 사용해서 쉽게 살펴볼 수 있다. 곡선 $f(k)$상의 점은 노동자 1인당 자본 수준 k에 대응한 노동자 1인당 산출량 y를 나타낸다. 예를 들면, 〈그림

그림 11-2 균형 성장 경로

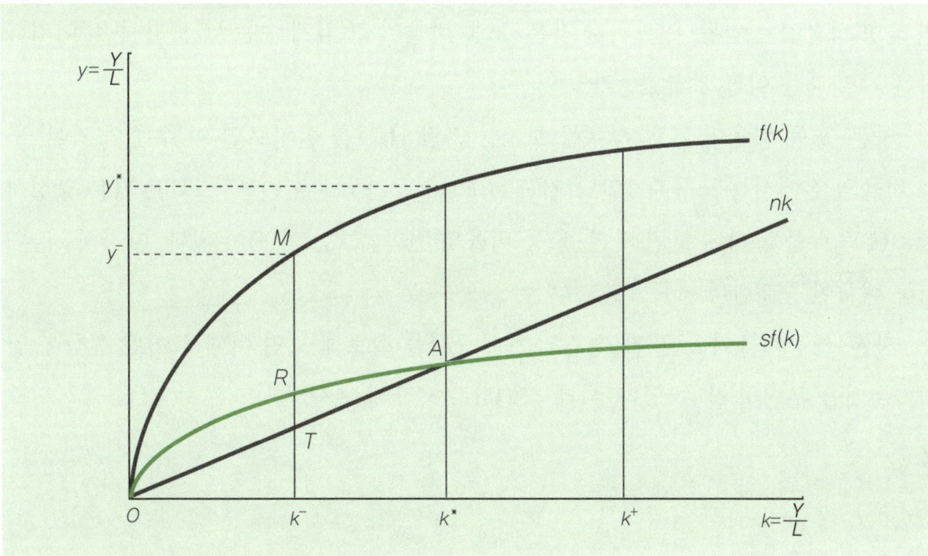

11-2〉에서 자본–노동 비율이 k^-일 때 노동자 1인당 산출량은 y^-이다. 각각의 노동자 1인당 산출량에서 s 비율(저축 성향)이 저축된다. 곡선 $sf(k)$는 각각의 자본–노동 비율에 대응한 노동자 1인당 저축량을 그림으로 나타낸 것이다.

노동–자본 비율이 k^-일 때 거리 k^-R는 노동자 1인당 저축(또는 투자)을 나타내며, 거리 MR는 노동자 1인당 소비를 나타낸다. 직선 nk는 외생적이며 그리고 일정한 노동력 성장률을 반영하여 그려져 있다. 우선 〈그림 11-2〉에서의 노동–자본 비율 k^*(또 그에 대응한 노동자 1인당 산출량 y^*)가 균형 성장 경로를 뜻하고, k^*에서 nk와 $sf(k)$가 서로 교차하고 있다. 따라서 이들의 값은 같다. 또 기본 방정식 $\dot{k}=sf(k)-nk$로부터 nk와 $sf(k)$가 같은 점 A에서는 $\dot{k}=0$이 된다. 즉, 노동자 1인당 저축이 성장하고 있는 노동력의 자본 장비를 일정하게 유지하는 데 필요한 투자량과 같을 때는 자본–노동 비율의 변화율 $\dot{k}$는 0이고 자본–노동 비율은 일정 수준 k^*에 고정된다. 다음으로 $k=K/L$가 일정하고 또 노동력 L이 n율로 성장한다면 자본 저량도 같은 비율로 성장해야 한다. 즉, k^*가 일정하면 $\frac{\dot{K}}{K}=n$이 된다. 마찬가지로 자본–노동 비율이 k^*로 일정하면 노동자 1

인당 산출 수준도 y^*로 일정 수준에 있게 된다. 이때 자본-노동 비율이 우연히 k^*이면 균형 성장이 성립된다. 그러나 자본-노동 비율이 그 임계 수준 k^*보다 큰 k^+이거나 작은 k^-일 때는 어떻게 되겠는가?

자본-노동 비율이 k^-인 경우를 보자. 〈그림 11-2〉를 살펴보면 이 수준의 자본-노동 비율의 점에서는 노동자 1인당 저축 $sf(k)(=k^-R)$가 $nk(=k^-T)$보다 크다. 기본 방정식 $\dot{k}=sf(k)-nk$를 고려해 보면 자본-노동 비율의 변화율 $\dot{k}$는 양(+)이 된다. 따라서 자본-노동 비율이 증대한다.

자본-노동비율이 k^-일 때 성립되는 부등식을 검토해 보면 이때도 어떤 현상이 일어나는가를 분명히 알 수 있다. 아래 식 (14)로 시작해 보자.

$$sf(k)>nk \tag{14}$$

이제 부등식의 양변을 같은 정수로 나누면 부등식의 부호 방향은 바뀌지 않는다. 따라서 식 (14)의 양변을 k로 나누면 다음의 식 (15)를 얻는다.

$$\frac{sf(k)}{k}>n \tag{15}$$

$f(k)=Y/L$ 및 $k=K/L$를 대입하면 식 (15)는 다음과 같이 바꾸어 쓸 수 있다.

$$s\frac{Y}{L}\cdot\frac{L}{K}>n \text{ 또는 } \frac{sY}{K}>n \tag{16}$$

이 신고전파 모델에서 가정한 $S=sY=I=\dot{K}$를 생각하면 식 (16)은 다음과 같이 쓸 수 있다.

$$\frac{\dot{K}}{K}>n \tag{17}$$

$\dot{K}/K$는 자본 저량의 성장률이다.

자본-노동 비율이 k^-일 때는 자본 저량의 성장률이 노동력의 성장률 n보다 커져 자본-노동 비율은 증가한다. 요약하면, 앞의 여러 가정하에서 자본-노동 비율이 k^-일 때는 노동자 1인당 저축량과 투자량은 성장하고 있는 노동력에 자본을 장비하여 지금 가치와 동일한 자본-노동 비율을 유지시키는 데 필요한 투자량보다 커진다. 따라서 노동자 1인당 저축 및 투자량의 잉여가 발생하며, 그 결과 자본-노동 비율이 증가한다. 물론 이러한 논의는 k^*의 좌측에 있는 자본-노동 비율 값의 모든 것에 해당한다. 따라서 균형 성장에 필요한 자본-노동 비율 이하의 자본-노동 비율은 그것이 어떤 수준일지라도 자본-노동 비율을 필요한 수준까지 증가시키는 메커니즘이 내재되어 있다.

이제 자본-노동 비율이 균형 성장의 자본-노동 비율 k^*보다 큰 경우를 생각해 보자. k^+일 때는 그림에서 $sf(k) < nk$가 된다. 즉, 노동자 1인당 저축량은 성장한 노동력에 지금까지의 자본-노동 비율을 장비시키는 데 불충분하다. 따라서 k의 값은 음(-)이 되고 자본-노동 비율은 감소하게 된다. 앞의 k^-일 때 논의를 역으로 하면 주어진 자본-노동 비율 k^+하에서는 자본 저량의 성장률이 노동력의 성장률보다 작고, 자본-노동 비율이 감소해야만 한다는 것을 뜻한다. 이 논의는 k^*보다 우측의 모든 자본-노동 비율에 대해 성립하는 것이다. 사회의 노동자 1인당 저축 $sf(k)$가 후자의 투자량 nk보다도 크면 확실히 자본 저량은 노동력보다 빠른 속도로 성장하게 되고, 따라서 자본-노동 비율은 증가한다. 그러므로 이 신고전학파 경제에서는 헤로드-도마 모델과 달리 초기의 자본-노동 비율이 어떤 것이라 할지라도 균형 성장에로의 유연한 수렴 과정이 예상될 수 있다.

이러한 솔로의 정통적 이론으로부터 도출해 낼 수 있는 기본적인 예측 하나는 전 세계적으로 이용 가능한 기술이 주어져 있다고 가정하고, 1인당 소득과 자본 생산성의 역관계에서 같은 양을 투자하면 저소득 국가가 고소득 국가보다 더 빨리 성장하기 때문에 국가 간의 1인당 소득 수준은 수렴할 것이라는 것이다. 기본 모델은 폐쇄 경제를 가정하지만 이 가정을 완화하면 수렴되는 특성은 더욱 강화된다. 그러나 이 이론은 모델 내에서 경제의 장기 성장 경로가 노동력의 성장과 기술 진보에 의해 결정되도록 설정되어 있을 뿐, 기술 진보의 결정 요인에 대해서는 언급하지 않고, 단순한 외생 변수로만 취급하고 있다. 또한 성장을 결정하는 가장 중요한 요인이 무엇인지, 그리고 완전 고용을 가정하고 공간적 요소들에 대해서는 거의 다루지 않고 있어 지역 문제를 다루는 데 적용 범위가 넓지 않다.

(2) 누진적 인과 관계 모델

지금까지 설명하였던 여러 가지 전통적 신고전학파 모델들은 경제가 균형에서 출발하여, 변화를 경험하고, 마지막에는 다시 균형으로 돌아오는 것으로 설정되어 있다. 그러나 이러한 기존 모델과는 다르게 최소한 소득의 범위 내에서 성장이 추가적 성장에 기여하거나 쇠퇴가 추가적 쇠퇴에 기여한다는 누진적 인과 관계 모델(cumulative causation model) 접근법이 있다. 이 접근법은 뮈르달(Myrdal, 1957), 허쉬맨(Hirschman, 1958), 보몰(Baumol, 1963), 칼도(Kaldor, 1970; 1971) 등의 연구로부터 시작되었는데, 부분적으로는 정통적 이론들이 현실 세계에서 경제적 격차가 지속될 뿐만 아니라 자본-노동 비율이 상승함에도 불구하고 일부 선진 국가가 지속적으로 성장하는 등 성장과 발전 과정에서 야기되는 기본적인 현상에 대한 명쾌한 해답을 제시해 주지 못하는 데 대한 반론이었다. 그 분석은 앞 절에서 언급하였던 새로운 경제지리학(new economic geography)과 다음에서 언급될 새로운 성장 이론(new growth theory)에서 나타나는 여러 관점을 미리 보여 주었다.

지역 간 격차의 지속을 설명하기 위해 뮈르달은 수익 체증과 밀접하게 관련되어 있는 '순환적·누진적 인과 관계의 원칙'(principle of circular and cumulative causation)을 주장하였다. 이때 누진적 인과 관계란 한 방향으로의 변화가 다른 변화들의 경향을 같은 방향으로 강화시키는 과정을 말한다. 뮈르달(Myrdal, 1957)은 불균형 성장과 발전 경로(development paths)들이 흔히 있는 일이라고 믿고 있다.

> 보통의 경우에 사회 시스템은 자동적으로 자기 안정화(self-stabilization)되는 경향은 없다. 시스템은 스스로 세력 간에 어떤 종류의 균형으로 움직이지는 않고, 그 균형으로부터 멀어지려 한다. 일반적인 경우, 변화는 상쇄하는 변화를 불러일으키지 않고, 대신 시스템이 처음의 변화와 같은 방향 그리고 더 멀리 나가는 그런 변화들을 지원한다. 그러한 순환적 인과 관계 때문에 사회적 진행 과정은 누진적이 되며, 종종 더 가속화되는 경

향이 있다.

이런 관점에서 보면 초기에 존재하는 격차는 생산 요소의 이동이나 무역에 의해 상쇄되기보다는 오히려 더욱 강화되는 누진적 활동에 의해 영구적으로 지속된다. 생산 요소의 이동 자체는 수익 체증을 만들 수 있다. 따라서 저소득 지역으로부터 고소득 지역으로 노동·자본·상품·서비스가 이동하고, 그것은 성장률과 1인당 소득 격차를 줄이기보다는 오히려 확대시킨다. 수익 체증이 존재하면서 지역 간 교역도 신고전학파가 제안하였듯이 상대적 가격 차이를 줄이지 않고 오히려 확대시키는 방향으로 작용하고, 반드시 모두에게 이익이 돌아가도록 하지 않는다. 따라서 지역 간 격차에 대한 해답을 요소 이동을 무조건 촉진시키는 방식으로는 찾을 수 없다. 성장 지역의 초기 장점을 지속·강화시켜 주는 진행 과정을 허쉬맨은 극화(polarization)라는 용어를, 그리고 뮈르달은 역류(back wash)라는 용어를 사용하였다.

낙후된 지역을 발전시키는 데 중요한 영향을 미치는 것은 발전된 지역이 성장하면서 나오는 효과이다. 이 효과는 두 가지 종류로 구분되는데, 첫째 극화로부터 초래되는 해로운 효과와, 둘째 뮈르달이 확산(spread) 효과, 그리고 허쉬맨이 침투 또는 여과(trickle-down) 효과라고 이름 붙인 유익한 효과이다. 후자의 효과는 중심 지역이 성장하면서 낙후된 지역에 상품이나 서비스에 대한 수입(輸入) 수요의 증가와 좀 더 발전된 중심 지역으로부터 낙후된 지역으로 기술이 확산되는 효과 등을 포함한다.

만일 두 가지 효과 중 확산 효과(침투 효과)가 충분히 크다면, 모든 국가나 지역이 중심 지역의 성장으로부터 파급되는 이익을 얻을 수 있고, 불균형 문제는 발전 과정에서 잠시 존재하는 단기적 현상 중 하나일 것이다. 허쉬맨은 침투 효과가 궁극적으로 역류 효과보다 우세하여 성장 초기에는 극화 현상 때문에 지역 간 격차가 벌어지지만, 마지막에는 중심 지역에 외부 불경제가 생겨나 주변 지역과 수렴하게 된다고 주장한다. 하지만 뮈르달은 좀 더 비관적인 견해를 가지고 있는데, 확산 효과가 약해 정부 간섭이 실패하면 빠르게 성장하는 지역의 성장은 실제로 다른 지역의 발전을 저해한다고 하였다. 뮈르달은 이러한 진행 과정이 오랫동안 작용한다고 보았다. 따라서 주로 저소득 국가와 고소득 국가 간의 격차가 시간이 지남에 따라 줄어들 것이라는 다른 학파들의 주장에 회의적이다.

(3) 새로운 성장 이론: 내생적 성장 이론

지역 개발과 정책에 어느 정도 연관 관계를 가지고 있는 세 번째 이론적 접근 방법은 신성장 이론(new growth theory)이라 칭하는 이론이다. 솔로 등 신고전적 주류 학파들의 성장 이론에 따르면, 자본 축적에 따른 수확 체감 현상으로 지속적인 경제 성장은 불가능하고 오직 외생적이고 주어진 기술 진보 등에 의해서만 경제 성장이 이루어진다고 주장한다.[7] 이를 〈그림 11-3〉을 통해 설명해 보면, 기술 진보가 일어나면 1인당 생산 곡선인 $f(k)$ 곡선이 위로 이동하고, 이에 따라 1인당 저축 곡선 $sf(k)$ 곡선도 위로 이동해 균형 성장 상태의 1인당 자본-노동 비율도 k^*_0에서 k^*_1로 증가해 1인당 소득, 1인당 소비 및 1인당 저축 모두가 증가한다.

그러나 현실의 경제 성장 과정을 단순한 기술 진보로 설명하는 이 이론이 과연 타당성이 있는가 하는 의문이 생긴다. 즉, 국가 간의 경제 성장률 격차를 단지 외생적인 기술 진보의 차이로만 설명할 수 있을까? 사실 1980년대 선진국의 낮은 성장률과 후진국의 높은 성장률의 원인을 기술 진보의 차이로 설명한다면 당연히 설득력이 떨어진다. 그러나 1980년대 중반부터 로머(Romer, 1986), 루카스(Lucas, 1988), 배로(Barro, 1989) 등의 경제학자들은 기술 진보율 대신에 자본 축적의 차이, 학습 효과의 차이, R&D의 차이, 교육 수준의 차이, 정부 정책의 차이 등으로 각 나라의 경제 성장률 차이를 설명하고자 하였다. 그리고 이렇게 새로이 나타난 성장 이론이 이른바 내생적 성장 이론(theory of endogenous growth)이다.

이들은 자본의 수확 체감 현상이라는 신고전학파의 가정을 버리고 기술 진보 없이도 자본 축적만으로 경제 성장은 얼마든지 가능하다고 주장한다. 이러한 논리를 로머(1986)가 먼저 적용해 자본 축적이 갖는 외부 효과를 도입한 이론을 제시하였다. 로머

7 한 나라 국민들의 1인당 소득을 증가시키기 위해서는 1인당 자본이 높아지는 자본 심화가 일어나야 한다. 솔로 모형에서 장기에 자본 심화가 일어나 1인당 소득이 높아지는 방법은 국민 저축률(s)의 증가, 인구 증가율(n)의 억제, 생산 기술(f)의 향상 등 세 가지로 크게 나누어 볼 수 있다. 만일 국민 저축률(s)이 증가하면 〈그림 11-3〉에서 저축 곡선이 $s_0f(k)$에서 $s_1f(k)$로 이동해 균형 성장 상태의 1인당 자본도 본문에서 설명하는 기술 진보 때와 같이 k^*_0에서 k^*_1로 증가한다. 대신 인구 증가율이 낮아지면 nk 직선의 기울기가 작아져 균형 성장 상태의 1인당 자본이 위의 경우와 같이 증가하게 된다.

그림 11-3 기술 진보와 균형 성장의 자본-노동 비율 변화

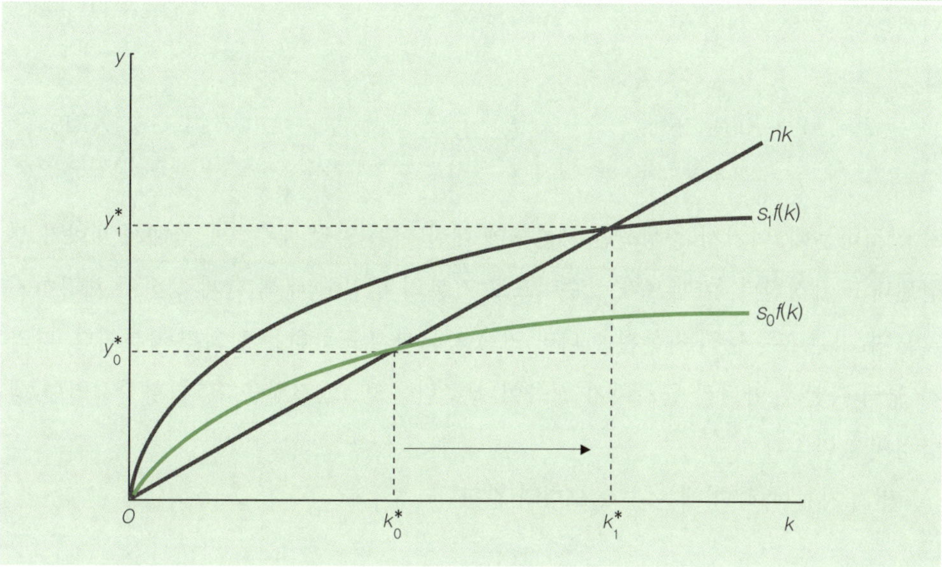

는 한 기업의 자본 증가가 유익한 외부성으로 인해 다른 기업의 생산성 증가를 가져올 수 있다는 사실에 착안하여 $Y=K^{\alpha} \cdot F(K \cdot L), \alpha>0$이란 형태의 생산 함수를 가정하였다. 신고전학파의 경우 생산 함수는 $Y=A \cdot F(K \cdot L)$의 형태로 A는 외생 변수이었다. 그런데 로머는 외생 변수 A 대신에 내생 변수 K^{α}를 도입하였다. 그리고 투자 또는 자본 축적이 유익한 외부 효과를 창출하여 규모가 증가할 때 수확 체증이 된다면 자본-노동 비율(K/L) 증가에 따른 수확 체감의 법칙을 상쇄하고도 남게 되어, 투자의 지속적인 경제성장이 가능하게 된다고 하였다. 따라서 경제 성장률은 외생적으로 주어진 A의 성장률에 의해 결정되는 것이 아니라, 내생 변수 K의 변화율에 의해 결정되고, 이런 의미에서 내생적 성장 이론이라 이름을 붙였다.[8]

로머에 의해 제기된 내생적 성장 이론은 AK모형에 의해 인적 자본을 도입한 이론

8 로머는 비록 노동력 성장이 정체되더라도 자본 축적만으로도 무한한 성장이 이루어질 수 있는 모델을 만들었지만, 현실 세계에서는 투자의 외부 효과가 경제 성장에 별로 도움이 되지 못하는 것으로 나타나 이 또한 모델의 약점으로 꼽힌다.

으로 발전되었다. 인적 자본이란 각 노동자들이 지니고 있는 지식 또는 기술 수준을 의미한다. 먼저 총생산 함수를

$$Y=AK(A\text{는 상수}) \tag{18}$$

로 상정하는데, 여기서 총생산은 자본 K에 대한 어떤 일정 배수 A에 의해서 재화가 생산된다고 가정한다. 이때 A가 상수이므로 자본의 투입에 대해 한계 생산이 체감하지 않으며, 자본 K는 물적 자본뿐 아니라 인적 자본까지 포함하는 광의의 자본이다. 따라서 물적 자본뿐 아니라 근로자가 교육이나 훈련을 받고, 건강을 유지·향상시키면 생산성이 높아진다.

먼저 자본 축적 형태는 솔로 모형과 같다.

$$I=S=sY \tag{19}$$

새로운 투자 $I=\Delta K$로 놓고, $Y=AK$에서 $\frac{Y}{K}=A$를 식 (19)에 같이 대입하면

$$\frac{\Delta K}{K}=\frac{sY}{K}=sA \tag{20}$$

가 도출된다.

이때 A를 상수라 가정하였기 때문에 총생산의 증가율은 자본 스톡의 증가율과 같게 된다. 따라서 식 (20)은

$$\frac{\Delta Y}{Y}=\frac{\Delta K}{K}=sA \tag{21}$$

를 의미하게 된다. 따라서 이 AK모형에서는 균형 상태의 경제 성장률은 sA가 된다.

만일 인구 증가율이 n이라면 1인당 소득 증가율은 경제 성장률에서 인구 증가율을 뺀 것이 되어 1인당 소득 증가율은 다음 식 (22)와 같이 된다.

$$1\text{인당 소득 증가율} = \frac{\Delta Y}{Y} - n = sA - n \qquad (22)$$

식 (22)에서 경제의 생산성을 나타내는 지수인 A가 상당히 커서 sA가 n보다 크다면($sA > n$) 균형 상태에서 1인당 소득 증가율이 일정한 양수가 된다.[9] 즉, 일정한 비율의 자본만 축적해도 1인당 소득은 영원히 증가하는 것이다. 따라서 투입 요소에 대한 한계 생산 체감의 법칙이 성립하지 않을 경우 경제의 지속적 성장은 가능하여 솔로 모형과 다른 결과를 가져온다.[10]

루카스(1988)도 광의의 자본에 포함되는 인적 자본이 더 많이 축적될수록 1인당 소득이 영구적으로 높아지며, 균형 상태에서 인적 자본 축적률이 1인당 소득 증가율과 같게 되는 모형을 제시하였다.

그 후 내생적 성장 이론은 인적 자본에 대한 투자, 즉 교육이 자본 축적에 미치는 영향과 정부 정책의 중요성에 대한 논의를 중심으로 활발히 전개되고 있다. 특히, 배로(1989)는 정부 부문의 공공재를 경제 성장의 중요한 요소로 꼽았으며, 그로스만과 헬프만(Grossman and Helpman)은 경제 성장 분석 시 국제 무역이 내생적 변수로 상정되어야 한다고 주장한다.

이렇게 내생적 성장 이론은 신고전학파 성장 이론과 전혀 다른 결론을 도출하는데, 이는 주로 신고전학파 모형에서는 수확 체감의 법칙 때문에 자본 축적이 지속적인 경제 성장을 가져올 수 없었던 데 반해, 내생적 성장 모형에서는 물적 자본(physical capital)과 인적 자본(human capital)이 동시에 축적되기 때문에 수익률이 감소하지 않고 자본 축적이 지속적인 성장의 원동력이 된다고 보기 때문이다. 그리고 신고전학파의 모형에서는 정부 정책이 지속적인 경제 성장을 유발시킬 수 없으나, 내생적 성장 모형에서는 정부의 정책이 자본 축적에 영향을 미치는 경우 지속적인 경제 성장이 가능하게

9 식 (22)를 약간 변형하면 $\Delta k = sAk - nk$가 되어 $sA > n$이면 1인당 자본 장비율이 $(sA-n)k$의 비율로 지속적으로 증가하고 1인당 소득도 같은 비율로 증가하게 된다.

10 AK 모형에서 자본의 한계 생산이 체감하지 않는 것은 자본이 물적 자본뿐 아니라 인적 자본까지 포함하는 넓은 의미의 자본으로 정의하였기 때문이다. 따라서 두 자본이 축적되는 과정에서 서로 양(+)의 외부 효과를 일으켜 자본의 효율성을 증가시키기 때문이다.

된다. 특히, 인적 자본과 사회 간접 자본에 대한 투자, 연구 개발 등을 적극 지원하는 정부 정책을 통하여 국가 경제를 급속히 성장시킬 수 있다고 한다.

지역 정책의 관점에서 내생적 성장 모델이 특별히 흥미 있는 점은 저소득 국가와 고소득 국가 간의 1인당 소득이 수렴할 것이라는 예측을 하지 않는다는 것이다. 대부분의 모델에서 선진국이 더 부유해져도 자본의 한계 생산이 감소하지 않기 때문에 그들이 더 느리게 성장하지 않으며, 반면 먹고 살기도 힘든 후진국은 연구 개발이나 인적 자본에 충분한 투자를 할 여력이 없어 오히려 선진국과 후진국 사이에 소득 격차가 더 커질 가능성을 배제하지 않고 있다. 그리고 일부 경제학자들은 국가들 간에 여러 성장 그룹(growth clubs)이 있어 부유한 국가 그룹, 중간층 국가 그룹, 가난한 국가 그룹으로 나누어지며, 같은 그룹 내 국가들 간에는 수렴이 이루어지지만 다른 그룹 간에는 수렴이 이루어지지 않는다고 주장한다. 이들은 제2차 세계대전 후 일본, 이탈리아 등이 미국, 캐나다 등 선진국과의 1인당 소득 격차를 크게 줄인 것을 그 예로 꼽는다. 도우릭과 응웬(Dowrick and Nguyen, 1989)은 OECD 국가들 간에 소득 수렴 현상을 발견하였고, 벤 데이비드(Ben-David, 1993)는 유럽공동체(European Community) 회원국들 간에 소득이 수렴된 것을 발견하였다. 그 밖에도 삭스와 워너(Sachs and Warner, 1995)는 국가를 개방 국가와 폐쇄 국가 두 그룹으로 나누고, 개방 국가들 사이에는 수렴이 일어나는데 폐쇄 국가들에서는 이러한 현상이 발견되지 않는다고 발표하였다.

제2절 경제 통합과 지역 정책

앞 절에서 검토한 이론들을 간단히 요약해 보면, 첫째 관세 동맹이나 다른 시장 통합으로부터 모든 국가가 반드시 이익을 얻는 것은 아니며, 둘째 공동 시장에서도 지역 간 경제적 격차가 지속되고, 심지어 장기간에 이러한 격차가 더욱 확산되는 데 대한 특별한 이유들이 있으며, 셋째 수렴될 것이라고 추정할 수 있는 근거가 없다는 것이다. 그러나 이러한 이론들의 주장이 맞는다면 왜 지역 개발이나 발전 계획들을 통해 이런 지역 간 격차를 줄이려고 시도하는가? 실제로 공간상에 존재하는 격차를 모두 나쁜 것으로 치부하기는 어렵다. 미국의 실리콘밸리의 예에서 알 수 있듯이 기술적 확산 효과 형태나 다른 지역적 외부 연관 관계 형태의 외부성으로부터 특정 지역에 산업이 집중됨으로써 발생하는 이익도 있다. 시장과 확산 효과의 상호 작용으로 인해 일부 회원국이나 지역에서 경제적 격차가 확대되거나 극화 현상으로 인해 어려움을 겪더라도, 지금까지 살펴본 어떤 이론도 소득이나 성장 측면에서 공동체 전체가 균형적인 이익을 얻지 못한다고 주장한 이론은 없었다.

그러한 점에서 비록 모든 국가가 이익을 얻기 위해서는 서로 간에 보상이 필요하지만, 지역 정책은 자원 배분의 개선으로부터 이익을 얻는 경제 통합의 기본적인 이론적 근거와는 필연적으로 조화를 이루지 못한다. 하지만 지역 정책에 대한 경제적 논증이 있는지 또는 지역 정책의 채택이 단순히 경제적 목표의 추구와 정치적 고려 사이에 상반 관계를 의미하는지를 판단하기 위해서는 다른 경제적 목표들도 고려하여야 한다.

각 회원국 차원에서 지역 정책을 추구하기 위해서는 몇 가지 경제적 주장을 고려해야 한다. 첫 번째는 산업의 입지 결정과 관련하여 시장의 힘에만 맡겨 놓으면 만족스러운 결과를 얻을 수 없다는 주장이다. 가설은 입지 결정에서의 확산 효과와 외부성의 존재는 개별적인 입지 결정이 최적으로 될 수 있도록 해 주는 효율적인 경제적 체제를 보장하기 위한 정치적 간섭을 정당화해 준다는 것이다. 번영 지역의 혼잡(congestion)은 정치적으로 억제해야 하는 전형적인 요인이다. 혼잡의 불경제는 개별 기업에는 외부적인 것이어서 판매 비용이나 가격에 충분히 반영되지 않기 때문에 성장 지역의 혼잡은 효율성 관점에서 최적의 범위를 넘어설 것이다. 두 번째 고려 사항은 정통적 통합 이론이 완전 고용의 가정하에 도출한 자원 활용(resource utilization)에 관한 논의이다. 산출물과 성장을 극대화하기 위해서는 경제 내 자원을 완전히 활용해야 한다. 만일 노동이 이동하지 않고 노동 가격이 기회 비용을 반영하여 하락한다면, 노동의 활용도를 높이기 위해 지역 정책을 시행하는 것을 정당화시킨다. 세 번째 고려 사항은 경제적 안정화와 관련되어 있다. 인플레이션을 피하면서 지속적인 경제 성장을 달성하는 것은 지역 간의 큰 실업률 차이를 피할 수 있을 때만 가능하다. 실업률이 지역적으로 크게 차이가 나면, 고용률이 높은 지역에 과도한 인플레이션 압력을 피하기 위한 일반적 수단을 시행하기 어렵게 만듦으로써(왜냐하면 이것은 다른 지역에서 받아들이기 힘들 정도의 높은 실업률을 의미하기 때문에) 국가의 인플레이션 통제 능력에 영향을 미칠 것이다. 이런 관점에서 지역 정책의 수단은 정부의 정통적인 재정 및 통화 수단의 사용에 의해 가능하였던 것보다 좀더 선별적인 기준으로 부분적인 총수요 수준을 관리하려는 시도로 간주될 것이다.

그러나 국가 차원에서의 지역 정책은 순수한 경제적 논리보다는 주로 정치·사회적인 고려에 의해 시행하는 경우가 많다. 왜냐하면 지역 간의 큰 경제적 격차는 한 국가 내에 정치적 긴장을 발생시키며, 모든 국민에게 경제적 기회 균등이 보장되지 않는다는 것을 뜻하기 때문이다. 또한 노동의 자유로운 이동이 반드시 지역적 격차를 감소시키는 것은 아니다. 더구나 자유로운 노동 이동이 지역적 소득이나 실업 격차를 줄일 수 있을지라도, 노동의 이동에 드는 정치적·사회적 비용을 고려하여 많은 국가가 역사적으로 지역 정책을 시행하도록 유도한 것이다.

만일 회원국들이 그러한 근거를 바탕으로 지역 정책을 시행하는 경우가 있다면, 그것은 경제 통합이 된다고 해서 그 필요성이 감소되지는 않을 것이다. 실제적으로 통합이 극화(polarization)를 촉진시키거나 공동체 정책이 부문 간에 해로운 영향을 가지고 있다면 지역 정책을 시행하려는 동기는 더욱 강화될 것이다. 그러나 경제 공동체를 결성하게 되면 이러한 지역적 격차를 다루는 책임과 권한을 과연 각 회원국 정부에 맡겨두어야 하는가, 공동체에 부여하여야 하는가, 아니면 둘 다 그 역할을 가져야 하는가 하는 문제를 야기시킨다. 물론 마지막의 경우처럼 둘 다 역할을 나누어 가진다면 당연히 공동체와 회원국 간에 정책의 상호 조정이 필요하게 된다.

지역 정책이 국가 간의 경제적 격차에 영향을 미치려는 목적으로 시행된다면 논점은 명확해진다. 경제 공동체 차원에서 지역 정책을 채택하는 경우는 본질적으로 회원국 간에 결속을 고려하는 것으로부터 시작된다. 최초의 통합 협정이 모든 회원국에게 만족스럽게 체결되었더라도, 장기적으로 발생하는 통합의 동태적 효과는 예측하기 어렵다. 비록 그것이 그룹 전체에게는 이익이 될지라도, 일부 회원국에게는 오히려 손해가 될 수도 있다. 만일 경제 통합체의 결성이 회원국 간의 극화를 촉진시키거나 경제적 격차를 더 크게 만든다면, 통합을 추진하는 데 필요한 정치적 기반이 없어지거나 약화될 것이다. 이럴 경우 오직 공동체만이 이러한 결속 문제를 다룰 수 있다. 왜냐하면 이것은 어떤 특정한 전략이 채택되더라도 그 실행은 결국 회원국 간의 자원 이전을 요구할 것이기 때문이다. 또한 공동체의 부문별 정책도 지역 문제를 더 악화시킬 수 있다. 따라서 오직 공동체 차원에서만 이러한 이슈를 다룰 수 있다.

그러나 지역 정책의 목표가 회원국 내의 경제적 격차에 영향을 주는 것이라면, 정책을 실행하는 책임을 어떻게 할당할 것인가 하는 문제에 대한 해답은 명확하지 않다. 즉, 각 회원국의 지역 간 격차는 공동체의 지역 간 격차에 중요한 요인을 구성하고 있고, 산출물과 성장 극대화 그리고 경제적 안정화에 대한 공동의 관심을 통해 공동체 전체와도 관련되어 있다는 사실 때문에 명확한 결론을 제시해 주지는 않는다.

그래서 공동체에 지역 정책의 운영 책임을 부여하는 데 반대하는 주장이 있다. 첫 번째 이유로 종류가 다른 지역적 격차를 줄이는 데 대한 회원국 간의 선호가 다르다는 것이다. 실제로 회원국 간에 선호는 각각 다른데 공동체 차원에서 일괄적으로 실행하는 중앙 집중화된 정책으로는 이러한 것을 모두 고려할 수 없다. 두 번째 반대 이유로 정책적 효율성을 꼽는다. 공동체 차원에서 지역 정책을 직접 계획하고 시행하는 것이 가능할 수 있으나 지역 문제에 좀 더 밀접하게 관련되어 있고, 그 지역에 필요한 것이 무엇인가에 대해 좀 더 많이 알고 있고, 그 지역에 대해 좀 더 많은 정보를 가지고 있는 각 회원국의 정부 차원에서 실행하는 것이 더 효율적이라는 것이다. 그러나 이러한 이유가 있음에도 불구하고 지역 정책을 전적으로 회원국 손에 맡겨 두지 않는 이유가 있다. 이는 특정한 종류의 국가별 지역 보조금이 국가 간의 경쟁을 왜곡하기 때문에 공동 시장의 운영과 조화를 이루지 못한다는 점과, 각국의 자금 조달 능력이 지역이 가지고 있는 문제의 심각성 정도와 일치되지 않는다는 점 때문이다. 또한 각 회원국의 지역 정책을 공동체 차원에서 더욱더 상호 조정할 수 있다는 점도 추가적인 이유가 된다. 따라서 회원국 자체의 지역 정책에만 의존하는 것은 공동체 내 지역 간 격차를 줄이는 데 실패할 확률이 높다. 실제로 저소득 국가가 자국의 지역 정책을 위해 재원을 자체 조달하고 있는 반면, 고소득 국가 내의 가난한 지역은 통합체 내 저소득 국가만큼 잘 살거나 저소득 국가보다 더 잘 사는 지역임에도 불구하고 자국 내에서 가난한 지역이라는 이유로 정부로부터 풍부한 지원금을 받고 있는 실정이다. 이런 상황에서는 회원국 내 지역 간 격차가 줄어들기보다는 오히려 더 확대될 확률이 크다.

그러한 여러 가지 고려 사항을 바탕으로 성장과 고용, 소득 등에서의 지역 간 경제적 격차를 제한하고 줄이기 위해 회원국의 지역 정책 실행 권한을 공동체에 넘길 때, 그 책임의 할당을 위해 회원국과 공동체 간의 상호 조정이 필요하다. 이때 공동체가 시행해야 하는 정책에는 특별한 역할이 요구되는데, 이는 첫째 경쟁을 왜곡하는 회원국들의 지역 보조금을 막고, 둘째 공동체의 특정한 부문 정책이 지역 문제를 더 심화시키지 못하도록 보장하고, 셋째 지역 정책이 공동체 전체의 경제적 격차를 좀더 효율적으로 축소시키는 데 기여할 수 있도록 해야 한다는 것이다.

각 회원국의 지역 정책에 대한 공동체 지역 정책의 상대적 중요성은 통합의 목표나 진행 단계에 달려 있다. 단순한 관세 동맹에서는 조화를 촉진시키는 수단들에 의해 생겨나는 왜곡을 피할 수 있도록 하는 정책만으로도 충분하다. 그러나 대규모의 노동과 자본 이동이 발생하는 공동 시장에서는 이들 생산 요소의 이동 특성이나 규모에 영향을 주거나 이들의 공간상·재정상의 영향을 다루기 위한 공동체 지원금의 이전을 도입할 필요가 있다. 경제통화동맹에서는 지역 문제를 다루기 위한 회원국 차원의 정책 수단이 크게 제약을 받기 때문에 공동체 차원의 지역 정책에 큰 역할을 부여하여야 하며, 그렇지 않으면 인플레이션 없이 통화 정책을 지속하기가 어렵게 된다.

제3절 공동체 지역 정책의 실행

공동체 차원에서 확고한 지역 정책을 실행하기 위해서는 우선적으로 고려하고 결정해야 할 일들이 많다. 먼저 공동체가 시행하는 지역 정책의 목표가 무엇인가에 대해 명확히 정해져야 되며, 그 목표를 성취하기 위한 전략도 선택되어야 한다. 만일 공동체 지역 정책을 시행하는 책임이 분산되어 있다면, 보조금 지원 체제가 마련되어 있어야 하고, 수혜받을 지역을 결정할 기준도 명확히 정해져 있어야 한다. 또한 정책 수행에 필요한 재원이 얼마 정도인지도 산정되어야 하고, 정해진 크기만큼 지원되어야 한다. 즉, 공동체에서 정책을 시행하는 데 드는 비용이 단순히 각 회원국이 내는 분담금에서 충당되지 않을 것을 보장하는 정책 계획이 필요하며, 전략의 선택은 도덕적 해이(moral hazard)를 최소화할 수 있도록 하여야 한다.

일반적으로 지역 정책에서 설정하는 목표는 선정된 지역에 경제적 성과를 개선시키려는 것이다. 좀 더 명확히 말하면, 지역 간 수렴 정책(convergency policy)이란 어떤 특정한 기간에 공동체 평균과 비교하여 낙후된 지역의 실질적 소득 격차를 줄이기 위해 낙후 지역에 추가적인 성장을 이루려는 정책 목표를 뜻한다. 그러나 이러한 목표를 달성하기 위한 전략 수립에 가장 어려운 점은 지역의 소득과 성장의 격차를 결정하는 요인들이 무엇인가를 정확히 파악하기가 어렵다는 것이다.

앞 절에서 언급되었던 논의들은 실제로 이러한 여러 이슈들에 어느 정도 해답을 제시해 주는 접근법들을 살펴보았던 것이었다. 그러나 정통적 신고전학파 모델에서는 수렴이 촉진되려면 시장의 효율적 기능을 보장해야 할 필요성이 있다는 것만 지적하고 있을 뿐, 정책이 노동 성장률을 증가시키지 않는다면 성장에 아무런 영향을 미칠 수 없다. 다른 한편으로 뮈르달이나 허쉬맨 같은 누진적 인과 관계 이론 경제학자들은 격차를 줄이기 위한 지역 정책의 잠재적 역할을 인정하였다. 크루그먼이 최근에 제시한 미시 경제적 분석도 마찬가지이다. 그리고 내생적 성장 모델에서는 수렴의 실패 가능성을 고려하여, 성장에 영향을 미칠 수 있는 교육이나 R&D, 사회 간접 자본 같은 요인들을 강조하였다. 그러나 이러한 접근법들에서는 지금까지 시행해 왔던 지역 정책의 기조를 새롭게 바꿀 특별한 제안은 거의 없다.

일반적으로 성장에 중요하다고 인식되는 요인들은 노동이나 자본 같은 특정한 생산 요소들보다는 그 지역의 산업 구조에 특별히 좋은 효과를 가지고 있는 기업들을 육성하는 지역 정책이 바람직하다고 지적한다. 예를 들면, 누진적 인과 관계의 관점에서 주변 지역이나 주변 국가에는 수요에 대한 높은 소득 탄력성을 가진 기업들을 집중적으로 장려·육성하여야 한다고 주장한다. 크루그먼 또한 이 요인의 역할을 강조하였다. 기본적으로 지역이나 국가의 성장률이나 소득 수준을 증가시키기 위해 공동체 입장에서는 해당 지역의 생산성을 상대적으로 급격히 증대시키는 데 목표를 두어야 한다. 결국 국가나 지역 간의 확대된 예산의 이전(transfer)이 보장되지 않았을 때는 오직 그러한 수단들에 의존해서만 실질 소득의 격차를 줄일 수 있다. 문제는 그것을 할 수 있게 해 주는 요인들을 식별하고, 그 기능을 다할 수 있도록 도와 주는 것이다. 그러나 수출 주도형 성장 모델(exported-led growth models)이나 지금까지 새로운 경제지리학자가 제시한 모델로부터는 도움이 되는 지침은 거의 없고, 새로운 내생적 성장 모델 중 일부로부터 몇 가지 요소를 유도해 낼 수 있다. 즉, 그들이 주장하는 대로 만일 R&D나 인적 자본 또는 공공 간접 자본 같은 특별한 요소가 높은 생산성 성장률과 밀접한 관계가 있다는 것을 보여 줄 수 있다면, 그러한 지역에 투자를 증가시키기 위해 지역 보조금 지급이나 다른 형태의 정책 개입을 할 수 있다. 그러나 새로운 성장 이론은 각기 다른 성장 요인들이 어떠한 영향력을 가지고 있으며, 그 영향력의 크기가 어느 정도인가에 대한 실제적인 분석은 거의 없고, 다만 여러 가지 요인들이 어떻게 성장에 영향을 미칠 수 있는가 하는 것을 보여 주는 정도까지만 언급하고 있다.[11]

회원국 간 또는 지역 간의 격차를 줄이기 위해 경제 공동체가 채택한 전략이 무엇이든 간에, 효율성의 이유로 정책의 실행 및 관리가 분산되어 있다면 이를 실행함에 있어 공동체로부터 회원국으로 보조금을 지급할 것을 요구한다. 그러한 보조금의 목적은 보조금이 없을 때 이상으로 특별한 목적들 –예를 들면, 공공 간접 자본– 에 추가적 지출을 촉진하기 위한 것이다. 하지만 이와 관련하여 두 가지 문제점이 야기된다. 첫 번째 어려움은 운영에 있어 추가성(additionality)을 보장하기 어렵다는 것이다. 공동체 입장에서는 특정 국가의 특정 지역에 보조금을 주면서 보통 조건부 대응 자금(matching grants)을 요구하지만, 이것은 순전히 가설상의 계획이기 때문이다. 실제로 보조금은 부분적으로 대체 가능한 것이며, 목표된 지출의 확대라기보다는 지출되어야 할 일반 경비를 보조해 주는 정도일 것이다. 그러한 점에서 이것의 자원 분배 효과는 감소된다. 두 번째 어려움은 지역 전략에 대한 역(–)의 인센티브 효과와 관련이 있다. 주변 지역, 쇠퇴 지역 또는 낙후 지역 등 지역 정책의 주요 대상 지역으로 공동체 재원을 이전하는 것이 만일 이주나 근로, 혁신의 인센티브에 부정적 영향을 줄 수 있다면, 이는 어떤 측면에서 격차를 줄이는 속도를 가속화시키기보다는 오히려 더 늦출 수도

11 Boltho and Holtham(1992).

있다.

제4절 유럽연합의 지역 정책

세계의 많은 경제 통합체 중 통합체 차원에서 가장 활발하고 적극적으로 지역 정책을 수립하고 시행해 온 통합체로 대부분의 경제학자들은 유럽연합을 꼽는다. 이는 상당히 근거가 있는 주장으로 이 절에서는 유럽연합이 시행해 온 지역 정책의 방향과 내용들을 살펴본다.

서유럽 국가들은 1950년대 말 6개국이 주축이 되어 유럽경제공동체(EEC)를 결성한 후 BREXIT 이전에는 회원국이 28개국으로 늘어나면서 약 5억 700만 명의 인구와 약 24%의 세계 GDP(명목)를 생산하는 세계 최대의 경제 블록으로 발전하였다. 이러한 60여 년의 발전 과정 동안 EU는 공동체 차원에서 정치·경제·사회적으로 많은 정책들을 시행하여 왔으며, 지역 정책도 예외는 아니었다. 그러나 2000년대 초반 중·동유럽 국가 13개국을 대거 회원국으로 받아들임으로써 28개 회원국 간에 소득, 사회 간접 자본, 실업률, 인적 자본 등 사회·경제적 부문에서의 격차는 매우 커졌고, 이러한 격차는 EU의 통합 진전에 큰 걸림돌로 작용하고 있다. 유럽연합도 이러한 점들을 인식하고 구조기금(Structural Fund) 규모의 증액과 함께 새로운 회원국을 위한 다양한 지원 프로그램들을 개발하였다.

1. EU 지역 정책의 설립 배경과 발전

유럽연합은 창설 당시부터 공동체 차원에서 지역 정책을 모색해 왔고, 로마조약 제2조에서도 회원국 전체 경제의 조화로운 발전을 공동체의 주요 목표로 명시함으로써 역내에 존재하는 경제적 격차의 해소에 공동체가 직접 관여할 것을 분명히 하였다.[12] 그리고 이를 위해 유럽사회기금(European Social Fund)이나 유럽석탄철강공동체

(European Coal and Steel Community)기금, 유럽 농업 지도 및 보장 기금(European Agricultural Guidance and Guarantee Fund: EAGGF)의 보장 부문(Guidance Section),[13] 유럽투자은행(European Investment Bank) 등의 정책 수단들을 신설하였다. 하지만 초기에는 공동체 예산의 90% 이상을 차지하고 있던 공동 농업 정책(Common Agricultural Policy: CAP)에 회원국들의 관심이 집중되면서 지역 정책은 큰 주목을 받지 못하였고, 이에 대한 예산 지원도 미미한 실정이었다.

그 후 1961년 브뤼셀의 지역경제회의(Conference on Regional Economies)가 개최되고, 1968년 지역 발전 부문만을 전담하는 새로운 지역정책총국(Directorate-General XVI)이 창설되면서 차츰 지역 정책에 대한 공동체의 관심은 고조되었다. 그러나 당시 집행위원회가 제안하였던 지역 개발 기금 조성이나 공동 지역 정책(Common Regional Policy)은 독일과 프랑스의 무관심 속에 실현되지 못하였고, 회원국 중 이탈리아만이 남부의 메조지오르노(Mezzogiorno) 지역 문제로 지역 정책에 관심을 두는 정도였다.

그 후 1970년대 세계 경제를 강타한 두 차례의 오일 쇼크는 역내 경제력이 약한 국가에 더 큰 충격을 주었고, 영국, 덴마크, 아일랜드가 공동체에 가입함으로써 공동체 내 회원국들 간에 사회·경제적 격차가 확대되고 지역 문제를 심화시켰다. 이에 공동체는 처음으로 공식적인 지역 문제 분석 보고서인 일명 톰슨보고서(Thomson Report)[14]를 발간하였다. 이 보고서에서는 지역 간 불균형이 공동체 내 경제 활동의 균형적 확대를 방해하고, 경제통화동맹(EMU) 계획을 약화시키고, 심지어 공동 시장에 위협이 될 수 있다고 주장하였다. 그래서 예산 분담금 문제로 불만이 많았던 영국을 달래고, 당시 공동체가 추구하던 유럽통화동맹(European Monetary Union)을 실천에 옮기기 위해 이에

12 유럽경제공동체설립조약 제2조(Treaty establishing the European Economic Community, Article 2).

13 유럽 농업 지도 및 보장 기금은 로마조약 제40.4조항에 의해 창설되었는데, 보장 부문은 공동체 내의 농산물 가격을 지지해 주는 부문이며, 지도 부문(Guidance Section)은 농업의 구조 개선 및 농촌 지역의 사회 간접 자본 확충, 농산물과 수산물의 가공 및 마케팅 개선, 산악 및 구릉 지역의 개간, 새 기술의 적용 등 농업 구조의 개선을 그 목적으로 한다. 지도 부문은 지원 방식에 따라 두 가지로 나누어지는데, 하나는 집행위가 투자 프로젝트에 직접 지원을 제공하는 직접 수단(direct measure)이고, 다른 하나는 집행위가 공동체의 규정에 따라 행해진 지출에 대해 회원국에게 배상해 주는 간접 수단(indirect measure)이다. 이 중 직접 수단은 주로 투자 규모가 크고 공동체 차원에서 판단 가능한 투자 프로젝트에 지원하지만, 간접 수단의 경우 규모가 작고 지역적이어서 집행위가 투자 결정을 내리기가 실질적으로 어려워 지원 비율이 계획 내용과 지역적 여건에 따라 25%에서 65%까지 큰 차이가 난다.

14 CEC(1973), COM(73), 550.

반대하는 영국, 아일랜드, 이탈리아를 설득하는 일환으로 1972년 파리 정상 회담에서 유럽지역개발기금(European Regional Development Fund: ERDF)을 설립하기로 최종 결정하였다. 그러나 오일 충격(oil shock)의 영향과 회원국 간(특히, 영국과 서독)의 첨예한 이해관계로 ERDF의 규모를 결정하지 못하다가 결국 1974년 12월 파리 정상 회담 때 당시 공동체 예산의 5% 정도에 해당하는 13억U.A.(약 11억 달러)로 결정되었고,[15] 국가별로 사전에 정해진 비율에 따라 기금을 배분하는 할당제(Quota System)를 채택하였다. 기금은 새로운 고용 창출이나 기존의 고용 구조 유지를 위한 산업 또는 서비스 부문 투자나 외딴 지역, 산악 지역에 요구되는 사회 간접 자본, 산업에 관련된 간접 자본 등에 한정하여 지원하기로 하였다. 그러나 기금을 회원국 간에 정해진 비율로 배분하다 보니 정작 기금이 필요한 국가가 아니라 영국과 아일랜드, 프랑스, 이탈리아 순으로 분배되어 이들 국가가 초기 최대 수혜자가 되었다. 따라서 유럽지역개발기금(ERDF)은 설립 초기에 실제로 지역 간 불균형 해소를 위한 정책 수단으로 만들어진 것이 아니라, 영국이 EU의 공동 농업 정책(CAP)에 참여함으로 초래되는 재정적 손실을 보장하고, EMU에 모든 회원국을 참여시키기 위한 수단으로 창설되었다고 볼 수 있다. 그러나 다른 한편으로는 공동체의 입장에서 순수히 지역 개발을 위한 목적으로는 처음으로 자체 기금을 갖게 되었다는 점에서 상당한 의미를 가졌다고 볼 수 있다.

ERDF 설립 후 시행 초기에는 지역에 대한 정의가 국가별로 달랐고, 지출의 정당성에 대한 생각도 각기 달라 지원 기준의 설정에 어려움이 있었다. 또한 기금 지원이 영국과 이탈리아에 70% 가까이 편중되어 있고, 회원국들이 자체적으로 우선순위를 정하고 자국에 할당된 금액을 받아 감으로써 공동체가 직면한 지역 문제나 투자 계획에 대한 면밀한 검토 없이 나눠먹기식으로 기금을 지원해 준다는 비난이 높아졌다.

이에 집행위는 기금 운영 방식에 대한 비판을 수용하여 지원 방식을 재검토하였고, 1979년에 개정안을 마련하여 국가별로 할당되지 않는 비할당 부문(Non-Quota Section)을 신설하고 ERDF 지출 중 5%를 배당함으로써 규모는 작더라도 공동체의 지역 정책

15 ERDF 창설 당시 집행위원장 톰슨(Thomson)은 처음에 30억U.A.(12억 6,000만 파운드)를 요청하였지만 이 금액은 집행위를 떠나기 전에 24억U.A.로 감소되었고, 결국 1975년 총 13억U.A.(약 5억 4,000만 파운드)로 결정됨으로써 공동체에 지역 정책의 역할 증대를 원하였던 저소득 회원국들에게 큰 실망을 안겨 주었다.

에 대한 재량권 확보에 중요한 일보를 내디뎠다.

하지만 공동체의 지역 정책이 여전히 소규모 프로젝트를 중심으로 산만하게 지원되고, 지역 발전 기금이 ERDF뿐만 아니라 여러 다른 기금들을 통해 분산 지원된다는 비판이 계속됨에 따라 집행위는 기금 지원의 효율성을 증가시키기 위해 1981년과 1983년 공동체 지역 정책에 대한 전반적 검토와 새로운 개혁 방향에 대한 보고서들을 잇달아 제출하였다. 공동체도 이를 반영하여 1984년 개혁을 단행하였는데, 이 개혁에서는 지역 발전에 영향을 미치는 정책 수단들을 상호 조정하고, ERDF 지원도 낙후 지역 발전 및 사양 산업 지역 전환 사업에 집중시키기로 하였다. 또한 그동안 프로젝트 위주의 접근 방식을 다년간 프로그램 접근 방식으로 전환하기로 하였으며, 공동체 기금을 각국이 자체 재원으로 전용하지 못하도록 추가성 원칙(the principle of additionality)[16]을 시행하기로 하였다. 한편, 프로그램의 계획 단계에 공동체와 회원국 정부뿐 아니라 지방 정부 정책 담당자들도 참여시키기로 함으로써, 그동안의 하향식 접근 방식(top-down approach)에서 상향식 접근 방식(bottom-up approach)으로 바꾸었다.

그러나 가장 중요한 변화는 기존의 할당 부문과 비할당 부문의 구분을 없애고 대신 기금 할당률을 각국별로 최고 및 최저 한도를 설정하는 방식으로 개정함으로써 고정 할당제에서 가변 할당제로 만든 것이다. 즉, 최소 지출 비율을 88.6%로 정함으로써 산술적으로 공동체가 관여할 수 있는 비할당 부문 비율을 11% 이상으로 늘려 지원 프로젝트들에 대한 선택의 여지를 넓히고, 낙후 지역에 재원을 더 집중적으로 지원할 수 있게 되었다. 이에 따라 각 회원국들은 더 많은 수의 프로젝트 계획안을 제출해야만 최소 비율의 기금을 받을 수 있게 되었는데, 이는 공동체가 여러 계획안들 간에 경쟁을 높이려는 의도를 가지고 한 것이다. 또한 의사결정도 만장일치가 아닌 가중 다수결로 바꿈으로써 기금 운영을 더욱 효율적이고 융통성 있게 할 수 있도록 하였다.[17]

그리고 ERDF는 지역 관련 프로젝트의 공공 지출에 55%까지 지원이 가능하도록 하

16 이는 회원국들이 자체적으로 지역 개발 계획을 수립하여 집행하는 것에 공동체가 추가적으로 지원을 해 주지만, 원래 계획을 취소하거나 국가의 지원 금액을 축소하는 경우 공동체 지원을 중단한다는 원칙을 말한다.

17 비할당 부문은 다년간에 걸쳐 수행되는 프로그램 위주로 지원해 주기로 하였는데, 이러한 접근 방식도 새로운 요소이며 비할당 부문의 증가로 가능하게 되었다. 지원 가능 프로그램도 크게 두 범주로 나누어졌는데, 하나는 집행위에서 계획을 세운 공동체 프로그램(Community Program)이고, 다른 하나는 공동체의 관심하에 회원국들이 계획하는 국가 프로그램(National Programmes of Community Interest)이다.

표 11-2 유럽지역개발기금(ERDF)의 국가별 할당 비율 (단위: %)

회원국	1975~1977	1978~1980	1981~1984	1985		1986	
				최저	최고	최저	최고
벨기에	1.5	1.39	1.11	0.9	1.2	0.61	0.82
덴마크	1.3	1.2	1.06	0.51	0.67	0.34	0.46
서독	6.4	6.0	4.65	3.76	4.81	2.55	3.40
그리스	-	-	13.0	12.35	15.74	8.36	10.64
프랑스	15.0	16.86	13.64	11.05	14.74	7.48	9.96
아일랜드	6.0	6.46	5.94	5.64	6.83	3.82	4.61
이탈리아	40.0	39.39	35.49	31.94	42.59	21.62	28.79
룩셈부르크	0.1	0.09	0.07	0.06	0.08	0.04	0.06
네덜란드	1.7	1.58	1.24	1.0	1.34	0.68	0.91
포르투갈	-	-	-	-	-	10.66	14.20
스페인	-	-	-	-	-	17.97	23.93
영국	28.0	27.03	23.80	21.42	28.56	14.50	19.31

자료: Armstrong(1985), p. 331; CEC(1985); CEC(1986).

였고, 추가적으로 프로그램에 공동 지출도 허용하였다.

1985년에는 스페인과 포르투갈의 신규 회원 가입을 고려하여 각국별 할당 비율도 다시 수정하였고, 1986년에는 저개발 지역에 잠재된 에너지 개발을 위한 Valorem과 낙후 지역에 원거리 통신 서비스 접근을 용이하게 하기 위한 Star 등의 공동체 이니셔티브(community initiative)들을 착수하였다. 동시에 철강 산업 구조 조정을 위한 Resider와 조선 산업 구조 조정을 위한 Renaval도 시작하였다.

2. 단일유럽의정서(SEA)와 구조 기금의 개혁

1980년대 중반 들어 유럽연합은 회원국 확장과 단일 시장 도입이라는 두 가지 정책을 통해 지역 정책에 활용되는 기금의 규모를 크게 증가시킬 수 있는 기회를 마련하였다. 그리스가 1981년, 포르투갈·스페인이 1986년 새 회원국으로 가입함으로써 EU는 지중해 방면으로 영역을 확장시켰지만, 대신 이들 국가는 기존의 회원국보다 소득 수준이 낮고 지역 문제가 심한 국가들이어서 EU의 지역 정책에 대한 필요성과 요구가

표 11-3	기금별 지출 규모: 1970~1991년					(단위: 백만ECU, %)
연도	EC 예산[1]				대부	
	EAGGF	ESF	ERDF	기타[2]	EIB	ECSC
1970	5,228.3 (94.9)	64.0 (1.2)	– (–)	219.5 (4.0)	– (–)	– (–)
1975	4,586.6 (73.8)	360.2 (5.8)	150.0 (2.4)	1,116.8 (18)	814.0 (52.7)	731.0 (47.3)
1980	11,596.1 (72.2))	502 (3.1)	751.8 (4.7)	3,207.6 (20)	2,384.0 (61.5)	1,004.0 (25.9)
1985	20,546.4 (72.8)	1,413.0 (5.0)	1,624.3 (5.8)	4,639.3 (16.4)	5,699.0 (69.8)	1,265.0 (15.5)
1990	30,204.9 (64.5)	3,321.9 (7.1)	4,704.5 (10.1)	8,577.4 (18.3)	– (–)	– (–)
1991	34,236.0 (65.3)	4,069.0 (7.8)	6,309.0 (12.0)	7,809.9 (17.4)	– (–)	– (–)

주: 1) ECSC 운용 예산과 유럽개발기금(European Development Funds)은 제외.
2) 산업, 에너지, R&D 등.
자료: CEC(1991a), p. 21; Harrop(1992), p. 221.

더 확대되었다.

1986년에는 단일유럽의정서(Single European Act)가 체결되면서 회원국 간의 단일 시장 구성 문제가 새로운 이슈로 떠올랐다. 하지만 아일랜드, 그리스, 스페인, 포르투갈 등 당시 상대적으로 경제력이 약한 회원국들은 단일 시장 계획이 공동체 내 지역 간 격차를 늘리고 회원국 간의 사회적 단합을 저해한다고 주장하며, 관세·비관세를 철폐하는 대가로 공동체 구조 기금의 증가를 원하였다. 이러한 조건이 충족되기 전에는 단일유럽의정서(SEA)에 참여할 수 없다는 입장이었고, 이들의 요구를 들어주기 위해 공동체는 구조 기금의 확충이 필요하게 되었다. 이에 공동체는 단일유럽의정서 제130a조에 지역 간 격차의 감소를 포함해서 공동체 전체의 경제적·사회적 단합(Economic and Social Cohesion)을 위한 정책 개발을 요구하는 문구를 삽입하였고, 이를 뒷받침하기 위해 제130d조에서는 기존의 구조 기금들[18]의 포괄적인 개정안을 각료이사회에 제출할

18 구조 기금은 유럽 농업 지도 및 보장 기금의 지도 부문(EAGGF Guidance Section), 유럽사회기금, 유럽지역개발기금(ERDF) 등으로 구성되어 있다. 그 후 북유럽 국가들이 EU에 가입하면서 어업 지도를 위한 재정 도구(Financial Instrument for Fisheries Guidance: FIFG)가 구조 기금의 네 번째 구성 기금으로 창설되었다. 한편,

것을 지시하였다. 이에 따라 집행위는 공동 농업 정책(CAP) 부문 지출의 삭감과 구조 기금 규모의 두 배 증가, 새로이 정한 공동체 다섯 가지 목표에 기금 집중, 기금의 효율적 사용을 위한 프로그램 위주의 지원 방식, 그리고 지역 개발 계획 시 공동체와 회원국 그리고 각 회원국 지방정부 간의 파트너십 강화 등을 주요 제안 내용으로 하는 들로르 패키지(Delors Package) I을 제출하였다.[19] 이때 목표 1은 지난 3년간 유럽연합의 1인당 GDP 평균의 75% 이하인 낙후 지역의 구조 조정과 개발을 촉진하는 것이며, 목표 2는 사양 산업에 심각하게 영향을 받는 지역이나 도시 지역의 구조 조정, 다각화 등에 지원하는 것으로 지난 3년간 실업률이 공동체 평균 실업률보다 높고 해당 산업의 고용률이 과거 15년간 공동체 평균을 초과하면서 기준 연도에 비해 현저히 떨어지고 있는 지역이거나 실업률이 공동체 평균의 최소한 50% 이상을 초과한 도시 지역이 그 대상 지역이다(주로 유럽 중북부, 이탈리아, 스페인 일부 지역). 목표 3은 장기 실업의 해소, 목표 4는 청년 노동자의 취업 촉진, 목표 5a는 생산·가공·판매 구조의 개정을 통해 농업의 구조 조정을 촉진시키는 것, 목표 5b는 농업 부문 생산성 향상이나 사회 간접 자본 건설 등을 통해 시골 지역의 발전을 도모하는 것이었다.[20]

이 안건은 1988년 2월 브뤼셀 유럽이사회(European Council)에서 심의되었고, 이를 바탕으로 각료이사회는 1988년 6월 결속 정책(cohesion policy)에 관한 새로운 규정을 제정하였는데, 이때 각 구조 기금들의 지원 목표가 새로 정하여졌다(〈표 11-4〉 참조). 또한 유럽투자은행(European Investment Bank: EIB)은 목표 5a를 제외한 나머지 목표에, ECSC는 목표 1, 2, 3, 4에 지원하도록 하고, 1993년까지 구조 기금의 규모를 실질적으로 2배로 늘려 1989년부터 1993년까지 4년간 약 600억ECU를 투자하기로 하였다. 규정의 또 다른 주요 내용은 지역 정책의 운용과 시행을 좀 더 엄격하게 하기 위해 공동체 지원 제도(Community Support Frameworks)[21]를 도입하는 것과 공동체와 회원국 그리고 지방 자치 단

구조 기금은 아니지만 비슷한 성격을 가진 결속 기금(Cohesion Fund)이 경제통화동맹(EMU)의 창설을 앞두고 그리스, 아일랜드, 포르투갈, 스페인 4개국을 지원하기 위해 1994년 창설되었다.

19 CEC(1987).

20 나중에 핀란드, 오스트리아, 스웨덴이 1995년 회원국으로 가입하면서 목표 6이 더 추가되었는데, 이는 주로 인구가 희박한 지역이나 기후적으로 극지인 핀란드와 스웨덴 지역의 보존 및 개발이다.

21 이는 먼저 회원국이 지역 개발이나 전환 계획들을 제출한 후 회원국들과의 협약을 거친 뒤 계획 기간 중 기금 지원의 우선순위, 지원 형태, 지원 기간, 다년간에 걸쳐 시행되는 공동체 지원금의 운용 일정표 등을 정하고, 또 시행 개요와 재정 충당 계획 등을 수립하는 제도로서 개별 국가가 제출한 지역 개발 정책과 공동체 자체의 지원 정

표 11-4	1989~1993년간 구조 기금의 할당			(단위: 백만ECU, 1989년 가격)
목표	기금 종류	공동체 구조 기금	공동체 initiatives	총계
목표 1	ERDF, ESF EAGGF 지도 부문	36,200	2,100	38,300
목표 2	ERDF, ESF	6,705	500	7,205
목표 3, 4	ESF	7,233	217	7,450
목표 5a	EAGGF 지도 부문			3,415
목표 5b	ERDF, ESF EAGGF 지도 부문	2,607	188	2,795

자료: J. Tomkins and Jim Twomey(1995), p. 171.

체와의 협력(partnership)을 강화하기 위해 자문적 성격을 띠는 지방 및 지역정부협의회(Council of Local and Regional Authorities)를 설립하기로 한 것이다. 한편, 1986년부터 시행하였던 공동체 이니셔티브 프로그램도 확장시킴으로써 과거 개별 국가가 정한 프로젝트에 단순히 EU 기금을 이전시켜 주었던 수동적인 지역 정책에서 벗어나 공동체의 역할을 강화시켜 좀 더 능동적으로 대처하려 하였고, 회원국 정부 당국이 아닌 지방 자치 단체와 직접 대화를 통해 구조 기금을 조정할 수 있게 함으로써 회원국 정부의 영향력을 약화시켜 문제 지역에 좀 더 효율적으로 지원해 줄 수 있게 하였다.

공동체의 이러한 개혁에 따라 지역 발전을 위한 공동체 구조 기금 규모가 증가하여 1987년 공동체의 지역 발전에 소요되는 기금이 예산의 17.8%이던 것이 1992년에는 28% 정도로 늘어나게 되었다. 하지만 아직도 공동체가 농업 정책 부문에 지출하는 금액의 절반 정도밖에 되지 않고, 기금 수혜 지역의 결정에도 여전히 정치적으로 영향을 받아 처음에 계획하였던 수혜 대상 지역 범위보다 더 넓게 분포되었다. 또한 기금이 사회 간접 자본 부문 투자 지원[22]에 편중되어 있고, 지역 정책에 관련하여 공동체와 회원국 정부 간의 관계가 명확히 설정되어 있지 않으며, ERDF 지원에 대한 공식적인 평가도 이루어지지 않는 등 여러 가지 측면에서 개정의 필요성이 계속 제기되었다.

책을 융화시키고 구조 기금과 다른 EU의 지원 수단들을 상호 조정하는 역할을 한다.

22 1975~1985년에 ERDF의 80%가 사회 간접 자본(교통, 에너지, 용수)에 지원되었다.

3. 1992년 마스트리히트조약과 EU의 지역 정책

1992년 12월 유럽연합(EU) 조약이 네덜란드 마스트리히트에서 체결됨으로써 공동체의 추구 목표가 단일 시장에서 경제통화동맹(Economic and Monetary Union: EMU) 창설로 바뀌게 되었다. 그러나 역내 경제력이 약한 국가들로부터 또다시 경제통화동맹에 따르는 불이익을 우려하는 목소리가 커짐에 따라 공동체 내의 지역 간 격차를 줄이고, 사회·경제적 단합을 지속시키기 위해 1993년까지 새로운 결속 기금(Cohesion Fund)을 설립하는 조항을 새 조약 제130d조에 삽입하였다. 이에 따라 결속 기금은 구매력 기준으로 1인당 GNP가 공동체 평균의 90%에 미치지 못하는 4개 회원국을 대상으로 환경 및 교통 부문 사회 간접 자본 건설을 지원해 주는 목적으로 1993~1999년간 총 151.5억 ECU가 지원되었고, 스페인에 52~58%, 그리스와 포르투갈 16~20%, 아일랜드에 7~10%씩 할당되었다. 지방 및 지역 대표자가 지역 정책에 자문하는 성격을 갖는 지역위원회(The Committee of the Regions)의 신설도 조약 제198조에 명기하였다.

한편, 1989년 합의된 구조 기금의 회기가 끝나 감에 따라 집행위는 1994~1997년까지 공동체 운영의 전반적 계획을 담은 들로르 패키지 II 보고서를 1992년 2월 제출하였

표 11-5 1989~1993년간 공동체 이니셔티브 (단위: 백만ECU, 1989년 가격)

이니셔티브 이름	금액	이니셔티브의 목표
Envireg	500	지역의 개발과 환경 보호
Intrreg	800	유럽의 조화롭고 균형적인 발전을 위한 국가 간 협력
Rechar	300	탄광 지역의 산업 다각화(Diversification)
Regis	200	가장 외딴 지역의 통합
Stride	400	지역들의 연구·기술·개발
Regen	300	에너지 네트워크
Telematique	200	진보된 원거리 통신 서비스
Prisma	100	저소득 지역에 사회 간접 자본이나 기업 서비스 지원
Euroform	300	새로운 기능과 자격
Now	120	노동 시장에서 여성에 동일한 기회
Horizon	180	장애자들의 노동 시장에 접근
Leader	400	농촌 지역의 발전
총계	3,800	

자료: CEC(1991b), p. 57; Loughlin(1997), p. 453.

표 11-6 에든버러 정상 회담에서 결정된 구조 기금과 결속 기금 규모 (단위: 백만ECU, 1989년 가격)

연도	구조 기금		결속 기금	총계
	총계	목표 1		
1993	19,777	12,328	1,500	21,277
1994	20,135	13,220	1,750	21,885
1995	21,480	14,300	2,000	23,480
1996	22,740	15,330	2,250	24,990
1997	24,026	16,396	2,500	26,526
1998	25,690	17,820	2,550	28,240
1999	27,400	19,280	2,600	30,000
합계	161,248	108,674	15,150	176,398

자료: CEC(1992b), p. 29.

다. 이 패키지 II에 담긴 지역 정책 관련 부문의 내용을 보면 사회·경제적 단합과 단일 시장의 효율성 극대화, 공동체 산업의 경쟁력 강화 부문에 기금 집중, 의사결정 과정의 간소화, 공동체 프로그램의 증대, 목표 1 지역의 교육 및 보건 부문에 지원 확대 등이다. 또한 구조 기금의 규모를 1993년 약 200억ECU에서 1997년 268억ECU로 늘릴 것과 결속 기금도 1997년까지 25억ECU로 늘릴 것 등을 제안하였다.[23]

이 들로르 패키지 II의 내용은 1992년 12월 영국 에든버러(Edinburgh)에서 개최된 유럽이사회에서 심의되었고, 결국 제안된 기간보다 2년이나 더 많은 1994~1999년간의 공동체 예산이 결정되었는데, 지역 정책 부문의 구조 기금은 들로르 패키지 II의 제안을 거의 받아들여 이 기간 동안 두 배 가까이 증가된 총 1,763억ECU를 배정하였다. 그리고 구조 기금의 67%를 목표 1 지역에 집중 할당하기로 함에 따라 그리스, 스페인, 아일랜드 그리고 포르투갈 4국은 과거에 비해 거의 두 배의 기금을 지원받게 되었다. 또한 1988년 규정에 명시되었던 낙후 지역(목표 1 지역)에 기금 집중, 프로그램 위주의 지원, 파트너십, 추가성(additionality) 등 4대 기본 원칙들을 지속시키고, 기금 운영의 투명성과 의사결정 과정의 간소화도 꾀하기로 하였다. 이에 따라 1988년부터 1999년까지 10년 동안에 지역 정책을 위해 할당된 공동체 기금의 규모는 4배로 증가되었으며,

23 CEC(1992a).

1999년에는 전체 공동체 예산 중 지역 정책에 관련된 지출 비중이 약 35%를 차지하게 되었다.

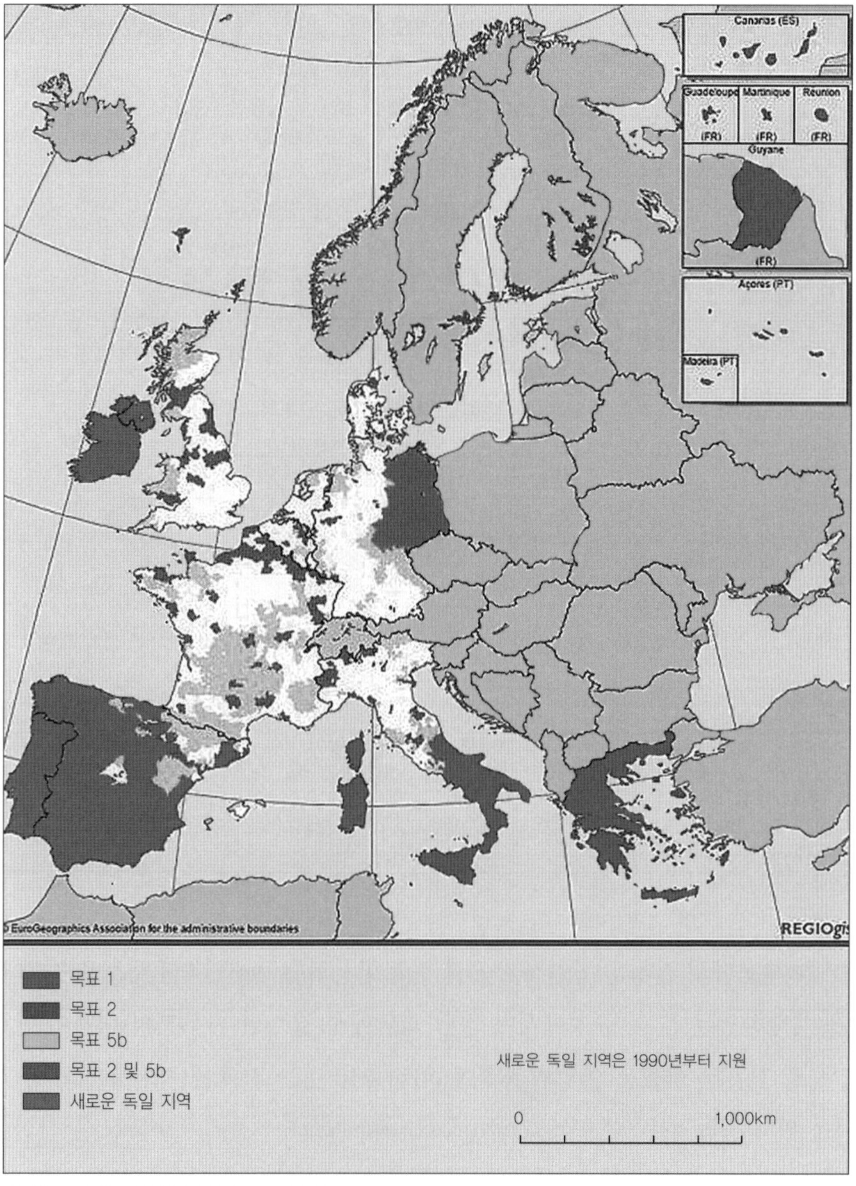

1989~1993년 구조 기금 지원 지역

표 11-7	공동체 이니셔티브 종류와 목표: 1994~1999년	(단위: 백만ECU, 1994년 가격)
이니셔티브 이름	금액[1]	이니셔티브의 목표
Intrreg II	2,900	역외, 해양 경계를 포함한 국경 지역에서의 협력
Leader II	1,400	시골 지역 개발
Regis II	600	프랑스 해외 현, 포르투갈 Azores, Maderia, 스페인 Canary Island 등 가장 외딴 지역 지원
Employment[2]	1,400	여성, 20세 이하 청년, 장애자 등 고용 지원
Adapt	1,400	고용자들의 산업 변화와 정보 사회 적응에 지원
Rechar II	400	탄광 지역 전환
Resider II	500	철강 지역 전환
Retex	500	섬유 및 의류 산업 의존 지역 다각화
Textile and Clothing in Portugal	400	포르투갈의 섬유 및 의류 산업 근대화
Konver	500	방위 산업 의존 지역 다각화
SMEs	1,000	중소기업의 국제 경쟁력 개선
Urban	600	위기에 처한 침체 도시 지역의 복원
Pesca	250	수산업 개혁
총계	11,850	
Peace[3]	300	북아일랜드와 아일랜드 6개 국경 지역 평화와 화해 진행에 지원

주: 1) 총 134.5억ECU 예산 중 118.5억ECU 할당.
2) Employment는 Now, Horizon, Youthstart 세 가지 프로그램으로 구성되어 있는데, 이 중 Now는 여성들에게 동등한 고용 기회를 제공하기 위해, Horizon은 장애인들의 취업을 돕기 위해, Youthstart는 20세 이하의 젊은이들의 취업을 돕기 위한 프로그램이다. 그 후 1996년에는 장기 실업자나 무주택자, 사람, 전과자, 집시 등 취약한 그룹(vulnerable group)을 돕기 위해 Integra 프로그램이 추가되었다.
3) 나중에 추가로 선정(1995~1997년)되었으며, 2000~2004년 동안은 공동체 이니셔티브와는 별개로 목표 1로 편입.
자료: CEC(1994).

그 후 이 회담의 결정을 실현하기 위해 각료이사회는 1993년 7월 새로운 결속 정책 규정을 채택하였는데, 이 규정에서는 정상 회담에서 결정된 대부분의 내용이 반영되었고, 새로 첨가된 내용은 어업의 쇠퇴로 어려움을 겪는 지역을 지원하기로 한 것이다. 이를 위해 공동체는 어업지도기금(Financial Instrument for Fisheries Guidance)을 신설하여 어선의 현대화와 구조 조정, 어항(漁港) 시설 개선, 어업과 수경업(水耕業)의 환경 개선, 새로운 시장 개척 등을 지원해 주기로 하였으며, 어업지도기금(FIFG)을 목표 1, 5a, 6에 배정하였다. 또한 벨기에의 에노(Hainaut), 구동독(舊東獨)의 주들[24]과 동베를린, 스페인

24 구동독 지역들은 1994~1999년 동안 약 140억ECU를 지원하기로 하였다.

의 북부 칸타브리아(Cantabria), 프랑스의 에벤스니현(arrondissements of Avesnes), 두에(Douai) 그리고 발랑시엔(Valenciennes), 네덜란드의 플레볼란트(Flevoland), 잉글랜드의 하일랜드(Highland)와 섬(Islands Enterprise Areas) 등을 목표 1 지역으로 새로이 포함시켰다. 한편, 기존의 목표 3과 목표 4는 목표 3으로 통합하고, 대신 목표 4는 산업의 변화와 새로운 생산 기술에 기존 노동자들이 적응하는 것을 돕는 데 지원하는 것으로 새로이 정의하였다. 이 새 규정에서는 또 집행위와 회원국들이 프로그램을 시행하기 전과, 시행하는 동안, 그리고 시행 후에 체계적인 평가를 의무적으로 하도록 하는 규정도 포함시켰다.

공동체의 지역 정책은 여섯 가지 원칙하에 시행하도록 하였는데, ① 지원을 우선순위가 있는 목표에 집중(concentration)하고, ② 여러 EU 정책과 기금을 상호 조정(coordination)하며, ③ 회원국 정부와 지역 및 지방 당국, 개별 기업 및 은행들 간에는 상호 협력(partnership)하고, ④ 정책들은 가능한 한 낮은 정부 관청 수준에서 수행(subsidiarity)하며, ⑤ 다년간·다수 프로젝트 중심으로 프로그램을 편성(multi-annual and multi-project programming)하고, ⑥ EU의 지역 정책 기금은 각 회원국·지역·민간의 지출을 대체하는 것이 아니라 추가적이 되어야 한다는 것(additionality) 등이다.

공동체 이니셔티브들도 새롭게 바꾸었는데, 집행위는 1993년 발간된 녹서(Green Paper)를 기준으로 1994년 2월 13개의 공동체 이니셔티브를 정하고 총 134.5억ECU(구조기금의 9%)를 할당하였다. 이때 새로 추가된 것은 Employment의 Youth Start, Adapt, Textile and Clothing in Portugal, Urban, Peace 등이다. 그리고 같은 해 3월에 마스트리히트조약에 명시되었던 지역위원회(the Committee of Regions)도 설립하였다.[25]

4. 중·동유럽국으로 회원국 확대를 위한 1999년 개혁

1990년대 후반 들어 EU 지역 정책의 방향은 역외(域外)의 정치적 환경 변화에 크게 영향을 받게 되었다. 즉, 과거 소련의 지배하에 있던 중·동유럽 국가들이 독립하게 됨

25 당시 지역위원회는 벨기에 12명, 덴마크 9명, 독일 24명, 그리스 12명, 스페인 21명, 프랑스 24명, 아일랜드 9명, 이탈리아 24명, 룩셈부르크 6명, 네덜란드 12명, 포르투갈 12명, 영국 24명 등 총 189명으로 구성되었으며, 7개 위원회(Commission)와 1개의 특별위원회로 구성되어 있다. 1995년 이후에는 오스트리아 12명, 핀란드 9명, 스웨덴 12명이 추가되었다(위원회 활동에 대한 자세한 내용은 Loughlin, 1997, p. 459 참조).

으로써 EU는 이들 국가와 협력을 모색할 수 있는 기회를 가지게 되었고, 1993년 코펜하겐에서 열린 유럽이사회에서도 이들 국가가 우선적으로 충족시켜야 할 정치적·경제적 기준을 마련하여 회원국으로 가입할 수 있는 길을 열어 주었다. 그 후 1998년 3월부터 체코·에스토니아·헝가리·폴란드·슬로베니아·키프로스와 가입 협상이 시작되었고, 1999년 10월에는 집행위원회가 루마니아·슬로바키아·라트비아·리투아니아·불가리아·몰타와도 가입 협상을 권고하여 그해 12월 헬싱키 정상 회담에서 승인(endorse)을 받았다.

이에 따라 협상 대상국들이 모두 EU에 가입하게 되면 유럽연합의 인구는 총 4억 8,000만 명 정도가 되고, 면적도 30% 이상 확장되어 세계 최대의 경제 블록으로 위상을 확고히 다지게 된다. 하지만 이들 중·동유럽 국가의 당시 평균 1인당 GDP는 7,000유로(1996년 PPS 기준) 정도로 EU 기존 15개국 평균 1인당 GDP 18,100유로의 40% 정도밖에 되지 않으며, 이들의 가입은 전체 EU 평균 소득을 약 13% 정도(15,700유로) 낮추는 효과를 가지고 있었다. 또한 민주주의 제도나 시장 경제가 잘 발전되어 있지 않기 때문에 그동안 공동체가 추구해 온 사회·경제적 결속에 큰 문제를 가져오게 되고, 평균 소득이 낮아 모든 지역이 목표 1의 대상 지역에 포함되어 공동체 지역 정책 시행에도 상당한 부담을 줄 것으로 예상되었다. 따라서 독일 에센(Essen)에서 개최된 유럽이사회에서는 이들 국가가 가입함으로써 EU에 미치는 영향을 자세히 분석하여 보고할 것과, 이전의 회원국 확대 때와는 달리 가입 전부터 이들을 도울 수 있는 가입 전 전략(pre-accession strategy) 프로그램을 도입하도록 지시하였다.

공동체도 결속 정책의 기획(design)과 시행 절차를 EU의 확대에 맞추어 간소화하는 쪽으로 방향을 바꾸고 'Agenda 2000'[26]과 각종 보고서들을 통해 2000년 이후 공동체 지역 정책의 방향을 제시하고, 회원국 확대 후 문제를 줄이기 위해 구조 기금이 주도적 역할을 하도록 개혁을 추진하였다.

따라서 1999년 개혁에서는 구조 기금 지원의 집중도 증가와 기금 운영의 간소화

26 'Agenda 2000'은 EU의 확대 관점에서 공동체에 새로운 재정적 체제를 제공하고 공동체의 정책들을 강화하기 위한 목적으로 1990년대 후반부터 준비한 실천 프로그램으로 EU의 전체적인 발전 전망과 회원국 확장에 따른 문제점, 그리고 2000~2006년 동안의 재정 계획에 관한 내용이 포함되어 있었다.

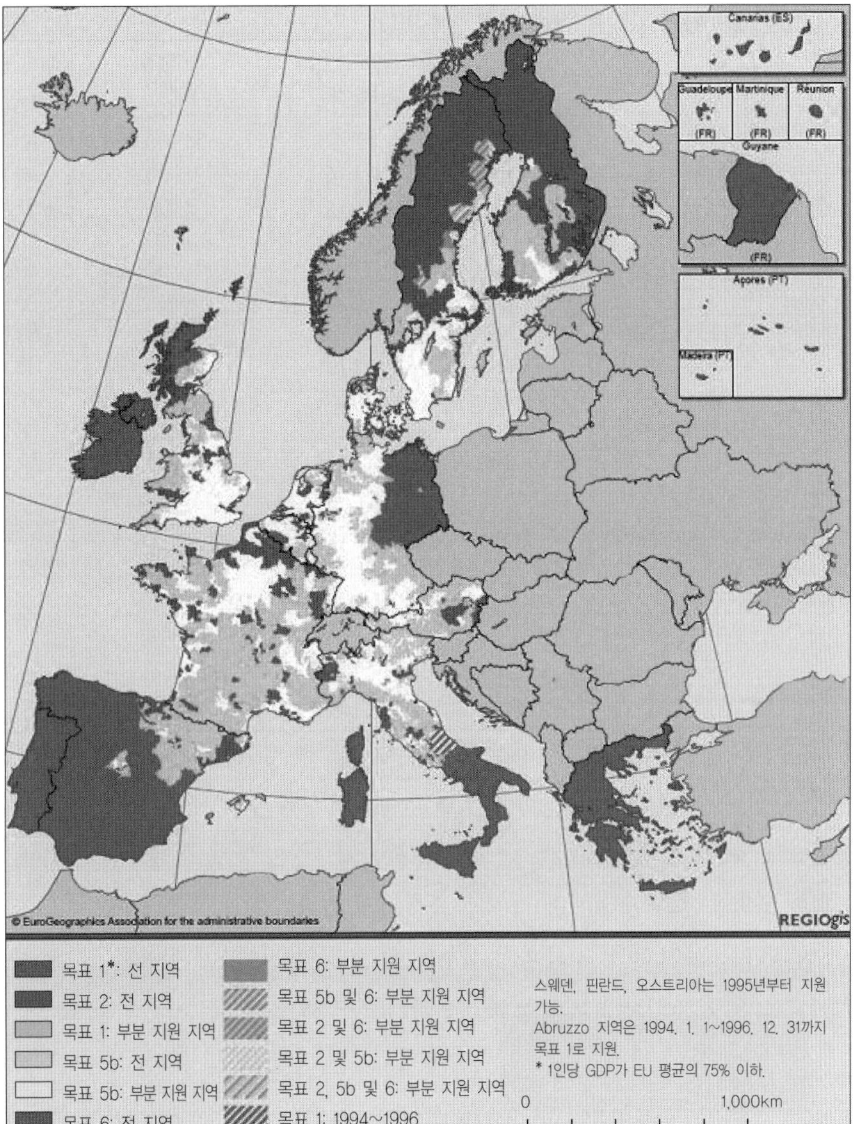

1994~1999년 구조 기금 지원 지역

(simplicity), 의사결정의 분권화(decentralization) 등을 기본 기조로 하여, ① 구조 정책의 목표 수와 공동체 이니셔티브 수의 감소를 통해 기금 집중도를 강화시키고, 프로그램을

표 11-8 중·동유럽 가입 대상국들의 기본 경제 지표

국가	회원 신청일	면적(km^2)	2005년 인구 (천 명)	1인당 GDP[1]	EU 소득 대비 %[2]
헝가리	1994.03.31	93,030	10,100	14,700	64
폴란드	1994.04.05	312,680	38,174	11,700	51.2
루마니아	1995.06.22	230,000	21,659	8,000	35.4
슬로바키아	1995.06.27	48,845	5,385	13,400	60.5
라트비아	1995.10.13	62,300	2,306	11,400	49.3
에스토니아	1995.11.24	43,400	1,348	14,000	62.2
리투아니아	1995.12.08	62,700	3,425	12,200	53.5
불가리아	1995.12.14	110,000	7,761	7,900	35.3
체코	1996.01.17	77,300	10,220	17,300	76.4
슬로베니아	1996.06.10	20,100	1,998	19,200	88.2
몰타	1990.07.03	316	403	16,800	77.9
키프로스	1990.07.03	9,300	749	20,900	92.5

주: 1) 2005년 구매력 기준(PPS)으로 추정한 1인당 GDP(euro).
2) 2005년 구매력 기준(PPS)으로 추정한 EU-27 평균 1인당 GDP에 대한 %.
자료: http://www.europa.eu.

기획·감독·평가·관리함에 있어 관련 회원국과 공동체 기관들 간의 책임 분할을 명확히 하며, 경영 개선을 통해 구조 정책 수단들의 효율성을 향상시키고, ② 경제적·사회적 단합(cohesion)에 필요한 기금의 규모를 유지하고, ③ 미래 새 회원국들의 지역적 단합을 위한 노력을 강화한다는 세 가지 목표를 정하였다.

세부 내용을 보면 먼저 지금까지 시행해 왔던 지역 정책 7개 목표를 3개로 줄였는데, 새 목표 1은 기존의 목표 1과 목표 6을 합치고,[27] 새 목표 2는 기존의 목표 2와 목표

27 새 목표 1 지역은 ① PPS로 추정한 지난 3년간(1999년 3월 26일 기준) 1인당 GDP가 공동체 평균의 75%가 되지 않는 지역, ② 핀란드와 스웨덴의 인구 밀도가 극히 희박한 지역(기존의 목표 6 지역), ③ 가장 외딴 지역(프랑스 해외 지역(departments), 카나리아 제도, 아조레스 제도(Azores), 마데이라 제도(Madeira)) 등 세 가지로 정의되는데, 국가별로 선정된 지역을 보면, 독일은 Brandenburg, Mecklenburg-Western Pomerania, Saxony, Saxony-Anhalt, Thuringia(인구 1,415만 3,000명), 그리스는 전 지역(인구 1,047만 6,000명), 스페인은 Galicia, Asturias, Castile-León, Castille-La Mancha, Extremadura, Valencia, Andalusia, Murcia, Ceuta-Melilla, Canary Islands(인구 2,321만 9,000명), 프랑스는 Guadeloupe, Martinique, French Guiana, Reunion(인구 164만 4,000명), 이탈리아는 Campania, Apulia, Basilicata, Calabria, Sicily, Sardinia(인구 1,930만 2,000명), 아일랜드는 Border Midlands & Western(인구 96만 5,000명), 오스트리아는 Burgenland(인구 27만 5,000명), 포르투갈은 North, Centre, Alentejo, Algarve, Azores, Madeira(인구 661만 6,000명), 핀란드는 East Finland, Central Finland(일부), North Finland(일부)(인구 107만 6,000명), 스웨덴은 North-Central

표 11-9	새 목표와 2000~2006년간 구조 기금의 할당		
	목표 1	목표 2	목표 3
목표	발전이 뒤떨어진 지역의 개발 및 구조 조정	구조적 위기에 처한 지역에 경제적 · 사회적 전환 지원	교육과 훈련, 고용의 제도와 정책의 현대화 및 적응 지원
기금 할당액	1,492억 유로	225억 유로	241억 유로
구조 기금 및 결속 기금 집중 비중	71.6% (추가적으로 결속 기금에서 254억 유로 지원)	9.6%	10.3%
지원 기금의 종류	ERDF, ESF EAGGF 지도 부문, FIFG	ERDF, ESF	ESF
EU-25 수혜 인구 비중	1억 6,940만 37%	6,980만 15.2%	n.a

자료: 저자가 여러 자료들을 참조하여 재구성. 2004~2006년 동안은 새로운 10개 회원국 지원 기금도 포함됨.

5b, 그리고 새로운 목표 1 지역에 포함되지는 않지만 경제적으로 다각화가 필요한 기타 지역들을 포함하였다.[28] 새 목표 3은 새 목표 1 지역에 포함되지 않는 지역으로 인적 자본 개발에 필요한 모든 수단들을 모은 것으로 기존의 목표 3과 4를 통합한 것이다.[29] 1994~1999년간 목표 1, 2, 5b에 속하였지만 2000~2006년간 목표 1, 2에 속하지 않게 된 지역을 위해 과도기적 지원(transition support) 제도도 도입되었다.

새로운 규제에서는 공동체 이니셔티브들을 기존의 13개에서 Interreg, Leader, Equal, Urban II 4개로 줄이고 구조 기금 중 5.35%를 배정하였으며, 상향식 접근(bottom-up approach)을 위해 프로그램을 계획하고, 시행하며, 평가하는 데 지방 당국의 책임과 참여를 강조하였다.

각 구조 기금의 역할도 새로이 정해, ERDF는 새 목표 1과 2 그리고 Interreg와 Urban

Sweden(일부), Central Norrland(일부), Upper Norrland(일부)(인구 45만 2,000명), 영국은 South Yorkshire*, West Wales & The Valleys*, Cornwall & Isles of Scilly*, Merseyside(인구 507만 9,000명) (*는 2000년부터 새로 추가된 지역) 등이다.

28 이는 (산업이나 서비스 부문에서) 경제적 변화를 겪고 있거나, 쇠퇴하는 농촌 지역, 어업 의존 지역, 어려움에 처한 도시 지역 등을 말하며, 기금의 집중도를 높이기 위해 수혜 인구 비율 최대치를 산업 지역은 공동체 전체 인구의 10%, 농촌 지역은 5%, 도시 지역은 2%, 어업 의존 지역은 1% 정도로 한정하였다.

29 기존의 목표 5a에 속하였던 지역은 새 목표 1 프로그램 체제 속에서 EAGGF 지도 부문으로 지원하고, 나머지 지역은 EAGGF 보장 부문과 FIFG로 지원하도록 하였다.

표 11-10 공동체 이니셔티브 2000~2006년 (단위: 백만ECU, 1989년 가격)

이니셔티브 이름	금액	이니셔티브의 목표
Interreg	4,875	국경 간·지역 간·국가 간 협력 촉진
Leader	2,020	시골 지역 발전에 대한 아이디어나 노하우에 대한 교환 네트워크 개발, 새로운 직업 창출[1)]
Urban II	700	위기에 처한 도시나 준(準)도시 지역의 사회·경제적 재건을 촉진
Equal	2,847	노동 시장에 있어 모든 형태의 차별이나 불평등과 맞서는 새로운 방식의 개발을 지원
총계	10,442	

주: 1) 또한 정치적 망명자의 사회적·직업적 통합도 지원한다.
자료: 저자가 여러 자료들을 기초로 재구성.

등의 공동체 이니셔티브, 혁신(연구, Pilot 프로젝트, 경험 교환) 및 기술 지원 수단에 지원하게 하였으며, 유럽사회기금(ESF)은 공동체의 주요 사회 정책 수단으로 세 가지 목표 모두를 지원하되 새 목표 3에 가장 큰 비중을 두기로 하였다. 또한 공동체 이니셔티브 중에는 Equal을 지원하며 노동 시장의 혁신 및 기술 지원 수단도 지원하도록 하였다. FIFG는 구조 기금에 포함시켜 새 목표 1 중 어업 지역 발전 지원에 배정하였고, 목표 1 지역에 속하지 않는 어업 지역 구조 조정은 특별 제도(special scheme)를 도입, 지원하기로 하였다.[30] 그 밖에 EAGGF의 보장 부문(Guarantee Section)은 농산물 시장의 공동 조직(common organization)과 농산물 가격, 목표 1에 포함되지 않은 농촌 지역 발전 수단, CAP와 관련된 지출 등을 지원하고 지도 부문(Guidance Section)은 Leader 공동체 이니셔티브를 포함해 보장 부문에 포함되지 않은 다른 농촌 지역 발전 비용을 지원하도록 하였다.[31]

결속 기금은 이전과 같이 환경 및 교통과 관련된 사회 간접 자본 건설에 계속해서 지원하지만[32] 운영의 간소화와 재정 관리에 회원국의 역할을 강화하기 위해 프로젝트

30 CEC(1999b).
31 공동체 이니셔티브들은 위에서 언급한 기금 외에 다른 기금으로부터도 지원을 받는데, 예를 들면 Interreg는 ERDF 외 ESF나 EAGGF에서도 지원받는다. 또한 이들 이니셔티브들은 목표 1, 2, 3을 위한 프로그램들에 의해서도 보완된다.
32 지원 사항을 보면 환경 부문에서 그리스 Evinos강으로부터 아테네 지역까지 식수 공급, Thassaloniki 근처 폐수 정화 공장, 스페인의 위성에 의한 수질 관리 및 재조림(再造林), 아일랜드의 Dublin, Tuam, Limerick 지역의 물 공급, 포르투갈 Oporto의 쓰레기 처리 등이며, 교통 부문에서는 스페인 마드리드의 순환 도로, 아일랜드 더블린의 북부 관통 입체 교차로, 포르투갈 리스본의 바스코 다가마(Vasco Da Gama) 다리 건설 등이다.

표 11-11	유럽연합 15개국의 2000~2006년간 항목별 예산					(단위: 백만ECU, 1989년 가격)
	2000	2001	2002	2003	2004	2005	2006
1. 농업	40,920	42,800	43,900	43,770	42,760	41,930	41,660
공동 농업 정책(CAP)	36,620	38,480	39,570	39,430	38,410	37,570	37,290
농촌 지역 개발 수단	4,300	4,320	4,330	4,340	4,350	4,360	4,370
2. 구조 정책	32,045	31,455	30,865	30,285	29,595	29,595	29,170
구조 기금	29,430	28,840	28,250	27,670	27,080	27,080	26,660
결속 기금	2,615	2,615	2,615	2,615	2,515	2,515	2,510
3. 내부 정책	5,930	6,040	6,150	6,260	6,370	6,480	6,600
4. 대외 정책	4,550	4,560	4,570	4,580	4,590	4,600	4,610
5. 행정	4,560	4,600	4,700	4,800	4,900	5,000	5,100
6. 예비비	900	900	650	400	400	400	400
7. 가입 전 지원	3,120	3,120	3,120	3,120	3,120	3,120	3,120
SAPARD	520	520	520	520	520	520	520
ISPA	1,040	1,040	1,040	1,040	1,040	1,040	1,040
PHARE	1,560	1,560	1,560	1,560	1,560	1,560	1,560
총예산 금액	92,052	93,475	93,955	93,215	91,735	91,125	90,660
총지불 금액	89,600	91,110	94,220	94,880	91,910	90,160	89,620
GNP에서 지불액 비중	1.13%	1.12%	1.13%	1.11%	1.05%	1.00%	0.97%
가입국에 가용 금액			4,140	6,710	8,890	11,440	14,220
농업			1,600	2,030	2,450	2,930	4,300
다른 비용			2,540	4,680	6,640	8,510	10,820
지불 금액 최대치	89,600	91,110	98,360	101,590	100,800	101,600	103,840
자체 재원 최대치	1.27%	1.27%	1.27%	1.27%	1.27%	1.27%	1.27%

자료: CEC(1999a), Annex I, pp. 12~13.

의 정의나 사후 평가, 재정 운영 방식 등을 수정하였다. 그리고 2000~2006년간 총 180억 유로를 스페인에 61~63.5%, 그리스·포르투갈에 16~18%, 아일랜드에 2~6%씩 배정하였다. 그 후 2003년 다시 자격 심사를 하여 GNP가 공동체 평균 90%를 넘을 경우 기금의 지원은 중단하며 배정된 총액도 축소시키기로 하였다.

이 기간 동안 EU 15개국에 구조 기금과 결속 기금을 합쳐 총 2,130억 유로를 할당하였으며, 어느 국가도 구조 기금과 결속 기금을 합쳐 각국의 GDP 4%를 초과하여 받을 수 없도록 규정하였다. 또 유럽의회, 집행위, 각료이사회는 공동체 내 사회·경제적 단합을 위해 이 부분에 필요한 기금 규모를 EU GNI의 0.46% 비율로 계속하여 유지하

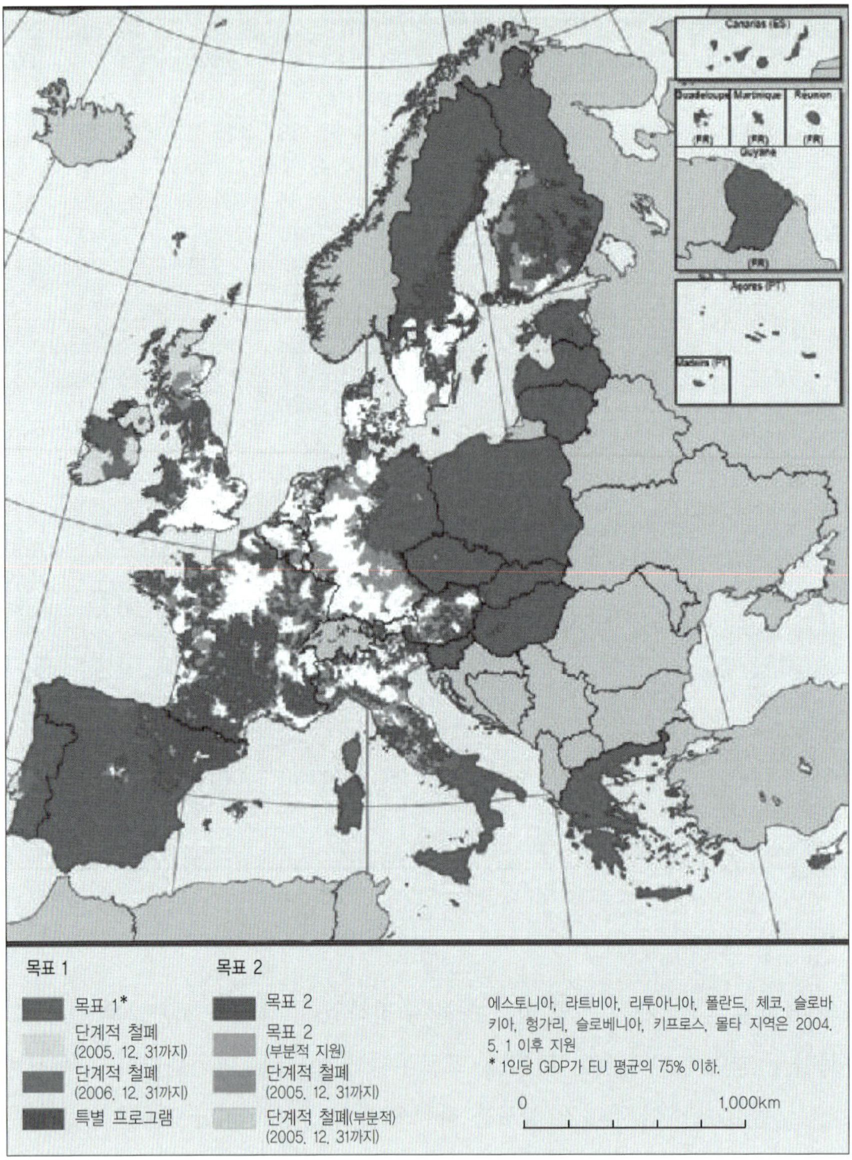

2000~2006년 구조 기금 지원 지역

기로 하였다.[33] 그 후 2004~2006년 동안에는 새로운 10개 회원국에 217억 유로의 구조

33 세부 사항을 살펴보면 공동체 이니셔티브, 혁신 활동, 이전 지원(transitional assistance)을 포함한 구조 기금에

기금을 추가로 배정하였다.

한편, 새로운 회원국의 가입을 순조롭게 하고, 가입 후 과도 기간을 최소화하기 위해 PHARE, ISPA, SAPARD 등 세 가지 가입 전(pre-accession) 지원 프로그램을 확정하였다. 이 중 PHARE는 원래 1989년 헝가리와 폴란드가 민주주의와 시장 경제로 전환되는 것을 돕기 위해 설립된 것으로, 점차 중·동유럽 국가뿐만 아니라 알바니아·보스니아 등에 기술 및 재정적 협력을 돕는 주요 수단이 된 프로그램이다. 이 프로그램은 두 가지 목적을 가지고 있는데, 첫째는 민주주의 제도나 공공 기관, 행정 기구, 조직의 설립 및 적응을 도와 EU의 규정 및 법률 등을 이들 국가에 시행하기 쉽도록 하기 위한 것이고, 다른 하나는 환경이나 핵안전, 범유럽 교통망, 근로 조건 개선 부문 등의 투자 프로젝트를 지원하는 것인데, 두 목적에 기금의 30%, 70%씩 배정하였다. 반면 ISPA(the Instrument for Structural Policies for Pre-accession)는 식수 공급, 폐수 처리, 고체 폐기물 관리(solid-waste management), 공기 오염 등의 환경 문제와 교통 부문 사회 간접 자본 프로젝트 등에 투자를 지원한다.[34] 그 밖에 SAPARD(Special Action Programme for Agricultural and Rural Development)는 농업 부문 근대화와 농·수산물 시장 및 유통 구조 개선, 농산물 질(質) 관리, 동·식물 위생 관리의 개선, 농촌 지역 활동의 다각화 촉진 등 농촌 지역 개발 부문을 지원한다. 지원 금액은 2000~2006년간 PHARE에 109.2억 유로, ISPA에 72.8억 유로, SAPARD에 36.4억 유로가 할당되었다. 이 밖에도 현재 1차 협상국들이 가입 확정된 2002년부터 이들 국가의 농업 및 기타 부문의 지원을 위해 여분의 예산도 편성하였다.

한편, 2000년 3월 리스본에서 개최된 유럽이사회에서는 리스본전략(Lisbon Strategy)이 채택되었는데, 여기서는 성장과 고용 그리고 혁신(innovation)에 공동체 정책의 초점이 맞추어졌다.

이러한 유럽연합의 노력에 의해 2004년 5월 키프로스, 체코, 에스토니아, 헝가리, 라트비아, 리투아니아, 몰타, 폴란드, 슬로바키아, 슬로베니아 등 중·동유럽 10개국이

총 1,950억 유로를 할당하였고, 이 중 목표 1에 69.7%, 목표 2에 11.5%, 목표 3에 12.3%, FIFG에 0.5%, 공동체 이니셔티브에 5.35%, 혁신과 기술 지원에 0.65%를 각각 할당하였다. 한편, 결속 기금에는 180억 유로가 할당되었다.

34 ISPA 기금은 불가리아에 8~12%, 체코에 5.5~8.0%, 에스토니아에 2.0~3.5%, 헝가리에 7~10%, 리투아니아에 4~6%, 라트비아에 3.5~5.5%, 폴란드에 30~37%, 루마니아에 20~26%, 슬로베니아에 1~2%, 슬로바키아에 3.5~5.5%씩 배정되었다.

큰 어려움 없이 EU의 새 회원국으로 합류하였다. 그리고 이러한 확대를 통해 EU의 인구는 20% 증가하였지만 공동체의 GDP는 5% 정도만 증가하였다. 새 회원국들은 기존의 EU 15개 회원국과 비교해 1인당 GDP가 절반 수준도 안 되어 소득과 고용에 있어 회원국 간의 격차가 더욱 커졌고, 새 회원국들은 대부분 목표 1 지역에 속해 구조 기금 및 결속 기금으로부터 많은 지원이 필요하게 되었다.[35]

이 밖에도 지속적인 기금 운영 개혁을 통해 개별 회원국의 공동체 기금의 관리 및 지불에 대한 권한을 명확하게 하였고, 프로그램 경영을 간편화하였으며, 재정 규정과 '*n*+2' 법칙을 정해 2년 내에 지급한 증거를 제시하지 못하면 할당액을 회수하게 하여 기금을 신속히 사용하도록 하였다. 또한 사전·중간·사후 평가 제도에 의해 프로그램의 감시와 평가를 할 때 지역 및 회원국들이 강력히 관여하도록 하여 재정의 통제와 집행에 있어 집행위와 회원국 간에 상호 협력을 크게 강화시켰다.

5. 성장과 직업 창출에 초점을 두고: 2007~2013년

2004년 5차 확장에 이어 2007년 1월에는 루마니아, 불가리아가 새롭게 EU에 가입함으로써 EU의 회원국은 총 27개국으로 늘어나게 되었는데, 이 두 국가는 EU 27개 회원국 1인당 평균 소득의 35% 수준 정도에 지나지 않아 회원국 간의 경제적 격차는 더욱 확대되는 결과를 가져왔다. 즉, 2004년 1인당 EU 27개국 평균 소득을 100으로 보면 룩셈부르크는 251이고, 회원국 중 가장 가난한 불가리아는 33으로, 룩셈부르크가 불가리아보다 무려 7.6배나 부유하다. 지역적 차원에서 보면 그 차이는 더욱 커져 가장 부유한 런던 내부 지역(inner London)은 303, 브뤼셀은 248로 높은 반면, 불가리아의 가장 가난한 지역인 Severozapaden은 26, 루마니아의 가장 가난한 지역인 Nord-Est는 24밖에 되지 않는다.

이러한 회원국 간의 경제적 격차를 줄이기 위해 2005년 12월 유럽이사회에서 합의

35 2000년에서 2006년 기간 동안 기금을 운영하는 원칙으로 추가성(additionality)뿐 아니라 각 회원국·지역·지방기관의 활동에 보완적인 지원(complementarity)을 제공하고, 기금 지원이 공동체의 정책 및 우선순위와 일관성(consistency)을 가져야 하며, 구조 기금들 간의 지원이 상호 조정(coordination)되어야 하고, 기금에 의해 지원되는 활동은 조약이나 규정의 조항에 따라야 한다(compliance)고 규정하였다.

된 EU 총예산(2007~2013년 기간) 9,750억 유로 중 구조 기금과 결속 기금에 35.7%에 해당하는 3,474억 유로를 배정하였다.

집행위도 미래의 EU 발전을 고려해 결속 정책(cohesion policy)[36]의 변화를 2001년부터 모색해 왔는데, 2004년 ERDF와 ESF 그리고 결속 기금 및 지역 간 상호 협력 유럽 그룹 등 결속 정책에 대한 전반적인 개혁안을 제출하여 2006년에 확정되었다.[37] 이 새로운 규정은 기존 지역 정책의 목표를 다시 3개로 정리하였는데, 기존의 목표 2와 목표 3을 하나로 묶고 대신 Interreg 이니셔티브를 세 번째 목표로 전환하였다. 그리고 다른 공동체 이니셔티브들도 이 새로운 3개 목표에 통합시켰다.

세 가지 목표의 내용을 좀 더 살펴보면, 첫 번째 목표는 '수렴'(convergency)[38]인데, 이는 회원국 중 공동체 평균 GDP의 75%에 미치지 못하는 저소득 지역이나 결속 기금 대상 저개발국들에게로 사회 간접 자본을 확충하고, 경제적 · 인적 잠재력을 개발하는 것을 도와 실제적으로 수렴될 수 있도록 성장 촉진 여건과 요인들을 조장하는 것이다. 이를 위해 혁신과 지식 기반 사회·경제 및 사회적 변화에 적응성, 환경의 질, 그리고 행정적 효율성 등을 강조하였다. 이 목표에 EU 27개국 중에서 17개 회원국, 84개 지역, 1억 7,000만 명이 포함되었다. 그리고 '단계적 퇴출'(phase-out) 조건하에서 공동체 평균 GDP의 75% 기준치를 약간 상회하는 16개 지역, 총 1,640만 명을 추가적으로 지원하기로 하였다. 수렴 지역에는 총 2,828억 유로가 배정되었는데, 그중 1,993억 유로는 '수렴' 목표 지역에, 그리고 139억 유로는 '단계적 퇴출' 지역[39]에 배정되었고, 696억 유로

36 1988년 6월 24일 유럽이사회에서 기존의 EU 기금들을 '경제 및 사회적 결속'(economic and social cohesion)이라는 문맥하에 지출하는 규정에 합의한 후 결속 정책은 EU에서 중요한 정책 중 하나가 되었다. 그러나 이러한 '경제 및 사회적 결속'이라는 용어는 실제로 그보다 2년 전 유럽단일의정서가 체결될 때 이미 사용되었다.

37 CEC(2006d).

38 '수렴' 목표 대상 지역으로는 불가리아와 에스토니아, 라트비아, 리투아니아, 몰타, 폴란드, 루마니아, 슬로베니아의 모든 지역, 체코는 Střední Čechy, Jihozápad, Severozápad, Severovýchod, Jihovýchod, Střední Morava, Moravskoslezsko, 독일은 Brandenburg-Nordost, Mecklenburg-Vorpommern, Chemnitz, Dresden, Dessau, Magdeburg, Thüringen, 그리스는 Anatoliki Makedonia, Thraki, Thessalia, Ipeiros, Ionia Nisia, Dytiki Ellada, Peloponnisos, Voreio Aigaio, Kriti, 스페인은 Galicia, Castilla-La Mancha, Extremadura, Andalucía, 프랑스는 Guadeloupe, Maritinique, Guyane, Réunion, 이탈리아는 Campania, Puglia, Calabria, Sicilia, 헝가리는 Közép-Dunántúl, Nyugat-Dunántúl, Dél-Dunántúl, Észak-Magyarország, Észak-Alföld, Dél-Alföld, 포르투갈은 Norte, Centro, Alentejo, Região Autónoma dos Açores, 슬로바키아는 Západné Slovensko, Stredné Slovensko, Východné Slovensko, 영국은 Cornwall and Isles of Scilly, West Wales and the Valleys이다.

표 11-12	새 목표와 2007~2013년간 구조 기금의 할당		
목표	수렴	지역 경쟁력 및 고용	유럽의 지역적 상호 협력
내용	유럽연합 회원국 1인당 GDP의 75%가 안 되는 지역의 수렴 촉진	고용뿐 아니라 지역의 경쟁력, 유인력 강화	초국경적·초국가적 · 지역 간 상호 협력 지원
기금 할당액	2,828억 유로	549억 유로	87억 유로
구조 기금 및 결속 기금 집중 비중(%)	81.5% 수렴 지역 1,993억 유로 단계적 퇴출 지역 139억 유로 결속 기금 696억 유로	16% 단계적 진입 지역 114억 유로	2.5% 초국경 64.4억 유로 초국가 18.3억 유로 지역 간 4.45억 유로
지원 기금의 종류	ERDF, ESF 결속 기금	ERDF, ESF	ERDF
EU-27 수혜인구비중	1억 8,640만 명 37.4%	3억 1,400만 명 62.6%	1억 8,170만 명 36.4%

자료: 저자가 여러 자료들을 참조하여 작성.

는 15개 회원국에 결속 기금(Cohesion Fund)[40] 으로 배정되었다.

두 번째 목표는 '지역 경쟁력 및 고용'(the Regional Competitiveness and Employment)인데, 두 가지 접근 방식을 통해 고용뿐 아니라 지역의 흡인력과 경쟁력을 강화시키려는 데 목적을 두고 있다. 첫 번째 접근법은 개발 프로그램들(development programmes)을 혁신 및 지식 사회 촉진, 기업가 정신, 환경 보호, 접근성 향상 등에 중점을 두어 지역이 경제적 변화를 기대하고 촉진하는 것을 돕도록 하는 것이다. 두 번째는 노동자들을 재교육하고 인적 자원에 투자를 늘려 더 많고 더 좋은 직업을 지원하는 것이다. 이 목표에는 EU 27개국 중 19개 회원국 168개 지역 3억 1,400만 명의 인구가 포함되는데, 그중에서 특히

39 과도기적 지원 제도로 '단계적 퇴출 지역'은 EU 15개 회원국(2004년 이전)을 대상으로 할 때 1인당 GDP가 EU 평균 75% 미만이지만, 확대된 EU 27개국을 기준으로 하였을 때 EU 평균 75% 미만이 되지 않아 수렴 목표를 적용받을 수 없는 지역을 의미한다. '단계적 퇴출 지역'에 선정된 지역으로 벨기에는 Province du Hainaut, 독일은 Brandenburg-Sudwest, Luneburg, Leipzig, Halle, 그리스는 Kentriki Makedonia, Dytiki Makedonia, Attiki, 스페인은 Principado de Asturias, Region de Murcia, Ciudad Autonoma de Ceuta, Ciduad Autonoma de Melilla, 이탈리아는 Basilicata, 포르투갈은 Algarve, 영국은 Highlands와 Islands이다.

40 결속 기금은 EU 평균 GNI의 90%에 미치지 못하는 나라에 배정되었는데, 불가리아, 체코, 에스토니아, 그리스, 키프로스, 라트비아, 리투아니아, 헝가리, 몰타, 폴란드, 포르투갈, 루마니아, 슬로베니아, 슬로바키아 등이 수혜국이다. 아일랜드는 2000년부터 결속 기금 대상국에서 제외되었고, 스페인도 새로운 90% 기준으로는 더 이상 지원 대상국이 아니다. 결속 기금은 2007년부터 더 이상 독립적으로 기능하지 않고 수렴 목표에 부속시켜 운용한다.

13개 지역 1,900만 명의 인구는 이전에 목표 1 지역에 속하였던 관계로 이른바 '단계적 진입'(phase-in) 지역[41]으로 분류되어 특별한 재정 지원을 받게 되었다. 이 두 번째 목표에는 구조 기금과 결속 기금 할당액의 15.95%인 549억 유로가 배정되었으며, 그중 114억 유로가 '단계적 진입' 지역으로 배정되었다. 그리고 이전의 Urban II와 Equal 이니셔티브는 이 '지역 경쟁력 및 고용' 목표에 통합되었다.

마지막 세 번째 목표는 '유럽의 지역적 상호 협력'(European Territorial Co-operation)인데, 이는 이전의 Interreg 이니셔티브에 기반을 둔 것으로 경험의 상호 교환과 지역 간 상호 협력, 통합된 지역 개발에 목표를 둔 초국가적 상호 협력, 지방 및 지역의 공동 이니셔티브 수행을 통해 국경을 초월한 상호 협력을 강화하는 것이다. 모든 EU 지역과 EU 시민들은 기존의 13개 초국경 상호 협력 지역 중 하나의 지역에 포함되지만, 특히 국경 지역에 살고 있는 인구는 EU 총인구의 37.5%에 해당하는 1억 8,170만 명에 이른다. 주로 도시와 시골, 해안 지역의 개발과 경제적 관계의 발전, 중소기업의 설립 부문에 있어 각기 다른 국가 기관들 간의 공동 해결책을 촉진하는 목표를 가지고 있으며, 상호 협력은 주로 연구와 개발, 지식 기반 사회, 위험 방지, 그리고 통합된 수질 관리 부문에 중점을 두고 있다. 이 목표에는 구조 기금과 결속 기금 할당액의 2.52%인 약 87억 유로가 배정되었으며, 그중 64.4억 유로는 초국경(cross-border) 상호 협력에, 18.3억 유로는 국가 간(transnational) 상호 협력에, 그리고 4.45억 유로는 지역 간(inter-regional) 상호 협력에 배정되었다.

비록 세번 째 목표는 3가지 목표 중 예산 규모가 가장 적지만, 리스본조약을 재정의하고 EU의 성장 전략인 'Europe 2020'의 목표 성취 등 EU의 핵심 과제(Challenge)를 추진할 때 결정적으로 기여하는 중요한 목표가 되었다.

EU 회원국이 아닌 국가들과의 상호 협력은 더 이상 구조 기금에서 지원하지 않고 대신 유럽 인접 및 파트너십 기구(the European Neighborhood and Partnership Instrument: ENPI)

41 '단계적 진입' 지역은 기존 제1 목표 적용 대상이었던 NUTS 2 지역으로, PPP로 측정된 1인당 GDP (2000~2002년 평균)가 기존 15개 회원국 평균의 75%를 초과한 지역으로, 경과 조치로 2013년까지 지역 경쟁력 및 고용 목표가 적용되는 지역을 뜻한다. '단계적 진입' 지역으로 분류된 지역으로 아일랜드는 Border, Midland 그리고 Western, 그리스는 Sterea Ellada, Notio Aigaio, 스페인은 Castilla y León, Comunidad Valenciana, Canarias, 이탈리아는 Sardegna, 키프로스는 모든 지역, 헝가리는 Közép-Magyarország, 포르투갈은 Região Autónoma da Maderia, 핀란드는 Itä-Suomi, 영국은 Merseyside, South Yorkshire이다.

와 접근 전 지원 기구(the Instrument for Pre-Accession: IPA)를 통해 지원하도록 하였다.

이러한 목표 외에도 공동체는 지역과 도시들의 지속적인 발전을 위한 최고의 네트워크를 구축하기 위해 '경제적 변화를 위한 지역'(Regions for Economic Change)이라는 이니셔티브를 시작하였다.

새 규정에서는 결속 정책을 위한 재정적 수단도 기존의 6개에서 ERDF, ESF, 결속기금 3개로 줄이고, EAGGF와 Leader+는 농촌 지역 개발을 위한 유럽농업기금(European Agricultural Fund for Rural Development: EAFRD)으로, 그리고 FIFG는 유럽어업기금(European Fisheries Fund: EFF)으로 이름을 바꾸어 별도로 법적 기반을 가지고 구조 기금과는 독립적으로 운영하기로 하였다.[42]

한편, 2006년의 새 규정에서는 공동체 전략 지침(the Community Strategic Guideline: CSG)과 국가 전략 참조 프레임워크(National Strategic Reference Framework: NSRF)라는 새로운 제도를 도입하였다. 공동체 전략 지침에서는 여러 공동체의 정책을 고려하여 공동체 차원에서 경제적·사회적·지리적 결속을 가져올 수 있는 명확한 전략적 지침들을 설립하고, 이 지침들이 공동체의 조화롭고, 균형잡히고, 지속적인 발전을 촉진시키는 관점에서 공동체의 우선순위에 특히 영향을 주도록 하였다. 그리고 이 지침은 EU 결속 기금의 원칙과 우선순위 내용을 포함하고, EU 지역이 EU로부터 지원받는 기금을 통해 충분히 이득을 취할 수 있는 방법을 제시하도록 하였다. 이 공동체 전략 지침은 2006년에 수립되었는데,[43] 먼저 공동체 전략을, 첫째 리스본의제(Lisbon Agenda)의 재착수 선상에서 결속 정책이 지식과 연구, 혁신 그리고 인적 자원에 초점을 맞추고, 둘째 회원국과 지역이 지속적 성장과 경제·사회 그리고 환경 차원 간에 시너지(synergies) 효과를 부양하고, 셋째 회원국과 지역은 프로그램과 프로젝트를 준비하고 실행하는 모든 단계에서 남자와 여자 간에 평등성(equality) 목표를 추구하고, 넷째 회원국은 기금을 집행하는 동안에 성(性)이나 인종, 종교, 나이, 성적 편향 등에 기반을 둔 어떠한 차별도 막는 적

42 그러나 오스트리아, 체코, 프랑스, 독일 등이 심각한 홍수 피해를 입자 이런 자연재해에 EU가 신속히 대응하기 위해 2002년 공동연대기금(Solidarity Fund)을 새로 만들어서 사회 간접 자본의 복구나 임시 수용 시설, 구호 서비스 기금, 문화 유산 보존 등을 지원하기로 하였다. 또한 세계화에 영향을 받은 노동자를 돕기 위한 세계화 적응 기금(Globalization Adjustment Fund)도 만들었다. 그래서 중국으로부터의 싼 수입품이나 EU의 보건 및 작업장 안전 규제 등에 의해 영향을 받은 기업의 경쟁력을 재건하고 구조 조정을 하는 것에 지원하기로 하였다.

43 CEC(2006c).

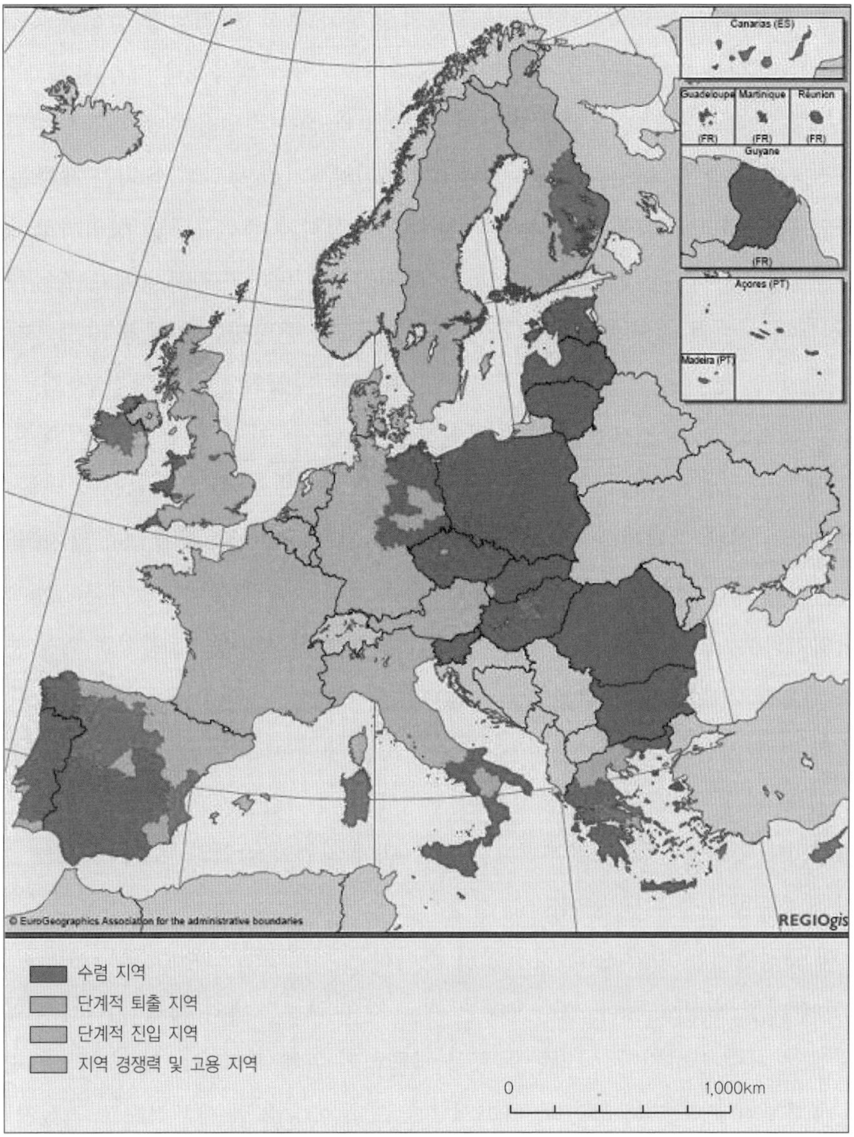

2007~2013년 구조 기금 지원 지역: 수렴, 지역 경쟁력 및 고용 목표

절한 조치를 취하는 데 원칙을 두고 시행하도록 하였다. 그리고 이러한 공동체 전략의 우선순위를 ① 접근성의 개선과 서비스의 적절한 질과 수준을 보장하고, 환경을 보존함으로써 회원국과 지역·도시들의 매력을 높이고, ② 새로운 정보와 통신 기술을 포

함한 연구 및 혁신 능력에 의한 지식 경제의 성장과 혁신 및 기업가 정신을 촉진시키고, ③ 인적 자원에 투자를 증가시키며 노동자와 기업의 적응성을 개선시키고, 더 많은 사람을 고용과 기업 활동에 끌어들여 더 많고 더 좋은 직업을 창조하도록 하였다.

국가 전략 참조 프레임워크(NSRF)는 2007~2013년 기간 동안 적용되는 새로운 프로그램의 편성 수단 시스템으로 각 정부 차원에서 정책의 우선순위를 정의하고 실행에 핵심 요소를 제시하는 것이다. 즉, NSRF는 회원국이 준비하고 파트너에게 조언을 구하며, 집행위와는 계속 의견 교환을 하면서, ① NSRF를 준비하는 주체와 파트너가 누구인지, ② 유럽 및 세계 경제의 추세를 고려하여 모든 지역의 장점과 단점, 사회·경제적 상황을 분석하고, ③ 선택한 전략을 정의하고, '수렴'과 '지역 경쟁 및 고용' 목표를 위한 시행 프로그램(operational programmes)의 목록을 제시하고, 각 프로그램을 위해 각 기금으로부터 연간 지원액을 명시하고, ④ 리스본전략의 우선순위에 NSRF가 어떻게 기여하는지에 대한 정확한 평가와 ⑤ '수렴' 목표 지역에 대해 유럽농업기금(EAFRD)과 유럽어업기금(EFF)의 상호 협력에 대한 정보와 추가성 원칙의 증명, 행정적 효율성을 강화하는 운영 계획에 대한 내용들을 포함하도록 하였다. 그리고 유럽연합이사회가 공동체의 전략 지침을 채택하면 회원국들은 5개월 내에 NSRF를 제출해야 하고, 집행위는 이를 접수한 지 3개월 내에 필요하다면 이에 대해 의견을 밝히고, 집행위는 실행 프로그램의 목록과 각 기금으로부터 각 프로그램에 지원할 금액과 '수렴' 목표의 추가성 원칙을 보증할 지출 수준 등에 대해 결정하도록 하였다.

새 규정에서는 지역 당국 차원에서 관리하는 시행 프로그램(Operational Programmes: OPs)[44]에 대한 개정도 하여 2000~2006년 때와 같이 프로그램의 목표와 핵심적 우선순위에 대한 서술은 하지만, 이러한 목표를 시행하기 위해 고려하고 있는 수단은 자세히 서술하지 않아도 되도록 하였다. 따라서 프로그램은 다소 덜 세부적으로 되겠지만, 프로그램을 시행하는 데 있어 자율성은 더 높아지게 되었다. 회원국은 시행 프로그램을 채택하면 늦어도 5개월 안에 집행위에 제출하여야 하며, 집행위는 회원국으로부터 공

44 시행 프로그램(OPs)에는 지원할 지역에 대한 분석, 우선순위에 대한 정당화, 핵심적인 우선순위에 명확한 목표들, 자금 조달 계획, (경영, 회계 감사 및 인증 기관, 평가 및 지속적 평가 제도 등을 포함한) 프로그램의 실행, (2억 5,000만 유로를 초과하는 환경 프로젝트나 5억이 초과하는 프로젝트 등) 큰 프로젝트의 목록 등의 내용을 포함해야 한다.

표 11-13 2007~2013년 기간 동안 회원국 간의 목표별 예산 배정 (단위: 경상가격, 백만EUR)

국가	수렴			지역 경쟁 및 고용		유럽 지역 협력	총계
	결속 기금	수렴	단계적 퇴출	단계적 진입	지역 경쟁과 고용		
벨기에			638		1,425	194	2,258
불가리아	2,283	4,391				179	6,853
체코	8,819	17,064			419	389	26,692
덴마크					510	103	613
독일		11,864	4,215		9,409	851	26,340
에스토니아	1,152	2,252				52	3,456
아일랜드				458	293	151	901
그리스	3,697	9,420	6,458	635		210	20,420
스페인	3,543	21,054	1,583	4,955	3,522	559	35,217
프랑스		3,191			10,257	872	14,319
이탈리아		21,211	430	972	5,353	846	28,812
키프로스	213			399		28	640
라트비아	1,540	2,991				90	4,620
리투아니아	2,305	4,470				109	6,885
룩셈부르크					50	15	65
헝가리	8,642	14,248		2,031		386	25,307
몰타	284	556				15	855
네덜란드					1,660	247	1,907
오스트리아			177		1,027	257	1,461
폴란드	22,176	44,377				731	67,284
포르투갈	3,060	17,133	280	448	490	99	21,511
루마니아	6,552	12,661				455	19,668
슬로베니아	1,412	2,689				104	4,205
슬로바키아	3,899	7,013			449	227	11,588
핀란드				545	1,051	120	1,716
스웨덴					1,626	265	1,891
영국		2,738	174	965	6,014	722	10,613
지역 간/네트워크 상호 협력						445	445
기술 보조							868
총계	69,578	199,322	13,955	11,409	43,556	8,723	347,410

식적으로 제출된 프로그램을 늦어도 4개월 내에 채택하도록 하였다.

따라서 프로그램의 편성이 한결 간편해져 공동체 차원에서 기획된 '공동체 전략 지침'(CSG)에 기초하여, 계획은 각 회원국 차원에서 국가 전략 참조 프레임워크(NSRF)를 통해 수립하고, 그 프로그램 실행은 지역 당국의 시행 프로그램(OPs)에 맡기면 되게 되었다.[45] 또한 기금의 숫자와 프로그래밍 단계의 축소, 구조 기금과 결속 기금의 운영 규정 조화 등을 통해 집행위의 역할을 많이 축소시켜 실제로 공동체에 가치가 큰 전략적 접근법에 집행위가 집중할 수 있도록 하였다.

이러한 전반적인 개정 외에도 공동체는 별도로 2005년 10월 시골 지역의 개발(rural development)을 위한 새 규정[46]도 채택하였다. 이 규정은 2007~2013년 동안 EU의 시골 지역 개발 정책 내용이 담겨 있는데 정책의 주요 목적을, 첫째 구조적 개혁과 개발 및 혁신 지원을 통해 유럽의 농업과 삼림의 경쟁력을 높이고, 둘째 토지 경영의 지원을 통해 환경과 농촌 지역을 개선하고, 셋째 시골 지역의 삶의 질을 개선시키고 경제 활동의 다양성을 촉진시키는 데 두었다. 이 새로운 시골 지역 개발 정책은 더 이상 구조 기금으로 지원하지 못하고 유럽농업기금으로만 지원하기로 하였는데, 2007~2013년 기간 동안 총 697.5억 유로가 배정되었다.[47] 그 밖에 동 기간 동안 어업의 발전을 위해 유럽어업기금에 총 38.49억 유로를 지원하고, 어업 정책을 효율적으로 시행하기 위해 2005년 어업통제청(the Fisheries Control Agency)을 창설하여 EU와 각 회원국의 어업 통제 시스템과 재원들을 공동으로 활용할 수 있도록 하였다.

기금의 운영 원칙은 2000~2006년 기금 운영 원칙과 기본적으로 같았지만, 비율성(proportionality), 남녀 간의 평등성(equality), 지속적 발전(sustainable development), 그리고 리스본전략의 우선순위에 기금 집중 원칙이 추가되었다. 이 중 비율성은 기금을 실행하면서 집행위와 회원국들에 의해 사용되는 재원의 크기는 시행 프로그램(operational program)에 할당된 지출의 크기에 비례해야 한다는 것이다. 기금의 목표는 공동체의 환

45 더구나 기존의 목표 1과 관련된 공동체 지원 프레임워크(the Community support framework)나 목표 2와 3에 관련된 단일 프로그래밍 문서(the Single Programming Document)와 보완 프로그래밍(Programming Complement)도 모두 없애 2007년부터는 오직 실행 프로그램 하나만 남게 되었다.

46 CEC(2005), OJ, L277, 21.Oct, 2005.

47 그러나 시골 지역의 경제적 다양성 촉진을 위해서는 구조 기금과 EAFRD가 같이 지원하기로 하였다.

경 보호와 개선 목표를 촉진하고 지속적 성장 프레임워크 속에 추구되어야 하고, 기금 실행의 여러 단계에서 회원국과 집행위는 남녀 간의 평등성을 보장하도록 하였다. 한편, 상호 협력의 범위도 넓혀 시민 단체, 환경 단체, 비정부 단체(NGO), 남녀 평등 대표 단체들도 구조 기금 사용과 관련된 협상에 참여할 수 있도록 하였다.

그리고 EU 집행위는 2007~2013년 동안 총 455개 실행 프로그램(operational Program)을 승인하였고, 회원국의 지방 및 중앙 정부 당국이 그 프로그램을 실행하였다.

6. 스마트하고 지속 가능하고 통합적 성장을 위해: 2014~2020년

유럽연합이 27개국으로 확대된 후 회원국의 평균 GDP를 기준으로 불가리아의 Severozapaden 지역과 루마니아의 Nord-Est 지역의 29% 수준에서 영국 런던 도심(Inner London) 지역 321%까지 소득 격차가 크게 확대되었다(2011년 자료 기준). 그 후 2013년 7월 1일 크로아티아가 새로운 가맹국이 되면서 회원국 수가 28개국으로 늘어났고, 회원국 간의 소득 격차도 더욱 늘어났다. 이에 유럽연합은 역내 지역 간 경제적 격차를 줄이기 위해 유럽의회와 EU 이사회, 집행위원회가 2년여의 논의 끝에 2013년 12월 결속 정책(Cohesion Policy)에 대한 최종 규정집(legislative package)을 발간하였다.[48]

이 결속 정책(지역 정책) 규정집은 2014~2020 프로그램 실행 기간 동안 중요한 변화를 가져왔는데, 첫째 2008년부터 시작된 재정·경제적 위기에 심각히 영향을 받은 경제·사회·지역적(territorial) 도전의 변화, 둘째 스마트하고 지속 가능하고 통합적 성장에 초점을 둔 '유럽 2020' 전략,[49] 셋째 재정 운영에 좀 더 효과적이고 효율적인 관리(governance)의 필요 등 3가지 측면에 기초한 개혁을 시도하였다. 이를 배경으로 결속 기금의 개혁은 각기 다른 행정부 계층의 상호 협력 개선, 테마별 목표 집중의 증진, 도시 측면에 초점 강화, 사전 평가(ex-ante assessments) 도입에 의한 재정 기구의 지원 등의 특징을 포함한다.

48 European Parliament(2014), p. 23.
49 '유럽 2020'(Europe 2020)에는 EU가 2020년까지 고용, 혁신, 교육, 사회 통합과 기후/환경 5개 분야에서 성취할 목표를 설정해 놓았다.

유럽연합은 연합체의 지역을 EU 27개국의 평균 GDP를 기준으로 크게 3가지 유형으로 나누었다. EU 27개국 평균 GDP가 75% 이하 지역인 저개발 지역(Less-Developed regions), 75% 이상 90% 이하 지역인 전이 지역(Transition regions), 90% 이상인 개발 지역(More-Developed regions)이 그 유형이다.

또한 2014~2020년 기간 동안 성장을 지원하기 위해 11개의 테마별 목표(thematic objectives)도 설정하였다. 그 11개 테마별 목표는

① 연구, 기술 개발과 혁신의 강화,
② 정보 및 통신 기술(Information and Communication Technologies: ICT)의 접근 및 이용, 질(quality)의 증진,
③ 중소기업, 농업 부문, 어업 및 양식 부문의 경쟁력 향상,
④ 모든 부문에 있어 저탄소 경제(low-carbon economy)로 이전 지원,
⑤ 기후 변화 적응과 위험 방지 및 관리 능력 향상,
⑥ 환경 보호 및 보존과 자원 효율성 증진,
⑦ 지속 가능한 운송 확대와 핵심 네트워크 인프라 장애물(bottleneck) 제거,
⑧ 지속 가능하고 양질의 고용 증대와 노동 이동성 지원,
⑨ 사회 통합 촉진과 가난 및 모든 차별에 대한 투쟁,
⑩ 기술 습득과 평생 학습을 위한 교육, 훈련, 직업 훈련에 대한 투자,
⑪ 공공 기관, 이해관계자, 그리고 효율적 공공 행정 기관의 기관적 능력 개선

등이다.

유럽연합은 결속 정책(cohesion policy) 시행을 위해 2014~2020년 기간 동안 확정한 유럽연합의 총예산 10,820억 유로 중 1/3에 해당하는 3,518억 유로를 할당하였다. 그리고 이 재원을 'Europe 2020'의 '고용'과 '성장' 목표 달성을 위해 전략적 운송 및 통신 인프라 지원, 좀 더 환경적 경제로의 이전, 중소기업(SME)이 좀 더 경쟁적이고 혁신적으로 되도록 지원, 새롭고 지속적인 고용 창출, 교육 제도의 강화 및 현대화, 좀 더 통합적인 사회(inclusive society) 건설 등에 사용하기로 하였다.

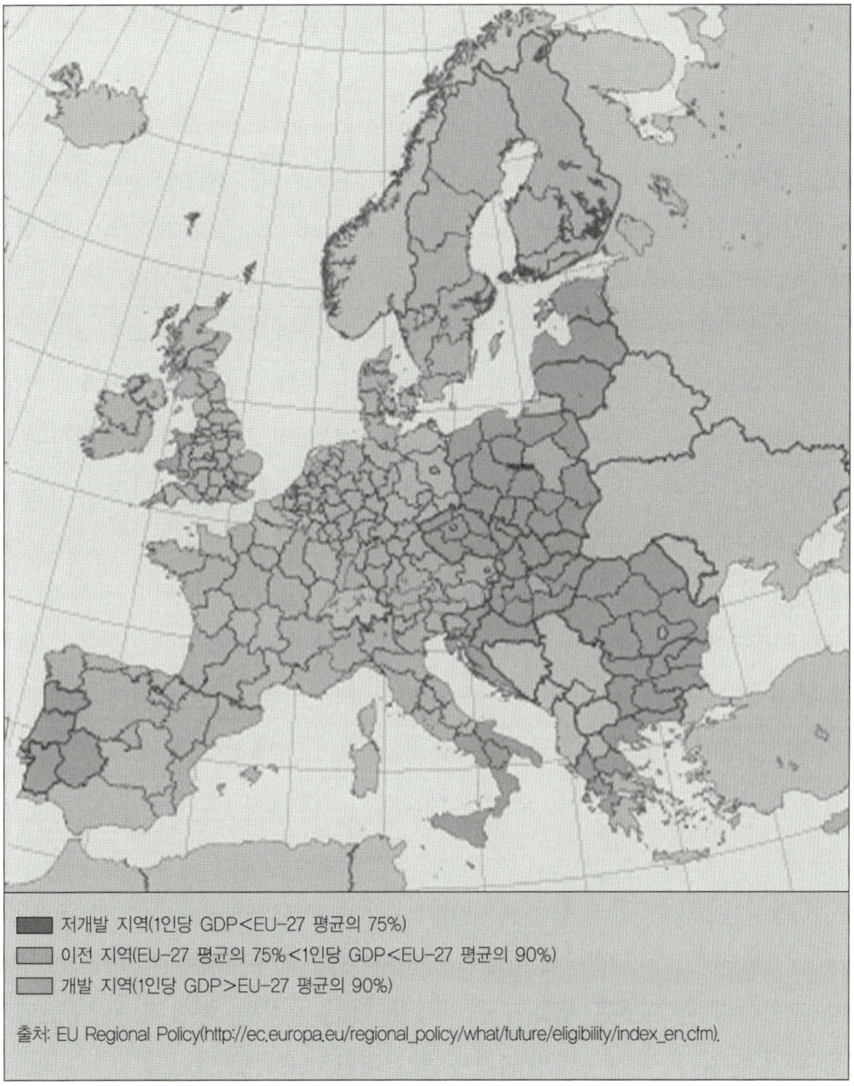

저개발 지역(1인당 GDP<EU-27 평균의 75%)
이전 지역(EU-27 평균의 75%<1인당 GDP<EU-27 평균의 90%)
개발 지역(1인당 GDP>EU-27 평균의 90%)

출처: EU Regional Policy(http://ec.europa.eu/regional_policy/what/future/eligibility/index_en.cfm).

2014~2020년 구조 기금 지원 대상 지역

또한 결속 정책에 사용되는 기금 간에 상호 조정을 향상시키고 중복을 피하기 위해, 5개의 유럽구조투자기금(European Structural and Investment Funds)의 공동 규정 세트[50]를

50 European Union(2014d).

만들고, 연구 및 혁신을 위한 새 프로그램 'Horizon 2020'이나 유럽 설비 연결(Connecting Europe Facility: CEF) 프로그램을 추가하였다.

새롭게 정의된 유럽구조투자기금(European Structural and Investment Funds)은 구조 기금인 유럽지역개발기금(ERDF)과 유럽사회기금(ESF), 결속 기금(Cohesion Fund), 그리고 유럽농촌개발농업기금(European Agricultural Fund for Rural Development: EAFRD)과 2014년 신설된 유럽해사어업기금(European Maritime and Fishery Fund: EMFF)[51]을 합친 것이다.

그중 유럽지역개발기금(ERDF)은 먼저 11개의 테마별 목표를 골고루 지원하지만 ①~④번까지 목표에 더 집중해 지원한다. 특히, 테마 목표 ④번에 12~20%의 기금을 투자한다.[52] 또한 EU의 모든 지역 및 도시에 고용을 창출하고 경쟁력을 조성하기 위해 성장을 고양하는 부문에도 투자한다. 이 ERDF는 경제적·환경적·사회적 도전을 다루도록 계획되었으며, 특히 도시의 지속 가능한 발전에 초점을 맞추었다. 따라서 2014~2020년 기간 동안 50% 이상의 ERDF가 도시 지역에 투자된다. 외딴 지역이나 산악 지역, 인구 밀도가 낮은 지역 등 지리적 측면에서 자연적으로 불리한 지역같이 특별한 지역적 특성에도 ERDF는 관심을 갖는다. 카나리아섬, 마다가스카르섬 동쪽의 프랑스 해외 주 레위니옹(Réunion), 과들루프섬(Guadeloup)같이 EU에서 멀리 떨어져 있는 해외령들도 원거리에 있어 생겨나는 단점을 해소하기 위해 ERDF로부터 특별 지원을 받는다.

그 외에도 ERDF는 초국경(cross-border), 초국가(transnational), 지역 간 상호 협력(interregional cooperation)을 지원하는 유럽의 지역적 상호 협력(European territorial cooperation)을 계속 지원한다. 이 지원은 통합 운송 인프라, 혁신, 통신망, 국경 간 무역, 천연자원의 공동 관리, 도시 및 농촌 지역의 연결 등 광범위한 이슈들을 다룬다.

유럽사회기금(ESF)은 ①~④번의 테마별 목표도 지원하지만, ⑧~⑪번의 테마별 목표에 더 집중한다. 특히, ⑨번의 테마별 목표에 20%의 기금을 투입한다. 현직 노동자들의 재훈련과 새로운 기술 습득, 변화된 직업 환경에 적응하는 것을 도와 주고, 구직자

51 European Union(2014b).

52 개발 지역(More developed region)에는 ERDF 기금의 20%, 이전 지역(Transition region)에는 15%, 저개발 지역(Less developed region)에는 12%를 지원한다.

그림 11-4 결속 정책 기금의 지원 분야별 지출 금액: 2014~2020

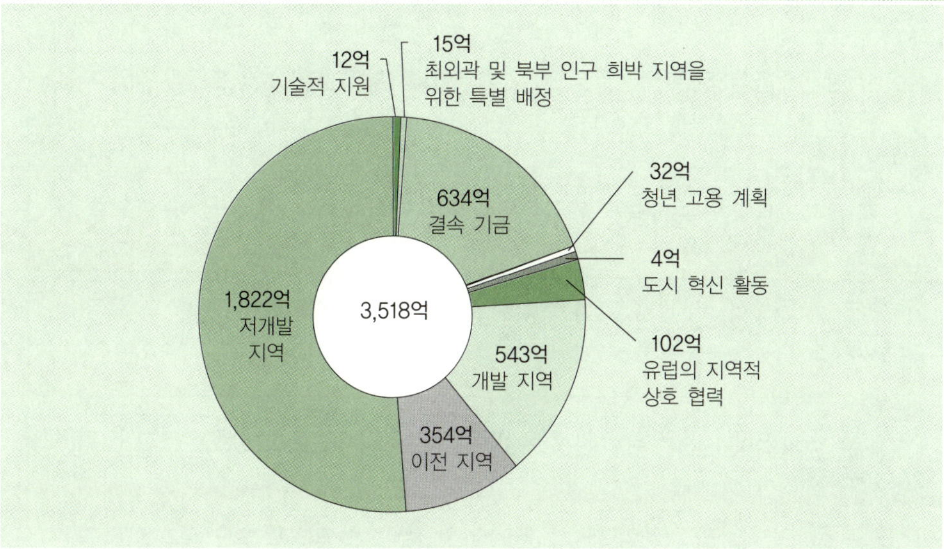

들은 그들의 취업 능력을 향상시키기 위해 적절한 직업 훈련을 받도록 지원하는 것을 목적으로 한다. 이에 따라 해마다 EU 전역에서 ESF로 공동 지원되는 수천 개의 프로젝트를 통해 약 1,500만 명의 사람들이 지원을 받게 된다. ESF는 모든 형태의 차별을 극복하기 위한 프로젝트에도 투자를 하며, 소외된 지역(marginalized communities)을 사회로 통합하는 데에도 도움을 준다.

결속 기금(Cohesion Fund)은 11개의 테마별 목표 중에 ④~⑦번 목표와 ⑪번 목표를 집중 지원한다. 또한 그리스, 키프로스, 몰타, 포르투갈과 중·동유럽 국가 등 EU 28개국 평균 GDP의 90% 미만인 지역을 지원하는데, 과거와 같이 운송망(transport networks)과 환경 프로젝트에 주로 투자한다. 지역 간 연결성과 접근성을 향상시켜 사회·경제적 격차를 줄이고, 녹색 경제(green economy) 성장을 적극적으로 촉진한다. 특히, 내부 시장이 적절히 작동하고, 육상이나 해상, 하늘을 통해 EU 역내·외에 상품과 사람의 이동을 용이하게 하는 데 필수적인 범유럽 운송망(trans-European trans port network) 구축을 지원한다. 또한 결속 기금은 환경 변화 적응과 위험 방지, 수질과 폐기물 부문 그리고 도시 환경에도 투자하고, 기업이나 공공 인프라에서 재생 가능한 에너지 사용과 에너지 효율

표 11-14 총유럽구조투자기금 국가별 할당, 2014~2020 (단위: million 유로, current prices)

국가	결속 기금	저개발 지역	이전 지역	개발 지역	최외곽 및 북부 인구 희박 지역	유럽의 지역적 상호 협력		청년 고용 계획(추가 적 배정)	농촌 지역 개발	유럽해사 어업기금	총계
						초국경 상호 협력	국가 간 상호 협력				
벨기에	–	–	1,039.7	938.6	–	219.0	44.2	42.4	551.8	41.7	2,877.5
불가리아	2,278.3	5,089.3	–	–	–	134.2	31.5	55.2	2,338.8	88.1	10,015.3
체코	6,258.9	15,282.5	–	88.2	–	296.7	43.0	13.6	2,170.3	31.1	24,184.3
덴마크	–	–	71.4	255.1	–	204.2	22.7	–	629.4	208.4	1,391.1
독일	–	–	9,771.5	8,498.0	–	626.7	338.7	–	8,217.9	219.6	27,672.3
에스토니아	1,073.3	2,461.2	–	–	–	49.9	5.5	–	725.9	101.0	4,416.8
아일랜드	–	–	–	951.6	–	150.5	18.3	68.1	2,190.0	147.6	3,526.1
그리스	3,250.2	7,034.2	2,306.1	2,528.2	–	185.3	46.4	171.5	4,196.0	388.8	20,106.6
스페인	–	2,040.4	13,399.5	11,074.4	484.1	430.0	187.6	943.5	8,290.8	1,161.6	38,011.9
프랑스	–	3,407.8	4,253.3	6,348.5	443.3	824.7	264.6	310.2	9,909.7	588.0	26,350.2
크로아티아	2,559.5	5,837.5	–	–	–	127.8	18.3	66.2	2,325.2	252.6	11,187.2
이탈리아	–	22,324.6	1,102.0	7,692.2	–	890.0	246.7	567.5	10,429.7	537.3	43,790.0
키프로스	269.5	–	–	421.8	–	29.5	3.3	11.6	132.2	39.7	907.6
라트비아	1,349.4	3,039.8	–	–	–	84.3	9.3	29.0	969.0	139.8	5,620.6
리투아니아	2,048.9	4,628.7	–	–	–	99.9	13.9	31.8	1,613.1	63.4	8,499.6
룩셈부르크	–	–	–	39.6	–	18.2	2.0	–	100.6	–	160.3
헝가리	6,025.4	15,005.2	–	463.7	–	320.4	41.4	49.8	3,455.3	39.1	25,400.3
몰타	217.7	–	490.2	–	–	15.3	1.7	–	99.0	22.6	846.6
네덜란드	–	–	–	1,014.6	–	321.8	67.9	–	607.3	101.5	2,113.1
오스트리아	–	–	72.3	906.0	–	222.9	34.4	–	3,937.6	7.0	5,180.2
폴란드	23,208.0	51,163.6	–	2,242.4	–	543.2	157.3	252.4	10,941.2	531.2	89,039.4
포르투갈	2,861.7	16,671.2	257.6	1,275.5	115.7	78.6	43.8	160.8	4,057.8	392.5	25,915.3
루마니아	6,935.0	15,058.8	–	441.3	–	364.0	88.7	106.0	8,015.7	168.4	31,177.9
슬로베니아	895.4	1,260.0	–	847.3	–	54.5	8.4	9.2	837.8	24.8	3,937.4
슬로바키아	4,168.3	9,483.7	–	44.2	–	201.1	22.3	72.2	1,890.2	15.8	15,897.7
핀란드	–	–	–	999.1	305.3	139.4	21.9	–	2,380.4	74.4	3,920.6
스웨덴	–	–	–	1,512.4	206.9	304.2	38.1	44.2	1,745.3	120.2	3,971.2
영국	–	2,383.2	2,617.4	5,767.6	–	612.3	253.3	206.1	2,580.2	243.1	14,663.2
지역 간 상호 협력											571.6
도시 혁신 활동											371.9
기술적 지원									238.9		1,456.5
EU-28	63,399.7	182,171.8	35,381.1	54,350.5	1,555.4	7,548.4	2,075.0	3,211.2	95,577.1	5,749.3	453,180.6

주: 총계에는 '유럽 설비 연결'과 '가장 가난한 지역을 위한 유럽 지원 기금'은 포함되지 않음.

자료: *breakdown by category of allocations subject to transfers between categories at the request of the Member States.*

성과 관련된 프로젝트에도 지원한다. 그 외에도 새로운 유럽 설비 연결(Connecting Europe Facility: CEF) 프로그램에서 핵심 운송과 기타 네트워크 투자에 기금 일부를 지원한다. 이 유럽 설비 연결(CEF)은 전기 기준선망(electricity grids)이나 가스 파이프라인, 철도, 도로 등의 인프라뿐만 아니라, 광대역 인프라와 온라인 공공 서비스 등에 투자하는 전략적 수단이다. 연결성을 개선함으로써 근로와 여행을 쉽게 하고, 사업 기회와 에너지 안보를 증진해서 유럽연합 전역에서 기업과 시민에게 이익을 주기 위한 것이다.

유럽농촌개발농업기금(EAFRD)은 농업 부문이 좀 더 탄력적이고 혁신적이며 환경친화적으로 만들기 위해 농촌 지역 개발을 지원하고, 유럽해사어업기금(EMFF)은 EU 전역에 지속 가능하고 경쟁적인 어업과 양식업을 증진시키는 데 지원한다.

7. 2020년 이후의 지역 개발과 결속 정책

EU 집행위원회는 2020년 이후 유럽연합의 지역 발전과 결속 정책(Cohesion Policy)을 운용할 규정과 관련된 제안서들(proposals)을 2018년 5월에 제출하였다.[53] 이 계획서들은 2021~2027년 동안 적용할 새로운 다년간 지출 예산(Multiannual annual Financial Framework: MFF)과 관련해 결속 정책이 새로운 과제에 적응하게 하기 위한 것이다.

제안서에는 7개 기금의 운영에 대한 공동 규정(rule)에 대해 서술해 놓았는데, 7개 기금은 유럽지역개발기금(ERDF), 결속기금(Cohesion Fund), 유럽사회기금 플러스(ESF+), 유럽해사어업기금(EMFF), 망명, 이민 및 통합기금(Asylum, Migration and Integration Fund: AMIF), 내부안보기금(Internal Security Fund), 국경 관리 및 비자 기구(Border Management and Visa Instrument: BMVI)이다. 그러나 2014~2020년 기간 때와는 달리 이번 기간에는 농촌 지역발전을 위한 유럽농업기금(European Agricultural Fund for Rural Development)에 대한 내용은 빠졌다.

2014~2020년 ERDF, ESF+, 결속 기금(Cohesion Fund), EMFF 등의 기금을 관리하는 결속 정책에서 제시되었던 11개의 테마별 목표(thematic objectives)는 2021~2027년 기간에는

53 European Commission(2018a).

5개로 축소되었는데, 그것은

① 스마트 유럽(smart Europe): 혁신적이고 스마트한 산업으로의 전환,
② 녹색 및 저탄소 유럽(a Greener, low-carbon Europe),
③ 좀 더 연결된 유럽(a more connected Europe): 이동성 및 지역적 정보통신 기술(ICT)의 연결,
④ 좀 더 사회적인 유럽(a more social Europe): 사회적 권리(social right)의 유럽 축(European pillar) 실행,
⑤ 시민들에 좀 더 가까운 유럽(Europe closer to citizens): 지방 이니셔티브를 통해 도시 및 시골 지역의 지속 가능하고 통합적인 발전 도모 등이다.

ERDF와 결속 기금은 처음의 두 테마별 목표에 기금의 대부분을 집중 지원하도록 하였는데, 회원국들은 상대적 부(富)에 따라 이 두 가지 목표에 65%에서 85%까지 기금을 할당하도록 하였다.

그 외 나머지 테마별 목표에 대해서도 지원 범위를 규정하였고, 대기업이나 공항 시설, 쓰레기 매립지 같은 일부 폐기물 관리같이 지원하지 말아야 할 활동들의 목록도 만들었다.

지역 협력(Regional Cooperation)과 지속 가능한 도시개발(sustainable urban development) 목표는 더 진전시켰다. 지역 사회 주도의 지방 개발, 통합된 토지 투자 같은 형태의 지속 가능한 도시 개발에 ERDF의 최소 6%를 배정하도록 하였다. 도시 개발 수단들은 교환과 수용력 형성, 파일럿 활동, 소통 등을 포함하는 유럽 도시 이니셔티브(the European Urban initiative) 같은 프로그램과 결합하여 운영하도록 하였다.

결속 기금 제안서에서는 또 외딴 지역의 특수한 환경에 적합한 특별 수단도 설정하였다.

새로이 제안된 규정에는 회원국 간 영토적 상호 협력(territorial cooperation)뿐 아니라 비회원국의 협력 내용도 담았다. 그러나 회원국과 비회원국 간에 비슷한 프로젝트들의 규정을 단순화시키기 위해 유럽집행위는 EU 외부 재정 수단 기금의 일부를 Interreg

표 11-15 국가 소득 수준에 따른 테마별 집중도		
국가	테마 ①에 최저 %	테마 ②에 최저 %
EU 평균 GNI의 75% 이하	35%	30%
GNI 75~100%	45%	30%
GNI 100% 이상	60%	테마 ① + 테마 ② = 최소 85%

프로그램으로 이전시키기 위한 특별 규정을 제안하였다. 이런 재정 수단들은 IPA III(Instrument for pre-Accession), NDICI(Neighborhood, Development and International Cooperation Instrument), OCTP(Overseas Countries and Territories Program) 등이다.

2021~2027년 기간 동안 영토 상호 협력(Interreg)[54] 프로그램의 목표로, ① 국경 간 협력, ② 초국가적 그리고 해양 상호 협력, ③ 가장 외딴 지역의 상호 협력, ④ 지역 간 상호 협력, ⑤ 지역 간 혁신적 투자 등 5가지를 선정하였다. IPA III, NDICI, OCTP 각각의 Interreg 프로그램은 공동 자금 조달 비중(co-financing rate)을 별도로 규정하지 않았을 경우 70% 이상을 넘지 못하게 하였다. 비록 Interreg 프로그램들이 국경 간 협력을 쉽게 만들고 내부 시장의 발전을 돕지만, 아직 시민이나 기업들이 국경 지역 발전을 위해 프로그램을 충분히 활용하기에는 중요한 장벽이 존재하는데, 이는 주로 보건 서비스나 노동 규제, 세금, 기업의 발전에 대한 법적 장벽이나 관리, 문화나 국가 법적 프레임의 차이와 연관된 장벽 등이다. 이러한 장벽들은 간단히 해결될 수 없기 때문에, 새 규정에는 이러한 장벽들을 해결하기 위한 새로운 방법(mechanism)도 제안하였다. 집행위는 국경 지역에 사는 EU 시민 약 1억 5,000만 명의 생활 개선을 돕기 위해 2021~2027년 기간 동안 ERDF에서 Interreg 프로그램에 95억 유로를 배정하였다.

가입 전 지원 기구(Instrument for pre-Accession: IPA)는 이미 앞 절에서 언급하였듯이 EU에 가입할 새 회원국이나 가입 예정 국가들이 가입 전에 EU의 가치에 따르는 데 필요한 핵심적 정치, 제도, 법, 행정, 사회·경제적 개혁을 실행하고 채택하며, 점진적으로 EU의 규칙과 표준, 주요 정책들에 동조하는 데 소요되는 여러 가지 재정적·기술적 도움을 주는 수단이다. 특히, EU에 가입하는 새 회원국들은 일부 핵심 기준(소위 코펜하겐

54 European Commission(2018c).

기준(Copenhagen criteria)에 따라야 하는데, 이 기준은 법규나 기본권, 경제적 운영 방식, 민주주의적 기구나 공공 행정의 강화 등에 초점을 둔다. 2007~2013년 IPA[55]가 처음 설립되었을 때는 115억 유로, 2014~2020년 IPA II[56]에는 117억 유로(MMF 총액의 1.2%), 이번 2021~2027년의 IPA III에는 129억 유로가 배정되었다.[57] IPA 기금은 ① 공공 행정의 개혁, ② 법치(rule of law), ③ 지속 가능한 경제, ④ 사람, ⑤ 농촌 및 시골 지역 개발 등 5가지 테마별 목표에 지출한다. 예산은 이 5가지 목표의 우선순위에 따라 나누고, 매년 평가 결과에 기초해 수혜국들의 성과에 따라 배분하기로 하였다. 그리고 IPA III에서는 새 서발칸(Western Balkan) 전략에 집중하고, 터키는 상황 변화에 따라 기금 지원에 유연성을 두기로 하였다.

인접국, 개발, 국제협력기구(Neighborhood, Development and International Cooperation Instrument: NDICI)의 경우 처음에는 890억 유로를 제안하였다가 유럽의회가 재검토하는 과정에서 931억 유로로 늘어났다.[58] 기금은 UN이나 WHO, 국제 금융 기구들과 함께 코로나19 팬데믹으로 중기적으로 사회·경제적 충격을 받은 서발칸국, 사하라 이남 국가, EU의 광범위한 파트너국들의 대처와 회복을 돕고, 인권과 민주주의, 환경 및 기후 변화, 경제 성장, 안보, 평화, 안정, 이민 등 다양한 분야에 지원한다.

해외 국가 및 해외령 프로그램(Overseas Countries and Territories Program: OCTP)은 주로 EU 회원국들에 소속된 과거 식민지 국가들이거나 해외 속령 지역을 돕는 프로그램이다. 그러나 영국이 Brexit로 EU에서 탈퇴함으로 2021년부터 시작되는 다년간 지원 프로그램에서는 대상 25개 지역 중 12개 지역이 제외되었다.[59] 그리고 그린랜드(Greenland)를 제외한 나머지 국가나 지역은 주로 구조 기금이 아닌 유럽개발기금(the European Development Fund)에서 지원해서 여기서는 자세히 다루지 않는다.

결속 기금(Cohesion fund)의 경우 기금을 지원받을 수 있는 지역의 자격은 이전의 2014~2020년 기간 때와 동일하다.[60] EU의 지역도 이전 기간과 동일하게 3가지 유형으

55 European Union(2006).
56 European Union(2014a).
57 당시 지원받는 국가는 알바니아, 보스니아 헤르체고비나, 코소보, 몬테네그로, 북마케도니아공화국, 세르비아, 터키 등이다.
58 European Commission(2018h).
59 지원 대상과 Brexit로 제외되는 국가나 지역에 대한 자세한 내용은 European Parliament(2019).

로 나누었는데, 기금의 할당 방법은 주로 EU 27개국의 평균 GDP가 기준점이 되었다.[61] 저개발 지역(Less-Developed regions)은 EU 27개국 평균 GDP의 75% 이하 지역이고, 전이 지역(Transition regions)은 75% 이상 90% 이하 지역이며, 더 발전된 지역(More-Developed regions)은 90% 이상 되는 지역이다. 그러나 기금 할당에 있어 회원국들의 현황과 사회·문화적 상황을 좀 더 잘 반영하기 위해 새 2021~2027년 기간 동안에는 청년 실업, 낮은 교육 수준, 기후 변화, 이민자의 수용 및 통합 같은 새로운 판단 기준을 추가하였다. 다만 집행위는 회원국 할당액에 너무 급작스러운 변화를 피하기 위해 안전망(Safety net) 제도도 기획하였다. 그리고 유럽의회의 요청에 따라 2020년 이후 EU 결속 정책의 지원 범위에 회원국의 모든 지역을 포함시키기로 하였다. 결속 기금의 현재까지 전자 자료 관리 경험에 기초해, E-결속(E-cohesion) 개념을 더 발전시킨 새로운 계획서를 제안하였는데, 프로그램의 결과와 성과를 포함해 실행의 진행을 감시하는 데 필요한 모든 자료를 앞으로는 두 달에 한 번씩 전산으로 전송하도록 하였다. 이는 공개 자료 플랫폼(open data platform)이 거의 실시간으로 업데이트 되는 것을 의미한다.

ESF+[62]는 이전의 유럽사회기금(European Social Fund: ESF)에다 청년 고용 이니셔티브(the Youth Employment Initiative: YEI), 가장 궁핍한 지역을 위한 유럽 지원 기금(the Fund for European Aid to the most Deprived: FEAD), 고용 및 사회 이니셔티브 기금(the Employment and Social Innovation Programme: EaSI), 그리고 유럽 보건 프로그램(EU Health Programme) 등 다른 유사한 프로그램과 통합하여 2021~2027년 동안 유용한 업그레이드 한 기금이다. ESF는 1957년 로마조약 때 설립되어 60년 넘게 EU 시민들의 공정한 직업 기회와 더 나은 직업을 갖도록 도와준 '사람'에게 투자하는 EU의 가장 오래된 재정 수단이었는데, 이번의 통합을 통해 기금들을 단순화, 축소화시키는 중요한 발걸음(step)을 내디뎠고, 기존 기금들의 여러 다른 요인들 간의 시너지 효과를 확대시키는 것을 지원한다. ESF+도 기존의 ESF와 동일한 기조로 '사람'에게 투자하는데, 사회적 결속과 공정성을 강화·향

60 European Commission(2018d).

61 각 회원국에 기금 할당액을 계산하는 방법은 1999년 유럽이사회(European Council)에서 채택한 베를린 공식(Berlin formula)을 기반으로 계산하는데, Common Provision Regulation의 부록 22(Annex XXII)에 자세히 나와 있다.

62 European Commission(2018b).

상시키고, EU 전체의 경쟁력을 향상시켜, 사회적 권리의 유럽 축(the European Pillar of Social Rights) 원칙을 일상에서 실현시키는 것이다. ESF+는 ① 교육 및 훈련, 평생 교육, ② 노동 시장의 효율화, ③ 사회 통합, 건강, 가난에 대한 투쟁 등 3가지 부문에 투자한다. 이 기간 동안 집행위는 1,012억 유로를 제안하였는데, 계획대로 배정되면 구조 기금 중 차지하는 비중이 이전 시기 23%에서 27%로 증가하게 된다.[63]

총 1,012억 유로 중 1,000억 유로는 회원국과 공동 관리(share management)하는데, 최소 25%는 사회 통합(social inclusion)을 조성하는 데 사용하고, 최소 4%는 현재 FEAD의 활동과 중점 목표를 추구하기 위해 물적 궁핍을 퇴치하는 데 사용하도록 하였다. 사회적 통합은 활동이 어려운 사람, 장기 실업자, 어린이, 집시같이 소멸되어 가는 공동체, 비회원국 국민 등 취약 그룹들에 특히 관심을 갖는다. 청년들의 고용이나 교육, 훈련 등이 EU 회원국의 2019년 평균치보다 낮은 국가들은 공동 관리 기금의 최소 10%를 청년 고용 지원에 쓰도록 하였다. 나머지 12억 유로는 직접 관리하는데, 7억 6,100만 유로는 고용 및 사회 혁신 부문에, 그리고 4억 1,300만 유로는 보건 관리 부문에 배정하였다. 이 두 부문은 국경 간 접근법에 있어 혁신적 해답을 검증하는 수단을 제공하는데, 예를 들면 유럽 내 노동의 이동을 지원하고 회원국의 미래 보건 제도 구축을 돕는다.

유럽해사어업기금(the European Maritime and Fisheries Fund: EMFF)[64]은 유럽 어업 부문이 지속 가능하게 발전할 수 있도록 지원하는데, 총 61억 4,000만 유로가 배정되었다. EMFF는 보통 공동 융자 프로젝트인데, EU의 공동어업정책(Common Fishery Policy: CFP) 실행을 돕고, 4가지 우선순위 목표에 따라 EU의 해양 정책을 지원한다. 4가지 목표는 ① 지속 가능한 어업으로의 전환을 돕고, 해양 생물 자원을 보존하며, ② 경쟁적이고 지속 가능한 양식과 시장을 통해 식량 안보에 기여하고, ③ 지속 가능한 청색 경제(blue economy) 성장을 가능하게 하고, 번성하는 해안 공동체를 조성하며, ④ 국제 해양 통제를 강화하고, 안전하고, 확실하며, 깨끗하고 지속 가능하도록 관리된 바다와 대양이 될 수 있도록 하는 것이다. 회원국에 의해 수행되는 대부분 프로젝트에 EMFF의 최대

63 처음 제안되었던 ESF+ 규모는 코로나 팬데믹이 가져온 경제적·사회적 충격으로부터 회복하는 것을 돕고, 직업을 보호·창출하기 위해 집행위가 2020년 5월 26일 수정된 안을 제출하고, 2020년 7월 21일 유럽연합 정상들이 승인하는 과정에서 879억 유로로 축소되었다. EU(2020) 참조.

64 European Commission(2018f).

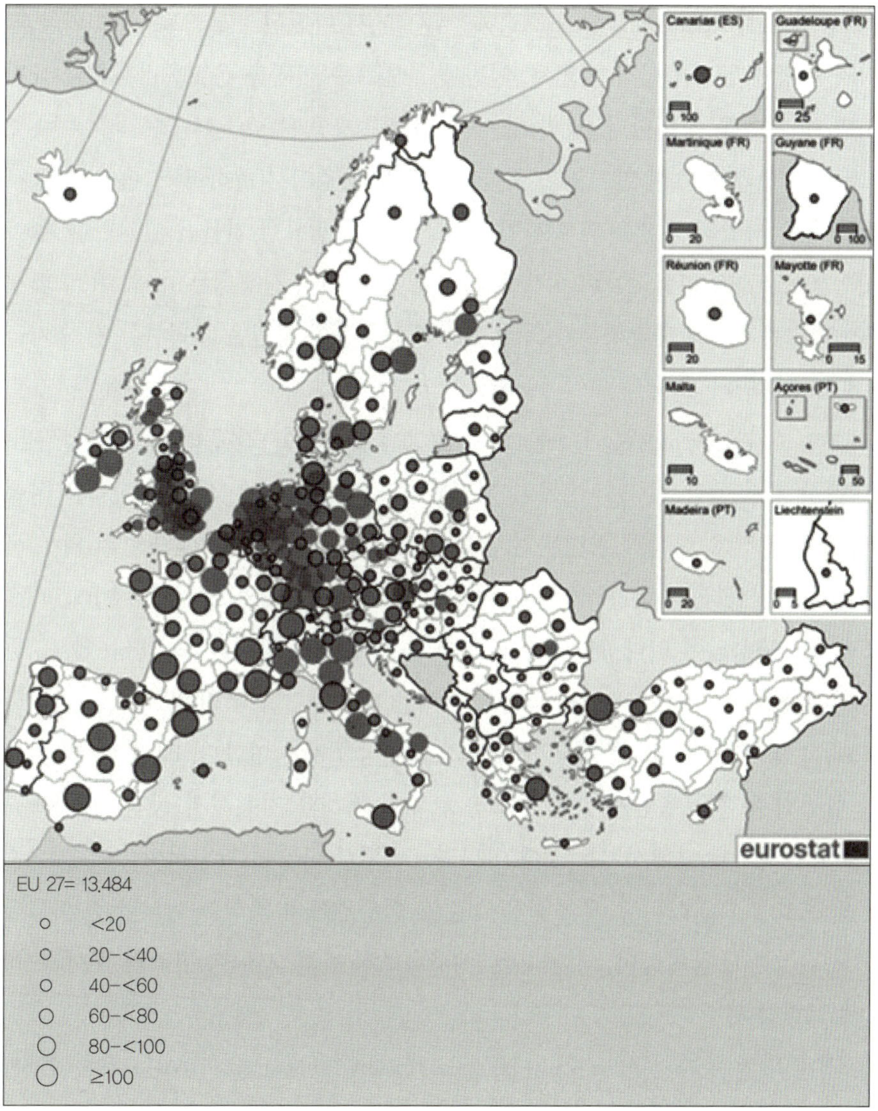

기여금은 75%이며, 경우에 따라 85%까지 올라간다.

한편 다른 3가지 기금(AMF, ISF, BMVI)은 별도 규정으로 정의하였다.

망명 및 이민 기금(Asylum, Migration Fund: AMF)[65]은 2014~2020년 기간의 망명, 이민 및

65 European Union(2014c).

통합기금(Asylum, Migration and Integration Fund: AMIF)에서 이전된 기금으로 결속 기금과 함께 정치적 망명자나 합법적 이민자, 이전에 불법으로 이민을 온 EU 비회원국 국민들의 지역 내 통합을 지원한다. 망명 및 이민 기금은(망명자들이나 이민자들의 수용 및 건강 관리 같은) 도착 후 필요한 단기적인 것들에 초점을 맞추어 지원하고, 결속 기금은 사회적 통합 혹은 직업적 통합을 위해 장기적으로 이들이 필요한 것들을 지원한다. 덴마크를 제외한 모든 EU 회원국들이 이 프로그램에 참여하며, 집행위는 104억 유로 배정을 제안하고 그중 60%에 해당하는 63억 유로는 회원국들이 이민을 관리하는 장기 기금에 사용하도록 제안하였다.[66]

내부안보기금(Internal Security Fund: ISF)[67]은 2014~2020년 기간 동안 새롭게 설립된 기금인데, 이 기간 동안 총 25억 유로가 배정되었다. 기금은 내부의 안전 전략을 실행하고, 법 집행에 상호 협력과 관련된 수단들에 자금을 조달하고, 유럽연합의 외부 국경 관리 등을 지원한다. ISF는 ISF 국경과 비자(ISF Borders and Visa)와 ISF 경찰(ISF Police) 두 프로그램으로 구성되어 있다. ISF 경찰은 EU에 높은 수준의 안전을 보장하는데, ① 범죄와의 전쟁과 ② 위험 및 위기 관리 2가지 목적을 달성하기 위해 10억 유로를 배정하였다. 그리고 영국과 덴마크를 제외한 나머지 회원국들이 참여한다. ISF 국경 및 비자는 EU에 합법적 여행을 촉진시키기 위한 공동 비자 정책을 지원해서 셍겐 비자(Schengen visas)를 효율적으로 진행시키는 것뿐 아니라, EU 외부 국경에 획일적이고 높은 수준의 통제 및 보호를 촉진하는 것에 초점을 맞춘다. 아일랜드와 영국을 제외한 전 회원국들이 이 프로그램에 참여하며, 테러나 급진주의, 조직 범죄, 사이버 범죄와 맞서고, 희생자를 보호한다.

국경관리 및 비자기구(the Border Management and Visa Instrument: BMVI)는 기존의 ISF 기금 중에 ISF 국경과 비자(ISF Borders and Visa) 부문을 분리하여, 거기에 관세통제장비기구(the Customs Control Equipment Instrument)라는 기금을 새로 만들어 두 개를 합쳐 통합국경관리기금(Integrated Border Management Fund)[68]으로 만들었다. 관세통제장비기구(CCEI)는 무역

66 각 회원국들은 배정금액의 40%는 망명자에게, 30%는 합법적 이민자와 통합에, 나머지 40%는 불규칙적으로 머무는 비EU 회원국 국민들이나, 그들의 귀국(return)을 돕는 데 지출하도록 하였다.
67 European Commission(2018g).

을 촉진하고, 모든 EU 시민들의 건강과 안전을 보호하기 위해 EU의 관세 행정을 서로 밀접하게 운영해야 한다는 당위성에서 새로 만들어졌다. 실제로 EU는 세계 무역의 15% 이상을 차지할 정도로 큰 무역 블록인데, 해마다 해상·육상·항공 3부문으로 유입되는 마약이나 불법 담배, 위조 상품, 화약류, 예술품과 문화재의 불법거래 등을 단속하고, 테러를 막기 위해서는 이러한 관세 일선에서의 단속이 매우 중요하다. 따라서 스캐너 구입이나, 탐지견 팀 운영, 자동 번호판 탐지 시스템이나 샘플 분석 이동 실험실 체제 구축 같은 곳에 지원한다. 집행위는 통합국경관리기금에 93억 유로를 배정하였는데, 그중 13억 유로는 관세통제장비기구에 할당하였다.

결과적으로 2021~2027년 기간에는 국경과 이민 관련 문제는 망명 및 이민 기금과 통합국경관리기금 두 가지로 분리·통합해 운영하기로 한 것인데, 이는 근래에 국경 통제와 내부 안보 두 가지 모두가 그 중요도가 점점 커지고, 그래서 좀 더 목표를 명확히 해서 집중적으로 재정 지원하기 위해서였다.

그 외에도 북아일랜드와 아일랜드 국경 지역의 평화와 화해를 위해 ERDF는 지난 20여 년간 국경 프로그램(cross-board program)을 설립하여 특별 기금을 지원해 왔다. 이번 다년간 기간에도 이 프로그램을 계속 지원할 계획인데, 대신 기존의 북아일랜드 지원 프로그램과 아일랜드 국경 지원 프로그램을 통합해 새로운 PEACE+ 프로그램을 발족시켜 이 지역에 사회 및 경제적 안정에 기여하도록 하였다. 기금은 총 6,000만 유로를 배정하였다.

EU는 또 9곳의 외딴 지역[69]도 그들의 특별한 지역적, 경제적, 사회적 위협(challenge)을 잘 처리할 수 있도록 계속해서 지원하기로 하였다. 이들 지역은 2017년에 발표한 새로운 외딴 지역 전략(Strategy for the Outmost regions)[70]의 선상에서 블루 성장(blue growth), 공간과학과 재생 가능 같은 그들의 자산과 글로벌의 이득을 수확할 수 있는 수단들을 제공해 준다. EU는 ERDF 기금 중 외딴 지역과 북부 인구 희박 지역에 16억 유로를 배정하였다.

68 European Commission(2018e).

69 9개 지역은 아조레스 제도, 카나리아 제도, 과들루프, 프랑스령 기아나, 마데이라, 마르티니크, 마요트, 레위니옹, 세인트마틴이다.

70 European Commission(2017c).

표 11-16 2021~2027년간 결속 기금 규모 (단위: 백만 유로)

결속 기금	금액
결속 기금 총액	330,624
유럽지역개발기금(ERDF)	200,629
• 직업 및 성장 투자	190,752
• 유럽 지역 협력	8,430
• 외딴 지역 및 북부 인구 희박 지역	1,447
결속 기금(Cohesion Fund)	41,349
• 기금 중 CET 운송 기금	10,000
유럽사회기금+(European Social Fund)	88,646

자료: Proposal for Common Provision Regulation(2018).

직업과 성장 목표를 위한 투자의 공동 자금 조달 비중(co-financing rate)은 저개발 지역과 외딴 지역은 70%, 이전 지역은 55%, 좀 더 발전된 지역은 40%를 넘지 못하게 하였다. 그리고 ERDF와 결속 기금(CF)은 기후와 관련된 활동에 최소 25%를 지원하게 하였다.

집행위는 제안서에서 프로젝트의 재정적 운영을 위한 법칙도 바꾸어, 기본적으로 단순화시키고, 간편화된 비용 옵션(cost option)을 더 많이 사용하며, 좀 더 균형적인 회계감사를 주장하였다. 운영 법칙을 더 단순화시킴으로써 기금의 접근성을 늘여, 작은 기업부터 학교, 병원에 이르기까지 모두에게 이익이 되도록 하고, 제안된 다년간 예산 기간 중에 예상하지 못한 변화에 대해서도 결속 기금의 적절한 유연성(flexibility)을 보장하는 것이 필요하다고 인식하였다.[71] 또한 제안된 규정은 ERDF, ESF+, 결속 기금(CF)의 지원을 받는 프로그램들은 중간심사(mid-term review) 제도를 도입하였다. 이는 먼저 처음 5년간(2021~2025) 프로그램 계획안만 짜고, 중간심사를 해 그 결과에 따라 나머지 2년간 지원금을 배정한다는 것이다. 이 중간조사는 2024년 말까지 목표 달성의 정도, 사회·경제적 변화, 2024년에 국가별로 식별되는 과제 등을 고려해 프로그램의 초기 목표와 우선순위를 재검토한다.

이러한 공동체의 2021~2027년 다년간 계획은 2020년 7월 17~18일 양일 간 일정으로 개최된 EU 특별정상회의에서 회원국들 간의 이견으로 합의 실패 가능성이 제기되

71 이러한 유연성 문제는 2015년 이민 및 피난 위기와 빈번한 자연재해로 결속 기금이 예측하지 못한 사건에 좀 더 빠르고 효율적으로 대처하기 위해 필요하다는 인식에서 설계되었다.

표 11-17 가 회원국에 할당된 결속 기금 (단위: 유로)

국가	2018년 가격	국가	2018년 가격
벨기에	2,443,732,247	불가리아	8,929,511,492
체코	17,848,116,938	덴마크	573,517,899
독일	15,688,212,843	에스토니아	2,914,906,456
아일랜드	1,087,980,532	그리스	19,239,335,692
프랑스	16,022,440,880	크로아티아	8,767,737,011
이탈리아	38,564,071,866	키프로스	877,368,784
라트비아	4,262,268,627	리투아니아	5,642,442,504
룩셈부르크	64,879,682	헝가리	17,933,628,471
몰타	596,961,418	네덜란드	1,441,843,260
오스트리아	1,279,708,248	폴란드	64,396,905,118
포르투갈	21,171,877,482	루마니아	27,203,590,880
슬로베니아	3,073,103,392	슬로바키아	11,779,580,537
핀란드	1,604,638,379	스페인	34,004,950,482

자료: Common Provision Regulation, Annex XXII.

었으나, 정상 회의 일정 연장을 통한 합의 노력과 코로나19에 대한 공동체 차원의 대응, 시장의 불확실성 개선 차원에서 주요 쟁점에 대해 합의를 도출하였다.

이렇게 유럽연합은 공동체 내 경제적으로 불리한 여건에 처한 지역을 도와 역내 불균형을 해소하기 위해 공동체 창설 당시부터 지역(결속) 정책을 시행해 왔고, 지역 정책에 대한 관심과 지원 규모도 지속적으로 확대해 왔다. 특히, 1990년대 들어 마스트리히트조약이 체결됨으로써 경제통화동맹(EMU) 결성이 공동체의 새로운 목표로 부상하였고, 지역 및 회원국 간의 경제적 격차가 EMU 완성에 도움이 되지 않는다고 판단한 유럽연합은 이의 해소를 위해 다시 한 번 구조 기금을 두 배로 증대시키고 개혁을 단행함으로써, 공동체 지역 정책을 강화시켜 나갔다. 또한 중·동유럽 국가들로의 회원국 확대 문제와 맞물려 공동체 지역(결속) 정책의 시행 지역과 범위를 더욱 확대시켰다.

그러나 이러한 공동체의 지역 정책은 기대하였던 만큼 역내 개발 지역과 저개발 지역 간의 격차를 실제로 줄이지 못하였고, 일부 경우에는 오히려 격차가 더 확대되어 비판의 대상이 되기도 하였다. 정책의 시행 제도에 대한 비판의 목소리도 높은데, 시행 절차가 필연적으로 중앙 집중화 체제로 됨으로써 심하게 관료화되고, 따라서 비효율적이고 진행 속도가 느려졌다. 이에 따라 기금을 관리하는 행정 비용으로 매년 5억 유로 이상을 지출함으로써 매우 높은 관리 비용을 지불하고 있고, 부패 문제도 늘 수반되었다.

그 외에도 EU의 지역 정책에서 개선해야 할 문제점들을 살펴보면, 먼저 지역 정책에 배정되는 구조 기금의 규모가 충분하지 못하다는 점을 지적할 수 있다. 그동안 EU도 지역 정책에 소요되는 예산을 꾸준히 증가시켜 2021~2027년에는 총예산 규모의 35% 정도를 배정하였는데, 실로 1970년대 지역 발전 관련 기금의 비중이 예산의 13~14%였던 것과 비교하면 괄목할 만한 증대를 이루었다고 할 수 있다. 그러나 좀 더 거시적인 관점에서 보면 이러한 기금 규모는 유럽 회원국 전체 GNP의 0.4% 정도여서, 이런 작은 규모로는 공동체 내에 존재하는 지역 간 격차 해소에 큰 역할을 기대할 수 없는 실정이다. 더구나 새로운 동유럽 국가들이 가입하면서 회원국 내 가장 부국과 빈국의 1인당 GDP 비율(룩셈부르크/불가리아)이 14.3배(2013년 명목 소득 기준), 가장 고소득 지역과 가장 저소득 지역의 비율(영국 inner London/루마니아 Nord-Est)은 11배로 확대되기 때문에 현재보다 몇 배의 구조 기금을 필요로 하며, 지금까지 역내 단합을 위해 노력해 온 지역 정책 관련 정책 담당자들에게는 큰 도전이 될 것으로 예상된다.

두 번째 문제는 구조 기금의 높은 비율이 공동체 내 부국으로 흘러들어 가는 점이다. 실제로 네덜란드의 주요 항구 도시 로테르담은 경제 성장을 하고 있음에도 불구하고 지역 보조금을 받아 왔으며, 영국도 공업 쇠퇴 지역 지원 명목으로 보조금을 계속하여 지원받고 있다. 독일, 프랑스도 마찬가지인데 이런 문제는 앞으로도 계속될 것으로 보이는데, 자국 내 낙후 지역은 자체 재원으로도 충분히 지원할 여력이 있는 독일이나 프랑스 두 선진국에만 지원되는 구조 기금이 2014~2020년 기간에도 전체 기금의 11% 이상 배정된 것을 보면 알 수 있다.

세 번째로 구조 기금을 지원함에 있어서 EU가 추가성 원칙을 적용하고 있는 점이다. 이는 기금이 개별 국가의 지역 발전 기금으로 전용되지 못하게 하려는 목적을 가지고 있기 때문에, 그 자체로는 충분히 의미를 가지고 있다고 할 수 있다. 하지만 저개발국들에게는 지역 정책에 지출할 여력이 많지 않아 결국 부국들에게 더 유리한 상황이 전개될 것으로 예상할 수 있다. 또한 CEEC 국가들도 이러한 매칭 펀드(Matching Fund) 형태의 지출 요구에 상응하기는 어려울 것이다.

네 번째로 지역 정책과 국가 정책의 상호 조정이 매우 미약한 점이다. 유럽연합 정책은 회원국들의 지원 노력에 추가적이어야 한다는 점에서 유럽연합과 회원국 간에 높은 수준의 상호 보완성과 조정이 필요하다. 유럽연합의 목표는 하나의 회원국이 아닌 연합 전체를 위해 선택된 것이기 때문에 매우 복잡하게 얽혀 있다. 그러나 개별 회원국은 지역 개발 분야에서 국가별로 각기 다른 관심과 행동(action)을 하여 상호 조율이 쉽지 않다.

따라서 이러한 문제점을 해소하여 EU의 지역 정책이 더 많은 성과를 거두기 위해서는, 먼저 지역 발전에 쓰이는 기금 전체의 규모를 증가시켜 실제로 지역 간 격차를 줄이는 데 영향을 미칠 수 있을 정도의 규모를 만들어야 한다. 이를 위해 현재의 지출 구조 내에서도 소수의 농민들에게 공동체 전체 예산의 30%를 넘게 지출하고 있는 공동 농업 정책(Common Agricultural Policy)을 개혁하여, 지역 개발을 위한 기금을 늘리는 데 중점을 두어야 한다.

둘째, 구조 기금이 부국들로 흘러들어 가는 것을 막아 가장 필요로 하는 낙후 지역에 집중적으로 투자될 수 있도록 하여야 하며, 특히 선진국들이 기금 분배 결정 과정에 개입하여 정치적 역량을 발휘할 수 없도록 지역위원회 권고안대로 필요한 저개발 지역에는 자동적으로 예산이 배정되는 제도도 고려해 볼 만하다. 또한 역내 고소득 국가들도 내가 분담금을 많이 내었으니 당연히 돌려받아야 한다는 생각보다도, EU의 단일 시장 완성이나 EMU 등 여러 정책들이 장기적으로는 경제력이 강한 그들에게 더 많은 이득을 준다는 것을 인식하고 저개발국의 지역 개발 정책을 지지하는 데 인색하지 않아야 한다. 특히, 그들은 지금까지 공동 농업 정책에서 더 많은 프로젝트를 제출하고, 더 많은 공동체 기금을 받아 왔던 것을 기억하여야 한다.

셋째, 경제통화동맹(EMU)의 경제 수렴 기준을 준수하기 위해 가입국들의 긴축 재정을 필요로 하는데, 이는 곧 지역 개발을 위해 투자할 수 있는 재원의 감축을 의미하며, 저개발국에게는 더 불리한 조건이라 볼 수 있다. 따라서 EU는 추가성의 원리를 좀 더 유연하게 적용할 필요가 있다.

현재 유럽연합은 새로운 회원국을 맞이하면서 회원국 간 경제적 격차의 확대로 공동체의 지역 정책이 심각한 역경과 어려운 도전에 직면해 있다. 그러나 원래 EU 지역 정책의 본질적 목표가 회원국 내 국가 간·지역 간의 균형을 성취하는 것이므로, 어떤 의미에서는 힘들지만 가치가 있고 성취감 높은 과업이라 할 수 있다. 그리고 이러한 공동체의 지역 정책 목표 달성 여부가 유럽연합이 오랜 세월 추구해 왔던 모든 유럽 국가들의 통합이라는 궁극적 목표를 달성하는 데 가장 중요하고 핵심적인 역할을 할 것이라는 점에서, 향후 공동체의 어떤 다른 정책보다도 회원국들의 관심과 노력이 집중되어야 할 것이다.

Chapter 12

한국의 FTA 정책

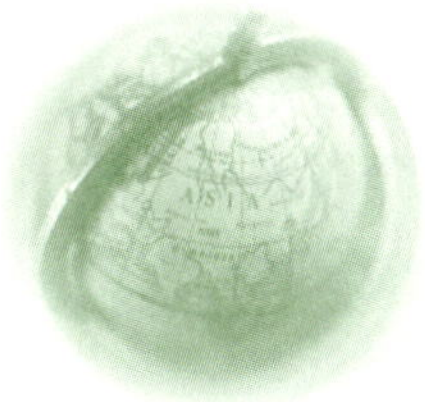

한국의 FTA 정책

역사적으로 보면 세계의 많은 국가들은 자유무역협정(FTA)이나 관세 동맹(CU), 공동 시장(CM) 등의 경제 통합체를 결성하여 회원국들 간의 교역을 확대하고, 시장을 통합해 왔다. 이러한 지역 통합 추세는 1960년대부터 시작되었는데, 제2차 세계대전 이후 GATT 출범으로 세계 무역 체제를 다자 체제로 설정한 가운데에서도 특정 국가들 간의 경제 통합은 계속 이루어져 왔다. 특히, 1990년대 들어 그동안 자유 무역을 주장하며 지역적 통합주의를 반대하던 미국이 캐나다, 멕시코와 함께 NAFTA를 출범시키면서 전 세계적으로 다시 한 번 지역 통합에 대한 관심을 불러일으켰고, 이에 영향을 받아 세계 곳곳에서 새로운 경제 통합체들이 출범하고, 활동을 멈추었던 기존의 경제 통합체들도 새롭게 활기를 띠기 시작하였다. 이에 따라 세계의 경제 통합 흐름에 늘 한 발짝 떨어져 있던 한국도 2002년 처음으로 칠레와 FTA를 체결하고 본격적으로 경제 통합 결성에 발을 내디뎠다.

이 장에서는 먼저 우리나라가 과거와는 달리 경제 통합에 적극적인 자세로 돌아선 이유에 대해 알아보고, 다음으로 우리나라가 현재까지 체결한 칠레, 싱가포르, EFTA, ASEAN, 미국, 베트남, 중앙아메리카 국가 등과의 FTA 협상 과정과 협정 내용을 자세히 알아본다.

제1절 한국의 FTA 추진 정책

우리나라는 전후 GATT(General Agreement on Tariffs and Trade)와 WTO(World Trade Organization)로 대표되는 다자 무역 체제를 지지하였고, 또 그러한 다자주의의 가장 큰 수혜국으로서 대외 교역을 통해 경제 성장을 이룬 대표적인 국가로 꼽히고 있다. 특히, 무역 의존도가 100%가 넘는 우리나라는 국가의 지속적인 경제 발전을 도모하기 위해서도 교역의 지속적 확대가 필수적이다. 하지만 최근의 세계 경제 추세를 보면 자유무역협정(Free Trade Agreement: FTA) 결성을 통한 지역 통합주의가 활발하게 이루어지고 있으며, 이러한 지역주의의 경향은 과거 GATT 체제보다 현재의 WTO 체제에서 오히려 급속도로 확산되는 경향을 보이고 있다.

우리나라도 이러한 세계적 추세에 부응하여 적극적으로 FTA를 추진하는 쪽으로 방향을 틀었는데, 이렇게 한 이유를 크게 몇 가지로 나누어 볼 수 있다. 우선, 세계적으로 확산되는 지역주의에 적극적인 대응을 하기 위해서다. 1991년 마스트리히트조약의 결과에 따른 EU의 출범과 1994년 NAFTA의 발효를 계기로 지역주의가 세계적으로 확산되면서 FTA 네트워크의 역외 국가로서 입게 되는 피해를 최소화하고, 나아가 이러한 도전에 적극적으로 대응하기 위해 FTA를 추진하게 되었다. 특히, 우리나라와 같이 대외 경제 의존도가 높은 국가의 경우 주요 시장이 다른 국가와 FTA를 체결하게 되면 수출이 상대적으로 어렵게 되기 때문에, 기존 수출 시장을 유지하고 새로운 시장에 진출하기 위해서 FTA 확대에 최선을 다하는 것은 당연하다고 할 수 있다. 따라서 우리나라 상품의 수출 경쟁력을 유지하고 안정적인 해외 시장을 확보하기 위해서는 주요 교역 국가들과의 FTA 체결을 계속 늦추기는 어려웠다.

둘째, 보다 능동적으로 시장을 개방하고 자유화를 통해 국가 전반의 시스템을 선진화하고 경제 체질을 강화하기 위해 FTA를 추진하였다. FTA를 통해 얻을 수 있는 결과 중 하나는 무역과 투자 패턴의 변동으로 인한 경제 구조의 변화이다. 이러한 변화는 먼저 기업의 경영 및 생산 활동에 미치는 경쟁의 심화를 통해 촉발되며, 구조 조정의 필요성에 직면해 있는 우리 경제가 양적인 성장뿐 아니라 질적인 발전을 통해 진정

그림 12-1 한국의 FTA 경제 영토

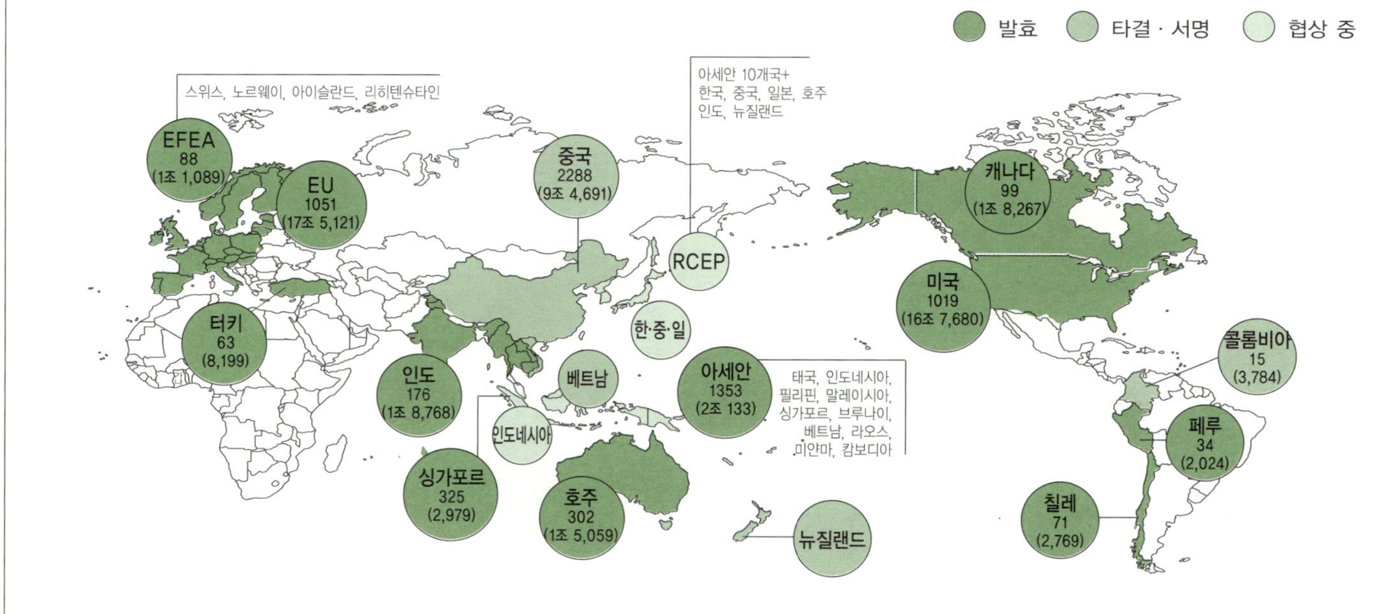

주: 2013년 기준, EFTA GDP는 2012년 기준.

한 선진 경제로 거듭나기 위해 FTA를 적극적으로 활용할 필요가 있는 것이다. 각 국가들도 산업 경쟁력과 국가 경쟁력을 신장시키는 정책 수단으로서 FTA 및 이에 수반되는 무역 자유화(trade liberalization)를 주요 정책 수단으로 활용하고 있다. 한편, FTA를 통해 국내 기업들이 선진국 기업들과의 교류를 확대함으로써 첨단 경영 기법을 도입해 경영 능력을 향상하고, 생산 구조의 고도화도 꾀할 수 있다.

셋째, 동아시아 내의 FTA 확산 추세에도 대응할 필요가 있었다. 일본은 1990년대 이후 장기 불황에 빠졌을 때 경제난을 벗어나기 위해 스스로 통상 정책의 다층화를 추진하면서 자연스럽게 아시아 내에 쌍무적·다자적 FTA를 고려하기 시작하였다. 그리고 그 일환으로 2002년 싱가포르와 신시대경제동반자협정(Japan-Singapore Economic Agreement for a New Age Partnership)을 체결하였고, 같은 해 ASEAN과 자유 무역을 체결한다는 포괄적 경제 협력안(Comprehensive Economic Partnership Plan: CEP)을 제시하였다. 중국도 2001년 브루나이에서 개최되었던 ASEAN+3 회의에서 한국과 일본을 제치고 독자적으로 10년 이내에 ASEAN이 참여하는 AFTA와 FTA를 위한 기본 협정을 체결하였다. 그리고 2003년부터 ASEAN과 관세 인하 협상을 시작하여 2004년 중반까지 이를 타결한 후 2007년부터 농산물을 포함한 600개 품목의 관세를 제거하기로 합의하였다. 싱가포르도 2002년 초 일본과 FTA를 체결한 후 2003년 EFTA, 호주와 FTA를 체결하였다. 이렇게 동아시아 지역에서 과거의 경제 통합에 대해 부정적이었던 시각과는 달리 2000년 들어 FTA 체결이 활발히 이루어지고 확산되자, 한국도 이러한 주변국들의 움직임을 계속 외면하기보다는 적극적으로 대응하는 쪽으로 방향을 잡았다.

넷째, 외국인 투자의 적극적 유치 및 우리 기업의 해외 진출 거점 확보를 위해서이다. 주요 선진국과 FTA를 체결함으로써 그동안 우리나라 시장에 진출하려고 기회를 엿보던 외국인 직접 투자를 유치·확대시킬 수 있다. 또한 FTA를 통해 우리나라 기업들도 상대국 시장에 투자가 보장됨으로써 안정적인 투자 활동을 할 수 있고, FTA 체결 상대국을 생산 거점으로 하여 주변 국가들의 시장에도 접근할 수 있다.

제2절 한국의 FTA 체결 현황

한국은 세계적인 FTA 확산 추세에 대응하여 안정적인 해외 시장을 확보하고 개방을 통해 우리 경제의 경쟁력을 강화하기 위해 동시다발적으로 FTA를 추진한 결과 2002년 최초로 칠레와 FTA 체결 후 싱가포르, EFTA, ASEAN, 미국, 호주, 중국, 베트남 등 여러 나라와 연속적으로 FTA를 체결하였고, 일본, 인도네시아, 멕시코, GCC 등과 협상을 진행 중이다.

이 절에서는 우리나라가 그동안 FTA를 체결한 국가나 경제 통합체들을 중심으로 그 협정 내용을 살펴본다.

1. 한-칠레 FTA

칠레는 남아메리카에 위치한 좁고 긴 형태를 띤 국가인데, 국토 면적이 75만 6,096 km^2로 한반도의 3.5배에 이르고, 인구는 1,800만 명이다. 2014년 GDP(PPP 기준)가 4,102억 달러(PPP 기준)로 세계 42위를 차지하고 있으며, 1인당 GDP는 2만 3,165달러(PPP 기준)로 세계 53위이다. 또한 천연자원이 풍부하고 지리적으로도 유리한 위치에 있어 선진국이나 거대 경제권의 국가들이 앞다투어 교역을 희망하여 현재까지 총 60여 개국과 FTA를 체결하였다.

우리나라는 1998년 11월 5일 대외경제조정위원회에서 FTA 체결을 추진하기로 결정하고, 첫 대상국으로 칠레를 선정하였다. 칠레가 이렇게 우리나라의 첫 번째 FTA 대상국으로 선택된 이유는 칠레가 과감한 개혁 정책으로 개방적이고 안정적인 경제 제도를 구축하고 있으며, 원·부자재 위주의 수출 구조와 제조업 위주의 수입 구조를 가지고 있어 우리나라와 산업 구조가 보완적이고, 지리적으로 지구 정반대에 위치하여 계절적으로 반대이기 때문에 민감한 농산물 시장 개방에 따른 충격을 완화시킬 수 있다는 점이 우선적으로 고려되었다. 또한 당시 컴퓨터, 전화, 휴대폰 및 인터넷 보급률이 중남미 1위 국가이면서 디지털 경제로 급속히 전환되고 있는 상황이어서 우리의 IT

산업이 진출하기 유망한 시장이고, 칠레가 중남미 대부분의 국가 및 캐나다, 멕시코 등과 FTA를 체결하고 있어 배후 시장인 미주 시장에 진출하기 위한 지역 거점으로도 활용이 가능하며, 더불어 칠레의 FTA 체험 경험을 흡수할 수 있다는 점도 폭넓게 고려되었다.

1998년 말레이시아 쿠알라룸푸르에서 개최된 APEC 정상 회담에서 칠레와 FTA 협상을 진행하기로 합의하면서, 양국 간 FTA 체결을 위한 약 4년 동안의 협상이 시작되었다. 구체적으로는 1999년 서울과 산티아고에서 각각 4월과 6월에 개최된 고위 작업반 회의 이후, 양국과 제네바를 오가며 총 6회에 걸친 협상이 중단과 재개를 반복하다가 2002년 10월 25일 협상이 타결되면서 우리나라에서는 처음으로 FTA가 체결되었고, 국회 통과를 거쳐 2004년 4월 1일부터 발효되었다.

협상 과정에서 가장 문제가 되었던 것은 한국이 제시한 농산물 양허안에 대한 칠레의 반발이었다. 한국은 농민들의 반발을 고려하여 농산물 중 377개의 민감 품목에 대해 예외 조치를 요구하였다. 그 내용을 보면 배추, 토마토, 냉장 닭고기, 버섯 등은 5년 내에 관세를 철폐하고, 키위, 돼지고기, 냉동 마늘, 견과류 등에 대해서는 10년 내에 관세를 철폐하기로 하였다. 소고기, 사과, 배에 대해서는 도하개발아젠다(DDA) 협상 이후로 협상을 미루고, 포도와 복숭아는 계절 관세를 부과하도록 하였다. 이에 따라 총 1,432개 품목 중에 15.5%인 222개 품목은 즉시 관세를 철폐하고, 37.7%인 539개 품목은 5년 내에 관세를 제거하며, 나머지 품목은 10년의 관세 유예 기간을 두거나 도하개발아젠다 협상 이후로 협상을 미루도록 하였다. 이러한 우리의 양허안에 대해 칠레는 반발하였고, 오히려 그동안 협상 과정에서 언급하지 않았던 타이어, 냉장고, 세탁기 등 257개 품목을 협상 대상에서 제외하거나 10년 동안 연차적으로 관세를 내리자는 안을 포함시켜 공산품 수출을 증대시키려는 한국의 의도를 꺾으려 하였다. 이에 따라 양국 간 협상이 중단과 재개를 반복하게 되었고, 2001년 열릴 예정이던 5차 협상이 연기되었다. 그 후 1년 동안 협상이 표류하다가 2002년 8월 재개된 5차 협상, 같은 해 10월 6차 협상에서 양국 간의 의견차가 마침내 해소되었다. 그동안 입장 차이가 컸던 칠레산 농산물(쌀, 사과, 배)과 한국의 세탁기, 냉장고를 예외 품목으로 인정하고, 다른 민감한 품목들에 대해서는 단계적으로 관세를 철폐하기로 합의되었다. 마지막 걸림돌이 되었던 금융 시장 개방 문제는 FTA 발효 후 4년 후에 재협의하도록 함으로써 협상이 종료되었다.

그 후 2004년 4월 1일부로 정식으로 발효된 한-칠레 FTA는 전문과 본문 21장 215조, 그리고 부속서로 이루어졌는데, 농산물을 포함한 상품 양허권 및 시장 접근, 원산지 규정, 통관 절차, 긴급 수입 제한 조치, 반덤핑 조치와 상계 관세 조치, 위생 및 식물위생 조치, 표준 관련 조치, 투자 및 서비스에 관한 규정, 무역 규범, 지적재산권 등 광범위한 분야에서의 합의 내용을 담았다. 한국은 공산품 중 승용차, 화물차, 휴대폰, 컴퓨터 등 대칠레 수출의 66%를 차지하는 품목의 경우 발효 즉시 관세를 철폐하였고, 석유 화학 제품, 자동차 부품 등은 5년 내 관세를 철폐하였다. 칠레가 경쟁력을 가지고 있는 것으로 평가된 사과, 배, 쌀은 양허 대상에서 제외하였으며, 포도는 계절 관세를 적용하였다. 고추, 마늘, 양파, 낙농 제품 등 고율 관세가 적용되는 상품들은 도하개발아젠다 협상 종료 후 재논의하기로 하였고, 홍어, 정어리 등 한국 어업에 민감한 품목은 무관세화 목표 연도를 최대 10년으로 늦추기로 합의하였다.

양국이 합의한 시장 접근 양허안을 자세히 살펴보면 농업을 포함한 전 산업을 자유화 대상으로 하는 것을 원칙으로 하였는데, 품목 수를 기준으로 할 때 한국은 총 1만 1,170개 품목 중 87.2%에 해당하는 9,740개 품목이 협정 이행과 동시에 관세가 철폐되었고, 96.2%에 해당하는 품목의 관세는 10년 이내에 제거하기로 하였다. 칠레는 전체 5,854개 품목 중 41.8%를 차지하는 2,450개 품목이 협정 후 즉시 관세가 철폐되고 96.5%에 해당하는 5,648개 품목은 10년 내 철폐하기로 합의하였다. 10년 내 관세 철폐 품목을 보면 한국은 공산품, 임산물 및 수산물 전 품목과 농산물의 70.3%인 1,007개 품목이 해당되고, 칠레는 공산품 4,664개, 농산품 687개 품목을 포함한 5,648개 품목이 10년 내에 자유화된다. 하지만 일부 민감 품목에 대해서는 자유화 일정을 탄력적으로 적용하고, 민감도에 따라 쿼터 물량 제공, 특혜 관세 부과, 관세 철폐 이행 기간 부여, 자유화 일정 예외 설정 등을 적용하였다.

농산물의 경우 칠레는 소고기 및 쌀 관련 일부 품목만을 10년 후 관세 제거 대상으로 하였고, 나머지 품목은 모두 즉시 관세를 제거하기로 하였다. 우리나라는 농업의 근간이 되는 주요 품목인 쌀, 사과, 배를 관세 자유화에서 제외하였고, 칠레산 포도에

표 12-1 우리나라 양허안 개요 (단위: 우리나라 HS 10단위 기준, %)

양허 카테고리	전체	공산품	농산물	임산물	수산물	주요 품목(농산물)
즉시 철폐	9,740 (87.2)	9,101 (99.9)	224 (15.6)	138 (58.2)	277 (69.5)	배합 사료, 종우, 양모, 커피
5년 내 철폐	701 (6.3)	–	545 (38.1)	70 (29.5)	86 (21.5)	고사리, 장미, 두부, 포도주, 아몬드
7년 내 철폐	41 (0.4)	1 (0.01)	40 (2.8)	–	–	과일 주스, 과실 조제품, 가금류 고기, 수프, 감자
9년 내 철폐	1 (0.01)	–	1 (0.07)	–	–	기타 과일 주스
10년 내 철폐	262 (2.3)	–	197 (13.8)	29 (12.3)	36 (9.0)	토마토, 돼지고기, 오이, 키위
계절 관세[1)]	1 (0.01)	–	1 (0.07)	–	–	포도
16년 내 철폐[2)]	12 (0.1)	–	12 (0.8)	–	–	조제 분유, 혼합 주스
관세 할당/DDA 이후 논의	18 (0.15)	–	18 (1.26)	–	–	소고기, 닭고기, 맨드린
DDA 이후 논의	373 (3.3)	–	373 (26.0)	–	–	마늘, 양파, 고추, 낙농 제품
제외	21 (0.2)	–	21 (1.5)	–	–	쌀, 사과, 배
합계	11,170	9,102	1,432	237	399	

주: 1) 일정 기간(11~4월)에만 관세 철폐(10년 균등).
2) 5년 후 협상 개시, 1년 협상, 최장 10년 내 관세 철폐.
자료: 외교통상부.

대해서는 계절 관세를 부과하기로 하였다. 소고기(400톤), 닭고기(2,000톤, 냉동·조제 저장) 등 모두 18개 품목은 일정 수입량을 무관세로 하면서 제한량을 넘어서는 물량에 대한 관세 제거를 도하개발아젠다 협상 후 논의하기로 하였다.

제조업 부문의 경우 한국은 전기동(電氣銅)을 제외한 모든 품목에 대해 관세를 즉시 철폐하기로 하였고, 칠레는 승용차·화물차·플라스틱 제품·철강 제품(파이프·주방용품) 등에 대해서 관세를 즉시 철폐하고, 시멘트·석유 화학·자동차 부품 등은 5년 내, 유류 여과기 등은 7년 내, 고무 제품·철강·섬유·의류·타이어(승용차·버스)·철강 제품

표 12-2 칠레 양허안 개요 (단위: 칠레 HS 8단위 기준, %)

양허 카테고리	전체	공산품	농산물	임산물	수산물	주요 품목
즉시 철폐	2,450 (41.8)	1,478 (30.6)	677 (92.9)	96 (100)	199 (99)	TV, 자동차, 컴퓨터, 휴대폰
5년 내 철폐	1,994 (34.1)	1,992 (41.3)		–	2 (1.0)	폴리에틸렌, 수송용 차량
7년 내 철폐	14 (0.2)	14 (0.3)		–	–	유류 여과기
10년 내 철폐	1,190 (20.3)	1,180 (24.4)	10 (1.1)	–	–	축전지, 청소기
5년 거치 8년 내 철폐[1)]	152 (2.6)	152 (3.1)		–	–	철강, 섬유 및 의류
예외	54 (1.0)	12 (0.2)	42 (5.8)	–	–	세탁기, 냉장고
합계	5,854	4,828	729	96	201	

주: 품목 분류, HS code 변경 등으로 품목 수가 일부 변경될 수 있음.
1) 협정 발효 6년부터 13년까지 균등 철폐됨.
자료: 외교통상부.

(평판 압연·합금강의 봉)·조명 기구 등은 5년 거치 후 13년 내 철폐(8년 균등 인하)하기로 하고, 냉장고·세탁기 등은 자유화 대상에서 제외하였다.

이러한 시장 접근 이외에도 양국은 무역 규범의 전반적인 개선을 추구하기로 합의해 양국이 경쟁법 분야에 상호 정보 교환 등 협력을 추진함으로써 비경쟁적 조치가 무역에 장애가 되지 않도록 하고, 유명 상표의 지적재산권 보호도 강화하기로 하였다.

투자 분야에서는 설립 전 단계의 투자에 대해서는 내국민 대우를 보장함으로써 양국 투자자의 상호간 투자 기회를 확대하였고, 설립 후 단계의 최혜국 대우, 이행 의무 금지, 분쟁 해결 절차 규정을 통해 이미 투자된 투자의 보호를 극대화하는 장치를 마련하였다. 원칙적으로는 직접 투자와 간접 투자를 포함한 모든 종류의 투자를 협정의 적용 대상으로 정하였지만, 예외적으로 상업적 채권과 은행, 보험회사, 신용금고 등 금융 기관에 대한 투자는 투자 범위에서 제외하였고, 협정이 발효된 4년 후 서비스 교역에 대해서도 서비스 공급자에게 내국민 대우를 보장하고, 서비스 교역의 제한 조치를 금지함으로써 양국 간 자유로운 서비스 공급이 가능하도록 하는 제도적 장치를 도입하였다.

원산지 규정은 자유무역협정 제5, 6장에 명시되어 있는데, 상품이 당사국에서 완전하게 생산된 경우 당사국의 원산지 상품으로 인정하지만, 제3국에서 원재료를 수입하여 가공한 경우에는 실질적인 변형(substantial transformation)이 이루어진 곳을 원산지로 인정하였다. 이때 '실질적인 변형'을 판단하는 기준은 세번 변경 기준을 원칙적으로 하며, 부가가치 기준 및 특정 공정 기준 등을 보완적으로 적용하기로 하였다. 원산지 확인을 위해 세관 당국이 수출국에 원산지 관련 정보를 요구하거나 생산자의 시설을 직접 방문하여 생산 관련 기록 및 시설을 검사할 수 있으며, 원산지 증명서가 허위로 작성되었을 경우 원산지 규정 준수를 입증할 때까지 특혜 관세를 중지할 수 있도록 하였다.

분쟁 해결을 위한 효과적인 절차도 마련하였는데 한-칠레 FTA 및 WTO 협정의 공동 해당 사안인 경우 양 협정상의 분쟁 해결 절차의 선택이 가능하도록 하였고, 협정 이행상의 분쟁 해결을 위하여 당사국의 각료급으로 구성된 자유무역위원회(FTC)를 설치하고, 협정 이행과 관련한 행정·기술적 업무를 수행하는 사무국을 설치하기로 하였다. 분쟁 해결 절차는 당사국 사이의 협의, 자유무역위원회의 주선, 화해 및 중개, 패널 설치의 순서로 진행되며, 패널은 당사국들이 패널 위원 후보 명단을 작성하고 패널 설치 요청서 접수 후 15일 이내에 명부에 기재된 패널 위원 후보 중에서 3인으로 패널을 구성하기로 하였다. 그러면 패널은 사실 확인 및 피제소국의 의무 위반 여부를 심사하고 분쟁 해결 권고안을 작성하고, 또한 최초 보고서와 최종 보고서를 분쟁 당사국에 제출한다. 의견을 수렴한 최종 보고서를 제출한 30일 이내에 권고 사항이 이행되지 않는 경우에는 분쟁에 따른 피해 상당액의 보복 조치를 제소국이 취할 수 있도록 하였다.[1]

이러한 내용으로 칠레와 FTA를 체결함으로써 다른 나라와 역사상 최초로 경제 통합 협정을 성공시키게 되었고, 아시아 국가로서는 처음으로 남미권과 FTA 체결에 성공하여 중남미 시장으로 우리 기업이 활동 반경을 넓히고 수출 시장을 다변화하는 데

1 외통부 · KIEP(2003).

필요한 통상 인프라를 구축하게 되었다. 협상 과정에서 쌀, 사과, 배 등을 협정의 예외 품목으로 하여 농업 부문의 피해를 최소화하였다. 또한 승용차, 화물차, 컴퓨터 등 대칠레 수출의 67%를 차지하는 품목에 대해 발효 즉시 관세 철폐를 확보하였고, 우리의 대외 개방 및 내부 개혁 의지를 대내외에 과시함으로써 대외 신뢰도를 크게 제고할 수 있게 되었다. 칠레도 아시아 국가와는 최초로 FTA를 성사시킴으로써 아시아 지역으로의 교역을 확대해 나갈 수 있는 중요한 교두보를 확보하였다.

한-칠레 FTA 발효 이후 4년여가 지난 시점에서는 수출이 연평균 61.7%, 수입은 35.7%, 그리고 교역량은 43.8% 증가하는 등 양국 간의 경제적 교류가 눈에 띄게 확대되었다. 특히, 자동차의 경우 칠레에서 2007년 시장 점유율 29.3%를 기록하여 25.2%를 기록한 일본을 제치고 수입차 시장에서 1위로 부상하였다. 하지만 칠레가 2005년 중국과 FTA를 체결함에 따라 칠레 시장 내에서 중국산과 경쟁이 심화되면서 세탁기와 통신 케이블, 진공청소기, 밸브, 플라스틱 제품, 폴리에스테르 직물 등 다수의 품목에서 한국산 제품의 경쟁력이 떨어지면서 어려움을 겪기도 하였다.

그 후 한-칠레 FTA가 발효된 지 10년이 지난 시점에서 교역액을 비교해 보면, 발효 전인 2003년 16억 달러에서 2013년 71억 달러로 4.5배 성장하였다. 수출액은 2003년 5억 달러에서 2013년 25억 달러로 약 5배 가까이 증가하였으며, 수입액은 2003년 11억 달러에서 2013년 47억 달러로 4.4배가 증가하였다. 대(對)칠레 수출 품목도 2003년 670개에서 2013년 1,118개로 2배 가까이 증가하며, 수출 품목이 다변화되고 있다. 이러한 한-칠레 교역 증대는 동기간 한국의 대중남미, 대세계 수출입 및 교역 증가율보다 높은 수치로 FTA 체결이 양국 간 교역에 긍정적인 영향을 끼쳤음을 알 수 있다.

지난 10년간 수출액을 기준으로 가장 큰 수혜를 받은 분야는 수출액의 50%를 차지하는 자동차 산업으로 볼 수 있다. 현재 한국산 자동차는 칠레 시장의 30~35%를 차지하며 2007년부터 수입국 점유율 1위를 고수하고 있다. 그 외 칠레 휴대폰 시장에서 삼성 갤럭시 시리즈를 비롯한 한국산 스마트폰이 높은 인기를 얻고 있으며, 구리 전선과 케이블, 황산 등도 칠레 광업과 에너지 산업의 호황에 따라 수요가 증가하며 수출이 증가하고 있다. 이러한 추세에 힘입어 한국의 2013년도 대칠레 100대 주요 수출 품목 중 수입 시장 점유율 면에서 1위 품목이 22개, 2위 33개, 3위 13개 등 5위 이내 품목이

84개나 차지하여, 양국 간 FTA를 통한 시장 선점 효과를 톡톡히 누리고 있다.[2](KOTRA, 2014)

그러나 이러한 수출 시장에서의 선전에도 불구하고 수입액 증가도 뒤따라 우리나라와 칠레 간 교역은 약 20억 달러가 넘는 무역 적자를 기록하고 있다. 또한 한국농촌경제연구원의 발표에 따르면 2013년 칠레산 농축산물 수입액이 FTA 발효 전인 2003년에 비해 11.3배 증가한 7억 8,000만 달러로 나타났다. 한-칠레 FTA의 대표 품목으로 알려진 포도의 경우 12.2배가 증가하였고, 돼지고기 3.4배, 키위 6.8배로 늘어났다. 칠레산 포도는 국내 포도 농가뿐만 아니라 3~5월에 출하되는 국산 과일·과채의 소비도 대체해 수요를 감소시켰다. 그러나 우리나라의 농축산물 수출은 면류(라면, 국수 등)와 과자류, 소스 등 570만 달러에 불과하였다. 따라서 FTA 발효 이후 양국 간 농축산물 교역 증가율은 19.4% 포인트 증가(11.1%→30.5%)하였지만, 그 결과 대칠레 무역 수지 적자는 2003년 6,900만 달러에서 2013년 7억 8,000만 달러로 더욱 확대되었다. 결국 한-칠레 FTA의 경제적 효과는 업종별로 평가가 엇갈리고 있다.

2. 한-싱가포르 FTA

싱가포르는 인구가 547만 명, 면적이 718.3km^{2}로 서울(605.2km^2)보다 약간 큰 소규모의 도시형 국가지만, 2013년 GDP(PPP 기준)는 4,253억 달러, 1인당 GDP(PPP 기준)는 7만 8,762달러로 세계 3위의 경제 강국이다. 또한 세계에서 백만장자의 비율이 가장 높은 국가로, 6명 중 1명이 미화 100만 달러 이상의 가처분 재산을 보유하고 있다. 동서양을 잇는 지정학적인 위치에 자유 무역항으로 명성을 얻어 온 싱가포르항은 세계 5위의 무역항이며, 무역 의존도가 전 세계에서 가장 높아 무역 총액이 GDP의 407.9%에 이른다. 동시에 동아시아 최고의 비즈니스 중심지로서 현재 미국·EU·일본 등 선진국의 글로벌 기업 7,000여 개가 진출해 있는데, 중국계 기업과 인도계 기업이 각각 1,500여 개씩 자리잡고 있다. 그 외에도 세계 3위 수준의 정유 산업, 전자 산업을 중심으로 한

2 칠레 시장에서 한국산 승용차, 디젤용 기타 차량, 폴리에틸렌 등이 1위, 일반 화물차, 휴대폰, 경유 등이 2위를 차지하고 있다.

한국과 싱가포르 간 FTA 협상 장면

제조업, 그리고 런던·뉴욕·도쿄에 이은 세계 4위 수준의 국제 금융 중심지를 자랑하는 세계적 강소국이다.

싱가포르는 2000년 9월 뉴질랜드와 FTA를 체결한 이후 일본·호주·미국·요르단·유럽자유무역연합(EFTA)과 FTA를 체결하였고, 2005년 6월에는 칠레·뉴질랜드·브루나이와의 4국 간 FTA 협상을 타결하고, 캐나다·인도·멕시코·카타르·바레인·이집트·페루·파나마·스리랑카·쿠웨이트 등과도 FTA 협상 중이었던 FTA 강국이기도 하였다.

우리나라와는 1999년 9월 오클랜드 APEC 정상 회담 때 고촉통 총리가 한국-싱가포르-칠레 간 FTA를 제의한 이래 2002월 10월 16일 대외경제장관 회의에서 한-싱 FTA 산·학·관 공동 연구회를 추진하기로 합의하였다. 그 후 2003년 서울과 싱가포르를 오가면서 세 차례 공동 연구회 회의를 하였고, 그해 10월 23일 싱가포르 국빈 방문을 계기로 양국 정상 회담 때 정부 간 협상 개시를 선언함으로써 FTA를 위한 본격적 행보가 시작되었다. 2004년 초부터 FTA 협상을 개시한 후 다섯 차례의 협상과 두 차례 실무 회의, 세 차례의 통상장관 회의를 거쳐 2004년 11월 29일 ASEAN+3 정상 회의에서 한·싱 정상 회의가 개최될 때 FTA 협상이 실질적으로 타결되었음을 선언하였다. 그리고 2005년 8월 4일 한-싱가포르 FTA 협정문을 서울에서 정식으로 서명하였고, 그해 12월

표 12-3 우리나라의 상품 양허안 개요					(단위: 우리나라 HS 10단위 기준, %)
구분	품목 수(비율)	공산품	농산물	수산물	임산물
즉시 철폐	6,724 (59.7)	반도체, 컴퓨터, 통신기기, 철강, 자동차, 선박, 섬유류 등	제분용 밀, 사탕무·수수, 팜유 등	연어, 홍합, 냉동 해조류 등	석재류, 원목, 단판 등
5년 내 철폐	2,009 (17.8)	석유 아스팔트, 글리세롤 등 유기 화학품, 면도기, 전기 다리미 등	곡류 가공품, 커피, 초콜릿 등	염장품, 통조림 등	대바구니, 부챗살 등
10년 내 철폐	1,582 (14.1)	염화수소, 염화암모늄, 포름산 등의 유기 화학품, 전동기 등	살구, 딸기, 콩, 감자, 무, 인삼, 주류 등	고등어·대구 등 일부 냉동품, 쥐치포 등	제재목, 성형 목재, 파레트 등
양허 제외	946 (8.4)	휘발유 등 석유 제품, 볼베어링, TV 수신기 등	쌀, 사과, 배, 양파, 마늘, 소고기 등	양식용 활어 및 패류, 열대 관상어 등	합판, 섬유판 등
계	11,261 (100)	–	–	–	–

자료: 외교통상부·대외경제정책연구원(2005a), p. 50.

1일 한-싱가포르 FTA 국회 비준 동의안이 통과됨으로써 2006년 3월 2일부터 한-싱가포르 FTA가 발효되었다.

이렇게 발효된 한-싱가포르 FTA의 내용을 자세히 살펴보면, 상품 무역에 있어 싱가포르는 모든 품목에 대하여 발효 즉시 관세를 철폐하였으며, 우리나라는 품목 수 기준으로 91.6%에 대한 관세를 최대 10년 내에 철폐하기로 하였는데, 공산품은 일부 품목을 제외하고 대부분의 관세를 최대 10년 내 철폐하고, 농림수산물에 대해서는 상당수의 품목을 제외하여 다소 보수적으로 양허하였다.

원산지 기준은 우회 수입 방지 및 양국 간 교역 활성화, 투자 확대 등을 종합적으로 고려하여 결정하였는데, 우회 수입 우려가 큰 제품에 대해서는 세번(稅番) 변경과 함께 일정 수준 이상의 부가가치가 역내에서 창출될 경우에만 원산지로 인정하기로 하였다.[3]

서비스 및 투자 부문의 양허안을 보면 양국 서비스 공급자 및 투자자에게 WTO 서

3 역내 부가가치 기준은 대체로 50%(공제법 기준) 수준에서 타결하여 한-칠레 FTA에서의 45%보다 강화하였다.

표 12-4	한국 · 싱가포르 양국의 서비스·투자 양허안 개요	
	현행 유보(Annex 9A)[1)]	미래 유보(Annex 9B)[2)]
우리나라 (총 81건)	회계, 세무, 변리사, 약국 서비스 제공에 대한 제한, 스크린 쿼터, 운송 서비스에 대한 제한, 기본 통신 사업 지분 제한, 지방정부 조치 등 50건	비거주자에 대한 자본 거래 제한, 외국인 토지 취득 제한, 방송·전력·우편·도박·법률·의료 서비스 제공에 대한 제한 등 31건
싱가포르 (총 64건)	현지인 고용, 건축사 자격, 토지 감정, 의약품 도소매, 회계, 약사 제공 서비스 관련 제한 등 34건	법률, 방송, 도박, 신문 간행, 초·중등 교육, 우편, 신용 평가, 부동산, 운송 지원 관련 서비스 등 30건

주: 1) 현행 유보(Annex 9A)는 서비스협정상의 의무에 불일치하는 현존 정부 조치를 의미하며, 장래에는 현존하는 것보다 더 규제적인 방향으로 개정 불가.
2) 미래 유보(Annex 9B)는 서비스협정상의 의무가 배제되는 분야를 의미하며, 현행보다 더 규제적인 조치를 취하는 것도 가능.

비스협정(GATS) 수준 이상의 포괄적이고 구체적인 자유화를 약속하였다. 그리고 상대국 서비스 공급자에게 내국민 대우 및 시장 접근 권리를 부여하고 양국 간 자유로운 서비스 공급이 가능하도록 하는 제도적 장치를 도입하며, 비구속적인 수량 제한(QR) 조항을 두고 있는 한-칠레 FTA와는 달리 구속적인 시장 접근(MA) 조항을 포함하였다.[4]

투자 촉진을 위하여서는 상대국에 대해 내국민 대우를 부여하고, 투자자에 대한 특정 이행 의무(performance requirement) 부과와 고위 경영진에 대한 국적 의무 부과를 금지하였으며, 방위 산업, 방송, 전력, 가스 등 일부 분야를 제외하고 대부분의 분야를 개방하였다.

우리나라는 서비스·투자 분야에서 회계사, 변리사 등의 서비스와 스크린 쿼터, 외국인 토지 취득 등을 제한하고, 방송·전력·우편·도박·법률·의료 서비스 등을 제외한 기존 서비스 시장의 개방 범위 내에서 양허하였다.

그 밖에 북한의 개성공단 또는 한반도 여타 공업 지구에서 생산되는 것으로 부속서에 기재된 품목(HS 6단위 4,625개)에 대하여도 특혜 관세를 인정하기로 하였다. 그러나 협정에 따른 관세 철폐로 수입이 증가하여 국내 산업에 심각한 피해를 가져올 경우 양

4 비구속적 수량 제한이란 서비스 공급에 대한 양적 제한 조치(서비스 공급자 수 제한, 총매출 제한 등)에 대해 철폐 의무를 부과하지 않고 단지 리스트를 작성하는 방식을 의미하는 데 반해, 구속적인 시장 접근이란 서비스 공급에 대한 양적 및 질적 제한 조치에 대해 유보된 조치를 제외하고는 철폐 의무를 부과하는 것을 의미한다.

자 간 긴급수입제한제도(safeguard 조치) 발동을 허용함으로써 수입 증가에 대비한 보완 장치를 마련하고, 일부 정부 조달 부문의 추가 개방, 기술사 출신 대학 인정 범위도 확대하였다.[5]

이렇게 싱가포르와 FTA가 체결됨으로써 세계적인 물류·금융 및 비즈니스 중심지인 싱가포르와 전략적 연계가 강화되어 우리 기업의 동남아 진출 기반을 마련하였고, 개성공단 등 북한 경제 특구 생산 제품에 대한 FTA상의 특혜 관세 부여 규정을 마련하는 선례를 구축함으로써 향후 개성공단 생산 제품의 해외 판로 개척에도 크게 기여하였다.

한-싱가포르 FTA 체결 후 양국 간 교역량 변화를 보면 FTA 발효 전인 2000~2005년간 연평균 5.2%의 증가율을 기록하였지만, 발효 후 2006~2011년 기간 동안 연평균 11.7% 증가하였다. 이러한 양국 간 교역 활성화는 주로 우리나라의 대싱가포르 수출 증가에서 비롯되었다. 수출의 경우 한-싱가포르 FTA 발효 전에 연평균 4.6%의 증가율을 기록하던 것이 FTA 발효 후에는 연평균 14.0%로 크게 상승한 반면, 수입은 FTA 발효 전 연평균 6.1% 증가율에서 발효 후 7.3%로 소폭 상승해 상대적으로 수출 증가율보다 낮은 수치를 기록하고 있다.

이에 따라 우리나라의 대싱가포르 무역 수지 흑자 역시 FTA 발효 이후 크게 증가하였다. 즉, 한-싱가포르 FTA 발효 이후 무역 수지 흑자 증가율은 연평균 22%로 FTA 발효 전 1.4%를 크게 상회한다. 특히, 한-싱가포르 FTA 발효 후 2년차인 2008년에는 수출의 급증으로 인해 무역 수지 흑자 규모가 전년 대비 55.8%로 크게 증가하였다. 그 후 세계적인 금융 위기로 2009년에 일시적으로 규모가 줄어들었지만, 2010년부터 다시 급증하기 시작하여 2011년 흑자 규모가 119억 달러로 사상 최고치를 기록한 후 그 추세를 유지하고 있다.

주요 교역 품목을 산업별로 살펴보면 한-싱가포르 FTA 발효 이후 석유 정제품 제조업, 선박 및 보트 건조업, 그리고 전자 부품 및 전동기, 발전기 및 전기 변환 공급 제어 장치 제조업의 수출 증가가 두드러졌다. 대싱가포르 수입 증가율이 높아진 산업은

5 외통부·KIEP(2005a).

기타 화학 제품 제조업, 석유 정제품 제조업, 의료, 측정, 시험 및 기타 정밀기기 제조업 등으로 양국 간 교역이 주로 동일한 산업 내에서 활발히 이루어지는 것을 알 수 있다.[6]

3. 한-EFTA FTA

유럽자유무역연합(European Free Trade Association: EFTA)과 관련된 내용은 이미 제3장에서 설명하였는데, 현재 회원국은 스위스, 노르웨이, 아이슬란드, 리히텐슈타인 4개국으로 구성되어 있으며, 총인구는 1,339만 명, 1인당 평균 GDP(2011년 구매력 기준)는 4만 4,828달러로 세계 부국들 연합체이고, 오일·가스, 어류, 의약품, 시계, 기계류, 금융 서비스, 해운 서비스 등에서 세계적인 경쟁력을 보유하고 있다.

우리나라와 EFTA 간에 FTA 체결은 2004년 5월 14일 OECD 각료회의의 한-EFTA 통상장관 회담 때 한-EFTA FTA 공동 연구 개시에 합의를 함으로써 시작되었다. 그리고 그해 8월과 10월에 제네바와 서울에서 한-EFTA FTA 공동 연구 제1, 2차 회의가 개최된 후 공청회를 거쳐 2005년 1월 한-EFTA FTA 제1차 협상이 개최되면서 본격적으로 논의되었다. 그 후 한국과 EFTA 간 4차에 걸친 협상 끝에 2005년 12월 15일에 정식으로 서명되었고, 2006년 6월 30일 국회 비준 동의안이 통과함으로써 2006년 9월 1일부터 한국과 EFTA 간에 FTA가 정식으로 발효되었다.

양국 간에 체결된 FTA 내용을 보면 전체 협정은 FTA 본협정, 투자협정, 농업협정 3개 부문으로 구성되어 있고,[7] 본협정은 총 10장(부속서 13개)으로 구성되어 상품 및 서비스 이외에도 금융 서비스, 정부 조달, 지적재산권, 경쟁 분야에서의 협정 내용을 담고 있다.

협정의 주요 내용을 보면 먼저 상품 분야에서 우리나라는 EFTA가 원산지인 상품 중 99.1%에 해당하는 상품의 관세를 최장 7년간에 걸쳐 철폐하고, 그중 86.3%의 상품은 협정 발효 즉시 관세를 철폐하기로 하였다. 공산품 부문에서는 총 9,404개의 공산품

6 배찬권·금혜윤·김진오(2012), pp. 68~73.

7 EFTA의 내부 사정으로 '투자협정'은 우리와 스위스, 아이슬란드, 리히텐슈타인 간에 체결되었고, '농업협정'은 우리나라와 스위스, 노르웨이, 아이슬란드 개별 양자 협정으로 체결되었다.

한-EFTA FTA 정식 서명(홍콩, 2005. 12)

전 품목에 대하여 100% 양허하였으며, 91.1%의 상품은 즉시 관세를 철폐하기로 하였다. 대신 섬유판 등 목재, 보일러, 유기·무기 화학 제품, 차량 부품, 화장품, 의약품 등 일부 민감 품목에 대하여는 7년간의 이행 기간을 설정하였고, 농산물 및 수산물 중 일부 민감 품목은 자유화 대상에서 제외하거나 최장 10년간에 걸쳐 관세를 철폐하기로 하였다.

EFTA는 우리의 전 품목(공산품, 수산물)에 대하여 협정 발효 즉시 관세를 철폐하기로 하였다. 특히, 의류, 귀금속, 각종 조제 식품은 EFTA의 보호 수준이 높은 편이었으나 한-EFTA FTA를 계기로 모두 관세를 폐지하기로 하였다. 그리고 북한의 개성공단에서 생산되는 제품은 한국산 원·부자재의 투입 비용이 총비용 대비 60% 이상인 경우 국내산과 똑같이 특혜 관세를 부여하기로 하였다.

농산물의 경우 EFTA의 요청에 따라 별도의 양자 협상으로 상호 민감 품목을 인정하면서 관심 품목 위주로 양허하였는데, 우리나라는 총 1,451개 농산물 중 스위스 34%, 노르웨이 46%, 아이슬란드 58% 품목을 양허하였고, EFTA는 우리 농산물에 대해 스위스가 51%, 노르웨이가 61%, 아이슬란드가 67% 양허하였다. 품목별로는 EFTA가 우리의

표 12-5 우리나라의 상품 양허 총괄표

구분	전 품목 (기본 농산물 제외)	공산품 (임산물 포함)	수산물	가공 농산물
즉시 철폐	8,726(86.3%)	8,568(91.1%)	110(27.1%)	48(15.8%)
3~7년 철폐	921(9.1%)	807(8.6%)	114(28.1%)	-
10년 철폐	123(1.2%)	-	102(25.1%)	21(6.9%)
관세 인하(10~50%)	187(1.9%)	-	-	187(61.5%)
쿼터 할당(TRQ)	1(0.0%)	-	1(0.2%)	-
향후 재검토	61(0.6%)	29(0.3%)	32(7.9%)	-
양허 계	10,019(99.1%)	9,404(100%)	359(88.4%)	256(84.2%)
양허 제외	95(0.9%)	-	47(11.6%)	48(15.8%)
총계	10,114(100%)	9,404(100%)	406(100%)	304(100%)

자료: 외교통상부 · 대외정책연구원(2005b), p. 53.

관심 품목인 김치·소주·쌀발효주·라면·사과·배 등을 양허하였고, 우리는 민감 품목 중 육류·낙농 제품·양념류 등은 대부분 양허에서 제외하되 치즈·포도주·양고기 등 일부 품목은 관세를 점진적으로 철폐하기로 하였다. 수산물의 경우 EFTA는 발효 즉시 관세를 철폐하고, 우리는 전체 406개 품목 중 88.4%에 해당하는 359개 품목에 대해 양허하되 냉동 고등어 같은 민감 품목은 쿼터를 설정하고, 김·미역 등 해조류는 양허에서 제외하기로 하였다.

서비스 분야에서는 현재 진행중인 DDA 협상에 제출한 제2차 양허안을 기준으로 개방 분야를 규정하였는데, 우리는 DDA 제2차 양허안에 빌딩 청소업·경영 컨설팅·기술 분석 서비스 3개 분야를 추가하여 EFTA에 양허하였고, EFTA도 우리가 요청한 미용 및 세탁 서비스, 전문직 계약 서비스 공급자 양허 범위 확대, 보안 컨설팅 서비스 등을 추가로 개방하였다.

투자 협정 분야에서는 투자자 보호 관련 규정을 정비하고, 한-싱가포르 FTA 수준으로 투자 자유화 대상을 명확히 규정하였다. 그러나 자유화 대상 중 방위 산업·토지 취득·공기업 투자·농림축산업·항공 산업·전력·가스·원자력 산업·금융 서비스 등 국가 정책상 필요하다고 판단되는 분야에서는 외국인 투자 시 제한 조치가 가능하도록 유보를 설정하였다.

그 밖에도 경쟁 분야에서는 교역에 영향을 줄 수 있는 반경쟁적 기업 활동을 축소하기 위해 상호 노력하고, 정부 조달은 DDA 차원 또는 제3국 정부 조달 시장 접근에 대한 추가적인 혜택 부여 시 상호주의에 입각하여 동등한 대우를 협의하기로 하였다. 지적재산권 보호 분야에서는 WTO 지재권협정(TRIPS) 이상의 보호 수준을 위해 노력하기로 하였다.[8]

이러한 한-EFTA FTA 체결로 우리 기업은 유럽 시장에 진출할 교두보를 확보하고, 유럽에서 낮은 인지도를 보이는 우리나라 제품에 대한 이미지를 높여 수출 여건을 개선하고 인지도를 제고할 수 있게 되었다. 또한 EU 시장과 사실상 동일 경제권인 EFTA에 진출하게 됨으로써 EU와 FTA 협상에서도 많은 도움이 될 것으로 기대된다. 그 밖에도 개성공단의 생산 제품에 대한 특혜 관세 부여를 FTA에 반영하여 개성공단 진출 기업의 해외 판로 확보에 도움이 되었으며, 금융 및 해운 서비스 분야에서 경쟁력을 보유한 EFTA로부터 선진 기법을 전수받을 기회도 가질 수 있게 되었다.

한편, 한-EFTA FTA 체결을 통해 우리 상품 중에서 의류·자동차·선박·가죽 제품 등 공산품의 수출이 큰 폭으로 증가하고, 사과·배·김치·민속주·라면 등 우리 농산물이 EFTA 시장에 새롭게 진출할 것으로 예상하였다. 또한 모든 관세가 철폐된다고 가정하였을 때 EFTA와의 FTA 결성으로 우리나라 GDP는 단기적으로 0.02%, 중기적으로 0.05% 증가할 것으로 예상되었으며, 후생의 개선으로 인한 경제적 이익이 단기적으로 1억 7,400만 달러, 중기적으로 2억 4,400만 달러에 이를 것으로 전망되었다.[9]

하지만 EFTA가 한국과 교역 규모가 크지 않고 내수 시장 규모 또한 상대적으로 작고 우리나라와 거리가 멀어, FTA 체결로 얻을 수 있는 단기적 경제적 이익은 크지 않은 것으로 예측하는 전문가도 많았었다.

이러한 상반된 시각 속에 출범한 한-EFTA FTA는 발효 후 교역 규모가 2006년 39억 3,000만 달러에서 2013년 88억 5,000만 달러로 약 2배 확대되었고, 교역 수지 적자는 2006년 4억 6,500만 달러에서 2013년 39억 7,000만 달러로 8.5배 급증해 무역 불균형이 더 심해지고 있는 것으로 나타났다. 특히, 한국의 수출은 2006년 17억 3,000만 달러에

8 외통부·KIEP(2005b).
9 대외정책연구원(2004).

서 2013년 24억 4,000만 달러로 약 40% 늘어난 반면, 수입은 35억 5,300만 달러에서 64억 달러로 192% 급증하였다. 이러한 무역 수지 적자 추세는 2014년 이후 다소 개선되는 모습이지만 추세 반전은 당분간 어려울 것으로 예상된다.

국가별로는 한-EFTA FTA가 발효된 2006년에 스위스가 가장 큰 교역 대상국이었으나, 2013년에는 노르웨이가 가장 큰 교역 국가로 자리잡았다.

한국의 대EFTA 수출 주요 품목을 보면, 2006년 10개 품목 중 선박, 승용차, 타이어만 2013년에도 10대 수출 품목에 포함되었고, 기타 석유 화학 제품, 시계, 플라스틱 제품, 건설 중장비 등이 새롭게 포함되어 수출 품목에 변화가 있었다.[10] 반대로 한-EFTA FTA의 가장 큰 수혜를 받은 수입 품목은 시계로 2006년 대비 시계의 수입이 5배 급증해 2013년에는 1위 수입 품목으로 자리잡았다. 그 외 의약품은 순위에서는 하락하였으나 수입 금액이 약 1.5배 증가하였으며, 선박용 부품의 경우에도 금액 기준 2배 이상 급증한 것으로 나타났다.[11]

4. 한-ASEAN FTA

동남아시아국가연합(Association of South-East Nation: ASEAN)은 인도네시아·말레이시아·필리핀·싱가포르·태국·브루나이·베트남·라오스·미얀마·캄보디아 10개국으로 구성되어 있고, 경제·사회·문화 등 다양한 분야에 걸쳐 광범위한 협력 체계를 구축하고 있는 동남아시아의 대표 기구이다. 현재 총인구는 약 6억 2,500만 명, 총면적 약 443만km^2에 이르지만, 1인당 GDP(2015년 구매력 기준)는 5,869달러로 비교적 저소득 국가들의 연합체라 할 수 있다. 그러나 지난 15년간 경제 성장률은 6%대였고, 앞으로도 10년 이상 7%를 웃돌 것으로 전망된다. 또한 한·중·일 등과 함께 ASEAN+1 또는 ASEAN+3 등과 같은 형태로 경제 협력을 하고 있으며, 한국의 경제 활동에 필요한 고무, 목재, 석유, 천연가스 등 천연자원이 풍부하다. 그러나 대부분이 개도국들로 국제 경쟁력이 낮

10 무선 전화기 및 컬러 TV 등은 삼성전자 등이 생산 기지를 동유럽으로 옮기면서 한국의 직수출보다는 현지에서의 수출로 이루어져 수출이 급감하였다.

11 김한나(2014).

아 자국 산업 보호 목적으로 고관세 정책을 고수하고 있고, 비관세 장벽도 높다.

아세안은 1997년부터 지속적으로 우리나라와 FTA 협상을 타진해 오다가 2003년 10월 한-ASEAN 정상 회의에서 포괄적 경제 협력 강화 방안에 대해 논의하면서 시작되었다. 그러나 아세안 회원국들의 경제 발전 단계가 천차만별이어서 한국은 이들과 원활한 협상을 위해 기본협정을 먼저 체결하고, 상품무역협정과 서비스협정, 투자협정을 순차적으로 합의하여 체결하는 협상 방식을 채택하였다. 그리고 2004년 11월 개최된 한-ASEAN 정상 회의에서 공동 보고서를 채택하고, 2년 내 타결 목표로 FTA 협상 개시를 선언함으로써 논의가 본격적으로 시작되었다. 2005년 2월 23일 자카르타에서 제1차 협상이 개최된 후 그해 10월까지 무려 7차 협상까지 거친 후, 2005년 12월 13일 한·ASEAN 정상 회의에서 한국과 ASEAN 10개 회원국 정상들은 '대한민국과 동남아시아국가연합 회원국 정부 간의 포괄적 경제 협력에 관한 기본협정' 및 '대한민국과 동남아시아국가연합 회원국 정부 간의 포괄적 경제 협력에 관한 기본협정하의 분쟁 해결 제도에 관한 협정'에 서명함으로써 한-ASEAN 포괄적 경제 협력 기본협정에 먼저 서명하였다. 그리고 2006년 8월 24일 말레이시아 쿠알라룸푸르에서 열린 한-ASEAN 경제장관 회의에서 '대한민국과 동남아시아국가연합 회원국 정부 간의 포괄적 경제 협력에 관한 기본협정하의 상품 무역에 관한 협정'에 대한 공식 서명을 완료함으로써 상품무역협정도 서명하였다. 그 후 2007년 6월 1일 한-ASEAN 상품무역협정이 발효되었다. 그러나 자국의 국내 절차가 먼저 끝난 베트남·미얀마·싱가포르·말레이시아·인도네시아 5개국에 우선적으로 적용하고, 나머지 국가들은 국내 절차가 끝나는 대로 적용하기로 하였다.[12]

합의된 한-ASEAN FTA 협정문은 ① 기본협정, ② 상품무역협정, ③ 서비스협정, ④ 투자협정, ⑤ 분쟁해결제도협정, ⑥ 기타 추후 협상될 문서로 구성되어 있다.

기본협정에는 FTA의 포괄 분야(상품, 서비스, 투자, 협력) 및 분야별 협상 목표·시한·일정을 명시해 한-ASEAN FTA 완료에 구속력을 부여하였다.

상품무역협정에는 관세 인하 및 철폐를 위한 전체 품목(HS 6단위 5,224개) 분류를 크

12 그 후 상품협정은 필리핀이 2008년 1월, 브루나이 2008년 7월, 라오스 2008년 10월, 캄보디아 2008년 11월, 태국 2010년 1월 발효되었다.

그림 12-2 한-ASEAN FTA 구성

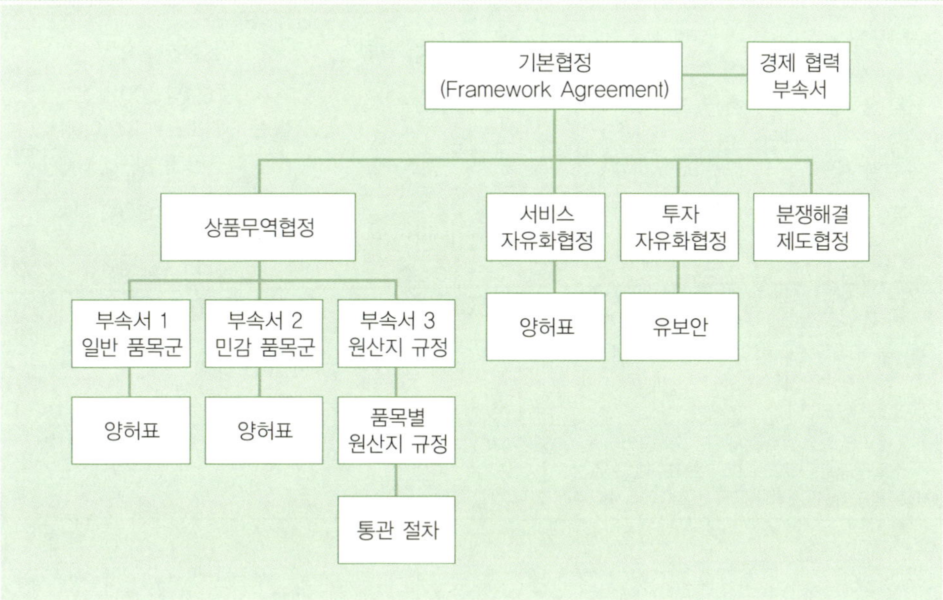

자료: 외교통상부 보도 자료.

게 일반 품목군(Normal Track)과 민감 품목군(Sensitive Track)으로 나누고, 민감 품목군은 다시 일반 민감 품목군(Sensitive Track)과 초민감 품목군(Highly Sensitive Track)으로 나누었으며, 초민감 품목군도 다시 5개의 범주로 나누었다. 각 품목군의 '크기'는 품목 수와 당사국 간 수입액을 기준으로 정하였고 품목군별로 관세의 철폐·인하 기준을 설정하였는데, 어떠한 품목을 어느 품목군에 포함시키는가 하는 것은 각 당사국이 자발적으로 분류하도록 하는 모달리티(Modality) 방식을 채택하였다. 일반 품목군에 포함되는 품목은 전체 관세 품목의 90% 이상이 되어야 하며, 상대국으로부터의 2004년도 총수입액의 90% 이상이 되어야 한다. 또한 민감 품목군으로 분류된 품목은 전체 관세 품목의 10%를 초과할 수 없으며, 상대국으로부터 총수입액의 10%를 초과할 수 없도록 규정하였다. 다만 캄보디아·라오스·미얀마·베트남은 그 발전 정도를 감안, 캄보디아·라오스·미얀마의 경우 민감 품목군으로 분류된 품목은 수입액 기준 없이 전체 관세 품목의 10%를 초과할 수 없도록 하였고, 베트남의 경우에는 수입액 기준으로 25%로 완화

표 12-6 한국 및 ASEAN 6개 국가 상품 자유화 방식

구분	일반 품목군	민감 품목군	
		일반 민감 품목	초민감 품목
품목 수 기준	90% 이상	6~7%	HS 6단위 200개 (또는 HS 10단위 3% 이하)
수입액 기준	90% 이상	7%	3% 이하
자유화 목표	2010년까지 완전 관세 철폐 (단, ASEAN 6개 회원국에게는 5% 범위에서 2012년까지 관세 철폐)	2012년까지 20%로, 2016년까지 0~5%로 관세 감축	다양한 방식으로 광범위한 보호 인정 (i) 관세율 상한 50% 설정 (ii) 20%만큼 관세 감축 (iii) 50%만큼 관세 감축 (iv) TRQ 설정 (v) 양허 제외(40개)

주: 한국은 협정 발효 즉시 일반 품목군의 70%, 2008년까지 일반 품목군의 95% 이상 관세 철폐, ASEAN 6은 2009년까지 일반 품목군의 90% 이상 관세 철폐.
자료: 외교통상부·대외정책연구원(2007), p. 44.

하였다. 일반 민감 품목의 경우 품목 수 기준으로 6~7%, 수입액 기준으로 7%를 초과하지 못하게 하였다. 초민감 폼목은 5개 그룹으로 나누어 품목 수는 HS 6단위로 200개 또는 각 당사국이 선택한 HS 단위 모든 관세 품목 수의 3%로 제한하였고, 상대국(또는 지역)으로부터는 총수입액의 3%를 넘을 수 없도록 제한하였다.[13]

관세 인하 및 철폐 방식은 품목별로 다른데, 일반 품목군의 경우 관세 인하는 참여국의 발전 정도에 따라 크게 세 가지로 나누었다. 발전 정도가 높은 한국과 ASEAN 6(브루나이·인도네시아·말레이시아·필리핀·싱가포르·태국)은 2010년까지 일반 품목군에 대한 관세 철폐를 완료하도록 하였고, CLMV 국가 중 상대적으로 발전 정도가 높은 베트남은 2016년까지, 그리고 캄보디아·라오스·미얀마는 2018년까지 일반 품목군으로 분류된 품목에 대해 관세 철폐를 완료하기로 하였다.[14]

13 캄보디아·라오스·미얀마·베트남은 모든 관세 품목 수의 30% 제한만이 적용된다.
14 한국의 경우 2004년 기준 최혜국 대우 실행 관세율이 17%인 상품의 경우 2006년 1월 1일까지 15% 인하하고, 2007년 1월 1일까지 10%, 2008년 1월 1일까지 8%, 2009년 1월 1일까지 5%, 2010년 1월 1일까지 관세를 완전 철폐하도록 하였다. 추가적으로 한국은 협정 발효와 동시에 일반 품목군에 대한 관세를 즉시 철폐하고, 2008년 2월 1일까지 일반 품목의 95%를, 그리고 2010년 1월 1일까지 모든 일반 품목군에 속한 상품의 최소 70%에 해당

표 12-7 CLMV 국가의 상품 자유화 방식(Modality)

구분	일반 품목군	민감 품목군	
		일반 민감 품목	초민감 품목
품목 수 기준	90% 이상	6~7%	HS 6단위 200개 (또는 HS 10단위 3% 이하)
수입액 기준	베트남: 75% 이상	불설정	불설정
주요 내용	한국 및 ASEAN 6개국 적용 내용과 동일		
이행 시한	베트남: 2016년 원칙 CLM: 2018년 원칙	베트남: 2021년 CLM: 2024년	

주: 베트남은 2015년, 캄보디아·라오스·미얀마는 2017년까지 일반 품목군의 90% 이상 관세 철폐.
자료: 외교통상부.

민감 품목 중 초민감 품목은 5개 그룹으로 되어 있는데, 50%의 관세율 상한을 가진 그룹 A, 최혜국 대우 실행 관세율의 최저 20%를 삭감하는 그룹 B, 최혜국 대우 실행 관세율의 최저 50%를 삭감하는 그룹 C, 관세 할당을 부과하는 그룹 D, 관세 인하나 철폐에서 제외되는 그룹 E 등이다. 그룹 E에 포함된 품목은 한-ASEAN FTA 상품협정의 관세 인하 및 철폐에서 제외되는 품목으로 HS 6단위로 최대 40개 관세 품목을 분류할 수 있다.[15]

특혜 관세를 받을 수 있는 원산지에 대한 규정은 역내 부가가치(Regional Value Content: RVC) 40% 기준 또는 HS 4단위 세번 변경 기준을 충족시킬 것을 일반 기준으로 명시하고, 예외로서 447개 품목에 대해서는 품목별 원산지(Product Specific Rule: PSR)에 규정해 놓았다.

분쟁해결제도협정(Agreement on Dispute Settlement Mechanism)에서는 한-ASEAN FTA를 구성하는 모든 법적 문서와 관련된 분쟁은 원칙적으로 분쟁해결제도협정에 규정한 절차를 따르도록 하였다. 분쟁 해결은 먼저 당사국 간의 협의를 거치고 중재 패널을 설치하는 순서로 하며, 분쟁 당사국들이 합의하는 경우에는 언제든지 제3자에 의한 주선·화해 및 중재 절차를 택할 수 있도록 하였다. 분쟁 사안에 대한 협의 요청 접수

하는 관세 품목에 대해 관세를 철폐하기로 하였다. ASEAN 6개국의 경우에도 2007년 1월 1일까지 일반 품목군에 배치된 관세 품목의 최소 50%에 대해 최혜국 실행 관세율을 0~5%로 인하하고, 2009년 1월 1일까지 일반 품목군에 속하는 상품의 최소 90%에 해당하는 관세 품목에 대해 관세를 철폐하기로 하였다.

15 외통부·KIEP(2007), pp. 43~50.

후 60일 이내에 분쟁이 해결되지 않으면 3인의 패널 위원으로 중재 패널을 구성하고, 중재 패널은 패널 구성 뒤 90일 이내에 잠정 보고서를 제출하여 당사국으로부터 의견을 청취한 후 잠정 보고서 제출 30일 경과 이후 최종 보고서를 제출하도록 하였다. 그리고 최종 보고서에 따른 중재 패널의 권고를 당사국이 이행하지 않을 경우, 제소국은 당사국에 대해 한-ASEAN FTA에 따른 혜택을 정지할 수 있도록 하였다. 그러나 경제협력에 관련된 사항은 성격상 분쟁해결제도협정에 적용하지 않기로 하였다. 한편, FTA 특혜 관세 부여로 산업에 피해가 발생하였을 때 세이프가드 발동을 허용하였는데, 품목별로 관세 철폐 또는 감축 계획이 종료되는 시점부터 7년까지 발동이 가능하도록 하였다.

이러한 ASEAN과의 FTA는 우리나라가 지금까지 맺어 왔던 FTA와는 달리 거대 경제 통합체와 맺은 최초의 FTA라는 점에서 의미가 크다. ASEAN은 6억이 넘는 인구를 지닌 거대 시장으로 한국에게는 미국, 중국, 일본, EU와 더불어 5대 교역 시장 중 하나이며, 1992년 이후 우리나라 대외 총교역의 10% 이상을 차지하고 있다. 특히, 1990년대 말 외환 위기에서 회복한 ASEAN 국가들의 경제가 빠르게 성장하면서 구매력도 빠르게 증대되는 시점에서 한-ASEAN FTA는 ASEAN 시장에 우리 기업들이 진출하는 데 상당한 도움을 줄 것으로 예상된다. 또한 상품 협상에서 전 품목이 아닌 ASEAN 회원 국가별로 HS 6단위로 100개 품목에 대한 부분적인 원산지 인정이기는 하지만, 개성공단 제품에 대한 한국산 원산지를 인정받은 점도 매우 의미 있는 성과이다.[16] 왜냐하면 이전의 한-싱가포르 FTA와 한-EFTA FTA에서도 개성공단 제품에 대해 한국산 원산지를 인정받았었지만, 싱가포르나 EFTA와는 달리 개도국으로 구성된 ASEAN 국가의 주력 품목들이 개성공단 생산 제품과 경합 관계를 지니기 때문이다.

동남아시아국가연합(ASEAN)과의 FTA가 최종 타결됨으로써 우리나라와 동남아시아국가연합(9개국) 회원국들은 오는 2010년까지 각각 수입의 90%에 해당하는 품목(수입

16 당초 ASEAN 국가들은 개성공단 상품이 값싼 북한의 노동력과 한국의 우수한 기술력이 어우러져 자신들은 도저히 경쟁력이 없다고 판단하여 완강하게 거부하였다. 이에 따라 한국 정부는 해당 품목의 수입이 급증하거나 급변동이 있을 경우 관세율을 조정할 수 있는 '특별 세이프가드'를 적용해 주고, 매년 개성공단 품목의 수출입 동향을 파악해 수입 물량을 조절하는 '매년 검토'(Annual Review) 조항을 도입하기로 합의하였다. 또한 개성공단 입주기업들이 대부분 ASEAN에 수출 물량이 거의 없다는 점 등을 들어 설득하였다.

액 및 품목 수 기준)에 대해 관세를 완전 철폐하기로 해 5,000여 품목의 관세가 없어지게 되었다. 또한 나머지 7%는 2016년까지 관세를 0~5%로 내리고, 최종 3%의 품목은 각국의 민감성을 고려해 양허 제외나 장기간 관세 인하, 최소 수입 물량(TRQ) 설정 등의 방법으로 보호하기로 합의함으로써 우리나라의 대동남아시아국가연합(ASEAN)에 대한 수출이 획기적으로 늘어날 것으로 전망된다. 특히, 종전의 싱가포르와 EFTA 등은 이미 자유 무역을 하고 있는 국가들로 관세율이 1~3% 정도 수준에 지나지 않았으나 아세안 국가들 대부분은 10~30%의 높은 관세율을 유지하고 있어, 관세 철폐가 이전의 FTA 체결과 비교할 수 없을 정도로 큰 파급 효과를 가지고 있다.[17] 정부도 이러한 충격을 완화하기 위해 쌀, 닭고기, 활어 및 냉동 어류, 마늘, 양파, 고추, 과일 등 민감한 품목들은 양허 대상에서 제외시켜 시장 개방에 따른 충격을 최소화하였고, 민감 정도가 높은 다른 농산물 품목은 장기간에 걸쳐 현행 관세의 20% 수준을 감축하는 선에서 합의하였다. 한편, 양측은 그동안 논의해 왔던 서비스협정을 2009년 5월 1일, 투자협정을 2009년 9월 1일에 발효시켰다.

한-아세안 서비스무역협정은 WTO의 GATs(General Agreement on Trade in service: 서비스 무역 일반협정) 수준에서 타결되었다. 서비스협정의 발효로 우리 기업들이 현지 법인에 대한 지분 소유 등을 통해 아세안(ASEAN) 서비스 시장에 안정적으로 진출할 수 있게 되었고, 금융이나 통신, 컴퓨터, 운송 등 상품 생산을 지원하는 서비스도 자유화되어 기존에 발효된 상품협정의 경제적 이익을 지원하는 효과가 발생하게 되었다. 추가적으로 서비스무역협정에서 한국과 아세안 간에 방송 공동 제작을 위한 양자 협정을 체결할 수 있게 명시하여, 한국의 방송 프로그램이 아세안 회원 국가에 쉽게 진출할 수 있게 되었다.

투자협정은 양측의 투자 및 투자자에 대한 보호를 목적으로 하는 '투자의 일반적 대우' 규정과 투명성 제고 조항, 손해 발생 시 투자자와 국가 간 분쟁 해결 절차(ISD)[18]

17 실제 관세율이 20%를 넘는 품목 비율이 우리나라는 5.4%에 불과하지만, 말레이시아는 15.1%, 베트남은 31.3%에 이르고 있다. 이에 따라 우리나라는 주력 수출 품목인 자동차 및 철강 제품의 수출이 크게 늘어날 전망이고, ASEAN 회원국은 섬유 등 경공업 제품과 농산물의 수출이 늘 것으로 예상되었다.

18 투자자-국가 소송제(Investor-State Dispute)는 투자 유치국 정부가 투자협정상 계약을 위반해 외국 투자자가 손실을 입었을 경우, 그 투자자가 해당 정부를 상대로 세계은행 산하 국제투자분쟁해결센터(ICSID)에 국제 중재를

이용 규정 등의 내용을 포함하였다. 투자협정에 따르면 한국과 ASEAN 회원국 투자자는 한-아세안 투자협정과 기존에 체결된 한국과 아세안 개별 국가 간에 체결된 쌍무체결 협정 중 유리한 협정을 자율적으로 선택할 수 있게 하였다. 또한 투자에 손해가 발생하였을 때도 투자자 국가 간 분쟁 해결 절차를 이용할 수 있도록 하여, 아세안이 기존의 일본, 호주, 뉴질랜드와 맺은 투자협정보다 진일보한 내용을 담았다. 이는 앞서 발효된 서비스협정에 아세안 서비스 시장에 진출한 투자자에 대해 국가 간 분쟁 해결 규정만 마련된 것과 달리, 투자협정에서는 투자자가 직접 해당 국가와 분쟁 해결 절차(ISD)를 진행할 수 있는 규정을 포함시킨 것이다. 그러나 투자에 대한 내국민 대우 및 최혜국 대우, 그리고 고위 경영진 및 이사회에 대한 국적 및 거주 요건 제한 등은 협정 발효 뒤 5년 이내에 합의하기로 하였다.

그 후 2013년 7월에는 한-아세안 FTA 이행위원회를 열어 '한-아세안 상품무역협정의 원산지 증명 운영 절차 규정' 개정에 합의하였다. 새 개정안에 따르면 아세안 회원국에 수출하는 제품의 원산지 증명서 유효 기간이 기존 6개월에서 12개월로 늘어나고, 수출 신고 시점 이후라도 선적일로부터 3일 이내에 원산지 증명서가 발급되면 그 효력을 인정하기로 하였다. 또한 수출 기업이 원하지 않으면 원산지 증명서에 제조업체 이름과 가격 정보를 생략할 수 있도록 허용하고,[19] 원산지 증명서에 첨부 서식을 도입해 물품의 종류가 많을 때는 한 건으로 통합 발급받을 수 있도록 개선하였다.

이렇게 우리나라가 4번째로 체결한 한-아세안 FTA는 발효 후 2007~2013년 동안 교역이 연평균 11.1% 증가세를 기록하면서, 아세안 수입 시장 점유율을 5%대에서 6%대로 증가시켰다. 규모 면에서도 2008년부터 미국을 앞서기 시작해 2011년 최초로 1,000억 달러를 돌파하였고, 2015년에는 1,500억 달러까지 확대될 것으로 전망된다. 그러나 복잡한 원산지 규정과 정보 부족, 후발 개도국들의 상품 관세 인하[20]가 아직 완료되지

청구할 수 있는 제도이다. 2012년 미국 사모펀드 론스타가 한국 정부의 차별 조치로 43억 달러 손해를 입었다고 제소한 사건이 좋은 예이다.

19 미얀마와 캄보디아는 현지 법령 개정 문제로 2016년부터 수출품의 가격 정보 생략이 가능하다.

20 ASEAN 회원국들은 각국별로 민감 품목(인도네시아: 자동차, 의류, 플라스틱 제품 위주, 필리핀: 자동차, 철강, 플라스틱 제품 위주, 베트남: 전기전자, 기계, 플라스틱 제품 위주)을 선정해 시장 개방을 늦추고 있고, 전체의 3% 정도 되는 초민감 품목에 대해서는 자동차, 전기전자, 기계 등 우리나라 주요 수출 품목을 선정하여 시장 개방을 최대한 미루고 있다.

않는 등의 이유로 대아세안 수출 활용도는 38.7%(2013년)의 낮은 수치를 기록하고 있다. 이는 국가별로 석유 화학, 철강, 자동차 등 우리 수출 주력 품목에 대한 양허가 20% 또는 50% 인하에 그치거나 양허 제외로 개방 수준이 매우 낮기 때문이다. 따라서 향후 아세안 10개국에 대한 수출 확대 및 시장 점유율 제고를 위해서는 회원국별 시장의 추가 개방 전략이 필요하다(제현정·정혜선, 2014).

우리나라 정부도 이러한 문제점을 인식하고, 2014년 12월 부산 벡스코에서 개최된 한-아세안 특별 정상 회담에서 오는 2020년까지 양측 간 교역량을 2,000억 달러로 확대하기 위해 한-아세안 FTA의 기업 활용도를 높이기로 하고, 이를 위해 추가적인 자유화 협상을 마무리하기로 합의하였다.

한편, 2017년 KOTRA는 한-아세안(ASEAN) FTA 체결 10주년을 맞아 『한-ASEAN FTA 발효 10주년 활용 성공사례 및 개선방안』 보고서를 5월 31일에 발간했는데, 이 보고서에 따르면 FTA 발효 후, 교역 규모의 연평균 증가율이 대(對)세계 2.4%, 대ASEAN 5.7%로 나타나 ASEAN FTA의 긍정적 효과를 확인하였다. 그리고 수출 비중은 발효 전 9.9%(2006년)에서 2016년 15.0%로 증가하였고, 수입 비중은 발효 전 9.6%(2006년)에서 2016년 10.9%로 증가한 것으로 나타났다. 또 발효 후 수출 증가율은 ASEAN6 국가는 1.6%, CLMV 국가는 13.2%로, 수입 증가율은 ASEAN6 국가는 -1.8%, CLMV 국가는 20.4%로 CLMV의 성과가 더 크게 나타났다.

5. 한-미국 FTA

미국은 인구가 3억 2,000만 명이 넘고 국가 GDP(2014년 구매력 기준)가 17조 4,180억 달러로 세계 최대의 경제 대국이다. 세계 1위 상품 수입국이면서, 세계 2위 수출국이다. 미국은 2014년 연구 개발비로 4,650억 달러를 지출해 전 세계 연구 개발비의 31%를 차지하였다. 이에 따라 원천 기술도 많이 보유하고 있고, 제조업 경쟁력에서 큰 영향을 미치는 금융·물류·유통·지식 서비스 분야에서 세계적인 경쟁력을 가지고 있고, 세계 정보 지식화에 선도적 역할을 하고 있다.

우리나라와 미국 간의 FTA는 1984년 미국 무역대표부(USTR) 대표였던 윌리엄 브록

표 12-8	주요 농산물 관심 품목의 양허 유형 구분
양허 유형	주요 품목
양허 제외	쌀
현행 관세, 수입 쿼터	오렌지(성출하기), 식용 대두, 식용 감자, 탈지·전지 분유, 연유, 천연꿀
계절 관세	포도(성출하기 17년, 비출하기 5년), 스낵용 감자(출하기 7년 유예 후 8년, 비출하기 즉시 철폐)
장기 철폐, 세번 분리	사과(후지 20년, 기타 10년), 배(동양배 20년, 기타 10년)
장기 철폐, 세이프가드	소고기(15년), 돼지고기(냉장 2개, 10년), 고추·마늘·양파(15년), 인삼(18년), 보리(15년), 맥주맥·맥아(15년), 전분(10~15년)
15년	호두(미탈각), 밤, 감귤, 송이버섯, 표고버섯, 필터 담배
12년	닭고기(냉동 가슴살, 날개), 냉동 양파, 수박, 보조 사료
10년	복숭아, 감, 단감, 감귤 주스, 잎담배, 자두
6~9년	신선 딸기(9년), 맥주·아이스크림·살구·팝콘용 옥수수·아이스크림(7년), 돼지고기(2014. 1. 1 철폐), 호두(탈각)·옥수수유(6년)
5년 이내	완두콩·감자(냉동)·토마토 주스·오렌지 주스·위스키·브랜디(5년), 해조류(3년), 아보카도·레몬(2년)
즉시 철폐	오렌지 주스(냉동), 산 동물, 화훼류, 커피, 포도주, 밀, 사료용 옥수수, 채유용 대두, 아몬드

주: 괄호 안의 숫자는 관세 철폐 기간.
자료: 외교통상부.

3세가 비공식적으로 FTA를 타진하였던 것이 시초였지만 사실 그 후 20년 동안 아무런 진전이 없었다. 그러다가 2004년 5월 USTR 부대표가 한-미 FTA 체결에 대한 관심을 다시 표명하면서 실질적인 논의가 시작되었고, 2005년 2월 한-미 FTA 사전실무점검회의 제1차 회의가 서울에서 개최되면서 구체화되었다. 한국의 경우 중국과 일본이라는 거대 경제권 사이에서 밀려나지 않고 동북아 경제 통합에서 주도권을 잡기 위해 미국이라는 역외의 거대 경제와 FTA를 체결할 필요가 있었고, 미국도 동북아 경제 통합에 어떠한 방식으로든 참여를 해야 하지만 중국과 일본은 세계 경제에서 차지하는 비중이 크고, 세계 경제의 주도권을 두고 경쟁하는 사이이기 때문에 동북아 경제 통합에 연결고리를 만들기에는 한국이 상대적으로 편한 상대였다.

2005년 9월 미 행정부는 한국 등 4개국을 FTA 우선 협상 대상국으로 선정하였고, 2006년 6월 한-미 FTA 제1차 공식 협상이 워싱턴에서 개최되면서 협상이 본격화되었

표 12-9	양국 양허 단계별 주요 품목(최초 협정)

	한국 측	미국 측
즉시	승용차(8), 크실렌(5), 통신용 광케이블(8), 항공기 엔진(3), 에어백(8), 전자 계측기(8), 백미러(8), 디지털 프로젝션 TV(8) 등	3,000cc 이하 승용차(2.5), LCD 모니터(5), 캠코더(2.1), 귀금속 장식품(5.5), 폴리스티렌(6.5), 컬러 TV(5), 기타 신발(8.5), 전구(2.6), 전기 앰프(4.9) 등
3년	요소(6.5), 실리콘 오일(6.5), 폴리우레탄(6.5), 치약(8), 향수(8) 등	DTV(5), 3,000cc 이상 승용차(2.5), 컬러 TV(5), 골프용품(4.9), 샹들리에(3.9) 등
5년	톨루엔(5), 골프채(8), 면도기(8), 살균제(6.5), 바닷가재(20) 등	타이어(4), 가죽 의류(6), 폴리에테르(6.5), 스피커(4.9) 등
10년	페놀(5.5), 볼베어링(13), 콘택트 렌즈(8) 등	전자 레인지(2), 세탁기(1.4), 폴리에스테르 수지(6.5), 모조 장신구(11), 베어링(9), 섬유 건조기(3.4), 화물차(25) 등
10년 이상	명태(30), 민어(63), 기타 넙치(10), 고등어(10) 등	특수 신발(20~55.3)

주: 괄호 안은 관세율.
자료: 외교통상부.

다. 그리고 2007년 3월까지 8차례에 걸친 공식 협상과 고위급 협상, 통상장관 회의를 거쳐 2007년 4월에 이르러 한-미 FTA 협상이 최종 타결되었는데, 쌀·소고기·자동차·섬유·무역 구제·방송·통신·개성공단 등 8개 분야가 협상 막판까지 타결이 쉽지 않았던 부분이다.

마지막으로 합의된 한-미 FTA의 내용을 보면 농산물 부문에 쌀을 포함하여 전체 품목의 10% 이상이 예외적 취급을 받거나 15년 이상의 관세 철폐 기간을 확보(수입액 기준 25% 이상)하였고, 민감도가 낮은 품목은 즉시 철폐에서 10년까지 철폐 기간을 차별화하였다. 그리고 국내에 영향이 없거나 이미 수요량의 대부분을 수입에 의존하는 품목은 관세를 즉시 철폐하였다. 대신 한국은 미국산 소고기 관세를 15년에 걸쳐 단계적으로 철폐하기로 약속하였다.

제조업 부문에서는 양측 모두 품목 기준으로 100% 양허하고, 수입액 기준으로는 94% 내외에서 조기(3년 내) 철폐를 통해 양국 간 관세 장벽을 거의 해소하였다. 특히, LCD 모니터·캠코더·TV 카메라·금속 가공 기계·컬러 TV 등이 조기에 관세가 철폐되어 대미 시장 점유율이 확대될 것으로 예상된다. 또한 우리의 주력 수출품인 3,000cc

이하 승용차 관세도 즉시 철폐하기로 하고, 다른 승용차는 3년, 픽업 트럭은 10년에 걸쳐 관세를 철폐하기로 해 이 부문에서 추가적인 이익도 예상된다. 대신 우리나라도 배기량 기준 현행 5단계 세제를 3단계로 간소화하고, 특소세 발효 후 3년 내 관세를 5% 이하로 단일화하기로 하였다.

섬유 부문은 미국이 수입액 기준 전체 품목의 61%에 대한 관세를 즉시 철폐하고, 우리 주력품인 리넨, 리오셀, 레이온, 여성 재킷, 남성 셔츠 등은 원사 기준 원산지 예외 적용을 하기로 하였다. 의약품 부문에서는 미국 측이 요구하는 신약 최저가 보장을 반영하지 않기로 하고, 독립적 이의신청 절차를 마련해 건강보험 약가 제도의 투명성을 제고하기로 합의하였다. 그리고 복제 의약품 시판 허가 시 특허 침해 여부 검토제를 도입하기로 하였다.

개성공단 원산지 인정 문제는 양국이 '한반도역외가공지역위원회'를 설치해 한반도 비핵화 문제 등이 진전될 경우, 원칙적으로 한국산으로 인정할 수 있도록 협정문에 명시하였다.

금융 부문에서는 경제 위기 시 급격한 외화 유출입을 통제하는 일시적 세이프가드를 도입하고, 통신 부문에서는 기간 통신 사업자에 대한 외국인 직접 투자 지분 49%를 유지하고, 국내 법인 설립을 통한 간접 투자에 현행 15%의 제한을 2년 이내에 철폐하기로 하였다.

지적재산권 부문에서는 저작권 보호 기간을 현행 사후 50년에서 70년으로 연장(2년의 유예 기간)하고, 정부의 귀책 사유로 출원 후 3년 이상 등록 지연 시 지연된 기간만큼 존속 기간을 연장하고, 법정손해배상제를 도입하기로 하였다.

서비스 분야에서는 법률 서비스는 3단계, 회계 서비스는 2단계로 개방 추진하고, 방송 채널 사업의 외국인 의제 규제를 협정 발효 후 3년 내에 철폐하며, 외국 방송 재송신, IPTV, 인터넷 VOD 등 방송 통신 융합 서비스는 정부의 규제 권한을 유보하며, 스크린 쿼터 규제는 현행 수준을 유지하기로 하였다.

이렇게 한-미 FTA가 타결됨으로써 우리나라 경제의 실질 GDP가 6.0% 증가될 것으로 분석되었다. 이는 향후 약 10년간 경제에 반영된다고 가정하였을 때 연평균 0.6%씩 증가하는 것으로, 금액으로 보면 2018년 GDP 추정치 기준 약 80조 원에 이르는 것이다. 또한 대미 수출은 133억 달러, 수입은 86억 달러 증가할 것으로 예상하였다. 고용은 한–미 FTA 이행 후 10년간 총 34만 명의 취업자를 증가시킬 것으로 추정되었는데, 산업별로 농업 취업자가 1만 명 감소하고 제조업은 7.9만 명, 서비스업은 26.7만 명 증가하는 것으로 예상되었다. 그러나 농수산업과 제조업의 생산액이 10년 동안 연평균 최대 9,000억 원 정도 감소할 것으로 내다보았다. 산업별 기대 효과로 보면 자동차 산업이 가장 큰 혜택을 보아 한–미 FTA로 인한 생산 증가액이 발효 15년간 연평균 2조 9,000억 원에 육박한다. 대미 수출은 관세 인하로 15년간 연평균 11억 달러 늘어난다. 자동차 다음으로 휴대 전화 등 전기전자 산업이 1조 2,000억 원, 섬유 산업이 4,800억 원의 생산 증대 효과가 있다. 그러나 철강 산업은 미국의 반덤핑 무역 규제에 노출되어 생산 증가액이 연평균 591억 원 정도에 불과하고, 화학 분야와 일반 기계 분야는 오히려 수출보다 수입이 더 많이 늘어나 무역 수지가 나빠질 것으로 추정되었다. 농수산 분야에서는 소고기, 돼지고기, 닭고기 등 축산 분야의 피해가 절대적으로 커서 총 6,698억 원의 농업 분야 피해 중 69%인 4,664억 원의 생산 감소가 축산 분야에서 발생할 것으로 예상된다. 이 중 소고기가 연간 1,811억 원, 돼지고기가 연간 1,526억 원, 닭고기가 707억 원 생산 감소가 예상된다. 제약업은 관세가 철폐되고 지적재산권이 강화되면서 10년간 연평균 904억~1,688억 원의 생산이 감소될 것으로 예상하였다. 서비스업은 개방 수준이 높지 않아 영향은 크지 않고, 지적재산권 보호 기간이 50년에서 70년으로 연장되면 추가로 지급해야 하는 저작권료가 향후 20년간 캐릭터 49억 원, 출판 21억 6,000만 원, 음반 등 5,000만 원으로 연평균 71억 원 수준으로 추정하였다. 하지만 금융과 법률 분야는 이번 한–미 FTA로 거의 영향을 받지 않을 것으로 예상하였다.[21]

그러나 이러한 한–미 FTA도 국내의 미국산 소고기 수입 반대 촛불 시위에서 나타났듯이 일부 국민들 사이에 반대하는 분위기가 있었고, 미국도 2008년 글로벌 금융 위기 이후 심화된 미국 자동차업계의 어려움과 자동차 교역의 불균형으로 인하여 한–미 FTA의 자동차 관련 내용을 수정해야 한다는 의견이 강하게 대두되었다. 그러다 자동차 협상 내용을 문제 삼아 재협상을 주장하는 민주당의 오바마 후보가 2009년 1월 미

21 대외정책연구원 외 10개 연구원(2007).

표 12-10 양국 양허 단계별 주요 공산품 품목(추가 협정 반영)

	한국 측		미국 측	
	품목 수	주요 품목	품목 수	주요 품목
즉시	7,160	자동차 부품(3~8), 크실렌(5), 통신용 광케이블(8), 기어 박스(8), 전자 계측기(8), 헬륨(5.5), 할로겐 전구(8), 도난/화재/가스 경보기(8), 카본블랙(5.5), 광섬유(8), 승용차(8→4) 등	6,171	LCD 모니터(5), 캠코더(2.1), TV 카메라(2.1), 자동차 부품(1.3~10.2), 엔진(2.5), 전기 앰프(4.9), 귀금속 장식품(5.5), 폴리스티렌(6.5), 컬러 TV(5), 스위치(2.7), 헤드폰(4.9), 기타 신발(8.5), 전구(2.6), 아세틸 수지(6.5), 에폭시 수지(6.1), 낚시릴(3.9), 그랜드 피아노(4.7), 볼펜(8.4), 천연색 음극선관(15), 가죽 핸드백(9), 헤어드라이어(3.9), 머리핀(5.1), 백미러(3.9), 금속 포크(9.3), 라이터(9), 마이크폰(4.9), 매트리스(3~6), 유리 거울(6.5~7.8) 등
3년	719	폴리카보네이트(6.5), 요소(6.5), 폴리우레탄(6.5), 골프채(8), 콘택트 렌즈(8), 냉각기(8), 샴푸(8), 향수(8), 알칼리 망간 건전지(13), 제초제(6.5) 등	356	DTV(5), 골프용품(4.9), 골프채(4.4), 고밀도 에틸렌(6.5), 은(3), 샹들리에(3.9), 실리콘 수지(3), 콘택트 렌즈(2), 금속 절삭 가공 기계(4.4), 기타 자동차(2.5), 드릴 공구(8.4) 등
5년	228	승용차(4), 고주파 증폭기(8), 안전 면도날(8), 환자 감시 장치(8), 면도기(8), 헤어린스(8), 치석 제거기(8) 등	206	승용차(2.5), 타이어(4), 알루미늄 호일(5.8), 접착제(2.1), 가죽 의류(6), 실리콘 망간철(3.9), 폴리에테르(6.5), 폴리스티렌(6.5), 안전 유리(4.9), 스피커(4.9), 자전거(11) 등
10년	323	아크릴니트랄(6.5), 기초 화장품(8), 페놀(5.5), 초음파 영상 진단기(8), 자기공명 촬영기기(8), 볼베어링(13), 폴리에틸렌(6.5), 복합형 확성기(8), 아세톤(5.5), 안전 밸브(8), 내시경(8) 등	344	전자 레인지(2), 세탁기(1.4), 폴리에스테르 수지(6.5), 베어링(2.4~9), ABS 수지(6.5), 비닐 타일 커버(5.3), 에어컨(2.2), 기타 안료(6.6), 섬유 건조기(3.4), 접시 세척기(2.4), 전기 믹서기(4.2), 조조장신구(11), 금속 식기(14), 유리 제품(5.0~38), 화물차(25) 등(10년 비선형), 참치캔(6~35), 세라믹 타일(8.5/10), 철강(4.3~6.2)
10년 이상			17	특수 신발(20~55.3, 12년 비선형)

주: 2010년 12월 추가 협정 결과 반영.
자료: 외교통상부.

국 대통령으로 취임함으로써 전례가 없는 FTA 재협상이 시작되었다. 그리고 2010년 11월 30일에서 12월 3일까지 워싱턴 인근 메릴랜드주에서 양국 통상장관 간 추가 협상을 벌여 12월 5일 수정된 합의안을 발표하였다.

그 수정된 내용을 보면 자동차 부문은 양보하고 양돈·제약·비자 문제에서는 이익을 얻은 것으로 평가된다. 한국 승용차의 대미 수출 관세는 원래 3,000cc 이하는 관세를 즉시 철폐하고 3,000cc 이상은 2년간 균등 철폐하기로 하였지만, 수정된 합의에서는 배기량에 관계없이 FTA 발효 후 4년 뒤 철폐하기로 하였다. 대신 수입되는 미국 차의 안전 기준이나 연비/CO_2 기준은 완화[22]해 원안보다 미국 측에 유리하도록 하였다. 자동차 부문에 세이프가드도 도입해 관세 철폐 기간 이후 10년간 세이프가드 조치를 발동할 수 있게 하였다. 그러나 FTA 발효 후 국내 시장에서 현행 8% 관세를 즉시 철폐하기로 하였던 미국산 자동차에 대해 4년 동안 4%로 낮추고 그 후 없애는 것으로 수정하였다. 전기 자동차의 경우 우리나라는 발효일에 관세 8%를 4%로 인하하고, 한국(4%)과 미국(2.5%)이 모두 4년간 균등 철폐하기로 하였다.

그리고 원래 2014년 1월 1일부터 관세를 철폐하기로 하였던 냉동 목살, 냉동 갈비살 등 돼지고기는 2년 연장된 2016년 1월 1일부터로 수정되었다.[23] 복제 의약품 시판 허가와 관련하여 허가 및 특허 연계 의무 이행 기간도 기존의 18개월 유예에서 3년으로 연장되었다. 한국 업체의 미국 내 자사 파견 근로자 비자(L-1) 유효 기간은 자사 신규 창설 시 1년에서 5년으로, 자사 지사 근무 시 3년에서 5년으로 늘려 잦은 비자 갱신에 따른 불편을 최소화시켰다.

그러나 이러한 재협상 결과에 대해 미국 측에서는 별로 얻은 것이 없다는 반응이 나왔고, 한국에서도 야당이 재협상 내용에 대해 크게 반발하여 어려움을 겪다가 2012년 3월 15일에 발효되었다.

22 제작사별로 미국 안전 기준을 준수할 경우 한국 안전 기준을 준수한 것으로 인정해 주기로 하는 자가 인증 허용 범위를 한국 내 연간 판매량 6,500대 이하 업체에서 2만 5,000대 이하인 업체로 확대하였다. 연비/CO_2 기준도 기존 합의에는 규정되어 있지 않던 사항으로 2012년부터 기준을 도입할 예정이었지만 이번에 4,500대 이하(2009년 판매 기준) 제작사는 19% 완화 기준을 적용하기로 하였다.

23 2007년의 합의문에서는 25% 관세를 2014년까지 7년 동안 단계적으로 없애는 것으로 되어 있었다. 그러나 추가 협상에 따르면 2012년 1월 1일부터 관세가 25%에서 16%로 뚝 떨어진 후 매년 4%씩 감축해 4년 후 완전히 철폐된다. 따라서 관세 철폐가 2014년에서 2016년으로 2년 연기된 것은 확실하지만 감축 일정은 기존 합의보다 더 촉박해졌다.

이후 한-미 FTA 발효 3년차의 FTA 효과를 분석한 자료를 살펴보면, 미국 경기의 회복세가 가시화되면서 우리의 대미국 수출이 큰 폭으로 늘어난 것으로 나타난다. 2014년 대미국 수출은 703억 달러, 증가율은 13.3%로 대세계 수출 증가율(2.3%)을 크게 상회하였고, 일본(-1.5%), 중국(5.3%) 등 주요 경쟁국의 수출 증가율을 앞섰다. 발효 이전인 2011년의 562억 달러와 비교하면 24.9% 증가하였다. 수입은 등락을 반복하다 2014년 453억 달러로 증가율이 9.1%로 확대되었고, 발효 전 445억 달러(2011년)와 비교하면 1.8% 늘어나는 데 그쳤다. 이에 따라 2014년 대미 무역 수지 흑자는 250억 달러를 기록하였다.

산업별로는 수송 기계(6.2%), 금속 및 광물(26.1%), 화학 제품(11.2%)의 수출이 크게 증가하였고, 목재 및 종이(22.1%)와 농·축·수산품(7.5%)의 수출도 호조세를 보였다. 우리의 미국 시장 점유율도 증가해 10년 만에 최고 수준인 2.97%(2014년)에 이르렀고, 미국 수입 시장에서의 한·일 간 점유율 격차도 사상 최저치인 2.74% 포인트로 좁혀졌다.

수입은 의약품, 승용차, 나프타 등을 중심으로 증가하여 우리의 대미국 수입을 견인하였다. 특히, 승용차의 대미국 수입은 지속적으로 증가하고 있는데, 2016년 1월부로 승용차의 관세(4%)가 철폐되면 수입이 추가적으로 늘어날 전망이다. 의약품 수입도 연평균 19.2% 증가하였으며, 화학 공업 제품, 펌프, 계측기, 화장품 등의 수입도 늘었다. 그러나 우려하였던 농·축·수산물 수입은 3년간(2012~2014년) 1.3%로 소폭 늘어나는 데 그쳤고, 바닷가재(3년간 연평균 272.3%) 등 국내에서 생산이 되지 않는 품목을 중심으로 수입이 크게 늘어났다(이혜연·명진호, 2015).

운송기기와 비즈니스 서비스업 부문에서 미국으로부터의 투자도 활성화되는 것으로 나타난다.

그러나 미국이 경기 호전으로 한국 제품을 많이 수입한 반면, 우리나라는 경기 부진으로 대미 수입이 둔화된 데 따른 '불황형 효과'라는 지적이 많고, 자동차 관세가 완전히 철폐되는 2016년 이후가 되어야 본격적인 FTA 효과가 나타날 것이라는 전망이 우세하다.

표 12-11 양국 상품 양허 결과

양허 단계	인도 측 양허				우리 측 양허			
	품목 수 (6단위)	비중 (%)	수입액 (백만 달러)	비중 (%)	품목 수 (6단위)	비중 (%)	수입액 (백만 달러)	비중 (%)
관세 철폐	3,739	71.5	2,984	74.5	9,984	88.6	1,679	84.7
즉시 철폐	202	3.9	1,538	38.4	6,824	60.6	1,248	63.0
5년 철폐	180	3.4	560	14.0	2,310	20.5	205	10.3
8년 철폐	3,357	64.2	886	22.1	850	7.5	226	11.4
8년 내 1~5%로 인하	459	8.8	342	8.5	34	0.3	3	0.2
8/10년 내 50% 감축*	261	5.0	96	2.4	478	4.2	94	4.8
양허 제외	768	14.7	580	14.5	765	6.8	205	10.3
전체 합계	5,227	100.0	4,001	100.0	11,261	100.0	1,981	100.0

자료: 외교통상부.

6. 한-인도 CEPA

인도는 국토 면적이 328만 7,590km^{2}로 세계 7위이며, 인구는 12억 6,000만 명으로 중국 다음으로 세계 2위 인구 대국이다. 지난 20여 년간 연간 5.8%의 높은 경제 성장을 시현하여 2015년 국내 총생산(구매력 기준)이 약 7조 9,960억 달러(세계 7위)에 이르렀다. 그러나 1인당 GDP는 5,855달러로 세계 129위를 기록하고 있다.

2014년 총선에서 승리한 모디 정부는 '모디노믹스' 등 경제 개혁을 통해 인도를 세계 제조업의 중심지로 키우겠다고 공언한 후, 토지 수용 절차를 간소화하고 전력, 석탄, 도로, 철도 등 인프라 개발에 외국인 투자 제한을 완화하여 취임 7개월 만에 295억 달러의 해외직접투자(FDI)를 유치하였다. 무역 적자도 2012년 1,929억 달러에서 2014년 1,415억으로 줄였다. 인도가 경제 성장에 박차를 가하자, 국제통화기금(IMF)은 2015년 인도의 경제 성장률을 7.5%로 전망하며, 16년 만에 중국의 경제 성장률(6.8%)을 넘어설 것으로 내다보았다. 국제 신용 평가사들 역시 인도의 국가 신용 등급을 상향 조정하면서 전 세계의 이목이 집중하고 있다.

표 12-12	양국의 양허 단계별 주요 품목	
양허 단계	인도 측 양허	우리 측 양허
즉시	무선 전화기, 컴퓨터기기, 축전기, 팩시밀리, 소가죽 등	나프타, 오일 케이크, 벤젠, 적철광, 폴리카보네이트
5년 철폐	신문용지, 합성고무(SBR), 초음파 영상 진단기, 폴리카보네이트 TV 영상 모니터, 형광램프 등	윤활유, 20톤 초과 화물차, 대리석, 초음파 영상 진단기기, 유리 비드, 살균제 등
8년 철폐	탱커(선박), 볼베어링, 건설 중장비, 냉연 및 열연 강판 등	기타 항생물질, 산양 가죽, 유박, 비공업용 다이아몬드, 엑스선관 등
8년 내 1~5%로 인하	디젤 엔진, 기타 자동차용 부분품, 파라크실렌, 자동차 카스테레오 등	캐슈넛, 강황, 자동차 휘발유, 화강암 등
8/10년 내 50% 감축	기어 박스, 접착제, 살충제, 냉장고, 컬러 TV 등	사료용 옥수수, 망고, 일부 면사 등
양허 제외	TV 음극선관, 승용차, 페놀, 마이크로웨이브 등	소고기, 돼지고기, 갈치, 꽃게, 참깨, 등유, 경유, 일부 순면사 등

자료: 외교통상부(2009).

우리나라와의 교역 규모는 2000년 이후 빠른 속도로 증가하여, 2001년 이후 2013년까지 연평균 21% 증가하였으며, 2001년 25억 2,000만 달러와 비교해 2013년 175억 달러로 7배 가까이 증가하였다. 인도 수입 시장에서도 한국은 점유율이 3%로 일본의 2.2%를 앞서 11위를 기록하고 있다.

한-인도의 CEPA에 관한 논의는 2003년 12월 인도 뉴델리에서 열린 제2차 한-인도 공동위 외무장관 회담에서 양국 간 무역·투자 및 서비스 분야에서의 포괄적 협력 관계 수립을 위한 공동 연구 그룹 설치 문제를 검토하기로 합의하면서 시작되었다. 이후 2004년 10월 노무현 대통령이 인도를 방문하여 포괄적 경제동반자협정(Comprehensive Economic Partnership Agreement: CEPA)을 검토하기 위한 공동 연구 그룹을 설치하기로 합의함에 따라, 한-인도 CEPA에 대한 논의가 본격적으로 이루어졌다. 그리고 2005년 1월부터 2006년 1월까지 수차례 공동 연구 그룹의 회의와 공청회 등을 거쳐 최종 보고서를 채택, 포괄적 경제동반자협정(CEPA) 체결의 필요성을 건의함에 따라 2006년 2월 압둘 칼람(Abdul Kalam) 인도 대통령이 한국을 방문하였을 때 정식으로 협상 개시를 발표하였다. 그 후 2006년 3월 23일 뉴델리에서 1차 협상을 시작으로 12차례의 협상 개최와 2

차례의 법률 검토 회의를 거쳐, 2009년 8월 7일 한-인도 포괄적 경제동반자협정(CEPA)에 서명하고, 2010년 1월 1일 발효되었다. 미진한 품목의 양허에 대한 추가논의는 협상 발효 2년 후 Review 협상을 통해 하도록 하였다.[24]

포괄적 경제동반자협정은 상품 교역, 서비스 교역, 투자 등 경제 전반의 양국 간 협력을 강화하기로 하는 협정으로, 시장 개방보다는 경제 협력을 강조하지만 실질적으로는 FTA와 성격이 동일하다. 다만 CEPA의 경우, 인도 내부에 FTA에 대한 반대 여론이 높아 이 용어를 대신 선택하게 된 것으로 알려졌다. 인도는 일본, EU 등과 FTA 협상을 추진하면서도 모두 FTA 대신 CEPA라는 용어를 사용하고 있다.[25]

한-인도 CEPA 협정문은 서문과 15개 장의 본문, 그리고 관련 부속서와 교환 각서 등으로 구성되어 방대한 양으로 이루어져 있다.

협상의 주요 내용을 살펴보면 우선 상품 양허 부문에서 2017년까지 관세 완전 철폐 비중은 우리가 84.7%, 인도가 74.6%이며, 관세가 50% 이상 줄어드는 비중은 우리가 89.7%, 인도는 85.5%이다. 이렇게 양국 간 양허 수준이 차이가 나는 것은 양국의 제조업 경쟁력 수준 차이와 우리나라의 대인도 무역 흑자를 감안하였기 때문이다.

금액 기준으로 살펴보면 한국의 대인도 수출액 중 38.4%(15억 달러), 수입액 기준 63%(17억 달러)를 발효 즉시 관세를 철폐하기로 하였다. 품목 수 기준으로는 수출 품목의 3.9%(202개), 수입 품목의 60.6%(6,824개)가 발효 즉시 관세 철폐된다. 5년 또는 8년 안에 한국의 수출 관세가 철폐되는 품목은 3,537개(67.6%), 금액으로는 14억 달러(36.0%)이며, 한국의 수입 품목 중 5년 또는 8년 안에 관세가 철폐되는 품목은 3,360개 품목(28.0%), 금액으로는 4억 달러(21.7%)이다.

인도의 관세 철폐 또는 감축 대상에는 자동차 부품과 기계, 화학, 전자 제품 등 우리나라의 대인도 10대 수출품 중 8개 품목이 즉시 또는 8년 내 철폐 품목에 포함되었다.[26] 그리고 당시는 수출이 없으나 미래 수출 잠재력이 큰 디젤 엔진(현행 관세율 12.5%,

24 싱가포르도 인도와 CEPA 발효 후 Review 협상을 통해 인도로부터 275개 품목을 추가로 양허받았다.

25 인도는 2004년 태국과 FTA 체결 후 대태국 무역 적자가 심화되었다. 이에 국민들의 반FTA 정서가 고조되자 인도는 FTA보다 CEPA라는 용어를 더 선호하였다. 당시 우리나라도 한-미 FTA에 국민들의 반대 목소리가 컸었다.

26 대인도 10대 수출 품목은 자동차 기타 부품, 경유(제트유), 무선 전화기, 탱커, 유선 전화기 부분품, 철 및 비합금강, 열연 강판, 철 및 비합금강, 냉연 강판, 기타 가정용 전자, 화물선 등인데, 이 중 자동차 기타 부품, 경유(제트

8년 내 1~5%로 인하), 디젤 엔진 철도용 기관차(현행 관세율 10%, 5년 내 철폐) 및 엘리베이터 등(현행 관세율 12.5%, 5년 내 철폐)도 포함되었다.

한편, 인도로부터 수입 품목 중 1위인 나프타(39억 달러, 전체 대비 59.1%), 2위의 합금철(392억 달러, 전체 대비 3.1%), 3위 박류(대두유: 1.7억 달러, 전체 대비 2.6%), 4위 제강용의 비합금 선철(1.24억 달러, 전체 대비 1.9%), 5위 박류(유채: 1.19억 달러, 전체 대비 1.8%) 등은 협정 발효 즉시 철폐하기로 하였다.

농수산물이나 임산물은 양국 모두 민감성을 갖고 있음을 감안해서 서로 낮은 수준에서 개방하기로 합의해 피해 발생을 방지하려 노력하였다. 우리나라는 전체 농산물 1,451개 품목(HS 10단위 기준) 중 쌀, 소고기, 돼지고기, 닭고기, 고추, 마늘, 양파, 감귤, 사과, 배 등 총 44.8%에 해당하는 650개 종목을 양허 대상에서 제외하였고, 망고, 후추 등 299개 품목은 민감 품목으로 분류해 8년 간 관세를 50% 낮추기로 하였다. 수산물은 냉동 갈치, 냉동 꽃게, 냉동 새우 등 인도로부터 들어오는 주요 수입 품목(총 470개 중 80개, 19.7%)을 양허 대상에서 제외하였고, 임산물은 합판, 섬유판, 파티클 보드 등 주요 목재류 24개 품목을 양허 대상에서 제외하였다. 인도 역시 대부분의 농림수산물을 낮은 수준으로 개방하였는데, 전체 농산물 1,460개 품목(HS 8단위 기준) 중 식용 유지류 및 다른 나라로부터 수입이 많은 캐슈넛, 완두콩 등 40.3%를 양허 대상에서 제외하였으며, 수산물도 양허 대상에서 제외하거나, 8년에 걸쳐 관세를 1~5% 낮추기로 하였다.

위생 및 검역 분야는 WTO '동식물위생검역협정'(Agreement on the Application of Sanitary and Phytosanitary Measures)상 회원국의 권리 및 의무를 기초로 양국 간 정보 교환 등 협력을 강화하는 방향으로 합의하였다.

서비스 분야에서는 인도의 통신, 건설, 유통(소매 제외), 광고, 오락 문화, 운송 서비스 및 사업 서비스(회계, 건축, 부동산, 의료, 에너지 유통 등) 등의 시장을 추가로 개방하고, 금융 서비스 분야도 인도는 협정 발효 후 4년간 최대 10개까지 인도에 한국계 은행의 지점 설치를 긍정적으로 고려할 것을 약속하였다.[27]

그 밖에 의사, 간호사를 제외한 일부 서비스 전문직의 인력 이동을 상호 개방하기

유) 2개 품목은 포함되지 않았다.

27 지금까지는 한국계 은행으로 신한은행의 뭄바이, 델리 지점 두 개만 존재하였다.

로 해 컴퓨터 전문가, 엔지니어, 경영 컨설턴트, 기계·통신 기술자, 영어 보조 교사(공립 학교), 자연 과학자 및 광고 전문가 등 160여 개의 외국 전문 인력이 필요한 직종에 상호 진출 가능성이 열렸다. 그러나 주로 한국 시장의 개방 효과가 클 것으로 우려되어, 서비스 전문직 인력의 출입국 조치에 대한 포괄적 규제권을 확보함으로써 인도 인력의 대량 유입과 불법 체류 확대를 방지할 수 있는 안전 장치를 마련해 두었다.

원산지 기준의 경우 인도가 여타 국가와 체결한 FTA에 비해 전반적으로 완화된 기준을 채택하여 우리 수출품이 특혜 관세 적용을 받을 수 있는 범위를 확대시켰다. 부가가치 기준의 경우 기계·전기전자·섬유·자동차 등 국내 기업이 충족시킬 수 있는 35~40% 수준으로 합의하였다. 비원산지 재료의 경우는 최종재 부가가치의 10%를 넘지 않을 경우 예외적으로 원산지로 인정하는 미소 기준(최소 허용 기준)을 적용하여, 소량의 비원산지 재료를 활용할 수 있도록 하였다.[28] 또한 개성공단 생산 제품에 대한 특혜 관세 인정 조항(한-아세안 FTA 방식)을 마련함으로써, 우리나라는 2004년 6월 개성공단 사업 개시 이후 체결된 모든 FTA(한-싱가포르, EFTA, 아세안, 미국, 인도)에서 개성공단 조항을 규정하는 데 성공하였다.

투자 부문에서 인도는 자국 사상 최초로 'Negative 방식'[29]의 자유화에 합의하여 높은 수준의 투자 개방을 하였는데, 주로 농업, 어업, 광업 등 1차 산업 분야를 제외한 제조업 전반에 걸쳐 우리나라 기업의 투자를 허용하였다. 이에 한국도 인도와 마찬가지로 'Negative 방식'의 자유화에 합의하였다. 이와 관련하여 인도에 진출한 우리 투자자를 보호하기 위해 한-미 FTA와 유사한 투자 자산의 간접 수용 금지,[30] 투자자-국가 소송 제도(Investor-State Settlement: ISD)[31]의 적용 대상 확대 등 효과적 보호 장치를 마련하였다.

한편으로 인도의 발전 단계상 불가피한 측면이 있기는 하지만 한-인도 CEPA는 공

28 실제로 인도는 아세안과 함께 원산지 증명 기준을 부가가치, 품목 변경(HS 코드) 두 가지 기준 모두를 충족시켜야 관세 인하 혜택을 주도록 하여, 일반적인 FTA에서 원산지 증명 기준을 한 가지만 적용하고 있는 데 비해 엄격한 기준을 채택하고 있다.

29 개방을 허용하지 않은 분야만 기술해 넣으므로, 그 밖의 모든 분야에서는 원칙적으로 외국인 투자를 허용하는 방식이다.

30 간접 수용이란 수용에 버금갈 정도로 투자자의 자산 가치를 떨어뜨릴 만한 정부의 조치를 말한다.

31 투자자-국가 소송 제도(ISD)는 외국에 투자한 기업이 상대방 국가의 정책으로 이익을 침해당하였을 때, 해당 국가를 세계은행 산하 국제투자분쟁중재센터(ICSID)나 UN 국제상거래법위원회 등 국제 중재 기관에 제소할 수 있는 제도이다(김도훈, 2009, p. 9).

산품의 양허 및 관세 인하 속도에서 같은 ASEAN 국가에 비해 다소 늦은 면이 있다. 인도의 경우 관세 철폐 대상 일반 품목 비율이 71.5%이지만, ASEAN 선발국[32]의 경우는 90% 이상이었다. 양허 제외 품목도 ASEAN은 최종적으로 최대 40개 품목에 불과하지만 인도는 768개 품목에 대해 양허를 제외하였다. 일반 품목의 관세 철폐 속도도 ASEAN은 2006년 타결 시점에서 5년 이내인 2010년까지 관세를 모두 철폐하지만, 인도는 5년 내 철폐 비율이 철폐 대상 품목의 10%대에 머물러 있다.

품목 수로 보면 인도는 전체 4,498개 양허 품목 중에서 관세를 즉시 철폐하기로 한 품목은 202개로 한정하고, 8년에 걸쳐 관세를 철폐하는 범주에는 3,358개나 포함시켜 놓았다.

그러나 이러한 양국의 소극적인 양허 수준에도 불구하고 한-인도 CEPA가 발효되면, 인도의 고도 성장에 따라 급증하고 있는 양국 간 교역 및 투자가 더욱 확대될 것으로 전망하였다. 특히, 디젤 엔진, 철도용 기관차, 엘리베이터 등 향후 수출 잠재력이 큰 품목이 개방 대상에 포함되고, 대인도 투자 여건이 크게 개선됨에 따라, 최근 연 20% 이상 증가해 온 대인도 수출이 더욱 확대될 것으로 기대하였다.

산업연구원의 양국 간 제조업에 미치는 효과를 분석한 보고서에 따르면 CEPA가 발효되면 우리나라의 인도 수출이 10년간 연평균 1억 7,700만 달러, 수입은 3,700만 달러 늘어나고, 무역 흑자도 연평균 1억 4,000만 달러 증가할 것으로 전망하였다. 무역 수지의 흑자 증대 효과는 기계 분야(연평균 4,200만 달러)가 가장 크고, 그 다음으로 자동차, 화학, 전기, 전자 순으로 클 것으로 추정하였다.[33] 그러나 섬유 산업, 보건 의료 분야 등에서는 무역 적자 효과가 나타날 것으로 전망하였다. 대외경제정책연구원도 CEPA가 발효되면 양국 간 교역량은 33억 달러, GDP는 1조 3,000억 원, 고용은 4만 8,000명 늘어날 것으로 예상하였다.

이렇게 BRICs 국가 중 최초로 타결한 인도의 CEPA는 거대 시장을 중국, 일본 등 경쟁국에 앞서 선점하면서 기대된 효과도 컸었다.

그리고 2014년 실제 대인도 수출액을 보면 128억 달러로 한-인도 CEPA 발효 전인

32 싱가포르, 말레이시아, 태국, 인도네시아, 필리핀 5개국을 가리킨다.
33 김도훈(2009).

2009년(80억 달러)보다 60%나 늘었다. 수입액도 같은 기간 41억 달러에서 53억 달러로 27.4% 늘면서 무역 규모가 122억 달러에서 181억 달러로 48.6%나 증가하였다. 무역은 1993년부터 지속적으로 흑자를 기록하고 있었는데, 2009년 39억 달러에서 2014년 75억 달러로 93.9%나 급증하였다. 주로 석유 화학 제품, 철강, 전자 등 중화학 제품군에서 발생하였다. 무역 수지만 보면 우리나라가 CEPA를 통해 많은 이익을 챙겼다. 인도 수입 시장에서도 우리나라의 점유율이 3.0%로 11위를 기록하며, 중국(13.3%)에는 뒤지지만 일본(2.2%)보다는 더 큰 비중을 차지하였다.

그러나 무역 규모와는 달리 투자는 크게 늘지 않을 것으로 나타났다. CEPA 체결 당시 우리 외교통상부는 "인도가 자국 FTA 사상 최초로 네거티브 방식의 자유화에 합의해 높은 수준의 투자 개방을 이뤄냈다"고 자랑하였던 적이 있다. 그러나 우리나라의 대인도 투자액은 2014년 3억 4,100만 달러로 2009년의 3억 4,200만 달러와 비슷한 수준을 기록하였다. 인도의 대한국 투자는 더 부진해 마힌드라 그룹이 쌍용차를 인수한 2011년을 제외하고는 딱히 눈에 띄는 것이 없었다. 이에 따라 우리 정부는 제조업 혁신과 ICT, 에너지 신산업 등을 중심으로 통상 협력을 강화해 투자를 유도해 나가려고 노력하고 있고, 2015년 방한한 모디 인도 총리도 한-인도 CEPA를 개정해 일본 등과 대비해 불리한 수출 여건과 투자 여건을 개선하기로 약속하였다. 또한 두 정상은 한국 기업의 인도 인프라 사업 참여를 위해 100억 달러 규모의 '금융 지원 패키지' 사업에도 합의하였다.

7. 한-EU FTA

유럽연합(EU)은 인구가 5억 700만 명에 이르고, 2015년 회원국 국내 총생산(구매력 기준)이 세계 GDP의 30%인 19조 달러로 미국의 GDP 17조 4,000억 달러를 넘어서는 세계 제일의 거대 경제권이다. 우리나라와의 교역 규모도 2014년 1,014억 달러로 제3의 교역국으로 부상하였다.

한국은 2003년 8월 'FTA 추진 로드맵'에 의해 미국, 중국과 함께 EU를 장기적 FTA 추진 대상국으로 선정하여, 한국을 미국과 유럽을 연결하는 '동아시아 FTA 허브'로 구

표 12-13 한-EU 상품 양허표 (단위: 억 달러, %)

양허 유형	한국 양허				EU 양허			
	품목 수	비중	대EU 수입액	비중	품목 수	비중	대한국 수입액	비중
즉시(A)	9,195	81.7	182	66.7	9,252	94.0	318	76.6
2~3년(B)	625	5.5	61	22.2	282	2.9	69	16.7
5년(C)	718	6.4	22	8.1	269	2.7	28	6.7
5년 내(A+B+C)	10,538	93.6	265	97.0	9,803	99.6	415	100
6~7년	111	1.0	4	1.4				
10년	399	3.5	3	1.1				
10년 초과	169	1.5	1	0.5				
양허 제외/현행 관세	44	0.4	0	0.0	39	0.4	0	0.0
총합계	11,261	100	273	100	9,842	100	415	100

주: 품목 수는 HS 2006 기준, 금액은 2004~2006 평균 기준임.
농업 세이프가드, 수입 쿼터, 시장 진입 가격 제도 등은 관세 철폐 연도에 따라 분류.

축하는 계획을 수립하였다. 그리고 2006년에 2차례 예비 협의를 거쳐 2007년 5월부터 EU와 FTA 협상을 공식적으로 시작하였다. 그 후 총 8차에 걸친 협상을 개최한 후 2009년 7월 13일 마침내 협상이 타결되었고, 2010년 10월 6일 벨기에 브뤼셀에서 정식 서명되었다. 유럽 의회는 2011년 2월 비준하였지만, 한국에서는 막판에 FTA 한글본의 번역 오류가 무려 207곳이나 드러나 외교통상부가 국회에 3번이나 협정문 한글본을 제출하는 우여곡절을 겪은 후, 2011년 7월 1일부터 잠정 발효[34]되었다.

한-EU FTA의 주요 내용을 보면 상품 분야에 품목 수 기준으로 한국과 EU 모두 99.6%, 수입액 기준으로 사실상 100% 양허한 높은 수준이다. 한국의 즉시 관세 철폐 비중은 품목 수 기준으로 81.7%이고, 5년 이내 철폐를 포함하면 93.6%이며, EU는 즉시 철폐 94.0%, 5년 이내 철폐 99.6% 수준이다. 예외 품목 수는 한국이 44개, EU가 39개이다.

제조업의 경우 양측 모두 양허 제외 없이 전 품목을 관세 철폐하되, 한국은 순모직물, 건설 중장비, 인쇄 기계, 합판, 밸브, 의료용 전자기기 등 45개 품목에 대해 최장 7

34 잠정 발효이지만 정식 발효와 똑같은 시장 개방 효과를 가진다. 정식으로 발효되려면 당시 EU 27개 회원국 모두의 동의를 받아야 해 장시간이 필요하지만, EU 각료이사회의 승인으로 잠정 발효되어 조기에 FTA 효과를 거두게 되었다.

표 12-14	양허 유형별 주요 품목과 현행 관세율	
양허 유형	한국 양허	EU 양허
즉시	자동차 부품(8), 기타 정밀 화학 원료(1~8), 계측기(8), 직물제 의류(8~13), 스키 부츠(8, 13), 인쇄 기계(8), 컬러 TV(8), 냉장고(8), 선박(5), 타이어(8), 광학 기계(8), 화학 기계(8), 전구(8), 섬유 기계(5~8), 식품 포장 기계(8), 컴퓨터 부품(8), 항공기 부품(3~8), 계측기 부품(8) 등	자동차 부품(4.5), 무선 통신기기 부품(2~5), 스웨터(12), 편직물(8), 냉장고(1.9), 에어컨(2.7), 라디오(9~12), 스키 부츠(8~17), 폴리에스테르 직물(8), 진공청소기(2.2), 아세탈 수지(6.5), 천연색 음극선관(14), 남성 셔츠(12), 연축전지(3.7), 리튬 전지(4.7) 등
3년	중·대형(1,500cc 초과) 승용차(8), 기타 정밀 화학 제품(5~8), 펌프(8), 선박용 엔진 및 그 부품(8), 무선 통신기기 부품(8), 안경(8), 의약품(6.5), 화장품(8), 철도 차량(5), 철도 차량 부품(5), 선박용 부품(8), 변환 및 안정기(8), 식품 가공 기계(8) 등	중·대형(1,500cc 초과) 승용차(10), 베어링(8), 타이어(2.5~4.5), 합성수지(6.5), 고무벨트(6.5), 복사기(6), 전자레인지(5), 주방용 도자기 제품(12), 항공기(7.5~7.7), 기타 신발(16.8), 자전거(15) 등
5년	소형(1,500cc 이하) 승용차(8), 하이브리드카(8), 밸브(8), 베어링(8), 시멘트(8), 윤활유(7), 기초 화장품(8), 접착제(6.5), 합성 고무(8), 제재목(5), 원동기(8), 펌프(8), 화물차(10), 의료용 전자기기(8), 기타 요업 제품(8) 등	소형(1,500cc 이하) 승용차(10), 하이브리드카(10), 컬러 TV(14), TV 카메라 및 수상기(14), 카스테레오(10), 광학기기 부품(6.7), 순모직물(8), 모사(3.8), 영상 기록 재생용 기기(14), 화물차(22) 등
7년	순모직물(13), 모사(8), 동조 가공품(8), 수산화나트륨(8), 건설 중장비(8), 인쇄 기계(8), 금속 절삭 가공 기계(8), 기타 기계류(16), 합판(8~12), 섬유판(8), 파티클 보드(8), 표면활성제(8), 밸브(8), 베어링(8), 의료용 전자기기(8), X선 및 방사선기기(8), 합성 고무(8) 등	없음.

주: ( )는 관세율 %.
자료: 외교통상부.

년의 관세 철폐 기간을 확보하였다. 품목별로 보면 최대 관심 품목인 승용차는 중·대형(1,500cc 초과) 3년, 소형(1,500cc 이하) 5년 이내에 관세를 철폐하기로 하고, 섬유 제품, 신발류 관세 대부분은 즉시 철폐하였다. 전기전자 관련, 컬러 TV(14%) 등 EU 측의 고관세 품목 관세는 5년 내 철폐하기로 하였으며, 전기전자 부품은 모두 즉시 철폐하기로 하였다.

농산물 분야에서는 양국의 농업 경쟁력의 차이를 고려해 비대칭적인 개방 수준에 합의하였는데, 우리는 농업의 민감성을 반영하여 양허 제외, 현행 관세 유지, 계절관세 도입, 10년 이상 장기 관세 철폐, 농산물 세이프가드 적용 등 다양한 양허 방식을 확보하였다. 그러나 EU는 품목 수 기준으로 98.1%, 수입액 기준으로 99.5%를 5년 이내에 관세를 철폐하여 전반적으로 조기 개방하는 쪽으로 결론을 냈다.

한국의 즉시 철폐 농산물은 품목 수 기준으로 42.1%인 610개이며, 관세 철폐 기간이 10년을 초과하거나 현행 관세 유지 또는 예외가 적용된 품목은 210개로 14.5%이다. 품목별로는 쌀이 양허가 제외되었고, 감귤, 고추, 마늘, 양파, 감자, 대두, 보리, 인삼 등은 현행 관세 유지, 포도는 계절 관세, 전지·탈지 분유와 연유, 천연꿀은 현행 관세를 유지하되 일정 쿼터를 설정하는 것으로 하였다. 소고기, 돼지고기, 사과, 설탕, 인삼, 맥아, 맥주맥, 발효 주정, 변성 전분, 감자 전분 등 9개 품목은 수입이 일정 물량 이상으로 급증하면 관세를 추가 부과하여 국내 시장을 보호하는 '농산물 세이프가드'가 도입되었다. EU가 관심을 갖는 돼지고기는 냉동 삼겹살 10년, 냉동 기타 부위 5년간 관세 철폐, 냉장 삼겹살 및 냉장 기타 부위는 10년간 철폐 및 농산물 세이프가드를 적용하기로 하였다.

EU는 우리의 대부분 수출 품목에 대해 즉시 관세를 철폐하기로 하였지만, 쌀 및 쌀 관련 제품(39개)에 대해서는 예외를 설정하고, 일부 채소와 과일 제품(토마토, 호박, 감귤, 복숭아, 자두 등 16개)도 기존 시장 진입 가격 제도를 유지하기로 하였다.

수산물 분야에서는 농업 분야 양허와 마찬가지로 한국과 EU 간 수산업의 경쟁력 차이를 고려해 비대칭적으로 개방하였다. 우리나라는 냉동 오징어와 냉동 민어, 냉동 명태는 양허에서 제외하여 현행 관세를 유지하고, 냉동 고등어와 냉동 기타 넙치의 경우 12년, 냉동 볼락, 냉동 가자미, 게살, 꽃게 등은 10년의 장기 관세 철폐 기간을 확보하였다. 하지만 EU 측은 우리의 주요 수출 수산물에 대해 5년 이내에 관세를 완전 철폐시키기로 합의하였다.

서비스 분야에서는 양허표에 기재한 분야만 개방하는 Positive 방식을 채택하였는데, 우리나라는 일부 통신 서비스(방송용 국제 위성 전용 회선 서비스) 및 환경 서비스(생활

하수 처리 서비스)를 추가 개방해 WTO 서비스 분류 155개 섹터 중 115개 분야를 개방하였다. 한편, EU는 한-미 FTA에서 개방하지 않았던 해운 서비스, 무선 통신 서비스, 수의사 서비스 등을 추가로 개방해 총 139개 분야를 개방하였다.

원산지 규정도 그동안 EU가 FTA 체결 시 엄격하게 고수해 온 결합 기준 원칙(세번 변경 기준 및 부가가치 기준[35])을 처음으로 선택 기준(세번 변경 기준 또는 부가가치 기준)으로 수정하였다.

정부 조달 부문에서는 양측 모두 일반 조달 시장(물품, 서비스, 건설)은 추가 개방 없이 현행 WTO GPA의 양허 수준을 유지하기로 하고, 1,500만SDR(222억 원) 이상의 민자 사업은 상호 개방하기로 합의하였다.

이러한 협정을 통해 우리나라는 유럽연합 회원국들 모두와 FTA를 체결한 효과를 누리게 되었으며, 우리 기업도 EU 시장 진출에 교두보를 마련한 것으로 평가되었다.

실제로 EU는 평균 관세율이 5.3%로 미국의 3.5%보다 높다. 특히, 우리나라의 주요 수출 품목인 자동차(10%), TV 등 영상기기(14%), 섬유·신발(12~17%) 관세율이 매우 높아, 이번 FTA로 종국적으로 관세가 철폐되면 한국 경제가 또 다른 도약의 기회를 가질 것으로 기대되었다.

대외경제정책연구원과 농촌경제연구원 등 국내 10개 국책 연구 기관들도 이번 한-EU FTA가 한국 경제의 실질 GDP를 향후 10년간 최대 약 5.6% 증가시킬 것이고, 향후 15년간 매년 한국의 대EU 무역 흑자를 3억 6,100만 달러가량 확대시킬 것으로 예상하였다. 업종별로는 완성차, 디지털 가전, 섬유, 석유 화학 등을 중심으로 대EU 수출이 증가할 것으로 전망하였다. 그러나 농업과 수산업은 해마다 3,300만 달러 이상씩 적자 폭이 확대되고, 특히 돼지고기와 낙농품 등 축산업의 경우 FTA가 체결된 뒤 15년 동안 연평균 1,600억 원대의 생산 피해가 나타날 것으로 예상하였다. 서비스업에서는 21만 9,000개, 제조업에서 3만 3,000개 등 10년 동안 총 25만 3,000개의 일자리가 새로 생길

35 원산지 규정에서 세번 변경 기준이란, 예를 들어 수입 원료를 사용해 제품을 생산한 경우 수입 원료의 세번(HS 번호)과 제품의 세번의 일정 단위(예: HS 2단위, 4단위, 6단위) 기준으로 차이가 있어야 원산지로 인정하는 기준이다. 원유(HS2709)를 수입해 석유(HS2719)를 생산할 경우 4단위 세번 변경으로 인정된다. 한편, 부가가치 기준은 수입 원료를 사용해 제품을 생산할 경우 가공 과정에서 일정 수준 이하(예: 공장도 가격 기준의 45%)의 역외산 재료를 사용해야 원산지를 인정한다. 그 밖에 주요 공정 기준이 있는데, 이것은 화학 반응, 정제 공정, 블렌딩 공정 등 특정한 공정을 거쳐 생산된 경우 원산지로 인정하는 기준이다.

것으로 전망되었다.

그러나 기대와는 다르게 EU와 FTA를 체결한 후 무역 수지 적자 규모가 더 확대된 것으로 나타났다. EU와는 1998년 이래 지속적으로 무역 수지 흑자를 기록하였으나, 2012년부터 적자로 전환되어 2014년에는 사상 최고치인 107억 달러에 이르렀다.

적자 확대의 원인을 보면 먼저 이란에 대한 국제 사회의 제재로 이란산 원유 수입이 감소하고, 2012년부터 영국산 브렌트유의 수입이 급증해 2012년 원유 수입액이 전년 대비 726%나 증가한 것을 중요한 요인으로 꼽을 수 있다. 또한 한-EU FTA의 영향으로 일본산 소재·부품 대신 대EU 소재·부품 수입이 확대되고, 관세가 낮아진 유럽산 자동차와 고급 소비재의 수입이 빠르게 증가하면서 전체적인 수입 규모가 증가하였다. 반면 2008년 글로벌 금융 위기와 2011년부터 본격화된 유로존 경기 침체로 EU의 수요가 위축되고, 우리의 주역 수출 품목인 선박 수출이 크게 부진하였다. 무선통신기기 및 자동차 등의 해외 생산도 확대되면서 EU에 대한 직수출도 감소하였다. 그 외 FTA와는 별로 상관없는 항공기 및 부품, 천연가스, 금 제품 등의 수입 급증도 무역 수지 적자 확대에 크게 기여하였다(제현정, 2015).

농·축산물 분야에서도 예상대로 곡물 등의 수입선 전환과 유제품, 주류 등의 관세 인하, 무관세 TRQ(저율관세할당[36]) 증량 등으로 EU산 농·축산물 수입이 증가하여, 관련 업계의 피해가 예상된다.

한편, 정부는 2009년 한-EU FTA 협상 타결 시 제외되었던 '투자 규범'을 추가하기 위해 EU와 협상을 추진하고 있다. 이는 2009년 10월 한-EU FTA 서명 때 EU 집행부가 '투자 규범'에 대한 협상 권한을 회원국들로부터 위임받지 못해, 이 부분을 협상 대상에서 아예 제외한 때문이다. EU의 우리나라 직접 투자액(신고 기준)은 FTA가 발효되었던 2011년 50.3억 달러를 기록한 뒤 2012년 27.1억 달러로 감소한 후, 2013년 48억 달러, 2014년 65억 달러까지 늘었다. 그러나 2015년 들어 글로벌 위기로 투자액이 급감하자 정부는 산업계의 의견을 다각적으로 수렴하여 EU와 '투자 규범' 체결을 위해 물밑 협상을 벌이고 있다.

36 수입량이 많은 품목에 대해서 일정 수입 물량을 넘어설 때만 높은 관세를 매기는 방식.

8. 한-페루 FTA

페루는 남아메리카 중부 태평양 연안 국가로 인구가 3,151만 명이고, 국내 총생산(GDP)은 4,033억 달러(2015년 구매력 기준), 1인당 국민 소득은 12,640달러 정도의 개발도상국이다. 그러나 최근 8년간 연평균 7%의 경제 성장률을 달성해 중남미 국가들 가운

표 12-15	한-페루 FTA의 주요 내용
상품 시장 개방 (관세 철폐)	• 협정 발효 후 10년 이내 양측 교역 품목 관세 모두 철폐 • 승용차(페루 관세율 9%) 중 대형차는 발효 즉시, 중형차는 5년 내, 기타 승용차는 10년 내 관세 철폐 • 컬러 TV(페루 관세율 9%)는 발효 즉시, 세탁기(17%)는 4년 내, 냉장고(17%)는 10년 내 관세 철폐 • 쌀·소고기·고추·마늘·양파·인삼류·명태 등 107개 품목 양허 제외, 202개 민감 농수산물 10년 초과 장기 관세 철폐
원산지	• 개성공단 생산 제품의 한국산 원산지 인정 위한 역외 가공 조항 합의
무역 구제	• FTA로 국내 산업 심각한 피해 발생 시 관련 상품 관세를 현행 수준까지 인상할 수 있는 양자 세이프가드 제도 합의 • 닭고기·무당연유·치즈·천연 벌꿀·녹두·팥 등 민감 농산물에 대해 농산물 세이프가드 도입
위생 및 검역(SPS)	• WTO SPS 협정상의 권리와 의무를 확인하고, 양국 간 SPS 위원회 설치해 양자 간 위생 및 검역 관련 협력 강화키로 합의
기술 장벽	• 기술 규정 및 표준의 제·개정 과정 투명성 강화 • 상대국 기술 규정 또는 적합성 평가 결과의 동등성 인정
서비스 투자	• 한-미 및 한-EU FTA에서 이미 개방한 분야에 대해 대체로 유사한 수준 개방 • 한국 측 전기·가스·방송·통신 등 기간 산업에 대한 규제 권한 유지, 페루 측은 전기·가스·발전 등 양허
지적재산권	• 저작권 보호 기간을 현행 사후 50년에서 70년으로 연장, 우리 측은 협정 발효 후 2년간 유예 • 지리적 표시(한국 82개, 페루 4개) 상호 보호
정부 조달	• 정부 조달 및 민자 사업 시장 상호 개방 • 학교 급식 조달은 예외 인정 • 입찰·낙찰 시 과거 실적 요구 금지
경제 협력	• FTA 발효 후 2년 이내에 수산 협력 약정 체결 위해 노력, 에너지·광물 자원 분야 협력 및 투명성 강화

자료: 외교통상부.

한-페루 FTA에 서명하는 마르틴 페레스 페루 통상관광부 장관, 알란 가르시아 페루 대통령(가운데), 김종훈 통상교섭본부장

데 파나마를 제외하고 가장 빠른 속도를 보였고, 지정학적으로 칠레·에콰도르·볼리비아·브라질·콜롬비아 등과 국경을 접하고 있다.

우리나라와의 교역 규모는 멀리 떨어진 지리적 한계 때문에 FTA 체결 당시인 2009년 우리 수출 시장에서 차지하는 규모가 0.2% 선에 머물러, 페루 수출 시장에서 우리나라가 차지하는 3.2%보다 더 작은 관계로 우리보다는 페루에 더 큰 효과가 있을 것으로 예상되었다. 무역 수지는 1990년대 중반부터 2000년대 초반까지 대페루 무역 흑자를 기록하였지만, 원자재 수입이 늘면서 2004년부터 적자를 지속하고 있다.

페루는 원래 은 매장량은 세계 1위, 동과 창연 2위, 주석과 아연 3위, 붕소 6위 등 주요 광물 자원이 세계 3위권이며, 석유·가스 매장량도 38위, 42위에 올라와 있는 자원 부국이다. 우리나라는 페루로부터 주로 아연, 동광, 구리, 수산물 등을 수입하고 자동차, 경유, 휴대폰, 타이어, TV 등을 수출해, 공산품을 수출하고 원자재와 농수산물을 수입해 오는 전형적인 산업 간 무역 형태를 가지고 있었다.

양국은 2008년 11월 정상 회담에서 양국 간 FTA를 추진하기로 합의한 후 총 다섯 차례의 공식 협상, 두 차례의 회기간 회의, 3차례의 통상장관 회담을 거쳐 2010년 8월 30일, 1년 9개월 만이라는 비교적 짧은 기간 동안 협상을 마무리하는 성과를 거두었다. 그리고 2011년 8월 1일부터 공식 발효되었다.

양국 간 FTA 협정문은 총 25개 장으로 구성되어 있는데, 상품과 무역 구제, 투자,

표 12-16 한-페루 FTA 상품 양허 수준 (단위: 천 달러, %)

양허 유형	한국 양허				페루 양허			
	품목	비중	수입액	비중	품목	비중	수입액	비중
즉시 철폐	10,044	84.5	915,668	94.2	5,001	67.9	464,927	74.2
3년 내 철폐	223	1.9	407	0.0	58	0.8	312	0.0
5년 내 철폐	609	5.1	18,655	1.9	936	12.7	90,540	14.4
(5년 내 소계)	10,876	91.5	934,730	96.2	5,995	81.3	555,780	88.6
8년 내 철폐	170	1.4	12,464	1.3	51	0.7	3,656	0.6
10년 내 철폐	524	4.4	24,692	2.5	1,240	16.8	67,512	10.8
(10년 내 소계)	11,570	97.4	971,886	100	7,286	98.9	626,948	100
10년 초과	202	1.7	0	0.0	79	1.1	0	0.0
계절 관세	2	0.0	0	0.0	–	–	–	–
현행 관세/양허 제외	107	0.9	1	0.0	4	0.1	0	0.0
총합계	11,881	100	971,887	100	7,370	100	626,948	100

주: 1) 품목 수는 HS 2010년 기준, 수입액은 2007~2008년 평균 금액 기준.
2) ASG 적용 품목은 관세 철폐 연도에 따라 분류.
자료: 외교통상부.

지적재산권, 정부 조달, 경제 협력 등 포괄적인 내용이 담겼다.

상품 분야에서는 수입액 기준으로 협정 발효 후 10년 이내에 모든 교역 상품의 관세를 철폐하기로 합의하였다. 이에 한국에서 페루로 수출하는 컬러 TV와 배기량 3,000cc 이상 대형차(승용차 9%)의 관세는 협정 발효 후부터 즉시 철폐하고, 1,500~3,000cc 중형차에 대한 관세는 5년 내, 기타 승용차는 10년 내에 관세가 단계적으로 폐지한다. 수출용 세탁기와 냉장고에 대한 관세도 각각 4년, 10년 내에 사라진다.

농·수산물의 경우 한국 측 민감 품목인 쌀, 소고기, 고추, 마늘, 인삼류, 명태 등 107개 품목은 FTA 대상 품목에서 제외하였다. 대신 그 외 202개 농·수산물은 협정 발효 10년 후 관세를 철폐하기로 의견을 모았다. 페루에서 수입되는 커피에 대한 관세(2%)는 협정 발효 즉시, 아스파라거스와 바나나 등은 3~5년 내에 관세가 사라진다.

페루 측은 주요 수출품인 오징어(현행 관세 10~22%) 중 비중이 큰 냉동·조미·자숙은 10년 내에, 기타 오징어는 5~7년 안에 관세를 폐지하기로 하였다. 그리고 페루산 커피 관세(2%)는 협정 발효 즉시, 아스파라거스(20~27%)와 바나나(30%) 등은 각각 3년과 5년

표 12-17 한-페루 FTA 상품 양허 품목별 수준

양허 유형	한국 양허		페루 양허	
	주요 품목	품목 수	주요 품목	품목 수
즉시 철폐	아연광, 연광, 동광, 니켈광, 철광, 나프타, 고철, 원유, 석탄, 윤활유, 금, 은, 보석, 승용차, 자전거, 타이어, 카메라, 시계, 건전지, 가죽 제품(벨트 등), 모피 의류, 견사, 신사복, 언더셔츠, 모자, 커피, 설탕(원당), 향신료(샤프란)	10,044	대형 승용차(3개 세번), TV(컬러, 흑백), VCR, 전기밥솥, 라디오카세트 일부, 자동차 부품, 카스테레오, 무선 전화기, 선박, 화물차, 타이어, 라이터, 손목시계, 오락용구, 기타 합성섬유, 녹차, 배, 사과	5,001
3년 철폐	아스파라거스(신선 냉장), 아보카도(신선 건조), 위스키, 파스타, 식빵, 비스킷, 어류 통조림(정어리)	223	면도기, 이발기, 항공기 엔진	58
4년 철폐	–	–	세탁기	2
5년 철폐	연괴, 스웨터(면제), 코르크, 바나나, 라임, 포도주, 캐비아 대용물, 어류의 유지	609	중형 승용차(3개 세번), 진공청소기, 의료 위생용품, 종이 제품, 설탕(정당), 필터 담배, 맥주, 위스키, 인삼	934
7년 철폐	옥수수(종자용), 소모사, 붕장어(냉동 필레트)	170	일부 철강 제품	40
8년 철폐	–	–	장신구, 황산	11
10년 철폐	아연괴, 일부 연괴, 파티클 보드, 섬유판, 합판, 소시지, 오징어(냉동, 조미, 자숙, 건조), 고등어(냉동) (ASG)닭고기(냉장), 오리고기(냉동), 체다치즈, 무당연유, 녹두, 팥	524	기타 승용차, 냉장고, 고무판, 모포류, 혼방면사, 폴리에스터 직물, 신발류, 부직포, 인쇄용지, 접착제, 연축전지, 비누, 섬유판, 오리고기, 돼지고기	1,240
12년 철폐	난황	2	소고기(냉동 절단), 설탕(원당)	24
15년 철폐	발효 주정	1	버터, 발효유, 빙과류	20
16년 철폐	돼지고기(삼겹살), 버터, 녹차, 설탕(정당), 참기름, 필터 담배 (ASG)천연꿀, 맨더린	199	–	–
17년 철폐	–	–	닭고기, 치즈	35
계절 관세	포도, 오렌지	2	–	–
현행 관세 유지	소고기(신선, 냉장, 냉동), 고추, 마늘, 양파, 감귤(온주밀감), 보리, 사과, 배, 탈지·전지 분유, 치즈, 인삼류, 대두, 밤, 대추, 민어(냉동), 명태(냉동), 오렌지 주스	91	–	–
양허 제외	쌀	16	쌀	5

자료: 외교통상부.

내에 관세가 철폐된다.

양국은 또 FTA에 따른 관세 인하나 철폐로 국내 산업에 심각한 피해가 발생할 때 해당 상품의 관세를 '현행 실행 관세율'(MFN) 수준으로 인상하는 세이프가드 제도에도 합의하였다. 이어 한국은 닭고기와 무당연유, 치즈, 천연꿀 등 농산물이 정해진 수입 한도를 초과할 경우에도 관세를 물리는 농산물 세이프가드를 도입하였다.

그 밖에 위생·검역 협력을 강화하기 위해 '위생검역위원회'(SPS)를 설치하고, 지적 재산권은 사후 50년에서 70년으로 연장하였으며, 입찰·낙찰 시 과거 실적 요구 금지 조항을 포함한 정부 조달 및 민자 사업 시장을 상호 개방하기로 하였다.

원산지 규정의 경우 양국 교역 관계를 균형 있게 반영한 중립적인 특혜 원산지 규정에 합의하였다. 특히, 우리 주력 수출 품목에 대해서는 품목의 민감성과 원자재 해외 조립 비율 등 산업 특성을 고려한 기준을 도입하였는데, 완성차를 제외한 자동차와 전자전기 제품 등 대부분 주요 공산품에 대해 세번 변경 기준이나 부가가치 기준의 선택적 적용이 가능하도록 하였다. 또한 개성공단에서 생산되는 제품의 한국산 원산지 인정을 받기 위한 역외 가공 조항에도 합의하였다.

서비스와 투자 분야는 한-미 FTA나 한-EU FTA와 유사한 수준으로 개방하였다. 하지만 전기, 가스, 방송 통신 등 기간 산업에 대해서는 규제 권한을 확보하고, 공교육, 의료 및 사회 서비스 등 공공성이 강한 분야는 미개방하는 등 개방 수준을 조절하였다.

정부 조달 및 민자 사업 시장도 상호 개방하고, 입찰 및 낙찰 시 과거 조달 실적 요구를 금지하기로 합의하였다.

페루와의 FTA 체결로 우리나라는 남미 국가 중 칠레에 이어 두 번째로 중남미 진출의 교두보를 마련하게 되었으며, 관세 인하는 물론 자원 개발 등을 위해 페루에 진출해 있는 석유공사나 SK에너지 등 우리 기업들의 안전 장치도 마련되었다. 또한 한-페루 FTA를 통해 페루가 9%의 높은 관세율을 유지해 온 자동차, 컬러 TV, 의약품의 수출이 늘어나는 한편, 페루 수입차 시장의 절반을 차지하는 일본 자동차[37]에 대한 추격도 가속화될 것으로 기대하였다. 페루 건설 시장에서 이미 무관세 수출되는 중장비에

37 2010년 상반기 일본산 자동차의 페루 시장 점유율은 46.0%, 우리나라 자동차 점유율은 23.6%이다.

더해 9%의 관세가 철폐되는 중장비 부품, 철강판 등 건설 관련 품목의 수요도 증가할 것으로 전망되었다. 이 밖에 한국산 인지도가 상승한 섬유 직물이나 농약·의약품, 현지 수요가 증가하는 컴퓨터나 플라스틱 제품 등도 수출이 늘어날 것으로 예측되었다. 하지만 현재 페루에서 수입하는 품목의 92.5%가 광물 자원으로 해당 품목은 이미 관세율이 0%이기 때문에 FTA로 인한 수입 규모는 큰 변화가 없을 것이다.

양국 간 교역량이 적고 페루 경제 규모가 크지 않기 때문에 한-페루 FTA 체결에 따른 거시 경제 효과가 제한적이어서, 향후 10년에 0.01%의 실질 GDP 증가, 5,410만 달러의 후생 수준 증가 정도가 예상되었다(권기수·박미숙, 2011).

그 후 한-페루 FTA가 발효된 지 3년이 지난 2014년에 페루는 미국·중국·일본에 이어 EU까지 FTA를 발효시켜, 페루 시장에서 외국 기업들의 시장 점유율 확대 경쟁은 더욱 치열해졌다. 그러나 이러한 상황에서도 우리나라의 페루 시장 점유율은 발효 전 10위에서 2013년 7위(3.6%)로 상승하였고, 2012년부터 경쟁국 일본을 추월하였다.

우리의 대페루 수출은 FTA 발효 이후 화학 제품, 전기기기, 수송기기 등의 수출 증가로 연평균 15% 정도 증가하였고, 페루 수입 시장 점유율이 가장 크게 확대된 화학 제품의 점유율은 2013년 7.7%까지 상승하였으며, 수송기기도 발효 전에 비해 1.1% 포인트 확대된 13.7%를 기록하였다.

하지만 아직까지는 FTA 발효 후 기간이 짧아 FTA 효과에 대한 정확한 평가는 좀 더 기다려야 할 것 같다.

9. 한-터키 FTA

터키는 8개국과 국경을 맞대고 있으며, 국토의 면적은 78만 3,562km^2, 인구는 9,769만 명으로 유럽 국가들 중 독일에 이어 인구 2위의 국가이다. 전체 인구의 60% 이상이 35세 이하의 젊은층 인구로 향후 거대한 내수 시장으로 발전할 잠재력을 보유하고 있다. 국내 총생산(2014년 PPP 기준)은 1조 5,860억 달러, 1인당 GDP는 20,299달러이다.

2002년부터 2011년까지 10년간 연평균 6%의 높은 경제 성장률을 기록해 세계 주요 연구 기관들이 BRICs 이후 차세대 유망 신흥 시장으로 손꼽고 있으며, 지정학적 중요

표 12-18	한-터키 FTA 양허 수준							(단위: 개, %, 백만 달러)
양허 단계	한국 양허				터키 양허			
	품목 수	비중	수입액	비중	품목 수	비중	수입액	비중
즉시	9,559	80.5	296.4	82.5	7,868	65.0	2,064	53.8
3년	200	1.7	14.4	4.0	350	2.9	338	8.8
5년	434	3.7	25.4	7.1	975	8.1	588	15.3
7년 비선형*	–	–	–	–	4	0.0	169	4.4
7년	150	1.3	2.7	0.8	869	7.2	676	17.6
10년	609	5.1	18.8	5.2	801	6.6	1.7	0.0
(10년 내 소계)	10,952	92.2	357.8	99.6	10,867	89.8	3,837	100.0
관세 감축(RD)**	134	1.1	0.2	0.1	175	1.4	0.0	0.0
양허 제외	795	6.7	1.2	0.3	1,060	8.8	0.2	0.0
총합계	11,881	100.0	359	100.0	12,102	100.0	3,837	100.0

주: 1) 품목 수는 HS 10단위 기준, 수입액은 2007~2009년 평균 수입액 기준.
2) *7년 비선형은 발효 초기에 관세 삭감 폭을 크게 하는 방식으로, 매년 관세를 동일하게 철폐해 가는 균등 철폐 방식과 구분.
**양허 스케줄 비고란에 적시된 감축 관세율 적용.
자료: 산업통상자원부.

한 요충지로서 유럽·아시아·북아프리카·중동을 잇는 가교인 동시에 이슬람 문화권으로서 다양한 시장 접근도 가능하다. 또한 터키는 EU와 관세 동맹을 체결한데다, 유럽에 비해 저렴하고 풍부한 노동력을 가졌다는 장점 때문에 글로벌 기업의 생산 기지로 투자가 지속되고 있다. 우리나라와는 한국전쟁 때 유엔군 일원으로 참전하였으며, 이후 혈맹의 우방국으로 긴밀한 우호 협력 관계를 유지해 왔다.

양국 간의 주요 교역 품목을 보면, 한국은 승용차와 합성수지, 선박, 자동차 부품, 건설 중장비 등이 주력 수출품이며, 터키는 석유, 나프타, 아연관 등 원자재를 우리나라에 수출한다.

터키는 EU가 한국과 FTA를 체결하자 EU-터키 간 관세 동맹에 따른 의무 및 양국 교역 확대 필요 차원에서 우리와 FTA 체결을 제안하였다.[38] 그 후 2008년 6월 한국과 터키 간 FTA 공동 연구가 개시되어 2008년 9월 제1차 공동 연구 회의가 서울에서 개최

38 터키·EU 관세 동맹 제16조에 따르면 EU가 제3국과 FTA를 체결할 경우, 터키도 동 제3국과 FTA를 체결하도록 필요 조치를 취해야 한다고 규정하고 있다.

되었다. 그리고 2009년 5월 한-터키 FTA 공동 연구가 종료되고, 그 결과 양국 간 FTA 추진을 권고하였다. 이에 양측 통상장관이 2010년 3월 협상 출범을 선언하였고, 이후 총 4차례 공식 협상과 3차례의 소규모 협상을 개최한 후 2012년 3월 한·터키 정상 회담에서 기본협정 및 상품무역협정의 협상 타결을 선언하고 가서명하였다. 이 협정은 2013년 5월 1일부로 발효되었다.

터키는 우리나라와 9번째 FTA 서명 국가가 되었고, 우리나라는 FTA 체결국이 46개국으로 늘어났다. 이슬람 국가로는 처음으로 FTA를 맺었다.

한-터키 FTA는 한-아세안 FTA와 유사하게 기본협정, 상품무역협정, 서비스 무역 및 투자 협정 및 그 밖의 협정으로 구성되었다. 당시 양국은 서비스·투자와 정부 조달을 제외한 전 분야 협상을 타결하였으며, 서비스·투자 협상은 상품무역협정 발효 후 1년 내 협상을 타결하기로 합의하였다. 협정 내용을 보면 FTA 발효 후 양측 모두 수입액 기준으로 거의 모든 품목(한국 99.6%, 터키 100%)의 관세를 철폐하기로 하였다.

수입액 기준으로 발효 즉시 터키는 53.8%, 우리나라는 82.5%의 관세를 철폐하고, 조기 철폐라 할 수 있는 5년 내 철폐 비중은 터키 77.9%, 우리나라 93.6%, 최종적으로 10년 이내에 터키는 100.0% 관세를 철폐하고, 우리나라는 99.6%의 관세를 철폐하기로 하였다.

터키는 농수산물 시장 개방을 강하게 요청하였지만 우리는 쌀·소고기·돼지고기·신선 과일·양념 채소류 등 795개 민감 품목을 모두 양허 대상에서 제외되었다. 그리고 그 외의 농수산물은 상호 10년 내 관세 철폐를 목표로, 동등한 수준으로 양허되었다. 터키의 파스타·토마토 페이스트·건포도·밀(사료용)에 대한 관세는 즉시 철폐되고, 터키산 초콜릿·올리브유·사탕수수·참다랑어에 대한 우리 측 관세는 5년 내에, 잼·버터 조제품·무화과에 대한 관세는 7년 내에, 밀가루·와인·김에 대한 관세는 10년 내에 철폐된다.

우리 측의 인스턴트 커피·김치·면류(라면·당면·국수)·소주에 대한 터키의 관세도 즉시 철폐된다. 인삼류·청어는 5년 내에, 잎담배·양배추·오이·감자·고등어 등에 대한 관세는 10년 내에 각각 철폐된다.

공산품 전 품목에 대해 양국은 7년 내 관세를 철폐하기로 하였다. 자동차 부품은 5년 내, 자동차 중 수출 주력 품목(소형차)에 대해서는 7년 비선형 관세 철폐[39]가 된다.

표 12-19	한-터키 FTA 상품 양허 유형별 주요 품목			
양허 유형	한국 양허		터키 양허	
	주요 품목	품목 수	주요 품목	품목 수
즉시 철폐	파스타, 토마토 페이스트, 건포도, 토마토 케찹, 조제 식료품, 타임 및 월계수잎, 밀(사료용), 공기 조절기, 금속 절삭 가공 기계, 냉장고, 모자, 아연광, 양탄자, 의료용 기기, 광물성 연료(나프타, 원유)	9,559	인스턴트 커피, 담배(완성품), 라면, 소주, 김치, 맥주, ABS 합성수지, 기타 플라스틱 제품, 일부 평판 압연제품, 신변 장식용품, 포트랜드 시멘트, 합판, 섬유판, 파티클 보드, 조립식 목재 건축물, 철도 차량 부품	7,868
3년 철폐	내시경, 농약, 밸브, 베어링, 변압기 부품, 펌프, 계측기, 대리석	200	차량용 고무 타이어, 공기 조절기, 원동기와 펌프, 볼트와 너트, 가열 난방기	350
5년 철폐	초콜릿(속을 채운 것), 올리브유(버진), 드로프스, 레몬, 스파게티, 사탕수수, 참다랑어, 조립식 목재 건축물, 제재목, 전동축, 알루미늄의 판·쉬트	434	밀의 글루텐, 인삼류, 선인장, 청어, 기타 자동차 부품, 면사, 편직물, 일부 합성 필라멘트사, 합성 필라멘트사 직물, 냉장고, 전동기, 가솔린/디젤 중·대형	975
7년 비선형	-	0	가솔린/디젤 1,600cc 이하 소형차(4개 세번)	4
7년 철폐	잼, 버터 조제품, 헤즐너트, 무화과(신선/건조), 양모사, 섬수모사, 직물, 합판, 섬유판, 파티클 보드(PB)	150	튤립, 글라디올러스, 밀크 알부민, 양모 및 섬수모 혼방 직물, 기어 박스, 평판 압연 제품, 컬러 TV, 세탁기	869
10년 철폐	잎담배(오리엔트종), 밀가루, 레몬주스, 와인, 파래, 김, 파스타치오	609	잎담배(황색종), 양배추, 오이, 감자, 고등어, 연어, 넙치, 참다랑어	801
RD (관세 감축)	보조 사료, 해삼, 멸치	134	요구르트, 추잉껌, 마가린, 설탕 과자, 송어	175
E (standstill)	소고기, 돼지고기, 닭고기, 고추, 마늘, 양파, 포도, 오렌지, 감귤, 갑오징어(냉동), 꿀, 전복, 밤, 잣, 대추, 호두	599	혼합 주스, 파인애플, 버찌, 살구	748
NS (standstill 배제)	기타 권련, 로얄 제리, 아이스크림	180	닭고기, 유장, 치즈, 벼	312
R	쌀	16	-	0

주: RD-양측 양허 스케줄 비고란에 적시된 감축 관세율 적용.
E-양허표상의 기준 세율 유지(standstill 의무 적용).
NS-standstill(동결) 의무로부터 제외(적용 세율을 WTO 양허 세율 범위 내에서 조정 가능).
R-FTA 협상에서 완전히 배제된 품목으로 협정상 모든 의무에서 제외.
자료: 산업통상자원부.

석유·화학 분야는 거의 모든 품목에 대해 즉시 철폐가 이루어지며, 화학·섬유와 직물 등 수출 주력 품목에 대해서는 5년 내 관세 철폐가 이루어진다.

섬유의 경우 터키 측 관세 0~12%가 발효 5년 내로 철폐되는 것과 동시에, 현재 터키 측이 섬유 제품에 부과중인 20%의 조정 관세(일종의 산업 보호 관세)도 면제 혜택을 받게 되었다.

한편, 한-터키 양국은 개성공단 제품에 대해 한국산과 동일한 특혜 관세를 부여하기로 합의하였고, 원산지 기준은 EU와 터키가 관세 동맹인 점을 고려하여 한-EU FTA와 상당 부분 동일한 품목별 원산지 규정을 채택하였고, 설탕 과자, 초콜릿·코코아 함유 조제 식료품, 미과 및 비스킷 등 일부 가공 식품에 대해서는 한-EU FTA보다 완화된 규정을 채택하였다. 그리고 원산지 증명은 수출업자가 스스로 발급하는 자율 증명 방식으로 하기로 하였다. 분쟁 해결은 모든 단계에서 구체적인 시한을 규정하고, 중재패널 보고서에 대한 구속성을 명시해 분쟁 해결 절차의 신속성과 실효성을 높였다.[40]

한편, 양국은 한-터키 FTA 체결 시 약속한 1년 내 서비스·투자 협정 타결을 위해 총 7차례의 협상을 개최하여 2014년 7월 4일 서비스 및 투자 협정을 실질 타결하였고, 2015년 2월 26일 한-터키 FTA 서비스투자협정에 정식 서명하였다.

서비스협정문의 적용 범위는 원칙적으로 양국 간 서비스 교역에 영향을 미치는 모든 조치를 적용 대상으로 하되, 다만 연안 해상 운송 서비스, 항공 운송 서비스, 정부 조달, 정부 보조금, 정부 제공 서비스는 제외하였다.[41]

서비스협정을 세부적으로 보면, 우선 세계무역기구(WTO) 서비스협정(GATS)을 토대로 전자 상거래와 금융, 통신, 자연인의 이동 등 서비스 교역 자유화를 위한 내용이 담겼다. 특히, 터키는 건설 관련 분야(건설 및 관련 엔지니어링, 기타 운수 장비 등), 문화 분야(영화, 비디오 제작 배급, 엔터테인먼트 등), 환경 분야(배기가스 정화 및 소음 저감) 등을 포함한 총 18개 분야에서 추가 시장 개방을 약속하였다. 또 내국민 대우 분야에서는 상대

39 '7년 비선형 철폐'는 '7년 균등 철폐' 같은 매년 동일 비율로 감소되지 않고, 발효 초기에 더 큰 폭으로 관세가 인하된다.

40 이아름·명진호·문병기(2013), 박주연(2012).

41 그러나 항공 운송 서비스 중 항공기 유지 및 보수, 항공 운송 관련 판매 및 마케팅, 컴퓨터 예약 시스템 서비스는 협정 적용 대상에 포함시켰다.

국 서비스 공급자 및 설립에서 자국의 서비스 공급자 및 설립보다 불리하지 않은 대우를 부여하기로 하였으며, 우리 측은 한-유럽연합(EU) FTA와 비슷하게 대졸 연수생(Graduate Trainee)의 일시 체류(1년) 및 금융 정보의 해외 이전을 허용하였다.

투자협정에서는 투자 자유화, 투자 보호, 체계적인 투자자·국가 소송 제도(ISD)를 포함해 양국 간 투자 활성화와 투자 유치를 위한 제도적 기반을 마련하는 내용을 포함시켰다. 아울러 시장 개방 분야에서 비서비스업(제조업, 1차 산업, 에너지업)에 한해 한-미 FTA와 달리 투자협정에서 규율하였다. 설립 전(pre-establishment) 투자에 대해서도 내국민 대우 및 최혜국 대우를 보장하는 투자 자유화 의무를 규정하였다. 우리나라는 농·축산업과 에너지, 부동산 등의 분야에서, 터키는 농업과 어업, 광업, 부동산 등 분야에서 정부의 정책 권한을 확보하였다.

투자자-국가 간 분쟁 해결 절차(ISD)는 냉각 기간, 제척 기간, 준거법, 중재인 임명 등 ISD 절차를 상세히 규정하였다.

투자협정문의 적용 범위는 비(非)서비스 투자(1차 산업 및 제조업)에 한해 투자협정에서 규율하되, 서비스 분야 투자는 서비스협정에서 규정한다는 점에서 서비스 투자 및 비서비스 투자 모두 투자 장(章)에서 규정한 한-미 FTA와 다소 차이가 있다.

실제로 터키가 FTA에 서비스 투자 분야를 포함시킨 것은 한국이 처음이었다. 그러나 양국 간 교역은 2012년 당시 52억 달러로 한국 총교역액의 0.5%, 터키 총교역액의 1.3%에 불과해 교역액만 놓고 보면 양국은 상호간에 무역 파트너로서의 역할은 미미한 실정이었다. 또한 한국과 터키 간의 FTA가 터키와 EU 간에 체결한 관세동맹협정에 따른 의무 조항의 이행 차원에서 이루어진 것으로 그 효과가 크지 않을 것으로 예상하였다.

하지만 예상 외로 한-터키 자유무역협정 체결 이후 터키와의 무역 흑자 폭이 상당히 커진 것으로 나타났다. 관세청이 발표한 보도 자료[42]에 따르면, FTA 발효 1년차(2013년 5월~2014년 4월)에는 터키와 교역량이 61억 9,000만 달러로 33% 증가하였고, 2년차에도 65억 7,000만 달러로 전년 동기 대비 6.2% 증가해 2년 연속 증가한 것으로 나타났다.

42 관세청 보도 자료, 「한국-터키 자유무역협정(FTA) 발효 2년 수출입 동향」, 2015. 4. 29.

무역 수지 흑자도 발효 1년 전(2012년 5월~2013년 4월)과 비교하면 54억 9,000만 달러로 전년 대비 40.5%(15억 8,000만 달러) 늘었고, 발효 후 2년차(2014년 5월~2015년 3월)에는 수출 59억 7,000만 달러, 수입 6억 달러로 53억 6,000만 달러의 흑자를 기록하였다.

터키로의 수출이 대폭 늘어난 품목은 자동차·자동차 부품·합성수지 등이다.

10. 한-호주 FTA

호주는 국토 면적이 769만 2,024km^{2}로 세계 6번째로 큰 영토를 가지고 있으며, 인구는 2,400만 명이다. 국내총생산(2015년, PPP 기준)은 1조 1,370억 달러, 1인당 GDP는 4만 7,608달러이다.

호주는 아시아 국가와의 교역 비중이 높고, 세계 12위 경제 대국으로 높은 구매력을 가진 내부 시장을 보유하고 있다. 또한 2013년 기준 호주는 우리의 7대 교역 대상국(수출 13위, 수입 6위)이었으며, 자원 부국으로 우리나라 주요 광물 자원 수입액의 약 1/3을 차지하고 있다. 따라서 FTA를 통해 자원 협력을 강화하고, 투자 안정성 확대로 안정적 자원 공급을 기대할 수 있게 되었다.

양국 간의 FTA는 2006년 12월 호주를 국빈 방문한 노무현 대통령이 회담을 통해 양국 간 FTA 타당성 조사를 위한 공동 연구 개시에 합의하면서 시작되었다. 2007년 초 공동 연구를 개시하여 2007년 말까지 완료한 후 2009년 5월부터 본격적으로 협상을 개시하였다. 그러나 2010년 5월 제5차 공식 협상 이후 당시 호주 집권당인 노동당이 투자자 정부제소권((ISD) 도입을 반대함으로써 협상이 잠정 중단되었다. 한국에서도 한-미 FTA 재협상 논란이 일고 있었고, 호주와의 FTA에서 ISD를 제외하면 한-미 FTA 협상에도 영향을 미칠 수 있어 우리 정부도 호주와 FTA 협상을 계속할 수 없었다. 그 후 2013년 9월 호주에서 보수 성향의 자유당이 집권하면서 11월 협상이 재개되었고, 12월 제7차 공식 협상에서 한-호주 FTA가 타결되어 2014년 4월 8일 정식 서명되었다. 2014년 10월 1일 호주 국회에서 비준 동의안이 통과되었고, 한국은 2014년 12월 2일 국회 비준 동의안이 통과되어 2014년 12월 12일 정식으로 발효되었다.

한-호주 FTA의 주요 내용을 살펴보면, 협정 발효 후 10년 이내에 현재 교역 중인

표 12-20 **한-호주 FTA 상품 양허 협상 결과표** (단위: 백만 달러, %)

양허 유형	한국 양허				호주 양허			
	품목 수	비중	수입액	비중	품목 수	비중	수입액	비중
즉시	8,940	75.2	11,097	72.4	5,450	90.8	4,248	86.0
3년	1,019	8.6	367	2.4	115	1.9	434	8.8
5년	564	4.7	2,684	17.5	411	6.8	256	5.2
7년	265	2.2	15	0.1				
8년	-				32	0.5	1	0
10년	413	3.5	335	2.2				
10년 초과	492	4.1	804	5.2				
합계	11,693	98.3	15,302	100	6,008	100	4,939	100

자료: 산업통상자원부.

대다수 품목에 대한 관세를 철폐하기로 해 높은 수준의 자유화를 달성하였다. 호주는 품목 수 90.8%, 수입액 86.0%에 해당하는 품목은 즉시 철폐, 품목 수 99.5%, 수입액 100%에 대해서는 관세를 5년 내 철폐하며, 발효 8년 이내에 교역되고 있는 전 품목에 대한 관세를 모두 철폐한다. 한국은 품목 수 75.2%, 수입액 72.4%에 해당하는 품목은 즉시 철폐하고, 품목 수 94.3%, 수입액 94.6%에 해당하는 품목은 10년 내 철폐하기로 하였다.

호주의 공산품 상품 양허 내용을 보면 대호주 주력 수출 품목인 자동차 및 부품, 가전, 철강, 석유 화학, 일반 기계 등에 부과되는 관세를 철폐하여 우리나라는 경쟁국 대비 유리한 조건을 선점하였다. 자동차(관세율 5%)는 가솔린 소형(1,000~1,500cc), 가솔린 중형(1,500~3,000cc) 등 대한국 자동차 수입액의 76.6%를 즉시 철폐하였다. 자동차 부품(관세율 5%)은 대부분 3년 내 철폐하고, 타이어(관세율 5%)는 대부분 즉시 철폐하였다. TV, 냉장고, 세탁기 등 가전 제품(관세율 5%)과, 전선, 변압기 등 전기기기(관세율 5%), 건설 중장비, 섬유 기계, 공기 조절기 등 일반 기계(관세율 5%)들도 대부분 관세를 즉시 철폐하기로 하였다. 냉연 강판, 열연 강판, 도금 강판 등 주력 철강 제품(관세율 5%)도 대부분 즉시 철폐하고, 일부 품목은 5년 내 철폐하기로 하였고, 합성수지 등 석유 화학 제품(관세율 0% 또는 5%)에 대해서도 대부분 즉시 철폐하고, 일부 품목은 5년 내 철폐하기로 하였다.

표 12-21 한-호주 FTA 업종별 주요 양허 내용

구분	품목	관세율	관세 철폐 시안	즉시 철폐 품목
한국	소고기	40%	발효 후 2.7%씩 15년 내	윤활유, LNG, 합성고무, 버찌, 아몬드, 밀, 야자유, 당밀, 포도주, 연어 등
	원유	3%	5년 내	
	양고기	22.5%	10년 내	
	와인	15%	발효 즉시	
호주	자동차	5%	가솔린 중형차, 가솔린 소형차 발효 즉시, 나머지는 3년 내	가솔린 중소형 승용차, 디젤 화물차, 디젤 소형, 타이어, 컬러 TV, 냉장고, 에어컨 문구류 등
	타이어	5%	발효 즉시	
	자동차 부품	5%	3년 내	
	가전, 일반 기계, 철강, 석유 화학 제품	5% 안팎	대부분 발효 즉시	

자료: 산업통상자원부.

반면 한국은 농산물에 대한 상품 양허가 많았는데, 농산물 부문은 기존 FTA 대비 보수적 수준으로 합의하였다. 품목 수 기준 61.5%를 10년 내 관세 철폐하고, 38.5%(579개 품목)를 10년 초과 관세 철폐 및 양허 제외 등의 다양한 예외 수단을 확보하였다.[43] 쌀, 분유, 돼지고기(냉동 삼겹살) 등 주요 민감 농산물 158개 품목은 양허 제외하였고, 그 이외 저율 관세 할당(TRQ3), 계절 관세, 부분 감축 및 농산물 세이프가드 등 다양한 예외적 수단을 확보하였다. 소고기는 15년에 걸쳐 관세(40%)를 장기 철폐하되, 농산물 세이프가드(ASG)를 설정하여 수입 급증 시 국내 산업 보호 장치를 마련하였다.[44]

서비스·투자 부문과 관련해서 우리는 한-미국 FTA, 호주는 호-미국 FTA와 유사한 수준으로 시장을 개방하는 한편, 한-미국 FTA와 유사한 ISD(투자자-정부 소송제) 조항을 도입해 투자자 보호를 위한 기틀을 마련하였다.[45]

43 10년 초과 관세 철폐 및 예외 취급 비율(품목 수 기준)은 한-미 FTA에서는 12.3%, 한-EU FTA에서는 14.7% 수준이었다.

44 시장을 개방한 후 호주산 소고기 수입 물량이 2009~2011년 3년간 평균 수입 물량(28만 7,000t)의 110%를 웃돌 경우 세이프가드를 발동할 수 있도록 하는 조건을 얻어 냈다. 이는 최대 물량의 120%를 초과할 때마다 미국산 소고기에 세이프가드를 발동하도록 한 한-미 FTA 조건보다 유리하다.

45 호주가 2004년 미국과의 FTA에서 ISD를 제외하였는데 한국과의 FTA에서는 한 발 물러서 ISD를 포함하였던 것은 한국 시장에서 미국산 소고기에 대한 가격 경쟁력 강화가 주목적이었다는 시각이 많다.

또한 한-미국, 한-EU FTA와 유사한 역외 가공 지역 조항을 도입하되, 회의 개최 빈도를 확대(발효 후 6개월 내, 연 2회 회의)하고 '개성공단'을 역외 가공 대상으로 명시하기로 하였다.

이번 한-호주 FTA로 우리나라의 최대 수혜 품목은 전체 수출의 20.5%를 차지하는 자동차 부문이 손꼽혔다. 자동차 중에서도 주력 수출품인 1,000~1,500cc 휘발유 소형차와 1,500~3,000cc급 휘발유 중형차는 발효 직후 5%의 관세가 즉시 철폐되어, 수출 확대 효과가 클 것으로 예상된다. 이외 자동차 부품, 가전, 일반 기계, 철강, 석유·화학 등 비중 있는 수출품들이 대부분 관세 즉시 철폐 대상에 포함되어 혜택을 받을 것으로 예측되었다. 농산물은 한-미 FTA에 비해 비교적 유리한 협상을 유지한 것으로 나타났다. 호주의 경우 발효와 함께 모든 농산물에 대한 관세를 없애지만, 한국은 품목 수 기준 61.5%를 10년 안에 철폐하기로 하였다. 또 한국은 쌀·겉보리·분유·냉동 삼겹살·사과·수박 등 주요 민감 농산물 158개 품목은 양허 대상에 제외해 현행 관세율을 유지하였다.

호주는 이 FTA를 통해 육류 산업이 최대 수혜 산업으로 예상되는데, 최대 300% 달하는 관세가 단계적으로 철폐되어 한국의 수입육 시장에서 지배력이 확대될 것이 확실시되고 있다. 정부는 한-미 FTA 수준으로 하자는 호주 측의 소고기 시장 개방 요구안을 사실상 거의 비슷하게 받아들여, FTA 발효 이후 소고기 수입 관세를 매년 2~3%씩 단계적으로 낮춰 15년차에 완전히 철폐된다. 이는 현재 40% 수준의 호주산 소고기 수입 관세가 2030년에는 완전히 없어진다는 이야기이다. 이에 따라 국내 수입 소고기 시장에서 49% 점유율로 1위를 차지하고 있는 호주산 소고기의 점유율은 더욱 높아질 것으로 보인다. 그동안 칠레와 미국에 밀렸던 호주산 와인도 기존의 15% 관세가 즉시 철폐되어 판매량이 늘어날 것으로 예상되며, 국내 제분용 밀 수입량의 40%를 차지하던 호주산 제분용 밀(1.8%)의 관세도 철폐되었다. 호주산 체리(24%) 관세도 철폐되어 그동안 미국과 뉴질랜드산만 취급하던 국내 대형 마트에 점유율을 높일 것으로 기대된다.

이에 따라 호주 무역진흥원은 2030년까지 호주산 농산품은 73%, 제조업 제품은 53%, 광물은 17% 수출 증가를 예상하였으며, 고용에도 긍정적인 영향을 기대하고 있어 1,700개의 새로운 직업이 생길 것으로 추정하였다.

우리 정부도 한-호주 FTA가 발효하면 향후 10년간 실질 국내 총생산(GDP)이 0.14%, 고용은 3,000여 명까지 늘어날 것으로 예상하였다. 그러나 호주가 호주 시장에서 여러 분야에서 경쟁하고 있는 일본 및 중국과도 2014년에 FTA를 체결하여 3국 간의 경쟁이 더욱 치열해질 것으로 예상된다.

11. 한-캐나다 FTA

캐나다는 국토 면적이 998만 4,670km^{2}로 세계 2위의 광활한 땅을 가지고 있고, 석유 매장량은 세계 3위, 생산량은 6위, 천연가스 생산량 4위, 우라늄 생산량 3위의 자원 부국이다. 인구는 3,568만 명이고, 국내 총생산(2014년, PPP 기준)은 1조 5,910억 달러, 1인당 GDP는 4만 4,843달러로 G8 회원국인 서방 선진국이다.

우리나라와 캐나다 간의 교역 규모는 2011년 최초로 100억 달러를 돌파하였지만, 그 후 국제 원자재 가격 하락에 따른 대캐나다 수입 감소로 감소세를 보이다가, 2013년 들어 캐나다에 수출이 증가하면서 반전되었다.

한-캐나다 FTA는 2004년 5월 대외 경제장관 회의에서 FTA 추진 로드맵상에 캐나다를 단기 FTA 추진 대상국에 포함시킴으로써 시작되었고, 2004년 11월 APEC을 계기로 양국 간 정상 회담 및 통상장관 회담에서 FTA 예비 협의 개최에 합의함으로써 본격적으로 시작되었다. 그 후 예비 협의와 공청회 등을 거쳐 2005년 7월 첫 공식 협상을 개최한 이후 2008년 3월까지 13차례의 공식 협상을 진행하였다. 그러나 2009년 4월 캐나다 측의 소고기 관련 WTO 제소로 협상이 잠정 중단되었다. 그 후 2012년 캐나다산 소고기 수입이 재개되면서 2013년 1월 비공식 회의를 개최한 후 5년 8개월 만인 2013년 11월 서울에서 제14차 협상을 재개하였다. 그리고 2014년 3월 한-캐나다 FTA 타결을 선언하였고, 2014년 9월 정식 서명 후 2015년 1월 1일부로 발효되었다.

한-캐나다 FTA 내용을 보면 캐나다는 품목 수 기준 93.2%, 수입액 기준 95.9%에 대해 3년 내 관세를 철폐하고, 품목 수 기준 97.5%, 수입액 기준 98.7%에 대해 10년 내 관세를 철폐하기로 하였다.

한국은 품목 수 기준 86.1%, 수입액 기준 92.3%에 대해 3년 내 관세 철폐, 품목 수

표 12-22 한-캐나다 FTA 전체 상품 양허 수준 (단위: 백만 달러, %)

양허 유형	한국 양허				캐나다 양허			
	품목 수	비중	수입액	비중	품목 수	비중	수입액	비중
즉시	9,749	81.9	4,205	87.0	6,380	76.4	4,188	64.1
무관세	1,960	16.5	3,266	67.6	5,703	68.3	3,866	59.2
유관세	7,789	65.5	938	19.4	677	8.1	323	4.9
3년	502	4.2	255	5.3	1,401	16.8	2,072	31.7
5년	722	6.1	184	3.8	359	4.3	186	2.9
6년	2	0.0	0	0.0	–	–	–	–
7년	12	0.1	76	1.6	–	–	–	–
10년	612	5.1	29	0.6	2	0.0	0	0.0
세번 분리	5	0.0	4	0.1	–	–	–	–
(10년 내)	11,604	97.5	4,752	98.4	8,142	97.5	6,447	98.7
10년 초과	77	0.6	52	1.1	25	0.3	84	1.3
세번 분리	5	0.0	4	0.1	–	–	–	–
계절 관세/세번 분리	1	0.0	0	0.0	–	–	–	–
현행 관세	2	0.0	0	0.0	–	–	–	–
양허 제외	211	1.8	22	0.5	181	2.2	0	0.0
총합계	11,900	100	4,831	100	8,348	100	6,530	100

주: 품목 수는 HS 2011년, 수입액은 2009~2011년 수입액 평균.
자료: 산업통상자원부.

기준 97.5%, 수입액 기준 98.4%에 대해 10년 내 관세를 철폐하기로 하였다.

캐나다의 상품 양허안은 승용차, 섬유, 가전 등에서 한-미 FTA보다 유리한 조건을 담고 있다. 우리나라의 캐나다 최대 수출 품목인 승용차(2013년 수출 22.3억 달러, 수출 비중 42.8%)의 관세(6.1%)를 3년(24개월) 내 철폐하기로 하였고, 자동차 부품(6%)은 즉시 혹은 3년 내에 철폐하기로 하였다. 타이어(7%)는 5년 내, 냉장고·세탁기(6~8%) 등 가전 제품은 즉시 혹은 3년 내 철폐 등으로 합의하였다. 섬유 분야(평균 관세율 5.9%, 최고 18%)는 대부분 3년 내 철폐하기로 하여 한-미 FTA 대비 높은 수준으로 합의하였고, 원산지도 한-미 FTA(원사 기준)보다 완화된 기준으로 타결되었다.

한국은 농산물 분야에서 한-미나 한-EU FTA보다 보수적인 수준에서 상품 양허안에 합의하였다. 전체 농산물의 18.8%(품목 수 282개)를 양허에서 제외, 10년 초과 장기 철

표 12-23 한-캐나다 FTA 상품 양허 유형별 주요 품목 (단위: 백만 달러, 개)

구분	한국 양허			캐나다 양허		
	품목 수	수입액	주요 품목	품목 수	수입액	주요 품목
즉시 철폐	9,749 (81.9%)	4,205 (87.0%)	승용차, 자동차 부품, 알루미늄괴, 캐나다구스(재킷, 블레이저, 잠바류), 의료용 용기, 바닷가재(냉동) 등	6,380 (76.4%)	4,188 (64.1%)	컬러 TV, 세탁기, 진공청소기, 자동차 부품(기어박스, 클러치), 소고기, 돼지고기, 마늘, 가지, 뱀장어, 대구, 바닷가재 등
3년 철폐	502 (4.2%)	255 (5.3%)	포도주(아이스), 바닷가재(냉동 이외), 빵, 밸브, 사과나무 등	1,401 (16.8%)	2,072 (31.7%)	승용차, 자동차 부품(범퍼, 안전벨트, 운전대), 냉장고, 화장품, 비누, 국화 등
5년 철폐	722 (6.1%)	184 (3.8%)	타이어, 베어링, 돼지고기, 커피(볶음), 고사리, 정어리, 꽁치(냉장), 참다랑어(냉동) 등	359 (4.3%)	186 (2.9%)	타이어(승용, 버스, 화물차용), 안료, 신발, 건전지, 전구, 철도 차량, 기타 조명기기, 토마토 주스, 아이스크림 등
6년 철폐	2 (0.0%)	0 (0.0%)	골분, 돼지고기 기타 부위(밀폐 용기의 것)	–	–	–
7년 철폐	12 (0.1%)	76 (1.6%)	포도·사과(조제 저장 처리), 맥주, 로얄 제리(조제식료품 기타), 먹장어(냉동) 등	–	–	–
10년 철폐	612 (–5.1%)	29 (–0.6%)	닭고기, 아스파라거스, 아몬드, 구화, 백합, 감자, 게(냉동)	2 (0.0%)	–	기타 차량, 승용차(1인승)
세번 분리	5 (0.0%)	4 (0.1%)	견과, 땅콩 외 기타의 씨류, 과실 주스 기타, 흰 포도주 등	–	–	–
10년 내	11,604 (97.5%) –97.5%	4,752 (98.4%) –98.4%	–	8,142 (97.5%) –97.5%	6,446 (98.7%) –98.7%	–
10년 초과	77 (0.6%)	52 (1.1%)	돼지고기(냉장, 냉동 삼겹), 소고기, 양파, 마늘(냉동), 감귤, 맨더린, 조제 분유, 녹용, 메밀, 보리 등	25 (0.3%)	84 (1.3%)	기타 신발, 선박, 해양구조물 등
세번 분리	5 (0.0%)	4 (0.1%)	혼합 조미료, 혼합 조미, 조제품 기타 등	–	–	–
계절 관세/세번 분리	1 (0.0%)	–	감자(기타)	–	–	–
현행 관세	2 (0.0%)	–	식용 대두, 천연꿀	–	–	–
양허 제외	211 (1.8%)	22 (0.5%)	쌀, 소고기(냉동/도체와 이분도체), 오리고기(냉동), 탈지·전지 분유, 치즈, 밤, 인삼, 고추장, 잎담배 등	181 (2.2%)	–	치즈, 버터, 밀크와 크림, 알부민, 소시지 기타 이와 유사한 물품(육·설육 또는 피로 조제한 것) 등
합계	11,900 (100%)	4,831 (100%)	–	8,348 (100%)	6,530 (100%)	–

자료: 산업통상자원부.

폐 등으로 예외 취급하여, 한-미(12.3%)나 한-EU(14.7%) FTA에 비해 유리하게 협상하였다. 쌀, 분유, 치즈, 감귤, 인삼 등 211개 품목은 양허 제외하고, 꿀, 대두, 맥아, 보리 등 11개 품목은 저율 관세 할당(TRQ)을 부여하였다.[46] 그리고 소고기(관세율 40%)는 15년 내 철폐, 돼지고기(22.5~25%)는 5년/13년 내 철폐하되, 농산물 세이프가드(ASG)를 설정하였다.

이렇게 아시아 국가 중에서는 처음으로 우리나라가 캐나다와 FTA를 체결해 캐나다 수출 시장에서 일본이나 대만 같은 아시아 경쟁국보다 우위를 확보하게 되었다. 그리고 FTA가 발효됨으로써 한국산 컬러 TV(5%), 세탁기, 진공청소기(8%)에 붙던 관세는 2015년, 타이어(7%)는 2019년 철폐되어 한국의 가전 제품 수출이 더 늘어날 것으로 예상된다. 가장 효과가 기대되는 품목은 수출 1위를 차지하고 있는 승용차인데, 6.1%인 관세가 발효 3년째인 2017년 1월 1일부터 완전 철폐되면 일본, 유럽산 자동차보다 가격 경쟁력이 앞서고, NAFTA 회원국인 미국이나 멕시코산 자동차와도 비슷한 조건에서 경쟁할 수 있게 된다.

캐나다는 인기 있는 겨울 점퍼인 캐나다구스(13%)와 냉동 바닷가재(20%) 관세가 2015년부터 철폐되고, 아이스 와인(15%)과 살아 있는 바닷가재(20%) 관세는 2017년에 철폐된다. 민감한 품목인 소고기 관세(40%)는 발효 15년째까지 단계적으로 폐지되고, 캐나다산 냉장 돼지고기(22.5%)와 냉동 삼결살(25%)은 관세 발효부터 13년, 볶지 않은 맥아(26%)는 12년 내에 없어져 국내 농축산업계에 피해가 예상된다. 그러나 캐나다산 소고기는 국내 수입 시장에서 미국과 호주산에 밀려 0.6%의 시장 점유율을 차지하고 있어 그 영향은 제한적일 것으로 보고 있다.[47]

그러나 한국이 캐나다 시장에서 2014년 7월부터 적용 관세율이 일반특혜관세(GPT)국에서 최혜국 관세(MFN)국으로 변경되어, 한국산 제품이 품목별로 0.1~8.0% 정도 관세가 인상되는 때에 한-캐나다 FTA가 타결되어 한편으로는 의미가 있다고 할 수 있다.

46 저율 할당 관세는 일정 수입량은 무관세나 저율 관세로 하고, 초과하는 물량은 높은 관세를 부과한다.
47 캐나다산 소고기에 대한 긴급수입제한조치(세이프가드) 조건도 수입 물량이 4%(2013년 기준 1만 7,700t)에 이르면 발동하도록 하여, 미국산보다 더 쉽게 시장을 보호하도록 하였다.

12. 한-콜롬비아 FTA

콜롬비아는 중남미 4위의 석유 생산국으로 천연가스, 석탄, 니켈 등 기타 에너지 자원도 풍부하다. 국토의 면적은 114만km^{2}로 한반도의 약 5배 정도 크기이며, 인구는 2015년 기준 4,800만 명으로 중남미에서 3위이다. 국내 총생산(GDP, 2015년, PPP 기준)은 6,829억 달러, 1인당 GDP는 1만 4,164달러로 경제 규모도 중남미에서 4위 시장이다.

우리나라는 콜롬비아에 주로 자동차, 전지, 전자 제품 등 기술·자본 집약적 상품을 수출하고, 콜롬비아로부터 주로 커피, 석유, 광물 등 1차 상품을 수입해 양국 간 상호 보완적 경제 구조를 가지고 있다.

콜롬비아는 그동안 몇 차례 정치·사회적 불안을 겪어 왔으나 2002년 우리베 정권부터 현 산토스 정권까지 이어지고 있는 일련의 경제 개혁과 정치·사회 안정화 노력으로 본격적인 성장 궤도에 올라 최근 3년간 평균 4% 이상의 안정적 경제 성장을 기록하고 있다.

한국과 콜롬비아의 FTA는 2008년 7월 양국 외교장관 회담 시 콜롬비아 측이 FTA 체결 검토를 요청해 시작되었다. 그리고 2008년 11월 페루 리마에서 개최된 APEC 회담에서 한-콜롬비아 정상들은 양국 간 FTA 체결의 필요성에 공감하고, 사전 공동 연구를 추진하기로 합의하였다. 이에 2009년 3월부터 8월까지 한-콜롬비아 FTA 공동 연구를 마친 후 2009년 12월부터 제1차 공식 협상을 시작하였다. 그 후 총 7차례 공식 협상과 7차례 소규모 협상을 개최한 후 2012년 6월 마침내 협상이 타결되어, 2013년 2월 한-콜롬비아 FTA의 협정문이 정식 서명되었다.

협정문 내용을 보면 FTA 발효 후, 상품 분야는 10년 내로 교역 중인 거의 모든 품목의 관세를 철폐하기로 하였으며, 즉시 철폐되는 품목 비중은 한국은 82%, 콜롬비아는 60% 수준이다. 품목별로는 공산품에 대한 즉시 관세 철폐 비중이 한국은 95%, 콜롬비아는 62%, 농산물의 경우 즉시 철폐 비중은 각각 16%와 55%이다. 그러나 농산물의 경우 양허 제외, 세이프가드, 계절 관세 등 보호 수단을 확보하였으며, 특히 쌀, 소고기, 고추, 마늘 등은 양허에서 제외되었다.

5년 내 관세 철폐 비중은 콜롬비아는 수입액 기준 55.5%이며, 우리나라는 99.0%에

표 12-24 **한-콜롬비아 FTA 양허 수준 비교** (단위: 개, 백만 달러, %)

양허 유형	한국 양허				콜롬비아 양허			
	품목 수	비중	수입액	비중	품목 수	비중	수입액	비중
즉시	9,787	82.4	85.8	66.9	4,390	60.6	283.5	34.1
무관세	1,932	16.3	36.2	28.3	265	3.7	31.2	3.7
유관세	7,855	66.1	49.6	38.7	4,125	57.0	252.4	30.3
3년	268	2.26	3.8	3.0	33	0.5	1.4	0.2
5년	670	5.6	37.3	29.1	1,547	21.4	176.3	21.2
(5년 내)	10,725	90.3	126.9	99.0	5,970	82.5	461.3	55.5
7년	136	1.1	1.3	1.0	503	7.0	37.3	4.5
9년					1	0.0	41.2	5.0
10년	558	4.7	0.03	0.0	529	7.3	273.8	32.9
(10년 내)	11,419	96.1	128.2	100.0	7,003	96.7	813.6	97.8
10년 초과	304	2.6	0.02	0.0	184	2.5	18.3	2.2
TRQ	5	0.0	0	0.0	6	0.1	0	0.0
양허 제외	153	1.3	0.006	0.0	47	0.7	0	0.0
총합계	11,881	100.0		100.0	7,240	100.0	831.9	100.0

주: 1) 품목 수는 한국은 HSK 2010 10단위 기준, 콜롬비아는 HTSC 2007 10단위 기준(농산물은 8단위).
2) 수입액은 2007~2009년 3개년 평균.
3) n년 철폐-발효일부터 n단계에 걸쳐 매년 균등 철폐(발효일이 1년차, n년차에 무세).
자료: 산업통상자원부.

대해 관세를 철폐하기로 하였다. 2014년 기준 우리나라의 대콜롬비아 수출의 28.2%를 차지하는 최대 수출품으로 35%의 관세가 부과되던 승용차 및 화물차는 매년 3.5%씩 10년간 균등 철폐하고, 중형 디젤 SUV의 경우 9년간 단계적으로 관세를 인하하기로 하였다. 승용차를 제외한 자동차 부품, 타이어, 철강, 섬유 등 주력 수출 품목의 관세는 모두 5년 내 철폐한다. 이에 따라 중국, 일본 등 경쟁국 대비 가격 경쟁력 확보가 용이할 것으로 판단되며 미국, EU 제품과의 경쟁에서도 유리할 것으로 보여진다.

한국은 FTA 발효 즉시 콜롬비아의 커피 생두의 관세를 철폐하고, 3년 내에 로스티드 커피에 대한 관세를 철폐하기로 하였다.

서비스·투자협정 내용을 보면 콜롬비아의 서비스 시장 개방 수준은 미-콜롬비아 FTA와 비슷한 수준이다. 국경 간 서비스 공급에 대해 내국민 대우(NT)와 최혜국 대우(MFN) 부여 및 시장 접근(MA) 제한 조치 및 현지 주재(LP) 의무 부과를 금지시켰다.

표 12-25 한-콜롬비아 관세 철폐 계획 (단위: %)

한국			콜롬비아		
품목	현행 관세율	무관세 계획	품목	현행 관세율	무관세 계획
승용차	35	10년 내	커피	2~8	즉시~3년 내
디젤 승용차 (1,500~2,500cc)	35	9년 내	화훼	25	3~7년 내
자동차 부품	5~15	즉시~5년 내	바나나	30	5년 내
섬유류	15~20	즉시~7년 내	소고기(뼈 없는 것)	40	19년 내

자료: 이투데이(2012. 6. 26), "한·콜롬비아 FTA 타결 경제 효과는?"(http://www.etoday.co.kr/news/section/newsview.php?TM=news&SM=2202&idxno=601143).

투자 관련 이행 요건 부과도 금지시켰고, 경영진 국적 요건 제한 사항 금지 등을 규정하여 우리 기업의 현지 진출 환경을 개선하였고, 기본적으로 자유로운 송금을 보장하고 채권자 보호, 범죄 행위 등의 송금 제한 이유를 한정해 기업의 자유로운 활동을 보장하였다.

정부 조달 시장의 경우 콜롬비아가 WTO 정부조달협정 미가입국임에도 불구하고 양국 상호 정부 조달 시장 개방에 합의하였다(성기주·안성기, 2013, pp. 7~10).

한-콜롬비아 FTA는 우리나라가 중남미 국가 중 칠레, 페루에 이어 세 번째로 체결한 FTA이며, 소비 시장, 자원, 자체 산업 기반, 건설 플랜트 등 모든 면에서 중남미에서 가장 큰 시장과의 FTA이다. 또한 이미 한국산의 콜롬비아 시장 점유율이 3위(현대), 4위(기아)를 기록하고 있는 자동차의 경우도 FTA 발효 후 가격 경쟁력 강화가 예상됨에 따라 수출이 확대될 것으로 예상된다. 이에 우리나라 관련 경제 부처에서도 양국 간 FTA 발효로 대콜롬비아 수출이 발효 후 5년간 10억 달러에 달하고, 10년간 17억 달러 이상으로 증가할 것으로 내다보고 있다.

콜롬비아도 대표 산업이자 수출 효자 상품 중 하나인 커피 산업이 한-콜롬비아 FTA로 수출이 대폭 확대될 것으로 기대하고 있다. 콜롬비아커피협회(FNC)에 따르면 한국은 연간 160만 포대의 커피를 소비하지만, 그중 콜롬비아산 커피의 비중은 15~20%에 불과해 한-콜롬비아 FTA가 발효되면 콜롬비아산 커피의 한국 시장 내 가격 경쟁력이 대폭 강화될 것으로 전망하였다. 그 밖에도 농업, 목축업, 화훼 산업 등도 한-콜롬비아 FTA로 중장기적으로 다양한 시장 진출 기회가 있을 것으로 전망하고 있다. 이러한 분위기에 발맞추어 콜롬비아 정부 및 언론은 한-콜롬비아 FTA를 비교적 긍정적으로 평가하며, 한국 경제와 산업을 재조명하고, 콜롬비아 산업이 미래 아시아 시장 진출 확대 및 교류 강화의 기반을 마련하기 위해 한국 진출의 중요성을 강조하였다.

그러나 자동차·섬유·석유·화학 등 이해관계가 상충되는 현지 산업 단체는 여전히 한-콜롬비아 FTA에 대해 반대하며 협정 취소를 요구하는 성명을 발표하기도 하였고, 의회를 대상으로 한 산업계 로비가 지속되어 안건 상정 및 통과까지 진통이 계속되었다. 전자 산업 역시 현지 조립 공장을 중심으로 한국과의 FTA 발효가 한국산 가전제품 수입 확대로 이어질 것이라는 우려로 한국과의 FTA에 강력히 반대하였다. 이에 콜롬비아 정부는 한국과의 FTA로 인한 자국 자동차·전자 산업 붕괴를 방지하기 위해 해당 산업에 대한 간접적 지원 법안을 마련하고, 해당 분야에서 의무적으로 고용해야 하는 직업 교육 훈련생에 대한 급여 지원, R&D 자금 지원 등에 대해서도 산업계와 합의를 도출하였다. 하지만 야당인 대안적 민주주의(Polo Democratico Alternativo: PDA)는 한-콜롬비아 FTA가 의회를 통과한 후, 산토스 대통령을 국가배신죄로 고소하겠다고 나섰다. PDA당은 한-콜롬비아 FTA를 통해 산토스가 국익을 저버리고 외국의 이익을 선동하는 행동은 마땅히 처벌되어야 한다고 주장하였다.

결국 한-콜롬비아 FTA는 우리나라가 2014년 4월 국회 비준 동의 절차까지 완료하고, 콜롬비아는 2014년 12월 16일 상·하원을 최종 통과한 후 콜롬비아 측의 헌법재판소 승인을 기다려 2016년 7월 15일 발효되었다.

13. 한-중국 FTA

중국은 인구 13억 5,000만 명이 넘는 세계 최대 인구 대국이다. 그리고 1978년 덩샤오핑 주석이 개혁·개방 정책을 채택한 후 급속한 경제 성장을 이루어 2015년 국내 총생산(구매력 기준)이 19조 달러에 이르러 미국을 제치고 세계 1위를 기록하고 있다.

우리나라와는 1992년 수교 이후 교역이 급속히 증가하여, 2003년 미국을 제치고 우리나라 최대 수출 대상국이 되었으며, 2004년 이후부터는 한국의 최대 교역 대상국

윤병세 외교부 장관(왼쪽)과 가오후청 중국 상무부장(왼쪽 셋째)이 베이징 인민대회당에서 한-중 FTA 협상 종료에 관한 의사록에 서명하고 있다. 박근혜 대통령과 시진핑 중국 국가주석(오른쪽)이 이를 지켜보고 있다.

으로 부상하였다. 1992년 8월 수교 당시 63억 7,000만 달러에 불과하였던 양국의 교역액은 2014년 2,354억 달러로 무려 37배 규모로 성장하였고, 우리나라 또한 중국의 4대 교역국 위치를 차지하고 있다.

우리나라와 FTA는 2004년 9월 ASEAN+3 경제장관 회의를 계기로 한·중 통상장관 회담 시 민간 공동 연구 개시에 합의함으로써 시작되었다. 그 후 2005년부터 시작하여 2006년 11월까지 민간 공동 연구를 수행 후, 산관학 공동 연구(2007~2010년)와 14차에 걸친 협상(2012년 5월~2014년 11월)을 거쳐, 2014년 11월 양국 정상 회담을 통해 최종 타결을 선언하였다. 그리고 2015년 2월 가서명을 거쳐 2015년 6월 정식으로 서명하였다.

중국과 FTA를 체결함으로써 우리나라는 미국, EU, 중국 등 글로벌 3대 경제권과 FTA를 모두 체결해 경제 영토를 73.2%로 확대하였다.[48] 최대 교역국인 중국을 FTA 파트너로 선택함으로써 중국에 투자를 확대할 수 있게 되었고, 역으로 중국의 대한국 투자도 확대시킬 수 있게 되었다. 또한 북미-유럽-아시아를 연결하는 글로벌 FTA 네트

48 당시 경제 영토는 칠레가 85.1%, 페루 78.0%, 멕시코 63.6%, 코스타리카 63.5% 순이었는데, 우리나라가 중국과 FTA를 맺음으로써 세계 5위에서 3위로 뛰어올랐다. 이에 따라 전 세계에서 미국·중국·EU 등 세계 3대 경제권과 동시에 FTA를 맺은 나라는 칠레와 페루 그리고 한국뿐이다.

워크를 완성하여, 동아시아 경제 통합에서 주도권을 쥐고 지리적으로 인접하면서 급성장하는 중국을 제2의 내수 시장으로 확보하여 우리의 경쟁국인 일본과 대만보다 앞서 선점할 수 있게 되어, 우리 경제의 새로운 활력소와 미래 성장 동력을 확보하였다는 데 의의가 있다.

정식 서명한 한-중 FTA 협정문은 상품 관련(6개: 상품, 원산지, 통관 및 무역 원활화, 무역 구제, 위생 및 식물 위생(Sanitary and Phytosanitary: SPS), 무역상 기술장벽협정(Technical Barriers to Trade: TBT), 서비스·투자(4개: 서비스, 통신, 금융, 자연인의 이동, 투자), 규범·협력(6개: 지재권, 경쟁, 투명성, 환경, 전자 상거래, 경제 협력), 총칙(5개) 등 총 22개 장으로 구성되어 있어 명실 공히 무역 관련 제반 분야를 총망라하는 '포괄적인 FTA'로 평가되고 있다.

양측은 2013년 9월 1단계 협상 시 합의한 모델리티[49] 자유화율(품목 수 기준 90%, 수입액 기준 85% 관세 철폐) 이상의 관세 철폐에 합의하였다.

우리나라는 품목 수 79%(9,690개), 수입액 77%(623억 달러)에 해당하는 품목을 10년 내 관세 철폐하고, 품목 수 92%(11,272개), 수입액 91%(736억 달러)에 해당하는 품목을 20년 내에 관세 철폐하기로 하였다.

중국은 품목 수 71%(5,846개), 수입액 66%(1,105억 달러)에 해당하는 품목을 10년 내 관세 철폐하고, 품목 수 91%(7,428개), 수입액 85%(1,417억 달러)에 해당하는 품목을 20년 내 철폐하기로 하였다. 결과적으로 품목 수 기준 99%의 관세 철폐 수준인 한-미나 한-EU 수준보다는 한참 뒤진다.

한국으로 들어오는 중국 수입품 4,125개에 대한 관세가 한-중 FTA 발효 즉시 폐지된다. 여기에 현재 반도체, 컴퓨터 주변 기기, 인쇄 회로, 평판 디스플레이 제조 장비 등 FTA 발효 전부터 관세를 물지 않는 무관세 품목 1,649개를 합치면 한-중 FTA 발효 직후 관세 철폐 품목은 총 6,108개(49.9%)로 늘어난다.

중국으로 수출할 때 현재 4%의 관세가 부과되는 고주파 의료기기를 비롯해 변압기(5%), 건축용 목제품(4%), 플라스틱 금형(5%), 밸브 부품(8%), 스위치 부품(7%), 견사·마사(6%), 항공 등유(9%), L형강(3%), 동괴(2%), 동박(4%), 폴리우레탄(6.5%) 등에 대한 관세는

49 관세 감축률 등 협상 목표, 협상 방식 등 협상의 기초가 되는 원칙을 뜻한다.

표 12-26 한-중국 FTA 관세 철폐 기간별 제품 수 및 수입액 (단위: %, 억 달러)

품목군		한국		중국	
		품목 수	수입액	품목 수	수입액
일반 품목 (NT)	즉시	6,108(49.8)	418.5(51.8)	1,649(20.1)	733.7(44.0)
	5년	1,433(11.7)	31(3.8)	1,679(20.5)	58.3(3.5)
	10년	2,149(17.6)	173.3(21.5)	2,518(30.7)	312.5(18.7)
	소계	9,690(79.2)	622.8(77.1)	5,846(71.3)	1,104.5(66.2)
민감 품목 (ST)	15년	1,106(9.0)	79.5(9.8)	1,108(13.5)	219.2(13.1)
	20년	476(3.9)	34.1(4.2)	474(5.8)	93.75(5.6)
	소계	1,582(12.9)	113.6(14.0)	1,582(19.3)	312.9(18.7)
자유화율(NT+ST)		11,272(92.2)	736.4(91.2)	7,428(90.7)	1,417.4(85)
초민감 품목(HST)		960(7.8)	71.3(8.8)	766(9.3)	250.1(15.0)
합계		12,232(100)	807.7(100)	8,194(100)	1,667.5(100)

자료: 산업통상자원부.

5년 후 사라지게 된다. 이는 총 1,433개로 전체 수출 품목의 11.7%에 해당한다. 따라서 관세 철폐 품목이 5년 뒤 7,541개(61.6%), 10년 뒤 9,690개(79.2%), 15년 뒤 10,796개(88.3%), 20년 뒤 11,272개(92.2%)로 확대된다.

중국의 즉시 관세 철폐 품목은 제트류, L형강, 스테인리스 연강판 등 1,649개 품목(20.1%)으로 우리에 비해 훨씬 낮은 수준이다. 그러나 시간이 갈수록 점차 늘어나 5년 뒤에는 3,328개(40.6%), 10년 뒤는 5,846개(71.3%), 15년 뒤는 6,954개(84.9%), 20년 뒤는 7,428개(90.7%)에 이르게 된다. 농수산물의 경우 시장의 피해를 줄이기 위해 쌀, 양념 채소류(고추, 마늘, 양파 등), 배추, 오이, 우유, 계란, 인삼, 육고기(소고기, 돼지고기 등), 과실류(사과, 감귤, 배 등), 주요 어류(조기, 갈치, 오징어, 넙치 등) 등 총 614개 품목(수입액 30%)을 양허 제외하였다. 그리고 대두(1만 톤), 참깨(2만 4,000톤), 고구마 전분(5,000톤), 팥(3,000톤) 등은 저율 관세 할당(TRQ)으로, 귀리(조분, 플레이크), 밀(조분, 펠리트), 옥수수(종자용), 스위트콘, 얌 등은 관세 부분 감축 등 예외적 수단을 확보하여 총 670개(수입액 60%) 품목을 관세 철폐 대상에서 제외하였다. 이에 따라 농산물 양허 수준은 자유화율(20년 이내 철폐)이 품목 수 기준 64%(수입액 기준 42%), 양허 제외 비율 34%로 낮은 수준의 FTA를 체결하였다. 민감성이 큰 목재류 및 섬유, 수공구 등 영세 중소 제조업 품목 일부에 대해서도 양허 제외하고, 관세 부분 감축 등의 보호 장치를 활용하여 시장 개방 충격을 최소화하였다.

반면 중국은 자국의 전략 산업 보호를 위해 자동차를 비롯한 일부 핵심 공산품에 대한 관세를 유지하기로 하였다. 결국 한국은 제조업 분야의 주력 수출 품목에서 양보하는 대신, 농수산업계의 피해를 줄이는 쪽을 선택한 것으로 평가된다. 제조업과 농수산 분야 외에 한-중 FTA를 통해 서비스·투자 분야에서도 시장 개방 효과가 클 것으로 예상된다.

중국은 서비스 분야 시장 장벽이 높은 국가 중 하나인데, 양국은 일단 '포지티브 자유화 방식'에 따라 개방하기로 하였다. 개방 분야는 법률, 유통, 환경, 엔지니어링, 건설, 통신 등 제한적이다. 이에 한국의 로펌은 중국 로펌과 공동으로 상하이 자유무역지구(FTZ) 내 사무실을 설치하고, 중국 전역에 고객을 대상으로 법률 자문을 할 수 있게 되었다. 그러나 한국 기업이 중국 현지 기업과 합작할 때 지분을 49%까지 보유할 수 있게 하여 투자는 허용하였지만, 경영권은 넘겨 주지 않았다. 지적재산권에 대한 의무도 상세히 규정하였다. 연주자와 음반 제작자의 보상 청구권에 대한 개념을 규정하고, 중국 내에서 한국 방송 프로그램의 보호 기간도 20년에서 50년으로 늘렸다. '짝퉁'을 근절하기 위한 외국인 유명 상표 보호도 강화하기로 하였다. 협정문에는 금융서비스 규제 완화, 금융서비스위원회 설치, 투명성 강화 등을 규정해 양국 금융 시장에 대한 상호 진출도 용이하게 하였다. 통신 분야는 상대국에 진출한 기업에 자국 기업과 공정한 경쟁을 보장하기 위해, 상대국의 통신망과 서비스에 비차별적인 접근을 보장하고 비차별적인 상호 접속을 제공하겠다는 조항을 포함시켰다. 한편, 양국 간 인적 이동에 대해서는 비자 원활화, 상용 방문자 등의 일시 입국과 체류 허용 요건 등을 규정하였고, 단순 인력의 입국과 체류 관련 내용은 포함하지 않았으며, 재중 주재원의 최초 2년 주재 허용에 합의하였다. 그러나 서비스 시장 개방을 위해 내부 준비가 필요하다는 중국의 요구를 받아들여, FTA 발효 2년 후 양측이 개방하기로 한 분야에 대해 협상을 시작하기로 하였다. 원산지·통관 분야에서는 700달러[50] 이하 제품은 원산지

50 중국은 기존에 체결된 FTA에서는 대부분 600달러 이하로 설정하였다.

표 12-27 한-중국 FTA 관세 철폐 기간별 주요 품목 (단위: 억 달러, 개)

		한국			중국		
		품목 수	수입액	주요 품목	품목 수	수입액	주요 품목
일반 품목	즉시 철폐	6,108	418	원유, 나프타, 음향기기, 반도체 제조 장비, 의약품 등	1,649	733	제트유, L형강, 스테인리스 열연 강판(3mm 미만), 플라스틱 금형 등
	5년 내 철폐	1,433	31	플라스틱 제품, 금속 절삭 기계, 의료기기, 제트유 등	1,679	58	항공기 부품, 유선 통신 기기 부품, 반도체 제조 장비 등
	10년 내 철폐	2,149	173	냉장고, 세탁기, 화장품 등	2,518	312	냉장고, 에어컨, 에틸렌, 냉연 강판(0.5~1mm) 등
민감 품목	15년 내 철폐	1,106	79	타이어, 휘발유, 배합 사료, 참치, 연육 등	1,108	219	나프타, 아스팔트, 윤활기유, TV 카메라 부품, 프레스 금형, 안경 렌즈 등
	20년 내 철폐	476	34	편직제 의류, 축전기, 일부 자동차 부품, 화훼, 맥주 등	474	93	ABS 수지, 도료, 차량용 축전지, 콘택트 렌즈, 가정용 정수기 등
초민감 품목	관세 부분 감축	87	23	혼합 조미료, 기타 소스, 조제 땅콩, 꽃게(냉동), 다시마(건조), 면직물, 안전유리 등	129	100	리튬 이온 축전지, 선반용 엔진, 음향기기 부품, 스킨케어 화장품, 샴푸, 린스 등
	저율 관세	21	6	대두, 참깨, 팥 등			
	관세 철폐 제외	852	43	쌀, 고추, 마늘, 배추, 인삼, 사과, 배, 감귤, 조기(냉동), 갈치(냉동) 등	637	149	파라자일렌, 텔레프탈산, 에틸렌글리콜, 굴착기, 레이저 프린터 등

증명서를 제출하지 않아도 통관시키기로 하였다. 그리고 한-중 FTA 발효와 동시에 개성공단 제품에 특혜 관세를 부여하고, 현재 생산 중인 품목을 포함해 총 310개 품목에 원산지 지위를 부여하기로 해 지금까지 FTA 중 가장 유리하다는 평가를 받고 있다.[51]

51 한-EFTA FTA에서는 한국산으로 인정받을 수 있는 개성공단 제품이 267개, 한-인도 FTA에서는 108개, 한-ASEAN, 페루, 콜롬비아 FTA 등에서는 100개의 목록을 만들어 협정문에 반영하였다. 따라서 새로 생산되어 목록에 없는 제품은 인정받기 어려웠다. 그러나 한-중 FTA에서는 별도 위원회 논의나 품목 나열 없이 특혜 관세를 받고 중국에 수출할 수 있도록 합의하였고, 구체적 방안은 추가 논의하기로 하였다.

원산지 지위 인정 기준은 ① 비원산지 재료(개성공단 임금, 수송비 등 포함) 가치가 40% 이하, ② 원산지 재료(중국산 재료 포함) 가치가 총재료 가치의 60% 이상 요건을 동시에 충족하는 것으로 정하였다. 역외가공지역위원회를 통해 추후 북한 내 개성공단과 같은 역외 가공 지역을 추가로 설치할 수 있는 길도 열어 두었다. 이에 따라 개성공단에 입주한 중소기업들의 중국 시장 진출 기회가 확대될 것으로 기대된다.

그 밖에도 경쟁, 관광, 무역상 기술장벽협정(TBT), 위생 및 식물 위생(SPS) 조치, 환경, 분쟁 해결 등 다양한 분야에 규정을 마련하였다.

FTA 체결 당시 우리나라의 중국에 대한 수출 및 수입 의존도가 약 25%, 17%(2014년 기준)에 이르러, 한-중 FTA 타결로 양국 간 무역량이 더욱 늘어날 것으로 기대하고 있다. 한국은 이번 FTA로 11,272개(수입액 736.4억 달러), 중국은 7,428개 품목(수입액 1,417.5억 달러)에 대해 20년 내에 순차적으로 관세를 철폐하게 되어 연간 관세 절감액이 54.4억 달러에 이르고, 한-미 FTA의 9.3억 달러, 한-EU FTA의 13.8억 달러의 예상치를 크게 상회할 것으로 전망된다.

이에 대외경제정책연구원은 한-중 FTA로 국내 실질 GDP는 발효 후 5년간 0.95%, 10년간 2.28% 추가 상승할 것으로 예상하였고, 또 소비자 후생은 약 146억 달러가 늘고, 무엇보다 5만 3,805개의 새로운 일자리가 창출될 것으로 예측하였다. 삼성경제연구소도 GDP가 2.72% 증가하고, 총수출 및 총수입 증가율도 각각 4.28%, 4.93%로 기존 FTA 대비 두 배 이상 증가할 것으로 추정하였다. 한편, 산업통상자원부는 한-중 FTA가 최종적으로 달성되는 시점에 연간 관세 절감액은 54.4억 달러로 한-미 FTA(9.3억 달러)의 5.8배, 한-EU FTA(13.8억 달러)의 3.9배에 이를 것으로 추산하였다.

그러나 FTA 협상 시 자동차·쌀 등 민감한 품목을 보호하는 과정에서 관세 철폐 대상이 축소되고 관세 철폐 기간도 연장됨에 따라, FTA의 경제적 효과가 기대치에 미치지 못할 것이라는 시각도 있다. 한국과 중국이 자국에 유리한 업종을 보호하기 위해서 해당 품목을 대거 초민감 품목으로 분류하였기 때문이다. 농수산물 자유화율은 품목 수 기준 70%, 수입액 기준 40%로 FTA 역대 최저 수준이다. 한국은 전체 농산물 1,611개 품목 중 581개(36.1%)를 초민감 품목으로 정하고, 그중 548개는 양허 제외 품목으로 정하였다. 10~20년 내에 관세가 철폐되는 종목도 441개(27.4%)나 된다. 수산물은 전체 629

표 12-28 한-중 FTA 농산물 품목별 양허 현황

<table>
<tr><th colspan="3">양허 유형</th><th>세번 수</th><th>비중(%)</th><th>주요 품목</th></tr>
<tr><td rowspan="3">일반 품목</td><td colspan="2">즉시 철폐</td><td>216</td><td>13.4</td><td>소(육우/젖소/기타), 오리(기타/반식용), 돼지(반식용), 대두(종자/분/조분), 사탕수수 당밀(주정 제조용), 돈지(기타), 가금지(기타), 팜유와 그 분획물 기타, 토마토 종자, 양모(기타/탈지), 박류(밀), 양배추 종자, 겨자씨 생모피(기타), 야자유 기타, 당밀(기타/주정 제조용), 라드유, 무 종자, 야자유(조유), 채소 종자(기타), 호밀(기타) 등</td></tr>
<tr><td colspan="2">5년 철폐</td><td>209</td><td>13.0</td><td>해바라기씨유(조유/기타), 조제 식료품(오트밀/유아용), 우황, 파스타(기타), 옥수수박, 식혜, 사향, 사탕무, 건빵, 밀(기타), 면실유(조유/정제유/기타), 대두유(정제유/조유), 사탕수수, 스파게티, 양조 식초, 라면 등</td></tr>
<tr><td colspan="2">10년 철폐</td><td>164</td><td>10.2</td><td>꼬냑, 흰포도주(기타), 코코넛(기타/말린 것/미탈각-내과피), 베이커리 제품(기타), 샤프란, 스위트 비스킷, 쿠키 및 크래커, 소나무(분재용), 붉은포도주(기타), 보드카, 마요네즈, 아몬드(탈각) 등</td></tr>
<tr><td colspan="3">소계</td><td>589</td><td>36.6</td><td></td></tr>
<tr><td rowspan="4">민감 품목</td><td colspan="2">15년 철폐</td><td>202</td><td>12.5</td><td>해바라기씨유(정제유), 팜핵유(정제유), 카레, 올리브(설탕 저장 처리/조제 저장 처리/일시 저장 처리), 아이스크림(기타), 쇼트닝, 사과주, 바나나(기타/플랜틴), 망고스틴(신선/건조), 마가린(액상 제외), 두리안(신선), 구아바(신선/건조), 파인애플(조제 저장 처리/설탕 저장 처리), 망고(신선/건조), 팝콘(조제 저장 처리), 커피 크리머, 겨자(겨자 의분/조분), 소시지(기타), 배합 사료(축우/양돈/양계/어류/기타), 토마토 페이스트, 스위트콘(조제 저장 처리/설탕 저장 처리/냉동) 등</td></tr>
<tr><td rowspan="3">20년 철폐</td><td>11년차</td><td>2</td><td>0.1</td><td>과실 견과 기타(조제 저장 처리), 기타 과실(잼, 젤리, 마멀레이드, 기타)</td></tr>
<tr><td>13년차</td><td>1</td><td>0.1</td><td>기타 한약재(기타 식물-향료, 의료용 등)</td></tr>
<tr><td>20년 철폐</td><td>236</td><td>14.6</td><td>도라지(신선/냉장), 매니옥(냉동), 데어리 스프레드, 소주, 맥주, 낙화생유(조유/정제유/기타/그 분획물), 인삼 음료, 기타 채소(설탕 저장 처리), 채소류의 혼합물, 춘장, 콩(기타/설탕 저장 처리), 유장(기타/사료용) 등</td></tr>
<tr><td colspan="3">소계</td><td>441</td><td>27.4</td><td></td></tr>
<tr><td rowspan="4">초 민감 품목</td><td colspan="2">TRQ</td><td>7</td><td>0.4</td><td>참깨, 팥(건조/기타), 대두(기타/콩나물용), 사료용 식물성 부산물 기타, 맥아(볶지 않은 것), 전분(고구마의 것), 대두(기타/기타)</td></tr>
<tr><td rowspan="2">부분 감축</td><td>20% 부분 감축(평균)</td><td>11</td><td>0.7</td><td>김치(조제 저장 처리), 혼합 조미료, 기타 소스, 팥(탈각/조제 저장 처리), 당면, 고사리(건조), 들깨, 당류(기타), 낙화생 기타(조제 저장 처리), 송이버섯(냉동), 기타 채소(조제 저장 처리)</td></tr>
<tr><td>130%로 감축</td><td>15</td><td>0.9</td><td>매니옥(신선/냉장/기타/건조), 매니옥칩(건조), 매니옥 펠리트(건조), 밀(팰리트/분쇄물/조분), 스위트콘(기타/건조), 옥수수(종자용), 귀리(압착 플레이크/분쇄물/조분/가공 곡물), 얌-디오스코레아종(기타), 토란-콜로카시아종(기타), 아메리카토란-크산토소마종(기타)</td></tr>
<tr><td colspan="2">양허 제외</td><td>548</td><td>34.0</td><td>쌀, 보리(겉보리/쌀보리), 팝콘용 옥수수, 감자(식용/냉동 건조/칩용/감자분), 소고기(신선/냉장/냉동/식용 설육), 돼지고기(냉동 삼겹살/냉장 삼겹살/냉장 기타/돼지족/밀폐 가공품), 닭고기(냉동 가슴/냉동 날개/냉장육/닭고기 가공품), 분유(탈지·전지 분유/연유/조제 분유/혼합 분유), 치즈(신선/가공/기타/체다), 버터, 꿀(천연/인조), 감귤류 오렌지(온주감귤/만다린/텐저린/오렌지), 사과·배·포도, 키위, 호박, 고추(신선/냉장/건조/냉동), 마늘(신선/냉장/일시 저장/건조/냉동), 양파(신선/냉장/건조/냉동), 인삼류(뿌리삼류, 기타 가공품) 등</td></tr>
<tr><td colspan="3">소계</td><td>581</td><td>36.1</td><td></td></tr>
<tr><td colspan="3">총합계</td><td>1,611</td><td>100.0</td><td></td></tr>
</table>

자료: 어명근·이병훈·정대희(2014), p. 7.

개 품목 중 86개(13.8%)를 초민감 품목으로 지정하고, 429개는 민감 품목으로 지정하였다. 품목 수 기준 30%에 이르는 양허 제외 비중은 한-미 FTA(0.9%), 한-EU FTA(0.2%), 한-캐나다 FTA(3.4%)와는 비교도 할 수 없을 정도로 높다. 중국도 자동차, 액정 표시 장치(LCD) 등 자국에서 전략적으로 육성하는 공산품을 '초민감 품목'으로 분류해 관세를 지켜 냈다. 자동차는 현재 중국에 수출 시 22.5%, 한국으로 수입되는 중국차는 8% 관세를 물어야 한다. 그러나 현재 중국 자동차 판매 물량의 95%를 현지 생산하였기 때문에 수출 관세가 없어져도 우리나라에 크게 늘어나는 이익이 없다. 반면 중국차 수입 관세를 없애면 중국 생산 유럽 차가 싼값에 한국에 대량 수입될 가능성이 있다. 중국도 자국 자동차 브랜드의 한국 수출이 미미한 수준에서 자칫 한국 차의 중국 시장 점유율만 높일 수 있다는 생각에서 관세 철폐 제외에 쉽게 합의하였다. 그러나 대중국 수출 2위인 LCD 패널은 발효 후 9년차부터 2년간 관세를 철폐하는 방식으로 합의하였다. 이는 중국 디스플레이업체의 기술 발전 속도를 감안하면 9년 후 관세 철폐가 무슨 의미가 있느냐는 지적도 나온다.

현재는 글로벌 생산 거점이 중국에서 동남아, 중남미로 이전하면서 중국과의 무역 효과가 낮아지고, 오히려 글로벌 시장에서 중국과의 경쟁이 심화되고 있는 상황이다. 또한 한-중 간 분업 구조 및 글로벌 경쟁 관계 변화를 고려하면 금번 한-중 FTA가 한국의 무역 구조에 미치는 실질적 영향은 제한적일 것이다. 더구나 한-미, 한-EU와 달리 한-중 FTA에서는 즉시 관세 철폐 또는 조기 철폐 품목 수가 상대적으로 적어 개방도가 낮다. 이에 장기적인 관점에서 제조업보다는 오히려 서비스업과 전자 상거래 등에서 기회가 확대될 것으로 보는 시각이 주를 이룬다. 실제로 이번 FTA에서는 관광 및 운송 서비스, 전자 상거래, 문화 콘텐츠, IT 서비스, 건설, 엔지니어링, 음식 숙박업 분야 등의 개방 수준이 매우 높은 것으로 평가된다. 특히, 중국 내 한류 붐과 함께 음반 제작/배급, 영화 상영/배급 등 문화 콘텐츠 기업의 진출이 활발해질 전망이며, 중국의 소득 수준 향상으로 놀이 문화가 확산되고 있어 이들 분야에 FTA 효과가 클 것으로 기대된다.

한-중국 FTA 비준 동의안은 뉴질랜드, 베트남 FTA 비준안과 함께 2015년 6월 4일 통상절차법 제13조에 따라 FTA 영향 평가 결과, 국내 산업의 보완 대책 등을 첨부해 국회에 제출되었다. 그리고 그 해 11월 30일 국회를 통과해 12월 20일에 발효되었다.

그 후 2017년 1월 13일 한-중 FTA 제1차 공동위원회가 베이징에서 개최된 후, 현재까지 수 차례 공동위원회와 서비스 투자 후속 협상이 개최되었다.

14. 한-뉴질랜드 FTA

뉴질랜드는 호주 대륙에서 동남쪽으로 약 2,000km 떨어져 있는 인구 450만 명의 국가로, 국토 면적은 남한의 2.7배인 27만 534km^{2}이다. 국내 총생산(GDP)은 1,649억 달러(2015년, PPP 기준)이며, 1인당 GDP는 3만 6,152달러이다.

뉴질랜드는 2014년 우리나라의 약 40위 교역국으로 교역 규모는 크지 않지만, 대뉴질랜드 수출이 지난 5년간 연평균 12.6%, 수입은 연평균 4.5% 증가하였다. 이에 따라 자원 및 농축산물 수입으로 1980년 이래로 2009년(1,200만 달러 흑자)을 제외하고는 늘 적자를 기록하였으나, 2012년에 흑자로 전환한 후 3년 연속 무역 수지 흑자를 기록하고 있다.

반면 우리나라는 뉴질랜드의 제7위 수입국으로 2009년부터 뉴질랜드 수입 시장에서 3%대의 점유율을 기록하며 8위를 유지하였으나, 2014년 4.5%로 점유율을 확대하며 7위로 올라섰다. 양국의 교역 구조는 우리나라가 휘발유, 경유, 승용차 등 공산품을 수출하고, 뉴질랜드로부터 원목, 기타 석유 제품, 낙농품, 가축 육류 등 원자재 및 농축산물을 수입하는 전형적인 상호 보완적인 형태를 나타낸다.

뉴질랜드와의 FTA는 2006년 12월 한-뉴질랜드 정상 회담 시 한-뉴질랜드 FTA 민간 공동 연구 및 라운드테이블 개최에 합의하면서 시작되었다. 그 후 2007년 2월부터 한-뉴질랜드 FTA 민간 공동 연구 회의와 라운드테이블 회의, 정부 간 예비 협의 등을 거쳐 2009년 6월부터 공식적인 제1차 협상 회의를 개최하였다. 그러나 2010년 5월까지 총 4차례의 공식 협상 후 상품 시장 개방 수준 등에 관한 양측 입장 차이로 협상이 중단되는 우여곡절을 겪기도 하였다. 그 후 2013년 7월 뉴질랜드 총리의 방한을 계기로 FTA 협상 재개를 모색하여 2013년 12월 협상을 재개하였다. 이어 추가적으로 5차례의 공식 협상과 실무 회의를 개최하여 2014년 11월 마침내 한-뉴질랜드 FTA를 타결하였

표 12-29 한-뉴질랜드 FTA 양허 단계별 수준

(단위: US$ 천, %)

양허 유형	한국 양허				뉴질랜드 양허			
	품목 수	비중	수입액	비중	품목 수	비중	수입액	비중
즉시	9,092	76.5	568,606	48.3	6,220	85.7	850,163	92.0
무관세	1,932	16.3	459,555	39.1	4,207	58.0	698,395	75.6
유관세	7,160	60.3	109,051	9.3	2,013	27.7	151,768	16.4
3년 철폐	960	8.1	141,362	12.0	488	6.7	41,138	4.5
5년 철폐	394	3.3	17,222	1.5	275	3.8	10,685	1.2
6년 철폐	1	0.0	53,982	4.6	–	–	–	–
7년 철폐	347	2.9	87,114	7.4	273	3.8	22,106	2.4
10년 철폐	362	3.0	17,206	1.5	–	–	–	–
10년 초과	496	4.2	225,866	18.2	–	–	–	–
계절 관세	1	0.0	11,457	1.0	–	–	–	–
양허 제외	199	1.7	2,039	0.2	–	–	–	–
총합계	11,881	100.0	1,176,437	100.0	7,288	100.0	927,154	100.0

주: 1) 품목 수는 HS 2009년, 수입액은 2009~2011년 수입액 평균.
자료: 산업통상자원부 보도 자료(2014. 12).

고, 2015년 3월 정식으로 서명하였다.

우리나라는 한-뉴질랜드 FTA를 통해 14번째 FTA를 체결하였고, 영연방 3개국(호주·캐나다·뉴질랜드)과 FTA를 완료하여 더욱 정교한 FTA 네트워크를 기반으로 경제 협력 역량을 강화시킬 수 있는 계기를 마련하였다.

합의된 상품 양허의 주요 내용을 보면 뉴질랜드는 발효 후 7년, 한국은 15년 이내에 대다수 품목에 대한 관세를 철폐한다.

뉴질랜드는 대한국 수입의 92%(수입액 기준)를 즉시, 96.5%를 3년 내, 97.6%를 5년 내, 100%를 7년 내 관세 철폐하기로 하였다. 반면 한국은 대뉴질랜드 수입의 48.3%(수입액 기준)를 즉시, 61.8%를 5년 내, 78.3%를 10년 내, 96.4%를 15년 내 관세 철폐하기로 하였다.

구체적인 내용을 보면 뉴질랜드는 한국의 주요 수출품인 타이어(기준 세율 5~12.5%), 세탁기(5%)는 즉시, 냉장고(5%), 건설 중장비(5%)는 3년, 버스·트럭·특장차 등 상용차(기준 세율 0~5%)와 자동차 부품(5%) 대부분은 3년 내, 철강 제품(5%)은 대부분 5년 내 관

표 12-30 한-뉴질랜드 FTA 상품 양허 양허 단계별 주요 품목

양허 단계	한국 양허		뉴질랜드 양허	
	품목 수	주요 품목	품목 수	주요 품목
즉시 철폐 (무관세)	1,932	원목, 펄프, 나프타, 양모, 알루미늄 스크랩, 통스크랩 열연 강판	4,207	승용차, 컬러 TV, 무선 전화기, 원유, 제트유 및 등유
즉시 철폐 (유관세)	7,160	알루미늄괴, 양가죽, 단판, 변환기, 선박용 부품, 변압기 부품, 소가죽, 포도주, 고령토, 의약품, 치약, 양가죽, 경유, 액정 디바이스, 양탄자, 식염, 천일염	2,013	승용차용 타이어, 버스/화물차용 타이어, 세탁기, 축전지, 전선, 철강판, 아연도 강판, 통조림 가공품, 밸브, 면류, 알루미늄 조가공품, 빵, 커피류
3년 철폐	960	메탄올, 알루미늄괴, 연괴, 버터, 기초 화장품, 제재목, 펌프 부품, 지게차, 주강 소주, 홍합(통조림 등), 의류(블라우스, 드레스, 바지)	488	화물 자동차, 건설 중장비, 냉장고, 자동차 부품(여과기, 안전 벨트, 제동 장치), 기타 플라스틱 제품, 철강선/철강판, 모사, 냉연 강판, 면직물, 편직제/직물제 의류
5년 철폐	394	밀크 알부민, 코코아 조제품, 소시지, 토마토 페이스트, 초콜릿, 완두, 변환기, 밸브, 클로렐라, 알부민, 된장, 바닷가재, 어육, 수산 가공품, 조개, 오징어	275	철강선, 철강판, 중후판, 봉강, 선재, 도금 강판, 연선 및 와이어, 편직물, 기타 섬유 제품, 기타 신발
6년 철폐	1	키위	–	–
7년 철폐	347	라디에타 소나무, 카세인산염, 밸브, 맥주, 딸기, 과일 주스, 커피, 물, 공기 조절기, 뱀장어, 골뱅이, 마카로니, 자라, 어류(민어, 다랑어, 대구 등)	273	자동차 부품(방열기), 변압기, 모사, 편직물, 편직제/직물제 의류, 섬유판 합판
7년 철폐 (TRQ)	1	치즈(기타/체다 치즈)	–	–
10년 철폐	362	연양, 유당, 홍어, 애버카도우, 전갱이, 뱀장어, 보드카, 사슴고기, 아귀, 위스키	–	–
10년 철폐 (TRQ)	2	버터	–	–
12년 철폐	71	섬유판, 합판, 어류(명태, 가자미, 황새치, 참치, 대구, 갈치, 꽃게)	–	–
12년 철폐 (TRQ)	1	치즈(신선/모짜렐라 치즈)	–	–
13년 철폐	1	냉동 크림	–	–
13년 철폐 (TRQ)	1	조제 분유	–	–
15년 철폐	347	소고기, 식용 설육(소), 동물의 위, 장(소의 것), 요구르트, 녹용(기타), 호박, 필터 담배, 마가린, 감자, 오이, 양파(냉동), 완두, 어류(황다랑어, 조기, 고등어, 민어, 대구)	–	–
15년 철폐 (TRQ)	9	치즈, 조제 식료품	–	–

표 12-30 계속

양허 단계	한국 양허		뉴질랜드 양허	
	품목 수	주요 품목	품목 수	주요 품목
17년 철폐	3	크림, 조제 분유, 조제 식료품	–	–
18년 철폐	57	홍차, 로얄 제리, 멜론, 포도, 버섯류, 닭고기(미절단/냉장), 오리고기, 상추, 마늘	–	–
20년 철폐	6	밀크와 크림, 합판	–	–
계절 관세	1	호박(신선/냉장)	–	–
세번 분리	1	녹용(전지)	–	–
세번 분리/계절 관세	1	감자(기타)	–	–
10년간 50% 감축	12	옥수수, 보릿가루, 옥수수가루, 기타 곡분, 대두, 사료	–	–
현행 관세(TRQ)	12	탈지·전지 분유, 연유, 홍합(자숙)	–	–
기타	–	–	32	항공기 부품, 의류 부속품, 건설 중장비 부품, 시계 부품
양허 제외	199	쌀, 쌀보리, 천연꿀, 인조꿀, 닭고기(냉동), 돼지고기(삼겹살), 유당, 녹각, 단감, 고추, 인삼, 마늘(신선, 냉장, 건조), 사과, 배, 포도, 감귤, 오징어(냉동), 전복, 명태(냉동)	–	–
총합계	11,881	–	7,288	–

자료: 산업통상자원부.

세 철폐하기로 하였다. 우리의 주력 수출품 중 승용차, 석유 제품, 무선 전화기, 컬러 TV 등은 이미 무관세로 수출하고 있어, 이번 FTA 체결에 따른 추가적 혜택은 없을 것으로 보인다.

섬유 관련 주요 수출 품목인 모사 순모직물 폴리에스터사 편직물 등에 대해서는 7년 이내 관세를 철폐함으로써 중국산 섬유의 뉴질랜드 시장 잠식을 견제할 수 있게 되었다.

한국은 뉴질랜드산 원목, 나프타, 펄프, 양모 등은 즉시, 메탄올, 연괴, 버터, 기초 화장품 등은 3년 내, 밀크 알부민, 코코아 조제품, 소시지 등은 5년 내 철폐하기로 하였다.

또한 농산물 상품 양허에서 다양한 예외적 수단을 확보하여 국내 관련 산업의 피해를 최소화하였다. 소고기(40%)의 경우 15년에 걸쳐 관세를 철폐하고, 돼지고기는 삼겹살(22.5~25%)은 현행 관세율을 유지하고, 가공품(30%)은 18년에 걸쳐 관세 철폐하기로 하였다. 닭고기도 냉장 고기일 경우 관세율 18%를 유지하며, 냉동 마늘, 양파(27%)는 18년에 걸쳐 관세 철폐하기로 하였다. 탈지·전지 분유, 치즈, 버터 등 낙농품 및 홍합의 경우, 과거 대뉴질랜드 수입 실적의 일부 물량에 대해 저율 관세 할당(TRQ) 부과를 하기로 하였다. 특히, 뉴질랜드의 최대 수출품인 탈지·전지 분유는 1,500톤에서 시작해 발효 10년차에는 1,957톤(국내 소비량의 5% 정도)에 대해서만 무관세를 인정하였다. 쌀·천연꿀·과실(사과·배·감 등)·고추·마늘·녹각·오징어 등 주요 민감 농림수산물 199개는 양허 제외하였다.

이 밖에도 서비스·투자 분야에서는 투자자–국가 분쟁 해결 절차(ISD)를 도입하고, 우리나라 투자자에 대한 뉴질랜드의 사전 투자 심사 기준 금액을 대부분 기존 FTA에서 적용하였던 2,000만 뉴질랜드 달러(약 169억 원)에서 5,000만 뉴질랜드 달러(약 423억 원)로 상향 조정하였다. 인력 교류 부문에서는 워킹홀리데이 인구의 연간 쿼터를 1,800명에서 3,000명으로 확대하고, 연수·교육 및 고용 기간 제한 조건도 완화하여 연수·교육 기간은 기존 3개월에서 6개월로, 고용 기간은 기존의 '동일 직장에서 3개월까지'에서 '동일 직장에서 영구 고용만 금지'로 확대하였다.

또한 한국인의 특정 직업 또는 전문 직종 종사자[52]는 뉴질랜드에 총 200명까지 일시 고용 입국을 보장하고, 뉴질랜드 농축수산업 분야에 교육 및 훈련을 받으려는 사람도 연간 50명까지 최대 1년간 별도 비자 쿼터를 제공하기로 하였다. 농림수산 협력의 일환으로 한국 농어촌 자녀를 매년 150명까지 뉴질랜드에 어학 연수를 보내기로 하였다.

실제로, 뉴질랜드는 1차 산품에 세계적인 경쟁력을 보유한 반면 제조업은 상대적으로 취약한 경제 구조를 가지고 있다. 뉴질랜드가 개방 정책으로 우리 주력 수출 품목에 대한 진입 장벽은 거의 없는 상태이지만, 이번의 한–뉴질랜드 FTA 타결로 일부 공산품의 관세 철폐로 수출 확대가 기대된다. 투자, 서비스 등 다양한 분야에서도 협력 확대가 기대되며, 특히 청정 지역 뉴질랜드와의 농식품 산업에서의 협력은 우리나

52 한국인 특정 직업은 한국어 강사, 태권도 강사, 한국인 가이드, 한의사 등 4종에 한정하며, 전문 직종은 멀티미디어 디자이너, 생명 공학자, 산림 과학자, 식품 과학자, 수의사, 소프트웨어 엔지니어 등 총 6종이다.

라 농식품 산업의 경쟁력 강화에 도움이 될 것으로 예상된다. 더불어 뉴질랜드에서 첨단 기술 분야 및 다양한 IT 프로젝트가 진행되고 있어, ICT 분야에 경쟁력이 있는 우리나라와 관련 분야에서 교류를 확대할 수 있을 것으로 예상된다(박지은, 2014, p. 7).

사회적 효과로는 워킹홀리데이 프로그램과 농축산업 분야 훈련생뿐 아니라 우리 농어촌 청소년들의 뉴질랜드 영어 연수 기회가 커졌고, 뉴질랜드 내 농림수산 분야 대학원 장학금 지급 인원도 매년 6명으로 정하는 등 향후 양국 간 인적 교류가 잦아질 전망이다.

하지만 일각에서는 대뉴질랜드 3대 수출 품목인 휘발유(수출 비중 29.9%), 경유(17.8%), 승용차(15.0%)에 붙은 관세가 이미 0%여서 수출 증가 효과가 제한적일 것이라는 관측도 있다.

한-뉴질랜드 FTA 비준 동의안은 중국, 베트남 FTA 비준안과 함께 2015년 6월 4일 국회에 제출되었다. 그리고 2015년 11월 30일 국회를 통과해 12월 20일에 발효되었다. 그 후 2016년 3월 21일 양국 간 FTA 제1차 공동위원회가 웰링턴에서 개최된 후, 양국을 오가면서 지속적으로 개최되고 있다.

15. 한-베트남 FTA

베트남은 인구가 9,000만 명이 넘는 세계 13번째 인구 대국이며, 국토 면적은 33만 2,698km^{2}로 한반도의 약 1.5배이다. 국내 총생산(2014년, PPP 기준)은 5,095억 달러, 1인당 GDP는 5,621달러이다.

베트남은 우리나라의 수출 제6위, 수입 제15위 대상국(2014년 기준)으로, 글로벌 금융 위기 이후 성장세가 위축되기는 하였지만, 풍부한 자원과 외국인 투자 유치, 제조업 육성 정책 등에 힘입어 2005년 이후 8%대의 높은 성장세를 기록하고 있다.

과거 2007년 6월 발효된 한-아세안 FTA에서 베트남은 낮은 개방 수준을 유지하면서 베트남 시장 개방이 실질적으로 이루어지지 못하였고, 우리나라와의 교역에서 1980년대 이래 만성적인 적자를 기록하면서 우리나라와의 양자 간 FTA 협상에 소극적이었다. 그러나 우리나라 기업들의 현지 투자가 베트남 경제에 기여하는 점을 들어 우리가 적극적으로 FTA 추진을 설득하였고, 2009년 10월 한-베트남 정상 회담에서 FTA 공동 작업반 설치에 합의하였다. 그 후 2011년 10월까지 6차에 걸친 공동 작업반 회의를 개최하였고, 2012년 9월부터 공식적인 FTA 제1차 협상이 시작되었다. 2014년 12월까지 총 9차에 걸친 협상이 개최되었고, 2014년 12월 10일 부산에서 개최된 한-아세안 특별 정상 회의에서 한-베트남 정상 회담을 개최하여 한-베트남 FTA가 타결되었음을 공동으로 선언하였다. 그리고 2015년 5월 5일 정식 서명하였다.

이번 한-베트남 FTA를 통해 상품 분야의 추가 자유화와 서비스 시장 개방 및 투자 환경 개선 등 보다 포괄적인 높은 수준의 개방이 기대된다. 특히, 1억 명 가까운 인구에 30대 이하의 젊은 층이 60% 이상으로 구성된 베트남 내수 시장은 소비 잠재력이 높아 전 세계가 주목하고 있는 상황에서, 미국이나 EU보다 앞서 시장을 선점하고, 아세안 시장 진출 기회도 확대할 수 있게 되었다.

양측이 합의한 양허 내용을 보면 양측의 민감성을 반영해 최종적으로 2012년도 품목 수 기준 한국은 495개, 베트남은 200개, 수입액 기준 한국은 94.7%, 베트남은 92.2%의 자유화 수준(발효 15년 안에 관세 철폐)에 합의하였다. 이는 한-아세안 FTA 자유화율과 비교해 한국은 3% 포인트, 베트남은 6.1% 포인트 증가한 수치이다. 실제로 한-아세안 FTA에서 아세안 6개국은 2016년까지 관세 철폐가 완료되지만, 아세안 후발 참여국인 CLMV[53]는 관세 인하에 대해 상당 기간 유예 기간을 보장받았다. 따라서 우리나라는 일반 품목군에 대한 관세 철폐가 2012년 완료되지만, 베트남은 품목 수 기준으로 2015년 90%, 2016년 95%, 2018년 관세 철폐가 완료되고, 민감 품목군은 2021년이 되어야 완료하게 되어 있다. 따라서 이번 FTA를 통해 한-아세안 FTA의 낮은 수준의 개방 수준을 추가적으로 확대하였다고 볼 수 있는데, 베트남은 이미 대한국 수입의 86.3%(수입액 기준)를 양허, 1.2%는 무관세, 1.9%는 3년 내, 2.9%는 10년 내, 나머지 0.1%는 15년 내 관세를 철폐하기로 하였다.

우리는 이미 대베트남 수입의 91.7%(수입액 기준)를 양허하였고, 1.3%는 즉시, 1.0%는 3~5년, 나머지 0.8%는 7~15년(3개 품목 15년)에 걸쳐 관세 철폐하기로 하였다. 즉시 철

53 아세안 선발 6개국은 브루나이, 인도네시아, 말레이시아, 필리핀, 싱가포르, 태국이며, 후발 CLMV는 캄보디아(Cambodia), 라오스(Laos), 미얀마(Myanmar), 베트남(Vietnam) 4개국을 칭한다.

표 12-31 한-베트남 FTA 양국의 상품 양허 수준 (단위: 백만 달러, %)

양허 유형	한국 양허				베트남 양허			
	품목 수	비중	수입액	비중	품목 수	비중	수입액	비중
한-아세안 FTA	11,169	91.3	5,244.6	91.7	8,245	87.1	13,375.2	86.3
즉시	91	0.7	72.3	1.3	65	0.7	179.9	1.2
무관세	4	0.0	-	-	65	0.7	179.9	1.2
유관세	87	0.7	72.3	1.3	-	-	-	-
3년	216	1.8	12.9	0.2	16	0.2	296.7	1.9
5년	134	1.1	43.1	0.8	47	0.5	19.1	0.1
7년	7	0.1	3.0	0.1	29	0.3	16.7	0.1
8년	-	-	-	-	6	0.1	8.1	0.1
10년	48	0.4	40.2	0.7	106	1.1	405.6	2.6
15년	3	0.02	0.2	0.004	3	0.03	11.2	0.1
소계	499	4.1	171.8	3.0	272	2.9	937.3	6.1
총합계	11,668	95.4	5,416.5	94.7	8,517	89.9	14,312.5	92.4
전체	12,232	100.0	5,717.6	100.0	9,471	100.0	15,494.4	100.0

주: 1) 품목 수는 HS 2012년(한국은 10단위, 베트남은 8단위), 수입액은 2012년 對상대국 수입액 기준.
2) 소계는 한-아세안 FTA 양허 품목을 제외한 한·베트남 양허 대상 품목 수와 수입 금액의 합을 나타냄.
자료: 산업통상자원부.

폐 품목은 한국은 87개인 반면, 베트남은 하나도 없다. 이는 사회주의 국가의 특성상 베트남의 개방률이 한국보다 훨씬 낮은 점을 감안한 조치였다. 베트남은 우리의 주요 수출품인 섬유(면직물, 폴리에스터단섬유 직물 등), 기타 영사기 등은 3년, 변압기, 전동기, 믹서, 합성수지, 항공기 부품, 자동차 부품 등은 5년, 철도 차량 부품, 선재, 원동기, 의약품 등은 7년, 자동차 부품, 화물 자동차(5~20톤), 승용차(3,000cc 이상), 화장품, 전기밥솥, 에어컨 등은 10년 내 관세 철폐를 확보하였다.

반면 우리는 가자미, 갯장어, 시멘트, 자전거, 자전거 부품 등은 3년, 위스키, 인삼음료, 고구마, 과일 주스, 가오리(냉동), 당면 등은 5년, 통신용 전선, 합판 등은 7년, 열대 과일, 베어링, 전갱이 등은 10년 내 관세 철폐를 합의하였다. 또한 농·수·임산물 시장의 민감성을 고려하여 양허 제외(기준 세율 유지), 저율 관세 할당(TRQ), 장기 관세 철폐 등 다양한 예외적 수단을 확보하여 국내 관련 산업의 피해를 최소화하였다. 그리고 쌀(협정 대상 제외), 고추, 양파, 녹차, 오징어 등 주요 민감 농수산물의 경우 한-아세안

표 12-32 한-베트남 FTA 상품 양허 단계별 주요 품목

양허 단계	한국 양허		베트남 양허	
	품목 수	주요 품목	품목 수	주요 품목
즉시 철폐 (무관세)	4	실장어(활어), 돔(치어), 농어(치어), 피조개증패(활어/신선/냉장)	65	화물 자동차, 펌프, 철근, 공기 조절기, 기타 정밀 화학 원료, 기타 철강 금속 제품, 냉연 강판, 복합 비료, 봉강, 사료, 아연도 강판, 열연 강판, 의약품, 원유 등
즉시 철폐 (유관세)	87	방모사, 소모사, 양모사, 방모직물, 순면사, 생지, 기타 면직물, 폴리에스터사, 탄성사, 기타 인조섬유장섬유사, 남성용 바지/아우터 셔츠, 블라우스, 티셔츠, 스웨터, 양말, 코트 및 자켓, 신사복 상의, 여성용 수트/자켓/바지/스커트, 잠옷, 브래지어, 손수건, 스카프, 장갑, 파티클 보드, 섬유판, 블록 보드 등	–	–
3년 철폐	216	건전지, 경유 등 석유 제품, 기타 고무 제품, 기타 농산 가공품, 석유 제품, 시멘트, 자전거, 자전거 부품, 샴푸, 헤어린스, 필름, 소고기(식용 설육(신선/냉장), 혀(냉동), 간장(냉동) 등), 닭고기(절단육(냉동)), 발효유, 치즈, 양송이 버섯, 포도당, 과당 맥아 추출물, 국수, 곡류 가공품, 스위트콘, 라이스페이퍼, 차/마태 조제품, 방어(신선/냉장), 넙치(냉동), 가자미(냉동), 피조개(신선/냉장), 객장어(활어), 가자미(신선/냉장), 건조어란, 제재목 등	16	기타 영사기, 나일론 직물, 부직포, 순면직물, 재생 단섬유 직물, 폴리에스터 단섬유 직물, 혼방 면직물 등
5년 철폐	134	저/고밀도 에틸렌, 에틸렌 초산비닐, 선박용 압축 점화식 엔진, 선박용 부품, 고구마(냉동), 과일 주스, 감자(조제/냉동), 잼, 두부, 향미용 조제품, 기타 소스류, 주류, 당면, 미과, 인삼음료, 캐슈넛(미탈각/탈각), 가오리(냉동), 복어(냉동), 피조개(냉동), 성게(냉동), 조제 문어, 조제 소라, 조제 연체동물, 가리비과 조개(기타), 제재목, 파티클 보드, 섬유판, 합판, 기타 목재류, 건축용 목제품 등	47	음극선관 모니터, VCR, 계전기, 골판지 원지, 기타 생활용품(프레스파스너), 기타 식탁용구, 기타 유리 제품, 기타 직물, 순면직물, 편직물, 혼방 면직물, 유아용 조제 식료품, 무선통신기 부품, 믹서, 변압기, 스위치, 신발 부분품, 자동차 부품, 전동기, 전선, 전선기기, 카스테레오, 컴포넌트, 합성수지, 항공기 부품 등
7년 철폐	7	기타 전선, 통신용 전선, 합판	29	가열 난방기(철강제 조리 기구), 커피탕기, 비금속제 경첩, 보온밥통, 변압기, 볼트/너트, 선재, 원동기, 의약품, 자전거 부품, 전동기, 철도 차량 부품, 항공기 부품 등

표 12-32 계속

양허 단계	한국 양허		베트남 양허	
	품목 수	주요 품목	품목 수	주요 품목
8년 철폐	–	–	6	닭고기
10년 철폐	48	베어링, 열대 과일(구아바/망고/망고스틴/바나나/파인애플 등), 기타 과일주스, 난초/국화 등 화훼, 마늘(건조/냉동), 생강(미분쇄/미파쇄, 건조/기타), 생강(분쇄/파쇄, 신선/건조/기타), 호도(탈각/신선, 건조) 돔 기타(냉동), 전갱이(냉동), 딜라피아(냉동), 섬유판, 합판 등	106	화장품(스킨 로션/파우더 등), 가열 난방기, 가청 주파 증폭기, 건축용 목제품, 계전기, 스위치, 모니터, 기타 고무 제품, 전기밥솥, 냉장고, 라디오, 통조림 가공품, 복합 비료, 세탁기, 승용차(3,000cc 초과), 화물차(5~20톤), 안전유리, 아연도 강판, 에어컨, 원동기, 자동차 부품, 전선, 전자레인지, 식기 세척기, 축전지, 컬러 TV, 크라프트지, 타이어, 펌프, 토스터기, 필름, 폴리에스터 단섬유 직물, 순면직물, 합성수지 등
15년 철폐	3	고구마 전분, 천연꿀, 팥(종자용 외)	3	자동차 부품(기어 박스)
TRQ	7	새우(냉동/가공)	–	–

주: 한국 HS 2012 10단위, 베트남 HS 2012 8단위 기준.
자료: 산업통상자원부.

FTA에 추가한 시장 개방은 없었다.

서비스 분야에서는 금융, 통신 부속서를 마련하여 투명성 조항 및 금융 분야 인허가 180일 이내 신속 처리 원칙 등을 규정하여 베트남 시장에서 한국 기업들이 공정한 기회를 보장받을 수 있는 제도적 기반을 마련하였다. 건설, 도시 계획·조경, 기타 기계·장비 임대 분야도 추가로 개방하여 베트남의 도시화 및 경제 발전에 따른 건설 시장 진출에 유리한 조건을 확보하였다. 또한 서비스 무역 원활화를 위해 자연인의 일시 입국·체류 요건 등을 규정하고, 당국 간 별도 협의 채널을 마련하기로 하였다.

투자 분야에서는 현지 투자자를 보호하기 위한 제도적 장치를 마련하여 송금 보장, 수용 시 정당한 보상, 투자자-국가 간 소송 제도(ISD) 절차 개선 등 기존 한-아세안 FTA 투자협정 및 한-베트남 양자 투자보장협정(BIT)보다 더 높은 수준의 투자 보호 규범에 합의하였다.

동시에 수출자와 생산자 사전 심사 신청 규정, 재심 및 불복 청구 시 기업 비밀 보장 조항 등을 마련하여 진출 기업의 애로 사항을 해소하고자 노력하였다. 그리고 당사국 간 협정의 해석 및 적용에서 분쟁이 발생할 경우, 이를 해결하기 위한 협의 절차, 중재 패널 절차, 패널 보고서의 이행 및 불이행시 보상·보복을 위한 절차를 규정하였다. 즉, 분쟁 해결의 모든 단계에서 구체적인 시한을 규정하고, 중재 패널 보고서에 대한 구속성을 명시하도록 하여 분쟁 해결 절차의 신속성 및 실효성을 제고하였다.

문화 콘텐츠 산업 분야에서는 권리자에게 콘텐츠 복제에 대한 배타적 권리를 부여하고, 실연가 및 음반 제작자에게 음반 사용에 대한 보상 청구권을 부여하는 등 기존 무역 관련 지식재산권에 관한 협정(TRIPs) 이상의 수준 높은 저작권 조항을 채택하여 베트남 내 한류 콘텐츠를 보호할 수 있는 제도적 기반을 마련하였다. 동시에 협력 챕터에 베트남 내 한류 문화 확산을 위한 문화 관련 협력(시청각, 엔터테인먼트 서비스 등) 규정도 포함시켰다.

한-아세안 FTA 대비 품목별 원산지 기준도 개선하였다. 역외 가공 지역에 개성공단을 포함하여 업계 요청을 기초로 100개 품목을 신규 선정(HS 6단위 기준)하였고, 특혜관세 신청 절차 간소화 등을 통해 수출자 생산자의 편의를 도모하였다. 또한 기존의 한-아세안 FTA에서 200달러 이하로 규정한 원산지 면제 물품 금액을 600달러 이하 물품으로 완화하고, 수입 관세 당국이 요구하는 경우에 한하여 원산지 증명서를 제출하도록 하였다.

지식재산권 분야에서는 저작권, 상표권, 특허권 등에서 WTO 지재권 협정 이상의 보호를 확보하고 권리 침해에 대해 유효한 구제 장치를 마련하였다. 저작권의 경우 한류 콘테츠가 베트남에서 유통되는 과정에서 해당 권리자에 대한 보호가 강화될 수 있도록 제도를 마련하고, 상표권에서는 우리나라 수출 제품의 브랜드 경쟁력을 확보하고, 상표 행정의 투명성을 제고하는 조항에 합의하였다. 그리고 특허권에서는 특허 공지 예외 요건들을 완화함으로써 발명이 사전에 공지되었다는 이유로 거절된 출원의 구제 방안도 마련하였다.

그 외에도 한-베트남 FTA에는 무역 구제와 기술 장벽(TBT), 위생 및 검역(SPS) 조치, 전자 상거래, 경쟁, 경제 협력, 투명성, 분쟁 해결 등과 관련된 규정도 포함되었다.

이러한 한-베트남 FTA로 베트남은 투자 유치 확대에 따른 경제 활성화 효과를 갖게 될 것이고, 이미 베트남 내수 시장에 진출한 3,300여 개의 우리나라 기업들은 수입세 인하나 철폐로 인한 경쟁력 상승 효과가 클 것으로 전망된다. 특히, 복잡한 원산지 절차 규정 등으로 중소기업의 수출 활용률이 저조하였던 한-아세안 FTA에 비해 원산지 절차 및 증명서 발급 요건 등이 완화되어, 섬유, 자동차 부품, 화장품, 가전 제품 등 베트남 시장에서 경쟁력이 있는 우리 중소기업 품목들의 시장 진출이 더욱 활발해질 것으로 기대된다. 또한 일본에 비해 타이어, 일부 면직물·편직물, 철도 차량 부품 등 중소·중견 기업 생산 제품을 중심으로 추가 양허를 받아 향후 이 제품군에서도 베트남 시장에서 경쟁 우위를 점할 수 있는 기회를 마련하였다. 또한 승용차(3,000cc 이상), 화장품(스킨 로션, 파우더), 생활 가전(전기밥솥, 믹서기, 전기다리미, 냉장고, 세탁기, 에어컨, TV 등)과 같은 소비재 품목도 개방되어, 우리나라가 기존의 소재·부품 중심의 대베트남 수출 품목을 고부가가치 최종 소비재 등으로 다변화하는 계기가 될 것으로 기대된다.

한-베트남 FTA 비준 동의안은 중국, 뉴질랜드 FTA 비준안과 함께 2015년 6월 4일 국회에 제출되어, 그 해 11월 30일 국회를 통과해 12월 20일에 발효되었다.

그리고 2016년 4월 11일 제1차 경제협력위원회, 제1차 SPS위원회가 하노이에서 개최된 후, 양국의 주요 도시를 번갈아 가면서 경제협력위원회, SPS위원회, FTA 공동위원회, TBT위원회, 무역구제위원회, 관세위원회, 상품위원회 회의가 개최되고 있다.

16. 한-중미 FTA

한국 정부는 2015년 4월 29일 중동과 중남미 등 신흥 유망국을 상대로 FTA를 적극 추진하겠다는 내용을 담은 '신(新)FTA 추진전략'을 발표하였다. 정부의 '신FTA 추진전략'은 경제 혁신 3개년 계획의 핵심 과제 중 하나인 전략적 FTA 부분인데, 미국, 유럽연합(EU), 중국 등 세계 3대 경제권역과 성공적으로 FTA를 맺었기 때문에 신흥국 중심으로 FTA 대상을 전환하겠다는 전략이었다.

당시 OECD 34개 회원국 가운데 한국과 FTA를 체결하지 않은 나라는 일본, 멕시코, 이스라엘 3개국뿐이며, 한국이 협상을 타결한 FTA 상대국 시장은 전 세계 시장의 73.5%를 차지했었다. FTA 체결과 관련해 한국과 공동 연구를 마친 국가는 파나마, 코스타리카, 과테말라, 온두라스, 엘살바도르, 도미니카공화국과 메르코수르 회원국들이다. 이 중 좌파 정부가 집권해 FTA에 대한 관심이 상대적으로 떨어지는 브라질, 아르헨티나 등은 일단 블록 협상 대상에서 제외하고, 양국의 공동 연구가 완료되었고 통상절차법상 국내 절차를 마친 SIECA 소속국과 에콰도르 등을 차기 FTA 우선 전략 대상으로 정하였다. 정부는 이 밖에도 요르단, 걸프협력회의(GCC), 이스라엘, 몽골, 우즈베키스탄, 이집트, 남아프리카공화국, 일본, 인도네시아, 파키스탄 등을 장기적인 FTA 체결 대상으로 간주하고 있었으며, 환태평양경제동반자협정(TPP), 역내포괄적경제동반자협정(RCEP) 등 '메가 FTA'의 다자간 협상도 적극적으로 대응하고, 한편으로 이미 체결되었으나 활용도가 낮은 FTA들을 개선하는 방안도 포함시켰다.

그 후 2015년 6월 18일 정부는 중미(中美) 지역 6개국과 FTA 협상 개시를 공식 선언하였는데, 한국이 지역 경제 블록과 FTA 협상을 벌이는 것은 유럽연합(EU), 동남아국가연합(ASEAN)에 이어 세 번째다. 2010년부터 공동 연구를 시작하였던 중미 6개국은 과테말라, 엘살바도르, 온두라스, 니카라과, 코스타리카, 파나마 등으로 1960년 결성된 중앙아메리카통합사무국(SIECA) 회원국이다. SIECA는 북미 대륙과 남미 대륙을 잇는 전략적인 위치에 있고, 미국, EU, 멕시코, 칠레 등과는 이미 FTA를 체결하였었다. 따라서 협상이 성공하면 한국은 중미 6개국과 FTA를 맺는 첫 아시아 국가가 되며, 현재 중미 시장을 놓고 치열하게 경쟁을 벌이고 있는 중국이나 일본보다 이 시장을 선점한다는 점에서 의의가 크다고 할 수 있다.

그러나 중앙아메리카경제통합사무국(SIECA) 6개국의 경제 규모는 그리 크지 않다. 2014년 6개국 총인구는 4,350만 명으로 중남미 전체의 7.21%를 차지하고 있고, 콜롬비아나 아르헨티나 인구 수준이다. 국내 총생산(GDP) 총합은 약 2,098억 달러(약 231조 원)로 중남미의 3.7% 정도를 차지하고, 페루(2,081억 달러)보다 조금 많지만 칠레(2,641억 달러)에는 못 미치는 수준이다. 1인당 GDP는 평균 4,643달러로 우리나라의 1988년(4,571달러) 수준인데, 6개국 중 1인당 국민소득은 파나마(1만 1,799달러)가, 인구는 과테말라(1,460만 명)가 가장 많다.

한국과의 교역 규모는 2004년 26억 7,000만 달러에서 2014년 50억 2만 달러(수출 37억 6,400만 달러, 수입 12억 3,800만 달러)로 두 배 가까이 증가하는 등 새롭게 주목받는 지역

표 12-33 한·중미 FTA 전체 자유화율

기준	한국	중미 5개국				
		코스타리카	엘살바도르	온두라스	니카라과	파나마
품목 수	95.5~95.9%	95.2%	95.1%	95.6%	95.9%	95.3%
수입액	98.7~100%	98.0%	98.1%	93.2%	99.1%	99.3%

주: 과테말라는 추후 협의를 통해 참여.

이다. 주요 수출품은 승용차(2억 3,100만 달러)와 편직물(1억 4,700만 달러)이며, 주요 수입품은 사탕수수(1억 9,100만 달러)와 컴퓨터 부품(1억 3,000만 달러) 등이다. 한국 기업들은 SIECA 지역에 2014년까지 총 38억 6,000만 달러를 투자하였으며, 200여 개 기업이 15만여 명의 인력을 고용하고 있다. 그래서 우리가 중미 시장과 FTA를 맺으면 자동차, 전자, 섬유 등을 수출하고, 중미로부터 커피, 열대 과일, 금속 등을 수입하여 상호 보완적 경제 구조를 이용한 윈-윈 상황이 될 것으로 내다보고 있다.

2015년 협상 개시를 선언한 이래 총 9차례의 협상(공식 협상 7회·회기 간 협의 2회)을 거친 후 1년 5개월 만인 2016년 11월 16일 니카라과 수도인 마나과에서 FTA 협상이 실질적으로 타결되었다고 선언하였다. 니카라과, 엘살바도르, 온두라스, 코스타리카, 파나마 등 5개국은 협정 24개 챕터 모두에 합의하였으며, 과테말라는 시장 접근과 원산지 등 일부 민감한 분야를 제외하고 실질 타결되었다. 이에 따라 우리나라는 칠레, 페루, 콜롬비아에 이어 중미 FTA를 통해 북미(한-미 FTA, 한-캐 FTA)와 남미를 연결하는 FTA 네트워크 구축 및 전략적 교두보를 확보하였다.

양측은 품목 수 기준으로 95% 이상에 대해 발효 즉시 또는 단계적으로 관세를 철폐하기로 하였다. FTA를 통한 자유화율은 〈표 12-33〉과 같은데, 한국과 중미 5개국 양측은 모두 전체 품목의 95% 이상에 대해 관세를 철폐하기로 하였고, 파나마의 경우 총 수입액의 99.3%에 달하는 자유화를 약속해 가장 큰 폭의 관세 철폐를 약속하였다.

중미 국가들은 자동차와 철강, 합성수지 등 우리 수출 주력 품목뿐만 아니라 화장품, 의약품, 알로에 음료, 섬유(편직물, 섬유사), 자동차 부품(기어 박스, 클러치, 서스펜션 등) 등 중소기업 품목들도 대폭 개방하였고, 우리나라는 중미 측이 주로 수출하는 커피와 설탕의 원료인 원당, 열대 과일(바나나, 파인애플 등) 등의 개방을 약속하였다. 대신 쌀은

표 12-34 중앙아메리카 국가별 주요 개방 품목

구분	개방 품목
코스타리카	(주력 품목) 주요 자동차/자동차 부품(즉시), 축전지(즉시), 냉연/열연 강판(즉시), 타이어(10년), 가전 제품(에어컨, 냉장고, 세탁기 등)(10년), 주요 섬유(즉시) (소비재) 주요 의류(즉시), 알로에 음료(즉시), 화장품(즉시), 의료기기(즉시)
엘살바도르	(주력 품목) 자동차(9~10년 비선형), 자동차 부품(기어 박스, 서스펜션 등)(즉시), 타이어(3년), 가전 제품(냉장고 등)(10년), 아연도 강판/도금 강판(즉시) (소비재) 참치 통조림(5년), 의약품(5~10년), 커피 조제품(10년), 조명기기(10년)
온두라스	(주력 품목) 주요 자동차(8년), 자동차 부품·타이어(즉시~5년), 철강(주강, 형강, 아연도 강판 등(5~10년), 가전 제품(냉장고, TV, 세탁기 등)(10년) (소비재) 주요 의류(즉시), 접시 세척기(즉시), 콘택트렌즈(5년)
니카라과	(주력 품목) 주요 자동차/자동차 부품(5~7년), 타이어(5~10년), 가전 제품(냉장고, TV, 에어컨 등)(7년), 도금 강판(10년) (소비재) 알로에 음료(즉시), 조명기기(즉시), 화장품(5~10년)
파나마	(주력 품목) 주요 자동차/자동차 부품(즉시~7년), 전선(즉시~10년), 주요 섬유(즉시), 타이어(10년), 가전 제품(냉장고, 냉방기, 세탁기 등)(즉시~10년) (소비재) 주요 의류(즉시), 알로에 음료(즉시), 인쇄용지(즉시), 의료기기(5년)

아예 협정에서 뺐고, 고추와 마늘, 양파 등 주요 농산물도 양허 대상에서 제외하였다.

세부적으로 보면 우리 나라는 커피, 원당(설탕), 바나나, 파인애플 등 열대 과일 등 중미 수출 품목에 대해서 한-콜롬비아·페루 FTA 수준으로 개방하기로 하였는데, 커피(원두)에 붙는 최혜국(MFN)세율 2~8%는 즉시 철폐하고, 파인애플과 파인애플 주스에 각각 부과되는 30%, 50% 세율은 7년, 10년 이내에 철폐하고, 바나나에 부과되던 30% 세율도 5년 내에 없애기로 하였다. 그 외 시가 담배(40%)는 10년, 바닷가재(20%)는 5년, 폴리에스테르 인조섬유사(3%)는 3년, 면 티셔츠(13%)는 3년, 신발류(13%)는 5년 후(後)면 관세가 사라진다.

소고기(16~19년), 돼지고기(10~16년), 냉동새우(TRQ) 등 일부 품목들의 관세는 장기적으로 철폐하기로 하였다.

중미 측은 자동차, 철강, 합성수지 등 우리나라의 주력 수출 품목에 대한 장벽을 대폭 낮췄다.

코스타리카는 승용차, 승합차, 화물차, 자동차 부품의 관세를 즉시 철폐하고, 파나마도 철강제품, 건설중장비 관세를 바로 없애기로 하였다.

코스타리카는 현재 FTA 이전(최혜국대우 MFN)에 1% 세율을 적용하는 승용차(가솔린 1,500cc 초과~2,000cc 이하)의 관세를 즉시 철폐하고, 디젤 11~14인승 승합차(MFN 15%), 5~20t 화물차(15%), 클러치 자동차 부품(10%), H형강(6%)은 5년, 버스 및 화물차용 타이어(6%)는 10년으로 양허 기간을 잡았다. 엘살바도르는 5t 이하 화물차(MFN 5%)는 10년 비선형 철폐, 가솔린 1,500~2,000cc 승용차(25%)는 9년 비선형 철폐, 축전지(15%)는 즉시 철폐, 중고 타이어(15%) 7년 및 신품 타이어(5%)는 3년 철폐, 의약품(5%)은 5년 내 철폐하기로 하였다. 온두라스는 압축점화식 2,000cc 초과~2,500cc 이하 승용차(MFN 5%)는 8년 철폐, 0.16mm 이상~1.55mm 이하 착색아연도 강판(15%)은 10년 철폐, 압축점화식 2.5t 이하 화물차(5%)는 8년 철폐, 버스 및 화물차용 중고 재생 타이어(15%)는 5년 내 철폐하기로 하고, 니카라과는 가솔린 1,500cc 초과~2,000cc 이하 승용차(MFN 10%)는 7년, 0.16mm 이상 2mm 이하 도금 강판(15%)은 10년 내 등으로 관세 철폐 기간을 정하였다.

파나마는 기타 철구조물(MFN 10%)과 건설 중장비(5%), 유압식 변압기(3%), 운반 하역 기계(3%), 알로에 음료(10%) 등은 즉시 철폐하고, 승용차, 버스, 화물차용 타이어(10%)는 양허 기간을 10년으로 합의하였다.

그러나 중미 6개국의 자동차 시장은 당시 17만 8,000대 규모로 크지 않고, 우리 기업들의 시장 점유율은 약 28% 정도였다. 중미 각국은 승용차를 자체 생산하지 못하고 전부 수입에 의존하고 있었으며, 관세는 최대 30%(엘살바도르) 정도가 부과되고 있었다. 그래도 FTA가 발효되면 일본과 경쟁 중인 우리 자동차업계가 혜택을 받을 것으로 전망된다.

화장품, 의약품, 알로에 음료, 섬유 등 우리 중소기업들이 주로 생산하는 품목에 대해서도 즉시·단계적 관세 철폐에 합의하였다. 국가별로 살펴보면 코스타리카는 화장품을, 니카라과·파나마는 알로에 음료를, 온두라스는 의류 품목의 관세를 즉시 철폐하기로 하였다.

서비스·투자 분야는 네거티브 자유화 방식을 채택해 중미 측 서비스 시장을 세계무역기구(WTO)보다 높은 수준으로 개방하기로 하였는데, 특히 엔터테인먼트, 유통, 건설 등 우리 측 관심 분야에 대해 시장 접근을 높였다. 통신 서비스에 대해서도 비차별적 접근과 공정한 경쟁 여건을 제도적으로 보장키로 합의하였고, 투자 분야는 투자 자유화 조항과 함께 투자자·국가 간 소송 제도(ISD)도 도입하고 기업들의 자유로운 송금을 보장하였다.

이 밖에도 지식재산권 분야에서 불법 유통을 방지해 인터넷 드라마, 영화, 음악 등 저작물에 대한 불법 유통을 방지해 중미 지역 내 한류 콘텐츠를 보호할 수 있게 되었고, 시청각 콘텐츠의 공동 제작을 위한 협력도 강화해 향후 한류 콘텐츠를 더욱 확산시킬 수 있게 되었다. 온라인으로 전송되는 디지털 콘텐츠에 대한 내국민 대우에도 합의해, 콘텐츠 보호를 위한 법적 근거를 마련하였다.

120억 달러 규모의 중미 국가 정부 조달 시장 또한 개방되어 우리 기업이 에너지, 인프라, 건설 관련 주요 프로젝트에 참여할 수 있게 되었다. 이에 따라 그동안 주로 브라질, 스페인 기업들이 주도하였던 지하철·교량 건설 등 중미 지역 주요 프로젝트에 동등한 자격으로 참여할 수 있게 되었다. 코스타리카와 파나마의 민자 사업(Build-Operate-Transfer: BOT)도 개방함으로써, 우리 건설사들이 중미 지역의 대규모 건설 사업에 적극 참여할 것으로 예상된다.

아울러 양측은 수출입 제한 조치를 원칙적으로 금지하고, 수입 허가 관련 신규 규정을 도입할 경우 30일 전 공표를 의무화하는 등 비관세 장벽도 제거하였다. 수출자와 생산자는 관계 기관을 통하지 않고 직접 원산지 증명서를 자율 발급할 수 있게 하였고, 품목 분류, 원산지 인정 등에 대해 수출자, 생산자, 수입자의 사전 심사 신청도 가능하도록 하였다.

이 한-중미 FTA는 트럼프 대통령이 당선된 후 전 세계적으로 보호 무역 추세가 거세지는 가운데 선제적으로 중미 시장을 공략하였다는 데 의미가 있다.

반면 농산물 분야에서 발생할 피해에 대해서는 국내에서 대응책을 마련할 필요가 있다. 쌀을 비롯한 일부 민감한 품목은 제외시켰지만, 그래도 우리가 수입하는 개방 품목이 1만 2,243개에 달해 국내 업계의 반발과 피해 최소화가 향후 과제가 될 것이다.

한-중미 간 FTA는 협상 실질 타결 선언 후 4개월 뒤인 2017년 3월 코스타리카 산호세에서 관련 국가 정부 대표단이 모여 가서명식을 하였다. 중미 6개국 가운데 과테말라의 경우 국내 업계 간 조율에 어려움 등을 호소하며 협정 발효 후 가입 절차를 거쳐 협정에 참여하겠다는 공식 의사를 전달하였다. 회의 기간 동안 양측 대표단은 4,000여 페이지에 달하는 협정문을 조항별로 모두 검토하고, 가서명을 통해 협정문을 최종 확정해서 정식 서명과 발효를 위한 기반을 마련하였다. 그리고 2018년 10월 FTA에 정식 서명하였고, 2019년 10월 1일부로 중미 5개국 중 먼저 국내 절차를 완료한 니카라과와 온두라스가, 2019년 11월 1일 코스타리카가, 2020년 1월 1일에는 엘살바도르가 자유무역협정을 발효하였다. 한-중미 FTA에 참가한 다른 중미 국가에 비해 비준 동의안이 많이 지연되고 있던 파나마에서는 예상보다 빠른 2019년 7월 9일 파나마 국회를 통과하였는데, 이는 당시 코로나19로 인한 경기 침체를 극복해 경제 회복을 앞당기기 위한 의도 때문이었다.

유엔의 세관 통계 데이터베이스인 컴트레이드(UN Comtrade)는 한-중미 FTA가 체결되면 발효 첫해 관세 철폐·인하 효과로 한국의 대중미 수출액은 10%(1억 4,000만 달러), 수입액은 33.8%(2억 3,000만 달러)로 늘어날 것으로 예측하였다. 그리고 KOTRA는 2015년 6월 발간한『한·중미 FTA 추진과 우리 기업 진출 기회』보고서를 통해 FTA 타결 시 현재 20%대의 수입 관세를 부과받고 있는 자동차·자동차 부품의 이익이 가장 클 것으로 분석하였다. 국가별로 13~20%의 관세를 적용받는 휴대전화와 관세율이 3~15%인 건설자재도 수혜 업종으로 꼽혔다. 남미에서 수요가 늘고 있는 의료기기와 한류 열풍으로 인기가 커지는 식음료도 FTA 효과가 기대되는 업종으로 예상하였다.

이 한-중미 FTA는 한국이 체결한 16번째 FTA이며, 한-중미 FTA가 완전히 발효되면 우리나라의 FTA 네트워크는 57개국으로 늘어나고, 이들 국가는 전세계 GDP의 77%를 차지한다.

그 밖에도 현재 우리나라는 역내포괄적경제동반자협정(RCEP), 포괄적·점진적 환태평양경제동반자협정(CPTPP) 등과 같은 Mega FTA뿐만 아니라 인도네시아, 영국, 이스라엘과 FTA를 서명 혹은 타결하였고, MERCOSUR, 말레이시아, 에콰도르, 필리핀, 러시아, 캄보디아와도 협상 중에 있다.

되돌아보면 2000년까지 한국은 한 건의 FTA도 체결하지 않았다. 한국의 교역 규모를 생각하면 놀랄 만큼 FTA에 무관심하였던 것이다. 위기감을 느낀 정부는 그 후 세계적 경제 통합 추세에 적극적으로 대응하여 칠레를 시작으로 20여 년 만에 16건의 협정을 통해 미국, EU, 중국을 포함한 전 세계 약 57개국과 FTA를 체결한 우등생 반열에 들어섰다. 이에 따라 우리나라는 2013년, 2014년 사상 최대 무역 규모, 수출, 무역 흑자를 기록하면서 2년 연속 '트리플 크라운'을 달성하였다. 무역 흑자 사상 최대치 경신은 수출 증가에 힘입은 바가 큰데, 주로 FTA의 영향이 큰 것으로 본다. 실제로 한-칠레 FTA 발효 10년을 맞아 양국 간 교역이 4.5배 증가하였고, 중국, 미국, 베트남, 싱가포르 등 FTA 체결국과의 무역 흑자 폭도 크게 늘어났다. 하지만 FTA를 체결하였다고 항상 무역에서 흑자를 내는 것은 아니고, EU 및 호주와는 오히려 무역 적자가 나타나고 있다. 그리고 이 무역 적자도 생산자 입장에서는 피해를 보는 것이지만, 소비자 입장에서는 양질의 값싼 제품이 수입되어 소비자 잉여가 증가한다는 것은 경제학에서 원론적 지식이다. 따라서 FTA의 효과를 이러한 경상 수지 흑자 측면에 한정해 이해하려는 편견은 버려야 한다.

실제로 FTA는 단지 '거래 협정'일 뿐 경제 성장을 보장해 주지는 않는다. FTA를 통해 거래 비용을 줄여 주고, 자유롭고 차별받지 않게 무역을 할 수 있게 해 주는 것일 뿐이다. 이전에 FTA를 통해 칠레산 포도가 FTA 발효 전인 2003년 수입액 1,400만 달러에서 2013년 1억 4,400만 달러로 10배 이상 증대하였다. 미국산 체리와 레몬도 2012년 한-미 FTA 발효 이후 짧은 기간 내에 수입액이 두 배로 늘었다. 베트남 식품도 인기가 치솟아 2003년 50만 달러였던 베트남산 사탕 수입액이 2013년 1,860만 달러에 이르렀고, 동 기간 베트남산 어육 수입액도 2,400만 달러에서 9,800만 달러로 증대하였다. 독일산 초콜릿은 최근 10년간 수입액이 25배 늘어났고, EU산 빵도 56배로 증가하였다.[54] 그러나 협상 과정에서 양측 간에 치열한 논리 싸움과 '안방 지키기 전략'으로 어느 한쪽이 일방적으로 이득을 얻을 수는 없다. 나라를 강하고 튼튼하게 하는 것은 결국 국가와 기업의 생산성과 경쟁력이지 FTA 체결국 숫자는 아니다. 우리나라의 경우도 늘어난 FTA로 발생하는 스파게티 효과(spaghetti bowl effect)[55]를 어떻게 줄이고, FTA로 생겨난 무

54 중앙일보(2014. 11. 12) "한 · 중 FTA 이것이 궁금하다, 중국, 한국 영화 몰래 찍어 인터넷 올리는 '도촬' 금지" (http://joongang.joins.com/article/060/16395060.html?ctg=1100&cloc=joongang|home|newslist1).

55 스파게티 효과란 여러 국가와 FTA 체결 뒤 각국의 원산지 규정과 통관 절차 등이 뒤엉켜 스파게티 면발처럼 뒤섞여 혼란을 일으키는 것을 의미하며, 누들 효과(noodle bowl effect)라고도 한다. 미국 콜럼비아대학교 바그와티(Bhagwati) 교수가 동시다발적 자유무역협정(FTA)의 비효율성을 지적하면서 쓴 용어로, 여러 국가와 FTA를 맺게 되면 각 나라마다 다른 원산지 규정, 통관 절차, 표준 등을 확인하는 데 시간과 인력이 더 들어가 거래 비용 절감

역 확대의 기회를 어떻게 지속 가능한 국가 경제 성장에 연결하느냐에 초점을 맞추어야 할 것이다.

이라는 애초 기대 효과가 반감되는 현상을 말한다. 1994년 북미자유무역협정(NAFTA)이 발효된 후 1996년부터 멕시코 소재 자회사에서 자동차 부품을 수입해 특혜 관세를 적용받아 오던 미국 포드사가 2001년 미국 세관으로부터 그동안 '원산지 증명서'를 입증하는 모든 서류와 관련 정보를 제출하라는 요청에 제대로 대응하지 못해 5년간의 관세를 소급해 4,100만 달러의 엄청난 세금을 낸 사건이 스파게티 효과의 대표적 예로 자주 언급된다.

Chapter 13
중국과 일본의 FTA 정책

중국과 일본의 FTA 정책

세계 경제 체제는 GATT/WTO 체제하에서 다자주의(multilateralism)와 지역 간 경제 통합을 추구하는 지역주의(regionalism)가 상존하면서 양자 간에 때론 반목하며, 때론 상호 보완하며 발전해 왔다. 특히, 20세기 후반부터 아시아 지역에도 이러한 추세가 유입되어 ASEAN·중국·일본·싱가포르·한국 등 주요 국가들 사이에 다양한 경제 통합 시도가 이루어지고 있다.

동아시아 지역 국가들이 포함된 경제 통합은 이미 1975년에 시도되었는데, 당시 방글라데시·스리랑카·라오스·인도·한국이 방콕 합의(Bangkok Agreement)를 통해 경제 협력을 하기로 합의하였다. 그러나 협력 내용이 불명확하고 서로 교역 비율도 낮아 결국 별다른 성과를 내지 못하였다. 그 후 1990년대 후반까지는 동아시아 지역에서 경제 통합 문제가 본격적으로 논의되지 못하다가, 1998년 한국이 일본에 FTA 결성을 검토하자고 제안하면서 역내에 경제 통합 문제가 새로운 관심을 끌기 시작하였다. 그리고 싱가포르가 1999년 9월 뉴질랜드와 FTA를 체결하면서 동아시아 지역에서 처음으로 FTA가 체결되었다.

하지만 아시아의 다른 주요 국가들은 FTA에 대한 특별한 움직임이 없었다. 이에 2002년 이전까지 세계 GDP 상위 30위 국가 중 FTA를 체결하지 않은 국가로 일본·중국·한국·대만·홍콩이 그 이름을 올렸는데, 아는 바와 같이 이들은 모두 아시아 국가들이다. 그러나 2002년 일본과 싱가포르 간의 FTA 체결을 시작으로, 2003년에는 중국과 홍콩 간 경제협력동반자협정(Close Economic Partnership Agreement: CEPA)이 타결되고, 2004년 한국과 칠레 간에 FTA가 체결됨으로써 동북아시아 지역에서도 FTA를 중심으로 한 타국과의 경제 통합이 본격적으로 구체화되었다. 이러한 동아시아 지역 경제 통합의 특징은 EU나 MERCOSUR, NAFTA와 같이 인근 여러 나라를 대상으로 경제 통합을 추구하는 형태가 아니라, 주로 양자 간 FTA를 결성하는 형태를 띤다는 것이다. 하지만 최근 들어서는 환태평양경제동반자협정(Trans-Pacific Partnership: TPP)이나 역내포괄적경제동반자협정(Regional Comprehensive Economic Partnership: RCEP) 같은 다자 간 FTA가 새로운 추세로 등장하고 있다.

이 장에서는 우리나라와 인접한 중국과 일본이 지금까지 추진해 온 FTA 정책과 내용에 대해 간략히 살펴본다.

제1절 중국의 FTA 정책

중국은 2014년 총교역액이 4조 3,030억 달러를 넘어서면서, 미국을 제치고 세계 1위 교역국이 되었다. 본격적으로 세계 무대에 등장한 지 채 20년밖에 되지 않는 기간 동안 놀라운 성장세를 보여 준 것이다.

하지만 중국은 전통적으로 자국의 농업 문제나 정치·외교적 마찰 등을 우려해 오랫동안 FTA 체결에 대해 회의적이고 소극적이었다. 그러다 2001년 들어 WTO에 가입하면서 다자주의 체제에 편입되었고, 1978년 등소평이 개혁·개방 정책을 추진한 이후 본격적인 시장 개방과 수출을 통해 대외 진출 정책도 구체화시켰다. 또한 아시아 지역에서 자신의 주도하에 경제 질서를 재편하여 미국과 함께 세계 경제의 양대 주도 세력으로 발전하려는 정책을 추구하면서 아시아 국가들과 FTA망 구축에 눈길을 돌렸다.

중국은 그 첫 걸음으로 2000년 11월 싱가포르에서 개최된 '중·ASEAN 정상 회의'에서 주룽지 총리가 중-ASEAN FTA를 제안하였고, 2001년 11월 FTA 계획을 초안한 기본협정(framework agreement)을 체결하였다. 그 후 3년간 총 17차례에 걸친 협상을 벌여 2004년 11월에 FTA 상품 협상에 합의를 한 후, 2005년 7월 발효되었다.

이 중국-아세안 FTA는 양측 인구가 19억 명에 이르러 세계에서 가장 큰 개발도상국으로 구성된 FTA 체제로 간주된다.

표 13-1 중-ASEAN FTA의 조기 자유화 조치 적용 대상 품목

HS 번호	해당 품목의 설명
01	살아 있는 동물 및 동물성 생산품
02	육과 식용 설육(소고기, 돼지고기, 양고기, 가금류 등)
03	어류, 갑각류, 연체동물, 기타 무수생 척추동물
04	낙농류, 조란, 천연꿀
05	기타 동물 제품(동물 털, 모피, 녹용, 산호 등)
06	살아 있는 수목, 절화, 장식용의 잎 등
07	식용 채소류, 식용 뿌리(칡, 매니옥, 고구마 등)
08	식용 과일과 견과류, 감귤류의 껍질

자료: 이재기(2008), p. 336.

구체적인 자유화 조치 내용을 보면 농산물이 주를 이루는데, 야채·고기·과일·어패류·낙농품 등을 우선 자유화 품목으로 삼아 2006년까지 완료하기로 하고, 기타 품목에 대해서는 2005년 1월부터 단계적으로 관세 인하 내지 철폐를 진행해서 2010년까지 완료하기로 하였다. 그러나 ASEAN 회원국들의 경제적 발전 단계가 달라 브루나이·말레이시아·인도네시아·필리핀·싱가포르·태국은 원안대로 2010년까지 관세 인하 내지 철폐를 하지만, 베트남·캄보디아·라오스·미얀마 등 경제 발전 단계가 낮은 국가들은 2015년까지 자유화하기로 하였다.[1]

협정에서 합의한 조기 자유화 조치 프로그램(Early Harvest Program)에 따라 농산품 573개 품목 중 63개는 무관세, 69개는 5~10%, 435개는 11~36%, 6개 품목은 특별 관세를 적용하게 되었는데, 중국과 브루나이, 인도네시아, 미얀마, 싱가포르, 태국은 이 프로그램에서 제외 품목을 설정하지 않았다. 캄보디아와 베트남은 중국산 농산물에 대해 각각 30개(HS 8단위)와 15개(HS 9단위) 품목을 조기 자유화 조치 제외 품목으로 설정하였는데, 캄보디아의 경우 살아 있는 돼지, 가금류의 고기, 신선 또는 냉장 채소류(토마토, 양파, 상추, 당근, 무 등), 과일(오렌지, 파인애플, 멜론, 파파야, 수박) 등을 포함시켰고, 베트남은 가금류의 고기, 레몬, 그레이프프루트(grapefruit), 감귤류 등을 포함시켰다. 인도네시아는 중국산 옥수수를 예외 품목으로 정하였다.

1 임반석(2005), p. 400.

이 협정에 따르면 당시 8.1%인 중국과 ASEAN의 평균 관세율이 2007년에 6.6%, 2009년에 2.4%로 인하되고, 2010년 1월 1일부터는 90%의 상품에 대하여 무관세를 적용하게 된다.

원산지 규정에서는 한 제품의 가격이 ASEAN 국가나 중국 내에서 가공된 후 최소 40% 이상 증가할 경우에 해당 국가가 원산지로 인정하여 관세 특혜를 받을 수 있도록 합의하였다. 그리고 정보 통신, 인적 자원 개발, 상호 투자 및 메콩강 개발, 교통·에너지·문화·여행 및 공공 위생 등 서비스 교역과 투자 부문에서도 협상을 계속하기로 하여, 2007년 1월 서비스 부문 협정을 먼저 마치고, 7월에 발효되었다. 2009년 8월에는 투자협정에 서명해, 2010년 2월 발효되었다. 그리고 2014년 9월에는 추가 자유화 협상을 시작하였다.

FTA 체결 당시 중국은 아세안의 3대 교역국이며, 아세안의 4대 교역 파트너였는데, 양국 간 FTA 출범으로 향후 교역량이 더욱 확대될 것으로 전망하였다.

한편, 중국은 칠레와 2004년 4월부터 양국 간 FTA 타당성에 대한 연구를 개시하여 그해 11월부터 FTA를 위한 공식 협상을 선언하였다. 중국이 칠레와 FTA를 체결하려는 이유는 주로 광물이나 임산 자원의 공급처로서 관심이 있는 남미 국가로의 진출을 위해 칠레를 이용하려는 의도 때문이다. 그 후 1년간 4차의 협상을 거친 후 2005년 11월 부산 APEC 회담이 개최되는 기간 중에 양국 간 FTA 상품 협상에 최종 합의를 하고, 2006년 7월 1일부터 발효시켰다. 이 FTA에서 칠레는 중국산 5,891종의 제품에 대해 관세를 철폐하고 중국은 1,947종의 칠레산 제품에 대해 무관세를 적용하였는데, 주로 농산품·화공 제품·방직 의류·전기 설비 제품 등이 관세 삭감 대상 품목에 포함되었다.

전체 관세 품목의 97%에 대해서는 5년 또는 10년 내에 관세를 완전히 철폐하기로 합의하였다. 협정이 발효되면 중국은 칠레로부터 수입되는 구리를 포함한 전체 수출품의 37%에 대한 관세를 즉시 철폐하고, 칠레도 중국산 수입품 중 75%에 대해 관세를 즉시 철폐하기로 하였다.

칠레와의 FTA에서 채택한 원산지 규정은 부가가치 기준뿐 아니라 세번 변경 기준도 함께 사용하는 것이었는데, 역내 부가가치 비율은 부속서에 50% 이상으로 규정한 품목을 제외하고는 모두 40% 이상으로 하여 ASEAN과 동일하게 정하였다. 2000년 이래

표 13-2 중-파키스탄 FTA에서 중국의 1단계 수입 관세 양허표

범주	트랙	관세 품목 개수	HS 8단위에서의 비중(%)
I	관세 철폐(3년)	2,681	35.5
II	0~5%(5년)	2,604	34.5
III	관세 양허율 50%까지(5년)	604	8
IV	관세 양허율 20%까지(5년)	529	7
V	양허 없음	1,132	15

주: 범주 I은 2007년 1월 1일까지 25%, 2008년 1월 1일까지 50%, 2009년 1월 1일까지 75%, 2010년 1월 1일까지 100% 상품에 대하여 수입 관세를 철폐하는 품목이며, 범주 II는 5년 이내에 관세가 5% 이하로 인하되고, 범주 III은 5년 내 관세 양허율 50%, 범주 IV는 5년 내 관세 양허율 20%에 도달하는 품목들을 의미한다.
자료: 여지나(2007), p. 9.

중국과 칠레 무역액은 연평균 22%씩 증가하여 2005년에 70억 달러를 초과하였으며, 칠레는 남미에서 브라질, 멕시코에 이은 중국의 3대 무역 대상국으로, 중국은 칠레의 2대 무역 대상국으로 부상하였다. 이런 상황에서 칠레 정부는 중-칠레 FTA를 통해 대중국 수출 규모가 2008년까지 80억 달러로 2배 증가하고, 빠르게 증가하고 있는 아시아와 남미 간 무역 경로의 중심지로 부상하기를 원하였다. 중국도 급속한 경제 성장에 대응해 자원의 공급처로서 주목하고 있던 남미와의 교역에 교두보를 확보하였다는 의미가 있다.

중-칠레 FTA의 상품협정은 2006년 10월 발효되었다. 그리고 2007년 4월부터 서비스·투자 부문의 협상이 시작되어 2010년 8월 서비스협정이 발효되었고, 2014년 2월 투자협정이 발효되었다.

ASEAN과 칠레에 이어 중국과 FTA를 체결한 세 번째 국가는 파키스탄인데, 2004년 12월 파키스탄의 총리가 중국을 방문해 '중-파키스탄 특혜무역협정'(Preferential Trade Agreement: PTA)을 체결하는 동시에 양국이 FTA 공동 연구 그룹을 조직함으로써 시작되었다. 그리고 동년 12월 파키스탄이 중국의 시장경제지위(Market Economy Status: MES)[2]를 공식적으로 인정함으로써 더욱 가속화되었다. 중국으로서는 파키스탄과 FTA를 체결

2 시장경제지위(MES)란 관세상의 혜택을 주는 것으로, 만일 우리나라가 중국에 MES를 인정하였다면, 이는 타국에 비해 중국에 관세상 특혜를 더 주어서 중국 상품이 우리나라에 수입될 때 타국보다 관세를 적게 부과하여 우리나라에 수출을 더 많이 할 수 있도록 도와주는 제도이다.

표 13-3 중-파키스탄 FTA에서 파키스탄의 1단계 수입 관세 양허표

범주	트랙	관세 품목 개수	HS 8단위에서의 비중(%)
I	관세 철폐(3년)	2,423	35.6
II	0~5%(5년)	1,338	19.9
III	관세 양허율 50%까지(5년)	157	2.0
IV	관세 양허율 20%까지(5년)	1,768	26.1
V	양허 없음	1,025	15.0
VI	예외	92	1.4

자료: 여지나(2007), p. 9.

함으로써 중동과 중앙아시아로부터 수입해 오던 석유 및 천연가스를 파키스탄을 통과하도록 하여 안전한 수송로를 확보하고, 파키스탄이 중국의 서부 지역과 접경하고 있으므로 FTA로 자원 확보 및 새로운 시장 육성을 통한 서부 지역 개발 촉진 효과도 기대하였다. 정치적 측면에서는 남아시아 지역에서 인도와 미국이 밀착하여 핵기술협정을 체결한 것을 견제하기 위해 파키스탄과의 관계를 강화하고, 주요 무기의 공급처로 활용하려는 목적도 가지고 있었다.

이에 2005년 2월 '중-파키스탄 FTA 공동 연구 그룹'이 파키스탄에서 첫 회의를 개최하여 양국 간 무역 조기 자유화 프로그램(Early Harvest Program: EHP)에 대한 논의를 시작하였고, 동년(同年) 4월에 조기 자유화 프로그램협정[3]을 체결하였다. 그리고 총 6차례의 협상을 거쳐 2006년 11월 후진타오 중국 국가 주석과 페르베즈 무샤라프(Pervez Musharraf) 파키스탄 대통령이 이슬라마바드에서 FTA를 최종 체결하였다.[4]

양국 간에 체결된 FTA의 세부 내용을 보면 상품에 대한 관세를 2단계로 나누어 인하하기로 하였는데, 1단계에서는 협정 발효 후 5년 동안 세목 중 약 85%에 이르는 제품에 대해 감세를 적용하며, 이 중 약 36%의 제품 관세는 3년 내에 무관세로 전환하기로

3 중국이 파키스탄과 2006년 1월부터 시행한 EHP에서 중국은 파키스탄산 야채, 과일, 석재 및 무염색 코튼, 혼방 직물 등 HS 8단위 기준 769개 품목에 대해, 파키스탄은 야채, 과일, 석재, 방직 기계 및 유기 화학 공업품 등 중국산 486개 품목에 대해 무관세를 실시하기로 하였으며, 상기 품목의 관세는 2년 내 3차례에 걸쳐 인하해 2008년 1월부터 모두 무관세로 조정하기로 합의하였다. 또 EHP 프로그램의 일환으로 중국은 2006년 1월 1일부터 파키스탄산 1,671개 품목(HS 8단위 기준)에 대해 관세 우대 정책을 실시하고, 파키스탄도 중국산 575개 품목(HS 6단위 기준)에 대해 관세 우대를 적용하기로 하였다.

4 중-파키스탄 FTA는 이미 체결된 특혜무역협정(PTA)이 조기 자유화 프로그램(EHP)의 일부를 이루게 됨으로써 특혜무역협정의 내용을 FTA 협상의 틀 안으로 흡수되는 형식을 취하였다.

하였다. 중국의 주요 관세 인하 품목은 축산물·수산물·채소·광산 제품·섬유 제품 등이며, 파키스탄은 소고기·양고기·화공 제품·기계·전자 제품 등이다.

2단계는 협정 발효 후 6년째부터 시작하며, 양국은 그때까지 상황을 종합 평가한 후, 이를 기반으로 협상을 거쳐 합리적인 기간 내에 무역 상품 중 무관세 제품의 비율을 90% 이상으로 확대하기로 하였다.

원산지 규정은 이전의 ASEAN과의 협정에서 정하였던 부가가치 기준을 사용해 제품의 가격이 양국 내에서 가공된 후 최소 40% 증가할 경우 해당 국가를 원산지로 인정하기로 하였다. 그 외 무역 규제, TBT, SPS 등에 대한 상세 규정도 마련되었다.[5]

하지만 파키스탄과의 FTA에서 지금까지 체결한 FTA와 다른 점은 체결 1단계부터 상품 분야뿐만 아니라 투자 분야까지를 포함해 한꺼번에 협상하였다는 점이다. 서비스협정에서 파키스탄은 중국에 대해 건축, 통신, 금융, 소매, 환경 의료, 관광, 운송, 택배 R&D, 컴퓨터 교육, 오락 문화 및 체육 등의 서비스 부문을 개방하고, 중국은 파키스탄에 대해 광산 채굴, R&D, 환경 보호, 병원, 관광, 체육, 교통, 번역, 부동산, 컴퓨터, 시장 조사, 컨설팅, 인쇄 출판, 건축물 청소 등의 서비스 부문을 개방하였다.

투자협정에는 투자 촉진과 보호, 투자 대우(treatment of investment), 징수(expropriation), 대리(subrogation), 과실 송금(Transfers), 투자 분쟁 해결(settlement of disputes) 등의 사항에 대해서도 자세히 규정하였다.[6]

중-파키스탄 FTA의 조기 자유화 프로그램은 2006년 1월에 발효되었고, 2007년 7월 상품협정, 2009년 10월 서비스협정이 순차적으로 발효되었다.

파키스탄과의 FTA 이후 중국은 한동안 FTA 체결이 없다가 2008년 4월에 뉴질랜드와 네 번째 FTA를 체결하였다. 이 협정은 원래 2004년 5월 양국 간 무역경제협력기본협정(Trade and Economic Cooperation Framework)을 체결하고 FTA에 대한 공동 연구에 착수하기로 함으로써 시작되었다. 그리고 2004년 10월 후진타오 주석이 뉴질랜드를 방문한 후 양국 간에 정식 FTA 협상이 시작되어, 12월 베이징에서 1차 회의가 개최되었다. 그 후 약 3년여 동안 15차례에 걸친 협상을 거쳐 2007년 12월 합의를 도출하였고, 2008

5 이장규 외 3인(2006), pp. 37~38.
6 여지나(2007).

중-뉴질랜드 FTA 체결 후 악수를 나누는 헬렌 클라크 뉴질랜드 총리와 원자바오 중국 총리

년 10월 1일부터 발효되었다.

중국과 뉴질랜드는 1972년 국교를 수립하였으며, 서방 국가로는 처음으로 2001년 뉴질랜드가 중국의 WTO 가입을 위한 양자 협정을 체결하였다. 2004년에는 중국에 대해 시장경제지위(MES)를 세계 최초로 인정해 주었는데, FTA 체결의 성공 뒤에는 이러한 양국 간에 두터운 우호 관계가 뒷받침되었다. 중국은 뉴질랜드와 FTA를 맺음으로써 OECD 회원국인 선진 경제권과 최초의 FTA 체결을 성공하였고, 상품 무역, 서비스 무역, 투자 부문뿐만 아니라, 기존의 FTA에서는 다루지 않았던 인력 이동, 지식재산권, 기술 규정의 상호 인정 등도 협정문에 포함되었다. 상품 분야에서 중국은 협정 발효와 동시에 중국의 수입액 기준 약 35.3%에 해당하는 품목에 대해 관세를 즉시 철폐하고, 2009년에는 6.0%, 2012~2013년에 31.2%에 해당되는 품목에 대해 관세를 철폐하기로 하였다. 그러나 뉴질랜드는 대중 수출액 기준으로 약 4%에 해당하는 종이 제품·가공 목재품·밀·설탕·쌀 등의 품목에 대해 관세 철폐 또는 인하를 하지 않는다는 예외 조항을 두었다. 또한 모직물과 모직물로 만든 상의 품목에 대해서는 '특정국 관세할당'(country-specific tariff quota)을 적용하였다(〈표 13-4〉 참조).

동시에 중국은 자국의 축산업 보호를 위해 특정 품목을 위한 특별 세이프가드 조

표 13-4	중-뉴질랜드 상품 양허 계획			
범주	중국 상품 양허		뉴질랜드 상품 양허	
관세 철폐 시기	수출 비중[1)]	주요 품목	수입 비중[1)]	주요 품목
2008년 10월 1일	35.3	목재판, 어류 사료, 금속 스크랩(구리 및 알루미늄), 집결탄 및 슬래그	38.6	37%의 품목은 이미 무관세 적용
2009년	6.0	현재 울 수출의 약 75%(현 수출이 8년에 걸쳐 무관세가 되도록 균형을 맞춤)		
2012년/2013년	31.2	조제 분유, 카세인, 요거트, 냉동 어류, 냉동 어루필레, 메탄올, 동물 유지와 기름, 사과와 와인	35.3	철, 백자, 플라스틱, 가구, 타이어, 펜
2014년			4.2	섬유, 일부 의류, 신발과 카페트
2016년	4.6	식용 오팔, 오렌지, 오렌지 주스, 착유기, 양과 소고기, 키위, 양가죽	21.5	의류, 신발
2017년	2.5	버터, 치즈 및 액체 우유		
2019년	15.2	전지 및 탈지 분유		
울 제품 국별 관세 할당	8.1	울과 울로 만든 상의		
양허 제외	4.0	일부 종이 제품, 가공 목재품, 밀, 설탕, 쌀		

주: 1) 뉴질랜드의 대중국 수출 또는 수입(%).
자료: 김한성 · 여지나(2008b), p. 4.

치와 중간 심사 조치(mid-term review mechanism)를 포함시켰고, 조제 분유·카세인·요거트 및 유장에 대한 관세는 5~6년, 치즈·버터 및 액체 우유는 10년, 전지 및 탈지 분유는 12년에 걸쳐 관세를 철폐하기로 하였다. 반면 뉴질랜드는 독자적인 일방적 관세 삭감 계획(unilateral programme of tariff cuts)을 2009년 7월까지 실시하고, 동 기간 동안 민감 품목의 관세 삭감은 일방적 관세 삭감 프로그램에서의 관세 수준보다 낮아지지 않도록 하였다.

원산지 규정에서는 부가가치 기준과 함께 세번 번호 변경 기준을 실질적 변형 판단 기준으로 병행해 쓰기로 하였다. 서비스 분야에서는 기존의 GATS 양허안 수준에서 합의해 서비스 개방에는 상당히 소극적인 태도를 보였지만, 대신 '상호 최혜국 대우' 7

조항을 포함시켜 기존의 FTA와는 차별화시켰다. 투자 부문에서도 투자 보호는 설립 이후만 내국민 대우를 적용하는 것으로 하여 투자 자유화가 아닌 투자보장협정 수준으로 합의하였다. 그리고 서비스 협상에서와 마찬가지로 투자 부문에서도 최혜국 대우를 명시하고 있으며, 어업과 해운에 관해서는 예외를 적용할 수 있다는 조항을 두었다.

그 외 양국은 매년 1,000명의 기술 보유 청년 여행자가 뉴질랜드 워킹홀리데이 제도를 이용하는 데 합의하였으며, 매년 1,800명의 중국인 숙련공이 뉴질랜드 내 인력 취약 업종이나 중국적 특색을 갖춘 업종에 종사하도록 하는 내용도 포함하였다.

이렇게 중-뉴질랜드 FTA에서는 전반적으로 상품 분야 양허안에서 중국만 양허 제외 품목을 설정하였고, 자국의 민감 품목인 축산물과 모직 제품에 대해서는 약 3년의 긴 유예 기간을 얻어 냈는데, 이런 비대칭적 구조는 양 국가의 발전 정도의 차이를 두 국가가 서로 인정하였기에 가능하였다.[8]

뉴질랜드와의 FTA는 중국이 체결한 FTA 중 서비스와 투자를 상품 협상과 동시에 일괄 합의한 최초의 FTA라는 의미를 가지고 있다. 그러나 중국은 자국 서비스 산업의 취약성을 이유로 중-뉴질랜드 FTA에서 서비스를 포함한 포괄적 FTA에 합의는 하였지만 개방 수준은 미흡하였다. 지식재산권(IPR) 조항도 최초로 포함되었지만, 내용이 구체적이지 못해 실효성 측면에서 매우 미진한 것으로 평가받는다.

뉴질랜드와 FTA를 체결한 중국은 6개월 뒤인 2008년 10월 23일 싱가포르와 FTA를 체결하였다. 싱가포르와의 FTA 협상은 원래 2004년부터 시작되었지만 당시 싱가포르 부총리 리셴룽(李顯龍)이 중국의 반대를 무릅쓰고 대만을 방문하면서 양국의 FTA 논의를 중단하였다. 그 후 양국 간의 사이가 멀어져 협상이 2년여 가까이 중단되었다가, 2006년 8월부터 다시 시작되어 총 8차례의 협상이 개최된 후 타결되었다.

중-싱가포르 FTA에는 상품 무역, 서비스 무역, 투자, 인력 이동, 세관 절차, 무역 구제, TBT 및 SPS, 경제 협력과 분쟁 해결 등이 포함되어 있어, 중국이 아시아 국가와 최초로 상품, 서비스, 인력 이동 등을 포괄적으로 일괄 타결한 FTA라는 데 의의를 가

7 중국이 뉴질랜드에 대한 최혜국 대우 의무를 가지는 서비스 부문은 ① 건축, ② 환경 서비스, ③ 농·임업 관련 서비스, ④ 엔지니어링 서비스, ⑤ 통합 엔지니어링 서비스, ⑥ 컴퓨터 관련 서비스, ⑦ 여행 서비스이다.

8 김한성·여지나(2008b).

표 13-5	중-싱가포르 FTA의 임시 입국 양허표	
	중국 측 양허	싱가포르 측 양허
사업자 방문 (Business visitor)	최대 6개월	5년 복수 비자 소지자 60일, 30일 연장 가능 기타 비자 소지자 30일, 30일 연장 가능
기업 내 전근자(ICT)	3년 또는 계약 기간 중 짧은 쪽	체류 가능 기간 2년, 8년까지 3년씩 연장 가능
계약 서비스 공급자 (CSS)	1년 CSS 가능 서비스 분야 회계, 치의료, 건축, 엔지니어링, 도시 계획, 컴퓨터 관련 서비스, 건설과 관련 엔지니어링, 교육 서비스, 여행 서비스	90일, 90일 연장 가능 체류 가능 기간 90일, 180일을 초과하지 않는 한도에서 90일 연장 가능 또는 계약 기간 중 짧은 쪽

자료: 여지나(2008c), p. 8.

지고 있다.

상품 무역 부문에서 싱가포르는 대중국 수출품에 대해 2010년까지 95% 상품의 관세를 철폐하고, 중국의 대싱가포르 수출품에 대해서는 발효 시점인 2009년 1월부터 무관세를 적용하기로 하였는데, 주요 품목은 석유·화학, 가공 식품 및 전자전기 제품 등이다. 그러나 ASEAN과의 FTA 체결 시 선정하였던 중국의 민감·초민감 품목에 해당하는 품목들은 싱가포르와의 FTA에서도 관세 양허 품목에서 모두 제외되었고, 2012년까지 관세가 철폐되는 일반 품목군에 대해서만 관세 양허를 하였으므로 관세 철폐 기간이 조금 앞당겨졌다는 것 외에 싱가포르는 중국으로부터 큰 양보를 얻어 내지 못하였다. 서비스협정문은 GATS와 ASEAN과의 FTA를 기초로 작성되었으나 뉴질랜드와의 FTA에서 포함되었던 최혜국 대우(Most Favored Nation Treatment)와 양허표 수정(Modification of Schedule)에 관한 부분은 누락되었고, 투자와 관련하여서는 양자적인 협상을 하지 않고 현재 진행중인 ASEAN과의 투자 협상 결과에 따른다고만 명시하여 실질적인 개방 수준에 한계를 드러냈다. 그러나 WTO나 기체결된 FTA에서 기재하지 않았던 병원 서비스는 양허하였다.

인력 이동 분야에서는 중국과 싱가포르 모두 사업 방문자의 임시 입국을 허용하였고, 싱가포르의 경우 중-ASEAN FTA에서 기업 내 전근자(ICT)에게만 허용하였던 임시 입국의 범위를 계약 서비스 공급자(CSS)에게까지 확대하여 개방도가 더 넓어졌다. 한편, 급여 조건의 경우 부속 서한을 통해 ICT와 CSS에 급여 기준을 요건으로 둘 수 있다고 합의하여 저급 인력의 무분별한 이동을 막는 장치로 삼았다.[9]

실제로 중국이 싱가포르와 FTA 협상을 시작할 때 ASEAN 회원국 중 가장 서비스가 발달한 국가와의 협상이라 큰 폭의 개방을 이룰 것으로 기대하였으나, 실제로는 병원, 교육 일부 분야를 제외하고는 큰 진전을 이루지 못하였다.

중-싱가포르 FTA는 2009년 1월에 발효되었고, 2011년 7월에는 개정 발효되었다. 한편, 중국은 2008년에 뉴질랜드, 싱가포르에 이어 11월 19일에는 페루와의 FTA 협상도 타결하였다.

페루와의 FTA는 중국이 그동안 체결한 FTA 중 가장 짧은 기간에 타결된 것으로, 2007년 3월 타당성 공동 연구를 시작하고, 2008년 1월 1차 협상을 시작한 후, 총 11개월간 6차례의 협상만으로 타결에 이르렀다. 이렇게 양국이 이례적으로 신속한 FTA 협상을 할 수 있었던 것은 중국의 원자재 확보 수요와 페루의 수출 확대를 통한 성장세 유지라는 이해관계가 맞았기 때문이다.

협정의 내용을 보면 상품 협상에서 중국이 기존에 체결한 FTA에 비해 조항 수와 포함 범위가 넓고, 농업을 별도의 섹션으로 구분하고 있는 점이 특징이다.

중국은 대페루 수입액의 약 99%(관세 품목 기준 94.5%), 페루는 대중국 수입액의 90%(관세 품목 92%)에 해당하는 제품에 대해 최장 17년에 걸쳐 관세를 철폐하기로 하였다. 그중 중국의 대페루 수출품 중 62.7%(수출액 기준 61.8%), 페루의 대중 수출품 중 61.2%(수출액 기준 83.5%)는 협정 발효부터 즉각 관세가 철폐된다.

서비스협정에서는 내국민 대우와 시장 접근 의무의 적용을 받는 서비스 개방 영역을 Positive 방식으로 채택해 서비스 산업 개방 영역과 제한 사항을 기재하였는데, 중국은 주로 채광업·컨설팅·통번역·교육·여행 분야를, 페루는 채광업·연구개발업·중국어 교육·중의학·무술 분야를 개방하였다. 그러나 비즈니스 인력의 임시 입국에 관한 개방은 뉴질랜드나 싱가포르와 맺은 FTA보다는 수준을 낮추었다.

9 여지나(2008c).

투자 부문의 협정은 투자 자유화 수준까지는 이르지 못하지만, 내국민 대우, 최혜국 대우 및 비합치 조치, 투자자·국가 간 분쟁 해결(ISD)을 포함하고 있어 일반투자보장협정보다는 더 진전된 수준으로 합의하였다.

이렇게 중국이 페루와의 FTA를 체결함으로써 칠레에 이어 라틴아메리카와 두 번째로 협정을 체결하게 되었다. 중국은 필요한 원자재를 확보할 수 있게 되었고, 페루의 대중국 수출의 95%가 원자재이기 때문에 중국의 성장에 페루는 더욱 이익을 얻게 되었다.[10] 중-페루 FTA는 2010년 3월 발효되었다.

그 후 중국은 금융 위기 기간 동안 FTA를 체결하지 않다가 코스타리카와 2010년 4월 FTA에 서명함으로써 재개하였다. 중남미 지역은 원래 대만과 외교 각축을 벌여 온 지역으로, 코스타리카와 FTA를 체결함으로써 이 지역에서 중국의 입지가 강화되었다. 코스타리카도 이 FTA를 통해 자국 상품을 거대 중국 시장에 진출시킬 수 있게 되어, 안정적인 경제 성장 기반을 유지할 수 있게 되었다.

1941년 국민당 정부와 수교한 코스타리카는 항상 국제 무대에서 대만을 지지해 왔지만, 중국의 적극적인 외교와 중국의 부상하는 국제적 위상에 따라 대만과 단교를 하고 중국과 수교하였다. 2007년 6월 1일 수교 당시부터 FTA 구축 논의를 시작하였고, 2008년 1월부터 타당성에 대한 공동 연구를 개시하였다. 그리고 2008년 11월 후진타오 주석의 코스타리카 순방 때 FTA 협상을 위한 양해각서에 서명하고, 2009년 1월 1차 협상을 개시한 이후 2010년 2월 6차 협상을 끝으로 2010년 4월 공식적으로 FTA에 서명하였다.

양국 간 교역은 2002년부터 중국이 적자를 기록중인데, 교역액은 2008년 28억 9,000만 달러, 2009년 31억 8,000만 달러에 이르러 2001년에 비해 2009년은 35.3배 증가하였다.

양국 간 FTA 협상의 주요 내용을 보면 중국은 99.8% 제품에 대해, 코스타리카는 89% 제품에 대해 단계적으로 관세 철폐를 실행하기로 하였다.

중국의 관세 삭감 양허안에 따르면 즉시 철폐가 수입액 기준 99.4%(세목 수 기준 65%), 5년 내 철폐가 0.1%(29%), 10년 내 철폐가 0.19%(2%) 15년 내 철폐가 0.05%(3%), 예외

10 여지나(2009).

표 13-6 중국-코스타리카 관세 삭감 양허 내용

		내용
즉시 철폐	중국	냉동 오렌지 주스 및 과육, 틸라피아(농오목), 새우, 화훼, 식물, 카카오, 초콜릿, 가죽, 럼주, 산동물, 생화
	코스타리카	달걀, 화훼, 아스파라거스, 배, 사과 주스, 섬유 원자재, 테니스화, 악기, 음향 및 비디오, TV, 토스터, 기타 가전 제품
5년 내 철폐	중국	소고기, 닭고기, 돼지고기, 멜론, 수박, 식물성 유지, 파인애플 주스, 비스킷, 잼류, 채소, 차잎, 소시지
	코스타리카	냉동 소고기, 익혀서 말린 밀, 브레이크액, 구급차, 자동차 부품, 시계
10년 내 철폐	중국	생물 생선, 냉동 어류, 커피, 동물 생피
	코스타리카	제초제, 살충제, 양탄자, 화장 벽돌, 세라믹 포장 판석, 못, 신선오렌지, 딸기, 녹차
15년 내 철폐	중국	낙농 제품, 바나나, 망고, 건과일, 깡통
	코스타리카	호호바유, 시멘트, 고무, 소독제, 자물쇠, 냉동 양고기, 귀리분
관세 철폐 제외 품목	중국	밀, 밀가루, 쌀, 옥수수, 야자유, 해바라기유, 목화, 담배 및 기호품, 임산물, 종이, 면화, 당류, 담배
	코스타리카	냉동 닭고기, 생선 및 생선살, 낙농 제품, 감자, 양파, 과자류, 토마토, 커피, 차, 쌀, 참치, 설탕, 껌, 파스타, 맥주, 사료, 화장품, 위생용품, 타이어, 종이 제품, 구두, 유리병 제품, 금속 및 목재 가구 등
코스타리카의 농산품 무관세 쿼터		매년 중국산 검은 강낭콩 특정 계절 1만 톤, 냉동 돼지고기 250톤 무관세 수입 허용

품목이 0.01%(3%)이다. 반면 코스타리카는 즉시 철폐가 수입액 기준 57%(세목 수 기준 63%), 5년 내 철폐가 4%(4%), 10년 내 철폐가 25%(21%), 15년 내 철폐가 3%(3%), 예외 품목이 11%(9%)이다.

그리고 농축산물 협상에서 중국산 강낭콩(관세율 31%)과 냉동 돈육(관세율 46%)에 대해 일정량의 무관세 쿼터를 허용하였다. 부가가치 기준을 고수하던 원산지 규정은 뉴질랜드 FTA 이후 세번 변경 기준으로 바꾸어 적용하여 왔는데 이번에도 그 원칙을 지켰다.

서비스협정에서는 코스타리카가 전신, 상업, 건축, 부동산, 교육, 환경, 컴퓨터, 관광 등 45개 부문에서 개방한 데 반해, 중국은 컴퓨터 서비스, 부동산, 마케팅 리서치, 번역 및 통역과 스포츠 등 7개 부문만 개방하였다.

중국과 대만이 2010년 6월 29일 중국 충칭에서 제5차 양안 회담을 개최, 경제협력기본협정에 서명하였다.

투자협정은 양국이 2007년에 체결하였던 투자보장협정을 따르기로 하였다.[11] 중-코스타리카 FTA는 2011년 8월 발효되었다.

코스타리카와 FTA를 체결한 중국은 바로 두 달 뒤인 2010년 6월 29일 대만과 제5차 양안 회담을 개최하고 경제협력기본협정(Economic Cooperation Framework Agreement: ECFA)[12]에 서명하였다. 그러나 이 협상은 FTA의 체결이나 완결이 아니라 추후 협상을 규정하는 '기본협정'으로, 향후 본 협상의 의제와 일정을 규정한 것이다.

양측은 친중국 성향을 가진 대만의 국민당 마잉주(馬英九) 총통이 집권한 후 관계가 개선되어 2008년 6월, 10년 만에 양안 회담을 재개하였다. 그리고 2009년 12월 4차 양안 회담에서 ECFA 협상의 개시에 합의하였고, 그 후 3차례 실무 협상을 거쳐 5차 양안 회담에서 이 협정에 서명한 것이다.[13]

'하나의 중국'(One-China)을 표방하는 중국은 이 FTA를 통해 이미 홍콩, 마카오와 체결한 포괄적 경제동반자협정(Closer Economic Partnership Arrangement: CPEA)에 더해 대만까

11 여지나·김진오(2010).

12 경제협력기본협정(ECFA)은 미래에 완전한 협정에 서명하기 위한 일종의 단계성 협의로서 앞으로 체결할 내용과 일정표를 우선적으로 만드는 것이다. 그러나 쌍방 간에 긴박하다고 인식을 공유하는 분야에 대해서는 즉시 관세를 감면하는 조기 수확(Early Harvest) 프로그램을 도입하기도 한다.

13 2009년 12월 제4차 양안 회담에서 ECFA의 협상을 시행하는 데 합의한 후 6개월 만에 체결하여 이례적으로 짧은 협상으로 기본협정을 마무리하였다.

표 13-7	중국과 대만의 EHP 관세 삭감 일정				
	2009년 수입 세율(X%)	품목 수	협정 세율		
			EHP 발효 1년	EHP 발효 2년	EHP 발효 3년
중국	1<X≤5	72	0		
	5<X≤5	437	5	0	
	X>15	30	10	5	0
대만	0<X≤2.5	67	0		
	2.5<X≤7.5	186	2.5	0	
	X>7.5	14	5	2.5	0

자료: 지만수 · 이승신 · 여지나(2010), p. 3.

지 포함하는 중화경제권 FTA를 완성하였다. 대만도 중국을 통해 국제 사회에 적극적으로 진출할 수 있는 기회를 얻었다.

ECFA는 본문(서론, 총칙, 무역과 투자, 경제 협력, 조기 수확 및 기타 5개 장 16개 조항)과 5개 부속서로 구성되어 있는데, 협정문 본문에는 ECFA 발효 후 상품과 서비스의 시장 개방 협상 개시 조항을 규정하였다. 양측은 ECFA 발효 후 6개월 내에 상품, 서비스 및 투자 관련 추가적 시장 개방에 대한 협상을 개시하기로 합의하였다. 상품, 서비스 및 투자를 별도 장으로 구성하지 않고, '무역과 투자' 챕터에 모두 포함한 것은 ECFA가 간단하고 낮은 수준의 협정임을 보여 준다. ECFA의 가시적인 효과를 조기에 실현하기 위해 주요 공산품과 서비스 분야에 대한 조기 수확 프로그램(Early Harvest Program: EHP)을 체결하였다. 이 EHP 목록에는 중국이 539개 상품, 대만이 267개 상품을 포함시켰는데, 중국은 농산품(18개), 기계(107개), 석유 화학(88개), 자동차 부품(50개), 방직(136개), 전자, 경공업, 금속, 의료 계측기 및 의료 제품 등의 상품이며, 대만은 석유 화학(42개), 기계(69개), 방직(22개), 자동차 부품(17개) 및 기타 상품들이다. 양국은 이들 품목을 현행 수입 세율 기준으로 3단계로 분류하여, EHP 발효 후 2년 동안 3단계에 걸쳐 관세를 철폐하기로 하고, EHP와 관련해 원산지 규정과 세이프가드 조치를 부속서에 별도로 마련하였다.

서비스 분야에서는 중국이 회계, 컴퓨터 서비스, 연구 개발, 회의, 시청각, 항공기 수리, 은행, 보험, 증권, 전문 설계, 병원 서비스 등 11개 부문을, 대만이 연구 개발, 회의, 전시, 특제품 설계, 영화, 스포츠 레저, 유통, 항공 컴퓨터 예약 시스템 서비스, 은행 등 9개 부문을 개방하였다. 그러나 EHP 서비스 양허안에는 인력 이동 관련 내용은 포함되지 않았는데, 이는 대만의 '중국 노동력의 대만 진입을 허용하지 않는다'는 원칙을 중국이 수용한 결과이다.[14]

대만 중화경제연구원은 대만이 ECFA 체결로 경제 성장률이 1.65~1.72% 증가하고, 약 35만 개의 일자리가 창출될 것으로 전망하였다. 대만 정부도 중국과의 ECFA를 통해 글로벌 금융 위기를 이겨 내고 경기 회복과 정치적 안정을 얻어 국제적 고립 상태도 벗어나려 하였고, 중국도 이 ECFA 체결을 통해 대만에 대한 정치·경제적 영향력을 확대하려는 의도를 가지고 있었다. 실제로 이번 ECFA는 품목 수는 2배, 금액은 5배 대만에 유리하도록 중국이 대폭 양보하였다. 원자바오 총리는 이에 대해 "대만이 형제인 만큼 경제 규모 차이 등을 고려해서 대만에 이익을 양보할 수 있다"고 협상 원칙까지 밝혔는데, 이는 기본적으로 중국이 대만이 부속된 지역인 만큼 나중에 이익이 모두 중국에 귀속된다는 시각을 반영하고 있다고 할 수 있다.

대만과의 ECFA는 2010년 9월 발효되었고, 2013년 2월 투자보장협정, 2013년 6월 서비스협정이 발효되었다.

2013년 4월 15일에는 중국을 방문한 요한나 시귀르다르도티르 아이슬란드 총리와 베이징 인민대회당에서 FTA에 공식 서명하였다. 양국은 FTA 체결을 위해 지난 6년간 협상을 벌여 왔으며, 이 FTA 체결로 중국은 유럽 국가와 처음으로 FTA를 체결하였다.

3개월 뒤인 2013년 7월 6일에는 스위스와도 FTA에 서명하였다. 스위스와의 공식적인 FTA 협상은 2011년 1월에 개시해 2013년 5월 제9차 협상으로 마무리하였다. 양국 간 협상에는 많은 난항이 있었지만 스위스 정부의 강력한 의지로 빠르게 진행되었다.

이 협정을 통해 스위스는 대중국 수출품 중 신발과 섬유 등 약 20%는 즉시 관세 폐지하고, 향후 5~10년 사이에 추가로 40%의 제품에 관세를 철폐하기로 하였다. 부분적인 관세 인하까지 포함하면 스위스 총수출 규모의 약 95%에 혜택이 부여된다. 이를 위해 예외적인 경우 최장 15년의 조정 기간을 갖기로 합의하였다. 의약품의 관세 철폐는

14 지만수·이승신·여지나(2010).

표 13-8	중-스위스 FTA 발효 후 스위스 수출 관세 철폐 내용	
구분	내용	비고
스위스 총수출 규모의 약 95%	FTA 발효 즉시 관세 철폐 혹은 5~10년에 걸쳐서 점진적으로 철폐	이 중 3%에 대해서는 관세가 60%만 인하됨.
스위스 총수출 규모의 약 5%	현행 유지	관세 철폐 혹은 인하 없음.

점진적으로 이루어지며, 일부 기계류는 즉각적인 관세 철폐, 시계는 60%의 관세가 즉시 감면되지만, 농산물 등 중국이 보호하는 산업의 특정 품목에 대해서는 관세 혜택이 아예 부여되지 않았는데, 이는 전체 수출 규모의 약 5%에 해당된다.

원산지 증명에 있어서는 기본적으로 현재 생산 방법을 인정하며 대부분의 산업 품목의 경우 자국에서 40% 이상의 부가가치가 이루어지거나, HS Code의 네 자리가 바뀌면 원산지로 인정받을 수 있도록 하였다.

중-스위스 FTA로 시계 산업이 가장 혜택받을 것으로 예상된다. 양국 간 FTA로 시계 및 부품류의 관세가 10년에 걸쳐서 관세가 완전 철폐되거나 일부 인하되어, FTA 발효 후 중국으로의 스위스 시계 수출이 늘어날 전망이다. 스위스로 수입되는 중국산 시계류 및 부품류는 FTA 발효 즉시 관세가 철폐된다. 그 외 식품 중에 스위스 치즈는 중국에서 매우 인기가 있는데, 관세율이 10%에서 4.8%로 인하되고, 초콜릿은 중국으로 수출 시 10% 관세가 FTA 발효 즉시 철폐되어 수혜가 예상된다.

중국이 유럽 국가와 맺은 중-아이슬란드, 중-스위스 FTA는 2014년 7월 1일부로 동시에 발효되었다.

2014년 들어서도 중국은 FTA를 통한 경제 영토 확장 전략을 지속하여, 11월 10일에는 한국, 11월 17일에는 호주와 FTA 협상을 타결하였다.

중-한국 FTA는 앞의 12장에서 자세히 설명하였으므로 여기에서는 생략한다.

호주의 경우 중국이 호주와 2003년 10월 '중국-호주 공동무역경제체제'를 결성한 후에 FTA 타당성에 대한 연구를 시작하였는데, 중국이 호주와 FTA를 맺으려는 이유는 앞의 칠레와 마찬가지로 자원 확보가 주 목적이다. 호주는 농산물과 광물 대국으로 중국이 수입하는 철광석 중 40%가 호주산이고, 아연·니켈·알루미늄뿐 아니라 밀·목화·양모·축산물 등의 농산물도 포함되어 있다. 그러나 2004년 중국이 FTA 추진에 있어 시장 경제 지위 인정을 요구하였을 때, 호주가 주저하는 동안 뉴질랜드가 먼저 인정해 주어 뉴질랜드에게 FTA 체결의 선수를 뺏겼다. 그리고 농산물과 서비스 시장 개방에 소극적인 중국 때문에 협상에 많은 어려움을 겪었고, 2014년 9월 21차까지 가는 협상을 거쳐 약 10년 만에 마침내 FTA 협상을 타결하였다. 시진핑(習近平) 국가 주석이 2014년 11월 호주를 국빈 방문하는 기간에 애버트 총리와 실질적인 협상 타결을 선언하였고, 이로써 호주는 중국과 FTA를 체결한 최대 경제국이 되었고, 세계 12대 경제 블록이 탄생하였다.

중-호주 FTA는 내용 면에서 상품, 서비스, 투자 등 10여 개의 분야를 포함해 '전면적, 고수준과 이익 균형'의 목표를 실현하였을 뿐만 아니라, 중국이 다른 나라와 맺은 투자와 무역협정 가운데 개방 정도가 가장 높은 FTA 중 하나로 간주된다.

상품에서는 양국이 전체 수출액의 85.4%에 해당하는 품목에 대해 협정이 발효되면 즉시 무관세를 적용한다. 관세 감면 과도기가 지난 후 최종적으로 무관세를 적용받는 호주의 상품 품목이 차지하는 비중과 무역액이 차지하는 비중은 100%에 달하게 되고, 무관세를 적용받는 중국의 상품 품목이 차지하는 비중과 무역액이 차지하는 비중은 각각 96.8%와 97%에 이를 전망이다. 이는 일반 FTA 중 90%의 관세 인하 수준을 훨씬 초과하는 것이다.

서비스 영역에서는 세계에서 처음으로 호주가 중국에 네거티브 목록 방식으로 서비스 부문을 개방하였다. 반면 중국은 포지티브 목록을 호주에 적용하였다. 또 호주는 휴일 근무 체계 등을 비롯한 분야에서도 중국에 특별 조치를 취해 주기로 하였다.

투자 부문에서는 FTA 발효 이후 서로를 최혜국으로 대우하기로 하였다. 그리고 호주는 자국에 투자하는 중국 기업 관련 심사 절차를 간소화하기로 하였다.

중국과 호주의 무역 규모를 보면 2014년 1,369억 달러로, 2000년에 비해 무려 16배나 증가하였다. 호주는 또 중국의 해외 투자 대상국 가운데 홍콩에 이어 두 번째 위치를 차지하고 있으며, 중국은 호주의 최대 수출 대상국이다. 따라서 이번 중-호주 FTA 체결로 양국 간의 교역액은 획기적으로 확대될 것으로 전망된다.

특히, 이번 FTA 체결로 호주의 농·축산업 종사자 및 수출업자가 가장 큰 혜택을 볼 것으로 예상하고 있다. 중국은 곡물 등 호주산 제품에 대해서 최대 65%의 관세를

표 13-9 중국의 FTA 진행 현황

단계	대상 국가
발효	태국, 홍콩 CEPA, 마카오 CEPA, ASEAN, 칠레, 파키스탄, 뉴질랜드, 싱가포르, 페루, 코스타리카, 대만, 아이슬란드, 스위스, 한국, 호주, 조지아
서명	몰디브
협상 진행	노르웨이, 걸프협력협의회(GCC: 사우디아라비아, 아랍에미리트, 쿠웨이트, 오만, 카타르, 바레인), 남아프리카관세동맹(SACU: 보츠와나, 레소토, 나미비아, 스와질랜드, 남아프리카공화국), 스리랑카, 이스라엘, 모리셔스, 몰도바, 파나마, 팔레스타인, 한·중·일 FTA, RCEP
타당성 공동 연구 및 고려 단계	인도, 콜롬비아, 네팔, 캐나다, 상하이협력기구, 몽골

자료: FTA 강국 KOREA(https://www.fta.go.kr/main/situation/fta/world/).

매기고 있으나 5년간 단계적 철폐가 결정되었고, 유제품의 경우 발효 후 11년, 와인 3년, 수산물 4년 후 각각 단계적으로 철폐할 예정이라 식량 자원 부분에서 호주의 대중국 수출 확대가 예상된다. 또한 최근 수요가 증가하는 중국의 수입 소고기(9년간 단계적 관세 철폐) 시장 개방으로 관련 호주 업체들은 수출 확대를 기대하고 있다.

양국은 2015년 6월 17일 중-호주 FTA에 정식 서명하였고, 2015년 12월 20일 발효되었다.

그 후 한동안 뜸하다가 2017년에 조지아 및 몰디브와 FTA를 체결하였다.

조지아와는 2015년 9월 리커창 중국 총리가 중국을 방문한 크리비카슈빌리 조지아 총리와 회견에서 양측이 조속히 FTA 협상을 시작한다고 밝히면서 시작되었는데, 양국의 협상은 2015년 12월에 시작해 2016년 10월에 완료되어 1년도 걸리지 않았지만 그 사이 여러 차례 밀접한 협상과 교섭이 오갔다. 그리고 2017년 5월 13일, 양국 정부가 FTA를 체결함으로써 중국은 유라시아 지역 국가와 첫 FTA를 맺었다.

중국과 조지아의 무역은 빠르게 발전하여 무역 규모는 2012년의 7억 7,400만 달러에서 2016년에는 8억 1,500만 달러까지 증가하여 중국은 조지아의 다섯 번째 무역 파트너가 되었다.

중국이 조지아로부터 수입하는 상품은 주로 와인, 과일즙 등 농산품과 광산품, 방직의류 제품 등 공업품이고, 조지아가 중국으로부터 주로 수입하는 상품은 공업품인

데, 전자기계 제품이 가장 큰 비중을 차지하고 있다.

조지아 측은 FTA를 통해 중국산 수입 품목의 96.5%에 대해 즉시 관세를 철폐하기로 하였는데, 이는 조지아의 대중국 수입액의 99.6%를 차지한다. 반면 중국은 조지아산 수입 품목의 93.9%에 대해 관세 철폐를 실시할 계획이며, 이는 대조지아 수입 총액의 93.8%를 차지한다. 그중 과세 품목의 90.9%는 즉시 철폐하고, 그 외 과세 품목의 3%는 5년간에 걸쳐 단계별로 철폐하기로 하였다.

조지아가 중국에 수출하는 대표 상품인 와인은, 2016년 대중국 수출액이 1,235만 6,900달러로, 중국의 대조지아 수입 총액의 23.8%를 차지하였다. 중-조 FTA가 발효되면 수입 와인의 평균 관세는 14%에서 0%로 즉시 하향 조정된다. 방직의류 제품도 2016년 중국의 대조지아 수입 총액의 10.5%를 차지하는데, FTA 발효 후 관세가 18.07%에서 즉시 2.85%로 하향 조정된다. 그 외에도 중국의 대조지아 수입 총액의 61.21%를 차지하는 광사, 광재, 광산가루, 구리 및 구리 제품의 관세는 즉시 철폐하기로 하였다.

서비스 무역 부문은 시장 진출, 국민 대우, 최대 수혜국 우대 조항 등 규정을 제정하고, 금융 서비스, 인적 교류, 운송 및 관련 서비스, 중의약 협력 등 4가지 서비스에 대한 규정을 첨부하였다. 조지아는 유라시아 접경에 위치해 '실크로드 경제 벨트'의 중요 지역인데, 이번에 체결한 운수 및 관련 서비스는 중국이 체결한 FTA 중 최초로 단독으로 설립한 별도 규정이다. 또한 조지아는 오랜 역사와 풍부한 자연 풍광, 4개의 세계문화유산을 기반으로 여행업이 주요 산업인데, 이 여행 시장을 전면 개방하였다. 반면 중국은 협정에서 베이징, 톈진, 상하이 등 3곳에서 시범적으로 시행하는 중국 거주민 해외 여행 서비스를 개방 조치하고, 중-조 합자 여행사 등록을 허가하였다. 중의약은 중국의 전통적인 우위 종목인데, FTA 조항에 전문 중의약 합작 첨부 규정을 포함시켰다.

조지아는 러시아 등의 CIS 국가와 EU, 터키 등의 국가와 FTA를 체결함으로써 경제 발전 잠재력이 매우 큰 국가로, 중국과 FTA를 타결함으로써 중국 경제 성장에 따른 중산층 부상으로 와인 소비가 급증하는 데 따른 수익이 확대될 것으로 보이고, 중국은 경제 발전 과정 중 천연자원의 수요가 확대되는데 조지아에서의 수입을 통해 안정적으로 품질이 좋고 가격이 저렴한 광산물을 확보하고, 수입 원가를 낮출 수 있을 것으로 보인다. 또한 기초 인프라와 통신 산업, 제조업 등 다양한 분야에서 투자가 시급한 조지아에 중국이 비교적 우위에 있어 향후 관련 영역에 협력이 많아질 것으로 예상된다.

인도양의 섬나라 몰디브는 2019년 9월 16일 중국과 FTA 양해각서에 서명하였는데, 2015년 2월에 협상이 개시된 후 2년 반이란 비교적 짧은 기간 동안 5번의 협상과 장관급 협상을 거쳤다. 이에 따라 중국은 남아시아 국가로서는 파키스탄에 이어 두 번째로 FTA를 맺게 되었고, 몰디브는 국가 차원에서 처음으로 FTA를 체결하였다.

FTA를 통해 양국 간 교역 상품의 95%에 무관세를 적용하기로 하였는데, 그동안 무역은 중국이 주로 몰디브에 수출하고, 몰디브의 주력 수출 품목인 참치는 중국 시장에 거의 진출하지 못하였었다. 따라서 이번 FTA 체결로 몰디브 참치가 가장 큰 수혜를 입을 것으로 예상되지만, 2016년의 양국 무역액 21억 1,000만 위안 중 중국 수출이 대부분을 차지하고, 중국 수입은 158만 위안에 불과해 FTA 효과는 그리 크지 않을 것으로 예상된다.

양국은 또 중국이 추진하는 '일대일로'(一帶一路: 육·해상 실크로드)를 비롯해 금융, 해상 무역, 기후 변화, 반(反)테러리즘, 마약 방지, 관광·교육·문화 등의 분야에서도 협력을 강화하기로 하였다. 몰디브 정부는 2달 후인 11월 29일 중-몰디브 FTA를 초고속으로 비준해 인도양에서 중국의 영향력이 커질 것을 우려하는 인도 정부에 큰 충격을 주었다.

하지만 모하메드 솔리 신임 대통령이 이끄는 새 정부가 들어선 후 중-몰디브 FTA에 대한 분위기는 180도 바뀌었다. 새 정부 각료들은 FTA가 일방적으로 체결되었다고 비판하고, 향후 FTA 자체를 폐기하려는 계획인 것으로 알려졌다. 몰디브 정부가 FTA를 폐기하려는 이유는 앞에서 언급하였듯이 양국 간 무역 불균형 때문이다. 여당 대표인 나시드 전 대통령은 "중국은 우리로부터 아무것도 사가지 않는다, 이는 일방적인 협정"이라며 FTA가 일방적으로 체결되었다고 비판하였다. 솔리 신임 대통령도 중국으로부터 국고가 "도난당하였다"고 표현하였고, 중국으로부터 너무 많은 빚을 짊어져 경제적 어려움에 봉착하였다고 말하였다.

특히, 일대일로 프로젝트와 관련해 중국에 15억 달러(약 1조 6,900억 원) 이상의 빚을 진 것으로 추산되고 있다. 관광 외에는 별다른 수입원이 없는 인구 44만 명의 몰디브

경제를 고려하면 엄청나게 큰 액수인 셈이다. 이에 솔리 대통령도 취임식에서 중국에서 빌린 돈으로 인해 나라 재원이 고갈되었다고 우려하였다. 새 정부는 여러 섬과 관련해 중국과 맺은 50~100년 장기 임대 계약도 재검토할 방침이다.[15]

한편, 중국은 2004년 6월 남아프리카관세동맹(South African Custome Union: SACU)과 FTA 협상을 시작하였고, 아랍권 국가에 대한 수출 시장 및 안정적 에너지 도입선 확보를 위한 목적으로 2004년 7월부터는 GCC(Gulf Cooperation Council)와 FTA를 추진하고 있다. 그 외 노르웨이, 스리랑카, 이스라엘, 모리셔스, 몰도바, 파나마, 한·일 등과도 현재 FTA 협상을 진행 중이다.

FTA는 아니지만 홍콩·마카오가 중국의 특별행정구인 점을 고려하여 이들과 2004년 9월 FTA보다도 더 광범위한 경제협력동반자협정(Closer Economic Partnership Arrangement: CEPA)[16]을 체결해 중국–홍콩–마카오를 묶는 경제 협력을 강화하였고, 러시아를 비롯하여 카자흐스탄·키르기스스탄·타지키스탄·우즈베키스탄 등 중앙아시아 4개국이 참여하는 상하이협력기구(Shanghai Cooperation Organization) 회원국들과도 FTA를 논의하고 있다.

되돌아보면 중국은 2001년이 되어서야 WTO에 가입하는 등 통상 분야에서의 위상은 교역 대국 위상에 비해 한참 뒤처진 편이었다. FTA 추진 과정에서도 중국 특유의 성격을 드러내, 초기에는 ASEAN, 칠레, 파키스탄 등 제조업 수준이 낮은 개도국들과 주로 FTA를 체결하고, 상품 협상을 먼저하고 서비스와 투자 협상을 유보하는 방식의 낮은 FTA 전략을 고수해 왔다. 하지만 차츰 FTA 체결 국가를 늘리면서 쌓아 온 자신감으로 뉴질랜드나 호주, 스위스 등 선진국과의 FTA 협상에서는 포괄적인 수준의 FTA를 체결해 나갔다. 특히, 민감한 주제로 여겨 왔던 환경, 노동, 지식재산권 등의 이슈도 점차 협정안에 포함시켜 나갔다.

하지만 최근에는 중국이 양자 간 FTA보다는 다자간 자유무역협정(FTA)에 더 많은 관심을 쏟고 있다. 대표적 예가 역내포괄적경제동반자협정(Regional Comprehensive

15 이맹맹(2017. 6. 26), 중국 칭다오무역관, 「중국과 조지아 FTA 공식 체결」(https://news.kotra.or.kr/user/globalAllBbs/kotranews/list/2/globalBbsDataAllView.do?dataIdx=159485).

16 FTA는 상품, 서비스, 시장 개방에 초점이 맞추어져 있지만, CEPA는 투자 증진과 경제 산업 협력 등 경제적 유대 관계를 포함하여 FTA보다 범위가 넓은 경제 교류 협정으로 간주된다.

Economic Partnership: RCEP)이다. 이 RCEP는 동남아시아국가연합(ASEAN) 10개국과 한·중·일, 호주, 인도, 뉴질랜드 등 16개국의 역내 무역 자유화를 위한 협정이다. 2012년 11월 20일 캄보디아 프놈펜 평화 궁전에서 열린 동아시아 정상 회의에서 협상 개시를 선언하였고, 역내 국가들의 제반 경제 상황을 고려해 단계적이고 점진적인 개방을 기본 개념으로 설정하였다. 이에 RCEP가 실현되면 인구 35.5억 명(전 세계의 48.5%), 역내 총생산(GDP, 2019) 28.5조 달러(전 세계의 약 33%)로 미국·멕시코·캐나다 협정(USMCA) 24.2조 달러(28%)나 유럽연합(EU) 18.5조 달러(21%)를 앞선다.

애초 RCEP는 중국 중심의 아시아 지역 블록이 형성될 것을 우려한 일본이 중국을 견제하기 위해 제안한 것이었다. 그러나 중국이 이 RCEP를 동아시아 지역 내에서 영역을 확장하기 위한 디딤돌로 활용하였고, 미국 주도의 TPP를 견제하기 위해 노골적으로 RCEP에 드라이브를 걸고 있다. 즉, 중국은 RCEP를 통해 아시아 국가 간의 경제공동체를 형성함과 동시에 미국·일본이 주도하는 TPP(환태평양경제동반자협정) 전략에 맞설 수 있는 네트워크 건설을 목표로 하고 있다.

2013년 5월 9일 브루나이에서 첫 공식 협상을 열었으며, 지금까지 30차례의 공식 협상과 16차례의 장관 회의, 3차례의 정상 회의를 개최하였다. 그러나 다자 협력인 만큼 무역 자유화율 및 협상 범위와 방식을 둘러싼 각국의 이견이 서로 좁혀지지 않아 타결이 쉽지 않았다.[17] 더구나 RCEP 참여국 중 상대적으로 더 개방적인 국가들은 이미 환태평양경제동반자협정(Trans-Pacific Partnership: TPP)에도 적극 참석하고 있고, 참여국 간 경제 발전 단계가 너무 상이해 개방 수준을 합의하는 데 많은 진통이 계속되었다. 그러다 2019년 11월 4일 태국 방콕에서 정상 회의를 갖고 인도를 제외한 15개국이 20개 챕터의 모든 협정문을 타결하였음을 공식 선언하였다. 인도는 RCEP로 관세가 철폐되면 값싼 중국산 제품이 자국에 대거 유입될 것을 우려해 참여하지 않았다. 대신 인도는 2019년부터 미국과 FTA 협상을 진행 중이다. 중국은 미국과 무역 분쟁으로 수출길이 막히자 아세안 국가로 눈을 돌리면서 RCEP에 적극적이었고, 결국 2020년 11월 15일 화상으로 진행된 정상 회의에서 RCEP 협정에 서명하였다. 이에 인도의 이탈로 RCEP는

17 자세한 내용은 최종진 외 10인(2015), p. 3 참조.

표 13-10 RCEP 협상 일정

날짜	차수	주요 내용
2013. 5. 9~13	제1차 공식 협상 (브루나이)	• 협상 메커니즘 합의 – 무역협상위원회(TNC) 및 3개 분야(상품, 서비스, 투자) 작업반 설치
2013. 8. 19	제1차 장관 회의(브루나이)	
2013. 9. 23~27	제2차 공식 협상 (호주)	• 상품 양허 방식 및 협상 범위 논의
2014. 1. 20~24	제3차 공식 협상 (말레이시아)	• 4개 작업반(경쟁, 분쟁 해결, 지재권, 협력) 추가 설치 합의
2014. 3. 31~4. 4	제4차 공식 협상 (중국)	• 상품 양허 방식 및 협상 범위 논의
2014. 6. 21~27	제5차 공식 협상 (싱가포르)	• 상품·서비스·투자 분야 협상 목표 논의
2015. 10. 12~16	제10차 공식 협상 (한국)	• 상품·서비스·투자·지재권·원산지 등 14개 분과 회의 동시 개최
2017. 10. 27~28	제20차 공식 협상 (한국)	• 상품·서비스·투자 분야 등 핵심 쟁점 타결을 모색하며, RCEP의 조속한 타결을 위한 협상 진행
2020. 4. 20~24	제29차 공식 협상 (화상 통화)	• 공동 성명서('20. 4. 30) 발표, ① 2020년 RCEP 서명 의지 재확인, ② 코로나19 위기 회복을 위한 글로벌 협력 강화, ③ 인도의 RCEP 복귀를 위한 15개국 간 노력 재확인
2020. 5. 15~20	제30차 공식 협상 (화상 통화)	• 법률 검토, 시장 개방 협상, 기타 기술적 쟁점 등 잔여 이슈에 대한 진전을 적극 모색
2020. 11. 15	RCEP 정상 회의 (화상 회의)	• 15개국 정상 RCEP 협정에 최종 서명

자료: 한정하 외 7인(2017), p. 4, 산업통상부 보도 자료.

2019년 기준 전 세계 국내총생산(GDP)의 30%(26조 3,000억 달러), 전 세계 인구의 30%(23억 명), 무역은 29%(5.4조 달러) 규모로 출범하였다. 이제 아세안 10개국 중 6개국, 그 외 5개국 중 3개국 이상이 각국의 의회 비준을 거치면 발효된다.

중국은 RCEP 외에도 아시아·태평양 자유무역지대(Free Trade Area of Asia-Pacific: FTAAP) 건설도 주도하고 있다. FTAAP는 2004년 캐나다 APEC 정상 회의 때 지역 경제 통합 증진 방안의 하나로 처음 제시되었다. 현재 회원국은 브루나이, 말레이시아, 싱가포르, 베트남, 태국, 필리핀, 인도네시아, 한·중·일, 호주, 뉴질랜드, 칠레, 페루, 미국,

캐나다, 멕시코, 파푸아뉴기니, 러시아, 홍콩, 대만 등 21개국이다. 2014년 11월 중국에서 개최된 APEC 정상 회담에서 FTAAP 실현을 위한 베이징 로드맵이 채택되었고, 이 정상 회담에 참석하였던 박근혜 대통령은 아시아·태평양자유무역지대(FTAAP) 실현을 적극 지지한다는 뜻을 밝히기도 하였다. 그리고 2016년 APEC 정상 회담에서는 트럼프 대통령의 보호주의에 반대해 시진핑 주석이 FTAAP를 대안으로 제시하였다.

중국의 이러한 적극적 통상 정책으로 2013년 FTA 발효국과의 교역 비중이 22.3% 수준에서 2014년 아이슬란드, 스위스와의 FTA 발효로 23.8%로 소폭 증대하였다. 그리고 2014년 한국, 호주와 FTA가 타결됨으로써 교역 비중이 33.5%로 확대되었다. 현재 협상중인 RCEP나 한·중·일, 노르웨이, GCC, 스리랑카 등과의 FTA가 타결되면 이 비중이 48.4%까지 확대될 것으로 예상된다.

제2절 일본의 FTA 정책

일본은 기본적으로 세계무역기구(WTO) 체제의 다자적 무역 협상 과정을 통하여 지속적으로 시장 개방을 실시해 왔으며, 과거 국가의 경제 성장 과정에서 사실상 자유무역 체제로부터 최대의 수혜를 받은 국가 중 하나로 다자적 무역 협상 과정에서 자유로운 세계 무역 체제의 구축에 역량을 결집시키고 있었다.

그러나 WTO의 개방 협상이 난항을 거듭하면서 1998년을 기점으로 뒤늦게 지역무역협정 체제를 중시하는 방향으로 국가의 통상 전략을 전환하기 시작하였다. 이러한 방향 전환에는 1990년대 후반 이후 NAFTA, MERCOSUR 등 새로운 거대 경제 통합체의 출현과 지역 간 경제 통합 추세 확산이 영향을 주었고, 한편으로는 1990년대 들어 중국의 급속한 경제 성장으로 동남아시아 지역에서 일본이 지금까지 가지고 있던 주도권을 보호하고 중국을 견제해야 할 필요성도 생겼기 때문이다. 또한 일본 스스로 장기 불황을 극복하기 위한 수단으로 경제·사회 각 분야에 걸친 구조 개혁과 규제 완화를 추진하고 있던 중이어서 이러한 목적을 달성하기 위해 FTA를 활용하려는 의도도 가지

표 13-11 일본의 FTA 추진 현황

구분	국가/협정명	추진 경과	비고
발효	싱가포르 EPA	'02. 11 발효 '07. 9 개정	• EPA: Economic Partnership Agreement
	멕시코 EPA	'05. 4 발효 '07. 4 개정 '11. 2 추가 개정 협상 타결 '11. 9 개정 의정서 서명 '12. 4 개정 의정서 발효	• 2008. 9월부터의 신규 개정 작업 타결
	말레이시아 EPA	'06. 7 발효	
	칠레 FTA	'07. 9 발효	
	태국 EPA	'07. 11 발효	
	인도네시아 EPA	'08. 7 발효	• 인도네시아 측은 EPA가 일본 기업에 유리하게 체결되었고, 일본이 약속한 기술 이전 등이 실현되지 않았다며 지속적으로 재협상 요구
	브루나이 EPA	'08. 7 발효	
	필리핀 EPA	'08. 12 발효	
	ASEAN EPA	'08. 12 발효 '10. 6 투자 서비스 협상 개시	• 동남아시아국가연합(Association of Southeast Asian Nations: ASEAN) • 일본·싱가포르·베트남·미얀마·라오스(2008 발효)·브루나이·말레이시아·태국·캄보디아(2009 발효)·필리핀(2010. 7 발효)
	스위스 EPA	'09. 9 발효	• 유럽 국가와 최초의 FTA 추진
	베트남 EPA	'09. 10 발효	
	인도 EPA	'11. 8. 1 발효	
	페루 EPA	'12. 3. 1 발효	
	호주 EPA	'14. 4 협상 타결 '14. 7 공식 서명 '15. 1. 15 발효	
	몽골 EPA	'12. 6 제1차 협상 '14. 4 제6차 협상 '14. 6 제7차 협상 '14. 7 사실상 타결 '15. 2. 10 서명 '16. 6 발효	• 희토류, 석탄, 우라늄 등의 자원 협력 중심 추진 • 몽골 입장에서 일본은 최초의 FTA 체결
서명 및 타결	영국 CTPTT, EU EPA		

표 13-11 계속

구분	국가/협정명	추진 경과	비고
협상 중	캐나다 EPA, 콜롬비아 EPA, 한중일 FTA, RCEP, 터키 EPA		
협상 재개 여건 조성	한국 FTA, GCC FTA, MERCOSUR FTA		
검토 중	FTAAP(아시아태평양자유무역지대), 뉴질랜드 FTA		

주: FTA가 기(旣) 발효된 국가와의 추가적인 FTA 추진인 경우 국가 수 계산에서 제외.
자료: 박지은 외 4명(2015), pp. 8~10, FTA 강국 KOREA(https://www.fta.go.kr/main/situation/fta/world/).

고 있었다.

이에 일본은 자국의 민감 품목인 농산물의 교역이 적고, 일본과 경제 발전 단계·정책 및 제도가 유사하고, 장차 ASEAN과의 교역에 교두보로 활용할 수 있는 싱가포르를 첫 FTA 협상국으로 정하였다. 그리고 1999년부터 본격적으로 FTA 체결을 위한 공동연구를 시작하였고, 2000년 3월 민관 공동 협의체를 설립하여 그해 10월 경제동반자협정(Economic Partnership Agreement: EPA) 협상안을 마련하였다. 그 후 2001년부터 정부 간 협상을 진행하여, 2002년 1월 최초의 자유무역협정인 '일-싱 신시대 경제동반자관계협정'(Agreement between the Republic of Singapore and Japan for a New-Age Economic Partnership)을 체결하고, 2002년 11월 발효시켰다. 하지만 이 첫 번째 FTA에서 일본은 극히 보수적인 입장을 견지하여 양국 간 교역 총액에서 차지하는 비중이 1.5%에 불과한 농림수산품 분야에서도 다랑어, 코코아 조제품, 유제품, 조제 식용 기름, 식물성 지방 등을 관세 삭감 예외 품목으로 처리하는 소극적 태도를 보였다. 그 후 일-싱가포르 EPA는 2007년 9월 개정되었다.

멕시코와의 경제동반자협정은 1998년 6월 에르미니오 블랑코 멕시코 상무공업진흥장관의 제안을 계기로 구상되었고, 2001년 6월 멕시코 폭스 대통령이 일본을 방문하였을 때 고이즈미 총리와 EPA 추진을 위한 양국 '민관 연구 그룹'(study group) 구성에 합의하면서 시작되었다. 그 후 2002년 10월 APEC 정상 회담에서 EPA를 위한 공식 협상을

표 13-12	일-멕시코 FTA 주요 합의 내용
부문	최종 합의 주요 내용
5대 농산 품목의 저관세 범위 신설	• 돼지고기(8만 톤), 소고기(6,000톤), 닭고기(8,500톤), 오렌지(4,000톤), 오렌지 주스(6,500톤)
광공업품	• 자동차는 연 3만 대 정도의 기존 무관세 수출 범위를 추가로 신설, 또한 단계적으로 무관세 범위를 확대하여 7년 후 완전 자유화 추진 • 철강은 10년 이내에 관세 철폐
기타	• 비즈니스 환경 정비를 위한 협의 기관 설치, 분쟁 처리 수속 정비 • '원산지 규정'에 의한 사실상의 수입 제한 조치를 회피 • 서비스·투자·정부 조달 분야에서 양국 기업의 동등한 대우

자료: 이홍배 · 김은지(2004), p. 4.

발표하고, 2년여 동안 10여 차례의 협상을 거쳤다. 협상 중에는 멕시코의 대일본 주력 상품인 돼지고기에 대한 멕시코의 개방 주장과 일본 시장을 보호하려는 일본 정부의 입장이 강경히 맞서면서 협상이 지연되기도 하였다. 결국 2004년 3월 EPA가 공식 체결되었고, 2005년 4월부터 발효되었다. 일본이 이렇게 멕시코와 EPA를 추진한 이유는 멕시코가 일본의 주요 경쟁국들과 FTA를 체결함으로 인해 멕시코 내에 진출해 있던 일본 기업들이 피해를 입게 되자 이러한 피해를 줄이려는 의도였다. 또한 멕시코를 미주 지역 시장을 위한 생산 거점 및 수출 판매처로도 적극 활용하려는 것이었다. 멕시코도 역시 일본 자본을 수용, 지나친 대미 의존 경제에서 탈피해 보겠다는 생각으로 EPA를 추진하였다.

협상 과정에서 농산물 분야의 주요 쟁점으로 떠오른 돼지고기의 경우 무관세 수입을 주장하던 멕시코가 한 발 양보하여, 일본이 8만 톤의 저관세 범위를 신설하고 2.2%의 세율을 적용하는 것으로 합의하였다. 소고기·닭고기·오렌지 주스에 대해서도 각각 저관세 범위가 신설되었다. 전자·수입 자동차·철강에 대한 관세는 점차 낮추어 종국에는 무관세 적용을 받도록 하였으며, 협상 품목 중 95% 제품에 대해 즉각적인 관세 인하를 실시하기로 하였는데, 무선 송수신기기·레이더·TV 수상기 등의 부품, 전자 집적 회로와 초소형 집적 회로의 디지털기기, 재생용 기기, 텔레비전 카메라, TV 수상기, 마이크로폰과 그 스탠드, 확성기 등 전기 통신용 기타 확성기 등이 포함되어 있다.

자동차 부품, 자동차 타이어, 철강 등은 주로 5년 또는 10년 철폐로, 그리고 자동차[18]는 7년 균등 철폐로 정하였으며, 철강 제품은 5년간 현행 관세 유지 후 6년차부터 5년에 걸쳐 관세를 인하하기로 하였다. 반면 멕시코의 즉각적 관세 인하 품목은 협상 품목 중 44%에 이르렀다.

또한 양국은 농산품과 광공업품 외에도 비즈니스 환경 정비나 원산지 규정, 서비스 무역과 투자 등에 대한 제반 사항들도 협정안에 포함시키기로 하였다.[19]

멕시코와의 EPA는 2007년 4월 개정되었고, 2011년 2월 추가 개정 협상이 타결되어 그해 9월 개정 의정서에 서명하였다. 그리고 2012년 4월 발효되었다.

한편, 말레이시아와의 EPA 협상은 2004년 1월 시작되었는데, 이는 일본이 ASEAN과 경제 협력을 강화하고 있는 중국을 견제하기 위한 수단으로 ASEAN 선발국인 말레이시아와 EPA를 먼저 추진한 것이다. 2005년 12월에 양국이 EPA에 공식 서명하였으며, 2006년 7월부터 발효되었다. 양국 간에 이루어진 합의 내용은 일본이 광공업품 분야에서 대폭 양보하여 자동차·철강 등의 관세 인하를 10년간에 걸쳐 단계적으로 인하하는 한편, 말레이시아는 농업 분야에서 양보하여 일본의 농산품 개방 분야를 새우, 과일의 일부 품목, 바나나 등으로 한정하였다. 말레이시아는 협상 과정에서 주요 쟁점이었던 자동차와 철강 제품은 10년 이내에, 그리고 자동차 부품은 5년 이내에 관세를 철폐하기로 하였다. 반면 일본은 자동차 관련 산업에 기술을 제공하고, 인재 육성 분야에서도 말레이시아와 협력을 강화하기로 하였다. 농림수산품 분야는 이미 지난 2004년 말에 시장 개방에 대한 합의가 이루어진 상태였는데, 주요 내용은 합판의 경우 말레이시아에서 불법 벌채가 사라진 단계에서 재협의하기로 하였고, 일본은 새우와 과일 일부 품목은 관세를 철폐하고, 바나나는 1,000톤의 무관세 수입 쿼터를 제공하였다. 그러나 유제품과 파인애플은 예외 품목으로 하였다. 그 밖에도 비즈니스 환경 정비 협의 기관을 신설하여 우호적인 사업 환경 조성에 노력하고, 서비스 및 투자 자유화 분야는 계속적으로 협의해 나가기로 하였다.[20]

18 자동차는 현재 일본이 가지고 있는 연 3만 대 정도 기존의 무관세 수출 범위에 더하여 추가로 무관세 범위(연 약 5만 대 정도)를 신설하고, 단계적으로 무관세 범위를 확대하여 7년 후 완전 자유화한다는 데 합의하였다.

19 이홍배·김은지(2004).

표 13-13 일본의 대ASEAN 상품 양허 현황 (단위: %)

국가	철폐					관세 인하 및 제외	
	즉시	5년 내	10년 내	15년 내	18년 내	관세 인하	제외
일본	90	2	1	–	–	7	
ASEAN 6	90					10	
베트남	90					10	
CLM	85					15	
말레이시아	99			–	–	1	
필리핀	98			–	–	1	1
태국	97			–	–	2	1

자료: 김양희(2008a), p. 4.

또 다른 ASEAN 회원국인 필리핀과의 EPA는 2004년 2월부터 협상을 시작하였다. 일본이 필리핀과 EPA를 추진하는 이면에는 ASEAN과 경제 협력을 강화하고 있는 중국을 견제하기 위한 수단으로 그동안 필리핀과 쌓아 온 선린 관계를 활용하였다고 할 수 있다. 즉, 일본은 제2차 세계대전 당시의 부정적 이미지를 개선하기 위해 필리핀에 많은 원조를 해 필리핀 대외 원조(ODA) 총액의 51%를 차지하며 제1위 ODA 지원국으로 올라섰다. 이러한 평소의 관계를 십분 활용해 협상한 결과 매년 수백 명의 필리핀 간호사와 조무사들이 일본에 무비자로 입국하는 것을 허용하는 것을 포함해 2015년까지 상품 관세를 완전 철폐하는 등 모두 10개 항이 포함된 EPA를 2006년 9월 공식 체결하였다.

그 밖에 브루나이와는 2005년 12월 개최된 '동아시아 정상 회의'에서 EPA 교섭에 합의하여 2007년 6월 협상을 타결하였다. 태국과는 2004년 EPA 협상을 시작하여 2005년 9월 협상을 완료하고 2007년 4월 공식 서명하였으며, 인도네시아와는 2005년 7월 1차 협상을 시작해서 2007년 8월 협상이 타결되었다. 이 EPA를 통해 일본은 브루나이에서 생산하는 석유와 천연가스에 대해 안정적인 수급원을 확보하였고, 태국과의 협상에서는 쌀 시장 관세를 현행대로 유지하는 대신 다른 농산물에 대해 유연하게 대처하

20 정성춘·권율(2005).

였고, 태국은 관세 인하와 함께 자동차 산업의 육성 협력을 얻어 냈다.

태국과의 EPA는 2007년 11월에, 브루나이와의 EPA는 2008년 7월에, 필리핀과의 EPA는 2008년 12월에 발효되었다.

그 후 일본은 2007년 11월에 ASEAN 전체와 일-ASEAN 포괄적 경제동반자(ASEAN-Japan Comprehensive Economic Partnership)협정을 타결하였다. 일본이 이렇게 ASEAN 전체와 EPA를 추진하는 것은 동아시아 공동체 형성 및 역내의 안정과 번영, 미래에 ASEAN 회원국의 발전 가능성 등의 요인을 고려한 것이지만, 한편으로는 ASEAN 지역에 지금까지 전통적으로 행사해 왔던 강력한 영향력을 계속 유지하려는 의도도 작용하였다.

ASEAN과 합의된 상품 무역의 양허 수준은 기존에 일본이 ASEAN 개별 회원국과 체결한 EPA 수준보다 더 낮았는데, 일본은 대ASEAN 수입 총액 중 90%는 즉시, 2%는 5년 이내, 1%는 10년 이내에 각각 관세 철폐하기로 하였고, 나머지 민감 품목 7%는 관세 인하 또는 양허에서 제외하기로 합의하였다. 반면 ASEAN의 싱가포르, 말레이시아, 필리핀, 태국, 브루나이, 인도네시아 6개국은 대일 수입 총액 및 총품목 수의 90%에 대해 10년 내에 관세를 철폐하고, 나머지 10%에 해당하는 민감 품목은 관세 인하 또는 양허에서 제외하기로 하였다. 그러나 나머지 후발 회원국 중 베트남은 대일 수입 총품목 수의 90%를 15년 이내에 철폐하고 10%를 관세 인하 또는 제외하였고, 소득 수준이 더 낮은 CLM 3국(캄보디아·라오스·미얀마)은 대일 수입 총품목 수의 85%를 18년 이내에 점진적으로 철폐하도록 배려해 주었다.

한편, 개별국과의 FTA에서 제외하였던 대부분의 민감 품목은 ASEAN과의 EPA에서도 제외하였는데, 쌀과 보리 및 그 조제품, 지정 유제품, 전분, 소고기, 돼지고기, 설탕 및 그 조제품, 파인애플(통조림 포함), 합판(열대산 목재 중 관세 10% 품목, 열대산 목재 외 품목), 가다랑어(가쓰오)·참치, 수산 수입 쿼터(IQ) 품목 등은 '제외 및 논의 제외 대상'으로 분류되었다.

말레이시아와 태국, 인도네시아 모두가 관심을 보인 새우 및 새우 조제품에 대해서 일본은 관세를 즉시 철폐하였지만, 닭고기 조제품, 합판(열대산 목재 중 관세율 6~8.5% 품목) 등의 경우는 적정 수준까지 관세 인하를 하는 정도에서 합의하였다(〈표 13-14〉 참조).

일본은 이렇게 ASEAN 회원국들과 개별적으로 EPA를 추진한 뒤에 ASEAN과 포괄

표 13-14 일본 측 대ASEAN 농산물 양허 현황

단계	대상
즉시 철폐	두리안, 새우, 새우 조제품 등
10년 내 철폐	염장(鹽藏) 가지, 카레 조제품, 해파리 등
관세 인하	닭고기 조제품, 합판(열대산 목재 중 관세 6~8.5% 품목 등)
제외 및 논의 제외 대상	쌀과 보리 및 그 조제품, 지정 유제품, 소고기, 돼지고기, 설탕 및 그 조제품, 전분, 파인애플(통조림 포함), 가다랑어·참치, 수산 수입 쿼터(IQ) 품목 등

자료: 김양희(2008a), p. 6.

적 경제 연대(CEP)를 추진하는 방식으로 ASEAN과 EPA를 체결해 왔는데, 이러한 이중방식 체결 전략이 ASEAN 회원국 간의 경제적 격차를 고려해 주어서 효과적이라는 주장도 있지만, 전체적으로는 이러한 이중적 EPA 추진 전략이 문제가 있다는 의견이 많다. 그 후 일본은 베트남과 2008년 12월 EPA를 체결하고, 캄보디아 및 라오스와는 투자협정으로, 미얀마와는 일-ASEAN CEP 체결로 대체함으로써 ASEAN 회원국과의 EPA를 사실상 일단락시켰다.

2009년 2월에는 스위스와 경제적 동반자협정(EPA)[21]을 체결하였는데, 이 협정은 일본이 아시아-태평양 지역 외의 국가와 발효시킨 첫 번째 EPA로서, 상품·서비스·인력이동·전자 상거래 등의 분야를 포괄하고 있다.

2010년 10월에는 공식 협상을 시작한 지 3년 10개월이나 걸린 인도와의 EPA[22]를 타결시켰다. 인도와의 FTA는 2005년 고이즈미 총리가 인도를 방문하였을 때 처음 언급하였고, 그 후 공동 연구진(Joint Study Group)을 구성해 2006년 7월까지 상품·서비스·투자 분야에 대한 공동 연구 결과 보고서를 작성하였다. 그리고 이 보고서를 바탕으로 2007년 1월 첫 공식 협상을 시작한 이래 총 11차례의 공식 협상과 3차례의 추가 협상을 거쳐 2010년 10월 25일 최종적으로 타결하였다.

협상 기간 동안 일본은 인도 측의 상품 개방 문제로, 인도는 일본 측의 복제약 시

21 일본 정부는 자국의 FTA 정책을 EPA(Economic Partnership Agreement)라고 칭하며, EPA가 'FTA +'라는 점을 강조한다. 그러나 실제로 발효된 EPA를 살펴보면 상품 무역뿐 아니라 서비스와 투자 분야도 개방하고, 지식재산권, 상호 인정 인증, 경쟁 정책, 정부 조달 등 다양한 무역 규범 조화를 포함하는 '포괄적 FTA'(Comprehensive FTA)와 유사하다.

22 인도 상무부는 이에 대하여 포괄적 경제동반자협정(Comprehensive Economic Partnership Agreement: CEPA)이라 명명하였다.

표 13-15 ASEAN 개별 회원국과의 주요 농산물 양허 현황

<table>
<tr><th colspan="2">구분</th><th>싱가포르</th><th>말레이시아</th><th>태국</th><th>필리핀</th><th>인도네시아</th></tr>
<tr><td colspan="2">농수산물 교역 비중</td><td>미미</td><td>미미</td><td>17%</td><td>9.9%</td><td>5.2%</td></tr>
<tr><td rowspan="4">철폐</td><td>즉시</td><td>아스파라거스, 망고, 두리안, 제재, 새우</td><td>새우, 팜유, 합판 외 임산물, 망고</td><td>새우, 새우 조제품, 아스파라거스, 망고, 망고스틴, 두리안, 야채·과실 조제품 일부, 오리육</td><td>아스파라거스, 망고, 두리안, 칠면조 고기, 오리육, 새우</td><td>새우, 새우 조제품, 망고, 파파야</td></tr>
<tr><td>5년 내</td><td rowspan="2">코코아, 야채 주스, 포도, 자두 과즙, 카레 조제품</td><td>마늘, 오징어 훈제품</td><td>가다랑어, 참치 조제품, 파, 오이(일시 보존), 해파리</td><td>가다랑어, 참치, 마늘, 복숭아, 성게</td><td rowspan="2">코코아, 커피, 차제품(설탕·우유 미포함) 일부</td></tr>
<tr><td>10년 내</td><td>건조 버섯, 자몽</td><td>복숭아, 사과, 자몽, 마요네즈, 드레싱 소스, 섬유판, 복</td><td>꼬마바나나, 자몽, 원두커피, 굴, 톳</td></tr>
<tr><td>15년 내</td><td>오렌지, 포도 과즙</td><td>황란, 오렌지, 녹차</td><td>오렌지, 오렌지 과즙</td><td>오렌지</td><td></td></tr>
<tr><td colspan="2">관세 인하</td><td></td><td>마가린</td><td>닭고기, 토마토 소스, 미유(米油), 대두유 일부</td><td>토마토 소스</td><td></td></tr>
<tr><td colspan="2">저율 할당 관세 및 무세할당</td><td></td><td>바나나</td><td>바나나, 파인애플, 당밀, 전분 유도체, 돈육 조제품 일부</td><td>당밀, 마스코바도당, 닭고기, 파인애플, 돈육 조제품 일부, 소시지, 아이스크림</td><td>바나나, 파인애플, 솔비톨</td></tr>
<tr><td colspan="2">재협의</td><td></td><td>합판</td><td>돈육, 설탕, 카사바 전분, 합판</td><td>조정, 바나나 통조림, 소고기, 돈육, 정제당, 카사바 전분, 합판</td><td>합판, 가다랑어, 참치</td></tr>
<tr><td colspan="2" rowspan="2">제외 및 논의 제외</td><td colspan="5">쌀과 보리 및 그 조제품, 지정 유제품, 전분(태국, 필리핀은 사고전분만 해당)</td></tr>
<tr><td>소고기, 돈육, 파인애플(통조림 포함), 합판, 가다랑어·참치, 수산 IQ 품목</td><td>소고기, 돈육, 파인애플(통조림 포함), 설탕</td><td>소고기, 수산 IQ 품목</td><td>수산 IQ 품목</td><td>소고기, 돈육, 설탕, 수산 IQ 품목</td></tr>
</table>

자료: 김양희(2008a), p. 7.

만모한 싱 인도 총리(왼쪽)와 간 나오토 일 총리가 2010년 10월 25일 일본 도쿄에서 경제동반자협정(EPA)에 서명한 후 악수를 하고 있다.

장 개방과 인력 이동 문제 등으로 협상이 타결되지 못하였는데, 인도와 한국의 전격적인 CEPA 타결에 자극을 받은 일본이 서둘러 제약 부문과 관련된 인도의 요구를 수용하고 인도도 공산품 시장을 개방하기로 하면서 합의에 이르렀다. 협상의 주요 내용을 보면 수입액 기준으로 10년 내에 일본 측은 97%, 인도 측은 90% 관세 철폐하기로 하였고, 인도 측 양허안에는 자동차 부품, 철강, 일반 전자 제품, 트랙터, 불도저 등의 기계류도 포함되었다(자동차 완성차는 제외됨). 복제 약품과 관련하여 향후 인도산 복제약은 복제약 승인 심사 시 일본산과 동등한 대우를 보장하였고, 전문 인력도 개방하였다. 그러나 간호사 및 노인 치료사 부문에서는 EPA 발효 후 협의를 계속하기로 하였다. 일본 업계는 이러한 EPA 체결로 한-인도 CEPA로 다소 불리해진 철강, 자동차, 가전 제품 등이 대한국 업계와의 가격 경쟁력에서 다소 회복될 수 있을 것으로 평가하였다.

인도와의 EPA를 타결한 지 한 달도 되지 않은 2010년 11월 14일에는 페루와의 EPA를 타결하였다. 페루와의 EPA는 2008년 11월 페루 리마에서 열린 APEC 정상 회담에서 양 정상들이 EPA 협상을 개시하기로 약속함으로써 시작되었다. 그리고 2009년 5월 공식적인 1차 협상을 시작한 후 2010년 11월까지 총 7차례에 걸친 협상을 한 후, 2010년

표 13-16	일-호주 EPA 주요 양허 내용	
구분	분야	합의 내용
일본의 관세	소고기	냉동: 18년째에 19.5% 냉장: 15년째에 23.5% 수입량이 일정량을 초과한 부분은 현재의 관세를 적용
	쌀	대상에서 제외
	밀	식용: 장래 협의 사료용: 무세화
	유제품	블루 치즈: 10년에 걸쳐 관세를 20% 인하 자연 치즈: 일정 한도를 무관세로
호주의 관세	자동차	중소형차: 즉시 철폐 대형차: 3년 후 철폐
	기계 · 가전	즉시 철폐
	철강	5년 이내에 철폐
공통 분야	식량 · 자원	안정적인 공급 위해 수출 제한을 하지 않도록 노력하는 규정
	투자	최혜국 대우

자료: 일본경제신문, 외무성, http://blog.naver.com/vici1217/220198100391.

11월 14일 타결하였다. 2011년 5월 31일 양국은 EPA에 서명하였고, 2012년 3월 1일부로 발효되었다.

EPA 체결 당시 일본의 대페루 주요 수출품 중 승용차, 오토바이, 텔레비전 모두 9%의 관세가 부과되었는데, 협정을 통해 텔레비전은 즉시, 승용차는 4~9년, 오토바이는 5~9년에 걸쳐 관세를 철폐하기로 하였다. 그리고 EPA 발효 후 99%의 상품을 10년 내 완전 철폐하는 것을 목표로 하였다.

인도와의 EPA 체결 후 3년여 동안 뜸하다가 호주와 2014년 4월 7일 EPA를 타결하였다.

호주와의 EPA는 2007년 1월부터 협상을 개시하였었다. 그러나 일본 측이 쟁점인 농산물 시장 개방 분야에서 소극적인 자세로 일관하였고, 호주의 밀(252%), 사탕(305%), 유제품(360%), 소고기(38.5%) 등에 붙이는 일본의 관세를 낮추라는 호주의 요구에 일본 농가에 대한 직접 지불 제도 등이 마련되지 않아 어렵다는 주장을 반복하였다. 또한 호주는 호-미국 FTA에서와 같이 10년 이내에 관세 철폐 품목이 95%를 넘는 높은 수준의 FTA를 원한 반면, 일본은 쌀 등 주요 농산물을 제외한 80% 수준의 관세 철폐를 원해 협상이 좀처럼 진전되지 않고 중단과 재개를 되풀이하였다. 더구나 2011년 3월 발생한 동일본 지진은 협상을 더욱 꼬이게 만들었다. 그리고 7년여가 지난 2014년 7월 8일 마침내 양국은 일-호주 EPA에 서명하였고, 2015년 1월 15일 발효되었다.

호주는 중국, 미국, 한국에 이은 일본의 4대 교역국으로 그간 일본이 체결한 EPA 파트너 중 최대 교역국이며, 최대 농업 대국이기도 하다.

이번 EPA가 발효되면 FTA 자유화율(즉시 철폐 및 10년 내 단계적 철폐)은 일본 수입액 기준으로 93.7%(품목 기준 88.4%), 호주 수입액 기준 99.8%(품목 기준 99.8%)에 달한다. 특히, 일본 수입 농산품 시장 개방도 이루어져 최대 219%에 달하던 관세가 단계적으로 철폐되며, 소고기, 유제품, 와인 및 해산물에 대한 관세가 즉시 및 단계적 철폐 또는 완화된다.

일본이 호주로부터 수입해 오는 품목 중에는 관심이 집중된 냉장 소고기의 경우 현행 38.5%의 관세가 발효 후 1년 후에는 6%의 큰 폭 감소로 32.5%, 2년째, 3년째는 1%씩, 4년 이후 매년 감소하여 15년에 걸쳐 23.5%, 18년에 걸쳐 19.5%로 관세가 낮아진다. 냉동 소고기는 발효 후 1년차는 8% 내려 30.5%, 2년 차에는 2%, 3년차에는 1%씩 감소하여 15년에 걸쳐 23.5%, 18년 걸쳐 19.5%까지 인하된다.

그리고 호주에서 수입이 일정 금액을 초과하는 경우 일시적으로 양허 세율을 인상하는 수량 세이프가드도 도입하였다. 이 조치는 냉동과 냉장을 구분해 발동하는데, 기준은 협정을 발효한 후 1년의 수입량이 냉장 소고기는 연간 13만 톤, 냉동 소고기는 19만 5,000톤을 초과하는 경우이며, 10년째에는 냉동 소고기 21만 톤, 냉장 소고기 14.5만 톤으로 정하였다.

또한 소고기 가공품 중 일부는 일정 수입량에 한하여 정상보다 낮은 관세를 적용하기로 하였는데, 이 가운데 소고기와 갈매기살 등의 관세는 협정 발효 후 1년차에서 현행 12.8 %에서 7.6 %로 인하하기로 하였다.

오렌지는 겨울에 생산이 활발한 일본의 감귤류 농가에 미치는 영향을 줄이기 위해 12월부터 5월까지는 현행 32%의 관세를 유지하고, 6월부터 9월까지 4개월 동안은 현행 16%의 관세를 단계적으로 인하해 10년에 걸쳐 철폐하기로 하였다.

자동차 부품은 즉시 또는 3년 이내 관세가 철폐되고, 엔진 부품 및 구동축의 일부, 타이어 등은 즉시 철폐, 머플러 등은 3년 후 철폐하기로 하였다. 철강의 경우 열연 강판은 대부분 즉시 철폐, 냉연 강판 및 도금 강판은 5년 후 철폐한다. 일반 및 전기 기계도 즉시 철폐되지만, 자동차용 전기 부품은 제외하였다.

호주의 경우 대일본 수출에 89%를 차지하는 광물 및 에너지 자원의 수출에 관해 99.7% 품목에 대한 10년 내에 관세를 철폐하기로 하였다.

호주와의 EPA 체결을 마친 일본은 2015년 2월 10일 몽골과 EPA에 서명을 하였는데, 몽골과는 1972년 외교 관계를 수립 후, 1997년 '포괄적 동반자 관계', 2010년 '전략적 동반자 관계' 로 확대 · 발전해 왔었다. 2010년 11월 몽골 엘벡도르찌 대통령이 방일하여, '경제동반자협정'(EPA) 체결에 합의하였고, 2012년 양국 수교 40주년을 기념해 몽골 총리가 방일, 일본 총리를 면담해 본격적으로 협상을 개시하였다. 그 후 약 3년간 양국 관계자 100여 명이 7단계의 협상 끝에 도쿄에서 2015년 2월 10일 협정문에 정식으로 서명하였다. 그리고 2015년 2월 17일 '몽-일 EPA' 비준 동의안이 몽골 국회를 통과해 공식 절차가 완료되었고, 같은 해 일본 측도 국내 절차를 완료하였다.

2015년 기준으로 양국 간 총무역액을 보면 약 3억 달러에 불과하며, 이 중 일본의 대몽골 수출액이 2억 6,000만 달러인 반면, 몽골의 대일본 수출액은 2만 6,000달러밖에 되지 않았다. 대몽골 수출의 주요 품목은 자동차(66.6%) 및 자동차 타이어(5.4%) 등이며, 대일본 수출 주요 품목으로는 동광석 및 정광(37%), 방직용 제품(6.4%), 디오드 트랜지스터(12.1%) 등이 있다.

이 협정에 의하면 몽골은 대일 수입액의 약 96%를 10년간 철폐하고, 일본은 대몽골 수입액의 100%를 10년간 철폐하기로 하였다. 품목 수로는 몽골 측에서 일본으로부터 수입하는 5,700개 품목 중 3,723개 품목에 대해서는 발효 즉시 관세를 철폐하고, 1,977개 품목에 대해서는 최소 4년에서 최대 20년간 단계적으로 철폐하기로 하였다. 반면 일본 측은 9,300개 품목 중 8,004개 품목에 대한 관세는 발효 즉시, 1,296개 품목은 단계적으로 철폐하기로 하였다. 현행 몽골의 자동차 관세 5%는 제조 후 3년 이내 차에 대해서는 즉시 철폐하고, 3~10년 된 차는 단계적으로 관세율을 내리다가 10년 후에는 없애기로 하였다. 그러나 10년 이상 된 중고차의 관세는 그대로 존치시키기로 하였다.

EPA에 서명하는 EU와 일본 지도부 / EPA연합뉴스

몽골은 몽-일본 EPA가 최초로 체결한 EPA인데, 이를 통해 양국 간의 교역을 증대시키고, 일본 기술을 도입하며, 몽골의 무궁무진한 광물 개발을 위한 투자를 유치할 수 있게 되었다. 일본도 몽골에 자동차를 수출해 이익을 거둘 수 있을 것으로 전망된다.

2016년 5월 8일 양국 외교부 관계자가 울란바토르에서 '몽-일 EPA' 발효를 확정하는 공식 서한을 교환하면서, 30일 이후인 6월 7일부터 공식 발효되었다.

그 후 2년 반 정도 지난 2019년 2월 1일 EU와 경제동반자협정이 발효되어, 전 세계 국내 총생산의 3분의 1, 세계 무역액의 40%를 차지하고 6억 3,500만 명이 거주하는 세계 최대 규모의 자유무역지대가 탄생하였다.

일본의 대EU 주요 수출 품목은 자동차(대EU 수출의 15.5% 차지), 철강 등 원료별 제품(7.4%), 자동차 부품(5.3%) 등이며, 일본의 대EU 수입 품목은 의약품(대EU 수입의 19.9% 차지), 자동차(10.4%), 유기 화합물(5.6%) 등이다.

이 EPA가 완전히 이행되면 EU에서 일본으로 수출되는 상품 97%의 관세가 철폐되고, EU로 수출되는 일본산 제품의 99%의 관세가 단계적으로 철폐된다.

특히 일본의 완성차(관세율 10%), 전자기기(14%), 베어링(7.7~8.0%), 자동차 부품(3.0~4.5%)에 EU가 상대적으로 높은 관세를 적용하고 있어 이 부문에 혜택이 클 것으로

표 13-17 일본-EU 간 관세 협정 합의 내용

	품목	현행 관세율	합의 내용
EU ↓ 일본	와인	15% 또는 리터당 125엔	즉시 철폐
	돼지고기	저가육: 482엔/kg, 고가육: 4.3%	단계적으로 철폐 · 삭감
	파스타	30엔/kg	10년에 걸쳐 철폐
	초콜릿	10%	10년에 걸쳐 철폐
일본 ↓ EU	치즈(모차렐라 등)	29.8%	3만~5만 톤의 저율관세 수입 한도를 설정, 15년에 한도 내 관세를 제로로
	가방, 구두 등	최고 30%	일정 기간 후 철폐
	자동차	10%	발효 후 7년에 걸쳐 철폐
	자동차 부품	2~4% 전후	90% 이상의 품목에 대하여 즉시 철폐
	전기제품	최고 14%	많은 품목에서 즉시 철폐(TV는 5년 유예)

자료: 한일재단 일본경제연구센터, 『일본 경제 동향』, 2017년 7월호, p. 12.

예상되며, 반면, EU는 일본에 농산물 시장, 의약품 및 정부 조달 부문에 접근이 용이해져서 이익이 늘어날 것으로 예상된다.

일본-EU FTA의 GDP에 대한 효과를 보면 EU 측은 0.76%, 일본 측은 0.29%의 GDP 증대 효과를 가져다줄 것으로 추정되었다. 그러나 2011년 한-EU FTA 발효 이후 일본 제품에 비해 가격 경쟁력을 가졌던 한국 기업들의 이점이 사라져, 유럽 시장에서 한국과 일본 제조업체 간 경쟁이 더욱 치열해질 전망이며, 특히 유럽의 자동차 시장을 놓고 격전이 심해질 것이다.

한편, 일본은 영국과 2020년 9월 11일 새로운 자유무역협정(EPA·경제연대협정)에 합의하였고, 10월 23일 서명하였다. 이 협정은 영국이 Brexit로 EU에서 탈퇴한 후 처음으로 타국과 맺은 협정인데, 이 협정으로 영국의 대일 수출품 94%, 일본의 대영 수출품 99%의 관세가 철폐될 전망이다.

일본은 2012년 페루와 EPA 발효 후 2013년, 2014년 신규 발효한 EPA가 없어 EPA 발효국과의 교역 비중이 18.2% 정도였다. 그러나 2014년 호주, 2015년 몽골과 EPA 타결에 성공해 교역 비중이 22.6%까지 늘어났다. 그 후 EU와 경제동반자협정을 맺었고, 현재에도 캐나다, 콜롬비아, 터키 등과 협상을 진행 중이어서 앞으로도 EPA 체결국의 수는 계속 늘어나 EPA 체결국과의 교역 비중도 지속적으로 증가할 것이다.

초기 일본은 농업 개방에 대한 부담으로 FTA에 소극적인 모습을 보여 왔고, FTA 대신 경제동반자협정(EPA)이란 이름으로 추진해 왔었다. 일본이 EPA라는 명칭을 고집하는 이유는 협정이 상품과 서비스 개방에 국한되지 않고 투자, 인력 이동, 지적재산권 보호, 경쟁 등 폭넓은 분야를 포괄해 경제 협력을 강화한다는 데 초점을 두기 때문이라고 한다. 그러나 실제로 맺은 협정 내용을 보면 우리가 맺는 FTA와 크게 다른 것이 없다.[23] 또 초기에는 ASEAN과 그 회원국들을 중시하는 정책을 펼쳐, 이들 국가와 주로 EPA를 체결하였었다.[24]

그러나 2010년 11월 일본은 새로운 FTA 정책으로 '포괄적 EPA에 대한 기본 방침'을 수립·발표하였는데, 핵심 내용은 크게 ① 높은 수준의 FTA 추진, ② 환태평양동반자[25]협정 참가 여건 조성, ③ 농업·규제 개혁의 선행으로 요약할 수 있다.

일본이 이렇게 급하게 「포괄적 EPA에 대한 기본 방침」을 수립한 까닭은 한-일 FTA 협상이 장기 교착 상태에 빠진 상태에서 한국이 일본의 3대 수출 시장 중 미국, EU와 먼저 FTA를 체결하고 중국과 FTA 협상을 곧 시작할 것이라는 사실에 충격을 받고 자국 기업이 세계 시장에서 경쟁 여건이 불리해질 것을 우려해서 나왔다. 그래서 2010년 11월 일본에서 열린 APEC 정상 회담에 때맞추어 TTP 참가를 발표함으로써 일본의 개방 의지를 대내외적으로 과시하고, 그간 FTA 추진의 장애 요인으로 지목되어 온 농업 부문 개혁의 명분으로 삼겠다는 의도였다. 그리고 실제로 2013년 3월 환태평양경제동반자협정(Trans-Pacific Partnership: TPP)에 참가를 공식 선언하였다.

이 TPP는 앞의 제3절에서 이미 언급하였는데, 2002년 10월 뉴질랜드, 싱가포르, 칠레 3개국이 '환태평양 전략적 경제동반자협력체제'(Trans-Pacific Strategic Economic Partnership: TPSEP)를 논의하면서 시작되어 2005년 6월 뉴질랜드·싱가포르·칠레·브루나

23 실제로 일본이 EPA라는 명칭을 고수하는 것은 "농산물 개방에 민감한 자국 내 여론을 감안하고, 공산품을 중심으로 일본의 관세가 이미 낮아 관세 철폐 효과를 기대하기 힘든 무역 협정 상대국에게 다양한 기대 효과를 제시하기 위해서"라고 국제무역연구원이 분석하였다.

24 이는 2013년까지 일본이 체결한 13건의 EPA 중에 ASEAN 국가가 8개나 차지하는 것을 보면 알 수 있다.

25 환태평양 파트너십(TTP)이란 2006년 싱가포르, 뉴질랜드, 칠레, 브루나이가 환태평양 전략적 경제연계협정(Trans-Pacific Strategic Economic Partnership Agreement, 일명 P4)을 발효함으로써 시작되었다. 이 협정은 10년 이내에 전 품목의 관세를 철폐하고 서비스, 정부 조달, 지재권, 인적 이동 등을 포함하는 포괄적이고 높은 수준의 FTA이다. 환태평양 파트너십은 P4의 확대판으로 현재 미국, 호주, 페루, 베트남, 말레이시아가 추가되어 협상중이며, 최종적으로 APEC 회원국을 대상으로 환태평양 자유무역지대(FTAAP)를 추구하고 있다.

이 4개국 체제로 시작하였으며, 아시아·태평양 지역 경제 통합을 목적으로 출범한 다자 간 자유무역협정으로, 2006년 1월까지 회원국 간 관세의 90%를 철폐하고, 2015년까지 모든 무역 장벽을 철폐하는 것을 목표로 하였었다.

TPP는 창설 초기 그다지 영향력이 크지 않았다. 미국도 처음에는 TPP에 별로 관심을 보이지 않다가, 2008년 세계무역기구(WTO) 도하라운드가 좌초하고 'ASEAN+3'(동남아국가연합+한·중·일)의 역내자유무역협정(RCEP)이 중국 주도로 빠르게 제도화되면서, 아시아 지역에서 세력을 넓혀 가는 중국을 견제하려는 의도로 2008년 조지 부시 미국 대통령이 협정 참여를 위해 적극적으로 교섭하면서 명칭도 '환태평양경제동반자협정'(Trans-Pacific Partnership agreement: TPP)으로 바뀌었다. 일본 또한 20년 넘게 경기 침체가 계속되면서 안정적인 해외 시장 확보가 중요한 과제가 되어 적극적으로 TPP에 참여하기로 하였다. 이러한 미·일의 참여로 TPP는 세계의 주목을 받게 되었는데, TPP가 타결되면 12개 회원국이 전 세계 GDP의 약 40%, 인구의 약 12%를 차지하는 거대 지역협정이 출현하게 된다. TPP 협상을 강력히 추진할 수 있도록 미국 의회가 무역협상촉진권한(Trade Promotion Authority)을 통과시켜 주어, TPP의 최종 타결이 더 앞당겨질 것으로 예상하였었다. 그러나 낙농품, 자동차 시장, 생물 의약품 특허 보호 문제 등에서 회원국들 간에 이견이 발생하여 협상에 난항을 겪다가 2015년 10월에 타결되었다.

하지만 도널드 트럼프가 미국 대통령에 당선된 후 TPP가 미국인의 일자리를 빼앗는다면서, 2017년 1월 TPP에서 탈퇴한다는 내용의 행정명령에 서명하면서, 진로에 큰 혼란을 겪었다. TPP 전체 국내 총생산(GDP)의 60% 이상을 차지하던 미국이 TPP에서 탈퇴하면서 경제 규모와 인구 수가 대폭 축소되었고, TPP가 와해될 것이라는 전망까지 나왔다. 그러나 일본이 끝까지 주도하면서 결국 11개국이 2017년 11월 베트남 다낭에서 의약품 특허 보호 등 미국이 그간 강력하게 주장해 오던 22개 항목만 동결하고 나머지는 기존 협정문을 그대로 적용하면서 큰 틀에서 합의를 이끌어 냈다. 이때 협정의 명칭을 포괄적·점진적 환태평양경제동반자협정(Comprehensive and Progressive Agreement for Trans-Pacific Partnership: CPTPP)으로 변경하였다. 특히, 일본은 기존에 쌀 시장 개방에 대해 반대하였으나, 협상 타결을 위해 개방을 결정하면서 2018년 3월 8일 공식 서명을 하였다.

CPTPP는 규정에 따라 11개 회원국 중 6개국 이상이 비준 절차를 완료하면 60일 후 발효되는데, 멕시코를 시작으로 일본, 싱가포르, 뉴질랜드, 캐나다에 이어 호주가 2018년 10월 승인 절차를 완료하면서 12월 30일부로 발효되었다. 이로써 인구 5억 명 이상, 전 세계 국내 총생산(GDP)의 12.9%, 교역량의 14.9%에 해당하는 자유 무역 경제권이 출범하였으며, 일본은 총무역 품목의 95%, 나머지 10개국은 99% 이상의 관세를 철폐하였다.

일본과 한국과의 자유무역협정 논의는 1998년 11월 한·일 통상장관 회담에서 일본에 의해 공식 제기되었다. 이후 한국의 대외경제정책연구원과 일본의 아시아경제연구소(JETRO-IDE)가 주축이 되어 한-일 FTA에 대한 공동 연구가 실시되었으며, 한-일 FTA에 대한 양국 재계의 의견 수렴을 목적으로 2001년 3월에 양측 경제계 인사 각 10여 명으로 구성된 '한-일 FTA 비즈니스 포럼'(Korea-Japan FTA Business Forum)을 발족하였다. 그리고 2002년 5월부터는 학계·경제계·정부 기관이 참여하는 '산·관·학 공동 연구회'가 설치되어 연구가 진행되었는데, 이는 '한-일 FTA 비즈니스 포럼'에서 양측 간 FTA를 정부 간에 논의하도록 건의한 의견을 수용한 것이다. 당시 일본이 한국과 FTA를 체결하려는 것은 여러 가지 이유가 있지만, 우선 지리적으로 가깝고 세계 시장에서 경쟁하고 있는 무역 대국이라는 점이 우선적으로 고려되었다. 일본은 전자·자동차·IT 부문에서 세계 산업을 이끌어 왔으나 한국이 기술을 이전받아 이 분야에서 급격히 발전해, 양국은 이 분야에서 과도한 경쟁이 서로에게 모두 이익이 되지 않는다고 판단하였다. FTA를 통해 양 국가가 산업 간·공정 간 분업을 통해 이익을 제고할 수 있다고 생각해 FTA 협상에 적극적이었다. 추가적으로 중국이 2001년 ASEAN과의 FTA 창설을 위한 협상을 발표하면서 이 지역에서는 자신들이 주도권이 있다고 생각하였던 일본이 선수를 빼앗긴 점에 대해 큰 충격을 받고 국내 언론의 비판을 잠재우기 위해 한국과 FTA를 서둘렀던 점도 있다.

이에 2002년 7월 9일 한·일 산·관·학 공동 연구회 제1차 회의가 서울에서 개최되어 2003년 10월까지 공동 연구를 시행한 후, FTA 체결을 위한 정부 간 공식 협상이 2003년 12월 22일 서울에서 시작되었다. 그 후 2004년 11월 1일까지 6차 협상을 벌였으나, 공산품 위주의 시장 개방을 주장하는 일본 측과 농업 개방을 요구하는 한국 측 주장이 엇갈리면서 협상이 어려워졌다. 더구나 독도 문제, 교과서 파동 등 정치적 현안으로 양국 관계가 경색되는 가운데 고이즈미 준이치로 일본 총리가 신사 참배를 강행함으로써 여론이 급속히 악화되고 FTA 협상도 중단되었다. 그 후 2008년 6월과 12월에 '한–일 FTA 협상 재개 검토 및 환경 조성을 위한 실무 협의'가 도쿄와 서울에서 새롭게 개최되어 양국 간의 FTA 협상을 재개하기 위한 노력이 다시 진행되었다. 2010년과 2011년 국장급 협의, 2014년 3차례의 과장급 실무 회의가 있었지만, 2012년 12월 집권한 아베 총리가 야스쿠니 신사에 또 다시 참배함으로써 양국 간 관계가 소원해졌다. 그리고 2014년 11월 한–일 FTA 협상이 결렬된 후 일본에서 수차례 협상 재개 의사를 전달해 왔지만, 우리 측은 일본의 개방에 대한 명확한 입장 없이는 협상을 재개하기가 어렵다는 입장을 견지하였다. 그러다 2018년 10월 30일 한국 대법원이 일제의 강제징용 배상 문제에 대한 최종 판결을 내렸고, 이 판결에 반발해 일본이 2019년 7월 4일부터 한국의 반도체·디스플레이 등 생산에 필수적인 품목에 대한 수출 규제를 하고, 8월 2일에는 한국을 일본의 백색국가 명단(화이트리스트)에서 제외시키면서 양국 간 갈등이 최고조로 되어 양국 간 FTA 논의도 오랫동안 중단될 것으로 예상된다.

한·중·일 간의 FTA 협상도 꽤 오랜 역사를 가지고 있는데, 1999년 11월 마닐라에서 개최된 ASEAN+3(한·중·일) 정상 회담에서 한국의 제안에 따라 한·중·일 3국을 대표하는 연구 기관을 중심으로 공동 연구를 수행하기로 합의하였다.[26] 일반적으로 FTA 협상은 사전 단계로 민간 공동 연구를 2~3년 정도 하고, 산·관·학이 주체가 되어 공동 연구를 수행하는데, 한·중·일 간 민간 연구는 2003년부터 2009년까지 무려 7년 동안이나 진행되었다. 그리고 2009년 10월부터 산·관·학 공동 연구에 합의를 한 후, 2010년 5월부터 2011년 12월까지 총 7차례 회의가 개최되었다. 이 공동 연구 결과 보고서에는 3국 간 무역 및 경제 관계, 상품 무역, 서비스 무역, 투자 및 기타 이슈, 결론 등의 내용이 포함되었는데, 2012년 5월 베이징에서 개최된 제5차 한·중·일 정상 회의에서 제출되었다. 그리고 2012년 11월 캄보디아 프놈펜에서 개최된 동아시아 역내국 간 정상 회의

26 한국은 대외경제정책연구원(Korea Institute for International Economic Policy: KIEP), 중국은 발전연구중심(Development Research Center: DRC), 일본은 총합연구개발기구(National Institute for Research Advancement: NIRA)가 각국의 대표 기관으로 선정되어 공동 연구를 수행하였다. 그리고 2009년에는 일본 측 연구 기관으로 아시아경제연구소(JEIRO-IDE)가 새로 지정되었다.

및 장관 회의에서 한·중·일 FTA 공식 협상 개시를 선언하였다. 그 후 2013년 3월 서울에서 제1차 협상을 시작한 이래, 2019년 11월까지 16차 협상을 거쳤다. 하지만 상품 및 서비스 분야에 세 나라의 이견이 크고, FTA 협상 중에도 일본을 중심으로 독도와 강제 징용 배상 문제, 센카쿠 열도를 둘러싼 영토 분쟁 문제가 터져 3국 간 FTA 협상이 순조롭게 진행되지 못하였다. 더구나 3국은 산업 내 무역보다 산업 간 무역을 중심으로 하는 무역 구조를 가지고 있어 마찰 가능성이 상존하며, 한국은 중국에 농업이, 일본에는 부품·기계 부문이 취약하고, 중국은 한국과 일본에 중화학·기술 집약적 서비스 부문이, 일본은 한국과 중국에 농업 부문이 취약하다고 생각하여 3국 간 FTA 협상에 적극적이지 않았다. 그러다 보니 3국 간의 FTA 협상은 후순위로 밀리고, 중국은 RCEP, 일본은 TPP(CPTPP) 체결에 더 많은 노력을 기울여 왔다.

그러나 CPTPP가 발효되고, RCEP도 협상 마지막 단계에 들어서면서 다시 한·중·일 FTA에 눈길을 주고 있다. 한·중·일 3국의 GDP는 세계 11위, 2위, 3위를 차지해 세계 경제의 20% 이상을 차지하며, 포괄적·점진적 환태평양경제동반자협정(CPTPP)의 2배 이상이고, 미국·멕시코·캐나다협정(USMCA)과 비슷해 세계 경제에 영향력이 크다. 또한 미국의 트럼프 정부가 미국 우선주의에 따른 보호 무역주의를 강조하면서 글로벌 경기 하강에 대비해 3국의 경제 공조가 필연적으로 요구되면서, 한·중·일 FTA의 중요성이 과거보다 더 커졌다.

이에 2019년 12월 23일에 한·중·일 경제통상장관이 베이징에 모여 포괄적이고 높은 수준의 FTA를 실현하기 위한 협상을 진행하기로 합의하였다. 일본의 대(對)한국 수출 규제 조치 이후 처음으로 한국의 산업통상자원부 장관과 일본 경제산업상이 만나 환담을 나누면서, 한·중·일 FTA 협상 진전을 계기로 한국에 대한 일본의 수출 규제도 전환점을 만들 수 있을 것이라는 기대도 한다. 또 2020년에 역내포괄적경제동반자협정(RCEP)에 서명할 수 있도록 함께 노력하기로 하였다. 3국 통상장관이 머리를 맞댄 것은 2016년 10월 일본 도쿄에서 개최된 제11차 회의 이후 3년 2개월 만이었다.

참고문헌

강영문(2012), 『아세안 FTA』, 전남대학교 출판부.

고영경 · 박영렬(2019), 『미래의 성장 시장 아세안』, 연세대학교 대학출판문화원.

곽근재 외 10인(2012), 『한 · 미 FTA의 영향과 평가』, 탑북스.

곽동철(2017), 『한-중미 FTA 발효와 FTA를 활용한 수출 유망품목』, KITA 통상리포트, 2019, VOL. 02.

곽수종(2007), 『FTA 후 한국』, 콜로세움.

권기수 · 김진오 · 박미숙 · 김효은(2017), 『남미공동시장(MERCOSUR)의 경제환경 변화와 한 · MERCOSUR 기업간 협력 활성화 방안』, 연구보고서 17-10, 대외경제연구원.

권기수 · 박미수(2011), 「한 · 페루 FTA 발효의 의의와 주요 활용 방안」, 『KIEP 오늘의 세계경제』, Vol. 11, No. 23, 대외경제정책연구원.

권용석 · 허진원 · 김종원 · 이영희(2006), 『韓-GCC(걸프협력협의회) FTA 체결 영향과 시사점』, 기획조사 06-072, 대한무역투자진흥공사(KOTRA).

권태환(1985), 「서아프리카 경제공동체에 대한 연구」, 『광운대학교 논문집』, Vol. 14, pp. 215~227.

김광일 · 김종상 · 김현범(2014), 『한-캐나다 FTA 15大 수출 유망 품목』, Global Market Report 14-007, 대한무역투자진흥공사(KOTRA).

김규판 · 이형근 · 김은지(2014), 『일본의 FTA 추진전략과 정책적 시사점』, KIEP 연구보고서 14-13, 대외경제정책연구원.

김도훈(2009), 「한 · 인도 CEPA 체결이 제조업에 미치는 효과」, 『e-Kiet 산업경제정보』, 제450호, 산업연구원.

김락곤 · 이병탁(2015), 『한-뉴질랜드 FTA에 따른 현지반응과 중소기업 수출유망품목』, Global Market Report 15-014, 대한무역투자진흥공사(KOTRA).

김세영·신상식(2003),『FTA 확산과 한국의 대응』, 도서출판 두남.

김시홍 외 5인(2006),『유럽연합의 이해』, 높이깊이.

김양희(2008),「일본의 대ASEAN FTA 추진동향과 한국에 대한 시사점: 상품무역을 중심으로」,『KIEP 지역경제포커스』, 08-42호, 대외경제정책연구원.

______(2009),「일본의 EPA의 산업별 상품양허 실태와 시사점」,『KIEP 오늘의 세계경제』, Vol. 9, No. 10, 대외경제정책연구원.

______(2010),「일본의 '포괄적 EPA 기본방침'에 대한 평가와 시사점-일본의 환태평양 파트너쉽(TPP) 참가는 실현될 것인가?」,『KIEP 오늘의 세계경제』, Vol. 10, No. 29, 대외경제정책연구원.

김영귀(2014),「한·캐나다 FTA의 의미와 영향」, KERI Brief, 14-18, 한국경제연구원.

김영귀·김혁황·임준현·김도희(2015),「한·미 FTA 3년의 이행 현황과 쟁점」,『KIEP 오늘의 세계경제』, Vol. 15, No. 8, 대외경제정책연구원.

김진호·권기수·고희제·박미숙·김형주(2011),『남미공동시장(MERCOSUR) 20년 평가와 시사점』, 대외경제정책연구원.

김한나(2014),「한-EFTA FTA 발효 이후 교역규모에 어떤 변화가 있었을까?」, KOTRA 해외비지니스정보포털(globalwindow.2014.15.http://www.globalwindow.org/GW/global/trade/all-all/overseamarket-detail/html).

김한성·여지나(2008),「중국·뉴질랜드간 FTA 협정 체결 결과 및 시사점」,『오늘의 세계경제』, 제08-17호, 대외경제정책연구원.

노동부(2008),『한·미 FTA에 따른 산업별 직업전망』, 한국고용정보원.

대외경제정책연구원(2004),『한-EFTA FTA의 경제적 효과분석』.

대외경제정책연구원·한국개발연구원·노동연구원·산업연구원·농촌경제연구원·해양수산개발원·정보통신정책연구원·방송위원회·한국문화관광연구원·보건산업진흥원·금융연구원(2007),『한미 FTA의 경제적 효과 분석』.

대외경제연구원·한국개발연구원·한국노동연구원·산업연구원·한국농촌경제연구원·한국해양수산개발원·정보통신정책연구원·한국보건산업진흥원·한국문화관광연구원·한국환경정책평가연구원(2010),『한·EU FTA의 경제적 효과분석』.

대한무역투자진흥공사(KOTRA)(2005), 『일-멕시코 FTA 발효에 따른 우리의 수출영향 분석』.

명진호 · 박지은 · 서은영(2015), 「한 · GCC FTA 협상 재개 필요성과 기대 효과」, 『Trade Focus』, Vol. 14, No. 5, 한국무역협회 국제무역연구원.

문한필 · 정호연 · 김지수 · 김영준(2014), 『한 · 칠레 FTA 10년, 농업분야 이행평가』, 한국농촌경제연구원.

박광욱 · 이주희(2010), 『한-페루 FTA 유망상품 및 활용방안』, Global Business Report 10-021, 대한무역투자진흥공사(KOTRA).

박번순 · 전영재 · 김현진 · 이수희 · 최세균(2003), 『한국의 FTA 전략』, 삼성경제연구소.

박원탁(2007), 「신남아공의 경제정책과 남부아프리카 개발공동체(SADC)」, 『아프리카연구』, pp. 1~23.

박원탁 · 정영태(1989), 「서아프리카 지역통합」, 『아프리카연구』, pp. 5~69.

박정식 · 임재현(2014), 『에너지 · 인프라 성장시장, 태평양 동맹』, POSRI보고서, POSCO 경영연구소.

박종평(2006), 「북아프리카 정치발전에 관한 연구」, 『중동연구』, 제25권 1호, pp. 3~38.

박지은(2014), 한 · 뉴질랜드 FTA 체결에 따른 기대효과」, Trade Brief, No. 69, 한국무역협회 국제무역연구원.

박지은 · 강지은(2014), 「FTA 격전지 페루, 한국의 판세는? - 한 · 페루 FTA 3주년 평가와 전망」, 『Trade Focus』, Vol. 13, No. 38, 한국무역협회 국제무역연구원.

박지은 · 이혜연 · 명진호 · 서은영 · 정혜선(2015), 「주요국 FTA 추진 현황과 2105년 전망」, 『Trade Focus』, Vol. 14, No. 3, 한국무역협회 국제무역연구원.

배긍찬(2018), 『2018년 ASEAN 관련 정상회의 결과분석: 한-ASEAN, ASEAN+3, EAS를 중심으로』, 국립외교원 외교안보연구소.

배찬권 · 금혜윤 · 김진오(2012), 『NAFTA 체결 이후 멕시코 경제의 변화와 정책 시사점』, 대외경제정책연구원.

산업연구원(2015), 「한 · 중 · 일 FTA에 대한 일본의 입장 -주요 쟁점과 예상 전략-」, 『KIET 산업경제』, pp. 56~64.

산업자원통상부 FTA협상 총괄과(2014),『한·캐나가 FTA 상세 설명자료』, 나모기획.
산업통상자원부,「FTA 강국 KOREA」(https://www.fta.go.kr/main/situation/fta/world/).
성기주·안성희(2013),『한-콜롬비아 FTA 효과 및 활용방안』, Global Market Report 13-014, 대한무역투자진흥공사(KOTRA).
손병해(1988),『경제통합론』, 법문사.
______(2002),『경제통합의 이해』, 법문사.
송송이·명진호(2010),「한-페루 FTA 타결의 의의 및 기대효과」,『Trade Focus』, 한국무역협회 국제무역연구원.
송송이·유승진·이윤성(2015),「GCC 변화의 바람을 타라 -최근 GCC 시장 동향 및 시사점」,『Trade Focus』, Vol. 14, No. 4, 한국무역협회 국제무역연구원.
심의섭(2004),「중동경제현안과 한국과 중동의 경제협력」,『중동연구』, 제23권 1호, pp. 183~212.
안병억(2008),『한눈에 보는 유럽연합』, 높이깊이.
______(2010),『글로벌 금융위기와 유럽연합 예산』, 높이깊이.
어명근·이병훈·정대희(2014),『한·중 FTA 타결과 농업부문의 과제』, 제98호, 한국농촌경제연구원.
여지나(2007),「중·파키스탄 FTA 체결의 주요 내용과 시사점」,『오늘의 세계경제』, 제07-02호, 대외경제정책연구원.
______(2008),「중·싱가포르 FTA 체결의 주요 내용 및 시사점」,『오늘의 세계경제』, 제08-02호, 대외경제정책연구원.
______(2009),「중·페루 FTA 타결 주요내용과 시사점」,『KIEP 지역경제 포커스』, Vol. 3, No. 1, 대외경제정책연구원.
여지나·김진오(2010),「중·코스타리카 FTA 타결 주요내용과 시사점」,『KIEP 지역경제 포커스』, Vol. 4, No. 22, 대외경제정책연구원.
오수현·한형민·연원호·이보람·김지현(2019),『역내포괄적경제동반자협정(RCEP) 잠정 타결: 의미와 시사점』, KIEP 오늘의 세계경제, Vol. 19, No. 24, 대외경제연구원, 2019. 11. 19.

오태현(2020), 『EU 2021~27년 지출예산(MFF) 및 경제회복기금(NGEU)의 주요 내용과 평가』, KIEP 세계경제 포커스, Vol. 3, No. 24, 대외경제연구원, 2020. 8. 11.

외교부(2016), 『CARICOM 개황』, 외교부 중미 카리브과.

______(남아시아태평양국 아세안협력·주아세안 대한민국 대표부 공동제작)(2016), 『한 눈에 보는 아세안 경제공동체』(http://asean.mofa.go.kr/korean/as/asean/information/mai/index.jsp).

______(2019), 『2019 중남미 지역기구 개황』, 외교부 중남미국 중남미협력과.

외교통상부, 자유무역협정(www.fta.go.kr).

______(2009), 『한·인도 CEPA 협상결과』.

외교통상부·대외경제정책연구원(2003), 『한·칠레 FTA의 주요 내용』.

______(2005a), 『한·싱가포르 FTA의 주요 내용』.

______(2005b), 『한-EFTA FTA의 주요 내용』.

______(2007), 『한-ASEAN FTA의 주요 내용-기본협정, 분쟁해결제도협정, 상품무역협정』.

______(2009), 『한·인도 CEPA 주요 내용』.

윤진표·이충열·최경희(2016), 『아시아의 꿈, 아세안공동체를 말하다』, ASEAN-CENTRE.

이건우(1989), 『GCC 經濟統合의 成果와 展望』, 산업연구원.

이경석 외 7인(2017), 『한-ASEAN FTA 발효 10주년 활용 성공사례 및 개선방안』, Global Market Report 17-020, 한국무역투자진흥공사(KOTRA).

이맹맹(2017. 6. 26) 중국 칭다오무역관, 「중국과 조지아 FTA 공식 체결」(https://news.kotra.or.kr/user/globalAllBbs/kotranews/list/2/globalBbsDataAllView.do?dataIdx=159485).

이아름·명진호·문병기(2013), 「유망시장 터키, FTA로 활짝 열린다」, Trade Brief, No. 22, 한국무역협회 국제무역연구원.

이웅·조충제·송영철·최윤정·이정미(2014), 『인도의 FTA 확대가 한·인도 교역에 미치는 영향』, 연구보고서 14-19, 대외경제정책연구원.

이인애(2014), 「일본, EPA 중심에서 FTA로-TTP 참여·EU 등과 FTA 추진」, 『해양한국』, 493호, 한국해사문제연구소.

이장규·이인구·여지나·조현준(2006), 『중국의 FTA 추진전략과 정책적 시사점』, 대외경제정책연구원.

이재기(2007), 『FTA의 경제학』, 청목출판사.

______(2008), 『신중국경제론』, 형지사.

이종서(2006), 『유럽연합(EU), 유럽화·제도: 공동통상정책(CCP) 입안과정을 중심으로』, 한국학술정보(주).

이종서·송병준 공저(2009), 『유럽연합 지역정책의 이해: 역사·이론·변화』, 높이깊이.

이종원·정홍열 옮김(1999), 『국제통합의 경제학』, 도서출판 해남.

이종원·윤성원·황기식(2014), 『EU 28 유럽통합의 이해』, 도서출판 해남.

이주성·황선숙·김인태(2015), 『한-중미 FTA와 우리 기업 진출기회』, 한국무역투자진흥공사(KOTRA), Global Market Report 15-028.

이혜연·명진호(2015), 「미국 경기 회복과 한·미 FTA의 수확-한·미 FTA 3주년의 성과」, 『Trade Focus』, Vol. 14, No. 6, 한국무역협회 국제무역연구원.

이홍배·김은지(2004), 「일·멕시코 FTA 체결 의의와 정책적 시사점」, 『오늘의 세계경제』, 제04-06호, 대외경제정책연구원.

임반석(2005), 『중국경제의 개혁과 발전』, 도서출판 해남.

임태균·이시은(2013), 『태평양동맹의 발전전망과 시사점』, 대외경제정책연구원.

정무섭·박번순(2009), 『한·인도 CEPA의 주요내용과 활용방안』, 삼성경제연구소.

정성춘·권율(2005), 「일본·말레이시아 FTA 타결」, 『오늘의 세계경제』, 제05-19호, 대외경제정책연구원.

정인교(2001a), 『이제는 FTA, 자유무역협정의 시대다』, 대외경제정책연구원.

______(2001b), 『FTA시대에 어떻게 대처할 것인가?』, 대외경제정책연구원.

정혜선·제현정(2014), 「한·호주 FTA 체결에 따른 기대효과」, Trade Brief, No. 26, 한국무역협회 국제무역연구원.

정홍열(1996), 「EU의 지역정책에 관한 소고」, 『유럽연구』, 가을호(통권 제4호), 한국유럽학회, pp. 193~225.

______(1998), 「NAFTA 출범과 중남미 국가들의 경제통합」, 『국제지역연구』, 제2권 제1호, 국제지역학회, pp. 97~114.

______(2010), 「서·남아시아지역의 지역통합에 대한 고찰」, 『국제해양문제연구』, 제20권, pp. 147~172.

______(2011), 「중앙아메리카 경제통합체에 대한 고찰」, 『국제해양문제연구』, 제21권, pp. 98~126.

제현정(2015), 「수입급증, 수출담보로 대(對)EU 무역수지 적자 확대」, Trade Brief, No. 11, 한국무역협회 국제무역연구원.

제현정·정혜선(2014), 「한·아세안 FTA, 끝나지 않은 여정」, 『Trade Focus』, Vol. 13, No. 23, 한국무역협회 국제무역연구원.

조동희(2018), 「브렉시트 협상 현황 및 전망」, 『KIEP 오늘의 세계경제』.

조문희·김영귀·배찬권·금혜윤·엄준현(2019), 『한국의 FTA 15년 성과와 정책 시사점』, 연구보고서 19-17, 대외경제정책연구원.

조순·정운찬·전성인·김영식(2013), 『경제학원론』, 제10판, 율곡출판사.

조철(2014), 「한·중 FTA가 우리 산업에 미치는 영향과 대응전략」, 『산업분석』, 산업연구원.

조충제·최윤정·송영철(2010), 「인(印)·일(日) FTA 타결 영향과 대응」, 『KIEP 오늘의 세계경제』, Vol. 4, No. 27, 대외경제정책연구원.

지만수·이승신·여지나(2010), 「중국·대만 ECFA 주요 내용과 시사점」, 『KIEP 오늘의 세계경제 포커스』, Vol. 10, No. 27, 대외경제정책연구원.

최경희(2016), 『ASEAN 경제공동체 2025 비전과 쟁점』, 동남아 이슈페이퍼 통권 15호, 서울대학교 아시아연구소 동남아센터 신흥지역연구단.

최종진 외 10인(2015), 『RCEP 협상 동향과 참여국별 전략 및 산업계 반응』, Global Market Report 15-006, 대한무역투자진흥공사(KOTRA).

KOTRA 몽골 울란바토르무역관(2016. 6. 13), 「몽골 최초 FTA 일본과 체결」(http://news.kotra.or.kr/user/globalAllBbs/kotranews/album/2/globalBbsDataAllView.do?

dataIdx=150412&page=15&row=100).
하나금융경영연구소(2014), 「한·중 FTA 체결에 따른 주요산업 영향」, 『하나 산업정보』.
한국무역협회(2014), 「한-칠레 FTA 발효 10년, 성과와 전망」, Global Issue Paper.
______(2015a), 「한·중 FTA 가서명」, Kotra 통상정보, Biweekly Report, 제46호.
______(2015b), 「한-뉴 FTA 정식서명 & 한-베 FTA 가서명」, Kotra 통상정보, Biweekly Report, 제48호.
한국무역협회·국제무역연구원(2015), 「한·콜롬비아 FTA 체결에 따른 기대효과」, Trade Brief, No. 25, 한국무역협회 국제무역연구원.
한미 FTA체결 지원위원회(2006), 『한미FTA의 추진배경 및 기대효과』.
한-아세안 센터(2020), 『2020 Asean_Brochure』.
한일재단 일본경제연구센터(2017), 「일본·EU FTA 큰 틀 합의」, 『일본 경제 동향』, 7월호, pp. 12~14.
한정하 외 7인(2017), 『RCEP 제20차 공식협상 이후 주요국 참여국 동향 및 향후 전망』, Global Issue Paper 17-006, KOTRA.
허문종(2014), 「한·중 FTA의 한국 경제에 대한 영향」, 『이슈브리프』, 제4권 제45호, Issue 2, 우리금융연구소, 주간금융경제동향.
현대경제연구소(2015), 「한-EU, 한미 FTA의 성과 비교 분석」, 『현안과 과제』, 15-17호.
황주성(2006), 「FTA 정책을 둘러싼 GCC 내부의 갈등과 최근 동향」, 『KIEP 세계경제』, 2월호, pp. 57~64.
Abadi, Jacob(1994), "The Gulf War and its Implications for Israel," *Journal of South Asian and Middle Eastern Studies*, Vol. XVII, No. 3, pp. 55~77.
ACC(1989), *Agreement on the Establishment of the ARAB Cooperation Council*, February 16, Baghdad.
Adomako, Fiona(2009), "Common West Africa currency: Eco in 2015," *Times-The Ghanaian Times*, Ghana, 29 May.
Aitken, N.(1973), "The effect of the EEC and EFTA on European trade, a temporal cross-section analysis," *American Economic Review*, Vol. 63, No. 5.

Anil Bhuimali and Chandan Kumar Mukhopndhyay(2008), *SAARC Perspective*, New Delhi: Serials Publications.

Anir Chatterji(2017), "Corporate Immigration 2017: GCC overview"(https://www.pwc.com/m1/en/media-centre/articles/corporate-immigration-gcc.html).

Armstrong, H. W.(1985), "The Reform of the European Community Regional Policy," *Journal of Common Market Studies*, Vol. 23, No. 4, pp. 319~343.

As'ad Abukhalil *et al.*(2005), *The Middle East*, 10th ed., Washington D.C.: CQ Press.

Asante, S. K. B.(1990), "Regional Economic Cooperation and Integration: the Experience of ECOWAS," in *Regional Integration in Africa*, Anyang' Nyong's, ed., Academy Science Publishers, pp. 99~138.

______(1996), *The Strategy of Regional Integration in Africa*, Accra: Friedrich Ebert Foundation, Ghana Office.

ASEAN(2015), "ASEAN Economic Community Blueprint 2025," ASEAN 2025: Forging Ahead Together, Jakarta: ASEAN Secretariat.

______(2015), ASEAN Economic Community: At a Glance, Jakarta: ASEAN Secretariat.

______(2015), ASEAN Strategic Action Plan for SME Development(2010-2015), Jakarta: ASEAN Secretariat.

Azhr, Muhammad(2002), *Aspects of Economic Cooperation between India and the Gulf Cooperation Council States*, Academy of Third World Studies, New Delhi: Jamia Millia Islamia.

Bachtler, John, Joaquim Oliveira Martins, Peter Wostner, and Piotr Zuber(2019), *Towards Cohesion Policy 4.0: Structural Transformation and Inclusive Growth*, Regional Studies Policy Impact Books, RSA(Regional Studies Association).

Balassa, B.(1965), *The Theory of Economic Integration*, London: Allen & Unwin.

______(1975), "Trade creation and trade diversion in the European Common market: an appraisal of the evidence," in B. Balassa, ed., *European Economic Integration*, Amsterdam: North-Holland.

Baldwin, R. E.(1989), "On the growth effects of 1992," *Economic Policy*, No. 9, pp. 248~281.

______(1992), "Measurable dynamic gains from trade," *Journal of Political Economy*, Vol. 100, pp. 162~174.

Baldwin, R. and Charles Wyplosz(2004), *The Economics of European Integration*, 2nd ed., the McGraw Hill Companies.

Barro, Robert J.(1989), "Economic Growth in a Cross Section of Countries," NBER Working Paper, No. 3120, September.

Baumol, William J.(1963), "Interaction of Public and Private Decisions," in *Public Expenditure Decisions in the Urban Community*, H. S. Schaller, ed., Baltimore: The Johns Hopkins Press, pp. 1~18.

______(1986), "Productivity Growth, Convergence, and Welfare: What the Long-Run Data Show," *American Economic Review*, Vol. 75, No. 5, pp. 1072~1085.

Ben-David, D.(1993), "Equalizing exchange: Trade liberalization and income convergence," *Quarterly Journal of Economics*, Vol. 108, No. 3, pp. 653~679.

Berglas, E.(1979), "Preferential trading theory: the commodity case," *Journal of Political Economy*, Vol. 87, No. 2, pp. 315~331.

Bhalla, A. S. and P. Bhalla(1997), *Regional Blocs: Building Blocks or Stumbling Blocks?*, St. Martin's Press, Inc.

Bhan, Pankaj(2007), "SAARC: Reflecting Upon the Past," in Igbal Ahmed Saradgi, S. K. Sahmi, and R. N. Srivastava, ed., *SAARC-The Road Ahead*, Foundation for Peace and Sustainable Development, pp. 37~48.

Bhan, Pankaj and R. N. Srivastava(2008), "SAARC: Evolutionary Cycle of Growth and Consolidation," in Igbal Ahmed Saradgi, S. K. Sahmi, and R. N. Srivastava, ed., *SAARC: Socio-Economic Transformation*, Foundation for Peace and Sustainable Development, pp. 29~42.

Biswas, Aparajita(2007), *Post-Apartheid South Africa: Its Relations with the Neighbouring Countries*, New Delhi: Asian Books Private Limited.

Boltho, A. and G. Holtham(1992), "The assessment: new approaches to economic growth," *Oxford Review of Economic Growth*, Vol. 8, No. 4, pp. 1~14.

Bomberg, E., John Peterson, and Alexander Stubb(2008), *The European Union: How Does it Work?*, 2nd ed., Oxford University Press.

Bongyu, Moye Godwin(2009), "The Economic and Monetary Community of Central Africa(CEMAC) and the Decline of Sovereignty," *Journal of Asian and African Studies*, Vol. 44, No. 4, pp. 389~406.

Boskin, Michael J., ed.(2014), *NAFTA at 20: The North American Free Trade Agreement's Achievements and Challenges*, Hoover Institution Press.

Bourenane, N.(1990), "Integration in the Maghreb: Assessment and Prospects," in *Regional Integration in Africa*, Anyang' Nyong's, ed., Academy Science Publishers, pp. 85~96.

Brand, Laurie A.(1994), *Jordan's Inter-Arab Relations: The Political Economy of Alliance Making*, New York: Columbia University Press.

Braun, Julie Anna(2018), *Regional Policies & European Integration: From Policy to Identity*, 2018, Palgrave.

Bulmer-Thomas, V.(1987), *The Political Economy of Central America since 1920*, Cambridge: Cambridge University Press.

______(1997), "Open Regionalism in Central America: Theory and Practice," Paper presented at Annual Conference of Latin American Studies Association(LASA)-Guadalajara, Mexico, 17~19 April.

Buthelezi, Sipho(2006), *Regional Integration in Africa: Prospects and Challenges for the 21st Century*, Vol. 1, Ikhwezi Afrika Publishing.

Byé, M.(1950), "Unions douaniéreset données nationales," *Economie Appliquée*, Vol. 3, pp. 121~157, reprinted in translation as "Customs unions and national interests," *International Economic Papers*, No. 3, 1953.

Cáceres, Luis René and Carlos Arturo Imendia(1994), "The Intensity of Central American Economic Integration," in Irma T. de Alonso, ed., *Trade, Industrialization, and*

Integration in Twentieth-Century Central America, London: Praeger, pp. 103~115.

Cáceres, L. R. and G. Irvin(1989), "The Construction of the CACM and European Co-operation," in G. Irvin and S. Holland, eds., *Central American: the Future of Economic Integration*, Bolder: Westview Press, pp. 163~185.

CARICOM(1973), Treaty Establishing the Caribbean Community, Chaguaramas.

CARICOM Secretariat(2005), CARICOM: Our Caribbean Community An Introduction.

Cason, Jeffrey W.(2011), *The Political Economy of Integration: The Experience of Mercosur*, Routledge Studies in the Modern World Economy, Kindle Edition.

Cawley, R. and M. Davenport(1988), "Partial Equilibrium Calculations of Impact of Internal Market Barriers in the European Community," in CEC, *Research on the Cost of Non-Europe*, Vol. 2, *Studies on the Economics of Integration*, Chapter 8, Luxembourg: European Communities.

Chakraborty, Debashis and Debdeep De(2008), "Trade Performance and Integration Experience of SAFTA: A Review of Issues," in Igbal Ahmed Saradgi, S. K. Sahmi, and R. N. Srivastava, eds., *SAARC: Socio-Economic Transformation*, Foundation for Peace and Sustainable Development, pp. 45~62.

Chipeta, Chinyamata(1998), *Trade and investment in southern Africa: towards regional co-operation and integration*, Harare: SAPES Books.

Christie, John(1986), "History and Development of the Gulf Cooperation Council: A Brief Overview," *American-Arab Affairs*, Issue 18, Washington, pp. 1~13.

Cleveland, William L.(2009), *A history of the modern Middle East*, Boulder, Co.: Westview Press.

COMESA(1993), *Agreement Establishing the Common Market for Eastern and Southern Africa(COMESA)*, Kampala.

______(2005), *Report of the Tenth Summit of the COMESA Authority on Priority Issues: Deeping Regional Integration through COMESA Customs Union*, Rwanda: Kigali.

Commission of the European Communities(1973), *The Report on the Regional Problems of the Enlarged Community*, COM(73), 550, Luxembourg.

______(1985), Council Regulation(EEC) No. 3641/85 of 20 December 1985, amending Regulation(EEC) No. 1787/84 on the European Regional Development Fund, *Official Journal of the European Communities*, L350, 27.

______(1986), *ERDF Twelfth Annual Report*, Luxembourg.

______(1987), The Single Act: A new Frontier for Europe, *Bulletin of the EC*, Supplement 1/87.

______(1988), "The Economics of 1992," *European Economy*, No. 35, Brussel.

______(1991a), *The Regional Impact of Community Policies*, Regional policy and transport Series 17, Luxembourg.

______(1991b), *The Regions in the 1990s; Fourth Periodic Report on the Social and Economic Situation and Development of the regions of the Community*, Luxembourg.

______(1992a), "From the Single Act to Maastricht and beyond: The Means to Match our Ambitions," *Bulletin of the EC*, Supplement 1/92.

______(1992b), "Edinburgh European Council," *Bulletin of the EC*, 12/92.

______(1994), *Guide to the Community Initiatives 1994-99*, First Edition, Brussels.

______(1996), *The Impact and Effectiveness of the Single Market*, COM(96) 520, Brussel.

______(1997), *Single Market Review, thirty-nine volumes published on behalf of the Commission*, London: Kogan Page.

______(1999a), Interinstitutional Agreement of 6 May 1999 between the European Parliament, the Council and the Commission on bugetary discipline and improvement of the budgetary procedure(1999/ C 172/01), *Official Journal of the European Communities*, C172.

______(1999b), Council Regulation(EEC) No. 1263/1999 of 21 June 1999 on the Financial Instrument for Fisheries Guidance, *Official Journal of the European Communities*, L161, 21 Jun.

______(2005), Council Regulation(EC) No. 1698/2005 of 20 September 2005 on support for rural development by the European Agricultural Fund for Rural Development, *Official Journal of the European Communities*, L277, 21 Oct.

______(2006a), *The Growth and Jobs Strategy and the Reform of European cohesion policy Fourth progress report on cohesion*, SEC(2006) 726, Brussels.

______(2006b), *Third progress report on cohesion: Towards a new partnership for growth, jobs, and cohesion*, SEC(2005) 632, Brussels.

______(2006c), Council Regulation(EC) No. 1083/2006 of 11 July 2006 laying down general provisions on the European Regional Development Fund, the Eruopean Social Fund and the Cohesion Fund and repealing Regulation(EC) No. 1260/1999, *Official Journal of the European Union*, L210, 31. 7. 2006.

______(2006d), Council Decision of 6 October 2006 on Community strategic guidelines on cohesion, *Official Journal of the European Communities*, L291, 21 Oct.

______(2007), *Cohesion Policy 2007-13: Commentaries and Official texts*, Brussels.

______(2008), *EU Cohesion policy 1988-2008: Investing in Europe's future*, Brussels.

Cooper, C. A. and B. F. Massell(1965), "Towards a general theory of customs unions for developing countries," *Journal of Political Economy*, Vol. 73, pp. 461~476.

Council of the European Union(2014), "New method of calculating a qualified majority in the Council," *Factsheet*, Brussels, 29 September 2014.

CUTS Centre for International Trade(2004), *Economics & Environment. 2004. Agreement on SAFTA: Is it win-win for all SAARC countries?*, CUTS.

Dattu, Riyaz, Peter Glossop, Gajan Sathananthan, and Shalu Atwal(2018), "The U.S.-Mexico-Canada Agreement: An overview of what's changed and what remains the same" (https://www.osler.com/en/resources/cross-border/2018/the-u-s-mexico-canada-agreement-an-overview-of-what-s-changed-and-what-remains-the-same).

Davenport, M. and S. Page(1991), *Europe 1992 and the Developing Countries*, London: Overseas Development Institute.

de Alonso, Irma T. and Bernadette West(1994), "Central America: The Challenges of Trade,

Industrialization, and Integration in the Twentieth Century," in Irma T. de Alonso, ed., *Trade, Industrialization, and Integration in Twentieth-Century Central America*, London: Praeger, pp. 3~14.

Desruelle, Dominique and Alfred Schipke(2007), *Economic Growth and Integration in Central America*, Washington D.C.: International Monetary Fund.

Disenyana, Tsidiso, *Towards an EAC, COMESA and SADC: Issues and Challenge*, South African Institute of International Affairs, 2009.

Dowricks, S. and N. Due-Tho(1989), "OECD comparative economic growth 1950-1985: Catching-up and convergency," *American Economic Review*, Vol. 79, No. 5, pp. 1010~1030.

Dowricks, S. and N. Genmell(1991), "Industrialization, Catching-up and Economic Growth: A Comparative Study Across the World's Capitalist Economies," *The Economic Journal*, Vol. 101, pp. 236~275.

Dralonge, Richard N.(2008), *Economics and Geopolitics of the Middle East*, New York: Nova Science Publishers, Inc.

Dunning, J. H.(1997), "The theory of international production," in K. Fatemi, ed., *International Trade*, London: Taylor & Francis.

EAC(1999), *The Treaty for Establishment of the East African Community*, Tanzania: Arusha.

______(2004), *The Protocol of the East African Customs Union*, Tanzania: Arusha.

EC(2017), A atronger and renewed strategic partnership with the EU's outermost regions.

______(2018a), Proposal for a REGULATION OF THE EUROPEAN PARLIAMENT AND OF THE COUNCIL laying down common provisions on the European Regional Development Fund, the European Social Fund Plus, the Cohesion Fund, and the European Maritime and Fisheries Fund and financial rules for those and for the Asylum and Migration Fund, the Internal Security Fund and the Border Management and Visa Instrument, Strasbourg, 29.5.2018 COM(2018) 375 final 2018/0196 (COD).

______(2018b), Proposal for a REGULATION OF THE EUROPEAN PARLIAMENT AND OF

THE COUNCIL on the European Social Fund Plus (ESF+), Brussels, 30.5.2018 COM(2018) 382 final 2018/0206 (COD).

______(2018c), Proposal for a REGULATION OF THE EUROPEAN PARLIAMENT AND OF THE COUNCIL on specific provisions for the European territorial cooperation goal (Interreg) supported by the European Regional Development Fund and external financing instruments, Strasbourg, 29.5.2018 COM(2018) 374 final 2018/0199 (COD).

______(2018d), Proposal for a REGULATION OF THE EUROPEAN PARLIAMENT AND OF THE COUNCIL on the European Regional Development Fund and on the Cohesion Fund, Strasbourg, 29.5.2018 COM(2018) 372 final 2018/0197 (COD).

______(2018e), Proposal for a REGULATION OF THE EUROPEAN PARLIAMENT AND OF THE COUNCIL establishing, as part of the Integrated Border Management Fund, the instrument for financial support for customs control equipment, Strasbourg, 12.6.2018 COM(2018) 474 final.

______(2018f), Proposal for a REGULATION OF THE EUROPEAN PARLIAMENT AND OF THE COUNCIL on the European Maritime and Fisheries Fund and repealing Regulation (EU) No 508/2014 of the European Parliament and of the Council, Strasbourg, 12.6.2018 COM(2018) 390 final 2018/0210 (COD).

______(2018g), Proposal for a REGULATION OF THE EUROPEAN PARLIAMENT AND OF THE COUNCIL establishing the Internal Security Fund, Brussels, 13.6.2018 COM(2018) 472 final 2018/0250 (COD).

______(2018h), Proposal for a REGULATION OF THE EUROPEAN PARLIAMENT AND OF THE COUNCIL establishing the Neighbourhood, Development and International Cooperation Instrument, Brussels, 14.6.2018 COM(2018) 460 final 2018/0243 (COD).

ECCAS(1983), *Treaty Establishing the Economic Community of Central African States*, Tanzania: Arusha.

Economist(1997), "Central America open for Business," Vol. 343, Iss. 8022, 21 June, pp. 35~36.

ECOWAS(1975), *The Treaty Establishing the Economic Community of West African States*, Lagos.

______(1993), *Economic Community of West African States(ECOWAS) Revised Treaty*, Cotonou.

EFTA(2019), *59th Annual Report of the European Free Trade Association*, EFTA Statistical Office, Luxembourg.

EL-Kuwaiz, Abdullah Ibrahim(1986), "Economic Integration of the GCC: Challenges. Achievements and Future Outlook," *American-Arab Affairs*, Issue 19, Washington, pp. 28~37.

Emerson, M., M. Aujean, M. Catinat, P. Goybet, and A. Jacquemin(1988), *The Economics of 1992: the EC Commission's Assessment of the Economic Effects of Completing the Internal Market*, Oxford University Press.

Essien, Victor(2006), *Regional Trade Agreements in Africa: A Historical and Bibliographic Account of ECOWAS and CEMAC*, Hauser Global Law School Program, New York University School of Law.

EU(2020), Amended proposal for a REGULATION OF THE EUROPEAN PARLIAMENT AND OF THE COUNCIL on the European Social Fund Plus (ESF+) COM(2020) 447 final, 2018/0206(COD).

European Central Bank(each year), *ECB: the Accumulation of Foreign Reserves,* Occasional Paper Series, No. 43, Frankfurt, Germany.

European Commission(2013), *Financial framework 2014-2020 and EU budget 2014-the Figures*, Luxembourg.

______(2014a), *An Introduction to Cohesion Policy 2014-2020*, Belgium.

______(2014b), *Simplifying Cohesion Policy for 2014-2020*, Cohesion policy February 2012, DG for Regional and Urban Policy, Brussel.

______(2014c), *The European Union Explained: Budget*, Belgium.

______(2014d), *The European Union Explained: Europe 2020: Europe's growth strategy*,

Luxembourg.

______(2014e), *The European Union Explained: Regional Policy*, Luxembourg.

______(2014f), *Financial instruments in ESIF programmes 2014-2020: A short reference guide for Managing Authorities*, Luxembourg.

______(2014g), *The European Union explained: Agriculture*, Belgium.

______(2015), *Completing Europe's Economic and Monetary Union*, Bruxelles/Brussels.

______(2017a), WHITE PAPER ON THE FUTURE OF EUROPE: Reflections and scenarios for the EU27 by 2025, COM(2017)2025 of 1 March 2017, Bruxelles/Brussels.

______(2017b), REFLECTION PAPER ON THE DEEPENING OF THE ECONOMIC AND MONETARY UNION, COM(2017) 291 of 31 May 2017, Bruxelles/Brussels.

European Parliament(2014), *Implementation of Cohesion Policy 2014-2020: Preparations and Administrative capacity of Member States*, Directorate-General for Internal Policies, Policy Department B: Structural and Cohesion Policies, Regional Development, Belgium.

______(2018), "Briefing: Challenges for EU cohesion policy Issues in the forthcoming post-2020 reform," EPRS: European Parliamentary Research Service.

______(2019), "BRIEFING EU Legislation in Progress 2021-2027 MFF: A new association of the Overseas Countries and Territories (including Greenland) with the European Union" (https://www.europarl.europa.eu/RegData/etudes/BRIE/2018/628314/EPRS_BRI(2018)628314_EN.pdf).

European Union(2006), COUNCIL REGULATION (EC) No 1085/2006 of 17 July 2006 establishing an Instrument for Pre-Accession Assistance (IPA), Official Journal of the European Union, L 210/82, 31.7.2006.

______(2014a), REGULATION (EU) No 231/2014 OF THE EUROPEAN PARLIAMENT AND OF THE COUNCIL of 11 March 2014 establishing an Instrument for Pre-accession Assistance (IPA II), Official Journal of the European Union, L 77/11. 15.3.2014.

______(2014b), REGULATION (EU) No 508/2014 OF THE EUROPEAN PARLIAMENT AND

OF THE COUNCIL of 15 May 2014 on the European Maritime and Fisheries Fund and repealing Council Regulations (EC) No 2328/2003, (EC) No 861/2006, (EC) No 1198/2006 and (EC) No 791/2007 and Regulation (EU) No 1255/2011 of the European Parliament and of the Council.

______(2014c), REGULATION (EU) No 516/2014 OF THE EUROPEAN PARLIAMENT AND OF THE COUNCIL of 16 April 2014 establishing the Asylum, Migration and Integration Fund, amending Council Decision 2008/381/EC and repealing Decisions No 573/2007/EC and No 575/2007/EC of the European Parliament and of the Council and Council Decision 2007/435/EC, L 150/168, 20.5.2014.

______(2014d), Regulation (EU) No 1303/2013 of the European Parliament and of the Council of 17 December 2013 laying down common provisions on the European Regional Development Fund, the European Social Fund, the Cohesion Fund, the European Agricultural Fund for Rural Development and the European Maritime and Fisheries Fund and laying down general provisions on the European Regional Development Fund, the European Social Fund, the Cohesion Fund and the European Maritime and Fisheries Fund and repealing Council Regulation (EC) No. 1083/2006.

______(2020), Eurostat regional yearbook, Luxembourg: Publications Office of the European Union.

Faludi, Andreas(2010), *Cohesion, Coherence, Cooperation: European Spatial Planning Comming of Age?*, Routledge.

Fedeli, Valeria, Camilla Lenzi, Paola Briata, and Luisa Pedrazzini(2019), *EU Regional and Urban Policy: Innovations and Experiences from the 2014-2020 Programming Period*, Springer Briefs in Applied Sciences and Technology, Springer.

Feenstra Robert C. and Alan M. Taylor(2008), *International Economics*, Worth Publishers.

Foster, Angus(1995), "Most targets have been met," *Financial Times*, 25 January, in *Financial Times Survey: Mercosur, III*.

Friedman, M.(1968), "The role of monetary policy," *American Economic Review*, Vol. 58, pp. 1~17.

Gardini, Gian Luca(2010), *The Origins of Mercosur: Democracy and Regionalization in South America*, Palgrave MacMillan.

GCC(1985), "The Unified Economic Agreement, Cooperation Council for the Arab States of the Gulf," *American-Arab Affairs*, Washington, Issue 15, Dec. 31, pp. 107~111.

General Secretariat of the Council(2009), *Rules of Procedure of the European Council Rules of Procedure of the Council*, Luxembourg: Publications Office of the European Union.

Gibb, Richard(1994), "Regional economic integration in post-apartheid southern Africa," in R. Gibb and Wieslaw Michalak, eds., *Continental Trading Blocs: the Growth of Regionalism in the World Economy*, John Wiley & Son, Ltd.

______(1998), "Southern Africa in transition: prospects and problems facing regional integration," *The Journal of Modern African Studies*, Vol. 36, No. 2, Cambridge University Press, pp. 287~306.

Grossman, Gene M. and Elhanam Helpman(1994), "Endogenous innovation in the theory of growth," *Journal of Economic perspective*, Vol. 8, pp. 23~44.

Grubel, H.(1967), "Intra-industry specialization and the pattern of trade," *Canadian Journal of Economics and Political Science*, Vol. 22, pp. 374~388.

Haaland, J. and I. Wooton(1992), "Market Integration, Competition, and Welfare," in L. A. Winters, ed., *Trade Flows and Trade Policy after 1992*, Cambridge University Press.

Hall, Kenneth(2000), *Re-Inventing CARICOM: The Road to a New Integration*.

Hall, Kenneth and Myrtle Chuck-A-Sang(2007a), *CARICOM Single Market and Economy: Genesis and Prognosis*, Kingston, Miami: Ian Randle Publishers.

______(2007b), *CARICOM Single Market and Economy: Challenges, Benefits, Prospects*, Kingston, Miami: Ian Randle Publishers.

Hanlon, J.(1984), *SADCC: Progress, Projects and Prospects*, Report No. 182, London: The Economist Intelligence Unit.

Harrop, Jeffrey(1992), *The Political Economy of Integration in the European Community*, 2nd ed., Haunts: Edward Elgar Publishing Limited.

Helpman, E. and P. R. Krugman(1985), *Market Structure and Foreign Trade*, Brighton: Wheatsheaf Press.

______(1989), *Trade Policy and Market Structure*, MIT Press.

Hentz, James J.(2005a), *South Africa and the Logic of Regional Cooperation*, Indiana University Press.

______(2005b), "South Africa and the political economy of regional cooperation in Southern Africa," *Journal of Modern African Studies*, Vol. 43, No. 1, Cambridge University Press, pp. 21~51.

Hirshman, A. O.(1958), *The Strategy of Economics Development*, New Haven, CO: Yale University Press.

Hufbauer, G. C.(1990), *Europe 1992: an American Perspective*, Washington, D. C.: Brookings Institution.

Hufbauer, Gary Clyde and Claire Brunel(2008), *Maghreb Regional and Global Integration: A Dream to be Fulfilled*, Washington D.C.: Peterson Institute for International Economics.

Hussain, Ross Masood(1999), "SAARC 1985-1995: A Review and Analysis of Progress," in Eric Gonsalves and Nancy Jetly, eds., *The Dynamics of South Asia: Regional Cooperation and SAARC*, New Delhi: Saga Publications.

Ibrahim, Badr Ei Din A.(2007), *Economic Co-Operation in the Gulf: Issues in the economies of the Arab Gulf co-operation council states*, London and New York: Routledge.

Igbal Ahmed Saradgi, S. K. Sahmi, and R. N. Srivastava(2007), *SAARC-The Road Ahead*, Foundation for Peace and Sustainable Development.

______(2008), *SAARC: Socio-Economic Transformation*, Foundation for Peace and Sustainable Development.

International Monetary Fund(each year), *IMF: Currency Composition of Official Foreign Exchange Reserves*, Washington D.C.

Irvin, George(1989), *Central America: The Future of Economic Integration*, Boulder, Co.: Westview Press.

Javanovic, Miroslav N.(2006), *The Economics of International Integration*, Cheltenham, UK: Edward Elgar.

Johnson, H. G.(1960), "The cost of protection and the scientific tariff," *Journal of Political Economy*, Vol. 18, pp. 327~345.

______(1961), "Towards a general theory of the balance of payments," in *International Trade and Economic Growth: Studies in Pure Theory*, Cambridge, MA: Harvard University Press, pp. 153~158.

______(1964), *Money, Trade and Economic Growth*, London: Allen and Unwin, Ltd.

______(1965), "An economic theory of protectionism, tariff bargaining and the formation of customs unions," *Journal of Political Economy*, Vol. 73, pp. 256~283.

Johnson, Omotunde Evan George(2007), *African Economic Development: Cooperation, Ownership, and Leadership*, The Edwin Mellen Press.

Jones, Hywel G.(1975), *An Introduction to Modern Theories of Economic Growth*, London: Thomas Nelson and Sons, Ltd., pp. 69~89.

José Deras(2011), *The Central Amrican Common Market(CACM): An Evaluation of Economic Integration and Competitiveness*, VDM Verlag Dr. Müller Gmbh & Co. KG.

Kadhim, Mihassen(1992), "Japan and the Arab World: An Essay in Comparative Economic Development," *Journal of South Asian and Middle Eastern Studies*, Vol. XV, No. 3, Spring.

Kaldor, N.(1970), "The case for regional policies," *Scottish Journal of Political Economy*, Vol. 3, pp. 595~602.

______(1971), "The dynamic effects of the Common Market," in D. Evans, ed., *Destiny or Delusion: Britain and the Common Market*, London: Gollancz, pp. 59~91.

Kelemen, R. Daniel, Anand Menon, and Jonathan Slapin(2015), *The European Union: Integration and Enlargement*, Routledge.

Kemp, M. C.(1969), *A Contribution to the Gernal Equilibrium Theory of Preferential Trading*, Amsterdam: North-Holland.

Kemp, M. and H. Wan(1976), "An elementary propositoin concerning the formation of customs unions," in M. Kemp, ed., *Three Topics in the Theory of International Trade: Distribution, Welfare and Uncertainty*, Amsterdam: North-Holland.

Khosla, I. P.(2007), "Economic Cooperation in South Asia," in Igbal Ahmed Saradgi, S. K. Sahmi, and R. N. Srivastava, eds., *SAARC-The Road Ahead*, Foundation for Peace and Sustainable Development, pp. 59~84.

Kishor, N. Kunden and John Ssoze(2009), "Is the East African Community an Optimum Currency Area?," *MPRA(Munich Personal RePEc Archive)*, Paper No. 17645, Munich.

Kreinin, M.(1972), "Effects of the EEC on imports of manufactures," *Economic Journal*, Vol. 82.

Krugman, P.(1991), *Geography and Trade*, The MIT Press.

Krugman, P. and A. J. Venables(1990), "Integration and the Competitiveness of Peripheral Industry," in C. J. Bliss and J. Braga de Macedo, eds., *Unity with Diversity within the European Community*, Cambridge: Cambridge University Press, pp. 56~77.

Kuroda, Yasumasa(1989), "Japan. The Arab World and Israel," *American-Arab Affairs*, Issue 28, Washington, 31 March, pp. 9~21.

Larraín, Felipe B.(2001), *Economic Development in Central America*, Vol. 1, Growth and Internationalization, Massachusetts, Cambridge: Harvard University.

Laura Gomez-Mera(2013), *Power and Regionalism in Latin America: The Politics of MERCOSUR*, ND Kellogg Inst Int'l Studies, University of Nortre Dame Press.

Levergne, Real(1997), *Regional integration and cooperation in West Africa: a multidimensional perspective*, NJ: African World Press.

Lipsey, R. G.(1957), "The theory of customs unions: trade diversion and welfare," *Economica*, pp. 40~46.

______(1960), "The theory of customs unions: a general survey," *Economic Journal*, pp.

496~513, reprinted in R. E. Caves and H. G. Johnson, *Reading in International Economics*, Homewood, Ill.: Irwin, 1968, pp. 261~278.

Llody, P.(1982), "3×3 theory of customs unions," *Journal of International Economics*, Vol. 12, No. 1/2, pp. 41~43.

Longrigg, Stephen Hemsley(2009), *The geography of the Middle East*, New Brunswick.

Loughlin, John(1997), "Regional Policy in the European Union," in Stavrides *et al.*, eds., *New Challenges to the European Union: Policies and Policy-Making*, Dartmouth: England.

Louise, Fawcett(2009), *International relations of the Middle East*, Oxford: Oxford University Press.

Lucas, R. E.(1988), "On the mechanics of economic development," *Journal of Monetary Economics*, Vol. 22, pp. 3~42.

Mandaza, Ibbo(1990), "SADDC: Problems of Regional Political and Economic Cooperation in Southern Africa: An Overview," in Nyong's, ed., *Regional Integration in Africa*, Anyang' Academy Science Publishers, pp. 141~155.

McCarthy(1999), "Regional Integration in Subsaharan Africa: Past, Present and Future," in A. Oyejide, Benno Ndulu, and David Greenaway, eds., *Regional Integration and Trade Liberalization in Sub Saharan Africa*, Macmillan Press, Ltd., pp. 12~49.

McCarthy, Dennis M. P.(2006), *International Economic Integration in Historical Perspective*, Routledge.

McClelland, Donal H.(1972), *The Central American Common Market: Economic Policies, Economic Growth, and Choices for the Future*, New York: Praeger Publishers.

McCormick, John(2008a), *Understanding the European Union: A Concise Introduction*, 4th ed., Palgrave Macmillan.

______(2008b), *The European Union: Politics and policies*, 4th ed., Westview.

Meade, J.(1955), *The Theory of Customs Unions*, Amsterdam: North-Holland.

______(1968), *The Pure Theory of Customs Unions*, Amsterdam: North-Holland.

Melicani, Valentina(2016), *Regional Disparities in the Enlarged European Union: Geography, innovation and structural change*, Routledge.

Menon, Jayant and Cassey Lee(eds.)(2019), *An Evolving ASEAN: Vision and Reality*, Asian Development Bank.

Mishra, Prahlad(2020), *Economic Reforms in SAARC Countries: Impact of LPG on Development Indicators*, SAGE.

Monica Blanco-Jimenez, Jesús Cruz Alvarez(2019), *Regional Integration in Latin America: Dynamics of the Pacific Alliance*, Emerald Publishing Limited.

Mortimer, Delors M.(1973), *Economic Cooperation and Regional Integration in Africa*, Washington: African Bibliographic Center.

Muhammad Azhr(2002), *Aspects of Economic Cooperation between India and the Gulf Cooperation Council States,* Academy of Third World Studies, New Delhi: Jamia Millia Islamia.

Mukhametdinov, Mikhail(2019), *MERCOSUR and the European Union: Variation and Limits of Regional Integration*, Palgrave Macmillan.

Mukherji(2007), "SAFTA: Adressing the Unfinished Agenda," in Igbal Ahmed Saradgi, S. K. Sahmi, and R. N. Srivastava, eds., *SAARC-The Road Ahead*, Foundation for Peace and Sustainable Development, pp. 59~84.

Muni, S. D.(2008), "SAARC: Changing Dimensions," in Igbal Ahmed Saradgi, S. K. Sahmi, and R. N. Srivastava, eds., *SAARC: Socio-Economic Transformation*, Foundation for Peace and Sustainable Development, pp. 15~28.

Musgrave, P.(1967), "Harmonization of direct business taxes: a case study," in C. S. Shoup, ed., *Fiscal Harmonization in Common Markets*, Vol. 2, New York and London: Columbia University Press, pp. 207~343.

Mutasa, Charles(2003), *Regional Integration and Debt in Africa: A Comparative Report of Africa's Regional Groupings*, Afrodad Research Series.

MVIRDC World Trade Centre(2001), *South Asian Association for Regional Cooperation(SAARC): Retrospect and Prospects*, Mumbai.

Myrdal, G.(1957), *Economic Theory and Underdeveloped Regions*, London: Duckworth, reprinted London: Methuen, 1963.

Nnanna, O. J.(2006), "Economic and Monetary Integration in Africa," presented at the G 24 meeting in Singapore, on 14. Sep.

Nugent, Jeffrey B.(1974), *Economic Integration in Central America: Empirical Investigation*, Baltimore and London: The John Hopkins University Press.

Nwachukwu, Jacinta(2008), "A late century guide to Africa's twenty-first century problems: A comparative analysis with Latin America, South Asia and East Asia," *South African Journal of Economic History*, Vol. 23, pp. 122~154.

Nyong'o, Anyang'(1990), *Regional Integration in Africa: Unfinished agenda*, Nairobi: African Academy of Sciences.

Ohnishi, Hiroshi and Yin Qingzhu(2002), "Predicted effects of Japan-Korea and Japan-Korea-China Free Trade Agreements(FTAs) Based on a Northeast Asian Model," 『동북아경제연구』, 제14권 제1호, pp. 1~21.

Parnini, Syeda(2013), *ASEAN and SAARC in the Contemporary World*, LAP LAMBERT Academic Publishing.

Payne, Anthony J.(1980), *The Politics of the Caribbean Community 1961-79: Regional Integration among New States*, New York: St. Martin's Press.

Pelkmans, Jacques(2006), *European Integration: Methods and Economic Analysis*, 3rd ed., Pearson Education Limited.

Phelps, E.(1967), "Phillips Curves, Expectations of inflation and optimal unemployment and the rate of change of money wages in the United Kingdom 1962-1957," *Economica*, Vol. 34, pp. 254~281.

Phillips, A. W.(1958), "The Relation between Unemployment and the Rate of Change of Money Wages in the United Kingdom 1862-1957," *Economica*, Vol. 25, pp. 283~299.

Prewo, W.(1974), "Integration effects in the EEC: an attempt at quantification in a general equilibrium framework," *European Economic Review*, Vol. 5, No. 4, pp. 379~405.

Rahman, S. M.(2001), *SAARC: In the New Millennium*, A Friends' Publication Pakistan.

Ramjeet, Oscar(2009), "CARICOM countries will speak with one voice in meetings with US and Canadian leaders," *Caribbean Net News*(http://www.caribbeannetnews.com/news-15757-63-63-.html).

Ramsett, D. E.(1969), *Regional Industrial Development in Central America: A Case Study of Integration Industrial Scheme*, London: Frederick A. Praeger Publishers.

Resnick, S. and E. Truman(1975), "An empirical examination of bilateral trade in western Europe, in B. Balassa, ed., *European Economic Integration*, Amsterdam: North-Holland.

Romdhani, Oussama(1989), "The Arab Maghreb Union: Toward North African Integration," *American-Arab Affairs*, Issue 28, Washington, pp. 42~48.

Romer, P.(1986), "Increasing returns and long-run growth," *Journal of Political Economy*, Vol. 94, pp. 1002~1037.

Ryan, Curtis R.(1998), "Jordan and the rise and fall of the Arab Cooperation Council," *The Middle East Journal*, Vol. 52, No. 3, Middle East Institute, pp. 386~401.

______(2009), *Inter-Arab Alliances: Regime Security and Jordanian Foreign Policy*, University Press of Florida.

Sachs, J. and A. Warner(1995), "Economic reform and the process of global integration," *Brookings Papers on Economic Activity*(1), pp. 1~118.

SACU(1910), *Southern African Customs Union(SACU) Agreement*, 30 Jan., Pretoria.

SADC(1992), *Treaty of the Southern African Development Community*, Windhoek.

______(2001), *Agreement amending the Treaty of the Southern African development Community*, Blantyre.

Salvatore, Dominick(2007), *International Economics*, John Wiley & Sons Inc.

______(2011), *Introduction to International Economics*, Wiley.

Samuelson, Paul A.(1948), "International Factor-Prices Equalization Once again," *Economic Journal*, Vol. 58, No. 230, pp. 163~184.

______(1949), "International Trade and the Equalization of Factor Prices," *Economic Journal*, Vol. 59, No. 234, pp. 181~197.

Sánchez, Rafael A.(2009), *The Politics of Central American Integration*, Routledge.

Sauvé, Pierre, Rodrigo Polanco Lazo, and José Manuel Álvarez Zárate(2019), *The Pacific Alliance in a World of Preferential Trade Agreements: Lessons in Comparative Regionalism*, United Nations University Series on Regionalism Book 16, Springer.

Serbin, A.(1990), "The Caribbean: Myths and Realities for the 1990's," *Journal of Interamerican Studies and World Affairs*, Vol. 32, No. 2, pp. 121~141.

______(1991), "The CARICOM States and the Group of Three: A New Partnership between Latin America and Non-Hispanic Caribbean," *Journal of Interamerican Studies and World Affairs*, Vol. 33, No. 2, pp. 53~80.

Shaw, Royce Q.(1978), *Central America: Regional Integration and National Political Development*, Boulder, Co.: Westview Press.

Shoup, C. S.(1953), "Taxation aspects of economic integration," *Travaux de l' Institut International de Finances Publiques*, ninth session, The Hague: Stockum, reprinted in abridgement in P. Robson, ed., *International Economic Integration*, Hammondsworth: Penguin, pp. 197~218.

Smith, A. and A. J. Venables(1988), "The costs of non-Europe: an assessment based on a formal model of imperfect competition and economies of scale," in CEC, *Studies on the Economics of Integration*, Vol. 2, Luxembourg: Commission of European Communities.

Solow, R. M.(1956), "A Contribution to the Theory of Economic Growth," *The Quarterly Journal of Economics*, pp. 65~94.

______(1970), *Growth Theory: An Exposition*, Oxford University Press.

Sorrentino, Alessandro, Roberto Henke, and Simone Severini(2011), *The Common Agricultural Policy after the Fischler Reform: National Implementations, Impact Assessment and the Agenda for Future Reforms*, Ashgate.

South Asian Association for Regional Cooperation(1985), *Charter of the South Asian Association for Regional Cooperation*, Dhaka.

______(1988), *From SARC to SAARC: Milestones in the Evolution of Regional Cooperation in South Asia 1980-1988*, Vol. Ⅰ, Ⅱ, Ⅲ, Kathmandu: the Secretariate of SAARC.

______(2001), *SAARC-A Profile*, Kathmandu: Information and Publication Division, SAARC Secretariat.

______(2005), *Declarations of SAARC Summits, 1985-2004*, Kathmandu, Nepal.

Southeast Asian Council for Food Security and Fair Trade(SEACON)(2004), "What id the ASEAN Free Trade Area(AFTA)?," Malaysia.

Taccone, Josè Juan and Uziel Nogueira(2002), *CARICOM Report*, Buenos Aires: Institute for the Integration of Latin America and the Caribbean.

Terrill, W. Andrew(1986), "Saddam's Closest Ally: Jordan and the Gulf War," *Journal of South Asian and Middle Eastern Studies*, Vol. 9, No. 2, Winter, pp. 43~54.

Tinbergen, J.(1965), *International Economic Integration*, 2nd ed. Amsterdam: Elsevier.

Tirado de Alonso, Irma(1994), *Trade, Industrialization, and Integration in Twentieth Century Central America*, Westport, CT: Greenwood.

Tironi, E.(1982), "Customs union theory in the presence of foreign firms," *Oxford Economic Papers*, Vol. 34, pp. 15~71.

The Cooperation Council for the Arab States of the Gulf(1983), *The Unified Economic Agreement*, Riyadh, 3. 1.

The Ghanaian Times(2009), "Common West African Currency: ECO in 2025, Business/Finance," 5. 29.

Tomkins, J. and Jim Twomey(1995), "Regional Policy," in *European Economic Integration*, ed. by F. MacDonald and Stephen Dearden, England: Longman Group Limited.

Tore Grønningsæter, ed.(2014), "This is EFTA 2014," Gramme SA, Belgium.

Troitino, David Ramiro(2013), *European Integration: Building Europe*, New York: Nova Publishers.

Truman, E.(1969), "The European Economic Community: trade creation and trade diversion," *Yale Economic Essays*.

______(1975), "The effects of European economic integration on the production and trade of manufactured products," in B. Balassa, ed., *European Economic Integration*, Amsterdam: North-Holland.

UN Economic Commission for Africa(2004), *Assessing Regional Integration in Africa I*, Washington D.C.

______(2008a), *Assessing Regional Integration in Africa II: Rationalizing Regional Economic Communities*, ECA Publications.

______(2008b), *Assessing Regional Integration in Africa III: Toward Monetary and Financial Integration in Africa*, ECA Publications and Conference Management Section.

______(2009), *Economic Report on Africa*, Ethiopia: Addis Ababa.

Vanek, J.(1965), *General Equilibrium of International Discrimination: the Case of Customs Unions*, Cambridge, MA: Harvard University Press.

Vaubel, R.(1978), *Strategies for Currency Unification*, Tübingen: Mohr.

Verdoorn, P. and A. Schwartz(1972), "Two alternative estimates of the effects of EEC and EFTA on the pattern of trade," *European Economic Review*, Vol. 3, No. 2, pp. 291~335.

Villarreal, M. Angeles and Ian F. Fergusson(2014), *NAFTA at 20: Overview and Trade Effects*, Congressional Research Service.

Viner, J.(1950), *The Custom Union Issue*, London: Stevens & Sons.

Wahby, Mohammad(1989), "The Arab Cooperation Council and the Arab Political Order, *American-Arab Affairs*, Issue 28, Washington D.C., Spring, pp. 60~67.

Walt, Stephen M.(1987), *The Origins of Alliances*, Ithaca: Cornell University Press.

Werner, P.(1970), "Report to the Council and the Commission on the realization by stages of economic and monetary union in the Community," *Bulletin of the European Communities, Supplement*, Vol. 3.

Williamson, J. and A. Bottrill(1973), "The impact of customs union unions on trade in manufactures," in M. Kraus, ed., *The Economics of Integration*, London: Allen & Unwin.

Yang, Yongzheng and Sanjeev Gupta(2007), *Regional Trade Arrangments in Africa: Past Performance and the Way Forward*, African Development Bank, Blackwell Publishing Ltd.

Zaheer, Rummana(2014), *Economic Integration Among SAARC countries: SAARC a new journey*, LAP LAMBERT Academic Publishing.

www.allafrica.co.kr

www.ceeac-eccas.org

www.comesa.int

www.eac.int

www.ecowas.int

www.en.wikipedia.org/wiki

www.koafs.or.kr/

www.maghrebarabe.org

www.manoriverunion.org

www.saarc-sec.org/main.php

www.sacu.int

www.sadc.int

www.uneac.org

찾아보기

ㄴ

ㄷ

ㅈ